A CONCISE ECONOMIC HISTORY OF THE WORLD

FROM PALEOLITHIC TIMES TO THE PRESENT

RONDO CAMERON　LARRY NEAL

上海译文出版社

世界经济简史

从旧石器时代到20世纪末

[美] 龙多·卡梅伦　拉里·尼尔　著
潘宁　等　译

目　录

前　言　*001*

第 一 章　导言：经济史与经济发展　*001*

发达与不发达　*002*

增长、发展与进步　*006*

经济发展的决定因素　*008*

生产与生产率　*011*

经济结构与结构变化　*013*

经济增长的对数曲线　*015*

第 二 章　古代经济发展　*020*

经济学和文明的出现　*023*

帝国的经济基石　*031*

地中海世界的贸易和发展　*035*

古代文明的经济成就和局限性　*041*

第 三 章　中世纪欧洲的经济发展　*049*

土地基础　*049*

农业社会　*053*

稳定的模式　*055*

变革的力量 057
欧洲的扩张 062
城市生活的复兴 067
商业潮流和技术 070
工业技术和机械动力的起源 078
中世纪经济的危机 084

第 四 章 西方扩张前夜的非西方经济体 089
伊斯兰教国家 089
奥斯曼帝国 093
东亚 095
南亚 099
非洲 104
美洲 106

第 五 章 欧洲的第二次S曲线增长 110
人口与生活水平 113
探险与发现 115
欧洲的海外扩张与回报 121
价格革命 124
农业技术与生产率 125
工业技术与生产率 133
贸易、贸易路线、商业组织 140

第 六 章 国家主义经济与帝国主义经济 152
重商主义：一个误用的名称 152

共同要素 *155*

西班牙和西属美洲 *157*

葡萄牙 *165*

中欧、东欧和北欧 *168*

法国的柯尔贝尔主义 *175*

荷兰的伟大崛起 *180*

英国的“议会柯尔贝尔主义” *183*

第 七 章　近代工业的黎明 *191*

近代工业的特征 *192*

工业革命——一个措辞不当的名称 *194*

工业化的先决条件及其影响 *195*

工业技术与创新 *204*

地区性差异 *216*

工业化早期的社会各层面 *219*

第八章　19世纪的经济发展：基本要素 *224*

人口 *224*

资源 *229*

技术发展与扩散 *231*

制度框架 *248*

第 九 章　早期工业化国家的发展模式 *264*

英国 *265*

美国 *270*

比利时 *274*

法国 280
德国 288

第 十 章 发展模式：后发工业国与未工业化国家 296
瑞士 297
荷兰与斯堪的纳维亚国家 302
奥匈帝国 307
南欧与东欧 312
沙皇俄国 321
日本 324

第十一章 战略部门 329
农业 329
金融和银行业 337
政府的作用 350

第十二章 世界经济的增长 356
英国选择自由贸易 356
自由贸易时代 359
“大萧条”与回到保护主义 362
国际金本位制 367
国际移民与投资 370
西方帝国主义的复兴 377

第十三章 20世纪世界经济概况 390
人口 390

资源 *398*

技术 *400*

制度 *407*

第十四章 世界经济的瓦解 *417*

第一次世界大战的经济后果 *417*

和平的经济后果 *421*

大萧条，1929—1933 年 *428*

对立的重建尝试 *433*

俄国革命和苏联 *438*

第二次世界大战的经济表现 *443*

第十五章 世界经济的重建（1945—1973 年） *446*

对战后经济的规划 *447*

马歇尔计划与经济“奇迹” *449*

高增长时代 *454*

苏联集团的出现 *457*

非殖民化的经济 *465*

第三世界的阵痛 *471*

欧盟的历史 *472*

第十六章 21 世纪初的世界经济 *478*

苏联集团的瓦解 *482*

欧盟的发展 *491*

增长的极限 *493*

参考书目 *498*

前　言

随着2001年新千年的临近，龙多·卡梅伦觉得必须对他这部简明概要的世界经济史进行修订了。然而，2000年夏季迅速恶化的健康状况，使他无法完成这个任务。就像在第三版的修订中他慷慨地给予我极大的信任一样，这次他再度请我为第四版的修订做必要的准备工作。我做的修订，恰好在2000年12月，20世纪的末尾结束，可惜龙多再也看不到了——他在2001年1月1日去世，享年75岁。

龙多是最具有世界性的美国经济史学家之一，作为访问学者，他曾到过英国、法国、德国、巴西和日本，并担任国际经济史协会的副会长。除此以外，他指导过一些欧洲顶尖的经济史学家的论文，包括西班牙的加布里埃尔·托尔特拉、德国的理查德·蒂利和瑞士的富兰克林·门德尔斯。在经济史学家中，龙多以他对金融机构在促进工业化传播中的作用的开创性研究，以及坚持认为历史进步具有基本连续性的观点而著称。不过，他在这本为大学初级生和感兴趣的外行所撰写的教材中，对于技术、人口增长、自然资源和组织机构等各自的作用，保持了一个平衡的总体看法。虽然我试图保持龙多的著作那种简洁的文风和客观性的特色，但要修订这么一部已经被翻译成13种文字、在全球范围内被使用的著作，仍然是一项令人生畏的工作。

在其一生的职业生涯中，龙多一直致力于为他人服务。作为一个职业的经济史学家，他先后担任了《经济史杂志》的编辑和经济史协会的会长，此外还支持艾伯特·史怀哲基金会，特别是其兰巴雷内人项目。第二次世界大战中龙多曾是一名海军飞行员，战后他萌发了学习经济学的愿望，认为通过更好地理解经济学和经济发展，我们可以在未来避免战争。这本书正可视为是服务于这一伟大的目标，而我有幸把他的这一理想延续到下一个千年。

首先要感谢龙多这么多年来一直与我们分享他的知识与智慧，以及他对无数经济史学同事的建设性意见的慷慨吸纳，同时也要感谢本书最初的编辑、牛津大学出版社的肯·麦克里奥德对这本书的持续关注和关心。两位匿名的评判者对我的更新和修订做了更简明的修改，牛津大学出版社的经济学编辑保罗·唐纳利确保了本书第四版按期顺利出版。

拉里·尼尔

伊利诺伊州厄巴纳

第一章

导言：经济史与经济发展

为什么一些国家富裕而另一些国家贫穷呢？这个看似颇为简单的问题解答了当今世界最紧迫的难题之一——经济发展的不平衡。只有战争、人口压力、环境保护诸如此类的问题——即与人类的生存休戚相关的问题——其重要性才可与此旗鼓相当。由于世界经济发展的不平衡，革命和政变发生了，国家的政治自由被极权主义政府和军事独裁扼杀了，许多人被剥夺了自由甚至生命。数百万人凄惨地死于饥荒、营养不良和疾病，而食物和其他资源并不短缺，只是没能被运送到需要它的人们的手中。美国及其他一些富裕国家出于良好的愿望已经花费数万亿美元，试图帮助其可怜的邻国。即便如此，相对少数的富国与绝对多数的穷国之间的收入差距非但依然存在，而且还逐年扩大。

这种情形看似有点自相矛盾。既然有些国家穷而有些国家富，为什么穷国不如法炮制，采纳富国致富的方法和政策呢？确实，历史上不乏这样的先例，但大多数成效不显著。问题远比表面显现的要复杂得多。首先，关于富国高收入的成因，人们始终未达成共识；其次，即使共识存在，在今天那些地理、文化、历史状况都不尽相同的低收入国家实施与富国相似的方法和政策，结果未必相同；最后，尽管大量的研究致力于给出答案，学者和科学家们仍未创建出一套关于经济发展的既可操作使用又具广泛适用性的理论。

研究经济发展有多种方法——而且所幸互不排斥。本书的目标并不在于创建一套通用的、具有普适性的经济发展理论，所以采纳的是历史研究方法，这样的分析可聚焦现今不平衡发展状况的源头，这正是其他研究方法所不能达到的。正确诊断问题的源头本身不保证能开出行之有效的处方，但如果没有这种诊断，病灶就更没希望得到治疗。再者，分析历史上经济增长与衰退的实例，可以总结出经济发展的基本原理，以摆脱有关效率的争论，或者对解决当今某些特定问题的特定政策的偏好。换言之，这有助于研究做到思路清晰、客观。

政策的制定者及其智囊团为经济发展担负重任，他们提出政策建议并实施，却常常对能解决问题症结的历史研究方法不屑一顾，他们认为，当今世事不同，历史与之无关。这样的态度显然是错上加错。首先，对历史无知的人根本不具备概括历史的资格；其次，这等于在否认自然的规律，包括人类行为和社会机构行为的规律——而一切科学的探索都建立在此假设之上。如此缺乏历史视角的态度很容易将问题的表面现象错误地看作症结之所在。

本书是作为一本研究经济史和经济发展的入门书推出的，并不打算在其中任一领域做到面面俱到。研究经济史除了可帮助解决当代的现实问题外，还有许多正当理由；而要充分理解经济发展问题，也必须采用其他一些研究与观察方法。在我们对人类经济发展从史前时代到现今的整体概述中，重点突出了几个“历史教训”。尽管有些历史学家相信自己的作用在于“让事实自己说话”，但“事实”只回应了相关研究者提出的特定问题。而提问本身不可避免地包含了自觉或不自觉的筛选过程，简明如大纲的本书尤其如此。

在我们开始陈述历史之前，有必要先界定一些术语，规范一些基本概念，以便更好地引出以后的分析。

发达与不发达

1999年，美国居民年人均收入约为30 000美元；欧洲最繁荣的国家挪威，居民年人均收入为26 000多美元(为解释购买力平价理论，这些数据经过调整)；西欧作为一个整体，居民年人均收入近23 000美元。美国与西欧的人口加起来仅占世界总人口的11%，经济产出却占世界可统计总量的56%多。如果再加上日本、加拿大、澳大利亚和新西兰，包括全球所有高收入工业化国家，那么，人口数就会上升至14%多，经济产出数接近77%。其他还有数目相当的高收入的国家或地区，如中国香港、新加坡、海湾石油小国或专业从事洗钱活动的岛国，它们为迎合工业化世界的需求而存在①。

很显然，达到高人均收入的关键是创造一个现代化的工业经济体，或者寻找为这些经济体提供重要服务的路径。

而在另一端，世界上最穷的国家塞拉利昂，年人均收入约为425美元；坦桑尼亚，年人均收入约为480美元（实际上比1993年少100美元）；印度2 217美元；孟加拉国1 430美元；在人口占世界人口五分之一的中国，年人均收入为3 345美元；在南美洲，年人均收入幅度从阿根廷的11 524美元——几乎是巴西6 524美元的两倍——到玻利维亚的2 245美元。表1-1列出的是代表性国家1999年的年人均收入。

表1-1　部分国家人均国民生产总值（GNP）（按1999年美元衡量）（购买力平价）

高收入经济体		中低收入经济体	
美　国	29 605	俄罗斯	6 271
加拿大	23 582	土耳其	6 177
日　本	23 257	哥伦比亚	5 954
德　国	22 169	泰　国	5 757
法　国	21 175	萨尔瓦多	4 069
以色列	20 585	中　国	3 345
英　国	20 906	埃　及	3 263
西班牙	16 212	印度尼西亚	2 626

① 现代城市国家在这里作为独立的研究单位，因为我们收集并呈现的比较数据都是以国家为单位的，而国家通常是政策制定的实体。但这并非是适用所有研究的理想研究单位。

续 表

中高收入经济体		低收入经济体	
韩　国	14 806	玻利维亚	2 245
葡萄牙	14 701	印　度	2 217
希　腊	13 943	加　纳	1 823
匈牙利	10 814	孟加拉国	1 430
波　兰	7 980	坦桑尼亚	480
巴　西	6 524	塞拉利昂	425

资料来源：World Bank, *World Development Indicators 2000* (New York, 2000)。

在1998年，总数达63个国家的年人均收入低于760美元，另外有93个国家的年人均收入介于760美元至9 360美元之间。这后两类的国家多被认为是“贫困”、“低收入”和“不发达”(委婉的说法是“欠发达”或“发展中”)国家。显然，他们由于收入低而贫困，但为什么不发达呢?

人均收入至多只能算是衡量经济发展水平的一个粗略数据。首先，它们只是近似值；其次，出于一些技术原因，国与国之间的收入比较尤其不可信。但是，还有其他一些方法可以更形象具体地衡量发达与不发达程度，只不过其国际性、综合性差些。表1-2列出的数据就是其中的一部分，它们涉及一国公民的预期寿命、人际沟通与各地旅行的便利性。在经济不发达的非洲、亚洲和拉丁美洲国家，高死亡率的结果是人们的预期寿命在40岁至69岁之间。而在西欧和北美国家，人的预期寿命是70多岁。如此大的差异归因于贫困国家婴儿的高死亡率。通过表1-2的数据我们不难得出结论，富国拥有更充足的医疗保健设施：在美国大约每370人就有一位医生；奥地利的人数是345；玻利维亚769；伊拉克1 818；尼泊尔25 000；尼日尔33 000。更具体地比较一下：在美国每1 000人拥有767辆汽车；法国为530辆；63个低收入国家平均每千人只有9辆；而全世界的平均每千人拥有量是116辆。

表 1－2　部分国家的经济发展指数

	原始出生率[a]（1998 年）	原始死亡率[a]（1998 年）	预期寿命（1998 年）	每千人拥有医生数（1997 年）	人均能源消耗	各部门占 GDP 的%			城市人口占总人口的%	电话[a]（1998 年）	电视[a]（1998 年）	成人文盲[a]（1990 年）	教育支出占 GDP 的%
						农业	工业	服务业					
高收入国家													
美　国	14	9	77	2.70	8 076	2	26	72	77	644	847	—	22
瑞　士	11	9	79	—	3 699	—	—	—	68	661	535	—	28
英　国	12	11	77	—	3 863	—	—	—	89	542	642	—	39
西班牙	9	9	78	—	2 729	—	—	—	77	403	506	3	—
日　本	10	7	81	—	4 084	2	37	61	78	503	707	—	—
中收入国家													
玻利维亚	32	9	62	1.30	548	17	28	55	61	69	116	16	22
哥斯达黎加	22	4	77	1.44	769	15	24	61	47	161	387	5	—
白俄罗斯	9	13	68	—	2 449	14	44	42	70	227	314	1	35
匈牙利	10	14	71	3.50	2 492	6	34	60	63	304	437	1	43
印度尼西亚	23	8	65	—	693	16	44	40	38	25	134	15	18
墨西哥	28	5	72	1.30	1 501	5	26	69	74	97	254	10	16
低收入国家													
乍　得	45	16	48	—	—	38	15	46	23	1	1	62	—
中　国	16	8	70	1.99	907	19	50	31	31	56	272	18	8
埃塞俄比亚	45	20	43	—	287	56	7	38	16	3	5	65	—
印　度	27	9	63	—	479	27	26	46	27	19	69	45	15
洪都拉斯	33	5	69	0.79	532	23	30	47	50	37	90	27	—

a　每千人

资料来源：World Bank，*World Development Indicators 2000*（New York，2000）；World Bank，*The Human Development Statistical Database 1999*（New York，2000）。

增长、发展与进步

在一般话语体系中，“增长”(growth)、“发展”(development)与“进步”(progress)频繁地作为同义词被引用。而在研究工作中，我们有必要一一加以区分，尽管有时候略有点强制性。“经济增长”在本书中的定义是，一个既定社会中所有商品和服务的总产出的持续增加。近几十年来，国内生产总值(GDP)代表该总产出，即在一国疆域内产出的所有商品和服务。在如今全球化的经济中，统计当局愈来愈难追踪跨国的收入报酬，尤其是本国公民在别国生产的商品和服务。在计算国民收入和国民生产总值(GNP)时，这部分只好不算在内。在本书的大部分讨论中，这些概念之间的差异可以被忽略，因为这三个总量移动的方向差不多总是一致的。尽管有关早期的国民收入数据缺失，部分情况下，我们仍可以估算出。而且，即使没有任何特定的计量数据，借助间接证据，我们也随时可以确定在某个特定时期的总产出是增加、减少，或是大致持平。

总产出的增长可以是由于生产要素(土地、劳动力和资本)投入的增加而引起的，或者是由于生产要素使用效率的提高而引起的。如果人口在增长，总产出有可能增长，但人均产出不一定增长。事实上，如果人口增长率超过总产出的增长率，人均产出甚至有可能减少。就福利比较而言，以人均产出为衡量尺度，经济增长才有意义。

当我们在比较两个不同社会的产出，或者比较同一社会在不同时点的产出时，难题就出现了，其原因为两条。首先，一般来说，国民收入及类似的量度都是以货币单位给出的，而货币单位的价值却相当不稳定，常常难以比较。我们实际缺少的是一种衡量“实际”收入的单位，即由一个不变的实际价值单位来衡量的收入。对于获取这一不变值会有多少实际障碍，我们在这里并不关心，我们只想让读者记住这一点，并以此来评估书中以后出现的比较。第二个难题是比较两个不同经济体的产出，而它们的产出构成却大不相同。如一个经济体的产出是未经加工或粗加工的农产品，另一个产出大部分是精加工的制成品。这个问题没有明确的解决办法，但它的计量数据通常仍可带来颇有收获的分析。

“经济发展”在本书中是指伴随着经济结构或组织巨大变化的经济增长，如由自给型经济转型为市场经济和贸易经济，或制造业和服务业相对于农业的增长。结构和组织的变化可能就是增长的“动因”，但不一定是必然，有时因果关系是朝相反方向行进的。或者，这两大变化是经济内部或外部其他变化的联合产物。我们将在后面的章节更详细地讨论经济结构和结构变化。

经济增长在这里定义为一个可逆的过程，也就是说，增长过后可能是衰退。从逻辑上讲，经济发展同样是可逆的，尽管组织和结构极少逆转回以前一模一样的形式。在长时间的经济衰退期间或期后，常常会发生某种形式的经济“倒退”——退回到更简单的组织形式，但一般与以前存在过的形式不同。

经济增长和经济发展被普遍认为是“好事”，但本质上是与价值无关的术语，即对它们的衡量和描述可以不掺杂道德规范。但“经济进步”这一术语显然是另外一回事，除非是非常狭义的定义。在现代世俗的道德标准下，增长和发展往往被等同于进步，尽管它们之间没有必然的联系。从某种道德标准来看，物质世界的增长可能被认为是有害于人类的精神世界。甚至以当代的标准来衡量，越来越多的生化武器生产、核武器竞争以及一些有害于环境的生产流程尽管是经济增长的表现，但绝少会被认为是进步的标志。

经济增长和经济发展不等同于进步的另一个理由是，人均收入的增加并未揭示收入的分配。怎样的收入分配算“好”或“坏”，这是个规范性问题。对此，经济学几乎无权评判。经济学只能说在某些情形下哪一种收入分配更有助于增长，但从道德角度而言，那是循环推理。在特定的道德假设前提下，我们可以这么认为，较低的人均收入和较公平的收入分配比高人均收入和不公平的分配更可取。然而，这样的观点不属本书讨论的范畴。因此，下面描述和分析的增长和发展与进步无关。

经济发展的决定因素

古典经济学理论对“生产要素”进行了三部分的分类——土地、劳动力和资本(有时包括第四要素——企业家精神，指结合或组织其他三要素付出的努力或才能)。在任何既定时期，在某些假设条件的约束下，一个经济体的总产出由投入的生产要素的数量决定。这样的分类及其派生出的各种公式，如著名的边际收益递减定律，在现代经济分析中是不可或缺的，对于经济史的研究同样极其有用。而作为分析经济发展的框架，这种分类显然太具局限性。它假定人们的偏好、技术和社会制度(如经济、社会和政治组织形式，法律体系，甚至宗教)是既定的和固定不变的，或等同于上述诸如此类的其他形式，对生产过程不产生任何影响。历史事实是，所有这些都对生产过程产生了巨大的影响，而且自身也在变化。事实上，技术和社会制度的变化是整个经济发生变化的最强大的动力来源。它们是经济发展的源泉。

换个角度，分析一个既定时期的经济(静态中的经济)，甚或处于一段连续时点的经济，前提是间隔不长(相对静态或动态)，诸如人们的偏好、技术以及社会结构这些因素可被看作是一个体系的参数(即常量)，在这一体系中传统生产要素的数量和价格是主要变量。从短期经济的分析到经济发展的研究，参数就变成了主要变量。因此，分析研究历史上的经济变化，我们必须对总产出的决定因素进行更宽泛的分类。

这种分类把任一时点的总产出及其随时间推移而产生的变化率想象成是人口、资源、技术和社会制度的“混合”的作用①。当然，这四个要素都不是单个变量，每一个都是一组变量。人口因素不能单从数量上来考虑，年龄和性别的分布、生物特征(身材、力量、健康状况等等)，其

① 见本章附录，此分类的简单数学模型。

他还有如劳动力的参与率，这些因素也影响着人口对经济的贡献。

资源是对古典经济学“土地”这个词义的放大。这个词不仅涵盖了土地数量、土壤的丰饶程度、传统的自然资源，还包括气候、地形、水资源以及其他自然环境特征，也包括了地理位置。

近几个世纪以来，技术创新一直是经济变革和发展的最强的动力来源。仅一个世纪前，汽车、飞机、广播和电视都不存在，更不用说电脑和其他无数的破坏性的器械了。而今天，正像某些社会评论家所说，它们威胁着要主宰我们的生活。然而，技术变革的速度并非一直如此迅猛，石器时代的技术在经历了成千上万年之后，仍未有什么变化。甚至在今天，世界上某些地区的农业生产方式仍停留在圣经时代。在既定的技术条件下——不论是中世纪的欧洲，还是哥伦布到达之前的美洲——一个社会的可用资源决定了其经济成就的大小。然而，通过新资源的发现和更有效地利用传统生产要素，尤其是人力资源、技术变革可放宽这些限制条件。今天的美国大陆养育着超过2.7亿的人口，物质生活水准达到从未有过的高水平。在欧洲人到达美洲大陆之前，这片土地上的原住民仍在使用石器时代的技术，勉强维持着几百万人的生命。中世纪的欧洲，技术远远超过哥伦布到达之前的美洲。欧洲的人口在14世纪初达到顶峰，约8 000万，随后因灾难性的人口危机[①]减少到5 000万，在经历了长达400年的毫无技术和组织变革的沉闷时期后，又增长至1.5亿。今天，借助现代技术的发展，仅仅经历了两个世纪的经济增长，欧洲的人口已经超过5亿。欧洲各国的富裕程度远远超过他们14世纪甚或19世纪先辈的想象。

经济体中的人口、资源和技术之间的相互关系是由社会制度决定的，包括价值观和态度［这组复合变量有时也被称为“社会文化背景”(sociocultural context)或经济活动的“制度母体”(institutional matrix)］。在国民经济或其他总量经济层面上，关联度最高的制度是社会结构（数

① 主要是因为瘟疫和战争。——译者

量、相对大小、经济基础和社会阶层的流动性)、国家或其他政权的性质、统治集团或阶级的宗教和意识形态，以及大众的宗教和意识形态。除此之外，还要考虑到一些次一级的机构，如自发的组织(企业、工会、农民团体)、教育体系，甚至家庭结构(家族型或家庭型的)，以及其他由价值观形成的机构。

制度的一个社会功能就是提供连续性和稳定性的要素，缺乏这些要素，社会将解体。但该功能在发挥作用时，也可能因为束缚劳动力，资源得不到合理的开发(例如印度人将牛奉为不可侵犯的“神牛”)，抑制创新和技术的扩散，从而阻碍经济的发展。但是，制度也可以创新，其结果与技术创新并无二致，能更有效和更广泛地利用物质资源与人类的精力和才能。历史上制度创新的例子有：有组织的市场、铸币、专利、保险和各种形式的工商企业，如现代的股份有限公司。许多其他创新案例我们将在以后的章节中重点探讨。

要完整地列出所有与经济相关的社会制度将要列满几页纸，而研究经济史最难、最头疼的一点，就是分析它们和其他相关变量的相互作用。脱离了这一点，要理解经济发展的本质和形式，任何努力都注定要失败的。现有的知识还没有形成一个系统的方法来研究它们与经济活动的关系。相反，学生或研究者必须根据特定问题或事件的背景来确定相关制度，进而分析它们与其他纯经济变量相互作用的本质。

马克思主义学者声称已经找到答案来解释经济发展的进程和人类的进化。他们认为，“生产方式”(大致等同于前面所提的技术)是关键要素，剩下的——社会结构、国家性质、主流意识形态等等——都只是“上层建筑”，社会各阶级为控制生产方式而斗争。马克思主义的分析在某些方面是有助于解读经济史的，但作为一个完整的理论体系却显得过于简单。而且，到了实践者的手里，又过于教条。从它强调生产方式的角度出发，它的最薄弱点之一，就是对技术变革过程没有做出令人满意的解释。关于社会制度完全是由下层经济基础决定的论点也是有偏颇的。

另一个意识形态色彩较弱一些但又很相似的理论认为，经济发展是技术变革和社会制度之间持续紧张和斗争的产物。它又被称为制度理论。该理论认为技术是动态的、不断前进的要素，而社会制度无一例外是抵制变革的。①这一理论非凡地洞察了历史变革的进程，但它同时将技术变革看作是一个自动或半自动的过程，从而过分简化了社会制度和技术之间的关系。像马克思主义理论一样，它同样认为最终结果是可预见的。事实上，正如我们在以后章节中所展示的，社会制度、技术、资源和人口之间的关系是复杂的、相互关联的、完全无法预见的。

生产与生产率

“生产”是指将生产要素组合在一起生产出人类需求的商品和服务的过程。生产可以用实际物质单位衡量(或相同的服务单位)，也可以用价值单位——即货币来衡量。例如，比较两个苹果园的产出，我们可通过蒲式耳(bushel)来计算；但用同一种方法比较苹果园和橘子园的产量就失去意义了。为了进行有效的比较，我们必须将实际单位转化为价值单位，也就是说，分别将每个果园产出的蒲式耳数量乘以各自的价格，得出它们的总价值。

“生产率”是指生产流程的有效产出与各种生产要素的投入之间的比率。与生产一样，它可以用实际单位衡量，如每英亩 x 蒲式耳小麦、每工时 y 件；也可用价值单位衡量。而“全要素生产率”——即所有生产要素的综合生产率——则必须用价值单位衡量。

生产要素的生产率取决于一系列因素，如某块土地天生比其他土地肥沃；有些工人比其他工人更健壮、技术更熟练。资本的生产率一部分取决于它所含的技术功能，如一台机械拖拉机(正常工作秩序下)比一组

① 理论综述参见 Clarence Ayres, *The Theory of Economic Progress* (Chapel Hill, Nc, 1944,1978)。

等价值的牛拉犁的生产率高，水力发电机比等价值的简单水轮生产率高。此外，生产要素的某些组合会提高生产率，如土地因施入肥料——即因资本而变得更肥沃，在机器上工作的工人比靠手工或用简单工具工作的工人效率更高，断文识字的工人大多数情况下比不识字的工人更有效率。

这样的思考将我们带入一个相当重要的生产要素的特殊组合，即“人力资本”(human capital)的概念。人力资本(不是奴隶，尽管他们曾一度被视作资本)是投资知识、能力或技能的结果。投资形式可以有多种多样：正规教育或培训(高等教育是一项大投资)、学徒或“边干边学”(即实践)。然而，人力资本是后天习得的，最先进国家与最落后国家之间最显著也是最关键的差异就是人均人力资本。

近几十年的经验清楚表明，在经济发达国家，传统生产要素投入的增加对于提高产出只起很小的作用。换句话说，所有生产要素的生产率都得到了大幅提高，怎么解释？至今已有各种不同的答案。很明显，在所有决定因素中，最关键的是技术进步、宏观和微观层面上的组织改进(包括所谓的“规模经济”)，特别是人力资本投资的增加。生产率的提高在过去的一百多年时间里特别显著，正如我们在以后各章中所证明的。贯穿人类有记载的历史甚至更早的时期，生产率的提高始终发挥着重要的作用。

在这一点上，我们详细讨论一下所谓的“收益递减定律”是很有用的。精确地说，它更应被称为“边际生产率递减定律”。举个简单例子，假设有100英亩可耕地(实际大小无关紧要)，一名工人运用一定的技术(无论简单或复杂的技术)，能产出一定量的谷物——比如10蒲式耳。增加第二个工人，就有了分工，产量增至一倍之多——25蒲式耳，即边际产出15蒲式耳。增加第三个工人可使产出更多，达45蒲式耳，边际产出20蒲式耳，以此类推。换言之，工人的数量增加至某个点前，边际产出都是增加的。然而，随着越来越多工人的加入，他们相互挡道、踩踏庄稼，这最终会使边际产出递减。这就是边际收益递减定律。

现在，让我们将这个简化的例子的教训移植到一个完整社会中。先假设固定资源(100 英亩)和一定的技术(无促进生产率的创新)。如果，在某一个时点，社会的人口相对于资源是稀少的，那么，即使在技术和社会制度没有变革的情况下，其人口和人均收入仍可增长并持续一段时间。但最终，资源耗尽了，人口增加的结果是边际生产率的递减，进而是实际收入的减少。在这种情况下，只有创新，大力提高生产率(技术、制度或两者兼有)，才能摆脱困境。

1798 年，托马斯 · R · 马尔萨斯，一位牧师出身的英国经济学家，出版了著名的《人口原理》。他在书中提出“两性间的激情”将导致人口以“几何级数”增长(2，4，8……)，而食物供应则以“算术级数”(1，2，3……)增长。他得出结论，若没有“道德约束”，如独身或晚婚(他未能预见人工节育)，边际收益递减定律和对人口产生“正常抑制”的战争、饥荒、瘟疫将惩罚人类，大多数人将在艰难的生存线上挣扎。在二百年后的今天，马尔萨斯好像是错了，至少在工业化国家如此。马尔萨斯肯定没能预见提高生产率的技术创新和制度创新，是它们一次又一次地推迟了边际收益递减定律的应用时间。当然，在许多国家，尤其是非洲大陆，抑制人口的战争、饥荒和自然灾害仍是严峻的现实。

经济结构与结构变化

经济结构(不要与社会结构相混淆，尽管两者有关联)指经济体中各部门之间的关系，尤指三大部门：第一产业、第二产业和第三产业①。第一产业直接从自然界获取产品，如农业、林业和渔业；第二产业转化或加工自然产品，如制造业和建筑业；第三产业或称服务业，与产品或

① 研究经济结构的开创性著作是 Colin Clark 的 *Conditions of Economic Progress* (London,1940,1957)。Simon Kuznets 对经济结构这一概念的主要贡献见其著作 *Modern Economic Growth: Rate*, *Structure*, *and Speed* (New Haven, 1966)和 *The Economic Growth of Nations: Total Output and Production Structure* (Cambridge, MA, 1971)。

物质商品无关，只提供服务，涉及范围广泛，从家庭和个人服务(厨师、女佣、理发师等)到商业和金融服务(零售商、批发商、银行家、经纪人等)，从专业服务(医生、律师、教师)到政府服务(邮政工人、官员、政客、军人等)。(还有些经济活动界线非常模糊，不合规则。如采矿业，从逻辑上，它应该是第一产业，但又通常被认为是第二产业。同样，属服务行业的运输业，通常也被认为是第二产业的一部分。狩猎，旧石器时代最重要的生产活动，现被当作娱乐活动——消费取代了生产。)

几千年来，从早期文明到近一百年前，农业是绝大部分人类的主业。细读表1-2，可发现低收入国家现在仍处于这种状态。这是真实情况，因为生产率太低，人类为求生存必须集中于粮食生产。几百年前，农业生产率开始提高(原因我们在随后的章节中解释)，一开始缓慢，然后越来越迅速。随着生产率的提高，生产人类赖以生存的物质产品所需的工人越来越少，多余的工人可分流到其他生产活动中。如此开始了工业化进程，从中世纪晚期延续至20世纪中期(这是在西欧和北美；而在其余的世界很多地方，这一进程仍在继续中)。在19世纪末，最发达国家中从事农业的劳动力从80%或90%减少至不到50%，而最近在最发达工业国家中这一比例更是跌至10%以下。而农业收入占总收入或GDP的比重也随之下降，即使农产品的绝对价值增加了好几倍。

从事农业的劳动力比例下降了，从事第二产业的劳动力比例却上升了，尽管不是同比例升降。在高度工业化国家，一般是制造业及其相关产业雇用的劳动力在30%与50%之间，余下的劳动力在第一和第三产业间分布。随着劳动力比例在第二产业的上升，其收入比重也在增加。

劳动力在两产业之间的转移以及两产业收入比重的变化，这对孪生过程就是经济结构变化的一个主要例证。约从1950年以来，最发达国家经历了进一步的经济结构变化，即劳动力由第二产业向第三产业的转移。

如何解释这些经济结构变化？劳动力由农业转向第二产业活动包含有两大过程。在供给方面，如前所说，生产率的提高使较少的劳动力就能获得同样的产出(或相同的劳动力获得更多的产出)。在需求方面，揭示人类行为规律的恩格尔定律开始起作用了[厄恩斯特·恩格尔(Ernst Engel)是19世纪德国统计学家，不是马克思(Karl Marx)的合作者恩格斯(Friederich Engels)]。基于对无数家庭预算的研究，恩格尔定律指出，随着消费者收入的增加，食品支出的比重会减少。(这又有可能和边际效用递减定律有关，即人对某一特定商品拥有的数量越多，其商品价值对他而言就越低。)

目前正在经历的第二次结构变化，即从商品生产(以及消费)转向服务产业，更是验证了恩格尔定律的结论：随着收入的增加，尽管对所有商品的需求增加了，但后者的增长速度略缓慢于前者，因此，对服务和休闲愈来愈多的需求部分替代了对商品的需求。

这样的结构变化基本上归因于提高生产率的技术革新和偏好的变化。但变化的直接动力通常来自相对价格(和工资)的变化，其他经济变化也是如此，如新行业的兴起与旧行业的衰落，或者生产基地的从一地转移到另一地。正如经济学入门教科书所教导的，商品和服务的价格是由供给和需求的相互作用决定的。一个相对高的价格表示供给相对稀缺，而一个相对低的价格则正好相反。一般来说，生产要素总是流向回报最高的地方，即价格最高的地方。相对稀缺和相对价格的重要性作为经济变化的原动力这一点，将在后面谈到的历史事件中得到显示。

经济增长的对数曲线

"logistics"一词通常的含义是指为一大群人(如一支军队)而设的供应机构(后勤)。但"logistic"(单数)又是一个数学公式(对数式)。对数曲线由其本身推导而出，是一个拉长的S形曲线，有时也被称为S曲线(见图1-1)。生物学家也称它为增长曲线，因为它相当精确地描述了许多非人类动物数量的增长，例如，将一群果蝇放在一个封闭容器内，定时地投放食物。增长曲线分两个阶段，先是加速，而后减速。用数学方式表示，曲线上升至最高点渐渐平滑成水平线，与原点的渐近线平行。

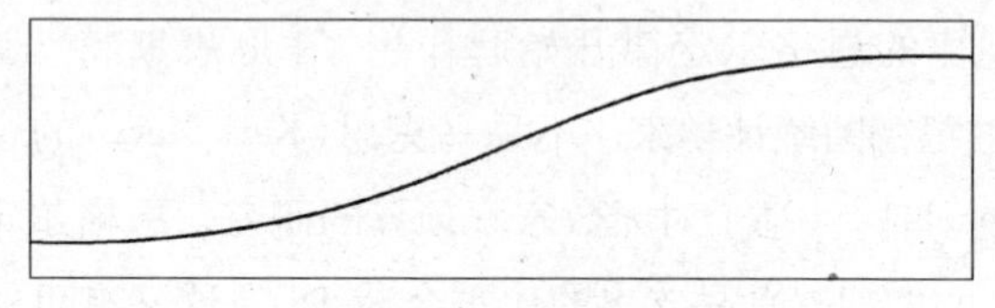

图1-1 S曲线。

人们还注意到，S曲线同样可以大致地描述许多社会现象，尤其是人口的增长。比如欧洲，经确认，历史上曾发生过几次持续时间较长的人口激增，但每次过后紧接着的是一段时间的相对停滞或衰落。第一次始于公元9或10世纪，约在12世纪到达顶峰，13世纪开始减缓，而后因1348年的大瘟疫戛然而止，欧洲人口减少了三分之一以上。经过一个世纪的相对停滞之后，到15世纪中期欧洲人口又开始增长，并在16世纪达到顶峰，在17世纪又再次滞缓或可能减少。在差不多18世纪中期的时候，这样的进程又开始了，这次更为汹涌，并以前所未有的速度前进，直到20世纪上半叶世界大战的爆发以及相关天灾人祸的降临。有证据表明第四次S曲线的存在，这次是全球规模的，始于二战之后。

尽管缺乏大量准确的数据，但希腊人口在公元前9至前5世纪很有可能如罗马全盛时期(约为公元前50年至公元200年)地中海盆地的人口一样，其增长是一条S曲线。有些学者认为，欧洲的三次相同的S曲线事实上是全球性的，并与气候变化有关。例如，中国的人口增长似乎与欧洲人口增长是同步的。对于人口的早期增长模式，我们知之甚少。但正如第二章所示，现今的近东和中东地区的人口肯定是在新石器时代农业出现后增长的，而大江大河(尼罗河、底格里斯-幼发拉底河、印度河和中国黄河)河谷地区的人口同样是在引进了灌溉农业后迅速增长的。

不管人口增长实际上是否吻合S曲线，围绕这一现象的其他相关面足以激发科学想象。基本上可以确定，欧洲的每一次人口增长的加速阶段都伴随着经济增长，即总产出与人均产出同时增加(若人口增长，而人均产出不变，那总产出当然是增长的。但我们无疑要做出更有力的表述）。这在第三次的S曲线（以及刚开始的第四次）上可得到非常清晰的验证，因为统计数据相对充足。但对于第一、第二次的S曲线增长，我们也有许多间接的证据证明类似的情况存在。

欧洲文明在地理和经济上的扩张每一次都发生在其人口增长的加速期，这样确凿的证据我们可以用来证明经济增长必然伴随人口增长的假设。在11、12和13世纪，欧洲文明从封建主义的中心地带——卢瓦尔河和莱茵河之间——扩张到欧洲的中部和东部——不列颠群岛、伊比利亚半岛、西西里和南意大利，在十字军东征时甚至短期地扩张到巴勒斯坦和东地中海。每到一地，封建主义制度入乡随俗，创造出多样化的经济体系。在15世纪末期和16世纪，航海探险、发现和征服又将欧洲人带到了非洲、印度洋和西半球。最终，在19世纪，通过移民、征服和吞并，欧洲人在世界范围内建立起自己的政治和经济霸权。

同样有证据显示，在最初两次S曲线增长的减速期（分别是14世纪和17世纪的上半叶），普通人的生活条件愈来愈艰难。这表示人均收入在下降或至少是停止增长。然而，17世纪欧洲各种各样的制度安排在总体衰退中创造出了部分地区的繁荣，如低地国家（Low Countries）和北意大利城市的迅速发展。在第三次S曲线增长中，19世纪末和20世纪初的欧洲大规模移民使欧洲民众的艰难生活得到缓解。即使如此，仍有部分国家经历了当地的生存危机，如19世纪40年代的爱尔兰饥荒是最严重的。亚当·斯密曾在第三次S曲线增长加速期写下如下评论，劳动者处在一个“前进的”社会中是最幸福的，在一个停滞不前的社会中是郁闷的，在一个衰退的社会中是凄惨的。对照上述这些观察，此评论读来无疑有了新意。

另一个值得注意的相似点是，所有S曲线增长模型的最后阶段、停滞不前的间隙期，以及随后的衰退期都见证了社会矛盾的紧张、民众的不安和无序，以及极其残酷和毁灭性战争的爆发。可以肯定，战争和民众斗争在其他历史时点也发生，理论上没有明显理由证明人口增长下降的原因是国际关系的瓦解。战争的爆发有可能只是机缘巧合，刚好处在早已成为强弩之末的增长期的末端。这个问题值得进一步研究。

如果我们说历史上著名的知识和文化骚动期与S曲线增长多少也沾点关系，我们明显是过于轻信了。然而，令人瞩目的是，欧洲每次人口增长加速期都见证了知识和艺术创作的喷发，留下了一大批标志性建筑——中世纪的教堂、巴洛克宫殿，以及19世纪哥特式建筑的复兴；更早期如希腊和罗马的“黄金时代”，再往前的如美索不达米亚和埃及时期，它们经历了人口增长、最后以战争和互相残杀为终结（伯罗奔尼撒战争与古罗马的灭亡）的时期。

当然，人类的创造性努力并不像人类的破坏性倾向一样，仅局限于特定的历史时期。文艺复兴起源于中世纪晚期的大萧条，该世纪的天才如伽利略、笛卡儿、牛顿、莱布尼兹和洛克横跨了第二和第三次欧洲S曲线增长之间停滞与动荡的年代。在人类出现危机的年代，当已建立的秩序面临崩溃，各领域的知识精英完全有可能被激发起来，重新质疑和检验普遍接受的教义。当然，如此形而上的想法不在本书探讨范围内。

通过分析前面介绍的经济发展的基本决定因素之间的相互作用，我们可勾勒出人口增长/停滞/衰落和收入变动之间的关系。如前所示，在既定的技术条件下，一个社会的可用资源决定其经济成就的上限，包括人口数量。通过技术变革提高生产率，或开拓新资源，它的上限就会上升，由此放宽了人口进一步增长的条件。然而，最终若没有进一步的技术变革，边际收益递减的现象就会出现，社会面临生产的新的上限，继而人口增长开始平滑（或衰落），直至崭新的“划时代创新”［这个词是由诺贝尔经济学奖获得者西蒙·库兹涅茨（Simon Kuznets）提出的，见第八章］再一次提高生产率，或开拓出新资源。图1－2简单地表述了人口和划时代创新之间的关系。

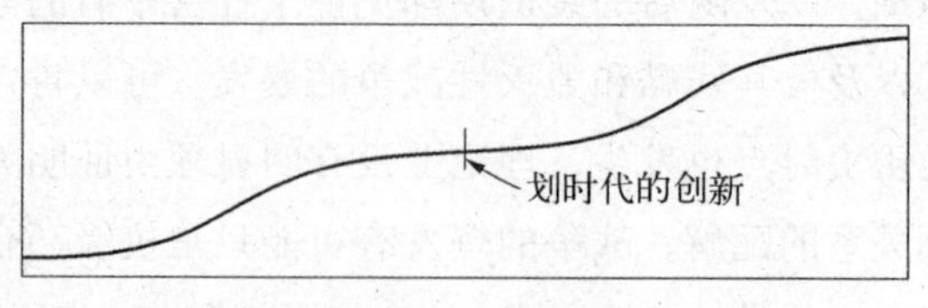

图1－2　人口和划时代创新之间的关系。

接下来的章节试图解释历史上的经济发展，为这一假设提供一个经验式的验证。

附录

Y 代表国民经济收入（或产出），P、R、T 和 X 分别代表人口、资源、技术和社会制度（“最大的未知数”）。那么

$$Y = f(P, R, T, X)$$

随着时间的推移，其变化率为：

$$\frac{\mathrm{d}Y}{\mathrm{d}t} = \frac{\mathrm{d}f}{\mathrm{d}t}$$

如文中所注，该等式无法用运算形式给出。

第二章

古代经济发展

人类作为能使用工具的动物可能早在200万年前就已出现在地球上了[①]。但果真如此的话,在最初的199万年中,他们能用的工具也只有些简陋的手用工具——用木头、骨头和石头制成的棍棒、短柄小斧、刮刀诸如此类的。尽管我们对人类进化史上这么长的一段历史所知甚少,但学者们仍将四处撒落的零碎证据拼凑在一起,创造性地做出种种推测,以构建一个合理的描述。

早期的人类,即智人的祖先,很可能是杂食类动物。主要食物为块茎、浆果和坚果,辅食为昆虫、鱼、软体动物(能觅食到的)、(能捕猎到的)小动物的肉,可能还有腐肉。他们简陋的工具直接取材于大自然,或经过少许加工,主要用来挖掘、刮擦和捶打——即人类手的延伸或改良。伴随着连续几千年的生物进化是社会和技术的进化,并最终后者超过前者。先前用作捶打的石头被碎成片状形成毛糙的刀锋;直棍的顶端被削尖作原始的矛。特种类型的石头如燧石和黑曜石被发现特别适用于制造工具,而骨头、动物角和象牙也在工具制造者的材料单上。一开始,技术进化和生物进化一样缓慢,但很有可能是在最近的5万年左右才开始加速的。在最后一个冰川时期接近尾声的时候,约2万年到3万年前的旧石器时期后期,人类的技术发展已经达到一个相对先进的水平,社会发展可能也是如此。他们制造出各种各样的片状石器,包括刀、锥子和凿子,并用骨头、动物角和贝壳造出鱼钩和针(见图2-1)。他们用渔叉、长矛、投石器、弓和箭作武器。发展到这一时期,人类已经开始食肉,至少在亚欧大陆、北美和北非是如此,那时候数量庞大的野马、北美野牛、驯鹿和猛犸是人类最喜欢的猎物。他们已经知道和使用火。

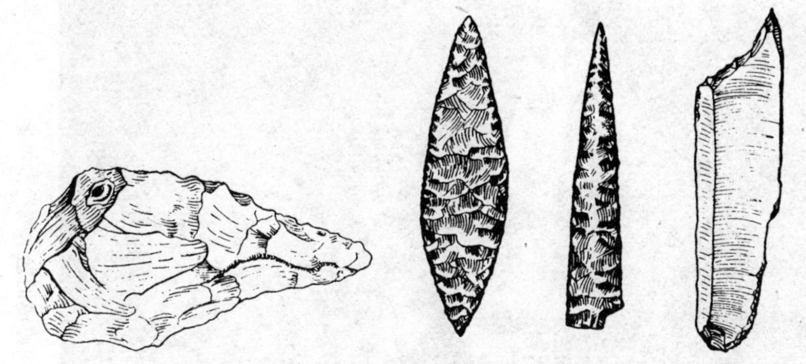

图 2－1　旧石器时代工具。这些工具有许多用处，大多数配上木质的柄或把手后再使用。

此时的人类社会组织以家族群或部落为单位，每单位大致由 6 个家庭组成。生活基本上是迁徙性的，追着猎物走，但通常仅限在一定的地域范围内，并可能定期地回到中心，如一处神圣的树丛或洞穴。家族群或部落们之间的接触可能很少，但不至于少到妨碍了各社会特性和技术的相互渗透，或许存在某种原始的实物交易，如交换女人。婚姻和血缘关系的法则已经进化，乱伦普遍属禁忌之列。万物有灵的信仰预示着宗教，一如原始历法预示着科学。文化发展的水平表现在西班牙北部和法国西南部的辉煌山洞壁画上，大致可追溯至 2 万年前（见图 2－2）。它们不仅表现出创作者们高水平的艺术技能，也从多方面反映了他们的经济活动和宗教概念。这些壁画最常见的主题是他们猎捕的动物，它们很可能是为了纪念特别成功的狩猎活动，或者是祈祷神灵赐予丰足的猎物。

---

①　这个问题有待考证，一方面因缺乏足够的证据，另一方面对人类的定义始终争论不一。所有现存人种的起源智人（*Homo sapiens*）被认为生存于约 25 万年前，在此之前有直立人（*Homo erectus*）和能人（*Homo habilis*）。最近在肯尼亚出土的古人类工具残片与简陋的石器很接近，据估计大概有 2 000 万年的历史。

图2-2　山洞壁画。旧石器时代的人——或其中的一些——拥有卓越的艺术感觉和才能。壁画上方的手印可能是这些艺术家的"签名"。

17 世纪哲学家托马斯·霍布斯(Thomas Hobbes)曾用“肮脏的、兽性的、短促的”字眼来形容自然状态下的生活,但这完全是他的推测而已。古骨研究专家近期的发现提示,旧石器时代狩猎者的健康状况可能比早期农业耕种者的要好。即使如此,他们的生活仍处在生存的边缘。在经济的自然状况的约束下,他们受制于丰年和饥年的循环、猎物的迁徙和狩猎的运气。在饥荒年份,只有最健壮的人存活下来,如果饥荒持续,部落会灭绝或迁徙。事实上,史前人类和现代人类最显著的特征之一就是流动。他们自我调节的新陈代谢功能(出汗)使早期人类能够长途跋涉,寻找食物或更温暖的气候。但是,汗水经常混杂着泪水,迁徙者会遭遇新的疾病环境、寄生虫或食肉动物。其中最危险的“食肉动物”往往是另一部落,他们也在寻找更好的境况。这些面对面的冲突经常会导致流血。或许霍布斯用“汗、泪、血”描述原始人类的生活会更精确些。

尽管有千难万险,旧石器时代的人类仍然遍布地球的表面。在旧石器时期末期,约 1 万年或 1.2 万年以前,地球上任何一个可居住地都已被人类占据,从北极到南非、澳大利亚和火地岛,有些分布稀少,有些是暂时的。毫无疑问,人口密度随着生存来源的动植物的密度而变化,在热带和亚热带地区人口较为稠密。以现代标准衡量,当时的密度都不算高。现代权威人士根据演绎推理作出估算,旧石器时期末期智人的数量不可能超过 2 000 万,大概在 1 000 万左右。

经济学和文明的出现

最后一次大陆冰川期大约于1 万年或1.2 万年前消退，这时地球上出现了一段地理和气候发生巨大变化的时期，尤其是北半球，随之对人类历史产生了巨大影响。欧亚大陆和北美大陆的气候条件改善了，这抵消了大量哺乳动物消失带来的影响，而后者是旧石器时代狩猎者的基本食物来源。长毛猛犸和多毛犀牛灭绝了；驯鹿北迁回到了它们的栖息地；北非和中亚愈来愈干燥，迫使居住者迁徙，适应新的生活方式；阿尔卑斯山北部长出茂密的森林；地中海东端的高地绿草葱郁。

不论是否与气候变化直接相关，在冰川时期结束后的四五千年中，重要的技术变革发生了，尤其是在近东和中东。石器(还有艺术和宗教物品)变得越来越复杂和精致。石头的加工方法由敲打成片状进化为打磨抛光，新石器时代来临了。(有些学者提出，在冰川结束期至新石器文化在近东和中东完全建立的公元前6000年初期，中间有过一段模糊的中石器时代，或称过渡期。)然而，最重要的新转折点是农业的出现和动物的驯养。

人类取得以上两个成就的确切时间和地点仍在争论之中，我们甚至不能确定它们是否同时发生，尽管看上去有这样的可能性，至少某些动物是这样。最可能的地点是在所谓的新月形地带，这是一块呈带状的土地(可能那时比现在肥沃)，沿地中海地区东端伸展，跨越叙利亚和伊拉克北部山脉，穿过底格里斯河和幼发拉底河边的村庄，直至波斯湾。有一个似乎合理的假设——植物的驯化是伊拉克或库尔德北部山区妇女的杰作。在这一地区，自然生长着小麦和大麦的野生祖先，丈夫们在附近的山头捕猎绵羊或山羊，而留在临时帐篷里的妇女收集起野生的种子，并最终开始播撒耕作。还有个事实佐证了这一假设，即绵羊和山羊可能是最早被驯养的动物(除了狗，狗很可能早在旧石器时代就被狩猎者驯服)。这一过程(称之为过程是因为这肯定不是独一无二的事件)可能始于公元前8000年，或者更早。可以肯定的是，到公元前6000年，部落定居后的农业已在一片广袤的区域完好地建立了起来，从伊朗西部到地中海，从安纳托利亚高原到爱琴海的两岸，人们开始种植小麦、大麦，并饲养绵羊、山羊、猪，甚至牛。从这片地始发，农业慢慢地传播到埃及、印度、中国、西欧和东半球的其他地方。(东南亚种植水稻和中东种植小麦的时间可能是一致的。)贾雷德·戴蒙德(Jared Diamond)提出一个颇有说服力的论点，早期人类提高生产率的技术创新在欧亚大陆板块的传播最自然也最有效。首先，欧亚大陆板块面积大，地形又多样，相对于其他任一大陆板块，它拥有的植物和动物种类更多，人们可以从中找到更多的可种植作物和可驯养动物；其次，它是东西走向的，这意味着只要在此板块上任一地方成功种植作物（小麦）或驯养动物（山羊），相同的成功可以在同一纬度的几乎任何地方复制。而且，由于迁徙路线主要是沿着大陆轴心东西走向的，所有的创新都会以欧洲的西端或中国的东部为终点。

这些发展对人类历史的影响是里程碑式的。人类第一次可以相对永久地定居了，再加上人类进一步提高的生产率，使人们可以储存更多的物质产品或财富，同时有更多的时间投入到与生存无关的活动中去，如艺术和宗教。随着食物供应的愈来愈稳定（最多也是年度的波动，而不会每天发生波动），人际关系和社会关系在物质上和心理上也无疑趋向稳定。生存的整个基础彻底改变了，其影响之远一直延续到21世纪，成为我们生活的一部分。

当然，对于在几百年、甚至几千年的历史过程中完成的革命性的变化，我们不应该如此夸大。变化是渐进性的，身在其中的人们完全有可能没有意识到，或至多是朦朦胧胧有点感觉。如果没有书面记载，他们根本注意不到转变的意义。狩猎和耕种在几代人身上一直是交替互补的活动，放牧可能只是一个过渡阶段。随着对农业技能的掌握，效率的提高和产量的增加，狩猎活动的重要性降低了。但狩猎一直保留着其象征意义：非常自然地从狩猎者过渡到武士再到统治者。就动机而言，变化仅仅是人们适应恶劣环境的过程而已。而对于统治社会关系和生产方法的风俗与传统，旧石器时代的人类极少能有意识地进行创新。

最早的农耕者使用的工具极其简单，最初是原始镰刀或收割刀——通常是把燧石片或牙齿接在木质或骨质柄上，先是用来收割野草种子，最后用来收割耕种的粮食。最早的农耕器具是简陋的用来挖掘的棍子和简单的锄头，后者只是把石片接在木柄上。这种以后传播到世界各地并至今在某些偏远地区仍保留的农业形式常常被称为“刀耕文化”（hoe culture）。牛犁或驴犁耕地属于发展史上较后的一个阶段，第一次出现在大河流域是公元前3000年或前4000年。

新工具、新技术、新作物和新牲畜源源不断地加入到这一基本装备行列中。在公元前6000年之前，牛可能还未被驯养，但很快被赶进了牛栏；小扁豆、豌豆以及各种各样的有根作物也早就在安纳托利亚得到了耕种；谷物最初可能是用来烧米糊或粥吃的，但对一些早期遗址的考察，人们发现了碾谷或磨粉的原始手推磨和臼，同时证明烘焙技术与农业几乎是一起出现的。到公元前6000年，谷物被用来发酵酿制成一种蜂蜜酒或淡味啤酒。在同一时期，人类发明了陶制器皿，尽管比石制器皿易碎，但制作过程更简单。而且，陶器还具有一种新的形式美，除了实用之外，还可广泛用于装饰和各种仪式。尽管没有证据可证明，但篮子编织很可能早于陶器，而且肯定早于纺织品的制作（纺和织）。有证据显示，在公元前5000年初期，人们开始制作亚麻布（也显示亚麻的种植）。没有确切的证据表明羊毛织品的制作存在于公元前3000年的中期，但是，既然绵羊和山羊早已得到驯养，而羊毛纱线的制作又比亚麻纱线简单，旧石器时代人类在用兽皮或毛皮遮身蔽体之后，羊毛织品很可能是第一个替代品。

农业村落的定居改变了以年龄和性别为依据的劳动分工，更合理的分工开始了。正如亚当·斯密在200多年前所指出的，劳动分工代表专业化，而专业化带来的是生产率的提高和技术进步。创新具体确定在何时及如何发生，只能是一个推测，现存的证据难以解释清楚。但有一点似乎是合乎逻辑的，即一个领域发生的进步会刺激其他领域的进步（用现代研发术语表达，就是“副产品”或“附带结果”）。例如，当迁徙群落在一个地方定居下来后，人们会建造更坚固、更舒适的居所来替代临时遮掩体，如兽皮搭建的棚或树枝做成的防风篱。起初是挖出的地洞或山洞，而后是茅屋，最终进化为用晒干的泥砖建成的房屋（近东和中东农业村落典型的居所）。制砖的经验有可能引发土罐的制作，最后形成陶器制造术。制陶者在改进工艺时又发明了陶轮，以后轮子又应用于运输。

冶金术的产生过程是类似的。尽管考古发现一些属公元前6000年的金质和铜质物件，但铜的正常化生产直到公元前5000年或甚至前4000年才刚刚开始，青铜(铜和锡的合金)的出现更晚。铜矿出现在安纳托利亚山区、南高加索、塞浦路斯和伊朗北部。可能制陶者碰巧用上了铜氧化物涂在陶器表面，在封闭窑高温烧制的过程中冶炼出了铜。无论铜的发现过程如何，铜的冶炼在公元前4000年中期已在近东和中东地区广泛运用，所以，铜或青铜制成的工具、武器和装饰物补充了(未完全替代)石制、土制及其他材料制成的上述物件。

劳动分工及新工艺的进化，如陶艺和冶金术，要求交换和商业形式的出现。交换的性质随商品需要运输的距离长短而变化。在每个单独的社会群落内，对于本地生产的所有商品，其交换方式可能是由当地习俗决定的；但在远距离贸易中，对于高度本地化生产的商品如燧石或金属，某种有组织的交换形式是必不可少的。我们不知道这种异邦商品交易的形式是什么，如何形成的，但某种交易形式确已存在于旧石器时代晚期和新石器时代早期。在公元前8000年，燧石的开采、石斧和其他武器的制造已经是专业工艺了，有证据显示，分布范围极广的出土工具被认定是来自特定的矿山或开矿地区。可惜我们不知道这些商业活动的执行人是谁，做石制工具交易的可能是迁徙的狩猎者，做金属制工具交易的可能是游牧部落。但这纯粹是推测。在城邦和帝国崛起后，为了贸易和掠夺，有组织的远征开始了。

农业出现后的主要成果之一就是提高了土地产出的能力，以维持人口的增长。因此，在新石器时期，凡是农业传播之处，人口就增长。在公元前4000年之前，农业传播到了尼罗河流域，在以后的1000年又传播到了印度河流域，约公元前2500年，农业渗透到多瑙河流域、地中海西部、俄罗斯南部，可能还有中国。由于各地资源和气候状况的不同，农业在传播过程中有时会得到改进。例如，在中国北部，黍米和大豆成了主要农作物；而在中国南部，最初的主要农作物是芋头，后来(约公元前1500年后)才变为稻米，而且水牛是最重要的驯养动物。在俄罗斯南部和中亚地区干燥的大草原上，新石器时代的刀耕文化没有扎根，相反，当地居民过上了一种放牧式生活。有可能在公元前3000年的某个时期，这一地区的马被驯养了。

早期农业社会的经济和社会组织的基本单位是村庄，由10至50个家庭组成，总人口在50至300人之间。从逻辑上推理，村庄是旧石器时代狩猎群落的后继者，有些实际情况也确实如此。通常村庄因环境适应能力强而规模更大些，生活水平也稍许有所改善。食物供给更充足而有规律，居住条件无疑更舒适。但是，由此而导致的人口增加使农民仍挣扎在生存的边缘。自然灾害如干旱、洪水或虫灾可以毁灭整个村庄或数个村庄；相对狩猎部落，定居生活和人口密度使传染病更易传播，他们的平均寿命可能不超过25岁。

以前有一种观点认为，在公元前4000年中期诸多城邦崛起之前，新石器时代的村庄大致相同，没有差别。但最近的考古发现，它们的社会结构与村庄完全不同，名副其实地可称之为城市(见图2－3)。在安纳托

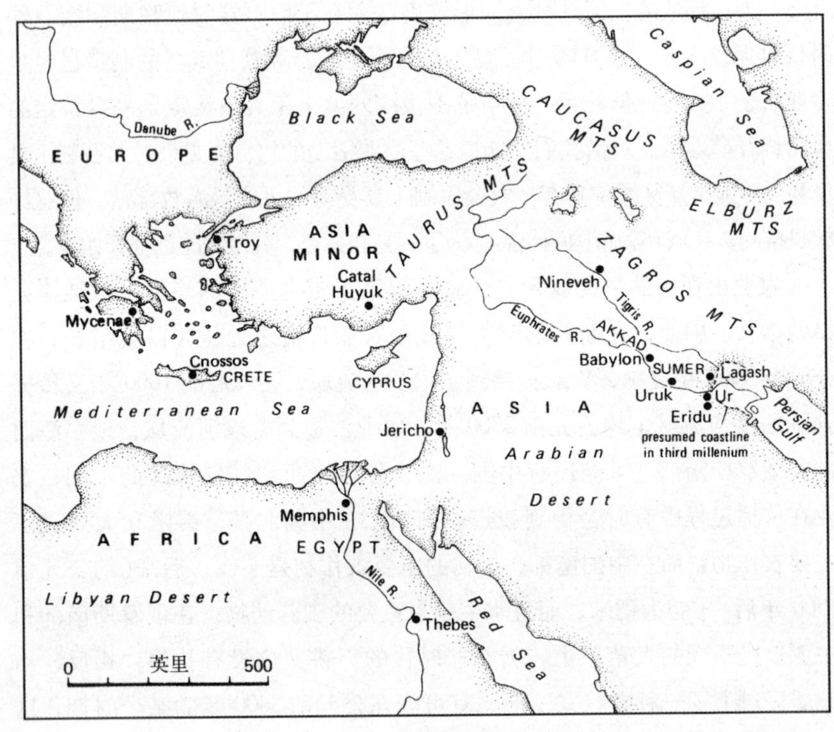

图2－3　早期的城市和文明。

利亚 Catal Hüyük 发现了一座城市遗址，可追溯至公元前7000年中期，在城市中，用同一规格的土和砖砌成的房子结构统一、大小一致，紧挨排列着，昭示着有组织的劳动分工。大多数工具取材于黑曜石，而这原材料运自70多英里远的火山石床。在耶利哥(Jericho)——可能是世界上最古老的被长久占领的人类持久居住地，遗迹表明新石器时代的定居可追溯到公元前8000年，那里竖立的一堵巨大石墙可追溯到公元前7000年。这样的工程显然超出了简单农业村落的能力范围。还有迹象表明在爱琴海地区和近东的一些地区出现过这一类城市。毫无疑问，在美索不达米亚和埃及大河文明崛起之前，存在过许多城市，我们至今仍未发现其遗址，我们同样不知道这些原始城市的确切功能和建立基础。它们有可能是原始制造中心，或周边农业社会的贸易中心。果真如此的话，就证明了曾经存在过一种复杂的经济组织结构，远比我们原先所想的要复杂得多。

在公元前4500年以前，位于波斯湾北面、底格里斯河和幼发拉底河之间的南美索不达米亚地区，其居住人口密度远比近东和中东其他地区低。因每年河流泛滥而造成的沼泽性土壤不适合新石器时代原始的刀耕文化。而且，土地上树木稀少，缺少建筑用的石头和矿产资源。但在之后的几千年中，这片并不被人看好的地区却成为第一个伟大文明的摇篮，史称苏美尔(Sumer)文明。大型的居住集中区、繁忙的城市、不朽的建筑，以及丰富的宗教、艺术和文学传统，后者对其他古代文明产生了几千年的影响。我们并不知道导致这一结果的一系列事件的确切发生顺序，但很明显，产生第一个文明的经济基础是高效率的农业。

底格里斯河和幼发拉底河两岸自然肥沃的黑土壤因每年春季的洪水而获得新生命。然而，要使土地有高效产出还需要有复杂的排水和灌溉系统，进而更需要一支大型的训练有素的劳动队伍，以及熟练的管理和监督。后者的角色由僧侣和武士阶层充当，统治着由农民和工匠组成的大批被驯服的民众。统治者通过收纳贡金、税金和奴隶制度搜刮财富，建造神殿和其他公共建筑，进行艺术创作，所有这些赋予他们(或一部分）更多的闲暇时间来完善文明的其他细微之处。

文明的出现带来了更加复杂的劳动分工和经济组织体系，如专业从事纺织、陶艺、金属冶炼和其他工艺的全职工匠出现了；建筑师、工程师、药剂师和其他职业出现了；重量和长度单位制度化了；数学被发明了；原始形式的科学萌芽诞生了。苏美尔除了肥沃的土壤，自然资源严重匮乏，它只能和其他落后民族进行贸易，从而促进了苏美尔文明的传播。可能就是因为缺少石头制作工具或建造居所，加速了对铜和青铜的应用。铜的发现可追溯到苏美尔文明崛起之前，但新石器时代的农村生活并不需要铜，从而阻碍了它的广泛运用。相反，在苏美尔的城市里，进口石头和进口铜相互竞争，但铜在多种用途中证明更经济、也更有效。铜经海路从阿曼穿越波斯湾，再取河道经过安纳托利亚和高加索山脉，最后进口到苏美尔。从此以后，冶金术被认为是文明的标志之一。

文字的发明——是苏美尔对以后文明最伟大的贡献——同样产生于经济上的需要。早期城市如埃利都（Eridu）、乌尔（Ur）、乌鲁克（Uruk）、拉加什（Lagash）都是神殿城市，即经济和宗教组织都围绕着地方守护神的神殿，其代言人就是僧侣统治阶层。僧侣统治阶层的成员指挥灌溉、排水和一般农活，监管贡金和税金的缴纳。因为要记载贡金的来源和用处，就有了刻在土制板上的简单象形文字，这大概发生在公元前3000年前。到公元前2800年，象形文字演变成楔形文字，成为美索不达米亚文明的一个重要特征。这是历史上由官僚机构颁布的极为少数的重要发明的例子之一。

尽管文字是因记录管理的需求应运而生的，很快，它就在宗教、文学和经济等多方面找到了用武之地。在发展的后期，随着以神殿为中心的严格的经济组织的退出，企业享有更自由的空间，土制板上详细记载下了合同、债务以及其他商业和金融交易。

起源于波斯湾一端的美索不达米亚文明向北进入了阿卡得（Akkad）地区，其中心是巴比伦城，随后向北到达底格里斯河谷和幼发拉底河流域。美索不达米亚的城邦在寻找原材料、尤其是金属和其他商品的贸易远征中，刺激了其他地区处于萌芽状态的文明，如埃及、东地中海和爱琴海地区、安纳托利亚高原和印度河流域。对于美索不达米亚的贸易远征，这些远处的社会群落的第一反应可能是有效地组织起来自卫，但最终有一部分变成了固定的贸易伙伴，并保留了陆地上的通商路线。其中，埃及和印度文明与美索不达米亚文明一样是河域文明，它们的存亡取决于对洪水泛滥的控制和利用。对于印度文明的早期发展，我们知之甚少，但显然它与美索不达米亚文明在海上、陆地上都有过接触。

在接近公元前4000年尾声的时候，埃及仍处在新石器发展阶段，但它与美索不达米亚的接触激发了文明在各方面的快速发展，尤其是埃及北部，线路从波斯湾、印度洋到红海。到公元前3000年的中期，埃及文明在政治、艺术、宗教和经济领域已经发展到了一个成熟阶段，而且直到公元伊始，尽管中途发生过种种外来征服和国内叛乱，埃及文明基本上没有改变过。

帝国的经济基石

帝国的兴亡是古代历史显著特征之一，也是编年史者和随后的历史学家们的兴趣所在。从世界上第一个伟大帝国阿卡得的萨尔贡帝国(Sargon of Akkad，公元前2350—前2300)的兴起到西罗马帝国(Roman Empire in the West)的灭亡(传统记载是公元476年)，历史的记载中到处充斥着帝国与统治者，读来令人眼花缭乱，仅举几例为证：古巴比伦王国(Babylonia)(亚洲西南部)、亚述王国(Assyria)(东方)、赫梯王国(the Hittites)(小亚细亚东部和叙利亚北部)、波斯帝国(the Persians)、亚历山大大帝(Alexander the Great)和他的继承者。欧洲中世纪的历史依然如故[公元7世纪各式各样的伊斯兰帝国，在接下来的几个世纪是经历了种种磨难的脆弱的拜占庭帝国(Byzantine Empire)、终结前者的土耳其奥斯曼帝国(公元1453年)]。关于这些帝国的经济基石，历史记载很少。他们建立军队和政权的经济基础是什么？他们对物质文明进步的贡献是什么？普通人的日常生活和生活水准如何？涉及这些问题的历史记载还未得到广泛的分析和研究，但通过间接证据（大多是考古的），我们还是有可能推出一些尝试性的答案。

在最初的伟大的城市文明兴起之前，新石器时期村庄的社会结构看上去是相对简陋单一的，由长者们解释的习俗和传统统治着各村落之间的关系。产权概念即使有也是模糊的，工具、武器和祭祀用品的私有产权无疑是得到承认的，而土地、牲畜则可能是集体财产（用经济术语表达，当时的土地并不稀缺，因此没有租金可收）。尽管在每个村总有个别人或一些人因智慧、力量、勇气或其他领导素质而拥有特殊地位，但并未出现特权阶层或闲暇阶层。在技术和资源的双重支配下，每个人都必须工作。

与此形成鲜明对照的是苏美尔的早期神殿城市，其社会结构完全是等级制度的。由农民和非熟练工人组成的大众大概占总人口的90%或更多，即使不完全是奴隶，他们仍过着苦役般的生活，他们没有权利、财产或任何其他的东西。土地属于神殿（或神殿内的神），由神的代表——僧侣们管理。再后来——不迟于公元前3000年伊始，一个由酋长和国王组成的武士阶层诞生了，他们的统治地位或与僧侣平起平坐，或超越僧侣。遗憾的是，从一个相对无阶层差别的社会转型成一个阶层社会，其中的细节我们无从知晓。根据马克思的理论，公有制财产转向私有制财产是转型的原因，它使得社会的一部分人可以过上脱离劳动的生活——“人对人的剥削”。僧侣和骑士阶层确实没有从事经济生产活动（撇开他们的指导和监管功能不谈），并且从这个意义上讲，他们是剥削了农民和工人。尽管如此，我们仍然很怀疑，私有制与这一现象有紧密的联系。财产关系在不同地区或同一地区不同时间是形形色色、千差万别的。在古代文明的历史长河中，现代意义上的私有财产任何时候都不是构建社会或国家的法律基础。土地的集体所有制或国家所有制是通用法则，某些地块或土地的产出物常常被分配给一些官员和武士们，工具、武器和其他个人财产的私有产权无疑是得到认可的，但私有财产权不是一个绝对权利。

阶级的划分和正式的政治组织更可能是由种族或部落的差异造成的。有意义的是，苏美尔语——第一种书面语言——与邻邦的闪米特语(Semitic)没有任何关联，这里是指任何已知的语言。有一种可能，即苏美尔城邦的最初组织者是外来的征服者，他们将自己的一切强加给了早就在这里生活的新石器时期的人们。不管从哪个方面，随后的发展清楚地表明，河域城邦的财富是诱人的目标，不断吸引周边山区和沙漠上更原始的近邻的入侵、征服或掠夺。有时，入侵者只抢能方便带走的东西就扬长离去；有时，他们屠杀或征服原有的统治阶级，建立自己的统治奴役民众。古代神话中无数次描述的神之间的冲突很可能反映了各种武士部落为争夺统治而展开的战斗，每个部落有自己的神。统治阶层的更替对农民的影响很小，除了他们也会成为暴力的偶然受害者，或者，一个统治阶层比另一个更残忍、更有效地攫取贡金和税金。

随着早期城邦朝邻近地区的逐个扩张，边界争端和水的争夺成为冲突和征服的额外导火线。据公元前3000年古苏美尔文明最早的文字记载，曾经发生过无数次统治朝代的更替，每个朝代统治着各种不同的城市。经济因素当然并不是这些斗争的唯一动力。对权力、领土和辉煌的欲望很快替代了单纯的经济动机。萨尔贡一世不仅以中央集权统一了苏美尔和阿卡得的所有城邦，还将其统治势力扩张到伊朗、南美索不达米亚和叙利亚，几乎统治了除埃及外的所有文明世界。这激发了其他征服者的相同野心，大大小小的包括波斯的居鲁士(Cyrus of Persia)、马其顿的亚历山大(Alexander of Macedonia)以及恺撒(Julius Caesar)和继他之后的罗马皇帝们。无论是出于何种动机，这些古代帝国的经济基础就建立在征服者榨取被征服者和广大农民的战利品、贡金和税金之上。

鉴于古代帝国的掠夺性，它们是否对经济发展作出过积极的贡献呢？就技术的发展而言，记录是少而又少。几乎所有对古代文明有影响的重大技术元素——植物的驯化、动物的驯养、纺织、陶艺、冶金、纪念碑式的建筑、轮子、帆船等等——都在有历史记载之前被发现或发明了。公元前2000年最突出的技术成就(约公元前1400—前1200年)——铁矿冶炼工艺的发明——很可能是由安纳托利亚或高加索山脉的一个原始或半原始部落完成的。有意义的是，铁的主要用处在古时候是制造武器，而不是工具。其他创新如敞篷双轮马车和专用战船，更与战争和征服的手段发生直接关系。

尽管重要的技术突破很少，但还是有一些技术改进，尤其是农业方面的，这些又很少是在政府措施或政策下形成的。在古希腊文化时期(Hellenistic times)和罗马帝国统治时期，出现大量的论文论述农业和相关职业的方方面面(在著名的亚历山大图书馆，仅论述烘烤技术的手稿就达50份)，这些文章的目的是给富裕的地主和管家们传授如何增加财产收益的知识。地中海盆地地形、土质和气候的独特性决定了最佳的农耕方法，这些方法在几个世纪不断的实践中并非完美地一步步地进化。大河流域文明的财富建立在灌溉农业之上，它要求劳动力队伍具备高度的组织性和纪律性。在其他地方(如北非和西班牙南部)，灌溉只是偶尔作为补充的农耕方法，在灌溉没有普及前，大多数情况下的耕作方式是缺乏经济效率的。相反，“旱地耕作”(19世纪的美国开始使用)技术得到了发展。这片地区的大多数地方土质轻而松浅，夏天漫长而干燥，必须频繁地犁松那些可耕地，以便保住和利用冬天雨季积聚的水分。为保持土地的肥沃，在没有人工肥料和极少自然肥料的条件下，土地必须隔年耕种(两年一次轮换休耕)。休耕期的土地也必须耕犁，每季节三至四次，最好九次，以减少其他植物夺取休耕地的养分。基本耕作模式开始出现了各种变化，尤其在园艺、树木培植和葡萄栽培繁荣的地区。然而，总的来说，它们都是高度劳动密集型的，即每单位土地需要很多劳动力。这严重限制了个体土地所有者或单个佃户可以开发的土地单位规模，相应的也没有余留多少收成可供纳税。另一方面，只要地块合适，劳动力充裕，大片的土地配备成群的廉价工人(农业无产者)或奴隶，无论是所有者还是政府都是有利可图的。从最早期到罗马帝国时期，尤其是在土地最肥沃的地区，后者的体系就是在牺牲前者的基础上不断发展壮大的。

尽管技术发展几乎停滞，古代帝国的经济成就仍然是巨大的。有组织的远征，无论是为了贸易还是为了征服，将已有的技术元素传播得更广泛，将新的资源带入经济范畴。民法的明确形成——即使是为统治者或统治阶级已启蒙的自身利益而设计的——为经济和社会更顺畅地发挥作用作出了贡献。最重要的是，在更大的区域范围建立秩序和通用法则促进了贸易的增长，随之而来的是地区专业化和劳动分工，最突出的代表当推罗马帝国。

地中海世界的贸易和发展

在跨越公元前 800 年至公元 200 年的 1 000 年中，地中海世界的古文明所取得的经济发展水平直到 12 或 13 世纪才被超越，至少在欧洲是如此（古代中国是个例外）。在缺乏显著的技术进步的条件下，这段时期能获得如此大的经济和发展成就，答案应该在于高度发展的贸易和市场网络所促成的广泛的劳动分工。当然，贸易并不是新生事物，新石器时代石制工具和武器的运输，美索不达米亚城邦和帝国的远征都可算是间接的贸易。远征一般是由国家资助的，而贸易和掠夺任务之间的界线常常很难分清。邻邦的统治者之间也有礼节性的礼品互换，是另一种方式的物物交易。由于陆路运输的高成本——由牲畜和人力脚夫运送商品，这类贸易仅限于体积小、价值高的商品，如金、银、宝石、高档布料、香料、香水、艺术品和宗教物品（最明显的唯一例外是铜和青铜的运输，其实，本质上也算不得一个例外，因为此类金属主要是为统治阶级制作武器和装饰品用的，其相对价格比现在高得多）。美索不达米亚文明在很早的时期就开始通过印度洋与埃及和印度河流域接触，但这些线路好像并没有开展大规模的和持续的运输，原因是缺少合适的互补贸易商品，以及季风区域存在的航海危险。

地中海地区的航海是另一回事。早在有历史记载的年代伊始（约公元前3000年），地中海东端就出现了以航海为生的人们，在两个发展中的文明——美索不达米亚文明和埃及文明——之间起着媒介作用（图2-4）。腓尼基人是最早的专业水手和商人，他们的传统路径是从波斯湾或红海进入地中海，这样他们（或他们的祖先）就有可能是早期在印度洋上穿梭于苏美尔和埃及北部的使者。无论在何种情况下，他们事实上是长期垄断了埃及的商贸，扮演着法老代理人或承包商的角色，他们的交易品包括塞浦路斯的铜和传说中黎巴嫩的雪松。随着商贸的发展，腓尼基人还开发了许多加工业，如著名的紫色染料的生产。腓尼基一词实际上源于希腊语，意思是“紫色（染色）的土地”。

在政体上，腓尼基人组建了自治的城邦，其中最著名的是西顿（Sidon）和蒂尔（Tyre）。尽管他们经历了命运的起起伏伏——在很大程度上归功于更强大的邻邦的友善或忍耐——在几乎长达3000年的时间中，他们一直是古代文明中走在最前面的商人群体，直到他们的城市最终被亚历山大大帝的军队占领。商业活动触发了字母的发展，更有效地替代了原来希腊人和罗马人采用的象形文字和楔形文字，得到发展的还有其他一些商业技能。为繁荣贸易，也为缓解狭长国土上的人口压力，他们在北非海岸线、地中海西部的西西里、撒丁尼亚岛、巴利阿里群岛以及西班牙海岸线建立起自己的殖民地。其中一个殖民地——迦太基（Carthage）——后来建立了自己的帝国，与罗马帝国争夺地中海西部的统治权。腓尼基人都是勇敢的水手和精明的商人，他们在大西洋上航行，从康沃尔郡获得了锡，而且有可能曾成功地环绕过非洲大陆。

活跃在地中海地区的另一批海洋贸易者是希腊人。与腓尼基人不同，希腊人原本是种植者，但故土（他们来自北方）岩石嶙峋的山地特点很快将他们赶向大海，以补充贫弱的农业产出。同时，优良的天然港口和邻近爱琴海的众多岛屿也是一种诱惑，促使他们离开故土。早在迈锡尼（Mycenaean）时期（公元前14世纪至前12世纪），在爱琴海、地中海东部，直至西边的西西里，希腊商人的踪迹随处可见。荷马史诗中的特洛伊战争很可能反映的是希腊和特洛伊城之间的商业竞争，特洛伊城地处

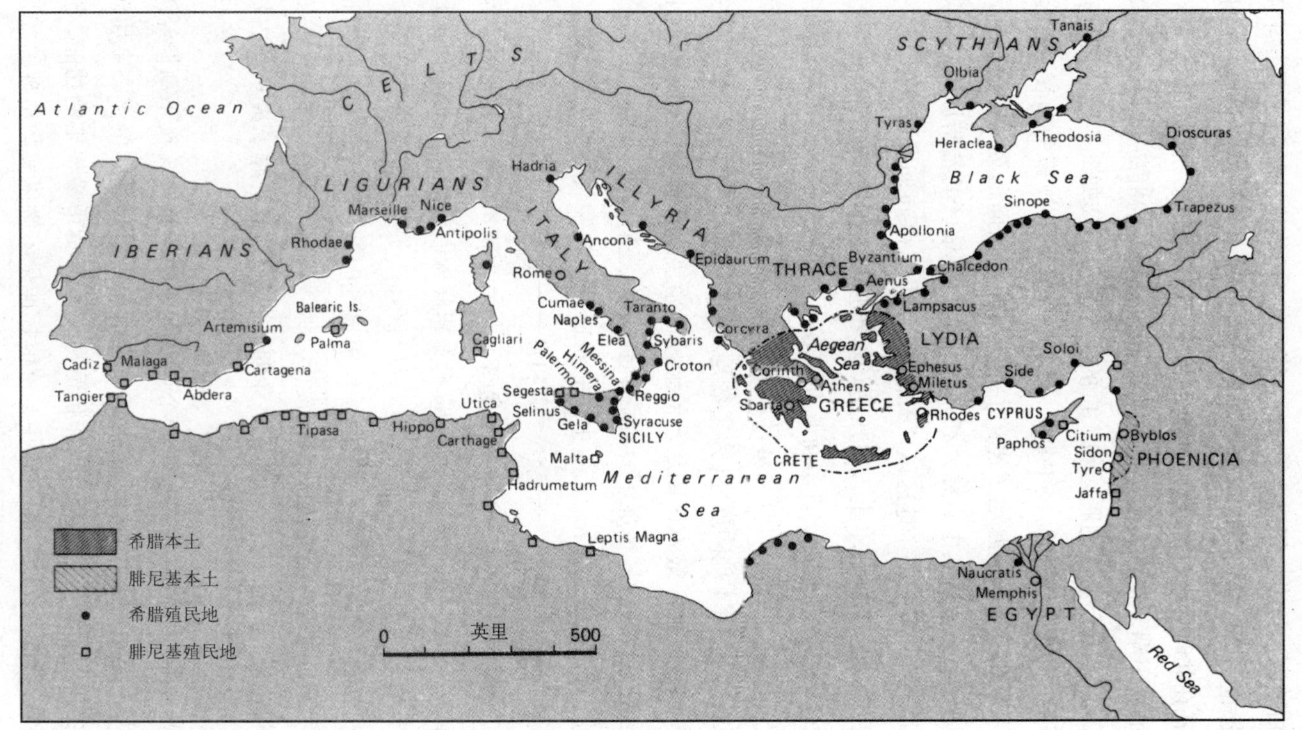

图 2－4　希腊和腓尼基人的殖民化。

黑海入口要塞，传说中伊阿宋和金羊毛的故事可能描述的就是寻找羊毛的黑海远征。“黑暗时期”之后是来自北方的新一轮侵略，希腊的商业和文明就在此时——公元前8世纪伊始——开始复兴。那时，爱琴海已是希腊的一个湖，希腊人定居在小亚细亚和爱琴海的群岛上，定居此地的原因部分是迫于资源的匮乏和人口的压力。但即使如此，压力仍没有得到缓解。在公元前8世纪中期，希腊人组织了大规模的殖民探险运动，结果是在整个地中海地区建立了希腊城市，西面远至今日的马赛，黑海沿岸全部被囊括其中。意大利南部和西西里地区的希腊城市的密集度是如此之高，以致整个地区以“大希腊”(Magna Graecia)而著称。

殖民运动除了缓解本土人口压力(碰巧也可用作发配政治上的异己者)之外，还有经济目的。许多新城市坐落在肥沃的农耕区，可向母城提供谷物和其他农产品，同时又是母城加工产品和制成品的市场和交易中心。通过市场，给本地的近邻(大多数是新石器时代的种植者)带来了文明。新建中的城市一般不试图从政治上控制殖民地，但亲属关系和商业关系相当密切。在这些情况下，希腊本土城市(还有小亚细亚城市)在商业和工业领域更加专业化。天生更适宜希腊的土质和气候的葡萄和橄榄替代了谷物，它们的最终产品——酒和油——具有更高的单位价值。希腊的手工艺者——尤其是制陶者和金属工匠——技术娴熟，他们的产品在整个古文明地区要价最高。希腊的水手和商人同样成为其他非海上民族（如埃及人）的货运人。有些城市（如雅典）在城邦内聚集了一系列的商业和金融功能，其作用与以后年代中出现的城市并无二致，如安特卫普、阿姆斯特丹、伦敦和纽约。银行、保险、股份投资，以及一些其他经济制度早在古希腊就出现了萌芽期。它们实际上源于最早的古巴比伦。

这些商业和金融的发展是由一个创新促进的，技术含量不高但经济意义重大，那就是铸币的出现。当然，货币和铸币是不同的。在金属硬币发明之前，许多其他商品被用作价值标准——货币最根本的功能，同时被用作交换媒介。在实际交换中，价值标准是不必以实物出现的或是交换品的一部分出现的，只要交换的商品以它为标准估价即可。在此基础上形成的物物交换或信用交易早于铸币的使用。然而，铸币大大简化了商业交易，使市场体系扩展到许多个人和群体，不然，后者仍可能在一个封闭的经济中过着与世隔绝的勉强生存的生活。

正如大多数的古代发明一样，历史同样没有记载铸币的发明者。现存最早的铸币可追溯至公元前7世纪的小亚细亚。说教性的传说将铸币的发明归因于迈达斯和克罗伊斯，前者是弗里吉亚国王，能“点石成金”；后者是吕底亚国王，财富万千，最终被居鲁士大帝强迫吞金而死。但事实可能是，最初的铸币是由某个希腊沿海城市的一些精明商人或银行家制作，并用来做广告。很快，政府就认识到铸币的盈利能力和威信，将铸币收为国家专利。将统治者的肖像或城市的象征(如雅典的猫头鹰)刻在铸币上，以证明金属的纯度和发行者的信誉。

最早的铸币显然是由天然金银合金制成的，产地位于安纳托利亚的冲积层山谷。由于天然金银合金在比例上的不稳定性，纯金属更得到青睐(图2－5)。尽管金铸币和银铸币都存在，但银铸币数量上更多些，在商业上也更实用。处于公元前5世纪商业社会的雅典，在商业和文化领域起主导作用，由此促成了银铸币的统治地位，至少在希腊是如此。事实上，两者是密切相关的。雅典城邦在阿提卡(Attic)半岛洛瑞姆(Laurium)的数个银矿为建造三层划桨战船提供了资源，而这种新式战船在希腊抵抗波斯入侵的战斗中起到了决定性的作用，并随后使雅典统领了提洛联盟(Delian League),最终造就了一个雅典帝国，统治爱琴海地区和周边的疆域。洛瑞姆银矿为雅典的长期贸易逆差(船运和金融服务也是重要的收入来源)提供了资金，间接地资助了大型公共建筑和不朽作品的建造，而雅典也正是以此而闻名于世。事实上，雅典的黄金时代是由洛瑞姆银矿创造的。

希腊城邦在相互间两败俱伤的争斗中衰落，而征服者亚历山大大帝却将希腊文化传播到近东和中东地区。尽管帝国随着亚历山大的死亡迅速土崩瓦解，但文化和经济上的统一却保留了下来。从大希腊地区到印

图2－5　希腊铸币。左边的铸币由天然金银合金制成，约出现在公元前600年，正面(A)有简单的冲模标记，反面(B)有条纹。右边的银质铸币，约出现在公元前480年，正面(C)是雅典娜像，反面(D)是雅典猫头鹰。它们展示了铸币技术在短短100多年的发展(照片与实际比例不符，实际的雅典娜铸币的尺寸要大得多)。

度河，通用语言为希腊语。希腊人担任着各城邦的文职职位，希腊商人在所有重要城市都建立了自己的领域。亚历山大——罗马崛起前最大的城市，人口超过50万——实际上是一座希腊城市，也是当时最重要的贸易中心。市场上流通的不仅有传统的埃及出口商品(小麦、纸莎草、亚麻布、玻璃等)，有数以千计的世界各地的特产，如大象、象牙和非洲的鸵鸟毛，还有阿拉伯和波斯的地毯、波罗的海琥珀、印度棉花和中国丝绸。光数量就能证明当时的商业组织的规模和程度。

古代文明的经济成就和局限性

至少从经济发展方面讲，古代文明的制高点出现在公元1世纪或2世纪的罗马统治时期（图2－6）。罗马在征服地中海之前就吸收了希腊文化，随着在地中海的统治，它继承了——或侵占了——希腊的经济成就和制度。希腊帝国基本上是海上帝国，从之前的腓尼基人建立的传统发展而来。帝国坚固不摧，因为它占据了通往地中海沿岸战略港口的要塞，这些港口与东西走向的欧亚大陆平行。只要海上通道是开放的，即使在内陆地区发生亏空的情况下，这些希腊城市仍可得到食物和供给。战船可以储存起来以备战用，并保证在战时能从商船上调集充足的水手和划桨人参战。和海上帝国相对照，陆上帝国如波斯帝国等，必须有常备军守卫边界。当疆域扩张时，军需就成倍增长，帝国备受经济的冲击。罗马人改变了原来的陆上供给路线，基本上采用了地中海的船运路线，成功地结合了海上帝国和陆地帝国两者的优势。

罗马人原本是农业人口，大多数是相当看重产权的小农民。在扩张过程中，他们越来越重视军事和行政事务，但对土地的依赖传统仍然保留着。相反，在罗马的价值体系中，商业的地位并不高。从事商业的只有社会的低阶层人、外国人，甚至奴隶。然而，罗马的法律体系——最初用于农业政权，后来在希腊元素的同化下逐渐改变——给予企业相当大的自由度，对商业活动也无惩戒。特别是合同的严格执行、产权以及纠纷的迅速处理（通常是公正的）。随着古罗马军团的征服，罗马法得到了传播，从此，罗马帝国为经济活动提供了一个清晰的、统一的法律框架（有些地区——埃及最明显——仍从属于自己的政体，完好无损地保留了自己的传统习俗和惯例）。

高度发展的商业网络和良好的劳动分工形成并刺激了罗马帝国的城市特征。在鼎盛时期，仅罗马城的人口就可能超过100万，而仅靠当地资

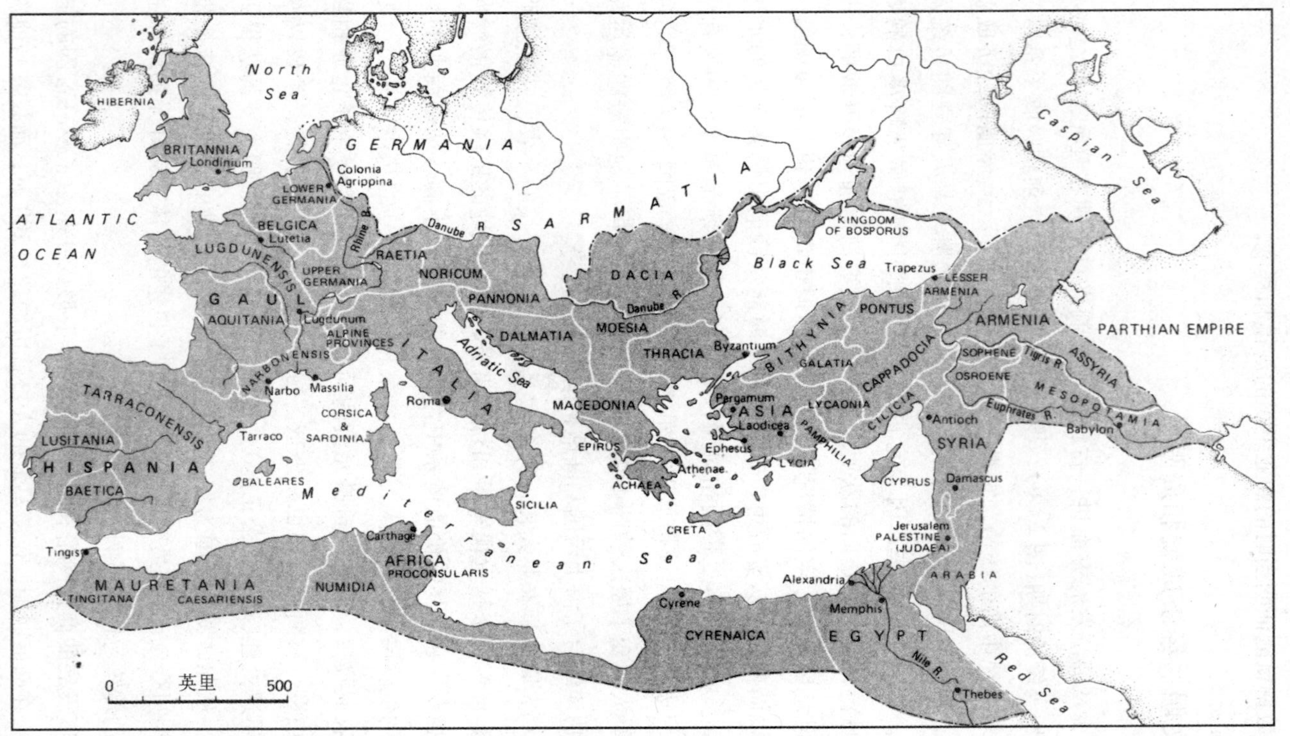

图2-6 鼎盛时期的罗马帝国,约公元117年。

源养活如此密集的人口显然是不可能的，所以就组织了大型舰队从西西里、北非和埃及运来小麦(这些船运货物的分配打破了自由贸易的规则，谷物被免费分发给20多万户罗马无产阶级家庭。为避免遗漏，以防止由此触发的暴乱，政府授予谷物供应商特权，有时甚至政府自己操作)。在规模和气势上，罗马的鼎盛时期是任何城市都难以望其项背的，但许多城市的人口也在5 000至10 000之间，还有一些城市如亚历山大等规模更大。或许，世界大规模的城市化现象一直到19世纪才再次出现。

罗马对经济发展最大的贡献是实现了罗马帝国统治下的和平(pax Romana)①，地中海盆地长久的和平与秩序为商业创造了最适宜的发展环境。尽管罗马军团不断地在征服新的领土、惩治新崛起的邻邦或镇压本土的叛乱，但在公元3世纪前，这些动荡一般都发生在帝国的边缘地区，极少影响到最活跃的商贸通道。在希腊时期甚为猖獗的海盗和抢劫基本上被根除了；著名的罗马道路的设计与其说是为了商业应用，不如说是为了战略；除了敞篷双轮马车，带轮子的车辆极少应用，而且也不应用于长距离运输；但道路的建成确实为流通和轻便货物的运输提供了便利。当然，地中海仍是运输的主干线，作为商业运输的高速通道，它的繁荣达到了前所未有的顶峰，以后也极少有过超越。

罗马和平盛世的一个主要成果是人口增长。据各种估算，帝国的人口在鼎盛时期达到6 000万至1亿不等，而最近得出的结论更倾向于后者。很可惜，我们没有任何关于这一地区更早时期的人口数据估算，如亚历山大时期，或公元前8世纪的希腊殖民统治时期。但在马可·奥勒留(Marcus Aurelius)去世时(公元180年)，在同一地区，其帝国的人口至少是恺撒去世时(公元前44年)的两倍。地中海西部地区——包括意大利——的人口增长尤其显著，而当时东部地区的人口已经相当稠密了(如埃及，公元前2500年时就已可能拥有500万人口，公元1世纪的人口可能达750万)。在腓尼基和希腊殖民统治时期，西部的许多可耕地根本无

① 征服国强加于被征服民族的和平。——译者

人居住，甚至在罗马扩张时期，意大利半岛上的许多地区人口仍相当稀疏。在后来成为罗马最大省份之一的高卢(Gaul)，其居住人口达到1 000多万，而在罗马征服时期，其人口还不到这个数字的一半。在帝国时期的上半叶，北非和西班牙都经历了经济的繁荣和人口的增长。

平均生活水平是否随人口增长同步提高，这是一个更为复杂的问题。毫无疑问，正是生活水平的改善形成并促进了人口的增长。据一位杰出经济学家科林·克拉克的估算，公元1世纪一名普通自由工匠的实际收入约等于1850年一名普通英国工人的收入，或等于1929年一名意大利工人的收入。推算的结果表示，罗马工匠的经济条件比今天亚洲、非洲和拉丁美洲数百万计的农民和城市居民要好得多。然而，这样的比较既包含复杂的概念问题，又有数据统计上的陷阱。的确，在充足的统计数据条件下，就谷物、面包或摄入食物的平均卡路里而言，不同时期人口的收入的购买力是可比的。但如何比较古罗马竞技场与现代晶体管收音机和电视机在物质和精神上的相对贡献？如何比较徒步旅行(就算行走在古罗马的道路上！)和地铁、私家车或喷气式飞机旅行？如何比较为适应气候条件而变得越来越舒适和便利且有建筑艺术的各种房屋？而且，有关“普通”农民和城市居民的数据统计(即使是精确的)，并不代表当时的收入分配情况。

古代盛行的奴隶制度在统计比较上是一个尤其令人头疼的问题。奴隶数量的绝对值和相对值在各个时期不尽相同。在帝国扩张时期，因大量的战争俘虏和人质，奴隶的数量很多；但在帝国和平防御时期，数量就骤减(这个比率同样受其他变量的影响，如奴隶的解放、奴隶人口和自由民人口的相对出生率，而奴隶的出生率一般比自由民低)。有些奴隶无疑得到主人的善待，尤其是识字的希腊人，还有些充当了家庭教师、文士经师、家庭仆人和商业代理人，但绝大多数奴隶从事耕地或一般劳作，勉强糊口度日。奴隶的相对数量还影响到自由劳动力的价格，尽管自由民极少从事艰苦危险的矿井作业，但自由民在其他领域可能不得不与奴隶的生存标准竞争。

平均寿命是衡量物质生活水平的另一个指数。在这里仍不可忽视那些数据的不完整性和开放性，尤其是它们难以揭示不同社会阶层的疾病相对发生率和其他死亡原因。总的来说，在帝国的鼎盛时期，人口的平均寿命差不多是25岁，比早期社会略有改善，但与近期比，除了最贫困的国家，比最低的还要低得多。

“帝国鼎盛时期”只是昙花一现。早在马可·奥勒留去世前，一大堆的问题就预示了帝国的衰落及其经济的崩溃。北边有日耳曼民族的侵入，本地又有劳动力的短缺，渐进的货币通胀。所有这些问题在3世纪越来越严峻，尤其是通货膨胀，由于入不敷出的财政部对铸币的不断贬值，问题尤为突出。随着帝国版图的扩大，北部和东部边疆的国防支出不断增加，由此引发了严重的经济问题，而通货膨胀只是一个征兆而已。公元301年，戴克里先(Diocletian)皇帝颁布法令，控制物价和工资，重组内政，改革财政体系。他以及后继者君士坦丁大帝(Constantine)的改革使帝国得以残喘了一段时期，但根本问题并没有解决，而且这些矛盾事实上是更尖锐了。

罗马帝国经济的两大支柱是农业和商业。农业剩余(农耕者用以养家糊口以外的产出)就个体而言是很少的，但通过税收集中后数量就比较可观了。它们的供给滋养着军队、帝国的内政和城市人口。而高效率地集中这些剩余依靠的是帝国上下顺畅的商业。商业会因野蛮人的入侵而遭受破坏，但更大破坏可能来自帝国内政的低效率和腐败。海盗再次肆虐地中海，盗匪控制了山区要塞，有时，军队自己会对和平的商业进行掠夺。

税赋逐步加重，其负担抵消了政府其他政策的好处。许多大面积的土地——贵族私产——是免税的，税赋的重担就由最没有能力纳税的人承受。在3世纪的通货膨胀时期，由于税收水平持续低于军队和内政的支出，政府开始整顿税制，戴克里先皇帝建立了定期交纳贡金的制度。这个大刀阔斧的措施在短期内达到了目的，但却彻底颠覆了帝国经济体系的基石。市场交易减少了，农耕者甚至小业主们逃离了土地，寻找大地主的庇护，后者原本免税的土地随之扩大了。随着交易的减少，城镇人口因供给的匮乏而萎缩，大地主的庄园变得越来越自给自足，在农耕自足之余，他们开始从事金属冶炼、织布和其他交易，如此取代了原来城镇的功能。这是一个恶性的收缩循环。

戴克里先皇帝颁布法令以控制物价和工资，并且违者严处，但他的努力还是失败了。公元332年，政府出台了更加激进的措施，将农耕者和土地捆绑起来，将所有职业和职位——农民、工匠、商人，甚至政府官员——设为强制性世袭制。随着各种供给的强行征用，这些措施短期内是成功的，但对经济体系的破坏是颠覆性的。随着人口的减少，经济退回到原始的生存水平，城镇被荒废，大庄园的建筑越来越像防御城堡。在公元4世纪末，西罗马帝国只剩一个空壳，在自身的压力下渐渐崩溃。

罗马帝国的灭亡和古代经济的衰落(或衰退)是不同的，尽管它们之间有密切的联系。如果当时的经济能够满足寄生其上的帝国政体和军队的各种需要，帝国可能还能持续几千年——就如东罗马帝国或拜占庭帝国一样。相反，若罗马帝国的制度框架可以继续提供有效的保护，使平稳和谐的生产活动免遭内外部的威胁，若司法管理能够更有效率，显然，帝国的经济完全可以像塞维鲁时期(the Severi)、戴克里先时期和安东尼时期(the Antonines)的帝国一样繁荣。而事实是这些条件一个都不存在。

造成罗马帝国灭亡的种种原因，以及约束古代经济发展并最终使之消亡的原因，其根本是技术创新的缺失。至少在古代文明的某些历史时期，技术上的无果与文化上的绚烂形成了鲜明的对比。直至今天，古典艺术和文学作品仍是衡量当代作品的标准，哲学、数学和一些科学分支上的进步也是有目共睹的。蒸汽的特性在古代就为人所了解，只不过其应用仅在玩具和装置上，用以制造假象迷惑他人。水轮和风车也早在公元前1世纪就被发明了，只是一直到欧洲中世纪才得到广泛的应用。罗马工程师的才华表现在道路、输水渡槽和穹顶建筑上，但在提高机器效率方面却表现平平。很显然，古人并不缺乏智慧，这不是阻止他们对技术进步作贡献的原因。

原因在于社会经济结构以及由此产生的态度和激励机制的特性。大多数生产性工作是由奴隶或与奴隶地位相似的农民来完成的，即使他们有机会改进技术，他们的回报即使有也是极少的，不外乎收入高一点或劳动少一些。少数特权阶级的成员投身于战争、政治、艺术、科学以及挥金如土的生活，他们既没有经验，也不愿意做与生产相关的试验，因为劳动被打上了奴役的烙印。阿基米德(Archimedes)是一个科学天才，却公开鄙视科学的实际应用。他唯一的一次让步是为保卫家乡叙拉古抵抗罗马人而做的机械弹弓，当然，抵抗最终失败了。亚里士多德(Aristotle)——古代哲学家和科学家中的活百科全书——认为，主人和奴隶之间的差别是由生物学决定的，奴隶应该为主人劳动，使主人衣食无忧，有更多的闲暇发展文明的各种艺术，这是宇宙的自然秩序的一部分。圣保罗

图 2－7　罗马高架水渠。今日仍屹立在西班牙的塞戈维亚(Segovia)，它证明了罗马工程师的才华，但他们的才能并没有用于创造节省劳动力的机器。

(St. Paul)甚至写道："主人和奴隶必须接受现在各自的地位，总有一部分人是自由人，另一部分人是奴隶，否则，尘世就不存在了。"综观这些态度，当时很少有人认真思考技术发明，以减轻劳动力负担或提高奴隶阶层的地位，这样的现象一点也不让人惊讶。一个以奴隶为基础的社会可能会创造出艺术和文学杰作，但不可能创造出持续的经济增长。

第三章

中世纪欧洲的经济发展

“中世纪的经济增长”对早期的一代人来说可能是一个矛盾的词语。文艺复兴时期的作者在颂扬自己再现古代文明辉煌的时候，总是极力贬低自己的上一代人，在他们的影响下，中世纪在很长一段时间内被认为是一个文化和经济停滞发展的时代。事实上，中世纪的欧洲有过繁荣的技术创新和经济活力，与古代地中海地区的正常平庸发展形成鲜明的对照。而且，中世纪为经济活动创建了各种有特色的制度框架，其影响力一直波及近代。中世纪农村生活的风貌特征至今犹在，即使在先前已社会主义化的东欧经济，其踪迹仍依稀可辨。

土地基础

在19世纪工业化来临之前，经济活动最重要的构成部门是无处不在的农业，这是由农业产出的价值和总量以及投入的劳动力比例决定的。然而，中世纪欧洲以土地为主导，这在发达文明中是独一无二的。从古代苏美尔城邦国家到罗马帝国，尽管人口的大多数是从事农业劳动，但经济和社会的特征仍是由城市制度决定的。而在中世纪的欧洲，尽管城市人口的规模和地位不断上升，特别是意大利和佛兰德(Flanders)，但起决定作用的却是土地和农村的制度。

要理解中世纪经济与众不同的特征，我们应该回顾其发端时的政治和经济状况——愈来愈沉重的苛捐杂税和愈来愈严重的罗马帝国的低效和腐败；中央集权的最终崩溃和随之而来的无政府状态；自给自足大庄园的发展、地区间贸易与城镇的萎缩。帝国崩溃之后，蛮族部落持续的蹂躏抢掠，小王国兴兴衰衰，此起彼伏，但没有一个能够维持长期有效的秩序，或建立正常的税收体系。位于卢瓦尔河和莱茵河之间中世纪心脏地带的法兰克王国(Frankish kingdom)比其他王国的生命更持久些，但它也没有一个正规的税收制度，或一个长久性的官僚体系，国王依靠贵族及其随从们不确定的忠诚来维护国家的秩序和统一。

自公元8世纪起，大批新侵略者对法兰克人和其他欧洲人的威胁持续了两个世纪之久，公元711年，来自北非的穆斯林入侵了西班牙，并迅速推翻了西哥特(Visigothic)王国。到公元732年，他们已渗透到法国中部，并在那里遭受了回击，被迫撤退。法兰克人将穆斯林击退至比利牛斯山脉，而后者却又征服了西西里岛、科西嘉岛和撒丁岛，将地中海变成了一个不折不扣的穆斯林湖。

在中世纪后期，北欧海盗从斯堪的纳维亚一涌而出，占领了不列颠群岛，征服了诺曼底，袭击沿海和沿河地区，远至内陆的巴黎，甚至横穿地中海地区。公元9世纪，勇猛的马札尔(Magyar)部落穿越喀尔巴阡山脉进入欧洲中部，在意大利北部、德国南部和法国东部烧杀抢掠，在以后的一个世纪里，他们生活定居在新选择的家乡——匈牙利平原。

面对这些威胁，法兰克国王们设计了一套军事政治体系，并把它嫁接到正在演进中的经济体系上，即后来所称的封建制度。军事上要求建立一支骑兵，由于马镫的引进(可能源于亚洲)，步兵成了无用的东西。若没有有效的税收体系和货币经济的存在，国家要支撑这样的骑兵几乎是不可能的。而且，国内秩序和行政管理又要求配备大量的地方官员，国家却不能按时支付薪水。解决这些问题的办法就是给武士们赐封领地(许多领地是从教堂没收来的)，以领地的收入回报他们提供的军事服务。同时，武士们(领主和骑士)必须负责维持领地内的秩序，并掌管司法。大贵族(公爵、伯爵和侯爵)拥有大片领地，覆盖许多村庄，他们将其中的一部分赐予较低一级的领主、骑士或自己的随从，后者宣誓效忠以回报，类似于宣誓效忠国王。这就是封建制的领地分封。

封建制度的基础是起源于完全不同且更古老的庄园制度(manorialism)①，它是一种经济和社会组织的形式。庄园制度的雏形始于罗马帝国后期，当时罗马贵族们的大型农庄(latifundia)转型为自给自足的庄园，农耕者与土地捆绑在一起是由于法律的约束，或者是由于更直接的经济和社会的压力。蛮族部落的入侵对这一制度进行了修正，他们将部落首领和武士纳入统治阶层。公元8世纪和9世纪，在撒拉逊人(Saracen)、北欧海盗和马札尔人的入侵时期，庄园制度确立了其地位，并成为封建制度的经济基础。

有关庄园制度第一手资料的文献记载可追溯至公元9世纪。庄园制度在那时的卢瓦尔河与莱茵河之间的地区(法国北部、南部低地国家和德国西部)以及意大利北部的波河早就建立起来了，后来，随着诺曼征服，略有修改的庄园制度被带到英国，带到再次被征服的西班牙和葡萄牙，带到丹麦和欧洲中部及东部。一些地区如苏格兰、挪威和巴尔干半岛从未真正出现过庄园制度，即使是在庄园制经济覆盖的地区，仍有一些地方，通常是山区，还保留着不同的组织形式。

庄园没有一个统一的形式，它因地理环境和所处历史时期的不同而千差万别。然而，为了更好地进行比较，勾画一幅理想的庄园图还是很有用的(图3-1显示的是一个真实的庄园)。庄园是一个有组织的行政管理单位，它的组成部分有土地、建筑物以及赖以生活的人。土地从功能上可分为可耕地、牧场、草地、树林、森林或荒地，从法律上又可分为庄园主领地(这里选择用英化的法语“demesne”来表达，英文“domain”的含义更广)、农民所有地和公共用地。庄园主领地大概占庄园总耕地面积的25%或30%，有时它们不一定被圈围起来或与农民所有地分开，它们包括庄园主宅第、谷仓、马厩、作坊、花园，或许还有葡萄园或果

① 由于法国是古代庄园的发源地，经常使用的是法语单词 seigeurie 和 seigeurialisme (或变异后的英文单词 seignorialism)。由于各地区的庄园存在性质上的差异，不同的语言有不同的表达，但基本相似。

园。农民自己耕种的土地是大片空旷地，中间围着庄园主宅第和村庄，田地呈条形状，代表单个农民家庭所拥有的单位数量，有的家庭可能拥有两打或更多块地，散落分布在庄园的田野上。草场、牧场(包括原始牧场、为放牧而未耕种的土地)、林地或森林通常为公共财产，庄园主负责监管森林的使用并享有特权。

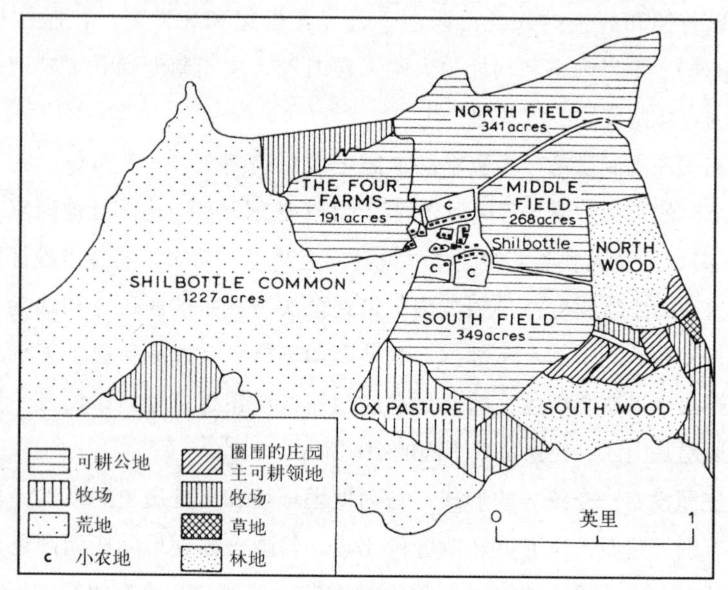

图 3－1　一个中世纪的庄园。图中是17世纪早期中世纪庄园的一个代表——英国诺森伯兰郡希尔博特村。注意图中农民的小农地(带花园的小屋)外围是空旷地和公地(荒地)。图中没有标出庄园主宅第，但圈围起来的庄园主领地位于图的右下部。

庄园主宅第通常建有防御工事，它是领主或其代理人的住所。拥有许多庄园的大领主可能将领地有偿租给低一级的领主或随从，后者服军役回报领主的恩惠。宗教机构如教堂和修道院也拥有领地，可能租给随从，或直接由牧师管理，或者委托给非专业的管家或管理者。封建主义的理想是“地有主，主有地”，但理想并没有全部实现。原则上，领主的职能是防御和掌管司法，他可能对土地开发的监管有直接的兴趣，但更多的情形是将全部事务交给管家或财产委托管理者。除此之外，他常常有其他的额外收入，如拥有当地的磨坊、窑和葡萄榨汁机的所有权。

农民们居住在庄园主宅第墙外或附近的小村庄里，一般是简单的一两间房的小屋，有时带一个供睡觉的阁楼，建筑材料可能是木头或石头，但更多的是土和树枝。泥地，无窗，稻草的屋顶开个洞当烟囱。牲畜和农具可能放置在其他的建筑内，但在冬天，牲畜经常移至屋内与人共居。村庄的位置一般在小溪附近，供水的便利保证了磨坊和锻炉、铁铺风箱的正常运转。若庄园主宅第内没有设立小教堂（即使有），村庄里也必定会有一个教堂，如此才构成一幅完整的庄园图。

设想的庄园图已勾画完毕，实际的庄园都是千差万别的。理想的庄园是一个庄园有一个村庄，但现实经常是一个庄园拥有几个村庄，或两个至两个以上的庄园分占一个村庄。有时候，庄园的农奴根本不住在村庄里，而是散居在小村落或农田边。后两种居住形式最常见于土地贫瘠的地区或山区，那里的庄园组织形式很松散或根本没有。但在地中海盆地，尤其是法国南部和意大利大部分地区，罗马时期典型的居住形式贯穿整个中世纪，即封闭式的方形耕地上居住着相互隔离的农民。在引进庄园制度的地区如伊比利亚半岛、德国东部，甚至英格兰，由于当地土地、气候、地形和现存制度的影响，庄园制度的特点有所变化。最后也是最重要的一点，庄园制度并非如勾画的是静态的制度，它是动态流动或演进的，是渐进式的，难以察觉的，又是必然而不可避免的。

农业社会

农业人口可分成不同的社会阶层。根据完善的封建制度理论——该理论与其他理论一样，直到制度本身濒临衰亡的边缘才得以发展，社会由三个“等级”组成，每个等级各司其职。领主负责提供保护和维持秩序；教会人员负责社会的精神福利；农民负责劳作以供养上述两个等级。简而言之，就是领主打仗，牧师祈祷，农民劳作。有意义的是，城镇居民竟然没出现在该社会等级制度中，尽管到公元11世纪他们已经形成相当大的规模，数量无疑比领主或教会人员多得多。

统治阶级——即严格意义上的封建领主阶层——可能占总人口比例的不到5%，它的构成基本上是一个社会金字塔，顶端是国王，接下来是大贵族，底部是骑士。实际情况甚至更复杂，许多贵族拥有几个庄园(也称封地)，从技术上讲，他们是多个领主的封臣。在极端情况下，就某领地而言，两个贵族甚至国王都有可能互相是对方的封臣。因此，如此复杂状况时常引发争吵和纠纷一点也不足为奇，这给封建时代平添一个法律缺失和暴力横流的不公正名声。

教会阶层——唯一在生物学上不能自我繁衍不绝的阶层(至少理论上是如此，尽管实际中有时是另一回事)——同样也有许多社会等级。首先，普通教会人员和在俗教会人员是有区别的，前者(即修道士)脱离世俗生活，离群索居；后者(牧师和主教)更直接地参加社会生活。在中世纪早期，普通教会人员享有更高的声望，但从公元10世纪往后，在俗教会人员的地位随着城镇生活的复兴而得到了提高，主教和大主教在世俗和教会生活中都扮演着重要的角色。其次，普通教会人员和在俗教会人员本身也是有区别的，取决于个人加入教会时的社会阶层。贵族家庭长子之外的儿子一旦进入教会阶层，不管是否经过专业培训，他们经常是注定要成为主教或修道院院长的，而阶层较低的人最多只能指望在主教管区下的教区谋个牧师职位，或在修道院内做个教士。教区内的垂直流动机会一般比农业社会内部的流动机会多，但与新城镇所提供的机会相比要少得多。

即使是农业人口，社会地位的差异也是存在的。从广义上可分两大类：自由民和农奴。但两者之间的界线并不十分清晰，自由和奴役的程度不同。罗马帝国时期存在的奴隶制形式到公元9世纪已逐渐消失，唯一遗留下来的只是大贵族的家庭奴仆。另外，同样是罗马帝国时期存在的自由民阶层(有田地的农民和佃户)差不多降级到奴隶工人阶层。真正的自由民——可以在村庄之间自由流动，可以自由买卖土地，可以不需领主的准许而自由结婚的人们——在中世纪的农民中是极少的。同时，领主的权力是有限的。农奴不再是主人的财产，而是土地的附属品(adscripti glebae)，也就是说，与土地捆绑在一起。领主可能不停地换，但农耕者——无论是自由民或农奴——在土地保有期内都是安全有保障的，除非是特别艰难时期，他们是受到"庄园习俗"保护的，并且有时还有文件佐证(如英国登册土地保有者[①])。

贯穿中世纪和现代早期的农民社会地位的两大趋势是显而易见的，它们和庄园的演进是密切相关的。从罗马帝国后期到大约公元10世纪或11世纪，两个极端——自由民和农奴——的权利和义务被迫走得越来越近。接着，大约从公元12世纪到法国大革命，农奴受到的约束(未必是经济上的)开始渐渐放松，结果是西欧一些地区的农奴制度逐渐衰微(欧洲中部少得多，东部根本没有，反而朝相反的方向演进)。

稳定的模式

庄园内的劳动组织是一个习俗之间相互合作和压迫的混合体，少有个人发挥的空间。最重要的活动是全体村民参加的耕田、播种和收获。由于当时的露地耕作制，以及个体农民的条形土地四处分散的状况，只能采取共同作业。而且，黏性重的土地——通常也是最肥沃的土地——需要4至6头、甚至8头耕牛犁地，农民拥有的耕牛最多只有1至2头(许多农民还根本没有耕牛)，这就要求相互之间的合作。收获也是合作完成的，然后在收割后的田地里放牧牲畜。

中世纪农业经济中牲畜的分布因地区差异而各有不同。牲畜最重要的功能是耕地，在欧洲到处可见的就是最普通的耕牛。其他耕畜包括马(约从公元10世纪起在欧洲西北部和俄罗斯被使用)、驴和骡(主要在法国西南部和西班牙被使用)，还有水牛(在意大利的一些地方)。与马和骡

① 旧时英国有领地法院案卷副本为证的登册土地保有者。——译者

不同，牛以草和干草为主饲料，且性情温顺，容易喂养，所以当时很普及。奶牛当然也是必需的，除了生育外还可提供黄油和做奶酪的原材料，而且在最穷的地方，奶牛也被用来耕地。在庄园经济地区以外很少有农业的地区，如欧洲的“凯尔特边缘地区”（布列塔尼、威尔士、爱尔兰和苏格兰），半游牧民族部落几乎完全以牛群为生。斯堪的纳维亚，特别是挪威和瑞典同样如此，牲畜的饲养比耕种更重要。在庄园化的主要地区，饲养家禽、牛、羊和猪是为了生产肉制品(羊还生产羊毛)，副产品是生产有机肥料，但与耕作业相比，牲畜饲养仍是次要的。在欧洲北部最盛行这种形式，那里潮湿的气候提供了良好的天然牧场，那里的大森林又为牛、马和猪提供了饲料。在南方的地中海气候地区，牲畜的饲养就没那么重要，其形式常常是以季节性地迁移来放养绵羊和山羊，羊群在低地地区过冬，春夏季又被赶回山地牧场。有时羊群的通过毁坏了农田，在山上的过度放牧又导致森林的滥伐和土壤的侵蚀。

大多数农民必须先在领主的领地上从事劳役，然后再在自己的条形地上劳作。劳役的轻重和性质在地区之间(甚至在庄园之间)是不同的，并且因时间的不同及农民的社会地位或其登册保有地的不同而各有差异。名义上的自由民持有登册保有地却要服劳役，而有时名义上的农奴却可能拥有登册保有地或租用土地，这些都是很常见的。一般而言，前者会被召去做更多的活，也许平均一周三至四天，而后者做得少些。妇女们在领主作坊里或家中纺纱织布，孩子们在领主的宅第里做仆人。从公元10世纪开始展开了一场废除劳役或变无偿为有偿的进步运动，有些地区走得更快一点。

除了提供劳役外，大多数农民一般还要以货币形式或实物形式向领主缴纳其他一些债务、租金和费用。其中一些是定期缴纳——如在每年的租金上加上圣诞节的一只羊或几只鸡，还有些是特殊情况——如继承人在亲人故去或结婚时继承登册保有地。这些苛捐杂税的性质和价值存在着巨大的差异。在公元13世纪的英国，农民承担的苛捐杂税占总收入的50%，有些时候，有些地方的数字甚至超过它。农民必须付费使用领主的磨坊、葡萄榨汁机和烤炉；必须服从庄园法庭上领主公正的判决，经常缴纳罚款；还必须向教堂缴纳什一税（未必是十分之一）；有时还得向王室纳税。农民拥有的登册保有地若太小以致不能养家糊口——事实上经常如此，他们就要在领主的领地里做更多的活（或为条件较好的同伴做，但这种情形很少），以换取货币形式的工资，但实际上得到的工资常常是以实物支付的。

庄园制度的发展持续了几个世纪，这一时期充满了政治动荡、频繁的暴力冲突、衰微的商业活动、职业的专业化和原始的生产技术。尽管庄园制度的建立并非是有意识的，但它却维护了社会的稳定和持续性，使稀少的人口维持在一个较低但可接受的生活水平上。庄园制度显然是反对标新立异的，由此也抑制了创新。然而，它在应对制度与资源的相互作用中不断发展，从而引发了技术变革，提高了生产率，刺激了人口增长，由此改变了制度赖以生存的基础。

变革的力量

中世纪农业实践中最重要的创新是地中海地区的农作物由古代的二轮耕作法变为三轮耕作法。与此有紧密联系的另外两个伟大创新是重轮犁的引进（图 3-2）和马用于耕地。后者的创新反过来又取决于套马挽具和马具的创新。

古代的两轮耕作法——即土地在犁过后休耕备隔年用，以保持土壤的肥力并积聚水分——应用在地中海盆地，该地区的土壤松而轻，夏季漫长干燥。在罗马帝国的势力扩张到欧洲西北部之前，那里很少有定居式的农业。

高卢人和日耳曼各部落主要以牛群为生，当他们在田地上种植农作物时，他们采用砍伐加焚烧的技术清理田地，一旦土壤的肥沃度降低，他们就会迁移去新的地方。罗马人带来了两轮耕作法，但罗马人的犁却不能穿透欧洲西北部特有的重土，结果，他们只好耕种有充足自然水源

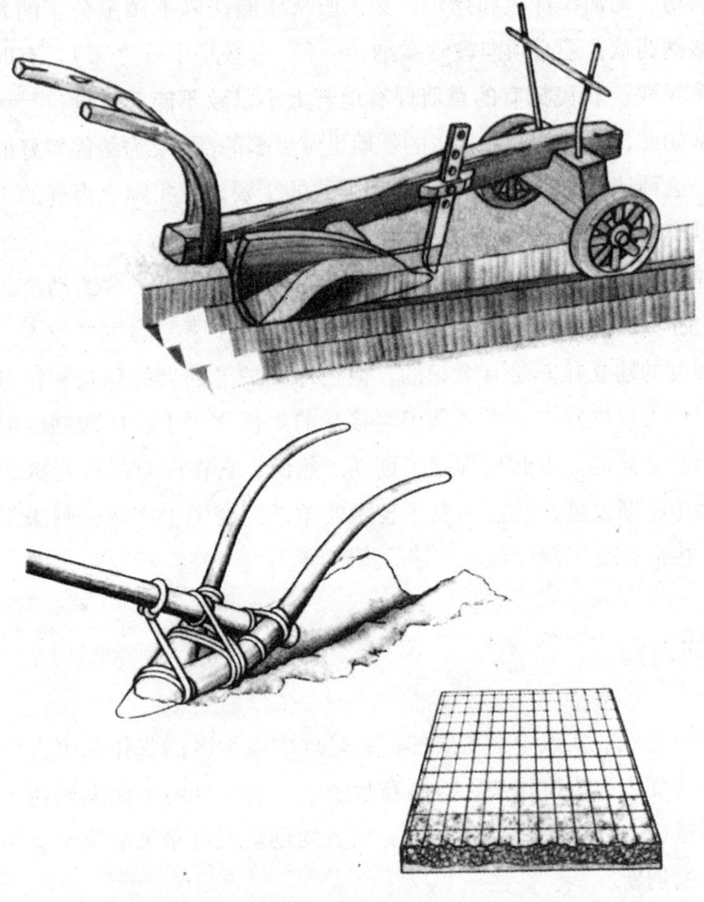

图3-2　重轮犁(上)。与地中海轻犁(下)比较，后者只能在小型方块地上浅耕，而前者能深翻东欧肥沃的深土，并能犁出长条状的垄背垄沟，称为“弗隆”(Furlong)。

的沙质地或白垩质山地，避开了平原或山谷中肥沃的重土壤。

重轮犁的确切发源地和确切时间至今仍在争论中。可能是随法兰克人进入高卢时带来的，若果真如此，它也是在农耕比牲畜饲养更重要之后才得以推广的。使用重轮犁需要几头耕牛或其他耕畜，由此促进了庄园制度特有的合作耕种的发展。与轻便简单的罗马犁不同，重轮犁可以翻犁欧洲西北部的重土和深沃土，使用者由此获得了新的自然资源。

欧洲西北部的气候湿润，轮休耕地以积聚水分是没必要的。而且，深土的养分供给更持续稳定，特别在耕种不同农作物的情况下。据文献记载，最早实施定期三轮耕作法的是在公元 8 世纪后期的法国北部。到公元 11 世纪初，它已在欧洲西北部被广泛地运用了。典型的轮种方式是春季播种（燕麦或大麦，有时是豌豆或大豆），夏季收获；秋季播种小麦或黑麦，第二年夏天收获，然后一年休耕，让土壤恢复肥力。这是基本模式，可以有许多变化模式。

三轮耕作法有几个优势。最根本的是提高了土壤的生产力，在任何既定量的耕地上可多播种三分之一的农作物。同时，每单位的劳动力和资本产出也更大。经计算，用二轮耕作法可耕 160 亩的犁队，用三轮耕作法可耕 180 亩，这意味着实际生长的农作物提高了 50% 的生产力。三轮耕作法有秋耕和春耕，使得农田劳动在全年的分布更均匀，还降低了因庄稼歉收而出现饥荒的风险，若有必要，小麦和黑麦可以在春季播种。最后，随着可耕地的增多，可以耕种更多有营养价值的新的农作物。由于三轮耕作法的优越性，它在土壤和气候条件有利的地区很快地传播开了，到公元 11 世纪，它在法国北部、低地国家、德国西部和英格兰南部已得到广泛地应用。另一方面，地中海地区直到公元 19 世纪仍普遍使用二轮耕作法，三轮耕作法比较罕见。尽管当时城市的需求在增长，尤其是意大利北部，城市周边的土地都加以精耕细作，用来生产经济作物，很好地利用了城市的有机肥料。

在公元 10 世纪之前，马一般是不用来耕地的。一部分原因是成本问题，养马比养牛贵，饲料贵，量又大，而且富人阶层又需要马匹用于战争和运输。但还有一个更根本的原因，中世纪前设计的套马挽具刚好穿过马的喉咙，影响了马的呼吸，这样降低了马匹作为耕畜的效率。在公元 10 世纪前，套在马肩上的马颈圈可能从亚洲引进到了西欧，不久之后，又开始使用保护马蹄的铁蹄，马蹄比牛蹄当然要精细得多。此后，马开始广泛地运用于犁地和拉车，但远没有完全代替牛。毫无疑问，马占有生理上的优势，它比牛长得更健壮，跑得更快。另一方面，马在繁殖、饲养（马吃燕麦或类似谷物）和装备上的成本也更高，当代专家计算过，一匹马可完成的工作量约相当于3头至4头牛，但成本支出也是3倍至4倍。因此，用不用马取决于经济上的精打细算，只有在某些情况下才可行。首先，需要有稳定而便宜的燕麦供给，这样一来，大多数地区（如地中海盆地的大多数地区）由于土壤和气候条件的约束只能采用二轮耕作法，它们就被排除在外了。另外，耕地的单元规模必须足够大，这样才能有效充分地利用耕畜，使收益大于饲养成本。事实上，马耕的应用局限在法国北部、佛兰德、德国的部分地区以及英格兰，即使在上述这些地区，它也没有完全代替牛耕。（东欧部分地区也用马耕，特别是俄国，但由于耕作制度不同，结果也不同。）这就是马耕与三轮耕作法及重轮犁之间非常接近又不完全的一致性。很有意义的是，那些地区在中世纪是农业生产率最高的地区，而今天仍然如此。

除了这些重大创新，中世纪农业还经历了许多其他的小创新和技术改良。中世纪欧洲的铁比古代地中海的铁数量更足，价格更便宜，这是因为冶金技术的改进和新资源的供给充足。铁除了用于制造骑士盔甲和武器，越来越多地应用于农具，如轮犁的铁犁刀替代了地中海的木犁头，还有一些简单工具，如锄、长柄叉，特别是斧。收割的镰刀也有了改进，长柄大镰刀用于收割干草。耙，古时曾用来砸泥块、平整表土或耙土盖种，经过设计改进后用途更广泛了。动物粪便可用于肥土，其价值早为人所知，但在收集和储存上做了更多的改进。还有如撒泥灰石的做法（在土壤中加入白垩或石灰），就像将泥炭加入土壤一样，提高了某些土壤的肥力。公元13世纪，在精耕细作地区出现了“绿色施肥”（耕地上种植三叶草、豌豆和其他含氮植物）的技术，用于维持或提高土壤的肥力。上述技术，还有种植饲料作物的，如野豌豆、芜菁、三叶草用于集约型放牧，由此而产生了重肥，使得精耕细作地区出现了四轮耕作法或更复杂的轮作法。

我们也可以说说作物生长和牲畜饲养方面的创新。尽管遗传学是远在后来才产生的学科，但即使是单纯的农民也知道如何细心配种繁殖更健壮的马、更优质的奶牛和产毛更长的绵羊。在中世纪的进程中，一部分农作物被引入欧洲，并得到广泛的传播和精心培育。黑麦就是其中之一，在古时，它鲜为人知，但后来却成为欧洲北部和东部大部分地区制作面包的标准谷物。类似的情形还有燕麦，它对以马匹为动力的经济模式是非常关键的；还有豌豆、大豆和扁豆，尽管以前就种植过，但随着种植机会的扩大，其传播范围更广，变得更普通，进而食物的供给变得更加多样化，营养更加平衡。许多地中海地区甚至非洲和亚洲的园栽蔬菜和水果在北欧落了户；通过嫁接技术——可能是阿拉伯人或摩尔人的发明——人们获得了改良过的各种水果和坚果；欧洲人从西班牙和意大利南部的穆斯林那里知道了棉花、蔗糖、柑橘和非常重要的大米，大米后来成为意大利波河流域和其他地区的主要农作物；桑树和桑蚕养殖业随着伊斯兰教和拜占庭文化的传播来到了意大利北部；由于没有橄榄和葡萄，北欧人学会了种植油菜籽以炼油，种植蛇麻草以酿酒；随着纺织业的发展，对菘蓝、茜草、藏红花等其他天然染料需求增加，一些小地方专业经营这些产品，食品则从外国进口。

对于这些数不清的技术创新和产品创新，我们无法给出一个简单划一的解释。对某些创新者而言，其目的可能仅仅是为了节省劳力或减轻负担，但最终结果却是提高了效率。人们很少将中世纪的农业特征赋予个人主义特征，但实际上恰恰是个体或以个体组成的团队进行了或采纳了创新，并从中受益。古代农业和中世纪农业的巨大差异就在于对创新的激励机制。新农作物的引进，或其他农作物的专业化生产，它们都反映出激励机制的存在，以及激励机制对农耕者的激励作用。无论农耕者的生产目的是为了自己直接消费，还是出售给城市消费者，或是为日益发展的工业提供原材料，那些生产出来的商品都代表着收入的增长以及生产和销售渠道的多样化，由此经济得以发展。然而，发展最显著地表现为人口的增长及其种种后果、城市的崛起和欧洲文明的地理扩张。

欧洲的扩张

中世纪人口的精确数字统计是很难得到的，据估计，公元1000年左右西欧人口大概在1 200万至1 500万(这里指的西欧包括意大利北部、法国、比荷卢三国、联邦德国、瑞士、英国、爱尔兰和丹麦)。当时的基督教欧洲(非拜占庭帝国)——即再加上挪威、瑞典、欧洲东部大部分地区、伊比利亚半岛上的基督教人口——人口约为1 800万至2 000万(这些数据表示西欧的人口密度大大高于欧洲大陆的其他地区，事实上，恰恰是庄园经济发达的地区人口密度最大，特别是意大利北部和法国北部)。公元14世纪伊始，西欧人口大约在4 500万至5 000万之间，而整个欧洲的人口大约在6 000万至7 000万之间。西欧人口的增长几乎全部是自然增长，而其他地方的总数膨胀则来自西欧的移民和非基督教徒的被征服或皈依。

这样的人口增长是如何构成的？总人口维持平稳的数学条件是出生率等于死亡率，若出生率上升，死亡率下降，则人口增长。西欧的部分迹象和其他传统社会(即以农业为主)的类似情况显示，每年的出生率和死亡率约在35‰至40‰之间(35‰代表在活着的每1 000人中每年有35人出生或死亡)。据人类生物学家估计，从生理学角度来说，出生率在最好条件下的最大值是50至55，现实中达到此高峰值是罕见的。死亡率没有相对应的最大值——1 000的比率意味着人口的彻底毁灭——但250或者甚至500的比率都有可能短期出现，如遇到严重的饥荒或疫情。如果出生率平均超过死亡率的3‰——如38‰或40‰出生率对比35‰或37‰的死亡率——随之引起的人口增长将是每年3个百分点，这足以说明之前推算出的增长。

如果假设欧洲人口在公元10世纪之前是平稳或下降的(公元2世纪至7世纪肯定是下降的)，那么，对于出现的相反情况及其决定因素(即出生率的增长和死亡率的下降)又如何解释？最可信的解释是更充足、更持续、更多样化的食物供给带来了更好的营养。即使在当今最贫困的国家，纯粹因饥饿而导致的死亡也是十分罕见的，中世纪的欧洲毫无疑问也是如此。一个营养不足的人口——不管是热量摄入不足还是饮食失衡——肯定比营养充足的人口更容易感染疾病。因三轮耕作法和农业技术上的其他改进而获得的农业生产力的提高可以容易地解释平均死亡率的略微下降，而此种状况若持续多年的话，结果就是人口的显著增长。而且，尽管我们没有确切的证据，平均出生率应该也是略微上升的。营养良好的父母更可能生出健康的孩子，婴儿期的存活率更高；而良好的经济条件可能鼓励早婚，生育期又得到了延长。

还有许多其他对人口增长有利的因素，只是证据不够有说服力。如战争和烧杀抢掠较少，破坏力不大，通过对生产的影响，生活的安全性完全有可能直接或间接地提高了。对于当时的医疗卫生习惯，我们知之甚少，无法对它们所产生的影响作出任何结论。但肥皂的生产和使用却日显重要，至少在公元 13 世纪，这也许是造成死亡率下降的一个小小因素。北欧的气候可能在公元 10 世纪至 14 世纪稍稍有所变化，果真如此的话，其影响力主要可能显现在农业生产力的提高。简而言之，我们应该把人口增长主要归功于生产力的提高，而后者又取决于农业技术的改进。

已增长的人口是如何分布的呢？他们从事哪些生产或非生产性的活动？首先是城市人口的激增，我们后面会探讨这部分人口和他们的活动。但发展中的城镇吸纳的人口仅占总人口的一小部分，远远不到一半的数字。绝大部分人口仍留在农村，按三种方式分布。第一，现有定居区域的人口平均密度增大。人们在已耕种的田野边缘不断开荒出新地，至少在公元 13 世纪，特别是公元 14 世纪上半叶，愈来愈多的农民不得不在已饱和的定居区域寻找栖身之地，结果是地块的平均尺寸愈来愈小。

第二，更重要的是，以前荒芜的无人定居的土地被开荒耕种了。在公元 10 世纪初，欧洲西北部的村庄(甚至更远的北部和东部)分布很散，中间隔着大片的原始森林或湿地。为了把荒地变为耕地，人们努力开荒垦地，和几个世纪后欧洲殖民者在美国的开荒拓地几乎如出一辙。类似的做法还有围海造田，如在佛兰德、西兰岛和荷兰。大多数开垦行为是受到领主鼓励或至少是准许，而领主就是这些土地的管理者。为了激发拓荒者开荒垦地的激情，领主经常被迫声明放弃领地的所有权和取消拓荒者的劳役。后者由此变成了只支付租金的农民，在经济上获得了独立。

森林、沼泽地和其他湿地的开垦直接由教会阶层督办，特别是西多会(Cistercian)的修士们。西多会创建于公元11世纪，其教义为极端禁欲主义、艰苦劳作和遁世。他们在荒野中建立起修道院，经济上努力做到自给自足，允许农民作为世俗兄弟帮助劳动。在克莱尔沃的圣伯尔纳(Bernard of Clairvaux，1112年加入该会，又称圣伯纳德)的领导下，新教堂在法兰西、德意志和英格兰遍地开花。到1152年，教堂总数达328个，地理上的跨越从约克郡荒野到德国东部的斯拉夫地区。

最后，欧洲文明随着人口的增长也开始了地理扩张。斯堪的纳维亚融入欧洲文化和经济的过程是另外一回事，因为它既没有人口的迁移，也没有欧洲制度的强势侵入。同样，我们把诺曼人征服英格兰看作是欧洲的内部事务。但是，第二次对穆斯林统治的伊比利亚半岛和西西里岛的征服、东欧早期开拓者向东方的扩张，特别是十字军时期封建君主制在近东的建立，这些都完全不能说是欧洲的内部事务。

尽管法兰克人在公元8世纪将穆斯林驱逐到比利牛斯山脉以南，而一些基督教小国又坚守在北部山区，伊斯兰政权和文化在伊比利亚半岛大部分地区的统治长达400多年。穆斯林(主要是摩尔人)居民精通农业，尤其是园艺，他们振兴并推广了罗马人的灌溉系统，将西班牙南部建设成为欧洲最繁荣的地区。首都科尔多瓦是君士坦丁堡以西最大的欧洲城市，也是主要的知识文化中心，是传递古代文明和欧洲新兴文明的桥梁。

基督教在伊比利亚半岛上的第二次征服发生在公元10世纪，恰好与欧洲的人口增长遥相呼应。到了公元13世纪，半岛百分之九十的地区已掌控在基督教的手中。第二次征服带有十字军的特征，许多骑士都来自比利牛斯山脉以北。例如，葡萄牙王国就是由勃艮第骑士创建的，为了支持骑士们定居在这片荒废地，征服者带来了北方的农民，鼓励人们迁移，并试图移植庄园制度。伊比利亚半岛的地势和气候与法国北部有很大的不同，创新的制度在这里水土不服，于是有了改良，但改良的结果却是一个杂交体系，既没有北方庄园制度的效率，又失去了摩尔人精耕细作的特色，后者基督教人根本无法保留。

在公元 11 世纪后期，当基督教第二次全面征服西班牙和葡萄牙，诺曼底的威廉公爵成功宣誓为英格兰国王时，其他的诺曼骑士突袭了远方的西西里岛，并征服了穆斯林人。在穆斯林占领西西里岛之前，西西里岛曾是拜占庭王国的一部分，因此，诺曼人的征服使它第一次纳入了西方经济的范围。在被征服后的一段时间里，带着希腊、阿拉伯和诺曼的混杂元素，使它成为欧洲最繁华的地区之一。接着，诺曼人从西西里岛出发，征服了意大利南部——君士坦丁堡以西拜占庭王国的最后一片疆域。

也许中世纪欧洲经济活力最显著的表现在日耳曼人的扩张，扩张的范围包括现在的波兰、捷克斯洛伐克、匈牙利、罗马尼亚和立陶宛。在公元 10 世纪前，那片地区人迹稀少，主要居住者是斯拉夫人部落，除了打猎和聚居，农业技术非常原始。奥地利曾是查理曼帝国(Charlemagne' Empire)的一部分，但公元 9 世纪马札尔人的入侵并攻占了它。公元 955 年，日耳曼军队一举击败了马札尔人，并在匈牙利平原中部定居下来，而来自巴伐利亚的殖民者占领了奥地利，并定居在此。随后，日耳曼的传教士使匈牙利人和西斯拉夫人皈依了罗马教会，(德国)神圣的罗马皇帝的统治覆盖东欧的大部分地区。大约在公元 11 世纪中期——约在西方人口增长开始后 100 年——日耳曼殖民者东进，跨过易北河到达今天的德国东部，征服并取代当地的斯拉夫人。在接下来的世纪中，葡萄牙和波兰在经历了游牧民族蒙古人的蹂躏之后，其统治者和教会邀请日耳曼移民迁来定居，给予他们各种各样的豁免权，并允许他们保留自己原来的法律和经济制度。

最后，公元13世纪，条顿(Teutonic)骑士征服了东波罗的海地区的普鲁士和立陶宛，并使这块异教徒的土地皈依了基督教(同时也日耳曼化了)。

如此广袤地区的殖民过程是通过几个途径来实现的，但大多包含一种经济规划的基本形式。个体土地合约人——其职能类似于现代社会的房地产开发商——与大庄园主或地方统治者签订合约，建设一个或几个村庄或城镇。然后，他们继续游历较发达的欧洲居住密集区，招徕移民殖民者，特别是德国西部和低地国家。对于低洼或沼泽地区如靠近河口，来自荷兰和佛兰德斯的移民殖民者更受欢迎，因为他们有丰富的筑堤排水经验。在需开荒开垦的森林和荒地地区，主要的移民殖民者是来自威斯特伐利亚和萨克森的农民。被招募的移民还有城镇里的工匠和商人，因为殖民规划中不仅有纯农业，还有城镇间的市场网络。农业移民带来了庄园制度及其更先进的农业技术。租地的租金以货币和实物的支付形式交纳给地主(通常在合约年满后，土地已有了产出)，但他们在殖民地所拥有的土地比在原居住地的要多，负担却更少，自由度更大。土地合约人得到的土地常常比普通农民的多，有时他们自己定居下来，并成为自建村庄的首领。但他们也经常会出售合约，继续循环开发新的土地。教会阶层——尤其是西多会修士，当然还有条顿骑士——都参与了扩张。条顿骑士建立了无数城镇和城市，包括里加、梅梅尔(Memel)、柯尼斯堡(Königsberg)，并积极参加商业活动。

这次扩张带来的整体上的经济结果可概括为先进技术的渗透、人口的激增(自然增长以及因移民而增长)、可耕地(新资源)的扩张、经济活动的高度集中。早在13世纪中期，谷物从勃兰登堡(Brandenburg)经由波罗的海和北海运到低地国家和英格兰，之后波兰和普鲁士东部成为谷物的主要供应者，同时还供应松脂制品和其他原材料。最后，尽管其后果已超出了纯经济范畴，日耳曼人的扩张还是将东欧和西方新兴文明更加紧密地联系在一起了。

与日耳曼人东进不同，十字军东征的结果并没有使欧洲文明在地理上得到扩张，远征的起因更为复杂，有比经济动机更深层的宗教和政治动机。教皇乌尔班二世(Pope Urban II)在1095年发起第一次十字军东征，其理由之一是欧洲的“人口过剩”，而若没有持续的人口增长和生产所带来的活力，欧洲不可能发动十字军东征，因为后者需要强大的军事和经济支持。有意义的是，十字军东征时代最后以14世纪漫长的经济大萧条告终。正如经济的增长成就了欧洲的十字军东征，后者反过来促进了贸易和生产的增长。它不仅为十字军提供了必要的军需，而且通过基督教在东地中海地区的短暂征服，为西方商人开发了新的供应来源和新的市场。当然，正如人们曾经认为的那样，贸易的复兴并不是由十字军东征引起的，它早在此之前就发生了，但复兴的扩张和持续发展与此还是有紧密关系的。

城市生活的复兴

城市人口早在罗马帝国灭亡之前就开始萎缩，在中世纪早期，北欧的许多城市地块被彻底遗弃，其他留下来的也是空壳，里面居住着一些平民或教会管理人员及其工人。他们的基本供给来自紧靠周边的乡村，常常是自己的地块。远距离贸易仅仅局限于奢侈品，包括奴隶，服务对象是教会或世俗的有权有势的贵族。从事贸易的商人都是外国人，主要是叙利亚人、犹太人，后者拥有客户们给予的特殊保护和通行证。

在意大利，尽管各城市在遭受几个世纪的不断入侵和掠夺后苦难深重，日渐萎缩，但城市的传统仍依稀可辨。公元11世纪之前，意大利与拜占庭帝国(公元7世纪后和伊斯兰文明)在政治、经济和文化上的接触和与北欧的一样多，甚至更多。因此，意大利的城市是介于发达富有东部和落后贫困西部之间的中间形态，这样的角色使它们名利双收。在公元6世纪至9世纪，主要的城市代表有阿马尔菲、那不勒斯、加埃塔和半岛南部的其他港口城市，它们与君士坦丁堡维持着政治上的附属关系，但因距离遥远，基本逃脱了帝国统治的羁绊。威尼斯事实上到公元6世纪才因伦巴第的入侵而被驱逐至海上从事贸易，从以农业为主的内陆分割出来，并迅速发展成为一个转运港。出于同样的原因，比萨和热那亚在公元10世纪也被驱逐至海上，在抵抗穆斯林的袭击中，他们获得了巨大的成功，不久就控制了整个地中海西部地区。

城市发展始发于港口城市，但很快就扩散开去了。伦巴第和托斯卡纳(Tuscan)平原自然就成为威尼斯、热那亚和比萨的内陆腹地，它们既地处意大利最肥沃的农业地区，又环绕着古罗马传统的城市。随着农业生产力的提高以及由此产生的人口增长，许多农民移居到城市中心——不管是新城还是老城，从事起商业和工业等新的职业。伦巴第区的米兰和托斯卡纳的佛罗伦萨是其中的典型，还有许多其他热闹的小城市(图3－3)。城市和乡村之间的互动关系是紧密的，乡村为城市提供剩余劳动力，而新的城市居民又为农产品提供了更大的市场。在市场力量的压迫下，农村自给自足的庄园制度开始瓦解。早在公元10世纪，佃户的劳作方式被货币租金的方式所替代，其后不久，封建地主开始出租或出售他们的领地给商业农民。庄园制度下的开阔地被分割了，圈围起来，进行精耕细作，经常实行灌溉并施以重肥。许多新的农业商人是城市居民，对于买来或租来的土地，他们运用在商业交易中所学到的知识，仔细核算成本和收益。

正如我们见到的，封建制度的理论家们没有对城镇居民的定义做出条文规定。一些国王和其他封建大领主试图将整个城市当作自己的封地，而森严的封建等级体系根本无法适应一系列城市特征的状况，如城市政府的迫切需求、商人渴求的其他封建臣民所没有的自由，还有也是最重要的各种富有商人的权利。在意大利北部的城市里，成功的商人们团结在一起，有时与居住在城里的小贵族合作，后者有时也从事贸易，或至少借钱给商人，他们自发组织起机构，参与市政事务，从而保护自己的共同利益，并且不通过繁琐的封建法院，自己解决纠纷。时机成熟，这些自发机构就变成了称作公社的城市政府，他们为各种自由的权

图 3-3 1200 年意大利北部的城邦国家。

利与封建领主谈判或斗争。早在 1035 年，米兰通过军队武力获得了自由。而且，意大利不像欧洲的其他地区，城市有足够的力量将权力扩张到紧靠的周边乡村，这与希腊罗马城邦城市扩张古代文明的方式相似。一幅描绘公元 13 世纪台伯河北部意大利的地图就好比是一幅马赛克画，它的每片马赛克就是公社的疆域。在 1176 年，伦巴第的城市联盟击败了弗雷德里克 · 巴尔巴罗萨皇帝(Emperor Frederic Barbarossa)的军队，进一步确立了自己的自由和独立。

与意大利北部的城市发展相比，欧洲其他地方的城市发展起步较晚，分布也没有如此密集。城镇和城市发展起来了，但除极个别外，它们的规模和密集度与意大利北部的城市相比都不可同日而语，它们分布在低地国家、莱茵河流域、法国北部各地、普罗旺斯和加泰罗尼亚。德国和东欧勘定土地边界的人甚至将城镇规划扩大到包括荒郊野外。首要的一点是，它们都没有成功地从各地区君主的手中赢得自治权或独立权。在公元13世纪末，米兰的人口约达20万，威尼斯、佛罗伦萨和热那亚的人口都超过了10万，其他几个意大利城市的人口也在2万至5万不等，而欧洲北部城市的人口很少有达到后者数字的。巴黎作为地区性首都、大法庭所在地、工商业城市、大学中心，其人口尽可与米兰匹敌。尽管如此，仍有人怀疑其人口是否超过8万。至1377年，伦敦的人口并未超过3.5万至4万，而科隆，当时德国最大的城市，人口数量与前者相差无几。

就城市发展而言，唯一能与意大利北部地区匹敌的就是南部低地国家，特别是佛兰德和布拉邦特(Brabant)。最大的城市根特(Ghent)在公元14世纪初只有约5万居民，但其城市人口却占总人口的三分之一，比例大致与意大利北部相同。两个地区在其他方面亦有许多相似之处：城市人口规模最大；总体密度在欧洲最大；农业最先进、最集约化；拥有最重要的工商业中心。问题自然而然就来了，人们迁移城市转向工商业是因为土地没有发展空间，还是城镇和贸易的存在及其潜在的盈利市场刺激农耕者选择更多、更有效的生产呢？没有明确的答案。但毫无疑问，它们是相互影响的。城镇和城市近郊的农业生产的集约化程度和产量总是比农村空旷露地的更高，这一事实表明，城市需求和市场扮演着重要的角色。因此，我们有必要进一步探讨市场机制的发展及其本质。

商业潮流和技术

意大利和黎凡特(Levant)①之间的贸易无疑是最著名和最有利可图

① 指地中海东部沿海诸国。——译者

的，并由此触发了两者之间的商业复兴。早在意大利人占据这条贸易之路之前，东部商人就曾在这条线路上将奢侈品运往西部宫廷。意大利人占据后，仍然是以奢侈品为主的货物从东运向西，它们有远方摩鹿加群岛(Moluccas)的香料、中国的丝绸和瓷器、拜占庭帝国的织锦、宝石和其他物品，另外也有大宗货物，如小亚细亚的明矾和叙利亚的生棉。而从西运向东的货物有羊毛和亚麻布、北欧皮毛、欧洲中部和伦巴第的金属器皿、威尼斯的玻璃制品。威尼斯人自有历史以来，一开始就与拜占庭帝国开展贸易往来，在公元11世纪后期，因帮助后者抵抗土耳其塞尔柱帝国(Seljuk)，作为回报，他们获得了非常有利的贸易地位。威尼斯人可以自由地进入拜占庭帝国的任何港口，不用支付关税或其他税金——这是连拜占庭本国商人都不享有的特权。

与此同时，热那亚和比萨已经将科西嘉岛和撒丁岛的穆斯林驱逐出境，一路打到北非要塞，洗劫了当地的城市，并强迫对方签订了对意大利船只和商人有利的条款。随后，热那亚又打败了比萨，夺取了西地中海地区的掌控权，并挑战威尼斯在东部的控制权。在十字军东征时期，不管是联盟还是敌对的，意大利各城市都加强了对黎凡特的渗透，它们建起了殖民地和小特区，从亚历山大港沿着巴勒斯坦和叙利亚的海岸线，到小亚细亚、希腊、君士坦丁堡郊区，绕着黑海海岸线从克里米亚到特拉布宗(Trebizond)。甚至有在当地建造的热那亚船只航行在里海和波斯湾。耶路撒冷王国的衰亡和十字军东征的失败对意大利在东部的地位几乎毫无影响，相反，意大利人和阿拉伯人、土耳其人签订了各种条约，继续着“往日的贸易”。

从公元13世纪中叶至14世纪中叶，东部贸易还有一个扩张的繁荣景象就是与中国的贸易。那期间蒙古帝国——世界上最为广袤的国家——横跨匈牙利和波兰直到太平洋。传说中残暴的蒙古统治者对基督教使节和西方商人却持欢迎态度。当然，又是以意大利人为主的贸易，他们在北京和中国的其他城市以及印度都建立了殖民地。商人手册不仅详细地描述了他们行走的线路——陆路经土耳其斯坦(Turkestan)的“丝绸之路”，或波斯，或海路经印度洋，并且还对商品需求给予有益的建议。马可·波罗的游记就曾是欧洲首批畅销书之一。

在地中海的另一端，贸易就显得比较平淡。商品当然也包括东方的香料和其他奢侈品，但更重要的是来自西西里岛的谷物供给，至少对意大利而言是如此。除了战争或封锁时期，谷物的流动都是定期有规则的，对于谷物匮乏的意大利各城市而言，这是生存的必需品。另外，其他普通商品如盐、鱼干、酒、石油、奶酪、干果等，从特产地或暂时盈余地区运往长期或短期亏空地区。虽然流通速度相对缓慢，嗅觉灵敏的商人和活跃的市场仍然及时保证了有效需求的满足。尽管仍是意大利的大港口控制了贸易，意大利商人或多或少地愿意与加泰罗尼亚、西班牙、普罗旺斯、纳布奈斯(Narbonaise)，甚至穆斯林商人共同分享市场(图3-4)。

北部海洋虽不如地中海繁忙，其地位在中世纪也得到了稳步提高。弗里斯兰人(Frisians)一直是北海沿岸逆大河而上的主要商人，货物多为小宗商品。随着波罗的海的名声远扬，斯堪的纳维亚人承接了贸易，但在中世纪后期，德国的各大贸易城市组织了汉萨同盟(the Hansa)，控制了波罗的海和北海的全部贸易。

为了应对丹麦国王限制商人活动的威胁，汉萨同盟直到1367年才正式成立，最终包括了近200座城市和城镇。而在此之前的德国商人已经在外国城市建立了多年的非正式合作。例如，在威尼斯有一个“德国基金会”，专门为来回奔波的德国商人提供食宿，也为营销货物提供建议和帮助。又如在伦敦的“杆秤区(Steelyard)”是一个由德国商人居住的商业区，早在1281年就赢得了治外法权和自治权。类似的德国殖民地还有的在布鲁日、卑尔根、挪威、哥特兰岛(Gotland)的维斯比和波罗的海的其他地方，以及俄罗斯的诺夫哥罗德(Novgorod)贸易大城。还有里加、梅梅尔、但泽完全是建立在外国领土上的德国城市。德国商人将德国殖民者在波罗的海内陆生产的谷物、木材、松脂制品运往北海周围繁荣兴起的城市。

图 3－4　中世纪经济鼎盛时期。

早在公元12世纪，生产的地区专业化分工已成为中世纪经济的一大特征。最著名的例子就是总部设在波尔多的加斯科涅的葡萄酒贸易；佛兰德的羊毛业严重依赖英国产的羊毛的供给；波罗的海地区成为愈来愈重要的谷物来源地，供给高度城市化的低地国家；再往南部，葡萄牙、法国和英国的船只将盐和酒运往北方，回程时载上干咸鱼等货物。

1英里的陆地运输一般比1英里的水路运输的成本更高，这在蒸汽发动机和内燃发动机发明之前更明显。因此，在工业时代之前，海上贸易更显重要。然而，在中世纪有一个例外，即欧洲南北之间的贸易，特别是意大利北部与德国及低地国家之间的贸易。船舶设计和航海技术的进步发生在公元13世纪后期和14世纪，并对公元15世纪产生了革命性的影响，但在此之前，地中海和北海之间的海上航线风险很大，利润也不高。因此，阿尔卑斯山脉的各大山口(布伦纳、圣哥塔、辛普伦、圣伯纳德、凯尼斯山等)尽管万水千山障碍重重，交通运输却比直布罗陀海峡还要繁忙。沿线的土地所有者封建领主们打击匪帮、修建道路，然后坐收过路费，尽管定价因其他备选路线的竞争还算合理。宗教兄弟会建起了驿站和救护中心，其中带着桶装白兰地的圣伯纳德救护犬是令人最难忘的象征。马车夫和赶骡人的专业公司负责提供运输工具，竞争气氛相当活跃。伦巴第平原上的城市——特别是米兰和维洛纳——成为线路南段的最重要商业中心区。而北部的终点站有许多，从东部的维也纳和克拉科夫到最北和西端的卢卑克、汉堡和布鲁日。但大多数商品在莱比锡和法兰克福的大交易所或市场转手了，尤其还有香槟地区(Champagne)的4个交易市场。

香槟地区的交易市场出现在公元12世纪，是当时欧洲南北商人最重要的会面场所。香槟地区的贵族们除了提供商业设施和专业商业法庭外，还负责途中商人的安全，在这种保护下，交易市场在地区的4个城镇中一年四季正常地流通运转着，它们是普罗万(Provins)、特鲁瓦(Troyes)、拉尼(Lagny)、奥布河畔巴尔(Bar-sur-Aube)，坐落在欧洲两个最发达的经济地区——意大利北部和低地国家——之间，这里是商人们见面谈生意的地方，同时也是德国北部与法国南部和伊比利亚半岛的贸易枢纽。从这些城镇中发展起来的商业惯例和技能——如“交易文书”和其他信用工具，还有商业法庭的前身——发挥的影响比市场本身更广泛、更久远。即使在作为商业交易中心衰败之后，它们仍被继续用作金融中心许多年。

在公元13世纪的最后几十年里，从地中海到北海的航运愈来愈频繁。在公元14世纪的第二个十年里，威尼斯和热那亚组织起了常年的护送船队，即著名的佛兰德舰队。这些海运船队从地中海港口装货，然后直接运到布鲁日的固定大市场(之后再运到安特卫普)。这样就削弱了香槟交易市场的部分功能。尽管陆地贸易没有完全停止(公元15世纪日内瓦的角色与香槟十分相似)，但很显然，欧洲南北之间的经济关系打开了一个新的局面，不仅仅是新的线路、新的交通工具，还有商业规模和商业组织运转机制的转换。那些总部设在意大利大城市、分支机构遍布欧洲的贸易金融大公司取代了流动个体商人的地位，成为商业的主要代理人。这种有时被称为“商业革命”的发展对于欧洲在接下来的公元15世纪的扩张是极其重要的。

在加洛林王朝(Carolingian)时期，商人一般都是外国人——“叙利亚人”(几乎都是黎凡特人)和犹太人。随着公元10世纪商业的复兴，欧洲商人的地位愈来愈突出，但直到公元13世纪开始很久，商人们仍是以流动巡回为主，过着一种充满活力的生活，既要求强壮的体力和勇气，又需要敏锐的生意头脑。在陆地运输的商人们常常组成商队，携带好武器或雇用武装保镖以抵御匪盗。在海上运输的商人们同样武装起来对抗海盗，还得对付可能发生的海难。所以把这样的商人航海称为“探险”一点也不足为奇。

商人们的本性是追逐利润，他们把所有的资金都投入到运送的货物上。然而，在很早的时候就有一种合伙制形式(commenda)，譬如，一位年老的商人可能因不堪旅途困顿，就由他出资，寻找一位能航海的商人具体操作，利润的分配通常是四分之三归坐收的出资人，四分之一归实际操作的合伙人。这样的合同在地中海的海上贸易中十分常见，也用于陆地贸易，投资一般仅限于单笔(即往返)贸易，但一次成功后，两个合伙人经常会接着签下一份合同。有时，出资商人会指定目的地和带回的货物，然后在本地港口处理掉这些货物。但更常见的是操作合伙人做关键性的决定，尤其是当出资人是寡妇、基金会，或宗教机构、未成年人，或孤儿的委托人。早在公元12世纪，热那亚和意大利其他城市的许多不加入贸易之旅的个人就通过这种投资方式参与贸易。

随着贸易量的扩大和商业惯例的标准化，一种新的商业组织形式(vera società或称“真正的公司”)开始与合伙制形式竞争，有时甚至取而代之。公司的合伙人有几个，有时有许多，经常分布在欧洲的许多城市运作。意大利人在这类组织形式中是迄今为止最杰出的，总部设在佛罗伦萨、锡耶纳、威尼斯或米兰，分支机构则设在布鲁日、伦敦、巴黎、日内瓦和其他城市。他们时常在做贸易的同时参与银行业(或次序颠倒一下)。在17世纪大的注册公司出现之前，佛罗伦萨的巴尔迪和佩鲁齐(Peruzzi)公司是世界上最大的商业组织，但两家公司都在13世纪40年代宣布破产，原因是给英格兰的爱德华三世和其他一贫如洗的君主过度发放贷款。除了各大分支机构，这些大公司还有自己的船队、武器和骡队，有些还拥有或租赁金属矿山和其他矿藏。

对于远距离贸易，那些无力组建自己船队的小商人也有分散风险的办法。各有单独贸易的几个商人可能会联合起来向船主租赁船只，或一个商人租一艘整船，然后将空间分割零租给其他商人。还有各种各样的海运贷款，不直接参加贸易之旅的投资人就从利润中分得利息，他们既不是公司的合伙人，也不违反高利贷法。公元13世纪末，海事保险已十分普遍。

银行业和信贷与中世纪的商业紧密相连。早在公元12世纪，威尼斯和热那亚就建立了原始的储蓄银行。最初的设想只是纯粹的安全存款，不久，银行就开始在接到客户口头指令——书面指令较少——后，将款项从一个账户转入另一个账户。尽管法律上禁止银行向小额储户贷款，但银行仍会给予优先储户透支额度，由此创造出一种新的支付方式。这样的银行只有在主要商业中心才能找到，在意大利以外，主要是在巴塞罗那、日内瓦、布鲁日和伦敦(伦巴第街——今日伦敦金融区，名字源于在此设立办事处的大量意大利银行家)。在其他地方，私人银行家买卖交易单促进了远距离贸易。由于船运货币和金条的高风险和费用，商人们更愿意做信贷(赊欠)买卖，将收益投资在运回来的货物上，等货物卖出后再结账获利。事实上，香槟地区交易市场的所有生意都是通过信贷完成的，市场的交易一结束，未结清的余额就会以“交易文书”的形式传递到下一个市场，相当于是一种汇票。各种形式的汇票是随着商品贸易的发展而兴起的，但最终发展成纯粹的金融工具，与实际商品无任何直接的联系。

信贷得以广泛运用的另一个原因是铸币的繁杂和混乱。西欧大多数地区使用加洛林王朝的货币体系——镑、先令和便士(拉丁文是 libra、solidus、denarius)，表面上看似自成一体的货币在实际运用中却出现相当令人困惑的零乱复杂。譬如，热那亚的里拉(lira)与英国的镑、法国的里弗赫(livre)，甚至米兰或比萨的里拉是不等值的。而且，更根本性的是，镑和先令仅是账面货币，没有实际意义上的等值铸币，后者直到中世纪晚期才出现。公元 11 世纪和 12 世纪最通用的铸币是便士，不仅大额支付不方便，而且因各方权威——国王、公爵、伯爵，甚至大修道院——竞相铸造以致出现不同的规格、重量和含银量。尺寸大一些的银币约在公元 13 世纪初才投入使用，但仍缺乏统一的重量和纯度。陷入税收不足窘境的统治者常常靠降低铸币的成色来拓展资源。在这种情况下，货币兑换者在交易市场和商业城市中发挥了重要作用，他们的业务就是分辨不同种类铸币的价值。从他们的行列中走出了许多银行家(图 3-5)。直到公元 13 世纪下半叶，欧洲才最终获得一个真正稳定的货币——1252 年在佛罗伦萨首发的著名的弗罗林金币[热那亚在此几个月前铸造了类似的硬币，但没有前者普及。1284 年威尼斯铸造的达克特(ducat)或西昆(sequin)金币在地中海东部地区广泛使用，并出现了仿币]。弗罗林是适用于贸易的理想金币，价值稳定，面额相对大。但在它出现之前，信贷早已成为商业活动中不可或缺的部分。

图3－5　托斯卡纳银行家。一个银行家和助手坐在“柜台”后的长凳(bancum)上，“柜台”里存放着账本，铸币在柜台上兑出。许多银行家是从货币兑换者演化而来的。

工业技术和机械动力的起源

中世纪的制造业就数量而言虽远低于农业，但在经济中绝不是可忽略的部分。而且，随着时间的推移稳步成长，它的地位日显重要。也许在中世纪早期，技术能力略有倒退，如建筑设计和建造工艺，但在公元1000年，技术的平均水平至少与古代一样高。在这之后，创新层出不穷，从技术史的角度，技术从中世纪发展至现代，中间是没有间断的。

织布业无疑是最大、最普及的工业，建筑方面各个行业加总在一起排在第二。布的生产遍及欧洲几乎每个国家、每个省份的每家每户，到了公元11世纪，一些地区无疑成了专业生产地区。这些重要的地区有佛兰德、法国北部的周边地区，以及现在的比利时。其他一些重要的中心有意大利北部、托斯卡纳（仅佛罗伦萨在14世纪就雇用了几千名织布工人）、英国的南部和东部地区，还有法国南部。羊毛是当时最重要的原材料，羊毛制衣是最重要的产品。因不同地区生产的布料种类和质量不同，广泛的贸易才得以在欧洲发展起来。除了羊毛，许多地方还生产亚麻布，特别是法国和欧洲东部。丝绸和棉织品仅限于意大利和西班牙的穆斯林。

尽管技术要求高的工人如染色工、漂洗工、剪羊毛工，甚至织工都有各自的行会组织（又译“基尔特”），但商人（同样有行业协会）仍是该行业的主宰，他们购买原材料，销售最终产品。技术要求低一些的工人如纺纱工（和纺线工）则没有组织，一般直接为商人工作。在佛兰德和英格兰，制造商将原材料或半成品派发或“提供”给编织工和其他工匠，后者在自己的家里或店里把活做完。在意大利，这些工作则是在店里或工棚里、在监工的眼皮底下完成的。由于三组与技术相关的创新，此时的劳动力生产效率与古代相比提高了好几倍。踏板织布机替代了简单的编织框，纺轮替代了卷线杆，还出现了靠水力发动的漂洗作坊。这些由无名氏发明的装置在12世纪初以惊人的速度传遍欧洲（图3－6），降低生产成本无疑是传播的充足理由，同时它们也减少了劳动的沉闷。

在中世纪后期，冶金业及其附属行业有了显著的发展，尽管它们的规模比纺织业小，但对经济发展的战略意义更大。根据传统分类，铁器时代始于约公元前1200年，但铁制的古董器物和器具一直都是十分罕见并且昂贵的，铁的应用几乎仅限于武器和少数统治阶级的装饰品。即使是供给略微充足些的黄铜和青铜也很少进入寻常百姓的日常生活。而到了中世纪，价格比反过来了，铁越来越便宜，除了继续用于武器和盔甲，它的用途越来越广泛，可用于工具和其他实用物品。铁的数量大、价格低，部分原因是因为很容易在欧洲阿尔卑斯山脉北部找到铁矿石和

图3-6 编织。图片取自德国西部一教堂内圣坛背壁彩色玻璃装饰画，画中圣母马利亚在为未出世的孩子编织衣服。这是已知的最早表现中世纪编织发明的艺术品，古代地中海地区的人们并不知道针织衣，但在寒冷潮湿得多的北欧，针织衣非常有用。

燃料（木炭）。技术进步也是十分重要的原因，特别是水力带动的风箱和大型杵锤的使用。公元14世纪初出现了第一代的现代鼓风炉，替代了所谓的加泰罗尼亚锻炉。而且，与罗马时代的奴隶形成鲜明对照的是，作为自由工匠的矿工和初级冶金工有了组织机构，这无疑促进了技术的变革。

我们在分析技术进步所增加的产量和带来的压力时应该考虑到消费者需求的因素。当农民甚至农奴和工匠拥有自己工具的产权后，他们的福利就直接与付出的努力大小成正比，所以，他们有责任尽力购买最好的工具和器具。农民和工匠在这方面的意识充分表现在对马蹄铁、铁制马具配件、马车和犁的应用上。同样，在英国和德国到处可见的姓氏史密斯[①]和施密特证明了曾存在过无数的工匠，他们以铁匠活为生，为周围的邻居服务。

另一个实用的大行业是制革和皮革业，它的发展远远超出了原有的范畴。生活在20世纪的城市居民，周围全是人造和塑料制品，很难理解皮革在当时的重要性。皮革除了用于马鞍、马具之类外，还可做家具、衣服和风箱，以及阀门等工业设备。同样，木业和制陶业在中世纪工业中占据的地位也比早些时候重要得多，木制品和陶制品有上百种用途，实用和美观两者兼有。

不像以前教科书所描述的，中世纪的人们绝不是因循守旧或墨守成规的，他们——或其中的一部分人——想方设法追求新生事物，既是为追求而追求，又是为追求立竿见影的实用目的。为我们发明眼镜和机械钟的是中世纪的白铁匠，而不是古典哲学家。星盘和罗盘在中世纪的欧洲开始广泛应用，航海技术和船舶设计也有了重大的进展。火药和火器同样也是中世纪的发明，只是直到后来才得到最有效的应用。制皂业尽管不是新生事物，但也扩展了许多。造纸业是一项新兴产业，在文化上的重要性远比经济上大得多。活字印刷——自文明起始以来最重要的创新之一——是中世纪后期的发明。但磨坊和水磨机械的历史最有代表性地表现中世纪人对新颖有效生产方式的追求。

早在公元前1世纪就有了由水流推动的简单水平水车，考古和文献

---

① 史密斯的英文为Smith，含义是铁匠，金属品工匠。——译者

资料证明它们分布在丹麦、中国和罗马帝国。没有人知道它的起源，只是在帝国时期偶然用来碾磨谷物而已，据说韦斯巴芗皇帝(Emperor Vespasian)(公元69—79年)因害怕导致失业而否决了一项用水力起重机吊重石的设计。劳动力——不管是奴隶还是自由民——在罗马帝国很便宜，建筑商和商人认为没必要使用节省劳力的机器。关于人们何时改变了机器无用的想法，这一点很难确认，显然是在公元6世纪至10世纪之间的某个时间。当征服者(威廉一世)(William the Conqueror)在1086年下令调查英国的资源时，执行人在约3 000个村庄找到了5 624个水磨坊，而当时英国在经济和技术上都绝不是欧洲最先进的地方。而且，英国和其他地方的大多数水磨坊与简单的水平水车相比，设计要复杂得多，动力也要强得多。它们的轮子大多是垂直上射式的，下落水的重量产生的动力比水平水流大得多(图3-7)。到公元14世纪初，水力不仅用于碾磨谷物，还用来碾磨、压碎或搅拌其他物质，为造纸、漂布、锯木材和石头，为锻炉和熔炉拉动风箱和杵锤，还有包卷丝绸助力。

图3-7　水车。这种类型的水车设计可以驱动杵锤和风箱。

水车尽管用处很多，但仍有许多局限。最重要的是，它们需要平稳或下落的水流。因此，在半干旱或低洼、沼泽地就不能使用。早在公元

11 世纪中期，威尼斯人利用潮水的涨退来发动水车。在接下来的几个世纪里，更多的水车屹立在欧洲的海岸线周围。一个更令人满意的创新——风车出现在公元 12 世纪，只要有稳定的微风，风车就可做水车所能做的所有工作。与远方的南部相比，北欧平原上的风更稳定，水流更缓慢，冬天更容易结冰，风车就如雨后春笋般地建立起来。它们在荷兰的低地省份、谢兰岛和佛兰德尤其重要，除了固定用途外，它们还用于水泵开垦圩田。

风车和水车要求复杂的齿轮装置，磨坊主、水车设计者以及制造、运转、维护和修理它们的各种工匠，最终都成了应用机械的专家，他们的经验知识后来应用于另一个相关的领域——钟的生产。早在 12 世纪，水力钟的市场需求是如此旺盛，在科隆甚至有一个钟匠协会。在接下来的一个世纪里，机械钟（重力驱动）设计中的主要问题解决了。到 14 世纪，欧洲的每个城市——无论规模大小、地位高低——至少有一座大钟，不仅通过鸣铃或敲钟报时，还会蹦出跳舞的熊、列队的士兵或鞠躬的淑女以娱乐市民。在 1348 年至 1364 年间，著名的意大利物理学家和天文学家乔瓦尼·德·唐迪（Giovanni de' Dondi）建造了一座钟，除了报时，还可记录太阳、月亮和五颗已知星球的运行，比哥白尼革命整整早了两个世纪（图 3－8）。

水车和钟表机械在中世纪得到发展的意义已超出其产生的直接经济影响。确实，磨坊节省了劳动力，提高了生产率，完成了以前不可能完成的任务。钟使人们对时间流逝的意识更加清晰，在处理事务时更加有规律和守时。热那亚的生意合同不仅注明签订日期，而且还注明了签订的确切时间——这或许是格言“时间就是金钱”的渊源。所有这些变革意味着中世纪人们的思想发生了根本性的重新定位，对物质世界有了新的认识态度。在人们眼中，宇宙不再神秘莫测，人类也不再是自然、天使或魔鬼的软弱无助的人质。人类可以了解自然，并战胜自然为己所用。在唐迪建造雄伟的钟之后不久，法国学者奥雷姆（Nicole Oresme，约 1325—1382 年）将宇宙比作一座大型机械钟，至高无上的上帝既是制造者，又是校准者。之后才出现中世纪的天才开普勒(Kepler)、牛顿(Newton)和其他杰出人物。在之前的一个世纪，牛津的学者和科学家罗杰·培根(Roger Bacon，约1214—1292年)预言了科学的应用——“机器让我们远航不用桨，车不用动物拉……可飞的机器……可在海洋和河流深处移动的机器……”这比同姓的弗兰西斯·培根(Francis Bacon)强调实验方法或科学应用足足早了4个世纪。

中世纪经济的危机

1348年，一种叫做腺鼠疫的传染病——即臭名昭著的黑死病——从亚洲传到了欧洲。瘟疫沿着主要的商业路线迅速地蔓延开来，在城市和城镇敲响了沉重的丧钟。在两年的时间里它洗劫了整个欧洲，从西西里岛和葡萄牙到挪威、从俄罗斯帝国到冰岛。有些城市的死亡人口超过了一半，欧洲总人口可能至少减少了三分之一。而且，瘟疫变成了地方流行病，在这一世纪剩余的时间里，每隔10年或15年都会有新的爆发。除了瘟疫酿成的灾难，国内和国际战争在公元14世纪和15世纪达到了空前的紧张和残暴。英法两国之间的百年战争(1338—1453年)使法国西部的大片土地遭到蓄意掠夺和破坏，而在东部，神圣的拜占庭帝国最终在奥斯曼土耳其人的猛攻下灭亡。

黑死病是中世纪经济危机中最严重的事件，但它绝不是危机的起源或原因。到13世纪末，前2个或3个世纪的人口增长已经趋于平稳。在14世纪上半叶，庄稼歉收和饥荒开始越来越频繁和严重。因此，早在1348年以前——尽管未被证实——人口就已经开始减少了。1315—1317年的大饥荒影响了整个北欧地区，从比利牛斯山到俄罗斯。在佛兰德这个人口最密集的地区，死亡率跃至正常数字的10倍。食物供给越来越不稳定，城市和城镇拥挤不堪，卫生设施简陋缺乏，这些都使人们更易传染到流行病，其中最糟糕的就是黑死病。

有证据显示，公元14世纪时气候开始恶化，至少在北欧，冬天变得

图 3-8　机械钟。这是著名的唐狄钟的现代复原物，原物造于 14 世纪中期。

更长、更冷、更湿。葡萄栽培从英国消失，谷物在挪威不再结穗，整个波罗的海冰封了三次，德国和低地国家的洪水更频繁、更严重。上述这些问题再怎么严重，也不足以充分地解释整个经济的滞胀和衰退，更一般的解释是，资源和技术的供给跟不上人口的过度增长。

至公元 13 世纪末，前几个世纪的大面积森林的开垦停止了。在一些地区——如意大利和西班牙——有证据显示，森林的乱砍滥伐造成了土壤的侵蚀和肥力的下降。在较远的北方地区，庄园主们出于保护自己的狩猎特权而反对砍伐，农民们则需要在剩余的森林里砍柴和放牧。庄园主和农民在利用森林的问题上发生过无数次冲突，有时引发暴力。没有新开垦的土地，牧场、灌木丛生的荒野、水草地都被转化成可耕地，这就意味着牲畜的减少，进而食物中的蛋白质更少了，用作肥料的粪便也更少了。肥料的匮乏一直是庄园制经济挥之不去的难题，牲畜的减少使问题更加严重，即使有更多的土地用来耕作，庄稼仍是歉收。生产率的提高——如四轮耕作法和其他更复杂的耕作法以及绿色肥料的使用——对某些地区略有成效，但其应用速度和影响程度仍不足以抵消土地因过度耕种而造成的边际收益递减。

正如我们所见，在中世纪经济扩张时期，地主们倾向于将劳役转换成货币租金，将他们的领地租赁给富裕的农民。随着人口和城市的持续增长，大多数农产品的价格上升了，而工资却下降了。许多地主为了支撑日益减少的收入，或为了利用有利的价格工资比，又开始开垦领地，有时牺牲牧场，甚至是农民的条形土地，扩大了领地的面积，试图重新恢复旧时的劳役。尽管后者的举动遭到了强烈的抵制，在欧洲西部仅获得了小小的成功，事实证明，欧洲东部的地主更强硬些。不管事实如何，随着工资的逐渐下降，西部领主雇用劳动力耕作土地是很经济的选择。即使有大量的农民可以这样做并富有了起来，仍有大批的农民陷入日益窘迫的困境。一部分是这个原因，加上国王和其他地区统治者的苛捐杂税、社会矛盾日益紧张和时时爆发暴力和叛乱，如在1315—1317年因大饥荒爆发的佛兰德农民和工人的起义。

黑死病大大地加剧了社会矛盾的紧张与冲突。价格-工资的剪刀差突然倒转了。随着城市人口和需求的急剧下降，谷物和其他食品的价格突然下滑，工资却因劳动力短缺而上升了。当权者的第一反应是抑制工资的上涨，却由此加剧了农民和工人的敌意。普通大众一般是尽可能地回避当权者，但当后者高压施政的时候，前者必然会揭竿而起。在公元14世纪下半叶，叛乱、革命和国内战争在欧洲风起云涌，导火线并非都是抑制工资，但多多少少与饥荒、瘟疫和战争带来的经济突变有关。1358年，全法国的农民自发组织起来，对抗地主和政府。在英国，一连串的地区性起义最终引发了1381年农民大暴动，一系列混杂的宗教和经济问题使革命者差点成功。意大利暴力冲突总体上没有超过公元11或12世纪公社争夺自治权时的激烈程度。但在1378年，佛罗伦萨羊毛业工人短暂地控制了城市，并将“肥胖的人们”——他们的主人——赶出了城。同样，在德国、西班牙、葡萄牙、波兰和俄罗斯，类似的农民起义或工人起义或联合起义烽烟四起。不管这些起义的初期胜利有多大，它们都无一例外地被封建贵族、城市政府或兴起中的国家君主政体残酷地镇压了。

起义很少能达到预期的目的，但是，西欧在经历变化后的经济状况却使农民摆脱了庄园制度的束缚并获得了自由。即使统治阶级拥有政治军事上的强势，很快就很难执行劳役制度或抑制工资价格，因为庄园主之间相互竞争，以提高工资或租金来吸引农民耕种他们的土地。英国在经历了14世纪后期的社会动荡之后，进入了被专家称为“英国农业劳动者的黄金时代”的15世纪。实际工资——即货币工资与消费品的价格比——比以前任何时期都高，并一直持续到19世纪。同样，在西欧的其他地区，市场的力量使最后残留的农奴制彻底土崩瓦解，农民的工资和生活水平提高了。由于城市需求疲软，谷物价格持续低迷，相对充足的土地就用于牲畜的饲养，农作物也从谷物转向有根作物和草料。尽管14世纪发生的大瘟疫及其相关噩运十分可怕，事实却证明它们起到了宣泄净化作用，从而为15世纪初的复兴和发展铺平了道路。

东欧走上了一条不同的演进路程，东欧的人口一直比西欧少，城镇少，城市人口密度低，市场力量也较弱。大瘟疫之后，城镇生活几乎萎缩了，市场萧条，经济回复到基本生存水平。在这种情况下，面对地主的统治，农民别无出路，要么服从，要么逃到荒地和无主地块去，一路上危机四伏。结果是，自公元9世纪起，地主就在没有更高统治机构的约束下强迫农民服奴役。

西欧城镇的发展因大瘟疫而受到严重的制约，但还是幸存了下来，并最终复苏。与14世纪初期相比，15世纪初期的生产和贸易总量可能较小，但在15世纪的不同阶段，欧洲各地的人口、生产和贸易开始复苏，到了16世纪初，这些总量可能比之前的任何一个阶段都要大。与此同时，一次重大的新的力量组合已经发生。由于需求的骤然下降，行会组织加强了行业管理，以更有效的卡特尔方式控制供给。它们限制产量，实施工作规章制度，严格限制去世的工匠师傅的儿子或亲戚成为新的行会成员。商人为寻求理性化的商业运作，发明或采用了复式记账法以及其他控制办法。15世纪的贸易公司在规模上无法与巴尔迪或佩鲁齐公司匹敌，但其中最大的佛罗伦萨的美第奇(Medici)银行和其他无数的公司都采用了一种类似于现代控股公司的组织形式，这样做降低了因分支机构经营失败而造成的破产风险。面对越来越高的劳动力成本，企业家们寻找节省劳动力的生产新方法，或迁移到乡村以逃避行会组织的严格管理。

因竞争的加剧，生产和贸易出现了地区间的转换。一些城市动用了军事力量制服竞争对手，将自己的统治扩展到周边的相邻，如佛罗伦萨和威尼斯，他们并没有因为竞争而萎缩。更微妙的是，日内瓦的交易市场逐渐替代了14世纪香槟的地位，但在15世纪末又遭遇了里昂的竞争。在更远的北方，安特卫普逐渐替代了布鲁日，成为意大利贸易的主要终点港。德国汉萨同盟在1367年成为正式的组织，部分原因是应对需求的萎缩，以及反击竞争对手剥夺德国商人特权的企图。德国人对波罗的海和北海的贸易控制了差不多有一个世纪，直到15世纪尾声时才遭遇荷兰和英国商人的船队以及捕鱼舰队的强大挑战。意大利各城市维持着其贸易的卓越地位，但在北欧却节节失利，这预示着即将来临的16世纪和17世纪会有更大的翻天覆地的变化。

第四章

西方扩张前夜的非西方经济体

从16世纪到20世纪，欧洲——尤其是西欧——是全球经济增长和变化最强劲的地区。在很大程度上，正是欧洲创造了现代世界的经济。世界上其他地区参与世界经济的模式和时机也取决于与欧洲的互动关系。然而，在16世纪之前，世界各地或多或少都是相对独立封闭的，欧洲也是其中之一。本章将回顾其他地区在与欧洲接触前的情况。

伊斯兰教国家

世界几大宗教中最年轻的是伊斯兰教，它起源于7世纪的阿拉伯半岛。创始人先知穆罕默德(Mohammed)曾经是个商人，后来成为政教合一的领袖。在公元632年去世前，穆罕默德几乎统一了阿拉伯半岛。在他死后不久，他的追随者们以沙漠旋风般的迅猛速度扩张版图，在一百年内建立起一个从中亚横跨中东至北非和西班牙的庞大帝国。随后是几个世纪的相对静止，继承的哈里发[①]帝国(Caliphate)被分解成好几个诸侯国。12世纪,穆斯林(伊斯兰教的信仰者)又一次发起了扩张,在以后的几个世纪里(见图4-1)将他们的宗教与习俗传播到中亚、印度、锡兰、印度尼西亚、安纳托利亚,以及撒哈拉沙漠以南的非洲。此时的阿拉伯人在百万信徒中只是少数人,但阿拉伯语却是伊斯兰文明的通用语言,圣书《古兰经》(*Koran*)就是用阿拉伯语写的。尽管当时通用的语言还有著名的波斯语和土耳其语。

最初的阿拉伯人是游牧民族,尽管仍有一部分人从事绿洲农业,也有

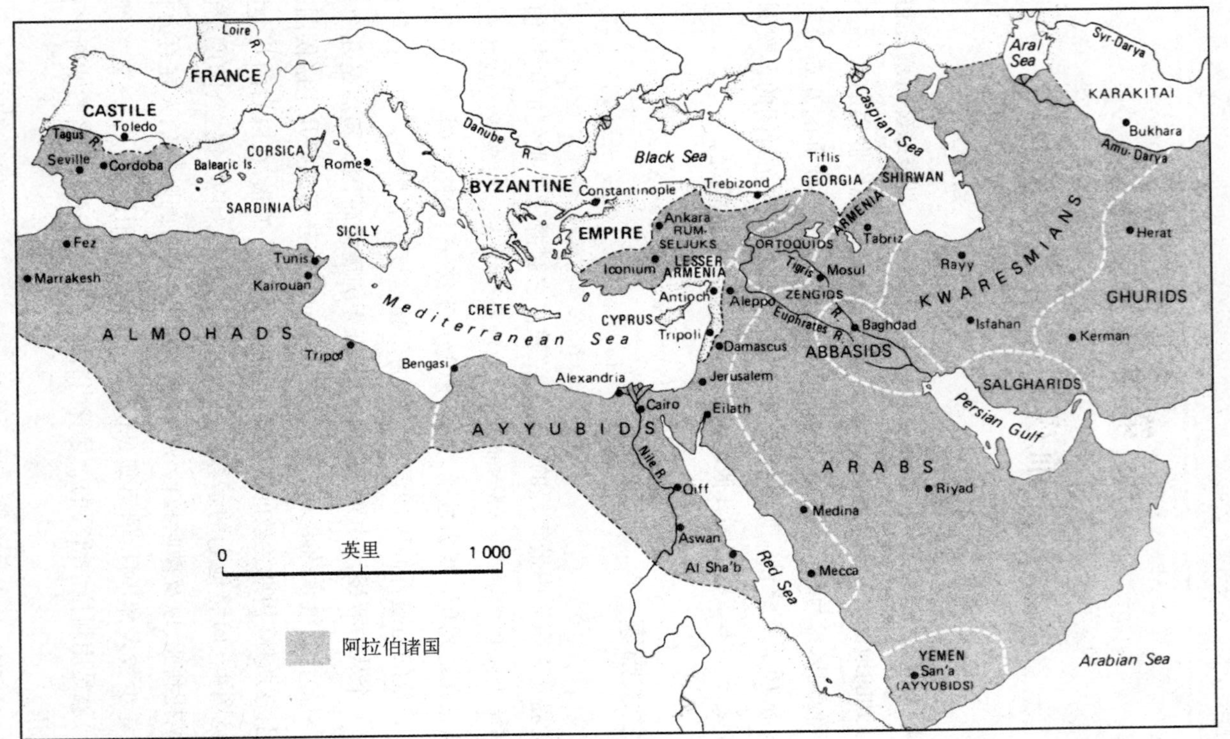

图4-1 1200年前后的穆斯林王国。

几个城市中心，如麦加。尽管他们所征服的土地基本上与阿拉伯半岛的土地一样的干旱，但它们却是两大文明的摇篮——底格里斯-幼发拉底河流域和尼罗河流域。在这些流域和其他地区，穆斯林开始了灌溉农业，在有些地区（如西班牙南部和美索不达米亚），灌溉农业达到了很高的水平，生产率大大提高。对外的扩张征服也有了大城市，包括亚历山大、开罗，最后是君士坦丁堡，后来改名为伊斯坦布尔。伊斯兰世界最终发展了城市文明，尽管许多穆斯林、阿拉伯人及其他人仍保留游牧民族的习性，放牧绵羊、山羊、马或骆驼，极少有牛，猪更是禁忌。因为穆罕默德曾颁布禁令，禁止食用猪肉。

尽管疆域的土地可耕性差，但地理位置却蕴含着巨大的商机。阿拉伯人居住的中心地带地处波斯湾和地中海，一直延伸至印度洋，同时又是商队穿越地中海到中国的必经之路。先知穆罕默德曾经是商人，所以，伊斯兰教并不认为从商是低等的职业，相反，在他们眼里，商人享有很高的荣誉和尊严。尽管严禁高利贷，但穆斯林商人仍然设计出许多复杂信用工具进行贸易，包括信用证和汇票。几百年来，阿拉伯人及其穆斯林们一直在欧亚贸易中扮演着主要的中介人角色。在此过程中，他们大大地推动了技术的传播。中国的许多技术元素如磁性指南针、造纸术通过阿拉伯人传到了欧洲。

他们也引进了新作物，如水稻、甘蔗、棉花、柑橘、西瓜以及其他种类的水果和蔬菜。有些农作物来自印度或亚洲和非洲的其他地区，由他们传到欧洲。某权威人士曾将阿拉伯人的农业成就称为“中世纪的绿色革命”。8 世纪至 10 世纪的伊斯兰世界完全有可能与中世纪的欧洲一样经历了第一次 S 曲线增长，处在人口膨胀和经济增长的繁荣阶段。

阿拉伯人的贸易路线分水路与陆路两种。阿拉伯半岛和印度次大陆之间隔着阿拉伯海和印度洋的北部。阿拉伯海名副其实，因为主宰这片水

① 中世纪政教合一的阿拉伯国家的元首。——译者

域的就是阿拉伯商人和传说中的辛巴德水手们。他们中有些甚至远至中国,中国的港口聚居着大量的穆斯林商人。只要条件允许,穆斯林人还通过河道运输,尤其是在美索不达米亚,有密集的人工运河网络可利用。在陆地,"沙漠之舟"骆驼被选来作长途运输工具,短途运输则用马、骡和驴。当时的中东根本见不到有轮子的交通工具的踪影,后者直到19世纪才再次出现。上百甚至上千头骆驼组成的浩浩荡荡的商旅队伍屡见不鲜。

伊斯兰教的信条之一就是圣战(jhiad),即对异教徒的圣战。这正是伊斯兰教能使众多教徒皈依的部分原因,因为战败者只有两种选择——皈依伊斯兰教或被处死。但对犹太教徒和基督教徒,穆斯林采取完全不同的政策。因为前者信仰的也是一神论,穆斯林便采取了包容政策,对他们实施征税(或许是能使这部分人成功皈依的另一个原因)。特别是犹太人,他们在穆斯林的统治下享有很大的自由空间。犹太商人的家庭成员或代理商遍布整个伊斯兰世界,从西班牙到印度尼西亚。实际上,我们今天获得的关于中世纪伊斯兰的大量知识都来源于开罗犹太教堂的藏书(Cairo Genizah),这是一个宏伟的档案馆,所有写着上帝(Allah 或 Jahweh)名字的文件都完好无损地保留着,还有信件,甚至还有犹太商人们之间的商函,内容一般都是祈求上帝保佑。

随着阿拉伯人对希腊语国家东罗马帝国的征服,阿拉伯人接受了大量的古希腊文明。在欧洲中世纪时期,阿拉伯和中国一起崛起,成为当时世界上科学与哲学的巨人。我们今天所知的许多伟大的古希腊作家都是通过阿拉伯文的翻译而闻名于世的,现代数学的基石是阿拉伯数字体系,代数也是阿拉伯人的发明。在11世纪至12世纪西欧文化复兴时期,很多基督教学者前往科尔多瓦及其他一些穆斯林文化中心,潜心研修古典哲学和科学。与此同时,基督教商人学会了穆斯林的商业运作技能。尽管教皇公开严禁教徒与穆斯林人进行贸易,基督教商人——尤其是威尼斯商人——基本上是置之不理。

奥斯曼帝国

同样信奉伊斯兰教的还有中亚地区的土耳其游牧部落。垂涎于阿拉伯哈里发帝国的财富，土耳其人南下西进，进行烧杀抢掠，征服之后定居了下来。其中一支由帖木儿(Tamerlane)率领，以残暴无情而闻名，在14世纪末占领了波斯(现在的伊朗)。但帖木儿帝国寿命不长，而另一个征服者伊斯梅尔(Ismael)则在16世纪初建立了萨菲王朝(Safavid)，统治波斯直到18世纪。

所有土耳其征服者中最成功的是奥斯曼人，其历史可追溯至奥斯曼苏丹(Sultan Osman，1259—1326年)。奥斯曼人从衰落的拜占庭帝国(东罗马帝国)手中抢到一小块领土，位于安纳托利亚(小亚细亚)的西南部。当时的拜占庭帝国在西十字军以及短命的所谓的拉丁王朝(Latin Empire，1204—1261年)的双重打击下，元气大伤，从此一蹶不振。奥斯曼人的统治疆域逐步扩张至整个安纳托利亚，并于1354年在欧洲占据了君士坦丁堡西部，最终在1453年征服了君士坦丁堡(图4-2)。在16世纪，他们继续扩张，占领了阿拉伯人在近东和中东的领土(在阿拉伯人之前是拜占庭帝国的领土)，占领了北非。在欧洲，奥斯曼人征服了希腊和巴尔干半岛，并在1683年抵达维也纳的城门，之后又被赶回到匈牙利。

土耳其人控制的庞大帝国并没有建立起一个统一的经济体或共同市场。虽然它的各个省气候不同，地缘辽阔，资源丰富，但高成本的运输阻碍了其实现真正的经济一体化。全国各地区仍延续着被征服前各自的经济活动，难以形成地区的专业化。农业依旧是大多数苏丹臣民从事的主业。与前任统治者不同的是，奥斯曼帝国坦然地接受了这一切。土耳其人建立了一个相对公平的普通税收制度，其充裕的收入足以供养中央政府机构和军队。各省份的土耳其官员负责控制和管理地方秩序，收入来自特供土地的租金，某种程度上类似于中世纪欧洲的领地分封制度。

图 4-2 奥斯曼帝国的扩张,1307—1683 年。

在欧洲，土耳其人以贪婪残暴而臭名昭著，这有点言过其实。事实上，只要税收充裕，臣民顺从，土耳其人还是相当温和的。他们没有强迫基督教教徒皈依伊斯兰教，但对应招入伍的亲兵和精兵除外，这些人小小年纪就离开了自己的基督教家庭，接受纪律严明的高强度军事训练。他们同样尊重犹太教。1492 年，当斐迪南(Ferdinand)和伊莎贝拉(Isabella)[①]将犹太人从西班牙驱赶出境时，大批受过良好教育的专业人士和技工非常乐意受雇于苏丹。

东　亚

中国文明可追溯至公元前2000 年伊始，是所有文明中最具自我封闭发展特征的文明。很少有外来——即“野蛮”文明——的侵入，即使有，也常常是很快被中国文化吸收、同化。皇朝起起落落更换交替，间或也会出现短期的无政府状态和战乱时期，但辉煌的中华文明却一如既往发展延续着，生生不息。孔子学说(一种哲学，非宗教)早在公元前5 世纪就已经得到充分的发展。其他哲学和宗教如道教、佛教同样也得到了普及，但后者根本无法取代孔子学说的地位，成为中华文明的哲学基石。由浸淫于孔子学说的世家大族承袭的官僚政治传统也在早期就建立了起来。理论上，皇帝是至高无上的，有些皇帝甚至将权力发挥到了极致。但大多数情况下，皇帝的旨意由世家大族执行，且常常由后者拟定。

中华文明的摇篮是黄河流域的中部，那里，来自中亚的风吹来了肥沃的黄土，土壤适宜耕作。最初的农作物是小米，一种本地产的谷物，后来从中东传入了小麦和大麦，再后来是从东南亚传来的水稻。中国农业一直以来都是极度劳动力密集型的，差不多是“庭院式”的，广泛地使用灌溉。由动物牵拉的犁具直到很晚才被引入。然而，大约在公元

---

①　两人均是15 世纪西班牙国王。——译者

1000年，多品种的优质双季水稻（在同一块土地上一年轮种两次）被引进了，从而大大提高了生产率。

在高效率的农业的基础上，一些城市开始发展起来，随之涌现了各种各样的技术工艺，如青铜铸造就达到了很高的水平。在相当早的一个时间里，中国就开始了丝绸织物的生产，古罗马人通过贯穿中亚的商旅之路——伟大的丝绸之路——将它带到欧洲，当时的中国被古罗马人称为Sina或Serica（丝绸之乡）。陶瓷（称“chinaware”）同样也是中国人的发明，还有纸和印刷术。（当查理曼大帝还在铸造第一枚银质便士时，中国早已在使用纸币了。结果就是货币过度发行以致产生通货膨胀，这一点任何经济学家都可以预见到。在西方国家发明纸币之前，中国已经经历了几个周期的通货膨胀和金融危机。）中国人发明的指南针很有可能是通过阿拉伯人传到西方的。总的来说，中国当时的科技发展已经达到相当高的水平，远远超过了西方各国。

虽然中国较早有了科技发展，但并没有迎来任何技术突破，带领国家进入工业化的时代。工艺制品是供朝廷官员、皇室和少数地主贵族们享用的。农民大众过着穷困清贫的日子，根本买不起如此精致的工艺器皿。即使中国人擅长的铁制品也只用来制作武器和装饰品，而不是生活用品。除此之外，按照孔子的儒家学说，商人和商业活动被置于很低的社会地位。因此，一小部分已积聚财富的商人往往买地置业，纷纷挤入贵族阶层。

与此同时，中国的土地肥沃，人口众多，人口就不断增长并扩散。约在公元600年，中国的人口估计就有5 000万了，在接下来的600年里，人口大致膨胀了一倍。人口的居住地沿着黄河向东扩展到大海，向南到长江流域，并继续四处蔓延。7世纪，大约有四分之三的人口居住在中国北部，但到了13世纪早期，人口的60%居住在中国中部和南部。为了与各地保持联系，朝廷建造了一个复杂的交通网络，最突出的就是人工运河。连接黄河和长江的京杭大运河绝对是一个庞大的工程奇迹，它建造的主要目的是维持秩序，并向朝廷运输税收和贡品。但同时它又促进了跨地区的贸易发展，形成了劳动的初级的地理上的专业化分工。

13 世纪发生的一系列重大事件给中国带来了深刻的影响，其影响还几乎波及整个欧亚大陆，包括西欧。那就是成吉思汗（Genghis Khan）在家乡蒙古——中国北部——率领蒙古人的崛起（图 4－3）。在半个多世纪的时间里，成吉思汗和他的后继者们缔造了历史上最广袤连绵的陆地帝国，东起太平洋，西至波兰和匈牙利。在此过程中，他们相继统治了中亚、中国、俄罗斯和中东（1258 年征服了阿拉伯的哈里发，巴格达变成一片废墟）。烧杀抢掠几乎成了蒙古人的同义词，但他们征服之后的所作所为却同蛮族征服者一样，他们定居下来，接纳当地的文明。在中亚和中东，他们皈依伊斯兰教，与土耳其人结盟，融入本土居民的生活。但在俄国，他们没有皈依东正教，保留了自己独特的生活方式，直到 1480 年，莫斯科大公伊凡三世（Ivan Ⅲ）起而反抗，推翻了蒙古人的统治。在中国，他们采用了折中的方法，他们按中国人的方式建立了元朝（1260—1368 年），既采纳中国方式，同时又试图保留自己的民族特色，但仅在一个世纪后，他们的统治就被推翻了。

马可·波罗在他史诗般的中国之旅遇见的是忽必烈（Kublai Khan）——成吉思汗的孙子，第五代继承人。那时的蒙古人已从征战转向国内的和平与秩序。地中海与中国之间的贸易比罗马帝国时期更为繁荣，而且，事实上，这样的繁荣一直延续到 19 世纪。根据另一位与马可·波罗同时代的意大利商人的描述，伟大的丝绸之路当时几乎是“夜不闭户，路不拾遗”。

明代（1368—1644 年）恢复重建了中国的传统习俗，尤其是孔子学说和世家大族的官僚制度。明朝的前半时期，经济繁荣，人口增长。在蒙古人统治的后期，各地起义如火如荼，在此过程中，道路、运河年久失修，人口因洪水、干旱和战争而锐减。新建的朝廷积极修复交通网络，人口因国泰民安而开始了新的增长，至 1450 年超过了 1 亿。明朝于 1421 年从南京迁都至北方的北京，由此带动了南北贸易。开始有了棉花种植和棉布加工，地区间的分工越来越明显。其中最关键的是中国开始了海

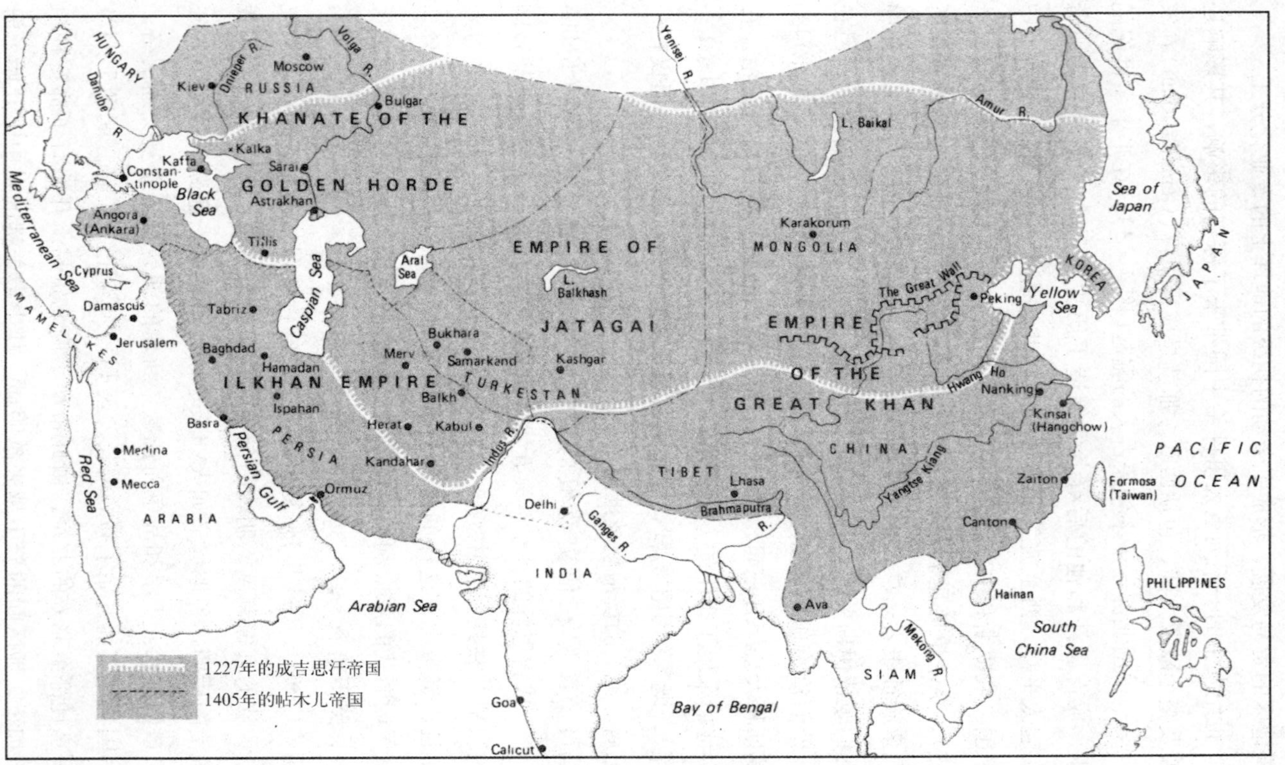

图 4－3　蒙古帝国及其邻国，约 1300 年。

外贸易。在此之前，中国人完全将对外贸易的掌控权交给外国商人。但在明朝初期，中国的商船开始了海外贸易，到过日本、菲律宾（后来才有的国名）、东南亚、马来半岛以及印度尼西亚。在15世纪的前25年里，一名中国宦官——郑和——率领庞大船队远航至印度洋。这次远航在各港口开始建立中国的殖民地，锡兰、印度、波斯湾、红海，以及非洲东岸。然而，1433年，皇帝突然下令严禁出海航行，停止所有航海船只的建造与修缮工作，禁止任何臣民出海远行。所有海外的殖民地就此自生自灭。人们不禁要想，如果葡萄牙人在15世纪末到达印度洋时发现中国人早就在那里的话，历史的进程该如何改写。

韩国和日本的发展是紧紧尾随中国文明的，很大程度上是中国的复制。尤其是日本，尽管近年来，日本在其制度框架下借助外国技术创造出诸多新颖的成果，但当时是大量模仿中国的技术。而韩国则不时地对中国称臣。忽必烈曾企图取道韩国入侵日本，但一场台风摧毁了他的船队，日本人称之为“神风”（kamikaze）。在15世纪和16世纪，日本海盗曾在中国沿海肆虐猖獗。而在17世纪初期，德川幕府在巩固了自己的统治之后，效仿明朝皇帝，禁止日本人远航海外（归来者处以死刑），也禁止航海船只的建造。

南　亚

印度次大陆的版图——包括现在的巴基斯坦、孟加拉国和斯里兰卡——与苏联西部的欧洲部分差不多大（见图4－4）。就种族和语言而言，比欧洲还要多样化。地形和气候同样多样化，从热带季风林到炙热的沙漠和冰川覆盖的高山。自公元前3000年人类第一个文明源起于印度河至今，南亚的历史在侯国、王国和帝国的兴兴衰衰中曲折地行进着。总的来说，这些统治者的交替对普通老百姓和被奴役的农民来说没多大关系，无非就是在榨取贡品和税赋方面哪个更残酷无情一些。

南亚次大陆的土著人口有可能与澳大利亚的土著人有关。但随着时

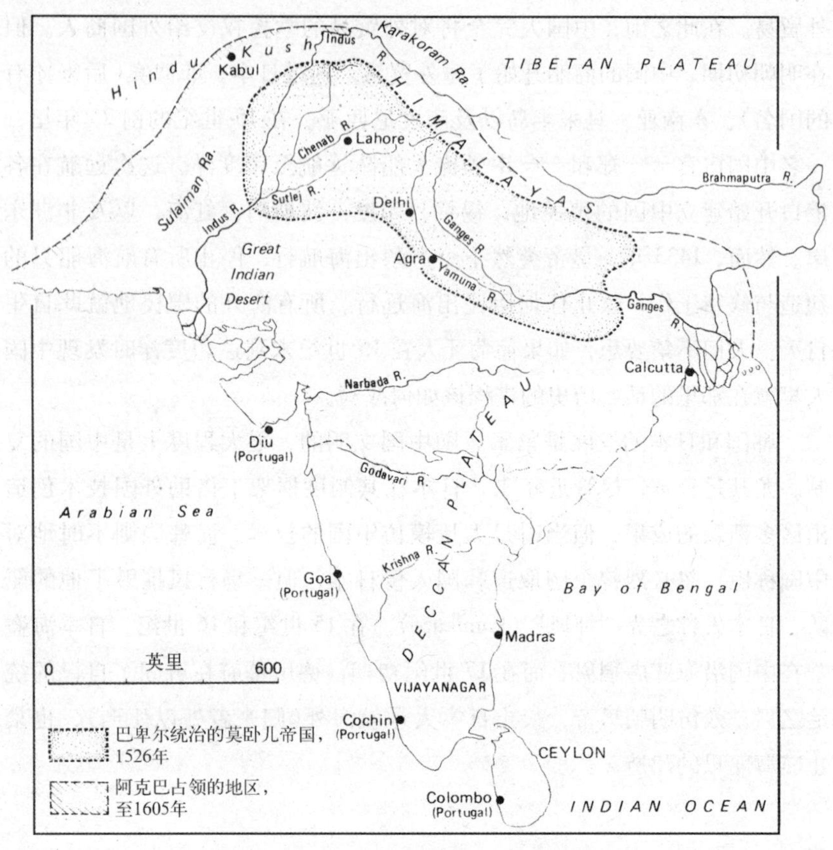

图4-4　公元1600年左右的印度。

间的流逝，星移斗转，一波又一波的移民和入侵者的加入同化了人口，大多数新来者——大夏希腊人、锡西厄人、帕提亚人、蒙古人和其他民族——来自西北方，他们穿越波斯或阿富汗，有些则从东北方的西藏和缅甸来。只有一个例外——穆斯林，他们融入了本土生活，接纳了本土的文化，包括宗教。

宗教对经济的影响比政府大得多，这个问题很复杂，非三言两语能解释得清。最原始的宗教是印度教，然后衍生发展出许多教派和异教，其中的耆那教(Jains)和印度锡克教(Sikhs)至今仍活跃着。佛教的起源与中国儒教差不多是同时代，也是印度教派生出来的，佛教在中国、韩国和日本的传播最成功，但在印度，佛教却在现代来临之前消失了。伊斯兰教的情形就完全不同，它早在8世纪进入南亚次大陆，在13世纪及以后的世纪里又再度辉煌。16世纪早期，据说是成吉思汗后裔的巴卑尔(Babur)在印度北部建立了莫卧儿帝国，后来他的孙子阿克巴(Akbar)扩大了帝国的版图(见图4-4)。

今天的印度，其宗教与邻国的宗教并没有因疆域的分割而不同，而之前该地区的宗教更趋于混杂并存。印度南部德干半岛(Deccan)上的伊斯兰诸王国与维查耶那加尔(Vijayanagar)印度教帝国之间的敌对冲突，使葡萄牙人得以在16世纪在此建立了殖民地。

宗教对经济的冲击表现在印度的世袭等级制度。社会等级基本上由职业决定，但追本溯源，它似乎与种姓有关。在最初，只有四个种姓(varnas)或等级——婆罗门(Brahmans)或称僧侣贵族阶层；骑士和统治阶层；农民、工匠和商人阶层；以及低等的仆人阶层。随着时间的推移，等级越来越繁多，每个职业都有一个或几个等级。等级制度相当森严，对人们的社会交往甚至男女结合都有苛刻的限制。最具普遍性的就是同等级内的通婚。总的来说，划分等级的核心是污染(pollution)的概念，既有字面原意，又含喻意。污染最严重的职业处于最低等级，其中一部分是“不能碰”的，甚至是“不能看”的(如洗“不能碰”的人的衣服，就只能在晚上洗，以避免人们看见)。尽管等级制度可能并非如描绘得那么苛刻，但对于社会的流动性和资源的有效分配一定是个障碍。印度宗教阻碍经济发展的另一个因素就是对牛的崇拜。“神牛”可以随心所欲地在乡村四处游逛，人们不可以宰杀或食用它们。

几千年来，时至今日，印度次大陆上的绝大部分人口居住在乡村，从事低生产率的农业生产，艰难地维持生计。在茂密森林覆盖的地区，人们在定居村落形成之前采用北欧人的技术——焚林垦荒，即使在较近的年代里，人们仍没有放弃这技术。在其他地区，人们根据土壤和气候的特点发展技术和耕种农作物。在季风带地区，主要农作物是来自印度支那(Indochina)的水稻。在稍干燥的地区，主要农作物是来自中东的小麦或大麦，或者是来自中国或西亚的粟米。印度本地的原产作物是棉花，印度教的圣经《黎俱吠陀》(*Rig Veda*)中曾提到过。

尽管印度人口的绝大多数从事农业，但仍不乏技术熟练的工匠。精致的艺术品、雕塑，以及宏伟的建筑，如泰姬陵（图4－5），都堪与希腊罗马的经典艺术品媲美。然而，工匠们仅服务于富人和有权有势的阶层，广大民众并没有购买力，中产阶级在当时根本没有形成。少得可怜的贸易掌握在外国人手中，主要是阿拉伯人。

图4－5 泰姬陵。被誉为世界上最美丽精致的建筑，是17世纪莫卧儿皇帝下令为其妃子建造的陵墓，由成千上万名工匠前后花费了10多年时间建造而成。

东南亚，从西北的缅甸至东边的越南以及南边的马来半岛，因其文化融合了中国和印度的文化传统，也称印度支那。它在技术和经济方面深受中国的影响，而在文化方面，除了越南，则更多地受印度的影响。而印度尼西亚也正如其名称所包含的，深受印度的影响。最初是印度教和佛教文化，之后是伊斯兰教。佛教僧人在空旷野地建造寺庙，传播佛教。这一点倒是与北欧的西多会修士有几分相像，在传播宗教文化的同时还引进先进技术。

东南亚(包括印度尼西亚)对世界文明有两大贡献，一是起源于印度支那的水稻， 后来不仅成为中国和印度，而且也是东半球和西半球很多地区的主要粮食。水稻的耕作大概发生在公元前2000年或者更早些时候。二是调味品——胡椒粉、肉豆蔻、姜、丁香等等——大多数产自印度尼西亚群岛，其中肉桂的原产地是锡兰。

有史料记载的东南亚历史相对简短，仅一千多年。对于之前更早的时期，历史学家必须借助考古的证据加以推测，如气势恢宏的柬埔寨吴哥窟(Angkor Wat)庙宇、有关印度和中国的记录。然而，有证据显示，早在公元前10000年，在如今的泰国和越南，出现过新石器时代的猎人聚集地。大概在公元前5000年就有了陶器的制作。青铜制作的工具、武器和装饰品可追溯至公元前2000年， 而铁制品是在公元前500年。在欧洲中世纪时期，萌芽状态的城邦国家得以建立——蒲甘(Pagan)王国,在如今的缅甸境内；大城府(Ayudhya)王国，在如今的泰国境内。它们在17世纪曾接待过法国路易十六派遣的大使。

大部分人口居住在河流流域的宽阔地带，如伊洛瓦底江、湄公河、红河等流域，那里的人们靠灌溉耕种水稻得以生存。还有就是居住在土壤肥沃的火山岛上，如爪哇（Java)岛和巴厘(Bali)岛。食物的另一重要来源就是河海的鱼，在当地还可以用来交换稻米。摩鹿加群岛——传说中的“香料群岛”——盛产的胡椒粉和各种奇异香料很早就在印度、中国、中东地区甚至欧洲找到了市场。穆斯林——主要是阿拉伯人和其他国家的人——是印度与印度尼西亚之间的主要中间商，同时也是将伊斯兰教传播到印度尼西亚群岛的重要使者(除巴厘岛外，几乎所有的岛屿都沿袭了印度习俗)。也是阿拉伯人将货物从印度运至亚历山大城以及东地中海的其他商业中心，他们将货物卖给意大利商人，主要是威尼斯人，后者再将货物分销至欧洲各地。为了打破这一“垄断”（当时其他的欧洲人也都看到了），葡萄牙人开始海上远征探险，并最终发现了绕道非洲的海上路线。

非　洲

从古到今，北非历史历来是与欧洲历史紧密不可分割的，尤其是沿地中海的欧洲。而撒哈拉沙漠以南的非洲(黑非洲)在16世纪甚至19世纪之前与欧洲或世界其他地区几乎是隔绝的。因此，在欧洲人抵达非洲大陆之前的那段历史因记载资料的匮乏而难以成史。当然，这并不代表非洲就没有历史，或者说非洲历史不重要。最近的学术研究通过考古资料和民间口头文化，发掘出大量关于“黑大陆”的有用信息。

有记载的非洲历史始于古埃及，第二章中我们曾简略地提到过。腓尼基人来来回回地往来于北非的海岸线，其殖民地迦太基与罗马激烈争夺着对地中海的控制权。中世纪初期，伊斯兰教的猛然入侵几乎将地中海变为穆斯林湖。尽管北非因宗教和河海与欧洲大陆分割——前者阻碍了交流和商贸，后者则起了促进作用——北非在欧洲历史以及伊斯兰教和非洲历史中仍有举足轻重的位置。事实上，正是撒哈拉沙漠以南地区的黑非洲皈依了伊斯兰教，北非才得以首当其冲与欧洲经济发生接触。[在伊斯兰教崛起之前，基督教早就渗透到努比亚(Nubia)和阿比西尼亚(Abyssinia)或埃塞俄比亚(Ethiopia)，但随着努比亚被伊斯兰征服，阿比西尼亚基本上与基督教世界分割开了。]

北非的经济与欧洲地中海的经济相似。雨量充足地区以种植谷物为主(灌溉作为补充)，其他地区则是游牧为主。商贸活跃，但仅限于各种家庭制作的产品。商贸队伍中的一分支穿越撒哈拉直至黑非洲。其实，早在基督教时期，横跨撒哈拉的贸易就存在了，只不过2世纪或3世纪骆驼的出现（从中东引进）使贸易更加频繁。即便如此，由于运输成本的昂贵，运输的货物也仅限于高价值、小体积的物品，如黄金、象牙，以及可以自己行走的奴隶。沙漠绿洲中海枣树的果实海枣也是来回贩运的货物。

撒哈拉沙漠以南非洲的经济一如当地的气候、地形和植物，呈现出多样化的特征。与人们普遍得到的印象相反，该地区一小部分属于热带雨林或丛林，主要分布在刚果或扎伊尔盆地，以及西非的南海岸。从这里到北部撒哈拉沙漠和南部卡拉哈里沙漠，中间是广袤的热带大草原——大片的草地和灌木丛。东海岸边的内陆地区，从北部的埃塞俄比亚延伸至南部顶端则是群山连绵，湖泊星罗棋布。非洲的几大河流——尼罗河、尼日尔河、赞比西河及其他河流——落差悬殊，流水湍急，对商贸的发展并没有任何促进作用，这多少有点让人失望。

与当地的地形、地貌相比，非洲人口的多样性特征更突出。尽管土著居民的肤色都是深色或黑色，但在民族、人种和语言上存在巨大的差异性。只有一点是相通的，即以家庭组合的部落是最基本的社会形态。偶尔出现过更大的政治组织形式——联邦、王国，甚至帝国，如存续很久的古加纳（Ghana）帝国，但大多数都是昙花一现。而古加纳帝国并没有留下官僚政体必不可少的一样东西——文字记载。

非洲的经济也呈现出多样性，最原始的狩猎、相当精细的农业、草原及露天畜牧业。植物的耕种和动物的驯养有可能是在公元前2000年从埃及或地中海的某个地方引入非洲的。由于气候和降雨量的差异，地中海和中东地区的主要农作物——小麦和大麦——在这一地区并不盛产。因中非地区舌蝇猖獗，在大型圈养动物之间传播致命疾病，农耕者只好放弃牲口耕地，承袭刀耕文化，使用木制或铁制的锄头。在丛林地带，人们采用焚林垦荒技术，隔几年就转移，另辟耕地。他们耕种块根植物和香蕉（从东南亚引进，后来传入美洲），河鱼也是食物之一。尽管技术水平低下，仍出现了专业铸铁工人以及职业商人。

贸易和商业几乎无处不在，连狩猎者之间也不例外，他们与其他社会团体也不是完全隔绝的。生活在撒哈拉沙漠南部干旱边缘地区的游牧民部落用羊产品——羊肉、羊奶和羊毛——与热带大草原的部落交换谷物、布料和金属。交易的物品还有盐和鱼(晒干和腌制的)。在中非，贝壳被作为货币，替代物物交换。在河流上，独木舟被广泛地用来运输货物。其他地方则用头顶来运货。

美　洲

学者们一致认为，美洲大陆的印第安人[美国印第安人(Amerindian)]的祖先是蒙古人(或前蒙古人)。在远古的某个时间，蒙古人穿过今天白令海峡上的陆地来到美洲，而对于确切的时间点，学者们始终未达成一致的意见，有的推测是几千年前，也有的断定至少三万年前。近期在南北美洲的考古发现倾向于后一种假设，而且，这样的移民绝非是一次性的，在长达几千年的时间里一波接着一波。还有些创新的理论研究试图证明，美洲的土著居民有可能横渡大西洋、太平洋，长途跋涉来此定居。但这种假设几乎不成立，因为即使有部分人横渡成功了，仅靠这些幸存者的人数也无法解释哥伦布到达之前的遍布广袤美洲大陆的庞大人口，以及如此众多的不同语言。

在旧大陆(the Old World)迎来基督教时代之前，新大陆(the New World)上就出现了居住人口，从北部如今的加拿大和阿拉斯加州至南部的巴塔哥尼亚和火地岛。人口密度和文化程度差异极大，北美广袤平原和亚马孙河丛林的人口稀少，而美洲中部的人口密集。人口密度的差异与各国的生产率有着直接的关系，在农业密集区人口众多，而人口稀少地区的人们仍然过着狩猎群居的生活。

美洲印第安人早就独立发展农业了，只是并没有得到广泛的应用。农业发展程度较高的地区为墨西哥、美洲中部和南美洲的西北部，在如今美国的西南部和北美的东部林区也有农业。主要的农作物有玉米(印第安人谷物），其他杂粮有番茄、倭瓜、南瓜，以及安第斯（Andean）高地的土豆。美国印第安人的家畜只有狗，还有就是安第斯山脉的美洲驼，但它也只是驮畜，不是用来犁地的。因此，当时的科学技术就是刀耕文化。美洲印第安人也有少量金属——用于制作装饰品的沙金、银、铜，但没有铁。他们的工具是用木头、骨头和石头制作的，特别的一种天然火山石——黑曜岩，用于切割和雕刻。尽管技术原始粗糙，但制作出来的工艺品和宏伟建筑物同样精美绝伦。

市场和贸易同样早早地就存在了。考古资料显示，远距离贸易的出现可追溯至公元前2000年中期。在公元前8世纪至前4世纪之间，墨西哥湾的奥尔梅克人（Olmec）就与墨西哥中部高地互通商贸。交易的物品有精美的小雕塑、玉石工艺品、昂贵的黑曜岩，以及可可豆，可可豆既是消费品又充当计量货币。

玛雅（Mayan）文化的出现就在这个时期或稍后一点，也就是在今天的危地马拉和尤卡坦半岛。玛雅文化最杰出的代表就是大型金字塔，堪与埃及金字塔媲美，顶部建有寺庙（图4－6）。玛雅人有一部自己的历法和书写文字，直到最近人们才得以破译。而对于他们的社会经济结构，人们知之甚少。与其他地区相同的是，其主要农作物为玉米，贸易市场也很普及。社会结构很可能是等级森严的，所以才建造出如此辉煌的建筑。食物供给肯定是富足的，所以才能有一批人从事建筑和工艺。玛雅文化的鼎盛时期在4世纪至9世纪。随后，显然出现过民众对抗僧侣统治者的起义，有可能还得到了北部入侵者的协助。结果，神圣的寺庙被遗弃，慢慢地化为废墟，逐步被周围的丛林湮没。

玛雅文化之后，墨西哥高地的各种文化的发展都曾达到过相当高的水平，有托尔特克人文化（Toltecs）、奇奇梅克文化（Chichimecs）和米斯特克人文化（Mixtecs）。约在14世纪中期，好战残暴的阿兹特克（Aztecs）部落——首都特诺奇特兰城（Tenochtitlan），在今天的墨西哥城——开始攻占掠夺左邻右舍。该部落有个习俗，在被征服部落中挑选俘虏作为祭祀的牺牲品，因此，在后来的1519年，由科尔特斯（Hernando Cortez）率领

图4-6　玛雅寺庙。这座壮丽的建筑物是玛雅统治者的财富与权力的象征，同时展示了工匠们精湛的技艺。但臣民们背负的沉重枷锁最终引爆了起义，致使一切又回复到最初的农耕文化。

的西班牙人很容易地在当地找到了同盟军，一举攻克了特诺奇特兰城。

在玛雅文化的鼎盛时期，居住在今天秘鲁沿海一带的本土人利用安第斯山脉的水源开始了灌溉农业。很显然，农业生产率得到相对较高的发展，由此，密集的城市人口得以增长，而城市居民则开始了相互之间的贸易。公元1200年后的某个时间，印加人(Inca)——高地部落，首都在库斯科(Cuzco)——发动了对整个高地及沿海地区的军事侵略，从北部的厄瓜多尔到南部的智利。印加人没有书写文字，但有自己独特的记事方式。他们甚至能用打结的绳子来传递远距离的信息。他们有中央官僚集权管理臣民，包括国有粮仓，负责储存和分发谷物。除了政府分配体系，民间市场亦同时存在。

美国西南部的普韦布洛印第安人也采用了灌溉农业，并建造起城市居住地，算不上城市规模，至少也是城镇规模。有多层房屋，屋内还有多间房间。灌溉农田的水源来自洪水泛滥平原分叉的细流。亚利桑那州东南部的霍霍坎文化(Hohokam)广泛地采用了开掘渠道灌溉农业的方法，这需要村庄与村庄之间的合作。在五大湖上游地区，铜制工具和武器取材于当地的矿石。在更远的东部，石板和燧石被做成与铜制相似的尖状物和刀。几乎所有的美国印第安人都有制陶和制篮工艺。邻近今天圣路易斯的密西西比河河谷滋养着密集的农耕者，其中一个地方被考古学家称为卡霍齐亚(Cahokia)，其规模可能达到中世纪的欧洲城市。东部林地的印第安人，聚居在密西西比河东部地区，从圣劳伦斯河到墨西哥湾，他们从事农业，同时也狩猎和打鱼。他们的居住地只是村庄，算不上城镇。传说中，印第安人曾教新英格兰的清教徒怎样将鱼和种子一起埋入田地，这样肥沃土壤，大大提高农产量。

美洲的其他地区，陆地广袤，人口稀少，从北冰洋边的爱斯基摩人到火地岛的裸体原住民，其生存方式仍然是原始的狩猎群居。

第五章

欧洲的第二次 S 曲线增长

欧洲人口在经历了长达一个世纪的消减和停滞后，大约在 15 世纪中期，又开始了新的增长。尽管人口复苏和增长率在欧洲各国不尽相同（地区差异始终存在），至 16 世纪初，人口的普遍增长却是不争的事实。增长的势头贯穿整个 16 世纪，在最后几十年里甚至可能出现过加速增长。然而，在 17 世纪初，如此强势的增长却遭遇到了经常有的饥荒、瘟疫和战争，特别是“三十年战争”[①],使欧洲中心地带的人口急剧减少。至 17 世纪中期,大多数地区(也有些例外,最突出的是荷兰)的人口增长戛然而止,一些地区出现了负增长。这段时间——约在 15 世纪中期至 17 世纪中期——划分出欧洲的第二次 S 曲线增长。在这段时间里,还发生了其他一些重要的变革,有偶然发生的,也有与人口增长密切相关的。与 15 世纪相比,此后的欧洲及整个世界的经济开始有了翻天覆地的变化。

最明显的不同就是地理边界的扩张。人口的增长恰好与海上大探险和地理大发现相吻合,结果是欧洲与亚洲之间建立了整个海上航线,更有划时代历史意义的是欧洲人征服并占领了西半球。这些事件反过来为欧洲提供了取之不尽的资源,从而(与其他因素一起)刺激欧洲经济发生重要的制度变革,特别是政府在经济中的作用。

另一主要差异是欧洲经济活动中心的迁移。在 15 世纪,意大利的北部城市承袭其在中世纪的领导地位,继续在经济事务中起主导作用。然而,葡萄牙人的地理发现剥夺了意大利人对香料交易的垄断,一连串的外来军事侵略和占领又进一步破坏了它的商贸和金融。意大利衰落的步子是缓慢的,因为意大利人蓄积着大量的资本、企业家精神和成熟的经济制度,足以滋养几代人。意大利的衰落与其说是绝对的,不如说是相对的,在更大程度上只是相对于整个欧洲商贸的巨大增长而已。然而,17 世纪中叶的意大利最终沦为欧洲经济的一潭“死水”,直到 20 世纪才再次复苏。

西班牙和葡萄牙崛起为欧洲经济强国,分享了昙花一现的荣耀。里斯本取代了威尼斯,成为香料交易的贸易中心。西班牙的哈布斯堡王朝在其美洲帝国源源不断的金银的资助下,一跃成为欧洲最强大的君主。然而,因政策的关系(我们在后面会详细加以分析和描述),这些来自西印度群岛和美洲的财富并没有在西班牙和葡萄牙得到很好的利用。政府浪费了资源,抑制了生机勃勃的经济体制的发展。尽管直到 19 世纪和 20 世纪,这两个国家仍然掌握着庞大海外帝国的统治权,实际上,早在 17 世纪中期,他们已在经济、政治、军事上全面衰落了。

中欧、东欧和北欧对 16 世纪商业繁荣的参与度不高。德国汉萨同盟在 15 世纪盛行,但之后就日渐式微。其衰落的主要原因尽管与地理大发现无关,但后者完全有可能加速了衰落的进程,因为地理大发现巩固了荷兰和英国诸城市的商业地位。15 世纪的德国南部和瑞士在商贸领域也相当突出,它们在此后也维持了一段时间的繁荣,但由于不再占据商贸的交通要道,也没有港口,因此很难从日益增长的海上贸易中获益。相对而言,它们与其余的中欧和东欧的城市一起慢慢衰落了。不久,中欧地区的所有国家都卷入了宗教战争与王朝更替的战争,大大削弱了经济活力。

伴随地理大发现而发生的种种经济变革带来了巨大的利益,其中获益最大的是沿北海和英吉利海峡两岸的地区——低地国家、英国和法国北部。占据着南北欧之间的中心地带,面向大西洋,这一地区在全球海洋贸易的新时代迅速繁荣强大起来。然而,贯穿整个 16 世纪,法国深陷于宗教

① 三十年战争(Thirty Years War),发生于 1618 年—1648 年,由神圣罗马帝国内战发展为欧洲主要国家卷入的大规模国际性战争,是欧洲历史上第一次大规模的国际战争,以反哈布斯堡王朝的胜利告终。根据和约,欧洲领土被重新分割,法国夺得欧洲霸权;瑞典巩固了在波罗的海的地位;德国的经济遭到严重破坏,内部分裂局面加剧;西班牙遭到削弱;葡萄牙脱离西班牙独立;荷兰和瑞士的独立得到确认。——译者

与王朝更替的战争中，国内国际战争频频发生，政府实施的政策大部分不利于商业和农业的发展。因此，法国的获益比荷兰和英国少。

在地理大发现时代来临之际，英国刚刚从一个落后的原材料生产国转型为一个制造业国家。其农业也开始了市场化。玫瑰战争①几乎摧垮了贵族的等级制，而城市中产阶级和农民则未受任何影响。贵族阶层的衰落巩固了下层贵族——乡绅的地位。1485 年加冕登基的新都铎王朝（Tudor）极度倚重乡绅，同时也给予乡绅很慷慨的回馈。譬如，亨利八世对抗罗马教会，颁布法令解散僧侣，获益者除国王外就是乡绅。这次事件的另一偶然结果，就是改善了土地市场的交易，刺激了农业的市场化程度。

佛兰德很早就是北欧的经济发达地区，现在也开始慢慢地从中世纪后期的经济大萧条中复苏过来。布鲁日渐渐没落，失去了原来与南欧贸易的主要港口地位。而安特卫普则在 16 世纪上半叶崛起为欧洲的重要港口和贸易城市。低地国家 17 个省份组成的联盟在 16 世纪初落入了西班牙统治者手中，从南部的卢森堡和阿图瓦到北部的弗里斯兰和格罗宁根，由此，他们在西班牙帝国的贸易往来中占据了极其有利的位置。1568 年，尼德兰发动反对西班牙统治的起义，西班牙虽然镇压了南部省份（今天的比利时）的起义，但北部的 7 个省份取得了独立，成立了联省共和国或称荷兰共和国。从经济角度看，南部省份由此相对衰退了，一部分原因是西班牙政府实施了许多残暴的惩罚措施，还有一部分原因是荷兰人牢牢掌控了斯凯尔特河（Scheldt）河口，严禁船只驶往安特卫普。贸易转向了北部，阿姆斯特丹崛起为 17 世纪的商业和金融都市。

航海和造船技术的变革对海上探险和地理大发现的成功起着关键性的作用。火药的引进以及在枪炮上的应用对欧洲的海外征服同样是至关重要的。同时期的冶金和其他工业加工方法也有长足的提高。但总的来

① 玫瑰战争（Wars of the Roses， 1455 年—1487 年），又称蔷薇战争，指英国兰开斯特王朝（House of Lancaster）和约克王朝（House of York）的支持者之间争夺英格兰王位的长期内战。玫瑰战争之名出自两个皇族所选的家徽，兰开斯特是红玫瑰，约克是白玫瑰。——译者

说,这一时期的特征并非是科技进步。尤其是农业技术没有任何重大的突破,诸如三轮耕作法和重轮犁等,有的只是小小的技术改进,如农作物的轮耕和新谷物的改良等等。

人口与生活水平

15 世纪中期的欧洲人口总体上在 4 500 万和 5 000 万之间，即达到大瘟疫前人口顶峰期的三分之二。权威人士一致认为，至 17 世纪中期，人口达 1 亿左右。考虑到 17 世纪上半叶的人口滞涨和可能下降的因素，1600 年时的人口即使不是更多，至少也有这么多。那么，这次的人口增长和再次的滞涨和下降原因何在?

无法找到任何明显的单个理由来解释此次的人口增长。因自然免疫力的增强和生态环境的改善，瘟疫和其他流行病显然在渐渐消退；气候可能也在稍稍变好了；15 世纪实际收入的提高；因前期人口下降造成的人口土地比率的改善，上述因素都可能促进了早婚，从而导致更高的出生率。不管怎样，因死亡率的下降和出生率的提高，欧洲人口在 16 世纪开始持续增长，即使在最初的有利条件变恶劣的情况下也是如此。

16 世纪的欧洲人口总体上是增长的，但其增长密度和速率从世纪初就因地区差异而迥然不同，至 16 世纪末仍是如此。“成熟”的意大利和充满活力的荷兰的人口密度最高，每平方公里约有 40 人或更多。当然还有些地区如伦巴第和荷兰省的人口密度可高达每平方公里 100 人之多。(可以做个比较，近年意大利的人口密度约每平方公里 190 人，荷兰约为 350 人，整个西欧约为 125 人。)拥有 1 800 万人口的法国，其密度约每平方公里 34 人。英格兰和威尔士，人口达 400 万或 500 万，密度略小一点。其他地区的人口密度更小——德国，每平方公里为 28 人；西班牙和葡萄牙为 17 人；东欧(不包括俄国)为 14 人；俄国和斯堪的纳维亚地区，仅为 1.5 或 2 人。

正如第三章所述，这些数据清楚地表明，人口密度和农业生产率密切相关。类似的差异在同一国家的不同地区也存在。如德国，农业最发达地区之一的符腾堡(Wurttemberg)的人口密度是每平方公里44人。英国南部的人口密度比威尔士和北部大。人口密度在法国北部和地中海地区的普罗旺斯和朗格多克要比山区和土地贫瘠的中央高原的大。与人口稀少的阿拉贡(Aragon)和卡斯提尔(Castile)高原形成鲜明对比的是安达卢西亚和巴伦西亚人口众多的河谷和低地地区。另一组形成对照的是意大利的亚平宁山脉(Appenines)和阿尔卑斯山区与波河流域和罗马平原(Campagna)。而且，可以这么说，在16世纪后期，山区和贫瘠地区的人口过多，证据之一就是大量移民从这些地区流向人口密集而繁荣的平原和低地。然而，平原和低地地区的人口早就过于密集，地少人多，一些地区的土地保有权不得不一再分割。其他一些地区，人们自愿或不自愿地离开赖以为生的土地。英国伊丽莎白一世时期的文献反复提到公路边和街道上的“健壮乞丐”，他们经常因贫穷而犯罪。在西班牙和葡萄牙，国内的过剩人口在海外殖民地找到了出路。事实上，殖民地甚至还被劳工短缺所困扰。在欧洲北部，殖民地的开发被鼓吹为解决人口过剩的灵丹妙药。然而，对于整个欧洲来说，16世纪和17世纪向海外移民的数量几乎是微不足道的，大量的迁移只是在国内甚至是当地。

这些移民的结果之一，就是城市人口的增长快于整体人口增长。1500年至1600年之间，塞维利亚和伦敦的人口增加了3倍(都达到了15万)。那不勒斯增加了2倍(约25万)。拥有20万人口的巴黎早已是欧洲最大的城市，其人口又扩大至25万。阿姆斯特丹在15世纪末的人口大约是1万，至17世纪最初的几十年约为10万(所有这些都是近似数值)。尽管城市人口都在同比例地增长，但北欧的增长显然比地中海地区快，因后者在这一时期的初期已经城市化了。至16世纪末，佛兰德三分之一的人口和荷兰的约一半人口都居住在城镇。

在某些情况下，城市人口的增长表示经济发展的情况良好。但在16世纪末必如此。当时城镇的功能定位基本上是商贸和行政管理，而非工业中心。许多制造业如纺织业和冶金业都在农村发展。城镇的手工业一般由行业协会管理，要求很长时间的学徒期，还有其他一些进入门槛。

农村移民很少拥有这些城市职业所需的技术和才能，他们就在城镇形成了流氓无产阶级，懒散、无技术、经常失业，靠乞讨和小偷小摸补贴家用。居住环境拥挤、肮脏，整个社区处于极易传播流行病的危险之中。

实际工资的长期下降更加剧了城乡穷人的窘况。因人口的增长速度超过了农业产量，食物价格——尤其是做面包的谷类——的上涨速度也超过了货币工资的增长。这一情形又因“价格革命”而激化（见本章后半部分“价格革命”的内容）。至16世纪晚期，人口对资源的压力极其严重，而且17世纪上半叶遭遇了连年的农业歉收，爆发了腹股沟淋巴结鼠疫及其他流行病，还有频繁残酷的战争，特别是“三十年战争”，因此，人口膨胀最终止步不前了。在欧洲的一些地区，在17世纪的某一段时间或贯穿整个17世纪，人口数量实际上在下降，最显著的是西班牙、德国和波兰。

探险与发现

我们没有理由推测，欧洲的人口增长与海上地理大发现之间存在任何直接的因果关系。确实，海上地理大发现使亚欧有了直接贸易，欧洲人也由此征服并占领了新大陆，但欧洲的人口增长却始于地理大发现之前。而且，16世纪和17世纪欧洲的对外贸易与内部贸易相比，份额还是低的，食物的进口（除香料外）几乎很少。尽管如此，地理大发现对欧洲经济变革进程的影响还是深远的。

技术的显著进步出现在中世纪晚期，如船舶的设计、制造和航海工具。三桅、四桅、五桅船结合三角帆和横帆可以逆风航行，取代了中世纪划桨的商船。有绞链的艉舵取代了掌舵桨。总的说来，这些技术革新给驾船者带来了更大的可操作性和更灵便的方向控制。船越造越大，驾驭性能越来越好，也更适合航海。载货容量也越来越大，足以作远距离航行。指南针——很可能是通过阿拉伯人从中国传入的——大大增强了航海的精确性。绘图法的发展也提供了更完备的地图和海图。

意大利人是航海业的主导者，而且，在很长一段时间里始终保持领先地位，可以佐证的名字有哥伦布、卡伯特(Cabot/Caboto)、韦斯普奇(Vespucci)和韦拉扎诺(Verrazano)①等等。早在1291年，一支热那亚人探险队就曾用桨划船南下非洲西海岸，试图通过海路到达印度，但从此杳无踪影。然而，意大利人的船舶设计仍是保守的，很快，其领先地位被在大海航行的佛兰德人、荷兰人和葡萄牙人所超过。特别是葡萄牙人，在航海艺术领域——船舶设计、航海和探险(图5-1、5-2)全方位地表现出首创精神。被誉为"航海家"的亨利亲王，正是他的

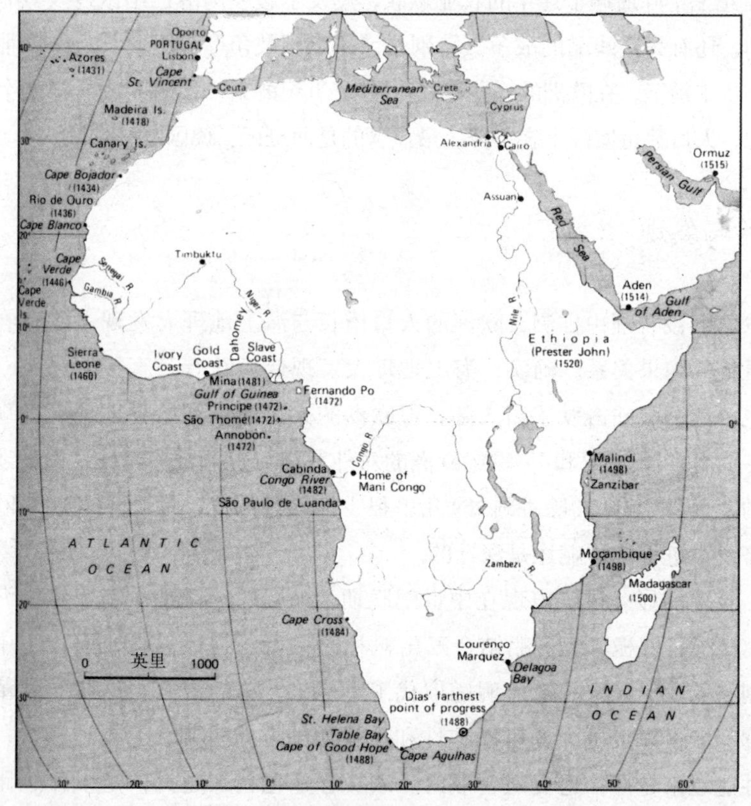

图5-1 15世纪葡萄牙的地理大发现。

① 这几个人都是出生于意大利的著名航海家、探险家。——译者

图5-2　葡萄牙的大帆船。这些庞大而笨拙的船是专门为远航印度设计的，取代了15世纪沿非洲海岸探险的灵便的小帆船。

远见和胆识，对15世纪地理知识的扩张和欧洲人的地理大发现作出了重大的贡献。

亨利（1393—1460年）是葡萄牙国王的幼子。他终身致力于海上探险，希望沿非洲海岸最终抵达印度。在他位于葡萄牙南端萨格里什的城堡里，他建立了一个高级研究机构，汇集了不同国籍的天文学家、地理学家和航海家。从1418年起直至离开人世，他几乎每年都派遣远航探险队。他的水手们非常仔细认真地绘制发现或重复发现的海岸线和洋流，他们在大西洋的各个群岛上建起了殖民地，并且与非洲沿海的土著酋长首领建立贸易关系。亨利没能活着实现他的伟大理想。事实上，在他死的时候，他的水手们只航行到比佛得角稍远的地方。但他资助的科学探索工作为以后的地理大发现奠定了基础。

亨利死后，由于缺乏王室的资助，海上探险活动有点放慢了脚步。但象牙、金子和奴隶交易的丰厚利润诱使葡萄牙商人与当地的加纳王国一直保持着贸易往来。1481年登上王位的约翰二世恢复了海上探险，这一次加快了速度。仅用了几年时间，他的航海家们就推进到了非洲的最南端。约翰二世意识到已接近成功的边缘，所以在1487年又派出两支探险队。巴塞洛缪·迪亚斯（Bartholomew Diaz）一路沿着非洲的海岸线南下，在1488年绕过好望角(他称之为风暴角)。佩特罗·科维良(Petro de Covilhao)穿过地中海经由陆路至红海，勘察了印度洋的西海岸线，从非洲的莫桑比克到印度的马拉巴尔(Malabar)海岸。未来最伟大的航海道路已经铺平，瓦斯科·达·伽马(Vasco Da Gama)从1497年至1499年航海绕过非洲抵达印度的卡利卡特(Calicut)。疾病、叛乱、暴风雨以及与印度东道主和众多阿拉伯商人打交道遭遇的种种困难险阻，使伽马损兵折将，四艘船只剩下两艘，水手只剩下三分之一。但他带回来的满船香料足以弥补航海成本的许多倍。

眼见如此高额利润，葡萄牙人争分夺秒地发挥优势，攫取利润。他们仅用了12年时间就把阿拉伯人赶出了印度洋，建立起稳固的商埠，沿莫桑比克和波斯湾直至传说中的“香料群岛”，或称摩鹿加群岛。1513年，他们的一艘船进入中国南部的广东。16世纪中期，他们已经和日本建立了开放的贸易关系和外交关系。在1483年或1484年，当约翰二世的水手们还在沿着非洲海岸线南下时，有一位为葡萄牙工作并娶葡萄牙姑娘为妻的热那亚水手，克里斯多夫·哥伦布恳求葡萄牙国王资助他向西航行，穿越大西洋抵达东方。这样的航海计划并不新奇，因为当时的人们普遍认为地球是个球体。但问题在于计划的可行性。哥伦布迎来的是一片反对声，但他坚持己见。约翰二世的专业顾问对于地球大小的认识明显比哥伦布准确。他们认为，从亚速尔群岛(Azores)到香料群岛的距离与地中海的距离相差无几。尽管约翰二世已经批准了私人资助的亚速尔群岛以西的航海探险，但他将自己更多的资源集中在更可靠的绕道非洲的探险上。他拒绝了哥伦布的请求。

哥伦布没有放弃。他又向西班牙君主斐迪南和伊莎贝拉求助。但后者当时正忙于远征格拉纳达的摩尔王国，没有财力资助这希望渺茫的计划。哥伦布又试图调动节俭而现实的英格兰国王亨利七世的兴趣，还试过法国国王，但都一无所获。最后，在1492年，斐迪南和伊莎贝拉终于征服了摩尔人，为庆祝胜利，伊莎贝拉同意资助哥伦布的航海计划。1492年8月3日，哥伦布启航远行，10月12日，看见了陆地，后来称为西印度群岛(West Indies)。哥伦布真的认为自己已经抵达印度，尽管满目的贫穷令他十分沮丧，他仍给当地土著居民取名为印度人(即印第安人，Indian)。绕着群岛勘察了几周后，哥伦布返航回到西班牙，向王室报告好消息。第二年，他又率领17艘船1 500人回到新大陆，船上的装备(包括牛和其他家畜)足够他在新大陆永久定居。哥伦布前后共有4次向西的航海旅行，自始至终坚持认为自己发现的是直达亚洲的海上路线。

在哥伦布第一次远征回来之后，斐迪南和伊莎贝拉立即向教皇申请"分界线"，以确认新发现大陆为西班牙属地。这条分界线从南极到北极，经度在亚速尔群岛和佛得角群岛以西100里格(约330海里)。如此划分目的是为了进一步的远征探险，把非基督教世界一分为二，西半部留给西班牙，东半部给葡萄牙。第二年，即1494年，在《托德西利亚斯条约》(*the Treaty of Tordesillas*)中，葡萄牙国王说服西班牙君主将1493年的分界线向西又挪了210海里。这表示，葡萄牙人可能早已知道新大陆的存在。因为，新的分界线将南美洲的峰丘(即后来的巴西)纳入了葡萄牙的东半球。16世纪，在伽马之后的第一支葡萄牙商船队在佩特罗·科维良的率领下直冲南美洲的峰丘，随即就宣布其为葡萄牙属地，然后再向印度行进。

与此同时，其他国家的探险家闻风而动，追随哥伦布的足迹(图5－3)。1497年，客居英国的意大利探险家约翰·卡伯特获得了布里斯托尔商人的资助，远航发现了纽芬兰和新斯科舍省。第二年，他和儿子塞巴斯蒂安(Sebastian)率领一支更大的远征队抵达北美洲的北部海岸。但是，他们并没有带回任何香料、贵金属或其他商品，他们的商业资助者完全失去了兴趣。卡伯特试图获得亨利七世的援助，也未成功。国王只是赏了他一点小钱——10英镑，奖励他在新大陆插上了英国国旗。法国商人在16世纪20年代派出了另一个意大利人韦拉扎诺探索向西抵达印度的通道。10年之后，法国人雅克·卡蒂埃(Jacques Cartier)开始了三次航行的首航，最终发现了圣劳伦斯河。卡蒂埃同样宣布其为法国的属地，即后来的加拿大。因为没有发现希望中的通向印度的路线，法国和英国一样

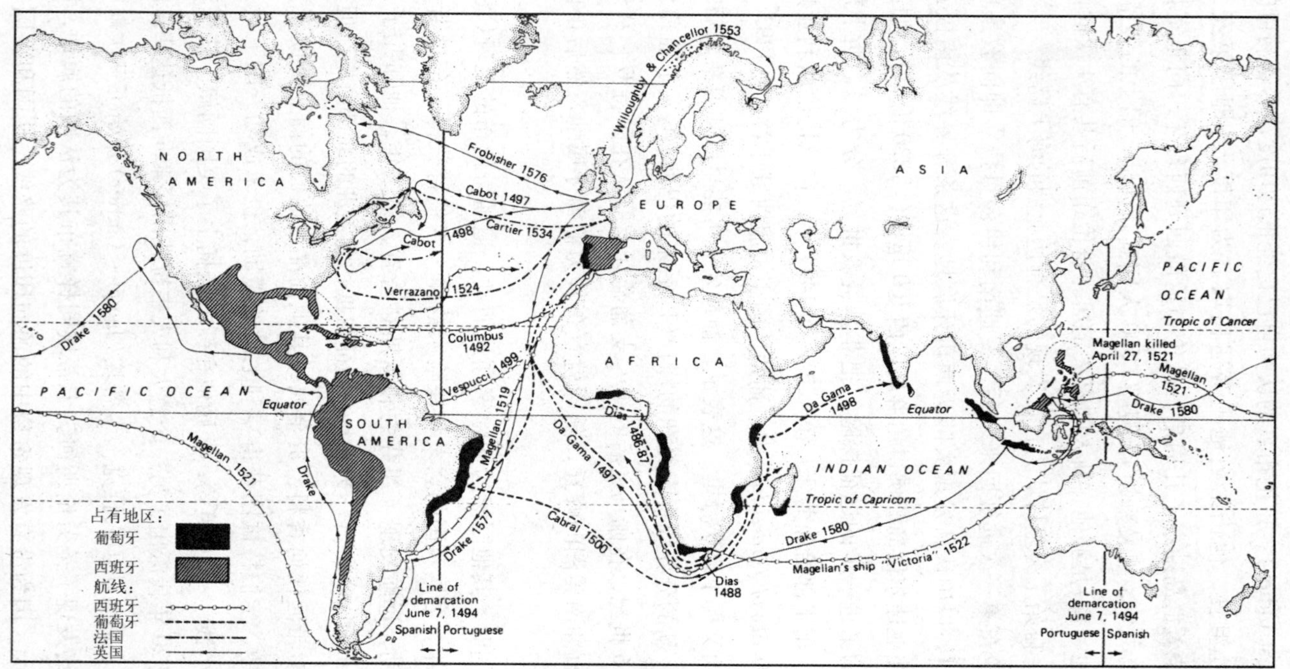

图5-3　15世纪和16世纪地理大发现的世界航行路线。

对新大陆没有产生更多直接的兴趣，除了在纽芬兰岛的海岸上钓钓鱼。

1513 年，西班牙人巴尔博亚(Balboa)发现巴拿马地峡外的太平洋，他称之为“南海”。直至 16 世纪 20 年代，西班牙航海家及其他航海家的足迹已遍及两个美洲的整个东海岸线，从拉布拉多(Labrador)到拉普拉塔河(Rio de la Plata)。有两点越来越清楚，一是哥伦布没有发现印度；二是横穿新大陆的通道布满了千难万险。1519 年，费迪南德 · 麦哲伦(Ferdinand Magellan)——一个曾在印度洋上航行的葡萄牙人——说服西班牙国王让他率领 5 艘船取道南海前往香料群岛。麦哲伦从未想过环球航行，他期望沿着《托德西利亚斯条约》划分的西班牙线内，越过巴拿马之后几天内就能到达亚洲。他觉得自己最大的难题是找到穿越或绕过南美洲的路线。这一点，他成功了。他发现的这个风暴雨骤、险象环生的海峡至今以他的名字命名。随后他进入的这片平静的海洋(Mare Pacificum)不仅没有带来财富，反而带来长达几个月的饥饿、疾病以及最终的死亡，他和多数水手都未能幸免。幸存的船队漫无目标地在东印度群岛漂浮了几个月。在整整 3 年之后，麦哲伦的一名副手塞巴斯蒂安 · 德尔 · 卡诺(Sebastian del Cano)终于带着一艘幸存的船和水手们的遗骸穿越印度洋回到了家乡西班牙，由此成为环球航行的第一批人。

欧洲的海外扩张与回报

16 世纪是欧洲开始海外扩张和殖民征服的第一个世纪，西班牙和葡萄牙是独占鳌头的两个国家。它们是发现、开拓、掠夺非欧洲地区的先驱，从而得以名垂史册。在 16 世纪之前，它们是欧洲文明的非主流国家。在此之后，它们的地位和声望一路迅速下降，直到 19 世纪初，仍处于萎靡困顿的昏睡中。但不可否认，它们在 16 世纪的疆域最辽阔，财富与权力也是世界第一。

到了 1515 年，葡萄牙已经成为印度洋的统治者。1501 年，瓦斯科 · 达 · 伽马奉命返回印度，截断阿拉伯与红海和埃及之间的贸易通道，从而剥夺了威尼斯人在欧洲销售香料的垄断地位。1505年，弗朗西斯科·德·阿尔梅达(Francisco De Almeida)赴任首任葡属印度总督。在任期间，他沿东非和印度海岸线攻克、建立了多座城市和要塞。1509年的第乌(Diu)之战又彻底摧毁了一支穆斯林舰队。同一年，葡萄牙最伟大的总督阿方索·德·阿尔布开克(Alfonso De Albuquerque)忠实地履行了自己的职责，彻底征服了印度洋。他占领了波斯湾口的霍尔木兹岛，在马来群岛和苏门答腊岛之间的狭长的马六甲海峡旁建筑堡垒。建起了要塞，从而控制了前往西里伯斯岛(Celebes)和摩鹿加群岛的通道，它们是盛产高价值香料的原产地。1515年，阿尔布开克总督又攻占了锡兰——征服印度洋的关键战役。但接下来攻克红海入口要塞的亚丁一战，总督失败了。因此，葡萄牙垄断香料贸易的时间未能维持多久。阿尔布开克总督的首府设在马拉巴尔海岸的果阿。1961年之前的果阿和第乌一直都是葡属殖民地。葡萄牙还和暹罗与日本建立了贸易关系。1557年，他们在中国南海岸的澳门建起殖民地，直到1999年才脱离关系。因本土人口数量关系，葡萄牙放弃了对印度内陆、非洲及其他群岛的征服与殖民，仅满足于占领沿海洋航线的战略要塞和商埠。

起初，西班牙帝国的前景并不看好，但最终却证明它攫取的财富比葡萄牙还要丰厚。眼看着在争夺香料的战役中失去了优势，西班牙人从加勒比海群岛野蛮人手中抢掠来的金属饰品上获得刺激，很快转向探寻金银财宝。他们坚持不懈地寻找前往印度的通道，不久却发现了墨西哥和南美洲北部的富足的大陆文明。在1519年至1521年间，赫尔南多·科尔特斯彻底征服了墨西哥的阿兹特克帝国。16世纪30年代，弗朗西斯科·皮萨罗(Francisco Pizarro)征服了秘鲁的印加帝国。至16世纪末，西班牙控制了整个美洲半球，从北部的佛罗里达、南加利福尼亚到南部的拉普拉塔河(除巴西外)。刚开始的时候，他们只是抢夺原住居民的流动财富，但很快就没有东西可再抢了。这时，他们利用欧洲的采矿技术开采墨西哥和安第斯山脉丰富的银矿。

与葡萄牙不同，西班牙从一开始就在占领区殖民和定居。他们带来了欧洲的技术、装备和制度(包括宗教),用武力强加给印第安人。除了欧洲的文化和各种制品,西班牙还向西半球引进了它从未有过的天然动植物,包括小麦和各种谷类(除玉米外,玉米是从美洲反向引入欧洲的)、甘蔗、咖啡、普通蔬菜和水果(包括柑橘类),以及各种植物。在哥伦布发现新大陆之前的美洲印第安人除了狗和美洲驼外没有家畜。西班牙人带来了马、牛、羊、驴、山羊、猪及其他家禽。

其他输入美洲的欧洲文化如火药枪、酒,以及欧洲的疾病如天花、麻疹和斑疹伤寒迅速传播开来,带来致命的结果。哥伦布时代的原住人口约2 500万(有些研究数据甚至更高),但至16世纪末,上述因素使人口降至几百万。早在1501年,西班牙就开始将非洲奴隶贩至西半球以弥补劳工的短缺。到17世纪,西印度群岛的人口绝大多数为非洲人和混血种人。除了在巴西和南美洲北部地区,奴隶在美洲大陆上并不很重要。

欧洲海外扩张过程中最重要和最明显的部分是欧洲文化的移植,以及对非欧洲文化的修正和部分的摒弃。扩张同时带来回报,结果是欧洲文化本身获得了大幅度的修正。

在经济方面,扩张使贸易总量和品种猛增。在16世纪,殖民国的进口商品主要是东方的香料和西方的金银。譬如,一直到1594年,新大陆上西属殖民地的合法出口商品的95%是金和银。后来,其他商品也加入了贸易的行列,数量不断地扩大,到17世纪和18世纪已远远超过欧洲原来接纳的海外出口总量。东方染料如靛青和洋红给欧洲织物增添了绚丽的色彩,使织物在欧洲和海外有了更好的销路。非洲的咖啡、美洲的可可粉和亚洲的茶叶都变成了欧洲的主要饮品。欧洲人对棉花和糖并不陌生,但从未有过大规模的生产或贸易。甘蔗移植美洲后,糖的产量大幅度提高,使欧洲的普通老百姓也品尝得起美味。棉制品最初是富人享有的奢侈品,棉花从印度移植美洲后,源源不断的原材料进入欧洲,最终使欧洲建起了自己最大的产业之一,棉产品开始满足大众需求。中国的瓷器也是如此。烟草是美洲对文明最杰出也最具争议的贡献,即使在教会和政府的坚决抵制下，它仍在欧洲迅速流行。后来，热带水果和坚果增添了欧洲的食物品种。毛皮、兽皮、东方木材和新纤维都大大增加了欧洲的物品供应。

许多欧洲人不熟悉的食物原料被移植了，一开始数量不多，但最后都变成了欧洲人的主要食物。从美洲来的有土豆、番茄、青豆、南瓜、辣椒、玉米(欧洲人称之为maize)，以及家禽火鸡——尽管名字起的是turkey(土耳其)，却是从墨西哥来到欧洲的。源于亚洲的水稻也移植到了欧洲和美洲。

价格革命

金银，特别是银源源不断地从西班牙殖民地流入欧洲，欧洲货币金属的供应量大幅度上升，在整个16世纪至少增加了3倍。西班牙政府曾试图禁止金银的出口，但徒劳无益。而且，政府本身就是最大的违禁者。它用大量的金银支付对意大利、德国和荷兰的欠款，并且资助无休无止的战争。正是这些国家包括西班牙参与的违禁买卖活动，使贵金属在欧洲蔓延扩散。最明显直接的结果是价格的长期(不正常的)上涨。16世纪末的价格水平比世纪初高出3倍至4倍之多。当然，价格因地区和商品种类的差异上涨幅度不尽相同。在安达卢西亚，价格上涨的速度和幅度比偏僻落后的俄国要大得多，因为那里的港口是美洲金银唯一合法的贸易中心。食物价格，尤其是谷类、面粉和面包价格上涨得比其他普通商品高。总体上来说，货币工资的上升大大落后于商品价格的上升，结果是实际工资的严重下降。

价格革命的现象引发了数不清的学术讨论，无休无止，而且无关宏旨。这些讨论的焦点集中在价格革命的机制、后果及诱因。有观点指出，15世纪后半叶中欧银产量的上升，以及非洲的黄金进入葡萄牙，都增加了货币储备，进而引起价格上升。贪婪而无耻的统治者在铸币过程中又降低成色，更刺激了名义价格的上升。也有人认为，相比货币储备的增加，人口增长是价格上升的一个更重要的诱因。这观点显然忽视了整体（平均）价格与相对价格之间的区别。价格革命的后果就是农民与贵族阶层的贫穷化以及资本主义的兴起。

确切地讲，将许多不良后果归咎于价格革命似乎有点过度夸张，或者说压根是错误的。尽管在那个世纪里价格上涨的百分比相当惊人，但与20世纪后半叶价格的年增长幅度相比无疑是小巫见大巫。激烈的短期振荡——上上下下的波动——比长期的整体通胀可能更具破坏性。有一点毋庸置疑，即价格革命——如同任何一次的通胀——在个人和社会团体之间实现了一次收入与财富的再分配。受益的是那些收入具有价格弹性的人群，如商人、制造商、自耕的地主、租地有保障且在市场销售农产品的农民。利益受损的是那些挣工资的以及只有固定收入且收入变化缓慢的人群，如领退休金或租金的、被高额征收地租的农民。尽管人口增长并不是价格（绝对）上涨的诱因，但可能是工资增长滞后的主因，因为劳工的过剩超出了农业和工业的吸纳能力。但实际工资下降的根本原因不在于货币问题，准确地说，原因在于人口变化与农业生产率之间的相互关系。

农业技术与生产率

17世纪，人口的增长停下了脚步。理由很简单，人口增长的速度超出了食物供应的能力。其中隐含一个更为复杂的因素，即农业技术没有重大发展，由此，农业生产率普遍停滞不前或者甚至是下降了。然而，由于地区的差异性，对欧洲农业一言而概之是有失偏颇的。上面的结论就需再定义，特别是对荷兰的农业。不过，有些结论大致还是正确的。首先，欧洲作为一个整体在经历了每一次重大地理划分后，农业至今仍是其主要的经济活动。荷兰三分之二的人口以及东欧、北欧90%～95%的人口从事农业生产。其次，从人类与社会发展的角度看，体力劳动者至今仍然是最重要的生产要素。当然，土地、种子和湿度是必需的，耕地家畜和其他家畜从严格意义上讲不算必需品，但基本上都有，粪肥则是奢侈品。人力是最基本的投入。犁（各种类型的，视土壤性质和耕作方式而定）、镰刀和连枷是靠资本武装的主要工具。所有这些都需要大量的体力劳动来发挥作用。

还有一个结论更值得怀疑，很多地区的情况明显可对此提出驳斥。16世纪欧洲总体上的农业平均生产率很可能与13世纪相差无几，至少从种子收成比来看可以证明这一点。可惜，我们没有数据证明一个单位土地或劳动力的生产率是多少（意大利部分地区的一个单位土地的生产率可能稍许提高了一点，但也可能是以牺牲劳动力的生产率为代价的）。整个欧洲主要农作物的收成/种子比平均不超过4∶1或5∶1，低的地区东欧是2∶1或3∶1，高的地区荷兰是10∶1或更高。低比例地区甚至在17世纪可能还多数出现下降趋势（对比今天的比例，最高的达40∶1或50∶1）。家畜的体重一般只有现代的三分之一或二分之一，有些发达地区体积稍大些。牛奶产量与今天相当。

用收成/种子比衡量，农业生产率的高低也会出现误差。譬如，每亩土地的产出可能因播撒的种子数量多而提高；或者，播撒的种子数量相同，投入的劳动力减少了，因而每个劳动力的生产率也会提高。实际情形是两者提高的幅度都不大，并且在16世纪末或17世纪上半叶，两者都稍稍有所下降。

用实证分析土地和劳动力的生产率的下降完全是脱离现实的，我们最多只能在理论上假设它曾经发生过。首先，因人口的增长，投入到每蒲式耳种子或每亩土地上的劳动力并没有减少而是增加了。总产量可能略微提高，但人均（劳动力）年产出降低了。其次，有确凿的证据显示，可耕地增加了，以前的未开垦地（荒地和沼泽）和牧场都被开垦出来了。未开垦地的土壤一般比已耕作地贫瘠，平均产量明显是很低的。这意味着土地生产率的下降。有些情况下，牧场用作可耕地的产量短期内有可能更高些，因为畜粪使土壤肥沃。但是，随着牧场的减少，家畜也减少了，尤其是牛。有直接和间接证据表明，16世纪的肉类消费在下降，对人口的营养和健康造成了不良的后果。而且，家畜数量的减少表示粪肥的减少，土地因连续耕作而越来越贫瘠。这是螺旋形下降的恶性循环。为了全面理解这个问题，还必须考虑到以下几个地区的情况，这样做还有助于更好地了解这些地区的未来状况。

在欧洲的北部和西部边缘地区——芬兰、瑞典（除最南端的斯堪尼亚）、挪威、威尔士、康沃尔、爱尔兰大部分地区——粗放农业占经济主导地位。这些地区人口稀少，特别是最北边，有成片的原始森林，人们仍然采用最原始的焚林垦荒技术。人口居住稍许集中的地区则好一些，采用浪费小一点的方法——内外耕地（infield-outfield）系统。家畜的原始式放养仍很重要，特别在山区。主要农作物是黑麦、大麦和燕麦（小麦不适宜在夏日短、气候寒冷潮湿的地区生长）。还种植亚麻和大麻，纤维用来做家织衣物。因土地相对充裕，土地租赁的流动性很强，且大都列在部落酋长或领主名下。社会是分等级的，但不存在契约或奴役的束缚。

相反，在欧洲的易北河以东和多瑙河以北地区（包括俄国的欧洲部分），人身契约或农奴是这一时期初期的社会关系特征。这种情形一直或多或少地不断恶化，有权有势的领主通过合法和不合法的手段逐步侵吞土地，剥夺硕果仅存的自由农民的自由。这就是地主/庄园主制度[①]，一种有利于领主对大片土地直接剥削的制度。在俄国和部分波兰地区，早已不堪一击的农民地位逐步沦落到几乎是奴隶的地步。他们被迫每周5至6天为领主劳作，有些甚至被领主买进卖出，被迫背井离乡。农业技术是相对原始的，采用两圃或三圃农耕法。收成和种子比即使按当代标准衡量也是很低的，平均不超过3∶1。在波罗的海沿岸以及流向波罗的海通航河流的两岸地区，农产品可出口至西欧市场，这有效地刺激了谷物（主要是黑麦）和其他可售农作物生产的专业化程度。其他地区（即大部分东欧地区）的农业生产主要还停留在本地的自给自足。

① 地主/庄园主制度（Gutsherrschaft——德语）是中世纪后期土地改革之前德语系东部地区广泛存在的制度，后蔓延至普鲁士和俄国。——译者

尽管地中海地区的气候与土壤基本上是相似的，但也不能一概而论，毕竟还是呈现出多样性的特征。仅在意大利，土地使用权的租赁就是多种多样的，在皮埃蒙特(Piedmont)高原和最北边地区，是农民所有的小型农场以及独立的租地佃户。在西西里和南部地区，是大型农场，在田里劳作的是用谷物缴租的佃农以及雇佣工。在中间地带，还有各种各样土地使用权的租赁方式，主要形式为佃农用谷物缴租(mezzadria)。同样，意大利农业的多样性在欧洲也是最具特色的。在其他地区很重要的谷类在意大利反而不是主要农作物。波河流域和亚得里亚海沿岸的水稻收成反而比传统谷类多。在意大利特别重要的是葡萄和橄榄树，遍布整个地中海盆地。该地区还有水果(包括南部的柑橘类水果)、蔬菜、饲料作物以及工业农作物如纺织业所需的染料植物。如此种种，意大利的农业产量仍然没跟上人口增长的速度。滥耕和过度放牧造成了严重的后果，最突出的是森林的乱砍滥伐和土壤的侵蚀。

几乎与意大利一样，西班牙也呈现出多样性的特征。东部和南部沿海地区土地肥沃，北部及其他一些地区高山连绵，伊比利亚半岛中部地区是最具西班牙地理特征的高原和山地。西班牙农业拥有穆斯林先辈传下来的丰富遗产。阿拉伯人和摩尔人早在基督教再征服之前就居住在巴伦西亚和安达卢西亚，他们是优秀的园艺家，并且提高了灌溉水平。可惜的是，西班牙君主们在宗教狂热的激励下，糟蹋了这份遗产。在西班牙占领格拉纳达王国和哥伦布发现美洲大陆的同一年，他们颁布法令，驱逐所有的犹太人(其中不乏有技术的农艺者和工匠)。随着格拉纳达王国的灭亡，许多摩尔臣民早早地选择了逃离。10年之后，摩尔人落入被迫皈依信仰或逃离的境地。那些皈依信仰的摩尔人改称摩里斯科人(Morisco)，在接下来的一个世纪里依然是西班牙南部地区农业经济的中流砥柱。但到了1609年，他们也被驱逐出境。取代他们的基督教徒们没能继承这些复杂的灌溉系统以及摩尔人农业高产的技术。做到这些既需要激励机制，也要求知识和能力。16世纪的西班牙，大片的土地集中在贵族和教会手中，后者是最大的土地所有者。但他们又都是甩手给地主，通过管家或其他中介者，将土地分成小块出租给用谷物缴租的佃农和短期佃户。这些佃农既缺乏资金又没有动力，根本无法保留摩尔人的传统体系。许多农民沦落至靠劳役偿债的地步，近似于农奴。雪上加霜的是，美洲金银的流入导致价格上涨，许多地区不管是土壤肥沃的河谷还是贫瘠的山地，都开始种植谷类作物。即使如此，谷物的产量仍无法满足人口的需求。西班牙越来越依赖进口小麦和其他谷物。

西班牙农业发展的另一主要障碍是农民与牧羊主之间的竞争。西班牙的美利奴羊毛在低地国家和其他纺织业中心的市场上需求很大。牧羊人习惯于随季节变化把牲畜在山地和草地之间迁移，即夏天把羊群赶到山区牧场，冬天迁移至低地牧场(图5-4)。季节性的牲畜迁移不仅仅西班牙有，欧洲每一个非耕地文化的山区都有，从意大利南部到挪威，今天的瑞士奶牛牧场仍是如此。但是，西班牙的牲畜迁移有两大非同寻常的特点，一是其牧羊场的长度；二是其构成。西班牙的牧羊场是受王室立法保护的，长度横跨西班牙的南北，从北部的坎塔布连(Cantabrian)山脉覆盖到南部的安达卢西亚和埃斯特雷马杜拉(Extremadura)河谷。牧羊主们组织起一个叫做“梅斯塔”(Mesta)的同业公会或商会,在宫廷形成一股强有力的游说势力。季节性迁移的羊群在战略关卡的收费站顺理成章地被课以税收。羊毛价值高，带来滚滚现金流收入(许多农作物则不行)。而且，羊毛的出口又可以增加一笔税收。君主们对税收永远是贪婪的，为了高额税收，他们不惜牺牲农业，如授予梅斯塔特权，让羊群可在公共土地上肆无忌惮地吃草。除了梅斯塔的特权，政府还出台了其他一些非理性的政策，如在价格革命的大通胀时期给小麦设定最高价格。所有这些使本已实行土地使用权租赁制的农业雪上加霜，彻底阻碍了农业技术的进一步发展。西班牙的农业生产率很可能是西欧最低的。随着17世纪的人口下降，大量农场最终被放弃了。

在西欧的其他地区(如中央高原以北的法国、易北河以西的德国、丹麦、斯堪尼亚，以及英国大部分地区)，从中世纪庄园制传承下来的敞田耕作制相当盛行。当然，这不包括多丘陵地区和山区(如瑞士大部分地区)。

图5-4 西班牙季节性的牲畜迁移路线。

法国西部的大片地区则混合实行敞田和圈田耕作制(Bocage)。低地国家的某些地区也是个特殊的例外，我们后面再详细讨论。德语“Grundherrschaft”有时被用来描述土地使用权租赁制。土地的领主虽然还享有某些特权，但已经变成了纯粹意义上的地主。他们收取租金，租金可以是现金，也可以以物代租，但以劳役代租金已经彻底灭绝了，这种形式自中世纪后期就日渐式微。土地所有权的转让越来越普遍，所以，农民小地主和独立佃农越来越多。据估计，有三分之二的英国农民拥有有保障的土地使用权的租赁——不动产的终身保有权、登册土地保有权或终身租赁权。尽管大地主们采取了巩固不动产的措施——在 16 世纪圈围了约 10% 的英国土地，主要用来牧羊——农民总体上是获益的。

在城市周边集居着数不清的小地主和独立佃农，他们的产品成为城市人口的主要供给。在其他地区实行的土地使用权租赁主要有两种方式，并派生出形形色色的变种。英国、德国部分地区、法国北部普遍采用长期租赁（某些按习俗沿袭的租赁权甚至是可以继承的）。农民定期支付租金，以物或以现金支付，后者更多些。自己配备家畜、农具和种子。在大多数情况下，农民拥有独立的决策权，除非受社区习俗约束，因条块形的敞田耕作需要集体做出决定。另一种土地使用权租赁方式是佃农耕种制，在法国称为对分佃耕制（metayage），卢瓦尔河南部地区最为普遍。由地主提供全部或部分原料和农具，共享风险与决策权（也可独立决策），然后分走部分收成，通常是一半（他也可能负责销售农民的那份收成，这样更有利于剥削和滥用权力）。由此派生出的另一种方式称为农场承包（fermage），主要分布在法国北部中心地区以及欧洲的其他部分地区。（事实上，现代英文单词“farming”源于“fermage”。）由一名大农场主（fermier，英文 farmer）向地主支付固定的现金租金，租赁一大片土地，或好几片土地。然后分割成小块，短期租赁给农民或分给佃农。如此一来，地主与农业完全隔离，变为纯粹的收租人（rentiers，英文 rent receiver）。在精明能干的农场主的管理下，农业成绩斐然，技术进步了，产量增加了。但同时催生了高额地租和剥削农民的现象。

欧洲农业进步最快的地区是低地国家，尤其是荷兰北部，以荷兰省为核心。15 世纪末，荷兰和佛兰德农业的生产率早已超出欧洲平均水平，这得益于有机会为邻近城市和纺织业工人提供粮食。源于中世纪时期荷兰人口的定居方式，其农业人口比庄园制地区享有更大的自由空间。在 16 和 17 世纪的进程中，荷兰农业经历了巨大的转型，可以称得上是第一个“现代”农业经济。荷兰的农业现代化和其同样令人啧啧称奇的商业崛起，两者的关系是紧密相连的，缺一不可。荷兰农业转型成功的关键是专业化。专业化的机会最初来自荷兰的城市化发展，城市的快速发展与繁荣产生旺盛的需求，最终使荷兰奶酪出现在西班牙和意大利的市场上。荷兰农民不同于众多的欧洲农民，他们的生产目的不是仅仅供自己消费(农产品和非农产品)，而是以市场为目的，通过市场，购买其他消费品，获得资本和中间产品。譬如，农民出售自己种植的小麦，再购买更便宜的黑麦供自己食用。大多数情况下，荷兰农民更多的是专业生产相对价值高的产品，特别是家畜和奶制品。饲养家畜需要种植(或购买)大量的饲料作物(干草、苜蓿、豆子、芜菁等)，但家畜饲养的专业化同样意味着有大量的畜粪可作肥料，荷兰农业的特点是精耕细作，对肥料有着很大的需要量。因此，就有企业家认定收集畜粪是一个有利可图的专业行业，他们收集城市夜间马路上的畜粪和鸽粪，然后一船船或一车车地卖掉。这使得荷兰城市居然比其他城市干净卫生。

荷兰农民的专业化领域不仅仅是在乳制品和家畜上。许多人还从事着园艺，特别是居住在城市边缘地带的人们。有些为酿造业种植大麦和啤酒花，有些种植工业用的作物如亚麻、大麻、靛蓝、茜草和菘蓝。即便是花卉业也遭到了专业化商业的剥削。荷兰的郁金香球茎一直很受欢迎，而1637年的过度投机最终酿成了著名的“郁金香狂热”事件。荷兰农民也没有完全放弃谷物的耕种，城市贵族愿意出高价购买小麦面包。正是荷兰的海上贸易和荷兰商人的进取精神，使得平民百姓(包括许多专业化农民)能买得起价格相对便宜的来自波罗的海的低级谷物，如黑麦等。17世纪中期，荷兰粮食消费的一大部分靠进口，比例约占到四分之一或更多。

荷兰的农业利润可观，表现在荷兰人不停地填海造田，排干湖水和沼泽，并且在泥炭地挖走用作燃料的泥炭后建泥炭沼。这些活动在中世纪就有，但在16世纪和17世纪规模明显激增。尤其在农产品价格持续上升阶段更是如此。参与者不仅仅是农民，筑堤防护和排水需要大笔资金开支，因此，城市商人和其他投资者组建公司，填海造田，然后出售或租赁给积极踊跃的农民。

这里产生了一个令人不解的问题。为什么荷兰的农业技术在 16 世纪和 17 世纪没有得到推广？有一些技术是流传出去了，譬如，1565 年芜菁传入英国，还有饲料作物如苜蓿。英国东部对沼泽地的开发始于 17 世纪，很大程度上是以荷兰为样板，靠的是荷兰工程师和技术，甚至是荷兰的资金。还有些技术传入了毗邻荷兰南部的法国北部地区。但总的来说，这些地区的非农业行业的生产率不是很高，市场普及度也不高，都不足以反映出荷兰农业的专业化特点，以及其劳动力和资本密集的特点。

工业技术与生产率

工业和农业一样，在中世纪至现代初期之间没有任何重大的突破。但工业又不同于农业，创新的步伐尽管缓慢，却时有发生。问题是，我们如何衡量创新及其影响呢？一个简单的方法就是对发明或创新进行数量统计。然而，结果并不令人满意。因为不同的创新产生不同的影响，更难的是无法定义。16 世纪和 17 世纪(事实上是任何历史时期)出现的大多数创新仅仅是对已有技术的小小改进。因此，它们通常被历史学家们所忽视。另一种方法就是衡量生产率的变化。1589 年，英国教会的教区牧师威廉 · 李(William Lee)发明了一台简单的机器，用于制作短袜和长筒袜以及其他针织品的织袜机。一个熟练的手工编织工平均每分钟可织 100 针，但织袜机平均每分钟可织 1 000 针，改进后的数量更高。可惜的是，这时期的其他创新并未留下如此详细的信息，尤其是大量的小发明。

还有个问题需要答案。就算我们能够给出对创新的确切定义，并且可以计量出它所产生的生产率，虽不精确，至少是个近似值，但如何能评估它对经济总体发展的影响呢？活字印刷术是 15 世纪的最伟大发明，事实上是人类历史上最伟大的发明之一。它对提高图书出版业的生产率的巨大贡献是不言而喻的，但仅从产出价值或就业人数而言，它对当时经济的直接影响却是微乎其微的。如此，难道我们就能裁定其经济影响不值一提？这时期的其他发明如航海设备、火枪和大炮以及钟表制造，当时产生的经济影响都不大，但其政治和文化意义极其重要，因此，间接产生的经济意义也是非凡的。譬如，大炮的出现迫使每座城市重建防御设施。

欧洲经济以市场为导向，而且工业优于农业。这就培育出许多创新企业家，他们能够做到降低生产成本，并能对消费者需求做出快速反应。但这些创新遭遇到重重障碍，最典型的例子就是政府当局反对省时省力的创新，害怕由此引发失业；还有垄断的行业协会和公司反对竞争。1551年，英国议会通过一项法令，禁止使用叉织机——用于织布最后一道工序的机器。然而，新一代的叉织机不断被研发投入使用，市场战胜了法令。李发明了织袜机，但申请专利未被批准。他在诺丁汉郡第一批投入使用的机器被狂暴的手工织工们砸毁了，李本人逃到法国避难，并在亨利四世的资助下开了一家织袜厂。亨利四世死后，工厂倒闭，但他的织袜机广为流传。1651年，诺丁汉的织工们呈请克伦威尔，要求颁布行会法令，禁止不必要的竞争。1638年，英国禁止使用荷兰人发明的加梭织机，它可同时编织一打以上的织带。但这样的机器还是广为流传，特别在曼彻斯特及周边地区，为后来的创新及最终的纺织业革命培养了大批熟练工人。

上述创新中都还未用到机械动力。要提高工业生产率，动力源和建材(主要是木材和石头)的欠缺是自然障碍。莱昂纳多·达·芬奇(Leonardo da Vinci)的素描簿就是最有力的证据，上面画有数不清的创新理念，由于当时材料和动力源的缺失而无以实现。毫无疑问，莱昂纳多是个天才。但比天才略逊一筹的大有人在，他们致力于提高人力效率的创新，但因动力不足或误用材料而屡屡失败。确实，风车和水车在当时早已相当成熟，这一点我们在前一章已表述过，但它们的功能明显有限。到17世纪，水车纺丝(可能源于中世纪)在波河流域和威尼托区

(Venezia)很盛行。在世纪末又传入法国的罗讷河流域。因水车体积大而复杂，需要大厂房式的建筑，由此构成现代工业体系中最重要的雏形部分。

并非所有的创新都需要机械设计。中世纪晚期羊毛业的主要产品是厚重的粗呢布。15世纪晚期，佛兰德的织造商生产出一种质地轻、价格便宜的布料，称为“新布料”（法语 nouvelle draperie）。入市初期并未引起大众的注意，随后，其以低廉价格的竞争优势迅速占领了国际市场，特别是欧洲南部。在西班牙尼德兰地区的起义被镇压之后，以及随后大批佛兰德匠人的逃离，他们的织布技术出现在其他许多地区，最突出的是英国。早在1571年，英国仅诺里奇一个城市就有4 000多佛兰德避难者。他们中许多人是织工。出于类似的原因，发源于中世纪意大利，用东地中海原材料制作棉布的技术，在16世纪渐渐传入瑞士、德国南部和佛兰德。直到1620年前后才传到英国的兰开夏。

整体上说，纺织业仍然是雇用劳动力最多的行业，建筑业居第二。这不难理解，因为，工业化前的欧洲是一个贫穷的勉强达到温饱的经济体，最基本的需要是食物、房屋和衣服。织布行业还相当分散，许多生产是家庭作坊式的，产品对象也仅仅是家庭和本地市场。但也有些地区专业生产出口布料。曾经一度辉煌的意大利纺织业难敌新的强劲对手更强大的竞争，正慢慢退出舞台，将羊毛制品的市场拱手让给了荷兰、英国和法国制造商，而绚丽多彩的丝绸市场也让法国人分了一杯羹。西班牙羊毛业在16世纪上半叶扩张迅猛，但之后因遭遇苛捐杂税和政府干预而一蹶不振，直至销声匿迹。16世纪的前三分之二时期，最大的羊毛和亚麻纺织业在低地国家南部，尤其是佛兰德和布拉邦特。荷兰起义以及对西班牙尼德兰地区的残暴镇压严重损害了这两个行业，虽然17世纪或多或少有所复苏，因为其产品主要供应给西班牙帝国。

自中世纪后期以来，纺织业的组织形式基本没有变化。企业家是商人、制造商一身兼。他们购买原材料，分发给家庭作坊里的纺线工、织布工和其他工匠，然后销售制成品。无论是工匠还是商人的行业协会对行业的影响力显然很小，至少英国是如此。尤其是毛纺织业，在深入农村地区后，行业协会慢慢就消失了。在法国，王室统治者扶持行业协会的目的是增加税收来源。这是否损害了纺织业的发展，值得进一步研究。不管怎样，纺织业在英国获得了繁荣发展。在中世纪，未加工羊毛是英国的主要出口产品。16 世纪，半成品布料为主要出口品。至 1600 年，羊毛和精纺毛织品占英国总出口的三分之二。进而，17 世纪初，英国有四分之三的出口布料是未整染产品。但到 17 世纪末，几乎所有出口布料都是制成品。早在现代工业崛起之前，英国就已经是欧洲最大行业的最大出口者了。

建筑业总体上未出现重大技术创新，只是在大型建筑上有一些风格变化。个别专业领域倒是出现了影响深远的变革——荷兰尼德兰的造船业。正是荷兰商业的迅速扩张，荷兰商船队的数量才得以在 16 世纪初至 17 世纪中期猛增 10 倍，船的吨位也越来越大。荷兰商船队在当时位居欧洲首位，比号称第二位的英国要大 3 倍，其他所有欧洲国家船队的总和也未必能超过它。鉴于当时船只是木制的，寿命较短，所以，造成对造船业的庞大需求，迫使荷兰造船者改进船坞，引进初级的规模生产技术。他们利用风车动力，应用机械锯和起重机，建起了互换零部件的商店。高效率的运转使他们不仅可以满足自己国家船队的需求，同时还可供应给对手。荷兰森林稀少，所以，船坞所需的木材几乎都依赖进口，主要来自波罗的海地区。此外，帆布和绳索的巨大需求量刺激了本国的附属行业的繁荣。从 15 世纪后期到 19 世纪，船舶设计鲜有重大技术创新，但是有数量众多的小改进。贯穿整个 16 世纪，参与大西洋贸易的船只吨位从 200 吨提高到 600 吨。一些战船甚至达到了前所未有的 1 500 吨。最伟大的创新是 16 世纪末由荷兰人建造的一种商船(fluyt)，亦被英国人称为快速平底船(图 5 -5)。该船的某些方面类似于我们今天使用的油轮，专门用来承运低价值的大宗货物，如谷物和木材。雇用的船员也比传统船只少。

图 5－5　荷兰商船。体积大而笨拙的荷兰商船是高效率的货船，替代了传统的军商两用帆船；后者的军事特性又被同时代的西班牙大帆船所替代。

冶金业，就产出和就业而言，在当时经济生活中的比重并不大。但是随着战争对枪炮的需求，其战略意义越来越重要。1450 年，轻型枪炮的作用几乎可以忽略不计，笨拙的大炮仅用于攻城。至 1600 年，火绳枪和火枪已是步兵的标准装备，大口径大炮已是海战的必备装置。冶金业的重要性还在于它预示着新工业化时代的开始。其中铁占首位。

中世纪的锻铁是从五花八门的土炼炉中炼出来的。人们用木炭与铁矿石一起加热，铸成饼状或“铁坯”，然后，反复加热捶打，直至杂质除尽。过程很慢，花费大量燃料和铁矿石，产量又低。在 14 世纪和 15 世纪，由水力带动的鼓风机大大提高了加热温度，炼铁炉的高度逐步增高，继而演变出高高的鼓风炉。至 16 世纪初，从鼓风炉的顶部可以不断加入煤、铁矿石和一种清除杂质的助熔剂，底部设有开关，不时地将熔化的铁水注入模型，直接铸成有用的工具（如罐、支架等），或者铸成铁锭，以备后用。（铁锭含有大量的碳—— 3% 以上，所以质地很硬又很脆；铁锭和铁坯一样，需要反复捶打和加热，除尽碳，最终成为熟铁。）新的铸铁工艺具有更快、更便宜的特点，也能更高效率地利用燃料和铁矿石，甚至低等级的铁矿石也可投入冶炼。但它需要大量的资本投入，主要是用于煤和铁矿石的库存。

在鼓风炉的改进过程中有许多技术创新，主要体现在附属装置上。水力风箱、杵锤和冲压磨粉机(用于碾碎矿石)出现在15世纪中期；拉丝机、滚压机和切割机出现在15世纪末和16世纪初。16世纪初，在低地国家东南部，列日(Liege)和那慕尔(Namur)的周边地区——中世纪重要的冶金业中心——成为欧洲最先进的产铁中心，也是众多创新的基地。其他主要中心分布在德国、意大利北部和西班牙北部。欧洲每年铁的总产量约在6万吨，而德国各地区的产量就占了近一半。在接下来的100年间，凡是铁矿石、木燃料和水资源丰富的地区，就会出现鼓风炉及其伴随的一切生产活动。铁的生产英国是最早发展起来的，至1625年，英国100多台鼓风炉的产铁量已经达到每年2.5万吨以上。然而，制铁业对木燃料无穷无尽的需求导致了木炭价格的上涨，至17世纪，木炭价格的昂贵终于使生产地区的规模扩张刹住了车。铁的生产也由此转移，从中心地区转至较边远的瑞士和奥地利的阿尔卑斯山区、东欧以及瑞典，那里有新的木燃料供给。

瑞典天然资源丰富，拥有大量的优质铁矿石、水和森林，早在中世纪就出现了简单粗糙的制铁业。在16世纪初，铁的年出口量已达到1 000吨。至17世纪，在瓦隆(Walloon)和荷兰企业家们引进更先进的技术后，铁产量得到大幅度提高，年出口量从1620年的6 000吨增加到17世纪末的3万多吨。瑞典制铁业在当时很可能位居欧洲首位。

冶金工业领域内的其他金属制造业的发展要逊色得多，主要是传统技术约束了产量的提高，即使有了原材料供给的新渠道，因沿袭了传统技术，产量仍然无法突破。始于中世纪的中欧银矿开采，因提炼银矿石的汞合金加工技术的发明，在16世纪初期曾经历过一段繁荣期。16世纪60年代，该技术被德国采矿专家引进到西班牙殖民地墨西哥和秘鲁的银矿，结果银产量大幅度提高，银价格持续低迷，众多欧洲矿山被迫关闭。

欧洲的贵金属资源稀少，而实用金属的矿藏比较充沛。大部分地区蕴藏铜、铅和锌，并在史前时期就有过开采。锡仅在局部地区有，基本上是在康沃尔。同样，锡早在罗马征服英国之前就已经是贸易商品了。16世纪和17世纪，随着市场需求的不断增长，压力之下，采矿技术得到了改进，如矿井加深，通风装置和抽水机的改良。德国矿工——特别是萨克森的矿工——成为创新主体，他们把技术传到国外，到英国、匈牙利以及新大陆。16世纪60年代，英国政府给黄铜和铜制造业的公司授予特许经营权，这些公司引进了德国工程师。瑞典的铜矿资源和铁矿不相上下，因此，在荷兰资金和技术的推动下，瑞典在17世纪一跃而为世界铜市场的最大供应商。

因建筑、造船、冶金，以及家用取暖的需求，木材供不应求。欧洲较发达地区的木材紧缺，直接或间接地（如对金属的需求）将挪威与瑞典纳入西欧经济的范畴。17世纪和18世纪木材紧缺的问题，其严重性不仅波及波罗的海地区，还影响到北美。它激发了对替代材料和燃料的研究，如用砖块和石头作为替代的建筑材料，用泥炭和煤作为替代燃料。其他替代品还有铁和其他金属。但随着对替代品的需求的增加，木材紧缺问题更加突出。受冲击最大的是英国。部分森林资源被保护起来，留给皇家海军，但更重要的是为满足激增的燃料需求。

煤的开采可追溯至中世纪，德国、低地国家以及英国都有。来自泰恩河畔的“海运煤”，尽管法令禁止使用，其毒害也路人皆知，但仍不妨碍它成为16世纪伦敦的普通家用燃料。渐渐地，“海运煤”的使用渗透到了燃料高消耗的产业，如精盐、玻璃、建筑砖瓦、炼铜、麦芽发酵、酿酒，以及各种化学行业。17世纪曾尝试过用它替代炼铁用的木炭，但原料中所含的杂质（主要是硫）降低了铁的纯净度。即便如此，其他行业对煤的需求仍稳步上升。英国的煤产量从16世纪中期的每年约20万吨激增到17世纪末的每年300万吨。随着工业的发展，河岸裸露岩层的煤已无法满足市场需求，开挖矿井迫在眉睫。由此，经验丰富的萨克森矿工带着钻孔、抽水、矿山通风等技术来到了英国，传授知识。

海上新大陆的发现为原材料供给提供了新渠道，同时也刺激了新行业的发展，如糖的提炼和烟草加工。其他制造业如瓷器（仿中国器皿）、鼻烟盒等也为迎合新时尚应运而生。甘蔗也被用作酿造朗姆酒的原材料。至17世纪，富足的荷兰人发明了杜松子酒，最初是做药用。除了这些新兴行业，原来高度地域性的旧行业也开始渗透到欧洲各地。中世纪的意大利曾是奢侈品的主要产地，产品涵盖漂亮的玻璃器皿、优质纸张、光学仪器和钟表。类似行业在其他国家渐渐发展起来，尽管产品质量差很多，但成本低廉。这部分导致了意大利的逐步衰落。印刷术的发明大大增加对纸张的需求。15世纪末之前，有200多家印刷厂，出版约3.5万种风格迥异的独立版本，书籍印数达1 500万本。之后，数量一直呈指数式上升。17世纪后半叶，在当时欧洲最大的法兰克福书市，列出的书目达4万之多。低地国家——特别是安特卫普和阿姆斯特丹——是最活跃的中心。法国、意大利、德国的莱茵兰，以及英国也在迎头赶上。

不管上述画面描绘的各行各业是多么成熟与繁荣，有一点是不能遗忘的，即欧洲经济的专业化程度还很不够，还极度依赖低生产率的农业。许多工人，尤其是纺织业工人，仍兼职从事农业耕作。大多数农民工也兼有第二职业如木工、皮革工等等。

贸易、贸易路线、商业组织

在15世纪至18世纪之间，商业无疑是欧洲经济最有活力的部门。旧教科书将16世纪描述成一个“商业革命”的时代。纵观历史，我们发现，之前的许多时期都可以贴上如此标签。但长距离贸易和国际贸易的数量无疑是在这个时代才有了质的飞跃。尽管我们无法得到确切数据，但贸易增长很可能超出人口增长的数倍。欧洲外贸易的增长贡献最大，从而也带动了欧洲内贸易的增长。但正如我们前面所述，与亚洲、美洲之间的贸易只占总贸易量的一小部分。所以，即使没有地理大发现，商贸仍会繁荣。

有一点不能忽略，那个时期的商贸无论从数量还是价值来讲，占最大比例的仍是本土交易。城镇从周边的乡村获得大量的食物供给，同时又为后者提供工业制成品和服务。这样的商贸活动基本上是小规模的，各地区的模式大同小异，在很长的一段时间里都没有变化。就经济发展史而言，远距离贸易所产生的变革更举足轻重，也更有趣。

本书第三章描述了 15 世纪远距离贸易的主要贸易路线和商品。在接下来的 200 年里，最重大的变革是开辟了海上贸易路线，除此之外，还有欧洲商业中心的转移，从地中海转移到了北面的几个海域。由此改变了远距离贸易的商品特点和商业组织的形式，变化虽小，但仍然是相当明显的。

对威尼斯人来说，葡萄牙人蛮横无理地侵占印度洋无疑是一次大震动，甚至波及其他的意大利城市。有一种说法，地中海地区通过埃及和阿拉伯半岛的香料贸易由此突然中止，而事实并非如此。但葡萄牙参与香料贸易的竞争终究大大地削弱了威尼斯人的盈利。1521 年，威尼斯人为巩固自己对香料贸易的垄断地位，曾主动提出购买葡萄牙的所有进口香料，但遭到了拒绝。商业活动的主动权渐渐地北移至欧洲北部。1532 年，威尼斯商人赫赫有名的佛兰德舰队结束了它最后一次航行。临近世纪后期，在威尼斯人一统天下的近东市场上涌现出价格低廉的英国和法国的羊毛，威尼斯人深受其苦，怨声载道。而且，葡萄牙人并非独享其商业的成功，同时惠泽各方。第一批来自里斯本的葡萄牙香料货物于 1501 年出现在安特卫普市场，而贸易主体却不是葡萄牙人，而是荷兰人和佛兰德人。西班牙人和葡萄牙人集中力量从事对海外殖民地的掠夺，将进口货物在欧洲的贸易网络以及对殖民地的出口贸易让给了其他欧洲人。其中，尼德兰人（主要是荷兰人和佛兰德斯人）最为积极。

“荷兰的大肆扩张”（借用一个妒火中烧的英国人的评语）始于 15 世

纪，开始时悄悄的并不引人注意。荷兰的捕鱼船队出现在北海，开始打破汉萨同盟对鲱鱼市场的垄断（过去的观点认为，这是因为鲱鱼群从波罗的海“迁移”至北海。但汉萨同盟在鲱鱼市场及其他领域的衰落似乎更应该归因于荷兰人的高效率）。腌制的鱼干最初是在北海沿岸地区销售，沿河流直上至德国；在16世纪又销售至南欧，甚至波罗的海地区。与此同时，荷兰人的其他贸易也得到了发展。他们在葡萄牙和比斯开湾购买盐，用于腌制鱼干，并在北欧地区销售。有时还顺带一些葡萄酒。但荷兰的贸易支柱仍然是波罗的海地区的贸易，集中在谷物和木材上，附带海军补给品、亚麻和大麻。根据丹麦海关收费处记载的数据，1497年至1660年间出入波罗的海的船只有4万艘，其中60%是荷兰船只，其余的有英格兰、苏格兰、德国和斯堪的纳维亚。荷兰人几乎控制了所有的北欧与法国、葡萄牙、西班牙和地中海之间的贸易，以及大部分英格兰与欧洲大陆之间的贸易。

荷兰人在海外贸易中表现出同样的雄心勃勃。尽管独立战争中断了与西班牙的贸易往来，但通过里斯本与葡萄牙帝国的贸易仍在继续。然而，随着1580年葡萄牙被西班牙王室掌控，西班牙当局于1592年关闭了与荷兰海上通商的里斯本港口。荷兰因严重依赖海上贸易，就立刻制造大船，以能经得起长达数月的海上航行，远道绕过非洲抵达印度洋。在短短不到10年的时间，往来于荷兰与印度之间的船只达50艘之多。这些成功的海上航行导致的直接结果是，联省共和国政府、阿姆斯特丹市及一些私人贸易公司于1602年创建了荷兰东印度公司，合法地垄断了印度与荷兰之间的贸易。

利用葡萄牙势力的削弱乘虚而入的不止荷兰一个国家。早在1591年，英国的无照商人就介入了，1600年，与荷兰东印度公司相仿的英国东印度公司成立，享有垄断权。从某种程度上讲，这两家公司是竞争对手，但他们却把葡萄牙视做更强大的对手。荷兰主攻富饶的印度尼西亚香料群岛，至17世纪中期完全控制了两个岛屿，香料贸易比之前的葡萄牙更繁荣。同时，他们控制了锡兰港口。英国人在多次进攻印度尼西亚铩羽而归之后，转向印度大陆，建立起牢固的商埠，乃至后来印度成为“英国皇冠上最明亮的珠宝”。葡萄牙仍掌控着果阿、第乌和澳门，以及非洲海岸的一些港口，但已失去了作为东部海洋上的商贸大国和海上强国的地位。

利用葡萄牙的弱势和西班牙的僵硬，其他海上强国趁机乘虚而入，大肆侵入西半球建立市场。早期，法国和英国曾努力寻找能直通东方的路线，但失败了。16世纪后半叶，又尝试从东北和西北方向寻找前往亚洲的通道。1553年，威洛比(Willoughby)和英国的大主教试图通过北冰洋进入太平洋，找到一条东北通道，但终究未逃脱失败的命运。由此却与正在崛起的沙俄帝国建立起了贸易关系，通过后者又与中东开始互通商贸。与此同时，法国、英国和荷兰的私掠船开始与新大陆的巴西及西班牙殖民地进行走私贸易，实际情形是对西班牙船只和殖民地港口展开武装劫掠。伊丽莎白一世执政时期，英国曾三次尝试在北美建立殖民地，但未成功。直至17世纪上半叶才成功地在弗吉尼亚(1607年)、新英格兰(1620年)、马里兰(1632年)建立起殖民地，并从西班牙手中抢走了西印度群岛。后来，这些殖民地全部成为英国工业品的主要市场，同时也是原材料和消费品的供应源。1608年，法国在魁北克建立了永久居住点，并宣称整个五大湖地区为新法兰西，但这片殖民地并没有繁荣起来。1660年，在新大陆讲英语的殖民者约10万人之多，而在整个加拿大只有500个法国人，比在西印度群岛中少数几个法属“糖”岛上的法国人还少。

1624年，荷兰人试图攻占葡萄牙在巴西的殖民地。但是，在长达20年的断断续续的争夺战后，荷兰人因得不到祖国大后方的支持，最终还是被葡萄牙殖民者赶了出来。荷兰仅保留了苏里南和加勒比海的一部分群岛。同年，荷兰开始进军巴西，另一批荷兰殖民者在曼哈顿岛南端建起了新阿姆斯特丹城。他们宣布对整个哈得逊河流域和周边地区拥有所有权，他们建立了奥林奇要塞(即奥尔巴尼)，并将土地分封给诸如伦斯勒(Rensselaer)、罗斯福(Roosevelt)等家族。

海上贸易至今仍然是国际贸易的最重要组成部分，但内陆贸易，尤其是内河运输，也是不可忽略的一部分。本地贸易也广泛地利用内河运输。即使是国际贸易，大量商品也是从陆地运输开始，用手推车或驮畜，用大型平底船顺着河流运往目的地。譬如，匈牙利的铜用马车装载先从陆地运抵波兰的各条河流，装上大型平底船由河道抵达但泽，再经由波罗的海和北海转运，最终抵达安特卫普市场(再运往阿姆斯特丹)。中欧和蒂罗尔(在奥地利)的银运往波罗的海、地中海或西方，走的也是同样的路线。莱茵河、美因河和内卡河(Neckar)是出口德国南方和莱茵兰生产的金属和五金器具(刀、工具、玩具)的主要通道。法国境内的河流起着同样重要的作用。

金属和部分高档衣料可以承受长距离陆地运输的费用(以及磨损)。其他商品则不行，除非是可以自己行走的，如牛。当大部分欧洲的可耕地越来越多地用于种植谷物，以供养不断增长的人口时，丹麦、匈牙利和苏格兰还保留着敞开的草地用于牧牛。每年大批的牛群被赶往德国北部和低地国家的牛栏和市场，然后再运至德国南部、意大利北部，以及英国。这一情景与后来19世纪的美国西部相当相似。

远距离贸易的商品种类在16世纪和17世纪略有改变。中世纪初期，商品大多是为富人服务的奢侈品。之后，随着城市化的进程，更多的普通商品加入了贸易行列。至16世纪，国际贸易流通的大宗商品绝大多数是谷物、木材、鱼、葡萄酒、盐、金属、纺织品原材料，以及服装。17世纪末的英国，尽管服装出口的价值更高，但木材进口的数量占总量的一半，煤的出口数量也是如此。大宗商品的贸易之所以得以进行，关键还在于船舶设计与建造的改进，由此降低了运输成本。另一个主要原因是航海技术的提高和海军对海盗的镇压，减少了自然和人为的航海风险。

洲际贸易更多沿袭了旧有模式，只是在17世纪，特别是18世纪贸易模式发生了细微的变化。胡椒粉在16世纪初属于奢侈品，慢慢的它就变成了普通的大宗商品。随着贵金属的地位在17世纪的下降，以及部分国家在新大陆建立了殖民地，糖、烟草、兽皮，甚至木材逐步成为欧洲进口的主要商品。而欧洲向殖民地出口的商品多数为制成品，后者所占体积不大，但留出来的空间就可载上前往新大陆的移民。与东方的贸易情形大为不同，从与这地区直接接触的一开始，欧洲人就苦于拿不出任何商品来交换香料和其他理想的商品。因此，所谓的欧洲“贸易”实际上大多是掠夺。如果掠夺不成，就跟亚洲人交换大炮和军需品。亚洲人更多地是要求交换金和银，然后储存起来或做成珠宝首饰。总而言之，亚洲大量吸收了欧洲金属货币。直到 18 世纪，随着英国征服印度，这种贸易平衡才被打破。

人类从事的所有贸易中有一个非常独特的种类，那就是“奴隶贸易”。尽管西班牙殖民地是最大的奴隶购买者之一，但西班牙本身并没有真正卷入奴隶的贩卖活动。它大多是通过合同授权给其他国家的奴隶贩卖者。最初是葡萄牙人控制了奴隶贩卖，之后是荷兰、法国、英国。这类贸易一般都是三角买卖关系。一艘欧洲船装载着大炮、刀、金属器皿、珠子以及其他廉价小饰品、鲜艳的服饰和酒驶向西非海岸，与非洲酋长交换奴隶，交换的往往是战争俘虏或酋长自己部落的人。在满载手铐脚镣的非洲奴隶之后，船起航前往西印度群岛或南北美大陆。在那里，贩奴者用人作“货物”交换西半球的糖、烟草或其他产品，然后返航欧洲。尽管运输过程中奴隶因疾病和其他原因死亡率很高，奴隶贸易的利润依然相当丰厚。直至 19 世纪欧洲各国政府才明令禁止这种交易。

贸易组织因国别和贸易性质的不同而千差万别。欧洲国家内部之间的贸易承袭了意大利商人自中世纪晚期兴起的成熟而又复杂的组织形式。早在 15 世纪，意大利商人的殖民地就遍布各主要商业中心：日内瓦、里昂、巴塞罗那、塞维利亚、伦敦、布鲁日、安特卫普。特别是安特卫普，在 16 世纪上半叶是世界最大的贸易中心。本地商人和来自各地的商人都学会了意大利人的商业技能，如复式簿记和信用赊账。因此，在 16 世纪上半叶，意大利人的商业领先地位实际上已经不复存在了。16 世纪最大的商业帝国是富格尔（Fugger）家族，总部位于德国南部的奥格斯堡。

据史料记载，富格尔家族的创始人是一名织工，其后裔逐渐成为毛纺业的商人(贸易兼制造商)，最终发展壮大为威尼斯丝绸和香料的大批发商。至15世纪末，富格尔家族通过资助神圣罗马帝国皇帝，获得了提洛尔(Tyrolean)铜银矿和匈牙利铜矿的控制权。在雅各布·富格尔二世时期，家族的分支机构遍布德国好几个城市，以及匈牙利、波兰、意大利、西班牙、里斯本、伦敦和安特卫普(图5-6)。从里斯本到安特卫普，富格尔家族控制了整个欧洲中心地区的香料流通渠道，用换来的银子购买印度的香料。他们还接受定金，大量使用汇票，且大力资助西班牙和葡萄牙的君主，后者最终给家族带来了灭顶之灾。

图5-6　“富人”雅各布·富格尔二世。图中是富格尔和他的助手施瓦茨·马蒂亚斯在办公室。他身后厚厚的资料夹上标识着家族贸易的城市名字——威尼斯、克拉科夫、米兰、因斯布鲁克、纽伦堡、里斯本等。

富格尔家族是16世纪最杰出的商人，雅各布二世曾被尊称为“商业王子”。但知名度少许逊色的商人还有许多，分布在意大利、低地国家和德国。就连西班牙也有几个知名的商业家族。合伙人制是最受欢迎的组织形式，通常以书面合同形式约定各合伙人的权利与义务。通过书信往来，远隔千里的合伙人或代理商对欧洲各地政治和经济上的发展保持密切的关注。伊丽莎白女王的内阁因其安插在安特卫普的财务大臣——商人格雷西姆·托马斯据说是欧洲消息最灵通的。商人的新闻信札是当今大型新闻采访机构或新闻通讯社新闻稿的最早雏形。

15世纪的英国尚未成为经济核心强国，其商业组织的发展与欧洲大陆上的发达的经济体相比，仍处在襁褓之中。但其发展速度迅猛，至17世纪末已跻身于最发达国家之列。中世纪最主要的出口贸易——生羊毛，一直由大宗商品商人行会(the Merchants of the Staple)垄断——职能类似于行会的管理公司，有公司章程，但没有合股股份。每个商人拥有独立账户，独立对外交易(也可以为其合伙人做交易，如果有的话)，但共享公司总部和仓储(交易中心)，遵守共同的规章制度。羊毛贸易在16世纪略见衰微，但仍是主要贸易活动。大宗羊毛交易中心位于加来，该市1558年之前隶属英国。羊毛在那里加税出售给外国商人。取代大宗商品商人行会重要贸易地位的是冒险商行会(the Merchant Adventurers)①，是同样性质的管理公司，负责羊毛织物的贸易。(有些商人分别是这两家公司的会员。)他们在安特卫普建立交易中心，大大促进了安特卫普市场的发展。作为回报，他们也享受到了某些特权。1564年，公司获得王室特许授权，合法垄断了对低地国家和德国等重要市场的织布出口。

16世纪后半叶，英国创建了一系列垄断贸易公司——俄罗斯公司(1555年)；威洛比和钱塞勒远征的产物；西班牙公司(1577年)；东大陆(波罗的海)公司(1579年)；黎凡特(土耳其)公司(1583年)；1585年开始建立部分非洲公司；东印度公司(1600年)；法国公司(1611年)。英国专门设立公司与法国、西班牙以及波罗的海开展贸易，说明了两个事

① 英国商人所组成的特许行会，自15世纪初至1806年间，与荷兰做贸易，后来又与德国西北部做贸易。——译者

实：一是英国早在公司创建之前就与这些国家进行着小规模的直接贸易（之后也在延续着）；二是这类贸易基本上由荷兰或其他商人控制。重要的是，荷兰人居然没有看到垄断该地区的必要性，而是转向垄断欧洲外贸易。

这些公司中一部分仍沿袭了章程制形式，但也有部分演变成了股份制公司，即共同投资统一经营。远距离贸易采用股份制的运作，因为每次单笔贸易的风险和所需资金超出一个或几个人所能承担的范围。俄罗斯公司和黎凡特公司率先实行合股形式。随着贸易的拓展，他们之间的关系越来越稳定，进而发展成章程制公司。控制阿尔汉格尔(Archangel)港口的俄罗斯公司，垄断了西欧与俄罗斯北部之间的贸易，直到1649年沙皇将特权转授给了荷兰商人。东印度公司也采用了合股形式，最初，合股以年为基础对远航贸易投资，每年可以有不同的合股人。但随着贸易的发展，有必要在印度建立永久性的基地，以持续性地监管公司事务。因此，公司采纳了永久性的股份形式，即股东可通过售出股份退出公司。荷兰东印度公司最早在1612年就采用了永久性股份形式。

在欧洲西北部崛起单一贸易市场中心的意义非凡，起初是布鲁日，接着是安特卫普、阿姆斯特丹，规模越建越宏大，地位越来越重要。首先，这些贸易中心的存在表明，它们的市场规模和以市场为导向的生产超越了中世纪的零散集市。但同时又表明，正是由于贸易中心是阶段性的，单一的，一个崛起，另一个衰退，其发展必然有局限性。确实，其他地区也有一定规模的贸易中心如伦敦、汉堡、汉萨同盟城市、哥本哈根、卢昂等，但都不具备大都市应有的全方位的商业和金融服务。市场规模、商业和金融交易的信息公开性，都是发展的约束因素。当商业或金融交易总量相对较小时，集中在单一贸易中心可以降低成本。

早在15世纪初期，布鲁日贸易中心的组织体系就相当成熟了，中心移至安特卫普和阿姆斯特丹后发展得更为完善。贸易中心的首要条件是有一个挂钱袋的场所(burse，源于拉丁语bursa，意思是袋子)或者说交易市场(图5-7)。(现在的英文单词burse及其他语言中的brouse，borse， borsa，bolsa——是指一个有组织或规制的市场，进行商品或金融工具的交易。它起源于布鲁日商人的集会大厦，建筑物上有醒目的标识——三个钱袋或钱夹。）市场内展示的商品一般都是样品，不供出售。商人们看样订货之后，直接从仓库发货。信用交易相当普遍，大多数的支付不用现金，而用汇票或是银行转账等金融工具。银行大多是私人银行，包括许多商人公司，如富格尔家族一直在兼营银行业务。直到1609年，著名的阿姆斯特丹银行才得以建立，一家在市政府监管下的公众银行。它是

图5-7　阿姆斯特丹交易中心。德·威特的绘画。画中表现的是阿姆斯特丹交易中心的内厅。

汇兑银行，不负责货币发行和贴现。它仅提供储蓄转账业务，不发行银行票据或给商人贴现贷款。它的主要功能在于为城市和来自四面八方的荷兰人、外国商人提供稳定可靠的支付手段。

殖民地贸易的方式截然不同于欧洲内部贸易。葡萄牙帝国的香料贸易是由王室垄断的，商船是由葡萄牙海军武装的，所有香料都通过里斯本的印度署销售。葡萄牙海员获准携带一些其他商品随航返回，之后兜售。但这种做法很危险，船只冒着超载的风险。因此，严格意义上说，除国家组织和控制的贸易外，葡萄牙和东方不存在民间贸易往来。

而好望角的情况又不同。在好望角，葡萄牙商人与穆斯林、印度和中国商人竞争参与"国家间贸易"（往来于印度洋港口之间，印度尼西亚，甚至中国和日本）。曾有一段时间，因中国皇帝严令禁止中国与日本的直接贸易，葡萄牙商人几乎垄断了中国与日本之间的贸易。在香料贸易中，果阿是东方终点站，而里斯本则是西方的终点站。香料中胡椒粉所占的数量比重最大。葡萄牙商人在整个印度洋和香料群岛采购香料，运到果阿，然后在王室官员的监管下，装上返航的船只。由于葡萄牙本土的产品在东方没有市场，因此，出航的船只大多装载的是金银，以及一些大炮和军火。虽然香料贸易对政府来说是滚滚而来的财源，但总体上对葡萄牙经济的发展并没有起到促进作用。

西班牙与其殖民地之间的贸易也是相似情形。从技术上说，贸易由卡斯蒂利亚(Castile)王室垄断，但为了实际操作方便，政府将垄断权交给了贸易署(House of Trade)——一个类似于行会的组织机构，设在塞维利亚，由政府督察员监管。往来于西班牙和殖民地之间的船只都由国家组织的舰队护航，每年的春季和夏季末从塞维利亚出发，在殖民地过冬，第二年春季两支舰队一起返航。护航的官方解释是在有海盗、战争、敌人的情况下保护船上的金银。事实上也是为防止违禁贸易的发生，是一个便捷但无效的手段。违禁贸易的数量到底有多少，我们无法估计。就合法贸易小得可怜的规模而言，其数量一定是巨大的。尽管规模大小有波动，但在16世纪后半叶，由舰队护航的船只数量每年平均为80艘，相比波罗的海贸易，只能是极小的一部分。而那时新大陆的欧洲人口已超过10万，食物基本能自给自足，但仍大量需要欧洲的葡萄酒和橄榄油，更不用说如布料、枪炮、工具和其他五金器具等制成品。据估计，进口至塞维利亚的金银约有一半要用来采购回运货物，另加10%支付运输和商业服务费用。王室索取自己应得的分成，占金银进口总量的五分之一，加上其他税收，实际征收40%。与葡萄牙一样，拥有金山、银山的西班牙帝国对本国经济发展的贡献微乎其微。相反，由于国家政策的目光短浅，事实上阻碍了发展。接下来让我们转向研究这些政策。

第六章

国家主义经济与帝国主义经济

民族国家在欧洲第二次 S 曲线(Logistic)增长过程中实施的经济政策具有双重目的：以经济实力加强国家实力，用国家权力促进经济增长和国家富裕。用 17 世纪后期英国商人和政治家乔塞亚 · 蔡尔德(Josiah Child)的话来说："权力与财富缺一不可。"然而，国家最首要的目标仍是获得足够的财政收入维持日益扩张的军事力量，因此，以财政收入为目标的政策常常阻碍了真正的生产活动。

为追求这一目标，政策制定者们必须处理好相互冲突的需求：本国国民的需求和竞争对手国的需求。在中世纪，城市和其他地方政府机构在很大程度上掌握着经济控制权。对进出自己行政管辖区的货物，政府可以征收通行费或关税；地方商业行会和手工业者行会则负责制定工人工资和商品价格，并规定必备的工作条件。而国家主义经济政策则意味着经济控制权由地方上交国家，中央政府试图在经济和政治上统一国家。

欧洲统治者们一方面对内实施经济和政治统一的高压政策，一方面相互之间展开激烈的竞争，争夺领土疆域、海外殖民地和海外贸易。他们的目的部分是为了自己国家免于战争时期的饥寒，但正是这种牺牲他国利益以获得更多领土或贸易特权的企图常常频繁引发战争。由此，民族主义经济激化了欧洲统治者之间因宗教差异和王朝争斗产生的对立情绪。

重商主义：一个误用的名称

启蒙运动时期的苏格兰哲学家和现代经济学创始人亚当 · 斯密

(Adam Smith)给自己所处的时代(以及之前的时代)的经济政策贴了个标签：重商主义。在他看来，这些政策是悖谬的，干涉了个人的“天赋自由”，导致了现代经济学家们所说的资源的不合理配置。他抨击这些政策是愚蠢且不公正的，同时又用“重商主义”一词来使其制度化，更突出其荒诞性。通过大量援引英国的例子，斯密指出，这些政策是商人们精心设计的，然后灌输给对经济事务一窍不通的统治者和政客。在斯密看来，商人们提出的论点是，收入超过支出是商人的致富途径，那么，出口超过进口就应该是国家的致富途径，国家通过金和银的“贸易差额”来获利。因此，商人们偏好鼓励出口、惩罚进口的政策(这些都有利于他们的个人利益)，由此为整个国家创造“贸易顺差”。

在斯密1776年发表其划时代著作《国民财富的性质和原因的研究》以后的一个多世纪里，“重商主义”一直是个贬义词。然而到了19世纪后半叶，以古斯塔夫·施莫勒(Gustav von Schmoller)为代表的德国历史学家和经济学家彻底颠覆了这一概念。他们是一群国家主义者和爱国主义者，生活在德国统一后的普鲁士霸权统治下。对他们来说，重商主义首先是一个国家决策的政策，是由英明仁慈的统治者实施的。腓特烈大帝(Frederick the Great)①就是楷模。用施莫勒的话来说，重商主义“最深层的核心就是国家决策——绝非狭义上的国家决策，而是国家决策和国民经济决策的共同体”。②

后来的学者曾试图调和这对根本分歧甚至敌对的观点，并使之合理化。所以，我们在教科书中可以找到关于重商主义的这样的定义：重商主义是早期近代欧洲经济政策的“理论”或“主义”；或更谨慎一点的定义：是“1500年至1800年前后在西欧国家及其海外殖民地盛行的观点

---

① 即腓特烈二世(1712—1786)，普鲁士国王，维护农奴主，发展经济，扩大军队，对后世有很大影响。——译者

② Gustav von Schmoller, *The Mercantile System and Its Historical Significance* (New York and London, 1896), p. 69.

和做法，未形成严谨体系”。[①]由此看来，对重商主义的普遍曲解和简单化，让我们不得不再次强调，构成经济政策基石的正是这宝贵的小小“主义”，而绝非政府因巨大的财政压力而迫切需要财政收入。而且，其经济政策的理论基础即使不是百分之百的缺失，也是非常薄弱的。当然，任何一种理论或政策都不可能获得一致的共识。

不可否认，当政策制定当局（即当权统治者或统治阶层）的需要和所处环境大致趋于一致时，经济政策中的一些主题或要素确实能获得共识。这些我们在后面要讲到。而各统治阶层因性质和构成不同，加上环境的不同，由此所产生的差异非常有意义。我们在这里就简要地探讨一下，后面的章节将进一步详尽地阐述。

尽管国与国之间有许多相似之处，但每个国家都有自己鲜明独特的经济政策。这是源于不同国家的地方传统与国家传统、地理环境，以及国家自身的特点。所有支持国家主义经济的人们都声称，他们制定的政策会惠泽国家。但国家是什么？答案是各式各样的，有路易十四的绝对专制政权和大多数欧洲大陆君主专制国家，也有荷兰、瑞士以及汉萨同盟城市的自治共和国。无论是何种政体，其居民都未参与政府的执政。既然早期的国家主义依托的是一个阶层，而非广大民众，寻找各国经济政策差异的关键还只能从统治阶层的不同构成和利益入手。

在法国和其他专制君主国，专制君主的意愿是至高无上的。尽管大多数专制君主对经济事务一窍不通，但他们习惯发号施令。负责日常事务管理的大臣和官员们对工业技术和工商企业等问题也知之甚少，因此也只能是上传下达主子的旨意。针对工业与贸易活动的各种清规戒律提高了成本，增加了阻力，进而助长了逃税行为。在重大问题上，专制君主常常冷漠而无知地牺牲国民的经济福利以及自己政权的经济基础。因此，西班牙政府即使拥有庞大的帝国，在无休止的肆意挥霍下，财政显

① Edmund Whittaker, *Schools and Streams of Economic Thought* (Chicago, 1960), p.31.

露赤字，本国商人又遭受迫害，最终帝国的实力日渐衰微。而路易十四统治下的法国，尽管在当时是欧洲人口最多、实力最强的国家，也经不起路易十四为领土扩张和宫殿维护进行的无休止的折腾。在路易十四去世时，法国经济已处于崩溃的边缘。

尼德兰联省共和国(即荷兰)由代表富商利益的富商们统治，他们管辖着诸多大城市，实施着更为透明的经济政策。荷兰以贸易为生，所以决不会像邻国一样采取限制性的贸易保护政策。他们在本土建立自由贸易，对各国商人开放港口和市场。而且，荷兰商人的垄断权在荷兰帝国是至高无上的。

英国处在这一地区的中心位置。在政府和政界扮演举足轻重角色的是那些地主贵族，联合勾结富商家族以及与工商打交道的律师和官员们。1688—1689 年光荣革命后，他们的代表在国家议会获得了最高权力。他们所制定的经济法规平衡了各方利益，既保护了国家在土地和农业上的利益，又鼓励了国内的制造业，促进了航运和贸易。

共同要素

在中世纪，大多数封建领主，特别是君主，都拥有“战争金库”。按字面意思理解，就是堆积金银和铸币的大钱箱，以应急所有可测和不可测的战事。至16 世纪，政府的财政手段越来越复杂，但盛行的仍然是大量储备金银。这时，“重金主义”的经济政策雏形就应运而生了。“重金主义”的要义是，一个国家要多多地获取金银，严令禁止金银的输出，违者处死。最典型的例子就是西班牙对新大陆财富的管理，尽管最后以失败告终。大多数国家都有类似的立法。

大多数欧洲国家都没有出产金银的矿藏(有矿藏的国家主要在欧洲中部，并在 16 世纪中期因西班牙金银的泛滥而被迫关闭)，所以，获取有金银矿藏的殖民地便成为当时探险和殖民的主要目标。而西班牙的暴富又成为仿效的榜样。但是，法国、英国和荷兰的殖民地几乎没有金银矿藏，贸易便成为他们获取贵金属的唯一途径(除了武装征服、海盗等手段)。

正如亚当·斯密指出，正是这样，商人才能够对国家议会施加影响，也正是商人提出了贸易顺差的观点。根据贸易顺差理论，最理想的情况是，一国只对外出口，而不进口。然而，实际中显然是行不通的。那么问题就是：应该出口什么？进口什么？由于农业歉收和周期性饥荒的频繁发生，政府极力保证国内充足的谷物和食品供应，一般都禁止出口。与此同时，政府鼓励制造商不仅要出口，而且要扩大生产范围，更好地保证自给自足。

为鼓励国内生产，外国制造业被排斥在外，或被迫支付高额保护关税，尽管关税也是财政收入的一个来源。国内制造业还获得垄断权或出口补贴(英文为 bounties，意思是补助金)。若所需原材料在国内紧缺，可享受免税进口，这恰与通用的限制进口政策相悖。节约法(管制消费的法律)的实施，严格限制了外国商品的消费，促进了本国产品的消费。

大型海上商船队的地位获得了空前的重视，因为它们不仅能够向外国人提供航运服务赚取利润，而且能为国内出口提供廉价运输服务。这一点至少在理论上是成立的(图6-1)。而且，当时商船与战船的唯一区别在于船上载枪支的多少，一旦发生战争，商船立马能变成战船。大多数国家有“航海法”，严格限制当地船只承载进出口货物，从而更好地促进了商船的发展。同时，政府鼓励渔业发展，由此训练海员，刺激造船业，给自给自足的国民生活提供更充沛的食物供给，剩余的还可用作出口。荷兰大规模的鲱鱼捕捞就是很典型的例子。当时，海上商船的数量代表着一国的国际贸易量。按路易十四的重臣柯尔贝尔(Jean-Baptisle Colbert)的说法，整个欧洲贸易是由2万艘船承载的，而荷兰的船占到四分之三之多。柯尔贝尔由此推断，法国增加自己份额的唯一途径只能是减少荷兰份额。为此，他愿意通过战争达到目标。

所有国家的理论家都强调，攫取殖民地财物代表着国家的财富与权力。即使殖民地没有金银矿藏，它们也可生产宗主国短缺的商品，然后

图 6-1　阿姆斯特丹码头。17 世纪荷兰的商船队是整个欧洲嫉妒的对象，当时阿姆斯特丹是主要港口。这幅雅各布·凡·罗伊斯达尔的当代风景画表现的是忙碌的港口景象。

供宗主国使用或出口。印度群岛的香料、巴西和西印度群岛的蔗糖和朗姆酒，以及弗吉尼亚的烟叶就是如此。

以上部分代表了 16 世纪和 17 世纪盛行的经济政策。它们并没有旗帜鲜明地标榜天下，也从未强迫一致的认同与坚守，更没有形成"理论"或"主义"来左右统治者的行为。在实际操作过程中，政府在经济领域的立法和其他干预手段是由一系列权益构成的，往往缺乏经济学的理性，经常导致有悖本意的不良结果。请看下面的研究分析。

西班牙和西属美洲

16 世纪的西班牙是欧洲各国君主嫉恨的对象。因王室联姻，西班牙国王查理一世(1516—1556 年)不仅继承了西班牙王国(实际上是阿拉贡和卡斯提尔两个独立的王国)，而且继承了哈布斯堡王朝在中欧、低地国家和弗朗什孔泰(Franche-Comte)的领地。除此之外，阿拉贡王国还带来了撒丁岛、西西里岛和罗马以南的整个意大利；而卡斯提尔王国则贡献了刚发现的、尚未被征服的美洲帝国。1519年，查理登上神圣罗马帝国的王位，成为查理五世。

这个令人生畏的政治集权帝国似乎同样建立在雄厚的经济基础之上。尽管西班牙的农业资源并不算最好，但却继承了巴伦西亚和安达卢西亚摩尔人的精耕细作的园艺技术；美利奴羊毛在全欧洲也很值钱；还有一些较发达的工业如纺织和铸铁。查理在荷兰的财产还包括欧洲最先进的农业和最蓬勃的工业。哈布斯堡王朝在中欧除了拥有农业资源外，还拥有丰富的矿藏，如铁、铅、铜、锡和银。叹为观止的是，16世纪30年代，来自新大陆的金银源源不断地流入西班牙，在世纪末的10年达到顶峰，进入17世纪才慢慢消退。

如此顺风顺水的条件，西班牙的经济仍未取得进展，事实上在16世纪中期还反而衰退了。西班牙人民付出了沉重代价，生活水平下降，饥荒、瘟疫频频发生，最终导致17世纪西班牙人口剧减。尽管有很多因素用来解释“西班牙的衰落”，但毫无疑问，君主过度膨胀的野心和经济政策的短视与悖谬必定负有很大的一部分责任。

查理五世认为，他的使命是重新统一基督教的欧洲(图6－2)。为了这个目标，他在地中海和匈牙利向土耳其人发动战争；镇压反抗的新教徒的德国王储；与法国的瓦罗亚王朝为敌，后者觊觎意大利和荷兰，同时又受哈布斯堡王朝的挟持。在连连败退的情况下，1556年，查理终于心力交瘁，宣布退位。他曾希望将王朝完完整整地传给儿子菲利普，却没想到在他死后，他的兄弟斐迪南(Ferdinand)于1558年成功夺得了哈布斯堡王朝中欧的领地，并被封为神圣罗马帝国皇帝。菲利普二世(1556—1598年)继承了父亲的衣钵，继续出兵打仗，甚至将英国列入仇敌名单。结果在1588年，西班牙的“无敌舰队”溃不成军，惨遭失败。此后将近有一年时间，西班牙没有参与欧洲的战事，也没有远征美洲。西班牙君主除了好战的天性，对宏伟建筑和奢华宫廷礼仪亦有着狂热的嗜好。

图 6－2 查理五世的帝国。

为满足战争的资金需求和奢靡的生活方式，查理和菲利普第一想到的就是征税。16 世纪的西班牙人民生活贫困，但却负担了欧洲最重的苛捐杂税。而且，税负极其不公平。早在 15 世纪末，西班牙 97% 的土地归约 2% 或 3% 的家族（包括教会）所有，这种悬殊差距在 16 世纪进一步扩大。大地主、王室和有“贵族”血统的（大大小小的王公贵族）可免缴直接税。赋税的重担就落在最没有支付能力的手工业者、商人，特别是农民的身上。

王室在美洲帝国发现的金银成为意外的财政收入。16 世纪 30 年代之前的金银进口量很小，此后，从 16 世纪 40 年代至 90 年代，由 100 万达克特逐年增长至800万达克特(这个数字仅指合法缴税的进口量，非法进口量差不多有一样规模)。如前所述，政府合法获得40%。即便如此，在菲利普执政的最后几年，他获得的贵金属的份额大致占到财政总收入的20%~25%。

更糟糕的是，财政总收入依然难以平衡庞大的政府支出。这就迫使王室借助第三种财政来源——借贷。(他们也有权宜之计，如向富商兜售贵族特权，但牺牲的是长期税收收入。)借贷无论对西班牙王室还是其他王室都不是新鲜事。斐迪南和伊莎贝拉就是通过借款筹措资金，打赢了格林纳达。还有一个流行的说法是，伊莎贝拉是典当自己首饰资助了哥伦布的航海。但在查理和菲利普统治期间，财政赤字已像毒瘾一样一发不可收拾。查理在统治早期就曾向富格尔家族和德国、意大利银行家拆借大量资金，大肆贿赂，使自己登上神圣罗马帝国皇帝的宝座。这些债务加上其他的利滚利，越积越多。债主们都是佛兰德、西班牙、德国、意大利的银行家们，甚至还有一些富有的商人和贵族。他们手持合同，上书详细的担保抵押，如指定某种税收或下一船来自美洲的银矿等作抵押品。早在1544年，每年正常财政收入的三分之二就被用于还贷。1552年，政府暂停了所有的利息支付。1557年，沉重的债务迫使政府拒付债款。这一事件后来常被称为“国家破产”。但政府毕竟不能像公司一样进行清算破产。相反，短期债务重组为长期负债，本金和利率降低，新一轮循环开始，但附加给借款者的条件越来越繁琐。西班牙哈布斯堡王朝曾8次宣布王室破产(1557年、1575年、1596年、1607年、1627年、1647年、1653年和1680年)。每次都引发金融大恐慌，造成许多银行家和其他投资者的真正破产，破坏了正常的商业和金融交易。

尽管政府是出于财政需求对经济进行诸多干预，这种管理不当也并非是唯一使经济陷于窘境的原因。起破坏作用的还有王室赋予的特权，如之前提到过的王室授予牧羊主行会(梅斯塔)的特权。其顶峰是1501年的法令，特许羊群可以在西班牙国土上受保护地自由来回穿越，完全漠视土地所有者的意愿。为了向有特权的牧羊主收取更多的税，政府采取如此政策，牺牲了耕种者和最终消费者的利益。

用类似的方法，斐迪南和伊莎贝拉在1494年创立了布尔戈斯领馆(Consulado of Burgos)——一个商人行会，授予生羊毛出口的特许垄断权。布尔戈斯是一个繁华的市场集镇，但它离最近的港口至少有100多英里远。西班牙所有的出口羊毛，无论产地何处，都要先运到布尔戈斯，然后用骡队送往比斯开湾沿岸的毕尔巴鄂(Bilbao)，再装船运往北欧。这样，布尔戈斯商人获得了西班牙最有价值的出口商品的集体垄断权，牺牲了本国生产者和北欧消费者的利益。布尔戈斯领馆也为贸易署(Casa de Contratacion)树立了样板，贸易署的成立在之后不到10年的时间里，地点选在塞维利亚，专管对美洲的贸易。斐迪南和伊莎贝拉在统治期间一直偏好于扩大行会的垄断控制权，以此来增加税收收入。他们的继任者因财政状况丝毫未有好转，也未采取任何削弱垄断权的政策。

西班牙经济史上一直缺少系统而长远的经济政策，最典型的两个例子涉及西班牙最重要的两次经济活动：谷物的生产和纺织业。谷物的生产尽管受到牧羊主行会特权的阻碍，但在16世纪的前三分之一时间里曾经非常繁荣。这要归功于人口增长和因美洲财富的最初流入所引发的价格的缓慢上升。随着价格加速上升，消费者产生抱怨，政府于1539年出台粮食限价令。成本的持续上升使得可耕地转作其他用途，从而产量减少，粮食短缺更趋严重。为应付短缺，政府放松管制，对原来禁止进口或征收高额关税的外国谷物免于征税。这更挫伤了国内谷物耕种者的积极性。许多土地停止种植谷物，西班牙成为谷物经常进口国。

纺织业的情形也是如此。16世纪初，西班牙出口纺织品和生羊毛。随着国内需求的扩大，特别是美洲殖民地的需求激增，纺织品和生羊毛的价格和成本也在上升，供给跟不上日趋增长的需求。1548年，外国纺织品可享受进口免税；1552年，国内纺织品被禁止出口(除出口殖民地之外)。引发的直接后果就是纺织业的严重萧条。直到1555年，出口禁令才被解除。但此时，国外市场已丢失，国内通货膨胀加剧，西班牙的竞争优势已荡然无存。自那时起直至19世纪，西班牙一直都是纺织品净进口国。

可以想象，如果当时出现真正英明的经济政策，查理五世完全可以将庞大的帝国转变成自由贸易区或关税同盟，由此创造出持续的繁荣。然而，事实表明，他的脑海中从未闪现过这样的想法。首先，在帝国统治下的每个地区、公国和王国都非常熟悉和了解自身的传统和特权，对任何变革都会产生抵制。更重要的是，从政策制定者的角度，王室对关税收入的依赖程度决定了它根本不可能废除帝国内部各地方之间互通贸易的关税和通行费。即使在卡斯提尔和阿拉贡两个王国合并后，一国公民在另一国仍被视作是外国人，相互之间保留着关税壁垒，甚至货币都是各自为政。其他哈布斯堡王朝领地的情形也差不多。低地国家的商人和实业家们完全是依靠自己的竞争优势长驱直入西班牙的市场，没有享受过任何特权。

在宗教政策方面，西班牙统治者竟然也漠视国民的福祉，由此削弱了统治的经济根基。在统治早期，斐迪南和伊莎贝拉从罗马教皇处获准建立宗教法庭(Holy Office)——臭名昭著的宗教裁判所(Inquisition)的分支机构，借此可直接行使王室权力。西班牙宗教法庭最初的目标是审判已皈依天主教的背道者、那些名义上或实质上已皈依天主教的犹太人，尽管当时信仰犹太教是获官方承认的。信仰犹太教和皈依天主教的犹太人大多是西班牙最富有和最有教养的平民，他们中有商人、金融家、运动员、能工巧匠，以及其他经济成功人士。有些富有的皈依者与贵族联姻，甚至连斐迪南身上也有犹太血统。但宗教法庭制造的恐怖气氛迫使许多皈依者和犹太教徒移居国外，带走了财富，也带走了人才(图6－3)。后来，至1492年，天主教的国王们在成功征服格林纳达后不久，颁布法令，规定所有犹太人必须皈依天主教，否则就驱逐出国。据估计，当时离开西班牙的人数约有12万至15万。对经济造成的损害按人均比则远大于此。

君主们对其他宗教信仰的少数民族如摩尔人穆斯林采取了类似政策。在征服摩尔人的王国格林纳达时，天主教国王曾颁布法令，承认摩

图 6 - 3　驱逐犹太人。画中表现的是 1300 年前后卡斯提尔国王的幕僚敦促国王驱赶犹太人。斐迪南和伊莎贝拉于 1492 年付诸行动，给自己的国家造成了严重的危害。

尔人的宗教信仰(恰好与犹太人受迫害的时间吻合)。但 10 年不到，迫害摩尔人的行动开始了。1502 年的法令规定摩尔人要么皈依基督教，要么被驱逐出境。大多数摩尔人都是地位低下的农业劳动者，没有足够的资源可以移民，所以名义上都皈依了基督教，成为西班牙摩尔人。在之后的一个多世纪里，他们仍私下保留并忠实于自己的宗教信仰。他们为农业贡献很多，特别是在农业大省巴伦西亚和安达卢西亚。1609年执政的西班牙政府为掩饰自己在国外战事上的失利，下令驱逐所有西班牙摩尔人。尽管最后并非所有摩尔人都被驱逐，但仍有很多人被迫离境。西班牙由此剥夺了自己另一种急需的经济资源。

西班牙对美洲帝国的政策一如其国内政策，短视而自取灭亡。当发现新大陆的本质与意义刚开始显露时，政府就出台了垄断和严格管制的政策。1501年，外国人(包括加泰隆人和阿拉贡人)被禁止在新开发殖民地上定居或互通贸易。1503年，贸易署在塞维利亚成立，全面垄断贸易。如前所述，所有商船必须配备武装护航队。护航队的主要任务是护送金银运输，这一点基本是做到了，但成本昂贵，效率低下。1628年，荷兰人成功地拦截了一支运送金银的商船队，1656年和1657年，英国人也发动了两次攻击，每一次都引发了大范围的金融危机。

垄断与限制政策被证明行不通之后，政府只好马上放松管制。1524年，政府准许外国商人与美洲的贸易，但定居仍未放开。意大利和德国商人由此大发横财，以至于政府在1538年取消政令，将垄断权又归还给卡斯提尔人。但实际上许多通过贸易署做生意的卡斯提尔人公司都只是门面，背后都由外国人控制，特别是热那亚的金融家。从1529年到1573年，卡斯提尔其他10多个港口的商船也获准与美洲贸易，但他们必须先将货物运到塞维利亚进行登记注册。但由于成本增加，这一法令最终收效甚微。相反，垄断与限制的政策刺激了西班牙和其他国家商船的逃税和走私。1680年，瓜达拉哈拉河淤塞，大型航海船无法驶进塞维利亚，垄断中心又移至加的斯。那时候，金银的运输量已萎缩，黄金时代已一去不复返。

帝国的对内政策也缺乏远见，如殖民地之间的贸易虽有所发展，但总体是不鼓励的，特别是墨西哥与秘鲁之间的贸易。葡萄园和橄榄园是官方严令禁止的，目的是保护国内生产者和出口商的利益。小部分产业是放开的，如新西班牙(墨西哥)的丝织业，目的仍是为大城市生产者保留制成品市场。然而，西班牙本土的工业大多日渐衰败，所以，刺激起来的市场需求最终落入了西班牙的欧洲竞争对手的手中。

西班牙对殖民地的经济政策是相当荒谬的，最突出的例子是它对自己在太平洋仅有的殖民地——菲律宾群岛采取的政策。根据罗马教皇划定的分界线，菲律宾群岛地处葡萄牙的管辖范围。但因麦哲伦的发现，它就变成了西班牙的殖民地。岛上的菲律宾人和其他亚洲人互通贸易，也对外与中国等亚洲地区邻国进行贸易。但与欧洲的贸易就受到西班牙政府的限制，凡是与欧洲的贸易都是间接的，必须经过墨西哥和西班牙本土。每年仅有一艘商船（理论上是如此，尽管还有其他违法走私船只），马尼拉西班牙大帆船，装载着秘鲁和墨西哥的银器从阿卡普尔科出发，驶向目的地港中国以及其他亚洲国家。来回全程需要 2 年，船在马尼拉过冬，然后装上香料、中国丝绸、瓷器，以及东方其他奢侈品。货物在墨西哥和秘鲁的市场兜售，未售出的商品经由陆路运往维拉克鲁斯，然后再搭载商船运回西班牙。毫不奇怪，任何商品都负担不起如此昂贵的巡游成本。

葡萄牙

在欧洲扩张时期，获益最大的国家之一是葡萄牙。葡萄牙，一个相对贫困的小国，却统治着一个庞大的海上帝国，覆盖亚洲、非洲和美洲。16 世纪初的葡萄牙，人口总数刚刚超过 100 万。除了极少数几个小城市之外，全国的经济处于基本维持生存的状态。沿海岸线，渔业和盐业是最重要的非农业行业。对外贸易很少，但增长已初见端倪。出口产品基本上是初级产品，如盐、鱼、葡萄酒、橄榄油、水果、软木和兽皮。进口产品有小麦（尽管葡萄牙人口不多，经济以农业为主，但粮食却不能完全自给自足）、布料、金属器皿等制成品。

那么，如此落后的一个小国是怎样迅速崛起为一个庞大的帝国的呢？这绝非三言两语能回答得清楚的。其中有许多因素，有些是经不起精确计量的。一是好运，在葡萄牙一举闯进印度洋时，印度洋地区的政治风云恰好处于分裂与不堪一击的状态，完全游离于欧洲的发展之外。第二个好运倒绝非偶然，那就是葡萄牙人在船舶设计、航海技术，以及所有相关艺术方面积累的知识和经验，这是亨利亲王毕生追求与奉献留下的宝贵遗产。还有一个更重要、却更无法计量的因素是葡萄牙人的热情、勇气和贪欲，为了上帝，为了国王，为了寻找财富，他们勇于漂洋过海。

沉浸在亚洲新发现和成功的第一次狂喜中，葡萄牙人无暇顾及非洲和美洲的殖民地。香料贸易及其附带的好处为国王和平民带来了快速而丰厚的回报。开辟巴西和非洲酷热的热带荒野地区无疑是昂贵而不确定的长期冒险。据估计，整个16世纪跨洋过海的人数年平均约2 400人，其中多数是体格健壮的青年男子，希冀到海外发财致富，主要是到东方。16世纪30年代，法国海盗在巴西海岸大肆活动，引起了葡萄牙王室的警觉，并断然采取行动保护在巴西的葡萄牙殖民者。国王将土地赐给个人，与后来17世纪英国国王将土地赐给巴尔的摩勋爵(Lord Baltimore)和威廉·佩恩(William Penn)如出一辙。国王希望通过这种方式以极小的代价保护殖民者。然而，早期的殖民地并没有繁荣起来。当地的印第安居民非常稀少、原始，还常常怀有敌意，既没有为葡萄牙本土产品提供市场，也没有为巴西经济提供稳定的劳动力。直到16世纪70年代，甘蔗从马德拉群岛(Madeiras)以及圣多美岛(Sao Tome Island)移植过来，种植技术的推广以及非洲黑奴劳动力的加入，巴西才成为葡萄牙帝国经济不可或缺的一部分。随后不久，1580年，葡萄牙落入西班牙王室手中。尽管菲利普二世承诺保留并保护葡萄牙的帝国体系，但荷兰和东西方其他列国却乘机展开大肆掠夺。葡萄牙开拓非洲帝国的计划不得不屡次推迟直至20世纪。

葡萄牙王室对香料贸易的合法垄断招致多方嘲讽，被讽喻为“杂货国王”和“胡椒君主”。然而，这些绰号背后的事实真相与人们的揣测却是大相径庭的。首先，葡萄牙对香料供给来源地的控制从未实际奏效过。在大举侵入印度洋的最初几年，葡萄牙确实曾出手重击通往地中海东部的香料运输的传统陆路通道，一时中断了威尼斯人的赚钱渠道，但这条传统通道最终还是恢复了。至16世纪末，它所承载的贸易量达到了顶峰，甚至超过了葡萄牙船队。这里有两个主要原因，第一，葡萄牙的扩张力量太单薄。即使是在海上霸权巅峰时期的16世纪30年代，葡萄牙仅拥有约300艘远洋轮船，其中一部分用于巴西和非洲线路。如此单薄的人力和船只要统领两个大洋简直是天方夜谭。第二，葡萄牙王室必须依赖王室官员实施垄断，或签约给承包商，由后者租赁或“分包”出去。不管哪种情形，王室都得承受低效和欺诈之苦。王室官员的权力很大，但俸禄不高，常常收受走私者的贿赂或直接操纵非法贸易以作补贴。而王室的承包商们在种种诱惑之下会不遗余力地背弃合约。

尽管香料贸易名气很响，但也仅是葡萄牙王室为财政收入而垄断的诸多商业活动之一。早在开普敦线路通航之前，葡萄牙王室就垄断了与非洲的贸易。非洲最有价值的出口商品是黄金、奴隶和象牙。美洲的发现使奴隶需求急速增长，而葡萄牙国王无疑是第一个获益者。真正贩黑奴的是那些私人承包商，他们从王室获得合法执照，王室从中分得利润。18世纪，巴西发现了黄金和钻石，这给王室财富带来了新的福音。一如从前，王室试图垄断交易，在葡萄牙禁止黄金出口，但这次铩羽而归。英国战船是最常见的走私工具，因为按双方条约，它在葡萄牙海面拥有特权。

王室垄断的覆盖面并不仅限于印度和非洲的当地产品，其趋势蔓延至本国生产的盐、肥皂等商品，还有利润最丰厚的巴西烟叶。凡不能垄断的商品，王室就征税。最突出的就是巴西的主要出口物——蔗糖。不管是国际贸易还是国内贸易，所有商品都被征以重税。18世纪初，从里斯本到巴西的合法出口商品，其关税或其他税费约占总价值的40%。

当然，垄断和税收的目的都是为了王室的财政收入。但因王室执法机构的低效率和腐败，逃税相对很普遍而简单。而且，税率越高，逃税动机越强。这对王室来说是恶性循环。结果，葡萄牙国王们只好跟西班牙一样，到处借款。一般多数是高利息的短期贷款，以期货胡椒或其他好卖的商品作抵押。债主通常是外国人——意大利人和佛兰芒人，或是国王自己的臣民——“新基督教徒”。

“新基督教徒”指的是有犹太血统的葡萄牙公民。有些人是真正皈依了基督教，但仍有许多人私下保留了原有的信仰和习俗，或者换句话说，至少人们普遍是这么怀疑的。1497年，曼努埃尔国王(King Manuel)模仿西班牙王室，颁布法令，强迫犹太人皈依基督教。但好在几十年中并未采取实际的镇压行动。确实，“新”、“旧”基督教徒、犹太人和非犹太人始终和睦相处，甚至通婚。至16世纪末，约有三分之一的葡萄牙人身上流有犹太血统。然而，葡萄牙最终加入了宗教法庭，建起了宗教裁判所的分支机构。葡萄牙人对信仰的热衷与支持可以与西班牙人媲美。公民们被鼓励相互告发，告发者的身份受保护不公开，被告发者必须自己取证证明清白。甚至像星期六换件干净衬衫这样无辜的行为也会被告发，被当作有违宗教信仰的“证据”。宗教裁判所造成的恶果是，葡萄牙人长期生活在相互猜疑和不信任的气氛里，受其折磨长达几个世纪。葡萄牙损失了大量的财富，许多熟练工人和专业人才移民到了环境更宽松的国家，尤其是荷兰。

中欧、东欧和北欧

整个欧洲中部——从意大利北部到波罗的海——名义上由神圣罗马帝国统治。事实上，整个疆域由数以百计独立或半独立的公国组成，而且都是在世俗与教会的统治下。这些公国的领土面积大小不一，有的只是帝国骑士的一小块领地，也有庞大的哈布斯堡王朝，囊括整个奥地利、波希米亚和匈牙利。特别是在新教改革之后(在此期间，很多在俗教士甚至部分教会人员为了掌控教会财产转而接受新教)，罗马皇帝的权威遭受很大的破坏。连哈布斯堡王室(都是世袭皇帝)在自己管辖的地区都很难对地方贵族和市政机构发号施令。近代欧洲的早期历史大部分都充斥着地方分权和中央集权之间的斗争。其中经济因素有时扮演了关键性的角色。

在德国，国家主义经济的倡导者们提出了一系列原则或准则，可以说是形成了一个体系，或至少是准体系。这些人通常被称为财政学派(cameralists)，这称呼源自拉丁文“camera”，当时的德语意思是国库或财政部。他们大多是活跃的财政官员，或前财政官员，为各诸侯出谋划策，以谋求政治和经济上的独立。从他们的主要代表作之一的标题中可找到其拥护的政策要旨，如菲利普 · W · 范 · 霍尼希(Philipp W. van Hornig)的《奥地利必胜》(1684 年)。在强国政策方面，他们主张充实国库、减少对外依赖、战时更好地自给自足，对应的措施有限制对外贸易、促进国内生产、开垦荒地、为“闲散的穷人”(在某些情况下相当于强征劳动力)提供工作岗位等等。18 世纪，一些德国大学还开设了国家学来培训未来公务员。总体来说，德意志的各个公国疆域都很小，资源匮乏，难以实现真正的自给自足。然而，也有部分政策实施见效的成功例子，它们大大增强了地区统治者的权力和威望，尽管牺牲了国民的福利。

最成功地实现中央集权的例子是霍亨索伦家族(Hohenzollen)统治的普鲁士的兴起。正是它的成功使一些历史学家和经济学家改变了当时盛行的对国家主义经济政策的抨击态度。霍亨索伦王朝在 15 世纪成为以柏林为中心的勃兰登堡领地的统治者。霍亨索伦家族靠世袭遗产逐步扩大自己的领地，主要是 1618 年兼并了东普鲁士。三十年战争的破坏是毁灭性的。但自 1640 年“选帝侯”腓特烈 · 威廉(Frederick William)继位之后，几代有才干的继任统治者把勃兰登堡-普鲁士建设成为欧洲最强大、最有势力的国家，形成了现代德国的雏形。他们采用的措施包括所谓重商主义政策的一些标准手段，如保护关税、特许垄断权、产业补贴，以及吸引外国企业家和熟练工人定居本国人口稀少地区[主要是 1685 年获《南特敕令》(*the Edict of Nantes*)的法国胡格诺教徒]。但他们的成功之处更关键的还是对本国资源的精心管理。通过行政管理的集中、专业公务员队伍的建立与严格职责要求、严格征税，以及节俭开支，他们创造了高效率的国家机制，在当时的欧洲是独一无二的。他们最奢侈的开支是军队，有时可占全部国家预算的一半以上。一位普鲁士将军曾评论说，普鲁士“不是一个有军队的国家，而是一个有国家的军队，国家是军队的司令部和食物供给者”。但是，霍亨索伦的国王们非常节俭和谨慎，他们很少让自己的军队陷入战争，有也只是有限的参与。如1740年，年轻的腓特烈二世(Frederick Ⅱ)(“腓特烈大帝”)对哈布斯堡的西里西亚发动突然袭击，从而引发了奥地利王位继承战争。但在奥地利人默许了他对矿产资源富饶地区的占领之后，他立马从战争中撤离，留下他的同盟军继续打仗。

普鲁士历代国王对军队的高效利用不仅体现在政治和军事上，同样也体现在经济上。普鲁士军队声誉极好，所以很容易获得同盟军的资助，从而解决了借款问题，而这正是令多数君主专制国家统治者伤透脑筋的事。他们充分挖掘本国资源，如农耕地、煤矿、铸铁厂，以及其他生产性企业。经过高质量的管理和严谨的财务管理，这些资源的贡献值占国家总收入的50%。即便如此高效和强势，普鲁士经济的繁荣程度以当时的标准衡量仍属中等。绝大多数劳动人口仍在从事低效的农业生产，与工业强国还有很大的差距。直至19世纪末，德国才真正崛起为一个工业强国。

与普鲁士崛起成对比的是波兰王国的消失。1772年之前，波兰的国土面积位居欧洲第三，人口居欧洲第四。但自1772年起，强大的邻国俄国、普鲁士和奥地利开始瓜分波兰，直至1795年波兰从政治版图上消失。正如普鲁士的崛起，造成波兰的衰落和灭亡的原因多半也是军事和政治的因素，如脆弱的国王选举和一票否决制，即只要任一议员投反对票，整个选举可作废。经济因素起的作用较弱，但也有，如贫困与落后。约四分之三的人口是合法农奴，被束缚在土地上，除地主赋予的部分权利外一无所有。波兰的贵族人数众多，约占总人口的8%。但其中大多数也很贫穷，手无寸土。土地是国家财富的主要来源，但多数被二十几个家族集中控制。在16世纪和17世纪，波兰曾向西方出口大量谷物，主要经但泽运往阿姆斯特丹的市场。至18世纪，西方农产品产量增加，对波兰谷物需求减少，波兰又回落到基础农业状态。

波兰缺少一个高效的中央集权，从而经济政策无法连贯地贯彻实施，但有一部分地区确实成功过。库尔兰公国(the Duchy of Courland)就是其中一例(图6-4)。17世纪中期(1638—1682年)，库尔兰公国的位置在今天拉脱维亚的地方，在年富力强的詹姆斯(或称雅各布)公爵的率领下，库尔兰公国成为一个重商主义国家的典范。为促进工业发展，詹姆斯出台保护关税和补贴政策，建立商业船队和海军，甚至买下西印度群

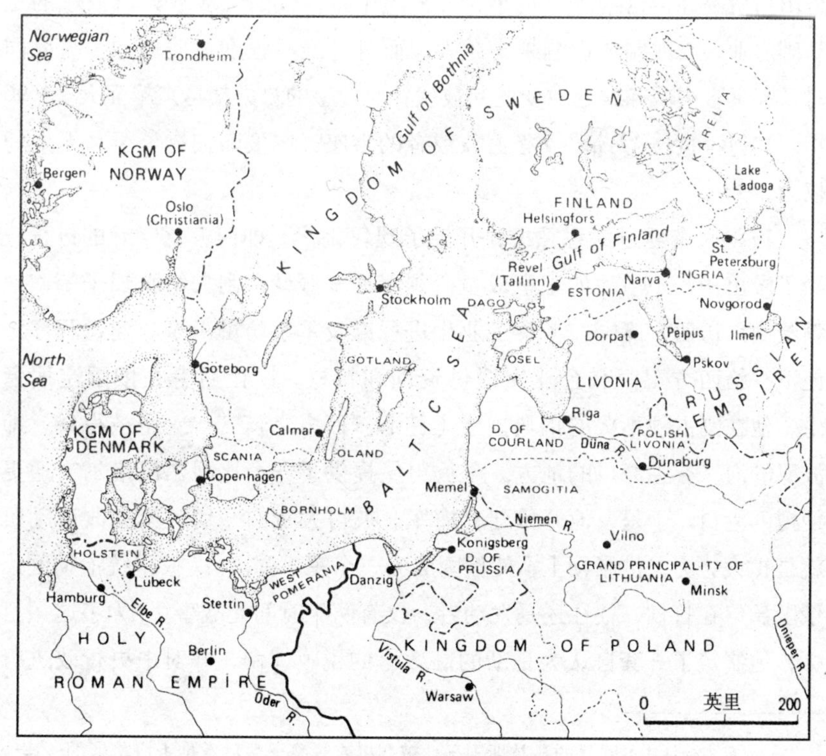

图6-4　库尔兰公国及其邻国。

岛的多巴哥岛和西非冈比亚河口的一小块殖民地。很不幸，1655—1660年爆发的瑞典与波兰的战争扼杀了羽翼未丰的经济发展。战争期间詹姆斯被俘虏，所有财产被洗掠一空。尽管和西西弗斯(Sisyphus)①一样，他战后回到了库尔兰，但库尔兰终究未能重焕生机，于1795年和波兰一起从版图上消失。库尔兰的经历说明了在近代早期，国家政策的有效性受到一定的限制。

国家在塑造经济中的能力受到限制的另一个更明显的例子是俄国。俄国是欧洲面积最大、实力最强的国家之一。与西方相对隔离的俄国在16世纪和17世纪开始了其政治与经济的发展。由于是内陆国家，远距离贸易很少。1553年以后，北部的阿尔汉格尔港口才陆陆续续出现少量的进出口贸易。但这个港口每年只开放3个月。俄国大多数人口依赖的是基础农业，农奴制的影响越来越大，而且其残酷程度愈演愈烈。与此同时，起义、内战和宫廷政变此起彼伏，而沙皇的势力却越来越强大。1696年，彼得一世(“大帝”)登上独裁者的宝座，在俄国拥有了至高无上的权力。

彼得大帝经过深思熟虑，开始了现代化——即西方化——的进程。除了做出一些小举动如王室成员必须穿西式服装、刮去络腮胡子等，他频繁地出访西方诸国，考察工业化进程以及军事防御工事与建设程序。他下令给西方工匠和企业家提供资助和特权，以让后者在俄国定居营生。他在刚占领不久的瑞典国土上建起“西方之窗”——圣彼得堡，即波罗的海、芬兰湾口的地方。圣彼得堡提供了一个比阿尔汉格尔交通更便捷的港口，于是，他开始建立海军。彼得大帝的一切政策和改革动机就是扩大势力，扩张领土，使俄国成为一个军事强国。(彼得统治期间，俄国始终在打仗，往往还是发动者，仅有两年时间无战事。)为了这一目标，他制定了一套自认为是新的高效率的税收体制，并对中央行政进行

① 希腊神话中的残暴的科林斯国王，被判以永远将一块巨石推上海蒂斯的一座小山，每当接近山顶时，石头又会滚下来。——译者

改革。他认为，中央行政的职能是“竭尽全力收钱，因为资金是战争的血脉”。当国内工业不能满足军需物资需求时，他就建立国有兵工厂、造船厂、铸铁厂、矿山矿井和纺织厂，配备西方技术人员，由他们培训当地劳动力。但由于当地劳动力主要是未受过教育的农奴，其工种也不管喜欢与否都是指派的，因此，此举收效甚微。只有乌拉尔山一带的铜、铁企业由于丰富而低廉的矿藏、木材和水力资源才得以生根发芽，茁壮成长。彼得死后，他创办的企业大多萎缩衰败，海军灰飞烟灭，连税收体制也极其倒行逆施，征税的主要对象居然落在农民身上，而农民纳的税根本无法支撑军队和沉重的官僚体制。彼得的继位者之一凯瑟琳(Catherine，也是“大帝”)对经济的一蹶不振亦负有责任，她为国家财政制定了两个创新政策，借外债和过度的纸币发行。与此同时，经济中真正的生产力——农民——继续以传统的方式从事着艰苦的劳作，被地主和国家层层盘剥后，以微薄的收入挣扎在贫困线上。

16 世纪和 17 世纪的瑞典尽管人口稀少，却是一个政治和军事强国，这确实令人惊叹。其成功部分应归于丰富的自然资源，特别是军事必需品的铜和铁；部分应归功于政府行政的有效管理。瑞典的历代君主在国内的权力至高无上，这是欧洲其他国家，甚至是法国、西班牙等专制国家都无可匹敌的。而且，总体上他们能非常智慧地驾驭权力，至少在经济领域是如此，但也有过以失败告终的军事冒进。他们废除了其他国家盛行的国内通行费和关税，实行标准的度量衡，制定统一的税收体制，以及其他许多有利工商业发展的措施。当然，并非所有政策都好，如限制斯德哥尔摩和其他一些港口城市的对外贸易。但总体来说，他们对本土和移民企业家(特别是带来专业技术、知识和资本的荷兰人和瓦隆人)开发瑞典资源是开放的。18 世纪，在其政治势力衰落之后，瑞典成为欧洲市场铁的主要供应者。

意大利曾被排斥在国家主义经济政策的研究之外，因为在近代史的早期，在多数时间里它是强国竞争的受害者。由于法国、西班牙和奥地利的频繁军事侵略与占领，意大利的城邦国家和小公国几乎没有机会启

图 6－5 威尼斯港。曾经辉煌的主要贸易中心威尼斯在 17 世纪和 18 世纪慢慢萎缩，但其商业功能仍保留了一部分。此画出自当地艺术家，表现的是 18 世纪早期的景象。

动或实施独立的政策。只有一个例外，那就是威尼斯共和国。在1797年被法国蹂躏之前，它成功地保持了政治上的独立和经济上的少许繁荣。直至15世纪末，威尼斯在商业领域始终处于至高无上的霸权地位，其势力与财富遍及爱琴海、亚得里亚海和意大利本土(图6-5)。奥斯曼土耳其帝国的进攻、印度洋航海路线的发现，以及欧洲经济重心从地中海往北海的逐步转移，这些因素最终迫使威尼斯陷入被动。面对环境的变化，威尼斯人做出了反应。他们重新配置资本和资源。在16世纪，他们发展了重要的毛纺织业，以补充早已享有盛誉的奢侈品工业，如玻璃器皿、纸、印刷等。至17世纪，荷兰、法国和英国的毛纺织业崛起，形成激烈的竞争，许多威尼斯家族转而投入本土的农业改良。由显赫家族代表组成的寡头政府努力拯救工商业的衰败，但终究未能成功。威尼斯的商业价值由此慢慢衰落。至17世纪末，毛纺织品的产量比世纪初减少12%。威尼斯停下了脚步，而欧洲在快速扩张。

法国的柯尔贝尔主义

最典型的国家主义经济是路易十四统治下的法国。路易十四是权力的象征，真正的政策制定者和实施者是财政大臣让·巴蒂斯特·柯尔贝尔。柯尔贝尔在位长达20多年(1661—1683年)，其影响之大，乃至法语多了个新名词——柯尔贝尔主义(Colbertism)，词义等同于其他语言中的重商主义。柯尔贝尔竭尽全力地打理前任留下的国家经济，努力使国家机器更系统、更合理地运转，但却始终功亏一篑，自己都不甚满意。究其原因，主要是国家财政收入无法应付路易十四频繁征战和奢靡宫殿生活的资金需求。反过来说，还应归咎于法国毫无章法的税收体制，说它是体制简直差强人意，而柯尔贝尔对此却一直束手无策。

按照中世纪的王权理论，国王原则上有自己领地的收入，以此维持自己的生活。在战争等紧急时期，由议会代表臣民赋予国王“临时”税收。事实上，英法百年战争结束之后，这样的“临时”税收变成王室的部分永久性收入。而且，至15世纪末，国王已掌控权力，在没有代议会同意的情况下，可以颁布法令，提高税率和开征新税。至16世纪末，因税收的增加、通货膨胀以及经济增长，王室的税收收入在16世纪增长了7倍，是1453年百年战争结束时的10倍。如此庞大的财源依然无法应付频繁的战争开支，意大利战役、持续了16世纪前五分之三时间的法国瓦罗亚王朝与西班牙哈布斯堡王朝之间的战争，以及后来的内战和宗教战争。因此，国王们被迫另谋资金出路，如借款、卖官等。

法国历代国王的借款始于中世纪，尤其是在百年战争时期。但直到法兰西斯一世(Francis Ⅰ，1515—1547年)执政，王室借款才真正成为财政体系的一个永久特征。自此之后，王室债务持续稳步增长，有时王室会毫无道理地拒付利息和在账面上减低本金值。这种半破产的做法使下次借款难上加难。最终钱是借到了，但利率更高。除了借款，王室增加财政收入的另一途径是卖官(司法、财政和行政官职)。卖官在其他地区也有，但在法国却形成了标准化操作。有专家认为，卖官收益占财政收入的三分之一。这可能略有点夸张，但10%～15%是肯定有的，并持续了很多年。这种做法的效果是立竿见影的，但从长期看，其影响完全是有害的。政府设立了一大批权当摆设的官位，有些官位与民众为敌(有时同一官位有两人以上任职)，由此增加了政府开支，最终转嫁纳税人。任职官员无德又无才，根本不敬业，由此鼓励了低效和腐败。有钱的平民得以进入贵族阶层，财富从生产性企业转移至国家手中，从而切断了未来的税源。

尽管政府机关和官员的数量倍增，王室却还得依靠私人机构来征收大量赋税，如“包税商”机构。这些人一般都是有钱的金融家，他们与国家签订合约，出钱买征税权，如商业税(适用各种类别的商品)、盐税(最初是对盐征税，后来变成与盐的销售和使用量无关的定额税)，以及名目繁多的关税和通行费，后者设立在国内和边境线上，对过往货物征收。柯尔贝尔希望大刀阔斧地改革税收体制，尤其是废除国内关税和通行费，但王室对财政收入的需求太大，他只好收手。18 世纪后期，在启蒙运动和重农主义(Physiocrats)的影响下，以经济学家雅克·杜尔哥为代表的柯尔贝尔的继任者们，曾尝试改革，建立国内自由贸易。但处于对立面的既得利益者，包括官员、包税商和贵族迫使他离职。最终，财政体制改革的失败使国库入不敷出，导致了 1789 年的三级会议[①](the Estates-General)，同时宣告了旧制度的结束。

柯尔贝尔及其前任和后继者前赴后继，不仅致力于税制改革以增加收入，而且还力图提高法国农业的效率和生产率。他们用军事管理的方法严格而规范地实施方案；他们颁布法令，规定制成品的技术参数，规范商人的经商行为；他们鼓励行会发展，美其名曰提高质量控制，真实意图在于增加财政收入。他们给生产王室奢侈品的企业补贴，既服务了主子，又建立了新兴产业；他们创建了一套禁令和高关税体系以保护贸易顺差。

百年战争之后，法国的历代国王迈出了中央集权的步伐，从而达到控制经济的目的。路易十一(Louis XI，1461—1483 年)禁止法国商人参加日内瓦商品交易会，同时，他又赋予里昂商人特权，后者的发展可能应归功于此。他还将王室的权力伸展到行会，当然主要目的还是为了增加王室收入。意大利战争的一个结果就是让国王和他的官员见识了意大利的奢侈品，从而刺激了贵族对奢侈品的需求。法兰西斯一世和他的继任者们四处招募意大利工匠，让他们在王室御用厂为王室生产丝绸、织锦、瓷器、漂亮玻璃制品。这些对文化和艺术产生的深远影响长达几个世纪。丝绸业对当时的经济产生过直接影响，除此之外，其他几个行业甚是一般。1562 年至 1598 年的宗教内战造成了严重的毁灭与损失，经济政策的连贯性与一致性也遭到了破坏。

---

① 法国大革命前君主制下的三个等级代议制议会。三个等级是：教士、贵族(享有特权的少数)和代表平民大多数的第三等级。法国大革命期间代议机构名称改为国民议会。——译者

法国国家主义经济的创始人中，还有一位比柯尔贝尔更重要的人物，他就是亨利四世(Henry Ⅳ，1589—1610年)的首席大臣苏利公爵(Duke de Sully)。苏利精力旺盛，效率高。他的政策既增加了财政收入，又缩减了开支。他最具代表的传承是1598年实施的两个政策(一般都归功于亨利)，当时亨利刚刚巩固王权。亨利一面颁布《南特赦令》，有条件地接纳新教徒(苏利是说服亨利皈依天主教的主要提议者之一，目的是加强王权，但苏利本人一直都是新教徒，没有皈依)，一面又颁布法令，独断地在账面上减低王室借款的本金值，降低借款利率。这实际上等于公开宣告王室的半破产。苏利是专制君主制的强硬支持者，但作为精明的金融家，他反对给王室御用厂补贴。可最终亨利还是做了。至1610年苏利死时，48种补贴中40种是自1603年起设立的。苏利更突出的成就是，成功地增加了王室的垄断收益，这些垄断性生产遍及硝酸钾、火药、弹药，还有盐。这些垄断权早在几十年前就有法令规定，但执行力度一直不大。苏利非常严格地一一执行，效果显著，如盐税在他任期内翻了一倍。

苏利的继任者——黎塞留(Richelieu)和马萨林(Mazarin)——是路易十三以及路易十四未成年时的首席大臣，他们对财政和经济事务既无兴趣，又无能力。他们的主要目标是扩充法国的国际势力(在巩固好自己的位子之后)，从而使国家财政回落到苏利之前的糟糕状态。因此，柯尔贝尔的首要任务是恢复支离破碎的国家财政体系，最具代表的是废除约三分之一的王室债务。然而，柯尔贝尔垂留史册的正是他对经济做出的规范和指导，理想宏大却大多失败。柯尔贝尔并非是伟大的创新者，事实上，他所制定的政策在史上都有先例。柯尔贝尔除了获得路易十四的信任，长期在位之外，他最与众不同之处在于对目标的执著，并对自己的实践做了大量的书面记录。

柯尔贝尔施政的主要目标之一是让法国在经济上自给自足。为此，他在1664年颁布了一个综合的保护关税制。在未达到预期目标改善贸易平衡之后，在1667年又实施了更严厉的几乎是禁止性的关税制。而荷兰——占法国贸易比重最大的国家——报复性地实施了贸易歧视政策。这些贸易战最终引爆了1672年真正的荷法战争，并以双方陷入僵局告终。在双方签订的和平条约中，法国被迫恢复了1664年的关税体制。

柯尔贝尔采取的行业规范政策与实现自给自足目标的直接关联度并不高，但也并非一点关系也没有。几百个商品的生产步骤都必须遵循产品指导细则。这种做法本身并非创新，但柯尔贝尔组建了检查团和评审团负责实施细则，这大大增加了生产成本，因此遭到生产者和消费者的抵制。而且，即使细则得以实施，肯定会阻碍技术进步。相比之下，柯尔贝尔的《贸易法令》（1673年）——后整编成商法——对经济的贡献更大。

缔造一个海外帝国一直是柯尔贝尔宏伟理想的一部分。17世纪上半叶，法国早已在加拿大、西印度群岛和印度建立了前哨基地。但因忙于应付欧洲的权力争斗，柯尔贝尔未能对它们提供太多支持。相反，他走向另一极端，制定出大量具体的家长式的规定，抑制殖民地的发展。他也创建过垄断股份公司，开展与东印度和西印度的贸易（还有类似的公司，开展与波罗的海、俄国、黎凡特、非洲的贸易）。但是，与荷兰、英国的模式不同，荷英模式是私人发起、政府参与合作，而法国公司则由政府代理人掌控，参股的私人包括王室贵族成员被威逼利诱进行投资。这些公司几年后就濒临倒闭。

柯尔贝尔本人是一个虔诚的天主教徒，却积极支持《南特敕令》，有条件地接纳胡格诺派教徒。在他死后，懦弱的继任者默许了路易十四的决定，在法国境内清除新教异端。情况愈演愈烈，直至1685年《南特敕令》废除，大批胡格诺派教徒逃避到信仰更宽容的国度。所有这些，再加上柯尔贝尔扼杀性的家长式统治的延续和路易十四发动的灾难性战争，法国最终陷入了严重的经济危机，直到西班牙王位继承权战争后才慢慢恢复。

荷兰的伟大崛起

荷兰的经济政策与前面探讨的民族国家大相径庭。主要原因有两个。第一，荷兰共和国的政体结构不同于欧洲大陆的专制君主制；第二，荷兰经济对国际贸易的依存度比邻国要大。

1579年，由北方七省协议建立的乌得勒支联盟最终成为了荷兰共和国，其性质与其说是一个民族国家政体，不如说是抵抗西班牙的防御联盟。共和国的立法机构——国家议会——只管外交政策，国内事务一律交由各省和市议会处理。而且，所有决策必须是一致投票通过，每省一票；若未通过，则由各省代表返回各省做进一步商讨与指导。省议会由主要城镇代表组成，各城镇又由自主的市议会管理，议会成员从20至40个不等，是荷兰共和国最有效的统治者（自治寡头统治者）。最初，寡头统治者是从城镇较富裕的商人中选举出来的（至少在沿海的荷兰省和泽兰省是如此，在东部和北部未完全城市化的各省，贵族和富有的农场主起的作用更重要）。17世纪中期，有一个普遍的趋势，即被称为“摄政者”的这个统治阶层慢慢地从生机勃勃的商人转向地主、债券持有者等“食利者”。不过，摄政者们通常是商人家族的后裔，或与后者是姻亲。因此对后者的需求与愿望很清楚，也很照顾（见图6-6）。

17世纪初，荷兰人建立了自己的商业帝国的杰出地位，并持续扩张至17世纪中期。荷兰贸易优势的基础是所谓的“母体贸易”，即将荷兰的各港口与北海、波罗的海、比斯开湾、地中海等地区的港口连接起来。在这个贸易区域内，荷兰航运占总量的四分之三。他们从波罗的海运来谷物、木材和松脂，分散到欧洲西部和南部，换取葡萄牙和比斯开湾的葡萄酒和盐，还有荷兰人自己的纺织品和鲱鱼。鲱鱼渔业在荷兰经济中的地位是独一无二的。荷兰有四分之一的人口直接或间接地以此为生。在长期缺乏新鲜肉类的欧洲，干制、熏制和腌制的鲱鱼需求量非常大。早在15世纪，荷兰人的海鱼加工就达到了极其完善的境地。捕鱼船

图 6－6　荷兰商人。巴托洛梅乌斯·凡·德·海尔斯特的这幅肖像画刻画的是 17 世纪的成功商人丹尼尔·伯纳德。

队不需要早出晚归，出海时间可长达几周。他们在北海的捕鱼作业一直延伸到苏格兰和英格兰的海岸线，很快就将波罗的海地区汉萨同盟和斯堪的纳维亚人垄断的渔业抢了过来，并将自己的海上捕获物一路沿着德国的河流销售到法国、英国、地中海和波罗的海地区。

荷兰人特别擅长于买卖别人的货物以及出口自己的鲱鱼，但出口商品中也有其他自产品。荷兰农业在欧洲是最高产的，尽管占用的劳动力比例比其他地方少得多，特别是高价值的产品，如黄油、奶酪和经济作物。荷兰的自然资源如煤、矿石等严重匮乏，但它进口原材料和半成品，如英国的粗纺羊毛，经加工后出口成品。荷兰的造船业技术很发达，但造船所用木材却不得不靠从波罗的海进口。造船业不仅要满足渔业、商船、海军舰队的需求，同时也出口至其他国家。同样，生产帆布和船上索具的行业也依赖于从海外进口的亚麻和大麻。

北部荷兰受惠于来自欧洲各地的自由移民，尤其是荷兰省和泽兰省。荷兰起义一结束，大量的佛兰芒人、布拉邦特人和瓦隆人就涌入荷兰北部的城市，其中大多数是商人和匠人。为此，阿姆斯特丹很容易就成了欧洲的主要贸易中心。部分原因是安特卫普的衰落造成商人和金融家的外流，流出的不仅是资本，还有管理资本的知识。在以后的几年里，随着荷兰南部的宗教难民、西班牙和葡萄牙的犹太教徒，以及1685年后法国的胡格诺派教徒的大量涌入，荷兰继续吸纳金融资本和人力资本。这些移民的流入不仅标志着荷兰独一无二的宗教宽容政策，也为荷兰作出了极大的贡献。尽管加尔文派的激进分子间或寻机实施新的正统教义，但商人寡头统治者一直成功地保护了天主教徒、犹太教徒和新教徒的宗教和经济自由。

荷兰对自由开放的关注是务实的，尤其对海上贸易。荷兰(由荷兰省和阿姆斯特丹市领导)是一个海上小国，周边簇拥着人多势强的邻国。与之抗衡的势力有：控制着西大西洋、太平洋的西班牙，控制着南大西洋、印度洋的葡萄牙，控制着不列颠海域(包括英吉利海峡)的英国。荷兰法学家雨果·德·格劳特(Hogo de Groot)——也称格劳秀斯(Grotius)，撰写了著名的著作：《公海自由论》。该书在1609年与西班牙的休战协议谈判中起了很重要的作用，并最终成为国际法的基石之一。在17世纪连绵不绝的战事中，荷兰坚守中立国的地位，为各参战国运输商品，从战争中坐收渔利(对于荷兰商人与敌通商一事，荷兰政府是持默认态度的)。

然而，荷兰工商业政策的自由开放又是比较模棱两可的。总体来说，在城市(实际的行政单位)，贸易政策是自由开放的，原材料和半成品的进出口免关税，而对消费品征收关税和其他税收的目的也只是增加财政收入，并非保护国内工业。与其他国家的政策截然相反的还有一点，就是贵金属贸易完全免税。凭借银行、交易所以及国际收支顺差，阿姆斯特丹迅速崛起，成为世界金银的交易中心。据估计，每年从西班牙出口的银在阿姆斯特丹结算的约占总量的四分之一至二分之一，即使在荷兰独立战争期间也是如此。

自由开放也是荷兰各行业的一条规则。荷兰有行业协会，但与其他国家相比，势力弱且分布不广。大多数主要行业的运作完全游离于行会体系之外。相反，城镇倒是对周边地区实施较严格的规则，由此阻碍了农村的行业发展。工商业界有行规的唯一特例就是政府批准的“渔业学会”——管理鲱鱼业。学会规定，只有5座城市的船只获准从事“大渔业”（相对只供当地消费的鲱鱼捕捞而言），由学会颁发捕捞许可证，以控制数量，同时严格控制质量，从而维护荷兰鲱鱼业的声誉。在荷兰鲱鱼业几乎垄断欧洲市场的情形下，这些限制性政策的回报是相当丰厚的。但随着其他国家逐步采用荷兰技术后，这些政策反而令荷兰的鲱鱼业停滞不前，并最终衰败。这更是荷兰整体经济衰落的前兆（也是部分成因）。

荷兰背弃自由原则的最突出点就是其殖民地帝国。正如英国驻荷兰大使1663年所述：“英国海域是自由的，但沿非洲海岸和东印度群岛是不自由的。”西班牙和葡萄牙将海外贸易收归为王室垄断，而荷兰恰恰相反，荷兰国家议会将贸易控制权及政府权力都移交给了私营股份公司，荷兰东印度公司垄断与印度洋和印度尼西亚的贸易，西印度公司垄断与非洲西海岸和南北美洲的贸易。建立这些公司的初衷是从事商贸，但公司很快发现，若要在商业竞争中获胜，打败葡萄牙、西班牙、英国和法国等对手，同时赢得与之贸易的当地民众的期望，它们必须建立区域垄断。在某种程度上，这些公司成功了，它们成了“国中之国”，牢牢地控制住了与本国及其他竞争国之间的贸易垄断权。

英国的“议会柯尔贝尔主义”

英国的经济政策（以及1707年苏格兰英格兰议会合并后的大不列颠

经济政策）与荷兰、欧洲大陆专制君主制国家的经济政策迥然不同。除此之外，其他欧洲国家经济政策的核心自16世纪初至18世纪末或多或少是维持不变的，但英格兰和大不列颠经济政策的核心却随着宪政的演变经历了一个逐渐进化的过程。尽管亨利八世（1509—1547年）一如当时其他国家统治者是英国的专制君主，而且大部分欧洲大陆的王室君主专制在16和17世纪是愈演愈烈，英国却逆潮流而发展，最终于1688年后建立起由议会控制的君主立宪制。

英国的经济政策特点及其引发的后果与欧洲大陆各国形成鲜明对照。例如，在西班牙和法国，王室的财政需求迫使政府无法坚持长期理性的经济发展政策。而在英国，王室为了自己的财政需求必须不断与议会斗争，并最终以议会胜利告终。与欧洲大陆国家的代议会不同，英国议会从不放弃对新税种的审批权。尽管经济与财政问题并非是英国内战爆发的主因，但确实是因为查理一世在17世纪30年代试图抛开议会，并且在未获得议会的批准下开赋征税，这才导致了武装起义的爆发。同样，1660年斯图亚特王朝复辟后，查理二世和詹姆斯二世的恣意挥霍与财政诈骗（如1672年的“停付”事件——将政府计划用于偿还王室借款的财政收入挪用到一场与荷兰的颇受争议的战争上）加剧了宗教和宪法问题。1689年，威廉和玛丽加冕后，议会直接控制了政府财政，并在1693年正式建立“国家”债务，以区别于君主个人的债务。

1688—1689年所谓的“光荣革命”不仅是政治和立宪史上的重要转折点，同时也是经济史上的重要转折点。就公共财政而言，17世纪90年代见证了诸多变革，如创立中长期债务、建立英格兰银行、重铸国家货币，以及推出证券市场。新金融体系的成功并非一帆风顺，在初期经历过几次危机，其中以1720年的南海泡沫[①]最广为人知。至18世纪中期，英国与法国之间开始战火连连，不仅在欧洲大陆，连殖民地也未能幸

① South Sea Bubble，1720年英国南海公司进行股票投机的事件。——译者

免。政府为借贷资金支付的成本远比对手少得多。而且，公共财政信用的便利、低廉和稳定促进了私有资本市场的发展，反过来为投资农业、商业和工业提供了充沛的资金。

之前有历史学家曾将介于光荣革命和美国独立战争之间的英国经济政策定义为“议会柯尔贝尔主义”。与术语“重商主义”一样，它表达的含义不准确，有误导性。不准确性在于它忽视了1688年前议会在政策制定中的举足轻重的重要角色，误导性在于它暗示了议会和柯尔贝尔一样曾奢望干预经济，事实上并未真正获得干预的权力。不过，它揭示了英国经济政策的制定并非专制君主（及其宠臣）的特权，而是集中了议会中各阶层代表的不同甚至是冲突的利益，这些阶层有贵族、乡绅、富商、各行各业专业人士、王室朝臣及其他等等。

议会对经济的干预和影响实在纷繁复杂，我们无法在此用三言两语一一细说。其制定的法律条规可以细致到诸如规定尸体须用羊毛裹尸布埋葬（为拉动毛纺织业的需求，没有比此举更好的刺激需求的手段了）、规定新教徒比天主教徒多几天“吃鱼日”（不吃肉）以推动渔业。我们在此只能考量部分极具代表性的例子，其中有普遍被认定为成功的，也有影响虽小却后患无穷的案例。

1563年的《工匠法》常被推崇为重商主义立法的典型代表，人们普遍认为它的设计相当缜密，旨在为整体经济做长期规划。然而，事实并非如此。它的出台在当时只是一个应急方案，“是女王的枢密院成员意见与众议院众多修正意见相互妥协后的杂烩”①。（这倒是重商主义立法的典型代表。）它的目标是维护社会稳定。它要求全体体格健全的公民必须从事生产性劳动，农业排在第一位，纺织业第二位，接下来是其他关乎国计民生的手工业和工业。它规定了7年学徒制，面向所有艺术工匠类，包括农业技能；并规定从学徒中选拔人才进入社会各阶层。如果

① Donald C. Coleman, *The Economy of England, 1450 – 1750*, Oxford, 1977, p. 181.

《工匠法》在当时获得有效实施，那么，结合以后的工资法和贫困救济法，它就彻底截断了就业与社会的流动性，从而危害经济发展。然而，是否能“有效实施”几乎是英国(以及其他国家)所有经济法令的关键。实施《工匠法》以及大多数类似法令的执法人员是兼职的、不拿报酬的、悠闲自在的、有自身利益需求的王室官员。只有在自身利益与政府利益碰巧一致的情况下，执法才有效，但这种情形很少。更多的时候，执法顶多是敷衍了事，有时根本当法不存在。

臭名昭著的“科凯恩计划”(Cokayne Project)代表性或许差一些，但肯定更深刻地揭露国家主义经济政策的目标及其后果。中世纪的英国，出口的主要产品是生羊毛。在15世纪和16世纪的进程中，冒险商行会垄断半加工的粗羊毛面料的出口远远超过了生羊毛。粗羊毛面料出口的主要市场是低地国家，在那里，粗羊毛面料进行深加工并染色，然后返销欧洲各国。1614年，威廉·科凯恩(William Cokayne)爵士——既是商人，又是伦敦市参议员和国王詹姆斯一世的亲信(实际是借款给国王的债主)——说服国王剥夺了冒险商公司的垄断权，禁止未染色粗羊毛面料的出口，并且将染色面料的出口垄断权授予一家新的公司，当然科凯恩是新公司的主要控股成员。该计划的理论基础是，最后一道加工工序是面料行业中最赚钱的，在英国截下这道工序可以增加国内的就业和收入，提高王室从出口税中攫取的财政收入，同时还可打击荷兰。然而，荷兰采取了禁止进口英国染色面料的报复行动。而且，面料深加工和染色需要熟练工，英国本土根本没有这么多的熟练工。面料出口缩水，失业在纺织业蔓延，结果引发全面的经济萧条。1617年，政府恢复了冒险商公司的垄断权，但商业危机并未停止脚步，在欧洲大陆的战争①重新爆发后反而进一步加剧。1624年，在众议院的压力下，政府开放了面料贸易。

在所有议会柯尔贝尔主义的政策中，最著名也是最有效的是《航海

---

① 指三十年战争。——译者

法》。连一向不肯轻易誉人的亚当·斯密也称赞说它利于国防，但同时也明确指出它减少了国民收入。在17世纪，航海法不仅英国有，其他国家也都有，它的目的是保护本国商船在海上的国际贸易。1381年，第一部《航海法》在英国确立，之后便层出不穷。不过，这些航海法基本是无效的，有两个原因：没有很好的实施机制，更主要的是受益于此法的商船根本不具备足够的承载力和竞争力。1651年，共和政体(the Commonwealth)①的长期议会(Long Parliament)通过了这一法案，在保护英国商船的同时剥夺了荷兰在英国水域的航运和渔业垄断权。这足以激怒荷兰，在第二年荷兰就对英宣战。尽管《航海法》不是宣战的唯一理由，但荷兰确实是以废除该法为结束战争的谈判筹码之一。最终荷兰并未赢得谈判。1660年，查理二世复辟之后，议会更新并加强了法案内容。经过之后的多次修正，《航海法》已不仅仅是保护英国商船和渔船的法案，也已经成为英国殖民体系坚实的基石。

根据《航海法》的规定，所有进口英国的货物必须通过英国商船或货物原产地国家的商船运输。(英国商船的定义是商船的船主或船长或其四分之三的船员必须是英国国民。法案曾试图规定商船必须是英国制造，以保护英国造船业；但后来证明很难实施。之后许多年一直都是荷兰造船者承揽了大部分的英国商船的制造。)而且，法案还规定，英国商船必须直接从货物原产国运货，不得从中间口岸转运。法案希望以此削弱阿姆斯特丹贸易中心的地位，打击荷兰的运输业。沿海贸易权(英国港口城市之间的运输)以及鱼的进口权完全由英国商船垄断。与英国殖民地(北美洲、西印度群岛、印度)之间的贸易必须由英国商船运输(殖民地商船若符合上述要求亦视作英国商船)。此外，殖民地从外国进口的所有制成品(如从德国进口金属器皿)必须先运抵英国，由此将殖民地市场保留给了英国商人和制造商。同样，由殖民地出口的大宗商品如烟草、蔗

① 指1649年克伦威尔处死英王查理一世后开始到1660年封建王朝复辟为止的英国共和政体。——译者

糖、棉花、染料及许多其他商品也必须在英国中转运输，不可以直接运抵外国口岸。

《航海法》的实施并非一帆风顺，尤其在殖民地。新英格兰的财富是靠非法贸易积累的，其他也是如此。《航海法》的宗旨是打击荷兰，保护英国。但荷兰的海上霸权和商业垄断一直维持到18世纪，而且也仅是相对衰落，而非绝对衰败。造成其衰落的原因除英国竞争外，还有众多其他因素(尤其是战争)。然而，《航海法》或许达到了其另一个目标，它确实促进了英国商船和海上贸易的增长(但同时也如亚当·斯密所说，牺牲了英国消费者的利益)。当然，如果英国商人和商船之前没有卷入对国外市场的激烈争夺战，在法案出台之后能主动积极地抓住机会，充分利用法案所赋予的特权，或许该法案也会与之前的所有类似法案一样，最终流于形式，一事无成。

《航海法》所产生的另一个后果是让“老”大英帝国损失了经济上最进步和最繁荣的部分(见图6-7)。尽管《航海法》并非导致美国独立革命的唯一和直接原因，但它是“旧殖民体系”的核心，对于大多数美国人来说，它象征着与旧大陆维系殖民关系的种种不利因素，不管是真实的还是想象的。在度过17世纪早期的艰难开创期后，英国北美殖民地以惊人的速度扩张。仅就殖民者人数而言，从1630年的几千人发展到18世纪初的25万多人，在独立革命爆发前夕膨胀到200万人。然而，伴随着这一成就的是令人痛心的另一面，大多数土著印第安人被驱逐出家园并最终濒临灭绝，数以千计的非洲黑人被奴役。

英国北美殖民地在经过早期的艰难困苦的磨难之后，开始根据比较优势，进行专业化分工，广泛地在各殖民地间互通贸易，同时与宗主国，甚至非法地与西班牙帝国和欧洲大陆部分地区开展贸易。它们的收入和财富急剧增长，远远超过人口的增长。弗吉尼亚和切萨皮克湾地区盛产烟叶，南卡罗来纳出产稻米和靛青，中部殖民地出产粮食，其中部分卖给南部殖民地和新英格兰。新英格兰的经济更加多元化，突出优势是商业和运输业。殖民地商业尽管受到《航海法》的管制，但该法案的

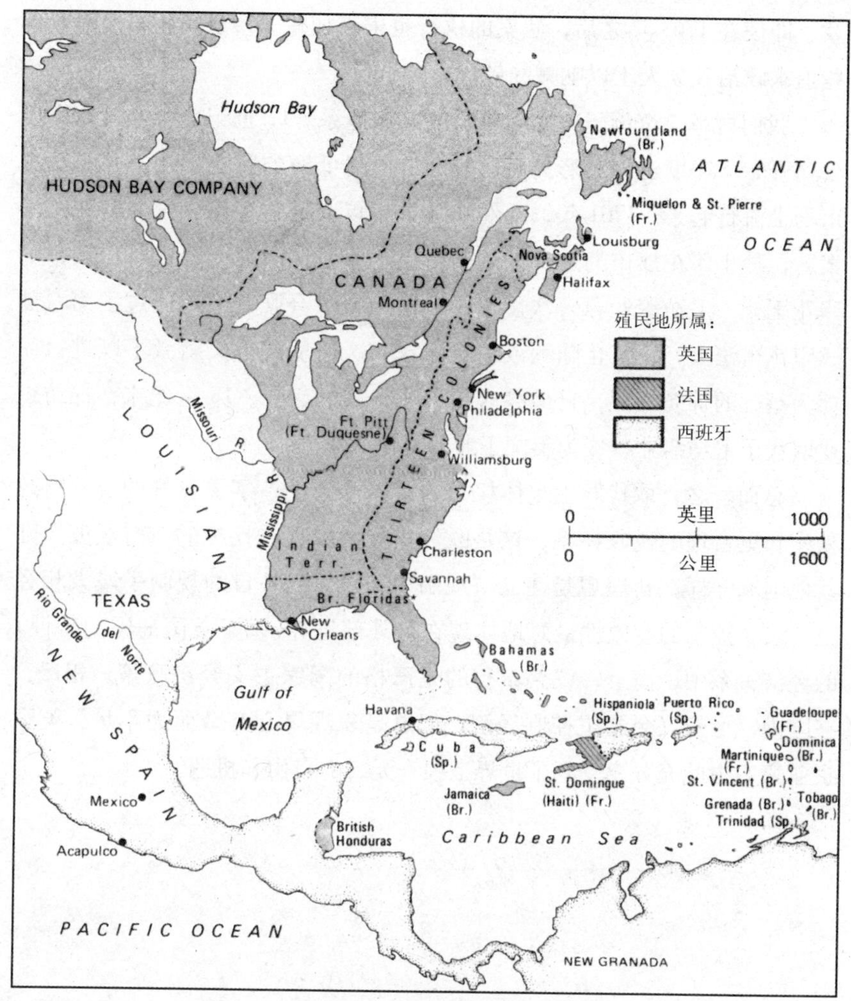

图6－7 1763年，北美殖民地分布情况。1763—1780年佛罗里达是英国的殖民地。

实施在1763年七年战争结束①(the Seven Years War)之前常常是表面文

① 指1756年到1763年，以英国、普鲁士、汉诺威为一方，法国、奥地利、俄国、萨克森、瑞典、西班牙为另一方，在欧洲及海外殖民地进行的战争。这场战争的实质，一是英法争夺殖民地与海上的霸权，二是普奥争夺德意志的领导权。——译者

章。即使在1763年之后，法案的执行也未必加重了多少负担，反而给那些追求政治独立人士以呐喊的借口。

我们再举一个例子来说明英国的立法体系。17世纪后半叶，东印度公司开始从印度进口色彩鲜艳、轻薄、价格低廉的印花棉布，并迅速在市场上流行起来。1701年，毛纺织业说服议会通过了第一部《印花布法案》，禁止印花棉布的进口。一个新兴产业很快出现——进口白坯布的印花工业。毛纺织业再一次震惊。1721年，议会强制性地通过了第二部《印花布法案》，禁止陈列或消费印花布。这反过来又刺激了以进口原棉为基础的棉纺织业，它最终成为工业革命的起源。18世纪末，棉纺织业取代了毛纺织业，成为英国工业的支柱产业。

总而言之，取代君主政体权力的英国议会创造了更良好的公共财政秩序和更合理的税收体系，这是欧洲其他国家无法比拟的。与欧洲大陆其他国家一样，其理想是建立“规制”经济，但各自的规制手段大相径庭。议会控制的有效性最好地体现在与外部世界（基于英国岛国的特性）的经济关系中，而且，议会奉行的是严格的国家主义经济政策。相反，在国内，尽管议会希望控制经济，但总是表现得心有余而力不足。英国企业家们由此充分享受到了世界上独一无二的自由和机遇。

第七章

近代工业的黎明

至18世纪初叶，欧洲部分地区，尤其在西欧，乡村工业已呈现出颇具规模的集中发展趋势，其中大多是纺织业，也有部分其他产业。20世纪70年代初，学者们创造了一个新名词“原工业化”（proto-industrialization），用来描述这个时期各产业的扩张与偶尔的蜕变。“原工业化”最初指佛兰德地区的亚麻业，指在根特等部分市镇由企业家组织的农舍作坊式的乡村工业，其亚麻布产品的出口远至西班牙等国的市场。劳动力以家庭为单位，夫妻和孩子，一般还耕作小块的自留地，部分生活必需品仍需从市场上购买。之后，“原工业化”一词的概念在原有的时间与空间上都有了进一步的拓展，用以描述其他相似产业。譬如，英国兰开夏的棉纺织业，“原工业化”被认为是后来高度发达的工厂生产制度的序幕。当然，也有像爱尔兰、佛兰德的亚麻业甚至就不存在这一过渡阶段。

原工业化经济的基本特征是由城市企业家（商人-制造商）组织分散的乡村劳动者，给他们提供生产原料，并负责将制成品销往远方市场。工人们仍需从市场上购买部分生活必需品。细心的读者会发现，这个定义似乎同样适用于第三章和第五章提到的产业形态，诸如农舍作坊、家庭作坊，以及散工制等等。的确，有批评者提出，“原工业化”一词纯属多余。若要说有差别，或许在于其产品是供远距离的市场，因为传统农舍作坊或家庭作坊的产品一般只满足本地市场。

原工业化及其他相关术语主要是指消费品产业，特别是纺织业。然而，在棉纺织业尚未形成工厂制度之前，其他大规模并高度资本化的产业就已存在，主要生产资本品和中间产品，有时生产消费品。之前我们提到过法国“皇家工场”，生产场所多设在类似厂房的大型建筑内，众多熟练工匠在工头或企业主的监督下工作。当时还未开始使用机械动力。在奥地利帝国(主要是波希米亚和摩拉维亚地区)，贵族出身的地主企业家开办起类似的“原工厂”。大地主还在自有领地上开采煤矿，扮演煤炭实业家的角色。布里奇沃特公爵(Duke of Bridgewater)在沃斯利拥有一处煤矿，并于1759年至1761年聘请自学成才的工程师詹姆斯·布林德利(James Brindley)修建一条运河，从煤矿直通曼彻斯特。炼铁厂多数分布在乡间，选址靠近林地(为获取木炭的便利)和铁矿场，雇用工人可达数百乃至数千人。各类炼铅、炼铜、制玻璃的工场以及造船工场的规模一般也相当宏大。始建于中世纪的威尼斯兵工厂隶属政府，在全世界最早出现的大规模工业企业中可占一席之地。荷兰造船厂复杂的内部组织结构在前文已有介绍。英国政府在伦敦近郊兴办伍尔维奇兵工厂(Woolwich Arsenal)，私营企业主也在多处拥有相当规模的生产设施。

这些成就相当惊人，但与18世纪即将兴起的新型工业化企业相比，显然黯然失色得多。

近代工业的特征

近代工业社会与前工业社会相比，一个最显著的特点是农业的相对重要性出现极为明显的下降。但与此同时，近代农业的生产率也有了极大提高，足以养活为数众多的非农业人口。相关的差异还体现在近代劳动力从事第三产业即服务业的比例很高(尤其是与家庭服务相对的专业服务领域)，这一比重现在约占60%以上，而制造业及相关产业吸收的劳动力比例约在20%至30%之间。然而，这一现象也是相对最新的发展，特别是20世纪下半叶最为明显。历史上整个工业化过程中，约从18世纪初(在英国)直至20世纪上半叶，经济结构变迁的主要特征乃是第二产业(包括采矿、制造及建筑等产业)的兴起，表现为劳动力就业和产出等指标所占比例不断增加。

工业化首先发生在英格兰，然后是苏格兰，这使英国成为名副其实的“第一个工业化国家”。另一个名称“工业革命”更形象化地定义了18世纪后期和19世纪初期的几十年的发展。显然，这一名称不够精确，还略有些误导。关键忽略了同时代的欧洲大陆上种种各具特色的历史进展。即使大不列颠王国从未存在过，或是早已在一场空前的海啸中沉没海底，欧洲各国(还有美国)仍然会实现工业化，只不过实现的途径会有所不同。话虽如此，本章重点仍是讲述18世纪英国工业化进程的开始(图7－1)。

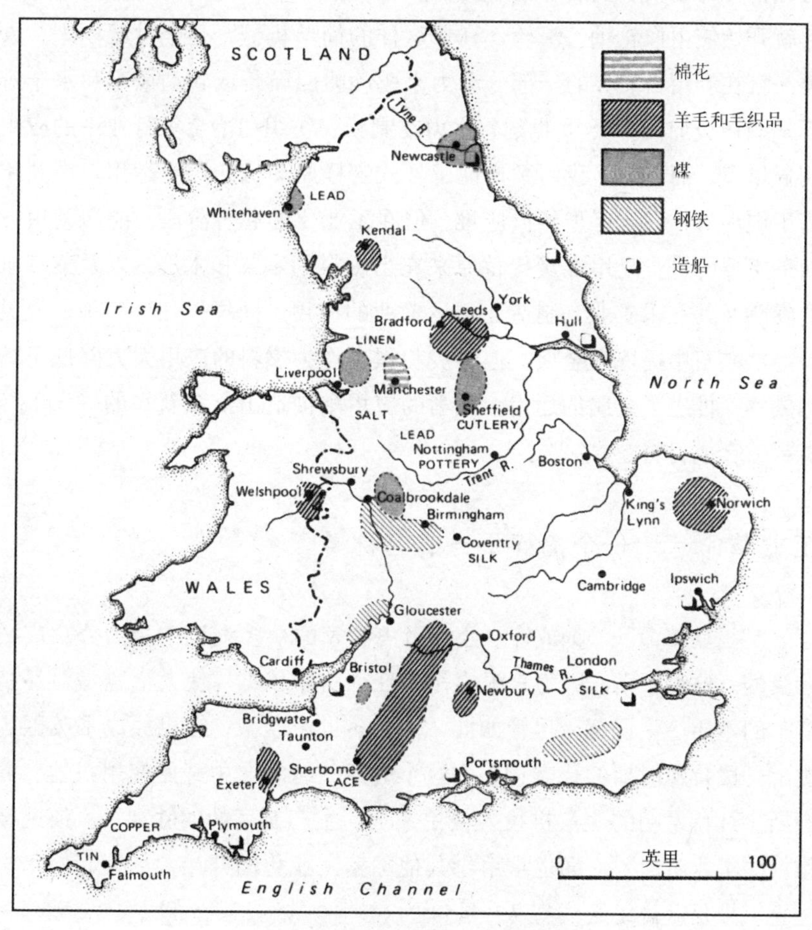

图7－1　1700年英国的工业(比较图7－11)。

关于历史上的这次巨变，比较准确的名称应该是“近代工业的兴起”，虽然这一称呼不免稍显平淡。一些显著的特征可区分“近代”与“前近代工业”，如(1)机械动力机器的广泛使用；(2)人力、畜力之外的新型动力(或能源)的引进(尤其是化石燃料)；(3)非天然原材料的广泛应用。另一个相关特征是大多数产业的企业规模的扩大。

科技上最伟大的进步是机器和机械动力替代了过去的耗时费力的人力或畜力劳动，以及后者根本无法胜任的工作。当然，人类自远古时代起就开始使用像轮轴、滑轮、杠杆这样的简单机械。几个世纪以来，人类一直在利用自然界的一部分动力来驱动帆船航行或转动风车和水车进行某些初级加工。至18世纪，水力在制粉、纺织和冶金等行业中的应用明显增多。而近期，我们又见证了各式各样原动机的广泛运用，小到家庭用电动机，大至巨型核反应堆。但在工业化的起步阶段，能源利用方面最主要的进步是用煤炭代替原来充当燃料的木柴和木炭，以及蒸汽机的发明及其在采矿业、制造业和运输业的应用。同样，几百年前，人类就能从矿石中提炼出金属，但煤炭和焦炭作为燃料的应用大大降低了熔炼成本，推进了金属的运用。化学的应用则创造出众多新兴的“人工”材料或合成材料。

工业革命——一个措辞不当的名称

“工业革命”一词或许是经济历史学家的众多词汇中最为公众广泛接受的。这很不幸，因为它根本没有任何科学依据，使大众容易对经济变革的本质产生误解。尽管如此，一个多世纪以来，它已经成了英国历史上一段特殊时期的代名词。在这个时期，纺织业中开始使用机器，詹姆斯·瓦特发明的蒸汽机投入使用，工厂生产制度的“胜利”。依此类推，“工业革命”一词也常用于其他国家工业化的开始，尽管起始年份一直以来是众说纷纭，莫衷一是。

最初对这一历史现象的描述强调的是那些“伟大发明”，以及变革的激烈性。一本1896年出版的教科书写道，“变革……是如此的迅猛，所有伟大的发明几乎都在一瞬间完成。”一位理性的学者冷冷地指出，这段描述最集中地体现了“缺乏历史精确性的所有形式”。早期的研究还着重强调新生产方式可造成的祸害。一方面承认机械动力和机器提高了生产率，另一方面又花费大量笔墨强调童工的使用、机器对传统工艺的排挤、新兴工业城镇肮脏的居住条件。

最初主张采用“工业革命”一词的人，由于缺乏数据，同时又不习惯采用定量分析，对诸如“突然”、“迅速”、“猛烈”、“时断时续”等印象深刻的形容词很满意。直到最近，才有不少学者花费大量精力致力于计算工业产值、国民收入以及其他相关变量的变化量值，结果也并未发现任何惊人之处。事实上，直到19世纪中叶，英国工业才真正露出“近代”的特征，距公认的“工业革命”发生的年代已有数十年之隔。

关于这场“革命”的起止时间，虽有不少异议，但现被公认的断代已得到获得研究18世纪英国经济史的权威人士艾士敦(T. S. Ashton)的首肯。这其中略含双重讽刺的意味，一是艾氏与大部分前人不同，他将这时期的结果视为“成就”而非“灾难”；二是艾氏不太喜欢“工业革命”一词。他写道：“这些变革不仅仅是发生在工业，同时也发生在社会和知识层面。‘革命’隐含的是变革的突然性，而经济变革的过程事实上不是突然的。被称之为人类社会制度的资本主义，其萌芽远早于1760年，发展成熟又远晚于1830年。忽视历史进程的连贯性是很危险的。”①

工业化的先决条件及其影响

正如艾士敦笔下所言，这场变革并不仅仅涉及工业，对社会生活和知识界同样产生了影响。事实上，商业、金融、农业甚至政治等诸多领

① T. S. Ashton, *The Industrial Revolution, 1760-1830*, Oxford, 1884, p. 2.

域都发生了变化。在这张致密无缝的历史变革网中，很难说清楚哪些领域的变化更为重要。而且，所能采用的衡量方法和尺度并不可靠，甚或根本不存在。但我们仍有理由相信，知识界的变革意义最为深远，因为它能引发并推进其他领域的变革。

早在中世纪就已有人开始思考人类对自然力的驾驭。后来涌现出如哥白尼、伽利略、笛卡儿和牛顿（只提这几人就足够了）等人，他们的科学成就起到了进一步的强化作用。英国在弗兰西斯·培根（最著名的格言“知识就是力量”）的影响下于1660年创建了皇家学会，宗旨为“促进自然知识”。有些学者把科学在工业中的应用看作是近代工业最主要的特征。这种观点固然有一定吸引力，但仍有不圆满之处。18世纪近代工业萌芽时期，人类的科学知识还相当薄弱，虽有人提倡将科学成果直接应用于生产工艺，实际上很难做到。直到19世纪下半叶，随着化学和电学的蓬勃发展，科学理论才开始成为新工艺和新产业发展的基石。然而毋庸置疑，早在17世纪末，科学研究的方法——尤其是观察和实验的方法——已经被人用于谋利（尽管也有不成功的例子）。这些人也并不都是接受过专业科学训练的。事实上，18世纪直至19世纪初期的一系列重大革新中，有很多是由心灵手巧的修理匠、无师自通的技工和工程师（英文的“engineer”一词至18世纪才有了“工程师”这一现代含义），以及其他自学成才者完成的，这也是当时技术进步最显著的特征之一。在很多情况下，用“实验方法”这样的术语来描述上述过程未免过于严肃刻板，称之为“试错法”也许更为恰当；但当时的社会各阶层，甚至包括一贯保守、对革新持怀疑态度的乡村居民，都充满了参与实验、参与创新的热情。

英国不仅是第一个实现大规模工业化的国家，也是最先提高农业生产率的国家之一。17世纪末，英格兰的农业生产率已领先于大多数欧洲大陆国家，同时只有约60%的劳动力主要从事粮食生产。虽然农业劳动力实际人数的增长一直持续至19世纪中期，但其占劳动力总人口的比例在19世纪初已稳步下降至36%，至19世纪中叶已降至22%（虽然当时的绝对人数达到了历史最高），而到了20世纪初，这一比重更是降到了不足10%。

英国提高农业生产率的方法很大程度上可归结为利用新的农作物和新的轮作方式进行的试错实验。16世纪从荷兰引入的芜菁、苜蓿等饲料作物，到了17世纪时已广为种植。被称为“转换式耕作法”（convertible husbandry）的生产技术可能是19世纪农业科技问世之前最重要的一项创新了，具体做法是在种植大田作物的间隙，在同一地块上临时播种饲料作物（通常是播种新一轮的饲料作物），改变了原先限定耕地与牧场用途的做法。这样做，既可以通过改良后的轮作法恢复土地肥力（比如增加豆科作物的轮种），又能扩大牲畜饲养的数量，从而不仅产生更多粪肥，还提供更多肉类、乳制品和羊毛。许多地主和农场主还尝试家畜选育。

要进行轮作改良和家畜选育，一个重要的前提条件是土地的圈并（图7-2）。传统的露地耕作制涉及众多的利益相关者，对新作物和新轮作方法的看法很难达成一致。同样，群养群牧的家畜使选育技术极为困难。尽管要求圈地的呼声很高，反对者也不在少数，主要是没有自有露地的雇农和佃农，以及栖身公地的农民。他们只能按传统在公共牧地里放养少许牲畜。史上最出名的圈地运动发生在1760年起直至拿破仑战争结束期间，获得议会法令的准许。也正是这些圈地运动，之后一直是作家们口诛笔伐的对象（图7-3）。事实上，经过私下协议的土地圈占自中世纪后期以来几乎从未间断过，17世纪末到18世纪前的60年之间尤为频繁，英格兰有超过一半的耕地被圈占。

昔时由四周土地环绕的核心村庄的乡间景观消失了，取而代之的是围墙、栅栏和树篱圈成的整齐划一的农场，面积多在100至300英亩间不等。伴随圈地运动和技术改良而来的是农场规模逐渐扩大的趋势。至1851年，300英亩以上大农场约占总耕地面积的三分之一，而小于100英亩的农场只占22%。但就人数而言，小农场主却几乎是大农场主的两倍。原因在于前者既是农场的所有者，同时又在家庭劳力协助下自己耕作；后者则是按资本主义方式经营的佃农，他们支付现金租入土地，并

图7-2　位于英格兰中部地区的伊尔明顿村，其四周原有土地在1778年被圈占。在这幅20世纪50年代从空中拍摄的照片中，中世纪土地的田埂和垄沟依然清晰可辨。

雇用无地农民从事劳动。过去通常认为圈地运动使乡村人口锐减，但事实上此后引入的农耕新技术反而增加了对劳动力的需求。直到19世纪下半叶，随着打谷机、收割机、蒸汽泵引犁等农业机械的引进使用，农业劳动力才开始绝对地减少。

与此同时，英国的农业生产率继续提高，不仅能够养活迅速增长的人口，而且使营养条件得到不断改善。事实上，从1660年至1760年左右，英国农产品保持了将近一个世纪的贸易顺差，直到人口增长率超过生产率的增长为止。相对繁荣的农业人口，专业化分工和商业意识均超过大多数欧洲大陆国家的农民，这也为工业制成品提供了一个现成的市场，包括各类农具以及布匹、锡器、瓷器等消费品。

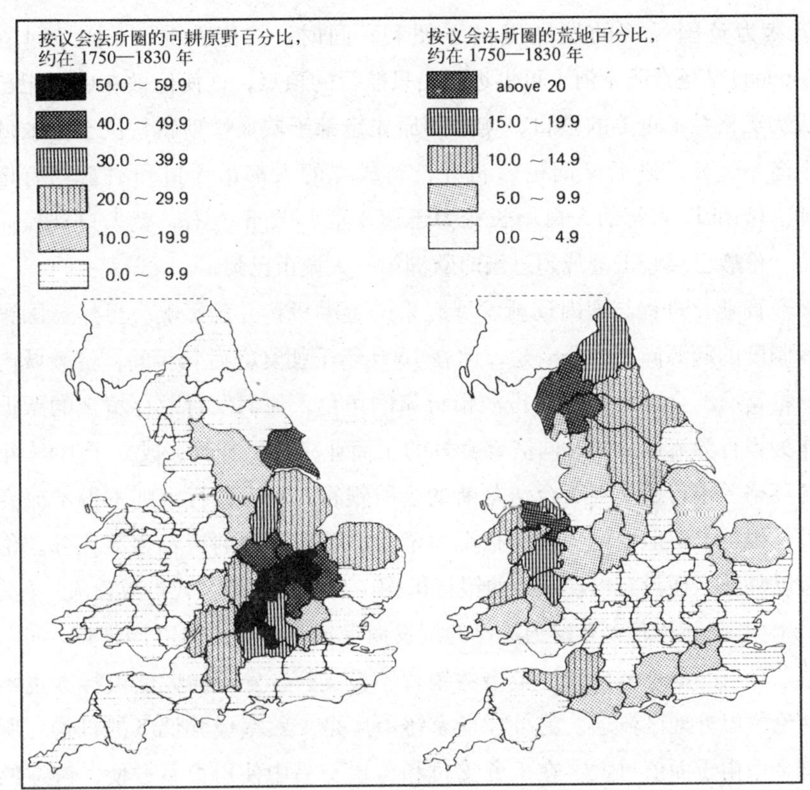

图 7-3 英格兰的最后一次圈地风潮。

农业部门的商业化不过是举国商业化进程中的一个侧影。早在 17 世纪末，英格兰的人均对外贸易额就已经超过荷兰以外的所有其他国家，伦敦城内各类商业、金融机构已非常完善，令人瞩目，足可与阿姆斯特丹媲美。1688 年至 1801 年期间，农业占国民收入的比重从 40% 下降至 32.5%，采矿、制造以及建筑等产业的比重仅从 21% 上升到 23.6%，而贸易与运输业的比重则从 12% 上升到了 17.5%，几乎增加了 50%。

早在 16 世纪就已经是英格兰经济“增长极”的伦敦拥有地理和政治的双重优势。当初罗马人建造该城，选定的城址正是泰晤士河上可以架桥通行的地点；罗马人以伦敦为中心修筑的道路网络，直到 16 世纪之后仍然为英国经济的发展提供了便利。同时，“伦敦池”（the pool of London）又是泰晤士河上可供远洋船只航行的顶点，这使伦敦在中世纪已成为英格兰最重要的港口。英格兰原先定都于威斯敏斯特，位于伦敦城上游不远处，之后又同伦敦合并，新成立的大都市人口和财富均有增加。16和17世纪的人口增长尤为迅速，至1700年左右，就人口规模而言，伦敦已经赶上甚或超过当时欧洲第一大城市巴黎。

商业化进程与国内逐渐发展起来的金融机构互为影响。虽然英国银行制度的起源尚不十分清楚，但在1660年王朝复辟后几年间，伦敦城内一批富有的金匠已经开始扮演银行家的角色。他们发行贮存黄金的票据作为银行券流通，同时向信誉良好的工商业主提供贷款。成立于1694年的英格兰银行，是唯一合法垄断的合股银行，私人银行家则不得不放弃发行银行券，但仍可经营包括汇票承兑、贴现在内的银行存款业务。伦敦以外地区还没有出现正式的银行机构，只有所谓的“代书放债人”（类似于掮客）、律师以及财力雄厚的批发商承揽某些简单的银行业务，如汇票贴现或是向伦敦汇款。英格兰银行不设支行，发行的大额银行券也不在伦敦以外地区流通。另外，皇家铸币厂是个效率极其低下的机构，所铸金币由于面值过大，在工资支付和零星交易中使用很不方便，铸造的银币和铜币又非常之少，小额钱币奇缺。私人工商业主便刚好出来填补这一空缺：实业家、商人甚至酒店业主纷纷发行各种临时凭证和代用币，以满足当地的货币流通需要（见图7－4）。以上种种原因促成了“乡村银行”（即开设在伦敦以外的银行）的诞生，并在18世纪下半叶获得迅速发展，至1810年时已有近800家乡村银行。

“光荣革命”后的英国一片歌舞升平景象，继而在17世纪90年代兴起大批股份制公司，其中如英格兰银行等公司还拥有王室特许，独占垄断地位（当时尚无关于商业组织形式的明确立法）。在成功结束西班牙王位继承战争之后，人们对国内外形势的预计更为盲目乐观，最终引发了一场金融投机热潮，即“南海泡沫”事件。事件得名于“南海公司”，该公司于1711年获得特许，得以垄断对西班牙的贸易，不过成立公司的

图 7－4　代用币。约翰·威尔金森铸铁厂铸造的代用币，不仅为当地提供货币流通手段，还起到了商业广告的作用（毫无疑问，这也是一种得到自我满足的方式）。

真正目的却是为政府筹集军费。（同时期的法国也发生了类似的金融投机狂潮，即“密西西比泡沫”事件，由一个名叫约翰·劳的苏格兰金融冒险家挑起。此人说服了幼主法王路易十五的摄政奥尔良公爵，获准兴办了一家银行，即“皇家银行”，并成立一家当时名为“密西西比”的公司，专事开发法国在北美洲的领地。）1720 年，英国议会在南海公司的要求下，通过了《泡沫法案》，泡沫宣告破灭。法案规定，未经议会直接授权不得成立股份制公司。另一方面，议会对此类授权行为很不热心。结果，当英国开始“工业革命”时，遇到了法律上的一个障碍，即难以组建股份制（或公司制）企业，大部分工商企业只得采取合伙制或单一业主制。关于这一限制是否制约了英国工业化的进程，曾引发众多争论，但决不是足以致命的障碍。1825 年，“泡沫法案”被最终废止。

“光荣革命”的另一个重大后果乃是议会牢牢掌握了王国的财政大权，从而大大减少了公开借款费用，也使更多资本得以用于私人投资。虽然所采取的税制有很严重的累退倾向（也就是说，低收入阶层的相对税赋比富人更重），但在另一方面也为资本积累创造了条件。至于这些积累中有多少直接投入了工业生产值得考问，因为工业企业大多采用利润再投资的办法实现自身的发展壮大。但是，这些资本通过对基础设施的投资（尤其是在交通运输领域），仍以间接方式极大地促进了工业化的进展。

有些商品体积庞大而价值不高，又经常需要大批运送，如要将谷物从农田送往不断扩张的城镇集市，将林地木材运往建筑工地，将矿砂和煤炭从矿区运到各处冶炼厂和铸造厂，因此要求有成本低廉、稳定可靠的运输方式，而水路是“铁路时代”到来之前最为经济有效的交通运输系统。英国之所以能较早实现繁荣局面，并在近代工业发展中占得先机，很大程度上得益于它的地缘优势。每次战火席卷欧洲大陆时，英伦三岛皆能轻易免遭战争破坏；岛国的自然地理环境则使其国内的运输成本大为降低：绵长的海岸线，众多的天然良港，加上适于航行的河川，大大减少了经由陆路的交通运输，而陆路运输的困难正是阻碍欧洲大陆工商业发展的一大因素。

虽然英国拥有这些得天独厚的优势，但是对于交通运输设施的改良呼声仍日益高涨。议会在1660—1689年的30年间通过了15项旨在改善河道与海港的私议案，1690—1719年间又通过了59项法案（其中涉及收费马路的修建），1720—1749年间更是通过了130项类似法案。18世纪50年代标志着运河时代的来临，新修建的水道贯通了内河航线，也把矿区跟矿产品市场连接了起来。部分运河采用了输水渡槽与地下隧道，修建过程极尽巧思。1750—1820年之间，在原有1 000英里航道的基础上，共新修航道3 000英里（其中以运河为主），总计耗资1 700万英镑（图7-5）。至此，所有主要的生产与消费中心之间已能紧密联系，并可通达各重要港口。运河企业是幸免于“泡沫法案”的唯一特例，它得到议会法案的特许，采纳私有营利公司的组织形式。这些公司或是向过往的航船、驳船收取通行费，或是自备驳船供出租使用。

英国的运河与内河航道体系，按当时标准来看已是十分经济高效，却仍不敷内陆运输之需。历史上的道路维护由各教区负责，靠在当地居民中征发劳役完成，故而当时路况之糟糕也就不足为奇。始自17世纪90

宽运河
窄运河
可航行河流
A Leeds and Liverpool
B Irwell
C Bridgewater
D Rochdale
E Huddersfield
F Aire and Calder
G Weaver
H Trent
J Grand Trunk
K Loughborough
L Coventry
M Staffordshire and Worcestershire
N Warwick and Birmingham
P Thames and Severn
R Oxford
S Grand Junction
T Kennet and Avon
A
B
C
D
E
F
G
H
J
K
L
M
N
P
R
S
T
0
英里
100

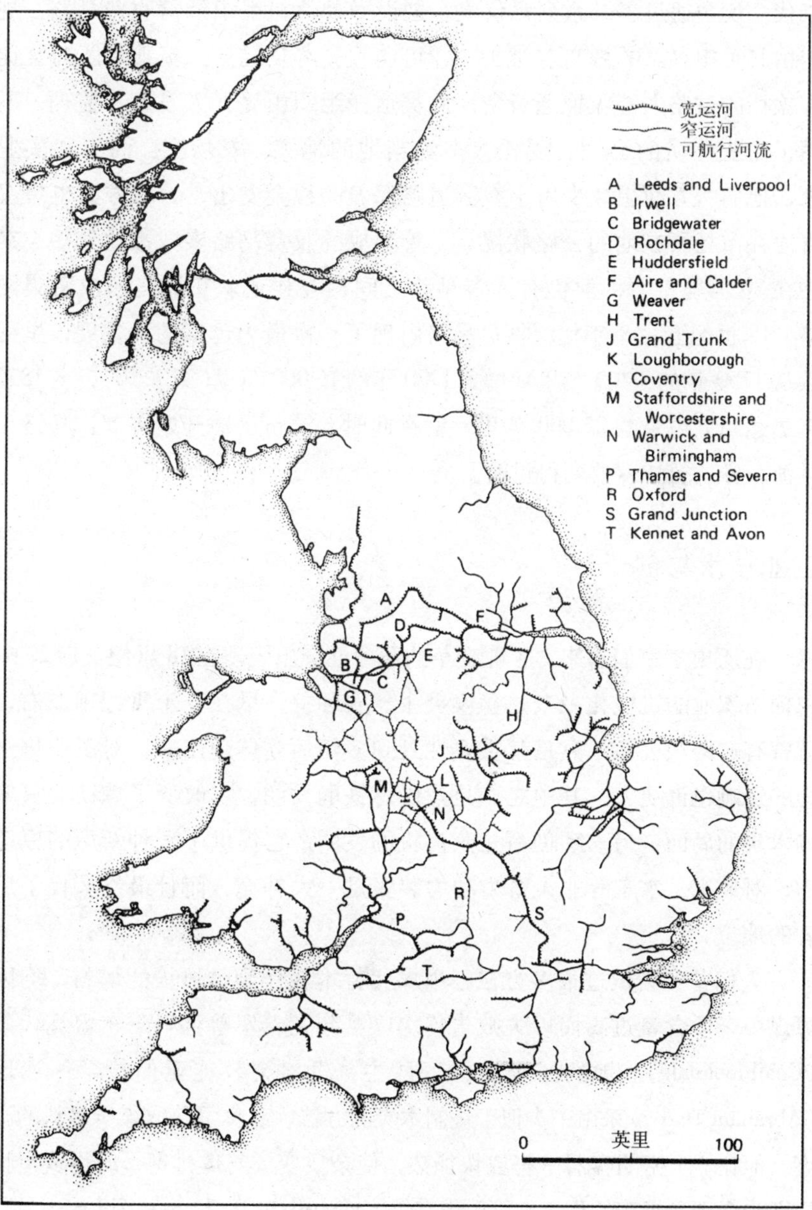

图7－5　内河航运体系。

年代，议会通过了一系列私议案，创设一种信托组织经营收费马路，规定由其承担马路的修筑与维护，并可向驾驶客货马车、骑乘马匹乃至徒步旅行的过路人等收取通行费。此类信托组织由受托人发起、监理，不属于商业性质的公司。受托人多为当地的地主、农场主、商人和实业家，他们一方面想减少用于教区道路保养的税金支出，另一方面也想改善通往市场所在地的公路状况。尽管建成的收费马路多数都比较短，平均在30英里左右，但仍有许多马路之间相互连通，并最终形成密集网络。18世纪五六十年代，收费马路出现了一次最为迅猛的大发展，里程数从1750年的3 400英里猛增到1770年的15 000英里(图7－6)，至1836年更达到创纪录的22 000英里。就在此时，铁路运输开始兴起；马路和运河一样，很快就要变得过时了。

工业技术与创新

在历史学家们看来，工业变革的革命性突出表现在18世纪最后20年中棉纺织业的机械化及其迅猛发展上。实际上，早在一个世纪前左右，就曾有过两项创新，只是其重要性直到多年后才体现出来，对工业化进程的影响也许更大。其中之一是焦炭炼铁的发明，它改变了炼铁业只依赖木炭的局面；另一项创新是蒸汽机的发明，它提供了一种新型的原动力，对风车、水车等非人畜力动力装置是一大补充，而且最终替代了后者的地位。

人们曾经尝试过很多方法，用煤代替木炭作为鼓风炉的燃料，均因原煤中杂质含量过高而以失败告终。1709年，希罗普郡科尔布鲁克代尔(Coalbrookdale)当地的一个铸铁厂厂主、贵格会教徒亚伯拉罕·达比(Abraham Darby)采用了类似于烧制木炭的方法，改良了获取煤炭燃料的工序。他在一个密闭容器中将煤块加热，使杂质变成气体排逸，所得残留物质即为含碳量极高的焦炭，可用作高炉炼铁的燃料(图7－7和图7－8)。

尽管达比实现了技术上的突破，但这项新技术的普及速度却相当缓

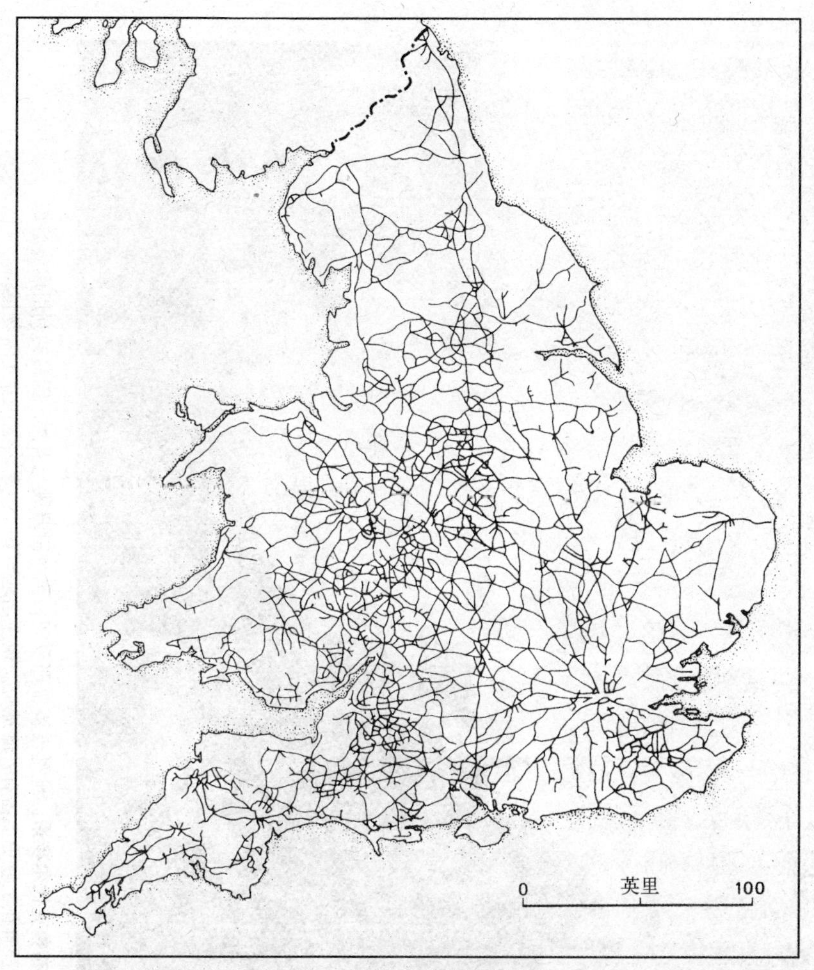

图7－6　1770年时的收费马路。

慢。迟至1750年，英国的生铁产量中以焦炭为燃料炼制的铁仅占5%左右。然而，1750年后木炭价格持续上涨，再加上亨利·科特(Henry Cort)于1783—1784年发明的搅拌法和滚轧法(科特采用的方法是将条状生铁熔于反射炉而不直接与燃料接触，熔化后的铁水用长钎搅拌，使多余碳分得以燃尽，然后使半熔化的铁块经过带槽轧辊，在排出剩余杂质的同时将熟铁锻造成型(见图7－9)，使炼铁行业彻底摆脱了对木炭的依

图7-7 科尔布鲁克代尔夜景。地处希罗普郡乡间，至今田园风光盎然，因最初利用焦炭熔炼铁矿石而在工业史上占有一席地位。现在当地建有一座著名的工业史博物馆。

图7-8 **铁桥**。位于科尔布鲁克代尔附近的塞文河上，建于1779年。由亚伯拉罕·达比三世(Abraham Darby Ⅲ)建造，其祖父就是用焦炭炼铁的首创者。铁桥桥身用连锁榫和楔构建成，没有螺栓和焊接。图片为一旅游者于1986年拍摄的风景照，铁桥至今屹立原处，风貌依旧。

赖。铸铁厂厂主往往将所有生产作业集中在同一地点进行，以达到规模经济的效益，所选地点通常邻近煤矿产区，遂使铁的总产出水平和其中以煤炭炼铁的比例均出现大幅增长。到18世纪末，铁产量已逾20万吨，且几乎全部采用焦炭熔炼，英国成为金属铁与铁制品的净出口国。

蒸汽动力的使用始于采矿业。随着对煤炭、金属的需求日益增加，尝试从离地表更深的矿床中采掘的努力也在不断进行。当时虽已发明许多灵巧的装置用于排除矿中积水，但是淹井问题仍很严重，并已成为进一步扩大产量的主要障碍。1698年，军事工程师托马斯·萨弗里(Thomas Savery)申请了一项蒸汽泵的专利，他形象地把它称之为“矿工之友”。18世纪最初的10年间，康沃尔郡的部分锡矿安装了萨弗里发明的蒸汽抽水泵。但这一新式装置在使用中有不少缺陷，甚至常常有爆炸的隐患。托马斯·纽科门(Thomas Newcomen)是一个五金商人兼修理匠，熟悉采矿，经过反复试错实验后，他找到了弥补上述缺陷的办法，并于1712年在斯塔福德郡为一家煤矿成功地安装了第一台大气式蒸汽泵(图7-10)。

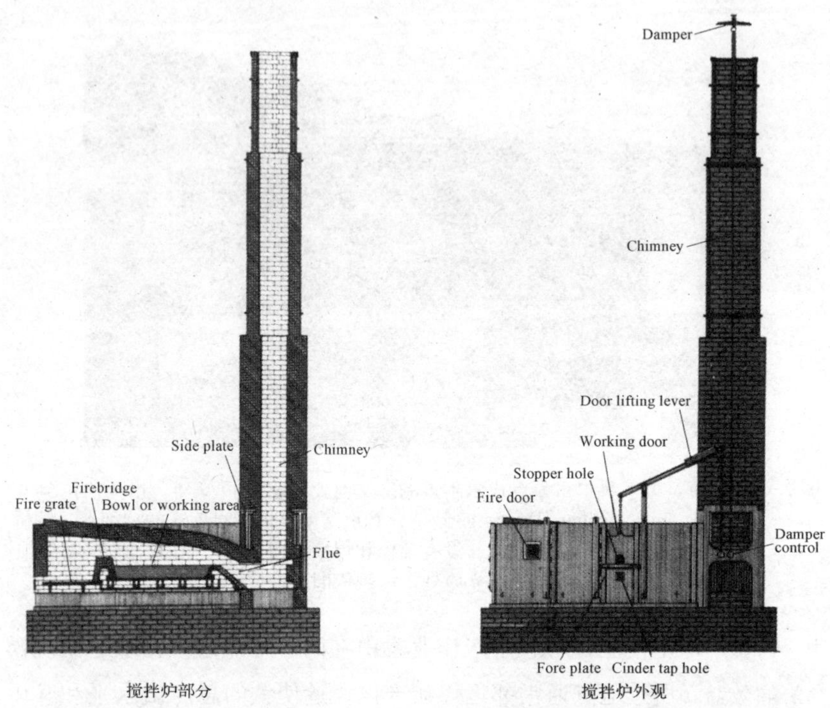

图7-9　科特设计的搅拌炉。搅拌炉(和滚轧机一起使用)的作用在于将高碳的生铁炼成低碳的条形铁。搅拌机和滚轧机使炼铁业摆脱了对木炭燃料的依赖。

纽科门蒸汽机的蒸汽从锅炉压入汽缸，汽缸备有活塞，活塞通过T形摇杆与抽水泵相连。蒸汽把活塞推至汽缸顶部后，缸内会喷射出一股冷水使蒸汽冷凝，形成真空，活塞被大气重力往下压，从而带动水泵运转。这也是“大气式”蒸汽机得名的由来。纽科门蒸汽机体积庞大(须用一整栋楼房安置它)，既笨重又昂贵，而且热效率很低，但仍不失为一种实用有效的动力机械。至18世纪末，英国建造使用的大气式蒸汽机已达数百台，欧洲大陆也开始部分使用这种装置。这种蒸汽机主要用于煤矿的开采(因煤矿产区燃料价格低廉)，其他采掘工业也有应用。另外，蒸汽机还用于自然落差不足时抽升水位，以此驱动水力磨，或是为一般公众输送用水。

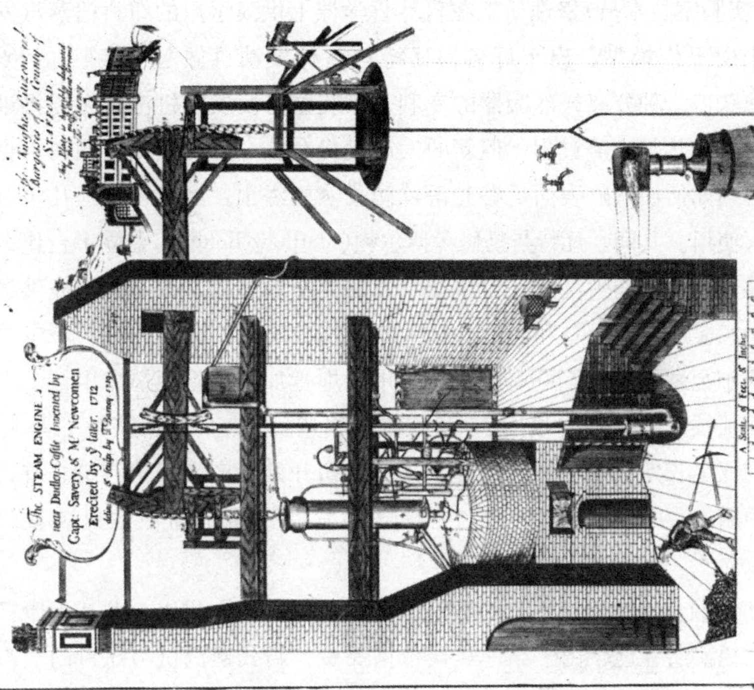

图7－10　纽科门蒸汽机。该机器被称为是“开发英国矿藏的关键要素，从而为英国的工业发展奠定了基础”。

纽科门蒸汽机最大的不足之处在于燃料的消耗量很大。18 世纪 60 年代，有人邀请格拉斯哥大学一位名叫詹姆斯·瓦特的“数理教具制作员”(实验室技术员)修理一架在自然哲学课上供演示用的纽科门蒸汽发动机小型工作模型。出于好奇，瓦特对这种发动机做起了实验。1769 年，他获得一种分离式冷凝器的专利，该装置可使发动机汽缸无需再进行交替的加热与冷凝过程。但新的发动机仍存在一系列技术难题尚未克服，包括如何使汽缸表面足够光滑以防止蒸汽溢出，因此在推延几年后才投入使用。其间，瓦特与马修·博尔顿(Matthew Boulton)建立了合作关系，此人是伯明翰附近的一位事业亨通的五金制造商，他给瓦特提供了进一步实验所需的设备和时间。1774 年，格拉斯哥附近的铸铁厂厂主约翰·威尔金森(John Wilkinson)为一种用于炮管加工的新型镗床申请了专利，此项技术同时也适用于发动机汽缸的制造。翌年，瓦特获得了 25 年的专利权延长期，博尔顿与瓦特合开的公司开始生产商用蒸汽机。首批顾客中就有约翰·威尔金森，他将这种发动机用于高炉鼓风装置的操作。

博尔顿与瓦特早期生产的蒸汽机，大都用于矿井排水，尤其是康沃尔郡的锡矿所在地，由于当地煤炭价格昂贵，新式蒸汽机与纽科门蒸汽机相比，节约燃料的效果十分显著。除此之外，瓦特还做了其他一些改进，使用调节器调节引擎速度，并将活塞的往复运动改为旋转运动。尤其是后一项改进，为蒸汽机开辟了众多新的应用领域，包括面粉生产和棉纱纺织。随着第一家直接以蒸汽机为动力的纺织厂于 1785 年投入生产，一场蓄势待发的变革大大加快了步伐。

早在实行工作分包制的前工业时代，英国纺织业已经占据极为突出的位置。毫无疑问，其中最重要的是毛织品与精纺制品的生产，但与在英格兰和威尔士不同，在苏格兰及爱尔兰，亚麻的地位超过毛织品(在英格兰，法律规定尸首入殓须裹以毛料裹尸布，而在苏格兰享此“殊荣”者却是亚麻)。18 世纪早期引入英国的丝织业以模仿意大利人为主，多采取工厂制，使用水力机器。但由于成本高昂，兼之有来自欧洲大陆的竞争，市场对丝织品的需求受到极大抑制。

与丝织业一样，棉布生产亦属英国比较新兴的行业。自 17 世纪大陆移民引入兰开夏后，18 世纪早期颁布的“棉坯布法令”进一步刺激了棉纺织业的发展。起初，棉纺织业所用的是业已在毛纺与精纺工业中采用的手工加工，但由于棉纱强度太低，故以亚麻为经线，所织布料被称为粗斜纹布。作为一个新兴产业，棉纺织业所受限制性法规与行会规章的制约相对较少，也很少受阻碍技术变革的旧式惯例的约束。早在 18 世纪 30 年代，就有人致力于发明能节约劳动力的纺织机械。早期的纺纱机并不成功，但在 1733 年，兰开夏一位名叫约翰 · 凯(John Kay)的机修工发明了飞梭，使一个织工能够完成过去两人的工作量，一时对棉纱的需求压力骤增。1760 年，英国皇家艺术协会悬出赏金，奖励成功制造出纺纱机者。这一举动进一步增强了市场创新的动力。之后短短几年内，数台机械纺纱机相继问世。首先是詹姆斯 · 哈格里夫斯(James Hargreaves)于 1764 年发明的珍妮纺纱机，但直到 1770 年才获取专利权。珍妮纺纱机的机械构造比较简单，实际上就是在普通纺车的基础上将原先的一个纱锭改为多个。这种纺纱机不使用机械动力，在纺纱工人的小屋内即可操作，却可以使一个人完成原先数人的工作量。

理查德 · 阿克莱(Richard Arkwright)于 1769 年申请专利的水力纺纱机影响更广。阿克莱原先是理发师兼假发制造商，水力纺纱机极有可能不是他本人的发明，由他申请的专利也随即废止。但他却是早期所有纺织业创新者当中最成功的商人。水力纺纱机需用水力驱动，体积笨重，造价不菲，由此直接促使棉纺业模仿丝织业开始采用工厂制。但这些工厂大多在乡间或小村庄傍河而建，因此未能形成城市工人的大量集中；又由于早期工厂以水力驱动机器，故需要的成年男性熟练工人和监工相对较少，大多数劳力由妇女、儿童组成，后者更为廉价，易于管教。

纺纱行业最为重要的创新是塞缪尔 · 克伦普顿(Samuel Crompton)发明的走锭纺纱机，人称“缪尔机”或“骡机”。其得名的由来是因为综合了珍妮纺纱机与水力纺纱机两者的主要特点。这种纺纱机在 1774—

1779年期间日臻完善(但从未申请专利)，所纺纱线匀净坚韧，超过当时任何其他机器和手摇纺纱机，并于1790年左右开始采用蒸汽机驱动，迅即成为棉纺业最受欢迎的机械。“骡机”与水力纺纱机一样，需要大规模雇用妇女、儿童作为劳动力。但它与水力纺纱机不同，更适用于在煤价便宜、劳动力充裕的城市建立大型工厂。曼彻斯特在1782年时仅有2家棉纺厂，20年后已有52家。

新式纺纱机器的发明使原先对于纺纱与织布行业的需求压力发生了逆转，这促使人们为解决机器织布的难题进行坚持不懈的探索。1785年，有一个名叫埃德蒙·卡特赖特(Edmund Cartwright)的传教士，从未受过机械和纺织业方面的培训，也没有相关经验，仅凭借其非凡智力就解决了这一基本问题，并为一台动力织机申请了专利。但机器织布在现实中的发展为众多枝节问题所困扰，直到19世纪20年代夏普(Sharp)与罗伯茨(Roberts)在曼彻斯特的机械工厂建成经过改良的动力织机后，机器才开始大举替代使用手织机的织布工人。

伴随一系列技术革新浪潮而来的是棉花需求的急剧增长。由于英国国内并不种植棉花，因此可以从原棉的进口数字上窥见棉纺织工业发展的速度。18世纪初，英国的原棉进口量不足500吨，18世纪70年代革新浪潮前夕约为2 500吨，到1800年时已突破25 000吨。最初的棉花产地主要是印度和黎凡特，但这两个地区的产量仍跟不上需求的快速增长。之后，英属加勒比海诸岛和美国南部也开始引种棉花，但美洲产短绒棉很难将棉籽与棉纤维分离，即使使用奴隶劳动，成本依然十分高昂，该地区的棉花种植因而受挫。直到1793年，来自新英格兰地区的伊莱·惠特尼(Eli Whitney)在逗留美国南部期间，发明了一种轧棉机，经改进后极大地满足了棉花生产的需要，美国南部一跃成为英国棉纺织业最大的原料产地，棉纺织业不久也成为英国的主导产业。1860年，英国进口原棉数量超过50万吨。

纺织行业的革新创造以及轧棉机的发明，是改变棉纺织业面貌的最主要因素，但同时还有其他一些创新也功不可没。生产过程中包括纤维原料的准备到漂白、染色、印花等各道工序都涌现了一批局部环节的改良。随着生产成本的下降和产量的提高，产品中的很大一部分开始用于出口，并且出口比重越来越大；到1803年棉纺织品的出口额超过了毛纺产品，棉纱、棉布等棉制品有一半以上销往海外市场。

棉制品价格的大幅下降虽影响了对羊毛和亚麻布料的需求，但同时也激励毛、麻两大产业进行技术创新，并为其提供了革新的榜样。但与棉纺织业不同，两者尚受到传统因素和规章制度的严重束缚，其原料的物理特性也加大了机械化的难度。19世纪以前，毛、麻行业还难觅技术革新的踪迹，直到19世纪下半叶才完成整个行业的转变。

发生在棉纺织业、制铁业等领域的技术变革，连同蒸汽动力的采用，构成了早期英国工业化的核心。但工业化影响所及并不止这些领域，也并非所有的技术变革均涉及机械动力的使用。正当瓦特致力于蒸汽机的进一步完善之时，他的著名同胞亚当·斯密在《国富论》中提到一家扣针厂仅靠专业化和劳动分工就使生产率得到极大提高。从某些方面看，斯密笔下的扣针厂可视为众多消费品产业的一个缩影，这些产业中既有锅碗瓢盆之类的简单器皿，也有像钟表这样高度精密的产品。

陶器制造是另一个具有代表性的行业。来自中国的精美瓷器令富人们趋之若骛，纷纷以此代替金银餐具，这也启发了更多实用型陶瓷器的出现。同时，随着茶和咖啡饮料的日渐风靡，比起木制和锡制的茶碗与餐具，富裕起来的中产阶级更喜用国产“中国瓷器”。与制铁业一样，炭价的不断提高也促使制陶业集中在煤炭供应充足的地区。斯塔福德郡成为最主要的陶瓷产地，聚集了数百家小作坊，产品供应全国市场。作坊师傅大多依靠广泛详尽的劳动分工提高生产率，但也有像约西亚·韦奇伍德(Josiah Wedgwood)这样比较先进的匠师，已经开始使用蒸汽机完成原料的研磨和搅拌。

化学工业也经历了大规模的扩展和产业的多样化过程。取得的工业成就，部分得益于化学科学的进步，尤其是法国化学家安东尼·拉瓦锡(Antoine Lavoisier，1743—1794年)及其学生对这门学科的贡献，但更多的是来自肥皂、纸张、玻璃、油漆、染料以及纺织品等制造商为解决原料短缺而进行的实地试验。在18世纪，化学家们从化学制品的工业使用者身上学到的，大概不会少于后者从化学科学中得到的裨益(其他科学领域也与此相似)。硫酸作为一种用途广泛的化学物质，就是很好的例证。尽管炼金术士们早已知道硫酸，但因其具腐蚀性，生产过程不仅所费不赀，而且充满危险。1746年，一位兼通化学的实业家约翰·罗巴克(John Roebuck)设计了一种使用铅室、较为经济的生产工艺，随后又与另一位实业家塞缪尔·加贝特(Samuel Garbett)合作，开始硫酸的商业化生产。他们生产的硫酸除了一些直接的用途外，还用作纺织行业的漂白剂，代替原先使用的变质牛奶、乳酪及尿液等天然物质。到18世纪90年代时，硫酸本身被淘汰，起因是苏格兰的几家公司根据法国化学家克劳德·贝托莱(Claude Berthollet)的发现，开始采用氯气及其衍生物作为漂白剂。不过，此时硫酸早已实现了多种其他工业用途。

碱是另一种在工业生产工艺中广泛使用的化学物质，尤其是苛性钠和碳酸钾。18世纪时，这类物质主要通过海草灰和苏打灰等植物的燃烧制取，但由于所需海藻的供给缺乏弹性，人们不断寻找新的生产方法。另一位法国人尼古拉·勒布朗(Nicholas Leblanc)于1791年发现了用氯化钠(即食盐)制碱的方法。跟贝托莱的氯气漂白剂一样，勒布朗的生产工艺首先在英国投入商业化应用。这种被称为“人造苏打”的产品在肥皂、玻璃、纸张、油漆、陶器及其他工业品制造过程中有多种用途，另外还附带生产如盐酸等有价值的副产品。

煤炭工业最初的发展动因是弥补木材燃料的稀缺，产业本身又推动了蒸汽机的诞生，其生产虽然需要投入大量资本，大体而言仍然是劳动力高度密集的产业。煤炭工业也提供有用的副产品。煤焦油是炼焦工艺的副产品，在拿破仑战争期间，来自波罗的海地区的天然焦油和沥青供给被切断，遂由煤焦油取而代之，成为英国海军的补给物资。煤气灯则早在1812年就开始为伦敦的街道提供照明。

轨道首次在英国出现也应归因于煤矿。随着拥有很长地下隧道的煤矿不断深入挖掘，煤块便由妇女与男童（通常即为矿工的家小）用滑橇拉到用于提升的主井处。到了18世纪60年代，某些矿井将矮种马用于地下作业，不久即用该类马匹在金属板条铺成的道路上拉动轮式马车，最后便采用以铸铁或锻铁所造的轨道。早在17世纪，尽管马还是主要的役畜，但是煤矿附近区域已敷设铁轨与轨道以便利拖运。在泰恩河口纽卡斯尔一带著名的煤矿产区以及南威尔士，铁轨从矿井延伸至河畔、海边的码头，而运煤车则凭借重力下滑至码头处，再用马匹拉回煤矿，到了19世纪才开始用固定式蒸汽机通过缆绳拉送空车。当第一台机车顺利运行时，英国已经拥有长达数百英里的铁路。

蒸汽机车是一系列复杂改进过程的产物。在其众多前身当中，最主要的当然是经瓦特改良的蒸汽机，但是瓦特蒸汽机过于笨重，不够灵活，而且单位重量产生的功率太低，不适于作为机车。不仅如此，鉴于火车机车潜在的危险性，瓦特本人也持反对态度，也并不鼓励自己的助手参与实验。在瓦特所取得的分离式冷凝器的专利权到期（1800年）之前，任何实质性的进展被迫中止。除了蒸汽发动机以外，机车发动机的设计与制造还需要高精度、大功率的机床。约翰·威尔金森是一位才华横溢的工程师和机械制造师，由他设计的镗床曾帮助研制出瓦特的蒸汽机。另外还包括约翰·斯密顿（John Smeaton，1724—1792年），他是土木工程领域的开创者，其倡导的技术革新将水轮与大气式蒸汽机的效率发挥到了极致。另一位著名工程师是亨利·莫兹利（Henry Maudsley，1771—1831年），其于1797年左右发明一台带滑动刀架的螺纹切削车床，可用于加工精细金属部件。

理查德·特里维西克（Richard Trevithick，1771—1833年）是康沃尔郡的一位煤矿工程师，被公认为于1801年建成第一台可以运转的机车。特里维西克使用了高压蒸汽机（不同于瓦特蒸汽机），所设计的机车原本预想能在普通道路上行驶。这在技术上虽然可行，但由于道路无法承受机车重量，导致这种机车在经济意义上并不成功。1804年，他在南威尔士的煤田建造了另一台机车，用于在短程煤矿铁路上运行；但是和上次一样，虽然机车本身大获成功，但以生铁浇铸的轻型铁轨不堪重负。又经过多次尝试后，特里维西克转而为康沃尔郡的矿井安装机械泵，这次倒是一帆风顺。

尽管包括约翰·布伦金索普(John Blenkinsop)等在内的众多工程师都对铁路机车的发展有所贡献，但独占鳌头的却是一位名叫乔治·斯蒂芬森(George Stephenson，1781—1848年)的自学成才者。斯蒂芬森原在纽卡斯尔矿区受雇制造发动机，1813年，他建造了一台带缆绳的固定式蒸汽机，可将空煤车从货运码头拖回煤矿。1822年，他说服了从斯托克顿至达灵顿矿工铁路的发起人，使用蒸汽机代替马匹牵引。在1825年的通车典礼上由他亲自驾驶自己设计的发动机。公认的世界上第一条民用铁路于1830年在利物浦与曼彻斯特之间开通，所用机车均由斯蒂芬森设计、制造，而其“火箭号”则刚赢得上一年在“雨丘”(Rainhill)举行的机车竞赛。

地区性差异

在这篇关于近代工业黎明的小结中，“英国”和“英格兰”这两个词语经常交替使用。对工业革命早期的描述中，大多数都采用“英格兰”。然而，必须认识到，如同整个大不列颠群岛内部存在着巨大的区域性差异一样，英格兰内部在工业化进程中也存在地区性差异。

在英格兰内部，工业化速度的地区性差异主要是因为煤矿的分布不均造成的。这些煤矿主要分布在东北部地区，尤其是泰恩赛德(Tyneside)地区，以及英格兰中部地区，尽管也有些重要的煤矿分布在兰开夏(见图7-11)。虽然人们一提及兰开夏就会与棉花联系在一起，但兰开夏也是玻璃以及化工业的重要基地，而英格兰中东部地区(德比郡和诺丁汉郡)也是棉纺织业的重点。钢铁工业及其分支的制造业主要集中在中西部地区(伯明翰以及有“黑色乡村”之称的希罗普郡)、南约克郡(尤其是谢菲尔德)，以及东北部(尤其是纽卡斯尔，同时它也是化工业的中心)。毛纺

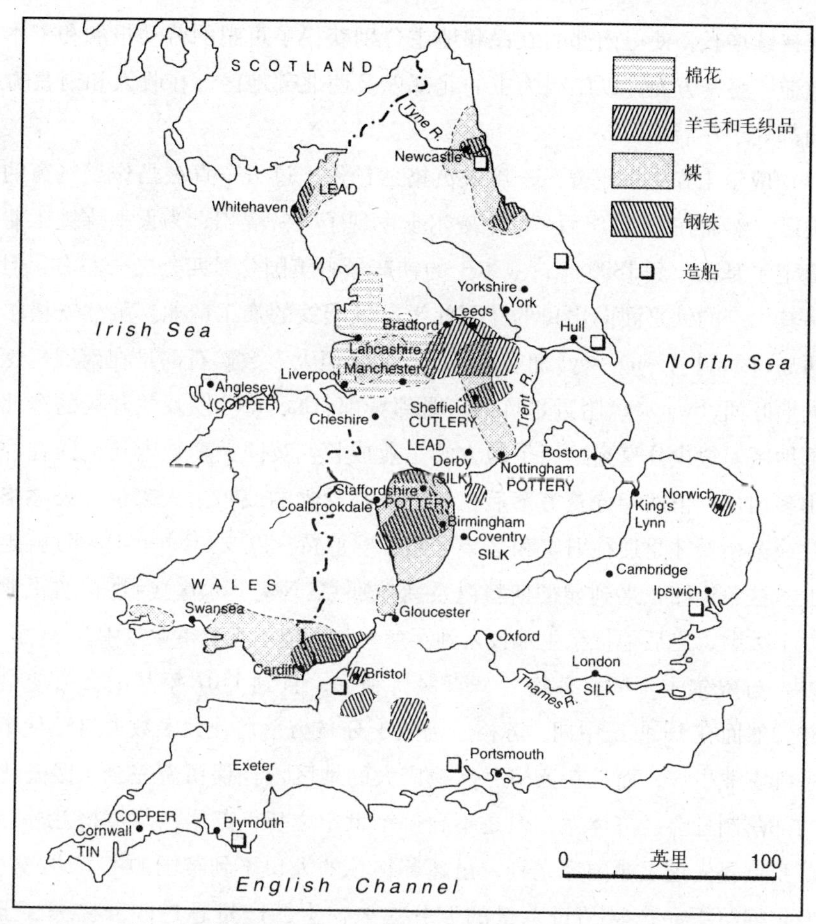

图7－11　1800年时的英国工业。

业聚集在约克郡西区(尤其是布拉福德和利兹)，取代了工业革命前的老中心，比如东安格利亚和英格兰西南部。斯塔福德郡几乎垄断了陶瓷业，同时它也是重要的铁制品生产地。康沃尔依然是铁与铜的主要来源地，但却很少有生产铁与铜的制造业。虽然伦敦已经开始出现大都市的特征，拥有许多生产消费品的工业(尤其是酿造业)，然而英格兰南部其他地区依然是以农业为主。但这并不意味着那里很贫穷；因为南部拥有肥沃的土壤和先进的农业组织，同时不断涌现出中心城市；对食物的需求持续增长，使得南部的农民和地主分别获得了可观的劳动报酬和资本收益。另一方面，以庄园为主的北部以及西北部地区，在收入和财富方面都处于落后地位。

威尔士在中世纪曾经一度被英格兰侵占，过去一直被当作是贫穷的地区。然而在18世纪后半叶南威尔士发现了大片煤田，为大型炼铁工业奠定了基础，到1800年，威尔士的铁产量占英国总量四分之一左右；但是其生产的铁是面向出口的，因此没有发展铁的加工产业。虽然安格尔西岛(Island of Anglesey)拥有重要的铜矿，但大多数矿石都是在南威尔士的斯旺西(Swansea)附近熔炼的。毗邻柴郡(Cheshire)以及兰开夏的东北部地区，很少分享到这两个地方的工业成长；英国大多数内陆地区往往山多地少，依然十分贫穷落后。对于雄心勃勃的威尔士人来说，去英格兰或苏格兰才是通往财富和名望之路。罗伯特·欧文(Robert Owen)就走上了这条道路，来到曼彻斯特以及新拉那克(New Lanark)后靠棉纺工业发了大财，之后他把余生都投入到了慈善和人道主义的事业之中。

与威尔士不同，苏格兰一直保持独立，直到1707年其国会自愿合并。然而在18世纪中期，苏格兰仍然十分贫穷落后，大多数人口还从事基础农业生产，而且在苏格兰高地广大的地区内还保留着完全未经开化的部落制社会经济体系。但是不到一个世纪之后，苏格兰与英格兰并肩跻身世界先进工业国家之列。虽然苏格兰的人口不到英国的七分之一，但它棉纺织品产量超过总量的五分之一，生铁产量超过四分之一。于1759年建立的卡伦公司(Carron Company)是世界上第一家使用焦炭作为燃料的大型综合性炼铁厂。同时苏格兰也诞生了许多化工和工程领域的革新者和企业家。总之，苏格兰从一个落后的家庭经济为主的国家到一个领先的工业化国家的转变过程，较之同时代英格兰的工业化而言，无疑更为引人瞩目。

是什么原因导致了苏格兰发生了如此深刻的变化？人们经常就这个问题议论纷纷。它唯一值得一提的自然资源就是分布在从福斯湾(Firth of Forth)延伸到克莱德湾(Firth of Clyde)的狭长低地的煤层(混合了“黑铁层”的铁矿石），这一地区养活了苏格兰大部分的人口，支撑了其现代工业的发展。1707年苏格兰并合大英帝国后，不仅进入了英格兰的市场，同时也可以进入英格兰在北美和其他地区的殖民地市场，这无疑增加了苏格兰的经济活力。苏格兰的教育体系也十分完善，从教会学校一直到4所古老的大学（相对而言英格兰只有2所），苏格兰人的文化水平在当时算是相当高的。同样，苏格兰很早就建立起了它的银行体系，与英格兰的截然不同并且不受政府管制，这使得苏格兰的企业家能够相对容易地获得信贷和资本。最后，我们不能忽视这样的事实，那就是苏格兰除了地方政府外没有其他形式的政治管辖，直到1885年后才受到联盟条约（Treaty of Union）的管制。虽然有些人对这种状况不是很满意，他们认为专一的苏格兰政府可以实行更行之有效的管理来促进经济增长，但实际上正是缺少中央政府反而使得苏格兰因祸得福。

与苏格兰形成鲜明对比的是，爱尔兰的工业化进程几乎彻底失败了。英格兰仅仅把它看成是被征服者，这一方面甚至比对待威尔士还要严重。这是否爱尔兰命运多舛的主要原因甚至是决定性原因，还不能妄下定论。事实上，爱尔兰的人口和大不列颠一样从18世纪中到1840年翻了一倍还多，但是却没有伴随明显的城市化和工业化。19世纪40年代爆发了一次灾难性的土豆饥荒，在不到10年的时间里由于饥饿和移民爱尔兰失去了四分之一的人口。

工业化早期的社会各层面

表7-1显示了在1700年到1850年之间大不列颠人口以及英格兰和威尔士人口的大致情况。这些数字揭示了在工业化早期的人口快速增长；实际上更详细的资料显示人口在18世纪初期经历了一段时期停滞后在40年代开始增长，然后在80年代开始加速增长直到1811年至1820年间达到顶峰，随后在1850年小幅回落。英国深度参与了、甚至还主导了欧洲的第三次S曲线增长。

表7-1　1700年—1850年大不列颠的人口以及英格兰和威尔士的人口

单位：百万

	1700年	1750年	1800年	1850年
英格兰和威尔士	5.8	6.2	9.2	17.8
大不列颠	—	7.4	10.7	20.6

资料来源：B. R. Mitchell & P. Deane, *Abstract of British Historical Statistics* (Cambridge, 1962)。

人口增长在当时的欧洲是一个普遍现象，并不仅限于英国或其他工业化国家，这支持了人口增长并非只来源于工业化发展的说法。当然从另一方面讲，也不能说两者之间毫无关系；如果拿19世纪中期的爱尔兰与英国作比较，就会发现工业化至少是人口持续增长的一个因素。

18世纪人口增长的机制现在还无法完全理解，主要因为缺少更加详细的信息。出生率的上升可能是因为早婚，因为当时越来越多的乡村工业和工厂工业允许年轻的夫妇不用自行修建农舍或者等到学徒生涯结束就可以建立家庭。同时死亡率也开始下降，主要由于以下几个相互关联的因素：19世纪初牛痘开始接种以及1798年后开始疫苗接种，医疗知识的发展以及新型医院的建立，当然最重要的是生活水平的提高，这与经济增长互为因果。农业进步增加了食品的数量和种类，提高了人们的营养；煤矿工业的发展为人们提供了温暖的住所；肥皂工业在后半世纪里增长了一倍，这表明人们卫生意识的提高，同时廉价棉布的增产提高了清洁标准。

移民的流入和流出也影响了人口总量。18世纪到19世纪初，英格兰和苏格兰商机无限，吸引了爱尔兰的男男女女，他们中一些人在那里暂时居住，一些人成为永久居民，这种现象甚至在著名的土豆饥荒爆发之前就发生了。欧洲大陆的许多宗教或政治难民也涌向这里。另一方面，在18世纪，超过百万的英格兰人、威尔士人以及苏格兰人离开故土去遥远的海外，主要是英国殖民地；大多数人去那里是为了寻找更好的经济机遇，但是也有一些逃债者以及罪犯被迫逃亡到美国或澳大利亚去。总体而言，英国可能因此流失的人口要多于18世纪因工业化而吸引的移民人数。

国内移民不仅有助于国内经济的发展，更重要的是改变了人口的地理分布。这些移民通常是从乡村转移到不断发展的工业地区，迁移距离很短，同时伴随着很高的自然出生率，这就导致了两个显著的人口地域性变化：（1）人口密度从东南部向西北部迁移；（2）城市化的加快。

在18世纪初期英格兰大量的人口集中在特伦特河的南岸，这条河大部分处在东南隅的十几个村落中；威尔士和苏格兰人口密度要比英格兰稀疏。在19世纪初伦敦市区外人口最密集的地区就是兰开夏郡，之后是约克郡西区以及其他包括中西部地区的煤田在内的4郡。在苏格兰，位于福斯湾和克莱德湾之间的低地带和泰恩赛德矿田地区，人口也显著增长。这样的人口分布反映了煤在工业化经济中的重要地位。

1700年，伦敦人口超过50万，在当时绝对是英国最大的城市，可能也是欧洲最大的城市。当时英国再没有一个城市人口超过3万。在1801年第一次人口统计的时候，伦敦已经拥有超过100万的人口，利物浦、曼彻斯特、伯明翰、格拉斯哥以及爱丁堡人口都超过了7万，并且仍在急剧增长。1851年的官方人口普查把一半以上的人口归为城市人口，到1901年这一比例甚至上升到四分之三。

城市的发展并非完全是件好事。这些城市里往往包含着大量摇摇欲坠的出租房以及一排排破落的农舍，里面居住的是工人阶级家庭，每个房间要挤4个人，甚至更多。这些房子里往往没有卫生设施，各种各样的垃圾随意堆积。即便是有排水排污设施的地方，也只不过是在马路中央设置了露天的阴沟，雨水、废水和排泄物经常被排放到死水池中或形成腐烂的堆积物，空气中弥漫着恶臭，成为霍乱以及其他传染病的温床。大多数街道狭窄昏暗，曲折泥泞。

造成这种可悲局面的原因，部分是由于人口急剧膨胀，行政管理机构不足，当地政府缺乏相关经验以及城市建设毫无章法。比如说，曼彻斯特从18世纪初的小村庄发展到1770年拥有2.5万人口的城镇，一直到1850年拥有30万的人口，但直到1838年它才获得了成立章程。城市人口增长大部分来自农村移民，从这方面来看，城市增长之快速确实相当惊人。由于当时卫生条件十分简陋，死亡率超过了出生率(婴儿死亡率特别高)，因此人口自然增长率是负的。即使是如此恶劣的环境也有人愿意搬来在此居住，这足以证明当时人们承受了巨大的经济压力。虽然1850年以前农业劳动力的数量一直在增加，但农村人口的增长超过了传统农业(包括农舍经济以及纯农业劳动力)的承载能力。

早期教科书认为工人是“受到高薪的诱惑而进入工厂工作的”。这个观点更多的是作者的一种偏见，不完全符合当时真实的经济情况。当然，毫无疑问，工厂工人收入确实比农业劳动力或家庭作坊工人要高些。不仅男工如此，女工和童工也是一样。有不少关于英国工业革命压迫了女工和童工的描述，虽然这种说法很新奇，但是有悖于事实。妇女和儿童在农业以及手工业中的就业由来已久，工厂只不过是沿袭了这一做法。

工厂制形式首先是在纺织业发展起来的，然后再慢慢推广到其他产业。技术进步以及人均资本占有量较高，大大提高了劳动生产率，从而工厂能够支付较高的薪水。正因为如此，工厂吸引了越来越多的劳动力，实际工资总体趋势也是上升的。但这一趋势在1795年到1815年的英法战争期间中断了，那时政府出于融资需要制造了通货膨胀，这一状况使得工资收入者的实际工资下降了。在1812—1813年后，许多行业工人的实际工资才恢复增长，尽管那时周期性衰退给工人造成了失业压力。

在过去的一个世纪里，对18世纪后半叶至19世纪中期英国工人生活水平的变化更多的只是学术上的争议(1850年后生活水平提高了，这一点是毫无争议的)。对这个问题众说纷纭，几乎也不可能达成统一的意见。现有的数据还不足以得出结论，更重要的是，对于不同地区人口财富的精确权益很难确定。一部分人，比如工匠和工厂工人，他们的生活明显得以改善；但是也有另外一部分人，比如不幸的纺织机织工，由于技术进步而被淘汰了（当然这些人肯定进入了其他行业）。

总的来说，从1750年到1850年的一个世纪里，工人阶级的生活水平确实逐渐得以改善，尽管在英法战争期间有些产业的工人生活水平有一定的衰退。收入和财富分配的变化也使得这一争论更加复杂。大多数工人，包括那些低收入的人改变比较小，但是那些靠利息、租金、利润的人的收入却提高了很多。换句话说，收入和财富的分配不均，在工业化经济以前已经很明显，在工业化早期，这种差距就变得更大了。

第八章

19 世纪的经济发展：基本要素

19 世纪的欧洲，尤其是西欧，目睹着工业主义大获成功，并成为人们的一种新的生活方式。现代工业始于英国，跨越英吉利海峡和北海，传播至比利时、法国、德国以及其他欧洲国家；同时也跨越大西洋，来到美国；又过了很久，传遍世界各地。在此过程中，现代工业方式大大改变了这些地区人民的生活和工作条件。在不同国家、地区，这种转变呈现出各自迥异的形态，这是因为环境差异和工业化起步时间不同。下面各章将进一步阐述这些差别。经济发展的基本要素包括人口、资源、技术和制度。本章，我们就将分析这些基本要素的总体趋向。

人　口

从 17 世纪早期、中叶开始，一直到 18 世纪中叶，欧洲的人口增长陷入停滞状态。在此之后，从 1740 年起，欧洲人口开始再次增长（图 8－1）。1800 年，人口已增长至将近 2 亿，略超过当时估计的世界人口（约 9 亿）的五分之一。（表 8－1 提供了精确度更高的数据，但未必准确。）19 世纪欧洲人口开始加速增长，1900 年时已经超过 4 亿，大约是当时 16 亿世界人口的四分之一。[这些数据不包括欧裔外国人口，如美国、英联邦自治领（British dominions）以及拉丁美洲，加上这些，欧洲人口将占世界人口的 30% 以上。]到了 20 世纪，虽然欧洲人口增长率略微下降，而世界其他部分人口增长率上升，但其人口总体上仍继续增长。到 1950 年，世界总人口为 25 亿，而欧洲人口总数已升至 5.5 亿以上。

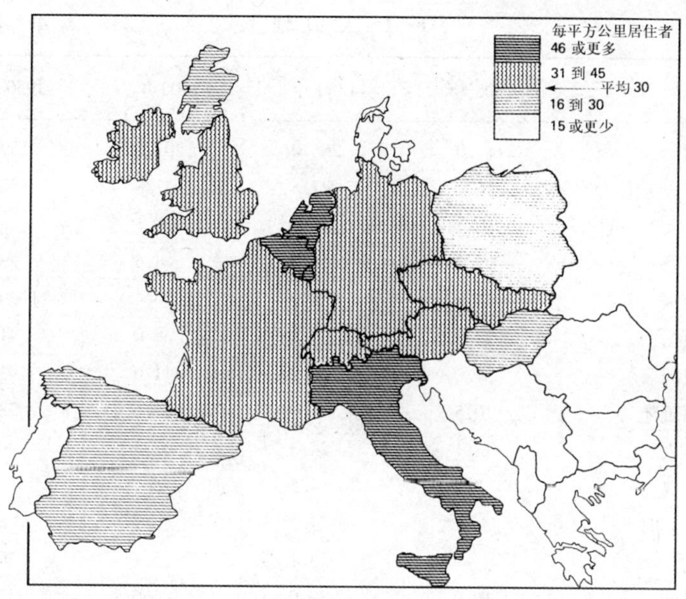

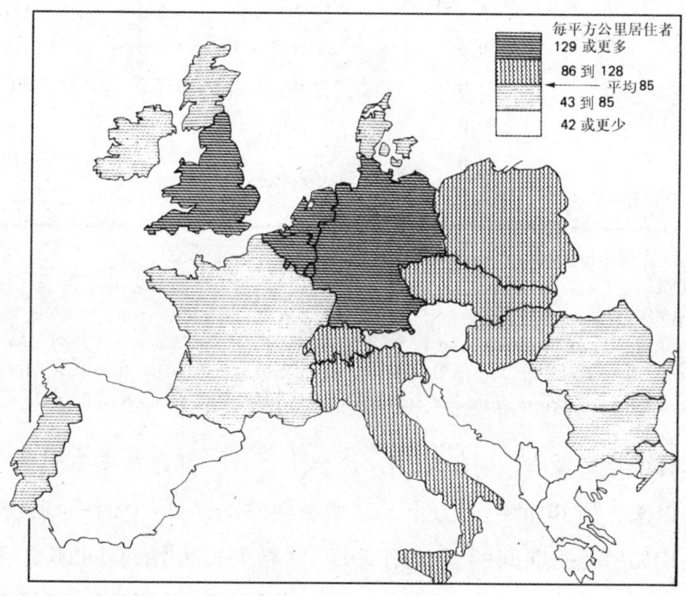

图 8－1　上图：**1750** 年左右欧洲人口密度。
下图：**1914** 年左右欧洲人口密度。

表8-1 人口增长　　单位：百万

	1800年	1850年	1900年	1950年
欧洲	187.0	266.0	401.0	559.0
联合王国[a]	16.1	27.5	41.8	50.6
大不列颠	10.7	20.9	37.1	—
爱尔兰	5.2	6.5	4.5	—
德国	24.6	35.9	56.4	69.0[b]
法国	27.3	35.8	39.0	41.9
俄国	37.0	60.2	111.0	193.0[c]
西班牙	10.5	—	16.6	28.3
意大利	18.1	24.3	32.5	46.3
瑞典	2.3	3.5	5.1	7.0
比利时	—	4.3	6.7	8.6
荷兰	—	3.1	5.1	10.0
北美洲	16.0	39.0	106.0	217.0
美国	5.3	23.2	76.0	151.7
南美洲	9.0	20.0	38.0	111.0
亚洲	602.0	749.0	937.0	1 302.0
非洲	90.0	95.0	120.0	198.0
大洋洲	2.0	2.0	6.0	13.0
世界总和	906	1 171	1 608	2 400

a 人口普查年份1801,1851,1901；

b 西德；

c 1946年数据。

资料来源：W. S. Woytinsky and E. S. Woytinsky, *World Population and Production: Trends and Outlook* (New York, 1953), pp. 34 and 44. Great Britain and Ireland from B. R. Mitchell and P. Deane, *Abstract of British Historical Statistics* (Cambridge, 1962), pp. 8-10。

这样的增长速度，对于欧洲，甚至全世界，都是从未有过的。自农业社会以来，到18世纪末为止，除了短期波动之外（有时短期波动十分严重，比如黑死病期间的人口剧减），世界人口大约每1 000年增长一倍。而在19世纪，欧洲人口在不到100年的时间内就翻了一番；到了20世纪，全世界的人口增长率甚至有过之而无不及。根据现在的人口自然增长率，世界总人口将在 25 年至 30 年内翻倍。

19 世纪最重要的两个工业国家——英国与德国，每年人口增长率超过 1%。（若持续每年增长 1%，那么人口将在 70 年内翻一番。）另一方面，俄国作为欧洲工业化最落后的国家之一，其人口增长率在主要欧洲国家中却是最高的——整整 100 年，年平均人口增长约 2%。另一重要工业国家——法国，在世纪初拥有西欧最庞大的人口，而后却远远落后于其他国家，尤其是在后 50 年里；整个世纪，其年增长率仅 0.4%。

可见，在工业化和人口增长之间并无明显的相关关系。我们必须寻找其他的因果关系。在 19 世纪最后 25 年内，运输的进步使得从海外大规模进口粮食成为可能。而在此之前，欧洲人口增长受到的较大制约之一就是欧洲自身的农业资源。在 19 世纪内，农产品大幅增产，其原因有二：其一，耕地的数量得到扩大。这对于俄国尤其重要，因为它拥有大片闲置的土地；此外，东欧其他国家和瑞典也是如此。甚至在西欧，不少土地也由于休耕地的废除，以及对原先贫瘠、废弃土地的耕种而重新得到利用。其二，由于引进了最新的科学技术，农业生产率（每个劳工的产出）显著提高。由于人们对土壤化学有了更好的认识，加之越来越多地使用肥料——从起初的自然肥料，到后来的人造肥料，普通土壤的收获提高了，而原先废弃的土地也可以投入耕作。炼铁的成本下降促使人们使用改进的、更有效率的农具器械。不少农业机械，比如蒸汽驱动的打谷机、机械收割机，都在 19 世纪的后半叶登台亮相。

廉价的运输同样促进了人口的迁移。比如在英国，移民有两种类型：国内移民和国际移民。1815 年到 1914 年间，总共有约 6 000 万人口离开欧洲。其中，近 3 500 万人去了美国，另 500 万人去了加拿大，约 1 200 万到 1 500 万人移居拉丁美洲，主要是阿根廷和巴西，其他则移民至澳大利亚、新西兰，以及南非。不列颠群岛（包括爱尔兰）向世界提供了最多的移民，大约 1 800 万人。同样，也有大量人口流出德国、斯堪的纳维亚国家。大概在 1890 年之后，意大利、奥匈帝国，以及俄罗斯帝国（包括波兰），也有大量人口移民海外。欧洲范围之内的移民同样很多，虽然有些只是暂时的。大量波兰人、其他斯拉夫人和犹太民族向西方移民至德国、法国及其他各国。法国吸引了大量来自意大利、西班牙、瑞士和比利时的移民，英国则接纳了来自全欧洲各国的移民。而在东部，除了不少罪犯和政治驱逐犯外，俄国沙皇还使大约150万农民家庭在西伯利亚落户。

除了最后沙俄的那个例子，其他移民多出于自愿。有时，人们由于政治迫害或政治压迫而逃离本国，但大多数还是因不能承受本国的经济压力，和为了寻求更好的生活机会而移民国外。比如，在1845年大饥荒之后的8年里，120多万人离开爱尔兰流向美国，更多人跨越爱尔兰海来到英国。海外那些近乎无人的新土地，如加拿大、澳大利亚、新西兰，也吸引了源源不断的移民，主要来自不列颠群岛。相当多的意大利人和德国人迁徙至南美国家，之后这些国家经济显著地增长了。

国内移民虽然不像国际移民那样浩大，但它对于19世纪经济发展过程却更为重要。在各国，都发生了中心地区间的人口转移，但最根本的改变在于城市人口的增长。而这不仅是绝对数量的增长，还有在总人口中比重的上升。19世纪之初，英国已是城市化最发达的国家，它大约有30%的人口居住在2 000人以上的聚居区内。低地国家(荷兰、比利时、卢森堡)有着较为悠久的城市传统，可能有与英国相似的城市人口比例(都市阿姆斯特丹统治下的荷兰省，其城市人口就占了50%)。意大利同样有着悠久的城市传统，但在近代伊始，其主要城市的人口开始减少，到了19世纪初，城市人口只有全国人口的五分之一到四分之一。法国和西德的比例与此相近，但是在欧洲甚至世界的其他地方，多数国家城市人口只占总人口的10%。

城市化进程伴随着工业化，在19世纪快速进行。英国再一次领先一步。到1850年为止，一半以上的英国人居住在2 000以上人口的城镇里；到了1900年，这个比例达到了四分之三。那时，其他多数工业化国家中，城市人口也至少占50%；甚至那些主要的农业国家，也显现出强烈的城市化趋势。比如说俄罗斯帝国，虽然全国只有12.5%的人口住在城市聚居区里，但莫斯科和圣彼得堡却拥有着 100 万甚至数目更大的人口。

工业国家的人口不仅仅是住在城市里，而是更倾向于住在大型城市里。举例来说，在英格兰和威尔士，自从 19 世纪初直到现在，住在小城镇(2 000 至 20 000 居民)里的人口比例大致保持在 15% 不变；而大城市(20 000 以上居民)的人口比例则从 27% 升至了 70%。1800 年，人口达到 10 万的城市，欧洲仅有 20 个，西半球则没有；到 1900 年，在欧洲和北美洲，共有 150 多个这样的城市；而到了 1950 年，数目超过 600 个。20 世纪中期，超过(有时远远超过)100 万人口的大城市比当初 1800 年 10 万人口的小城镇还要多。

人们渴望住在城市，有多种社会和文化的原因。从历史上看，阻止城市扩张的主要限制还是经济方面的——城市不可能提供足够的生活必需品给这么众多的城市人口。随着现代工业的技术进步，不仅这些限制得到了缓和，而且出于对经济的考虑，在某些情况下，甚至还需要城市扩张。在前工业化时代的社会，多数人口，甚至包括非农业人口，都居住在乡村地区。因为比起运送食物和原材料到工人集中地的费用，运输工业制成品(如纺织品和铁)还更便宜些。然而，蒸汽动力和工厂制度的引进、焦炭取代木炭成为炼铁工业燃料，以及运输和通讯上的进步使局势发生了改变。工厂制度的兴起使劳动力的集中成为必要。由于煤炭开始变得重要，在一些煤矿附近出现了最大的工业中心——英格兰的黑区、德国鲁尔工业区、法国北部的里尔周边区域，以及美国的匹兹堡工业区。这些例子同样强调了资源在现代经济增长中的重要性。

资　　源

与工业化之前相比，工业化后的欧洲在自然资源的质和量上都没有发生惊人的增长；但由于技术的改进和旺盛的需求，原先还未知或不具价值的资源突然变得很重要，甚至更加重要。这点尤其体现在煤的例子上：那些拥有丰富煤矿的欧洲地区在 19 世纪迅速成为了重工业的主要基地(图8-2)。煤资源缺乏的地区只能依靠进口，当然与此同时，它们仍继续依靠水能、风能等传统能源。19世纪末期，由于水力发电的引进，那些水力资源丰富的地区，比如瑞士、法国部分地区、意大利、瑞典-挪威联盟，因此多了一个新的比较优势的资源。

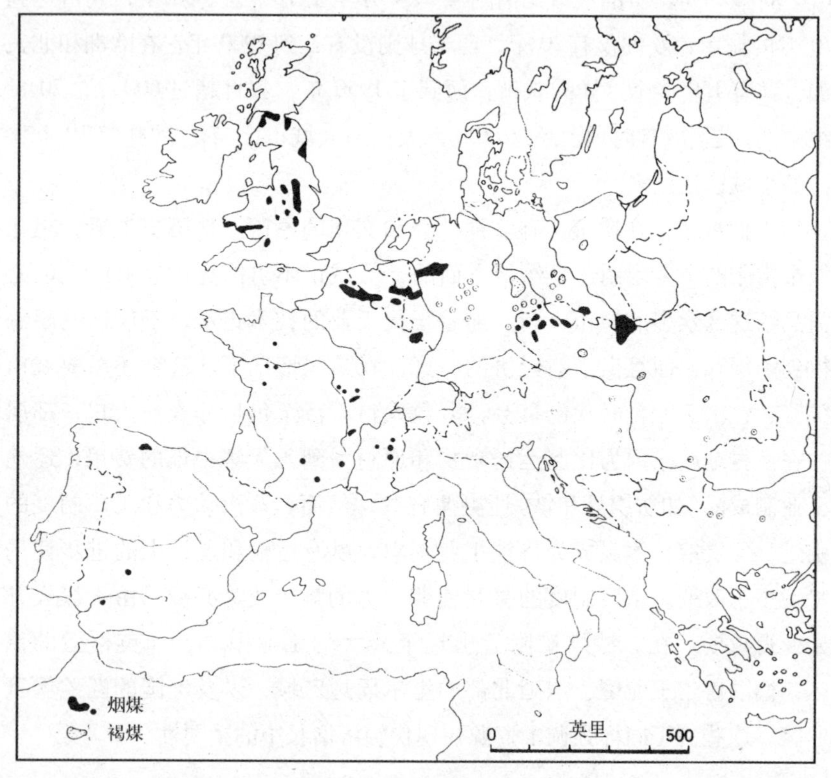

图8-2　欧洲的煤炭分布。

相对来说，欧洲整体上享有较为丰裕的传统矿物资源，如铁矿、其他金属矿、盐和硫磺。其中一些资源，比如康沃尔的锡矿，古代就已开发；而其他大多在中世纪和近代早期受到一定限制。但现代工业的需求对它们的开发利用产生了巨大的压力。这使人们开始系统地寻找先前所未知的能源，通过科学技术研究来改进它们的开采方式。有些情况下，当国内资源耗尽时，就会到海外寻找新的资源供给，欧洲的资本和技术促使了新殖民地的开辟，比如在美国西部、英联邦自治领以及拉丁美洲部分地区。19 世纪后半叶，欧洲国家开始加强了对那些组织涣散、治理不严的亚洲、非洲地区的政治控制，主要出于寻找原材料的目的，当然也有其他方面的原因。

技术发展与扩散

西蒙·库兹涅茨，一位诺贝尔经济学奖得主，把我们生活的时代称为“近代经济纪元”[①]。在他看来，一个经济纪元是由对一个“划时代革新”的应用及其衍生发展所决定和塑造的。比如，他认为欧洲历史上近代早期的划时代革新就是航运及相关技术的发展，这使人们有能力发现美洲大陆和通往东方的水路。这些成就，亚当·斯密在 1776 年就将它们称为“人类历史记录中最伟大和重要的事件”[②]。库兹涅茨认为（无疑，斯密也会认同），1492 年至 1776 年间的经济史——甚至政治史、社会史、文化史——都能根据探险和发现、海上贸易和海军的壮大，以及其他相关现象的进步发展来解释。

用库兹涅茨的话来说，现代经济纪元从 18 世纪后半叶开始，而他认为与之联系的划时代革新，就是“科学在解决经济生产问题方面的扩大应用”[③]。在前面一章我们提到过，在 18 世纪甚至 19 世纪上半叶，像这样的科学知识在经济生产过程中应用极其有限。科技史上，从 18 世纪早期到 1860 年至 1870 年间的这段时期，被誉为工匠发明家的时代。然而，从那以后，科学理论越来越多地为生产过程打下基础，特别是在如电

① Simon Kuznets, *Modern Economic Growth: Rate, Structure, and Spread* (New Haven, CT, 1966), Chap. 1.

② Adam Smith, *An Inquiry into the Nature and Causes of the Wealth of Nations* (Glasgow ed.), R. H. Campbell and A. S. Skinner, eds. (Oxford, 1976), II, p. 626.

③ Kuznets, *Modern Economic Growth*, p. 9.

学、光学、有机化学制品的新兴行业；它们同样也大大影响了冶金业、能源产业、食品加工储藏业、农业，而这些仅是影响最为显著的一些行业。

当我们分析在历史任何时期尤其是现代经济纪元中的科技变化过程时，最好牢记这三个术语之间的区别：发明、革新和新技术的扩散——它们紧密相连，但概念是不同的。用技术的术语说，发明是指一项具有机械、化学或电学性质的专利创新，其本身并没有特别的经济意义。只有当它能被充分运用到经济发展当中，也就是当它成为一项革新时，它才表现出经济意义。举例来说，在詹姆斯·瓦特和马修·博尔顿于1776年开始合作进行商业生产和营销蒸汽机之前，他们为新型蒸汽机发明的分离式冷凝器(于1769年取得专利权)在经济中扮演的角色简直微不足道。扩散是指一项革新在一个既定行业内、行业之间、跨国际边界之间的传播。扩散决不是对初始革新的自动复制过程；由于不同行业有不同要求，不同环境下需要不同的要素比例，且不同国家有不同文化，技术扩散可能面临与引进原始革新相类似的问题。

英国在19世纪的头25年所取得的工业优势主要得益于两大行业的技术进步：棉纺织业和铁制造业。而这正是依靠大规模使用煤作为工业燃料，以及把蒸汽机用作机械能量的来源。棉纺的机械化其实是在1820年完成的，它使棉纺业成为第一个现代工厂制的行业，而当时棉织业还没起步。除此之外的主要纺织业、羊毛和亚麻纺织业，虽然如同棉织业在随后的几十年里突飞猛进，但也还刚开始机械化。炼铁工业也完成了向焦炭熔炼铁矿、搅炼加工、轧钢精炼鼓风炉产品的转变。煤得到了广泛的利用，不仅用作蒸汽机、鼓风炉、搅炼炉的燃料，还在其他许多工业中被用作燃料，比如玻璃制造、盐的提炼、酿造、蒸馏等。蒸汽机为纺织厂、铸铁厂提供能量，还为驱动煤矿和锡矿里的水泵提供动力；它们同样用于磨粉厂、陶器厂以及其他工业，只是在这些领域的应用不如前者广泛。

在接下去的半个世纪里，即直到1870年以前，许多欧洲大陆工业家致力于学习英国工业的经验，并应用于本国，有时他们的做法还得到政府的扶持。其中的一些细节，留待下面几章介绍各国情况时再提。然而同时，随着技术变革脚步的加快，其影响传至原先以科学为基础的(或被科学影响的)技术所影响不到的行业。事实上，一些原先不存在的行业也因为科学发现而被创造出来了。

纺织行业，加在一起，几乎在任何国家都是雇用劳动力最多、以产值衡量最重要的制造业。而当它们大幅扩张产量时，本身就经历了许多微小的技术进步。很多欧洲大陆和美洲工业家试图在技术效率上达到甚至超越他们的对手英国，而不少革新就是在此时做出的。但总的来说，没有什么重大的技术突破能够与18世纪最后25年发生的一系列引人瞩目的革新相媲美。然而，在其他行业，情况却并非如此。不少最具革命性的技术发展都是在英国工业革命很久之后才发生的。

原动力和能量生产

当瓦特的基本专利在1800年期满时，在英国投入工作的蒸汽机不到500台，而在欧洲大陆则只有几十台。瓦特对蒸汽技术的发展贡献很大，而他的蒸汽机作为工业原动力也有很多局限。首先，热效率很低，一般低于5%(也就是说，从消耗的热能中吸取的能量，仅是其可能做功理论值的5%)，它们平均只产生15马力的能量，甚至不及一台稍微高效的风车或水车。其次，它们笨重，经常出故障。此外它们必须在相对较低的压力下运作，只高出大气压几磅的压力，而这极大地限制了它们的效率。它们的有用性之所以受限，有好几个原因，其中包括科学知识不完善、用来制造的金属强度不足、缺乏精密的机床。

在接下来的50年里，蒸汽机技术发生了许多重要的进展。机器更轻，金属强度更大，机床更精密，科学知识更完善——包括机械学、金相学、热量测定、气体原理，以及萌芽中的热力学。所有这些因素都起到了积极的作用。虽然与科学家们为蒸汽机作出的贡献相比，他们学到的东西可能更多——这在赫尔姆霍茨(Helmholtz)1847年得出热力学第一定律公式时达到高潮——但他们的贡献不容忽视。然而最初的进步却来自像康沃尔郡人理查德·特里维西克和美国人奥利弗·埃文斯(Oliver Evans)这样的机械师、工程师，后者制造并试验了高压发动机，这在瓦特看来既不安全也不实际。这项发明和其他技术上的突破使得人们能够使用蒸汽机推进蒸汽船和机车，这给运输业带来了重大的影响。工业领域也使用了很多发动机。到1850年，法国已经拥有超过5 000台固定式蒸汽发动机，比利时超过2 000台，德国将近2 000台，奥地利帝国大约1 200台。虽然没有具体的数据，但英国当时拥有的数量很可能超过整个欧洲大陆的总和。早在1838年，仅纺织业一个行业(但却是蒸汽机最大的使用者)，就有超过3 000台。相比之下，1838年美国所有行业的总数也不过2 000台固定式蒸汽发动机。

同样，发动机的功率和效率也都提高很多。40马力到50马力只是寻常水平，有的甚至可以达到250马力以上。热效率比原先的瓦特蒸汽机提升了3倍，复合的双动、三动发动机也得到引进。到1860年，大型复合式船用发动机已能产生1 000马力以上。

在蒸汽机早期的主要竞争对手——水车的身上，同样发生了技术进步。自从18世纪60年代以来，在瓦特试验、改进蒸汽机的同时，其他工程师和发明家则集中精力于改进水车。他们提出了更高效的新设计方案，而且由于铁价下跌，大型的全金属水车开始被广泛使用。在19世纪的前几十年，某些巨型水车可以产生超过250马力的动力。此外，在19世纪二三十年代，法国科学家和工程师发明并改良了水轮机，这个装置能将水的势能高效地转化为其他有用的能量。虽然人们没有广泛地接受和使用该装置，但对水能的利用却在1850年至1875年间达到了顶峰(后来出现发电机除外)。直到1850年之后，尤其是1870年后，蒸汽机才远远超出了它的对手。

到19世纪末，往复式蒸汽机已达到其效率极限，有些三联式船用发动机能够产生5 000马力。但即使是这些巨型装置，也不足以用来发电——蒸汽动力的最新用途。首先，往复式引擎的机轴所能产生的最大转速对于发电机所需要的更高速度而言，还是太低。此外，往复式引擎的振动对高效率发电也是不利的。解决这些问题的方法就是蒸汽轮机，这是在19世纪80年代由英国工程师查尔斯·A·帕森斯(Charles A. Parsons)和瑞典发明家古斯塔夫·德·拉瓦尔(Gustav de Laval)提出的。这种新型装置发展神速，20世纪前期，单单一台装置就已经能够产生10万千瓦的功率了。

人们很早就观察到了电的现象，但即使到了18世纪，电也只是引起了人们的好奇心。一直到18世纪末，美国的本杰明·富兰克林和意大利的路易吉·迦伐尼(Luigi Galvani)以及亚历山德罗·伏打(Alessandro Volta)三人的研究，才把它从空谈的把戏变为实验室里研究的目标，其中后者发明了电池。1807年，汉弗莱·戴维爵士(Humphry Davy)发现了电解现象，在此现象中，电流分解了特定水溶液里的化学元素。由于这一发现，电镀工业兴起了。电学发展的第二阶段，则由戴维的学生迈克尔·法拉第(Michael Faraday)、丹麦物理学家汉斯·奥斯特(Hans Oersted)，以及法国数学家安德烈·安培(André Ampère)三人一统天下。1820年，奥斯特观察到电流能在其导体周围产生磁场，安培因此用公式表示出了电流与磁力间的定量关系。1820年至1831年间，法拉第发现了电磁感应现象(在线圈内旋转磁体能产生电流)，并发明了原始的手动发电机。在这些发现的基础上，从1832年到1844年，萨缪尔·莫尔斯(Samuel Morse)在美国发明了电报。但电迟迟不能在工业上得以应用，因为难以发明出一种经济高效的发电机。

科学家、工程师们试验了各种各样的发电设备。直到1873年，法国东南部的一个造纸工将用于阿尔卑斯山抽水的水轮机，连接上了发电机。这一显而易见的简单创新，影响却十分深远，因为它使缺乏煤矿却水能丰富的地区能够在能源上自给自足。在接下来的几十年里，蒸汽轮机的发明将发电从水力发电站释放出来，并重新将能源生产转向煤和蒸汽。然而对于那些原先工业发展停滞不前的贫煤国家而言，水电能源的发展变得异常重要。

同时，电的实际应用也有了很大的发展。从1840年起，电被应用于新兴的电镀行业和电报。19世纪50年代，灯塔开始使用电弧光灯。到19世纪70年代，弧光灯已被用于不少工厂、店铺、戏院和公共建筑。几乎在同时，1878年到1880年间，英格兰的约瑟夫·斯旺(Joseph Swan)和美国的托马斯·爱迪生(Thomas Edison)完善了白炽电灯，这使得弧光照明过时，并诞生了繁荣兴旺的电气工业。之后，电和另两个新近完善的光源——煤气和煤油之间，进行了几十年的激烈竞争。

除了照明外，电还有许多其他用途。可以说，电是万能的能源形式之一。1879年，也就是爱迪生取得其电灯专利的同年，德国的维尔纳·冯·西门子(Werner von Siemens)发明了路面电车，在迅速形成中的大都市里，对市内的公共交通运输造成革命性的影响。几年内，电动机有了许多工业用途，发明家们甚至已经开始想到家用电器。电还可以产热，这样就能被用于冶炼金属，特别是新发现的铝的冶炼。

石油是在19世纪后半叶异军突起的另一重要能源。虽然人们以前也知道石油，并因为偶尔的发现而使用它，但其商业开发却是1859年在宾夕法尼亚的泰特斯维尔(Titusville)开挖德雷克油井(Drake's well)时才开始的。就像电一样，液体石油及其副产品天然气，最初主要用于照明。原油由几种成分(或者说几种馏分)组成。其中煤油起初被认为是最具价值的，因为它适合用于油灯。其他馏分被用作润滑剂，由于带运动部件的机器广泛使用，以及润滑剂本身具有药用价值，润滑剂的需求迅速增长。更重一些的残余馏分，早先作为废物处理，最终用于家用和工业用加热，与煤以及其他传统能源竞争。燃烧值最高、最具挥发性的馏分——挥发油和汽油，长期被认为是危险品。然而与此同时，许多发明家和工程师，尤其是德国的尼古劳斯·奥托(Nikolaus Otto)、卡尔·奔驰(Karl Benz)、戈特弗里德·戴姆勒(Gottfried Daimler)正在为内燃机做实验。到1900年，已经有各种各样的内燃机了，其中大多数以液体石油的某种蒸馏物为燃料，比如汽油和柴油。目前为止，内燃机最重要的用途在于轻型的运输设备，如汽车、运货卡车、巴士；而像法国人阿尔芒·

珀若(Armand Peugeot)、路易斯·雷诺(Louis Renault)、安德烈·雪铁龙(André Citroen)，英国人威廉·莫里斯(William Morris)，美国人亨利·福特(Henry Ford)这样的企业家，他们手中掌握了此技术，造就了20世纪最重要的行业之一。内燃机同样有工业上的应用，并为20世纪航空器工业的发展打下了基础。

廉价钢铁

19 世纪开始前，生产生铁过程中的焦炭冶炼和搅炼处理，以及将生铁精炼成为锻铁(熟铁)，这些工艺在英国实际上已普遍使用，这使英国的制铁工厂在与外国对手的竞争中获得优势。18 世纪后半叶，在法国和普鲁士的西里西亚，在王室的赞助下人们尝试着引进焦炭冶炼，但都没有带来经济上的效益。后来，在大革命及拿破仑一世战争的动乱局势中，再也没有人进行试验了。1815 年恢复和平后，欧洲大陆的铁工厂主争先恐后地引进搅炼和滚轧技术，将生铁转化为熟铁。但由于在欧洲大陆和英国，木炭和合适的焦炭两者相对价格不同，故较迟采用焦炭冶炼。19 世纪 20 年代后期欧洲大陆上第一台成功使用焦炭的鼓风炉在比利时(当时还只是荷兰联合王国的一部分)诞生了；三四十年代，一些法国铁工厂主采用了焦炭，但直到 50 年代此工艺才开始普遍。德国甚至更晚采用焦炭冶炼，直到 50 年代才形成了引进此法的热潮。而在美国，由于其木材和木炭供给充足，而且宾夕法尼亚东部还有无烟煤细粒可代替焦炭，故直到南北战争之后，美国才开始广泛采用焦炭冶炼。在欧洲的其他地方——瑞典、奥地利帝国、意大利以及俄国部分地区——小型的木炭点火炼铁业仍顽强地坚持着。

19 世纪上半叶，炼铁业唯一一次重大的技术革新就是热(鼓)风炉，1828 年苏格兰工程师詹姆斯·B·尼尔森(James B. Neilson)获得该技术的专利权。该技术通过利用废气来预热鼓风炉里的空气，使燃料燃烧得更充分，降低了燃料的消耗量，加快了冶炼过程。苏格兰、欧洲大陆，甚至美国的炼铁工厂主都马上采用了这种方法，但英格兰和威尔士慢一些。

在19世纪下半叶，影响铁制造业的最大技术革新是有关钢的冶炼。钢实际上是一种特殊的铁，含碳少于铸铁、多于熟铁。所以，它不像前者那样脆弱，同时比后者更坚硬、耐用。钢的制造已经有好几个世纪的历史了，但因代价高昂生产量很少。所以它的用途只限于像锉刀、表的发条、手术器具、剑刃、优质餐具这样的精细产品。1856年，英国发明家亨利·贝塞麦(Henry Bessemer)发明了直接用熔铁生产钢铁的方法，并获得了专利。这种方法跳过了混凝过程，而得到了优质的产品(图8-3)。贝塞麦炼钢法的产量迅速增加，很快就在很多用途上取代了普通的铁。然而，贝塞麦炼钢法并不总能产出统一高质量的钢铁，而且不能用

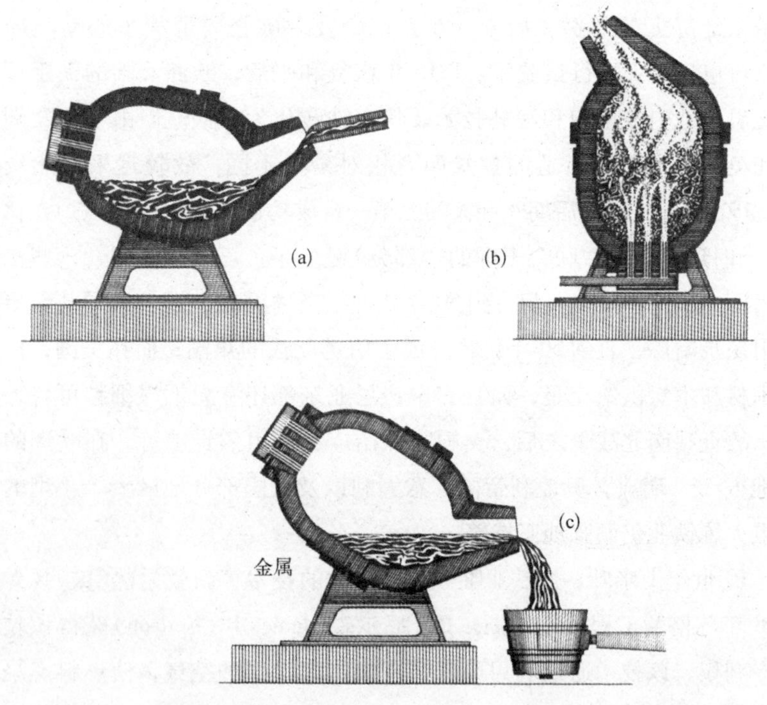

图8-3　贝塞麦转炉，无需燃料即可生产钢。只需将空气吹入熔化的铁水中将多余的碳燃烧掉：(a) 装料；(b) 鼓风；(c) 浇铸。

于含磷的铁矿。19 世纪 60 年代，为了修补原有的缺陷，法国冶金家父子皮埃尔 · 马丁和埃米尔 · 马丁(Pierre and Emile)、德国西门子兄弟——在德国的弗雷德里希(Friedrich)和英格兰的威廉(William)，开发了平炉，或被称为西门子-马丁熔炉。它比贝塞麦炼钢法慢，且稍贵，但能生产出更高品质的产品。1878 年，英国的一对表兄弟悉尼 · G · 托马斯(Sidney G. Thomas)和珀西 · C · 吉尔克里斯特(Percy C. Gilchrist)，申请到了“基准工艺”的专利(之所以这样命名，是因为它利用了石灰石及其他基本材料，加衬于贝塞麦的转炉或平炉内部，来中和铁矿中磷的酸性)，这使得人们能够使用大量的含磷铁矿。由于这些和其他的革新，钢铁的世界年产量从 1865 年的不到 50 万吨，跃至一战前夕的 5 000 万吨。

钢铁行业的扩张对其他行业造成了深远的影响，其中包括钢铁制造业的供应行业(如采煤业)和使用钢铁的行业。用钢制成的火车轨道比起铁制的更耐用、更安全。造船用的钢板使造出的船更大、更轻、更快，同样也可用于战船的重铠。钢梁的使用使人们有能力造出摩天大厦和其他建筑物。不久，钢铁就在工具、玩具、蒸汽机、发夹等成百上千其他产品的制造中代替了铁和木材。

运输和通讯

与其他任何技术革新相比，蒸汽火车头及其附件、铁质(或钢质)铁路更能概括 19 世纪的经济发展过程(图 8 -4)。它们既是工业化的标志，又是工业化的工具。在铁路出现之前，运输设施的匮乏给欧洲大陆和美国的工业化设置了重大的障碍。由于缺乏像英国那样的天然水道，且运输距离较长，欧洲大陆和美国的工业家们只能局限在本地市场，几乎没有进行广泛的专业化分工和添置昂贵资本设备的余地。铁路以及蒸汽船的出现，改变了这种窘境，但后者的作用不及前者。铁路向人们提供了更便宜、更快捷、更可靠的运输方式；同时，在进行铁路建设期间，即从大约 1830 年起直到 19 世纪末，其对于铁、煤、木材、砖和机器的需求，表明了铁路对这些行业的强有力的刺激作用。

图8-4　蒸汽机车。蒸汽机车体现了19世纪的技术，其发展过程极为迅猛，从1829年的“火箭号”（上图）发展到了20世纪风靡美国的重载机车（下图）。

在前面一章提到过，到了 18 世纪末，英国的煤田常常有好几英里的铁路，上面的矿车由重力、马力和人力拖拉。1825 年，斯托克顿（Stockton）—达灵顿（Darlington）铁路的开通预示了铁路时代的到来；而利物浦—曼彻斯特铁路，第一条专为蒸汽火车头设计的作为公共运输用途的铁路，它在 1830 年开通，并开辟了铁路时代。从那以后，英国的铁路网络迅速发展。英国既有技术专家，又有建设所需的资本储备；议会受到当时刚取得胜利的自由经济政策思想的影响，乐于向私人股份公司颁发执照。由此产生的投机和建设的热潮（被称为是“狂热症”），不可避免地经常被金融危机所打断。然而，到 1850 年止，英国已经建成了最终铁路网络的四分之一以上，几乎相当于欧洲其他部分的总和（见表 8－2）。

表 8－2　铁路的增长（开通的铁路长度）　　单位：公里

国　　家	1840 年	1870 年	1914 年
奥匈帝国	144	6 112	22 981[a]
比 利 时	334	2 897	4 676[a]
丹　　麦	0	770	3 951
芬　　兰	0	483	3 683
法　　国	410	15 544	37 400
德　　国	469	18 876	61 749
意 大 利	20	6 429	19 125
荷　　兰	17	1 419	3 339
挪　　威	0	359	3 165
俄　　国	27	10 731	62 300
西 班 牙	0	5 295	15 256
瑞　　典	0	1 727	14 360
英　　国	2 390	21 558[b]	32 623
美　　国	4 510	84 675	410 475

a 1913 年

b 1871 年

资料来源：B. R. Mitchell, *European Historical Statistics, 1750－1970* (New York, 1975), pp. 582－584. United States figures from *Historical Statistics of the United States, Colonial Times to 1957* (Washington, 1960), pp. 427, 429。

早在1830年，法国、澳大利亚、美国就有了用于马拉车的短铁路（法国甚至有了几英里的蒸汽机车铁路）。但在铁路建造方面，美国后来甚至超越了英国和其他欧洲的竞争对手。它利用欧洲的外资、供应商以及私企创办人和各州及地方政府的热情，建造的铁路横越广阔的国土。然而许多铁路造价十分低廉，质量也参差不齐。

大陆国家在规划和建设铁路的过程中，比利时无疑是最早的最佳典范。当全国上下正在为其新近获得的独立（从荷兰联合王国独立出来）欢欣鼓舞时，中产阶级政府决心靠国家之力建造一个全面的铁路网络，以促进比利时制造业的出口，同时开展欧洲西北部的过境贸易。第一段铁路，也是欧洲大陆上第一条全靠蒸汽机运行的铁路，在1835年开通了。10年后，这个国有铁路的基本网络完成。之后，建造支线铁路和次要铁路的工作就交给了私人企业。

法国和德国，是其他大陆国家中仅有的两个在19世纪中叶前就在铁路上有重大进展的国家。德国虽然分裂为几个独立而敌对的州，却在这方面成就最大。从1835年较短的纽伦堡—富尔特（Furth）铁路开始，不少州也纷纷建设铁路，尽管各州速度不同但大致来讲都是很快的。有些州遵循国有国营的政策，另外一些州则将铁路交给私人企业运营，但通常都有补贴。还有一些州既允许国有铁路，又允许私有铁路。虽然法国有个中央集权政府，且1842年前已有一个以巴黎为中心的全面铁路规划，但其建设却比德国慢。议会在铁路是国有还是私有问题上的争论，以及在铁路干线定位问题上的区域性冲突，阻碍了法国铁路时代的到来。一直到进入法兰西第二帝国时代、1852年后，铁路建设才迅速发展。

在其他地区，19世纪中期以前的进步都很小。奥地利帝国的第一条铁路，是波希米亚境内的一条马力铁路线，从布德魏斯（Budweiss）到林茨（Linz），可以追溯到19世纪20年代。1836年，政府做出让步，允许一家由罗特希尔德（Rothschild）家族创办的私人公司接手建造第一条蒸汽机车铁路，但在1842年，国家却为了自身利益，亲自建造铁路。政府一直坚持这项政策，直到后来遇到10年财政危机迫使政府放弃铁路，让渡给私人公司。到 19 世纪中期，国有、私有铁路总共只有大约 1 700 公里投入运营，而这些铁路几乎只限于波希米亚境内，以及帝国的德语区域。

荷兰在 19 世纪 30 年代后期到 40 年代早期，有一阵子造铁路很积极，连通了国内主要城市。过度修建铁路也导致了财政情况恶化，反而使铁路受到冷遇。荷兰得天独厚的运河及横跨平坦乡间的少数砖造公路，已足以满足国内商贸的需求。荷兰依旧以海为生，并通过莱茵河和默兹河(Meuse)与内陆地区保持联系。直到 1856 年，其铁路网络才同欧洲其他部分的铁路连通。

19 世纪三四十年代，意大利半岛上造了一些较短的铁路，但由于意大利周围有几个贫困的小公国，铁路也被分为几段。直到 50 年代撒丁王国出现了一位名为卡米罗 · 德 · 加富尔(Camillo de Cavour)的政治家，铁路才开始有所发展。瑞士和西班牙早在 19 世纪 40 年代就已开辟了若干短铁路线，但在意大利，直到 1850 年才开始真正用心建造铁路。

在俄国，自 1838 年用铁路将圣彼得堡市区和城外的夏宫连起来之后，沙皇政府直到 40 年代中期才再次介入这个领域。后来主要出于军事目的，俄国开始借外债用于建造从圣彼得堡通往莫斯科、从圣彼得堡通往奥地利和普鲁士前线的重要铁路线。(据称，尼古拉一世解决了他的工程师们关于莫斯科—圣彼得堡铁路路线的争执。他用一把尺子在地图上两座城市之间画了一条直线，说道："先生们，那就是我希望你们建造的铁路。")然而 19 世纪中叶时，只有从华沙到奥地利前线的一小段铁路投入运营。

在欧洲东部和东南部的其他地区，不管是在君主、沙皇，还是苏丹的统治下，到 1850 年，还没有想过要修造铁路。甚至在西方，丹麦才刚开始制定计划，而瑞典、挪威、葡萄牙三国，就连修建铁路的计划都没有。

19 世纪下半叶是欧洲及世界其他地区最兴盛的铁路建设时代，表 8－2 中的数据可以证明这一点。英国工程师们，依靠其领先的经验、铸造工艺和机械工厂，在欧洲大陆建造了第一批铁路。随后，他们开始负责在印度、拉丁美洲和南非更大区域内建造铁路。美国人从一开始就自己建造铁路，尽管也借助了不少欧洲资本(主要是英国)和设备。法国，在吸取了英国早期的不少经验教训后，不仅建造自己的铁路，还为欧洲南部和东部建造了大多数的铁路，包括为俄国造铁路。德国人同样建造了本国的大多数铁路，且为东欧和亚洲的一些地区建造了铁路。在此过程中，也加强了他们的冶金业和工程技术公司。

最早的火车头，虽然在那个时代令人惊异，但实际上却微不足道(见图8-4，上图)。欧洲大陆在机车设计上的进步创造了19世纪末及20世纪初的大机器。当时，电动牵引和柴油机已经开始挑战蒸汽火车头的首席地位。早在19世纪70年代，就有隧道穿越阿尔卑斯山了。卧铺车虽然是在1837年从美国引进的，但是直到19世纪70年代才在欧洲普遍使用，那时已不断有铁路网络轻而易举地穿越政治边界了。有名的东方快车，在1888年开通，从伦敦、巴黎开往君士坦丁堡。

蒸汽船虽然在蒸汽机车之前就已发明了，却一直在商贸、工业扩张的过程中起着较次要的作用。直到19世纪末，事实上，自1850年后，用于海外贸易的木质航船，在技术上、载重吨位上，都已经发展到了顶峰。19世纪上半叶，蒸汽船在国内贸易发展中作出了最大的贡献(图8-5)。虽然之前有很多人提出发明蒸汽船的荣誉属于他们，但此功劳往往归于美国人罗伯特·富尔顿(Robert Fulton)，他的“克莱蒙特号”(Clermont)船于1807年在哈德逊河上首次试航成功。几年内，蒸汽船就在五大湖、密西西比河流域的河流和沿海水域上出现了。1850年前，蒸汽船对开发跨阿勒格尼西部的贡献甚于铁路。在欧洲，在诸如莱茵河、多瑙河、罗讷河、塞纳河的大河上，以及地中海、波罗的海、英吉利海峡都可以看到这些蒸汽船。随着辅助汽船“萨凡纳号”(Savannah)1820年的航行，蒸汽船出现在北大西洋上。但直到1838年才开始定期的跨大西洋服务，那年“天狼星号”(Sirius)和“大西部号”(Great Western)同时进行从英格兰到纽约的航行。英国人萨缪尔·肯纳德(Samuel Cunard)1840年开辟了这条著名航线，但马上就陷入了和其他公司的激烈竞争中。到美国内战结束时为止，远洋轮船主要运送信件、乘客和贵重轻质的货物。过了一些年后，直到人们发明了螺旋桨(19 世纪 40 年代)、复合式发动机(50 年代)、钢质船体(60 年代)，并且在 1869 年开通了苏伊士运河，远洋轮船时代才真正到来。从那以后，蒸汽船迅速发展，并且在世界经济的一体化过程中扮演了十分重要的角色。

图 8－5　罗讷河上的蒸汽船。19 世纪上半叶，蒸汽船在内河航行中发挥了重大的作用。航海的蒸汽船是之后才发明的。

谈到通讯交流领域的发明，19 世纪可能没有一项单独的发明能够与 15 世纪的印刷术相提并论。然而，如果把 19 世纪所有创新的影响累积起来还是可以与印刷术相匹敌的。造纸机发明于 1800 年左右；滚筒印刷机最初由伦敦《时代》杂志在 1812 年投入使用。这两项发明大大降低了书报的成本。19 世纪 60 年代，木质纸浆代替破布成为造纸原料。这些发明，加之对纸张和印刷的印花税与消费税的税率降低，使得大众能够买得起书报刊物，有助于提高他们的文化水平。1885 年，德裔美国人奥特玛 · 麦根塔勒(Ottmar Mergenthaler)发明了划线机，进一步加深了日报的影响，印刷和排版的进步就此达到了顶点。到 1900 年止，有几份报纸每日在大城市里的销售量已过100万份；而在1860年，伦敦的《时代》杂志日发行量也只有5万份，却已是当时的最大销售量了。

1819年平板印刷术的发明和1827年后摄影的发展，使人们能够以便宜的价格复制图像，并广泛传播。英国在1840年发明了一便士邮票；那一年，皇家邮政局递送的信件数量超过了1839年的两倍。一年之内，大多数西方国家都纷纷采用了固定费率、预付的邮政收费体系。

而美国人萨缪尔·莫尔斯1832年发明的电报则更具重大意义。截至1850年，欧洲和美国的大多数主要城市都已有电报线联通；1851年，第一条海底电报电缆成功铺设于英吉利海峡之下。1866年，在10年的尝试和多次失败后，美国人赛若斯·W·菲尔德(Cyrus W. Field)又成功地在北大西洋下铺设了一条电报电缆，为欧洲和北美洲之间提供了几乎同步的信息交流。之后，又出现了其他海底的电报电缆。亚历山大·格雷厄姆·贝尔(Alexander Graham Bell)在1876年获得电话发明的专利，电话使得长途通讯更隐私，但最初其主要用途只是为了方便局部通讯。

在英国人詹姆斯·克拉克·麦克斯韦(James Clerk Maxwell)和德国人海因里希·赫兹(Heinrich Hertz)科学发现的基础上，意大利发明家兼企业家古格列尔莫·马可尼(Guglielmo Marconi)在1895年发明了无线电报(或称无线电)。早在1901年，就有人发送了一条无线信息跨越大西洋。到1912年"泰坦尼克号"灾难降临时，无线电在海洋航行中已有了举足轻重的地位。在商业沟通领域，打字机[斯科尔斯(Scholes's)专利，1868年；雷明顿模型一代(Model I Remington)，1874年]和其他早期商业机器的发明，让那些忙碌的商人能够跟上并投入信息增长的浪潮，而这正是他们的大规模运作和国际性活动所必需的。打字机的出现还帮助妇女加入了就业大军。

科学的应用

比起早先的技术革新，所有这些发展更加依赖于科学在工业化进程中的应用。特别是电气行业，它要求具有高度的科学知识和技术训练。而在其他行业，科学进步也越来越成为技术进步的前提条件。然而，这不是说科学家们将放弃他们的实验室，来到董事会会议室；或者相反，商人们要成为科学家。但这意味着，科学家、工程师们和企业家之间要进行更多的互动。马可尼虽然略懂科学知识，但主要还是个生意人。贝塞麦和爱迪生则是一个新行业分类——职业发明家的原型。爱迪生发明了留声机、电影摄影机、白炽灯泡和其他许多次要的新奇玩意。事实上，为建造一个大规模的发电、输电的设备，他在商业运作上也花了一大部分的时间。技术发展越来越需要大量科学家和工程专家的合作；而这些专家的工作也需要企业管理者的协调。他们虽然不精通这些新技术，却要认识到它们的潜力。

事实证明，化学在创造新产品和新工艺方面硕果累累。化学已经创造出人工的苏打、硫酸、氯化物，以及许多在纺织业十分重要的重化学制品。英国化学家威廉·柏琴(William Perkin)在寻找奎宁的人造代替物时，意外地合成了苯胺紫——十分高价的紫色染料。这就是人工合成染料行业的开始。在20年内，它已经把天然染料从市场上排挤出去了。事实证明，合成染料只不过是更大、更复杂的有机化学行业的敲门砖，其产品包括药物、炸药、照相试剂、合成纤维等多种多样的产品。煤焦油是炼焦工序的副产品，原来被看作是昂贵而讨厌的物质，现在却成为这些行业的主要原材料，变废为宝了。

化学在冶金中同样起着至关重要的作用。19世纪早期，只有那些自古就知道的金属才在经济上受到重视，比如铁、铜、铅、锡、汞、金和银。在18世纪法国伟大的化学家安东尼·拉瓦锡引领的化学革命之后，发现了许多新的金属，包括锌、铝、镍、镁和铬。除了发现这些金属以外，科学家和实业家们还发现了它们的用途，并设计出了经济的生产方法。其中一个重要的用途就是制造合金——两种或两种以上金属组成的性质不同于原组成部分的混合物。黄铜和青铜就是天然合金的典型。钢实际上是铁加上少量碳，有时甚至是其他金属得到的合金。19世纪下半叶，冶金专家们发明出许多特殊的合金钢。他们加入少量的铬、镁、钨及其他金属，为普通的钢铁增添一些满足特殊需要的性质。他们还开发出不少不含铁的合金。

化学同样也发展了一些古老的行业，比如食品的生产、加工和储存。19世纪三四十年代，在德国发起了对土壤的科学研究，主要由农业化学家尤斯图斯·冯·李比希（Justus von Liebig）进行，这使农业实践取得了巨大的进步，还开发出人造肥料。于是，科学农业就和科学工业同步发展了。罐头制造和人工制冷导致了一场饮食习惯的革命；同时，由于能够从新大陆和澳大利亚进口原先可能腐败的食物，这使得欧洲人口的增长能远远超出其自身农业资源所能维持的程度。

制度框架

前几章已经说明，在不同的制度环境中都可以实现经济发展。然而，显然有些法律和社会环境，就像某些自然环境一样，更能促进物质进步。19世纪的欧洲诞生了最早的工业文明，其经济活动的制度环境，保证了个人和企业的自主权，提供了广阔的发展空间，允许职业选择的自由、地域和社会流动的自由、依靠私有财产和法律制度，并且还强调了追求物质目的过程中理性和科学的应用。所有这些要素早在19世纪之前就已经存在了，但只有将它们并排在一起并明确地认同它们的价值，才使得它们成为经济发展的强大推动力。

法律基础

我们知道，英国实际上已经有了一个相当现代化的经济发展框架，与其社会的和物质的创新和改革相适应。这个框架中最重要的制度之一，就是被称为“普通法”①的法律体制（称之为“普通”，是因为至少

① 又称判例法，法院在进行诉讼审判时，寻求过去的司法判例当作审判依据，根据的是“平等原则”（或者说“正义原则”），亦即“相同的诉讼，有相同的审判结果”，因此对当事人有了公平与正义的保障。——译者

从诺曼底人对英格兰的军事征服时起，它就在整个英格兰王国中通行，完全取代了地方的法律和习俗）。普通法的一个显著特点就在于它的灵活性和不断改进的特征——判决的依据是习惯和先例，并在书面法律判决中阐明。它保护可能受国家掠夺的私有财产和个人利益（“每个英国人的家就是他的城堡”），同时也保护公共利益免受个人勒索（比如，禁止抑制贸易的窜谋）。随着普通法在专门的商业法庭中的发展，它还将商人的惯例（“商业习惯法”）吸纳进来。普通法还随着英国的殖民过程，传播至英国的殖民地，在美国和英联邦自治领独立或自治时，成为了这些地区法律体系的基础。

同时，在欧洲大陆，在渐渐侵蚀的改革力量面前，以前过时的制度，已经僵化到无法渐进、和平地过渡到新秩序的程度。法国大革命，通过粉碎旧的封建君主制政体，为有雄心和抱负的有识之士开辟了新的前景和机遇，彻底革除了封建等级制腐朽的残余，并创立了一个更理性的法律制度，最终载入了《拿破仑法典》。

我们可在《人权和公民权利宣言》（简称“人权宣言”）（大量借鉴了美国的《独立宣言》，而后者又借鉴了法国哲学家的作品）中看到新秩序的宪章。第一条就宣告“人人生而自由，在尊严和权利上一律平等”，这里的权利包括自由权、财产权（“神圣不可侵犯”）、安全和反抗压迫的权利。宣言还明确指出了如何保证这些权利不受到侵害：法律的一致性、言论出版自由、对公民及其代表的征税平等、公务员的责任感，以及所有公民“按……及其操行和才能，平等享有所有尊严、官职、公共职位的机会”。

革命的议会并不仅限于宣言，更关注到新秩序的法律基础的细节。除了在国内革除封建政权、建立私有产权之外，他们还取消了所有的国内关税，废除了行业公会和所有国家对行业的管制机构，禁止垄断、特许公司及其他特权企业，用理性、统一的税收体制代替了旧封建君主制政体的任意专断的不公平的征税。1791年，国民议会已经走得太远，以至于通过了激进的《夏佩利埃法》（*Le Chapelier Law*），禁止工人、雇主结社组织行会。

法国人自然而然地将他们的革命性的改革同样运用到他们在大革命和拿破仑战争过程中所征服的土地上。比利时、德国莱茵河西岸、意大利大部分，有一段时间还有荷兰和德国北部一部分，这些土地都并入了法兰西帝国。整个改革都被直接应用到这些领土上，只有极少数例外。莱茵同盟、瑞士联邦、华沙大公国、那不勒斯王国、西班牙，当时都处于法国的“保护”下，接受了大部分的革命性法规。改革的影响甚至延伸至不受法国直接统治的国家，其中普鲁士受其影响最深。在遭受1806年耶拿(Jena)战役失败的耻辱之后，普鲁士政府中涌现出一批聪明、爱国的官员，他们立志要通过行政改革和社会改革来重建国家，以求能够抵挡住法国的占领，并继续领导这个日耳曼民族。

大革命的这一清洗工作，不能仅仅被认为是负面的破坏行为。相反，这些做法正是迈向一个积极的、建设性的、始终如一的政策的第一步。然而，最终现代法国以及那几个受法国影响的国家，其制度所受到的决定性影响因素并非来自大革命本身，而是来自拿破仑。公众舆论的反应使得拿破仑的独裁成为可能，同时这实际上也是对大革命的过激举措和对暗地里的腐败、特权的反应。同样，他们希望能同旧政体的部分(当然不可能是全部)制度和传统有一个妥协和折中。拿破仑的天赋和好运就在于，他能够把高度理性的大革命成就，同1 000多年历史积累下来的根深蒂固的习惯、传统综合起来。后来他的政策又进一步受到了他好战性格的影响——等级秩序给他留下了深刻的印象，因此他提倡严格的纪律；同时也受到了连续不断危急战事的影响。

也许始于大革命期间却完成于帝国时期的伟大的法典编纂工作，最能体现出拿破仑式的综合。此法典堪称是已被公认的罗马法——根据当地的需要和习俗而被采用——与最新的革命法规的一次经典折中。但它却保留了大革命的基本原则：法律面前人人平等；不受宗教约束的世俗国家；道德自由和经济自由。1804年发布的《民法典》(*The Code Civile*)是这些法典中最根本和最重要的。它由中产阶级律师和法学家撰写，清晰地反映了有产阶级的当务之急和现实利益。他们把财产视为一种绝对的、神圣的、不可侵犯的权利，同时还特别承认契约自由，并且赋予有效合同以法律效力。《民法典》还承认了汇票及其他形式的商业票据，并明确批准了有利息贷款——这一规定对于天主教国家的工业发展极其重要。

由于法国人在他们所征服的国家废除了旧君主制政体的制度，他们给新的制度打下了基础。《民法典》伴随着占领土地的法国军队而来，然而并没有随着法军的撤离而消失。在整个欧洲内外，包括路易斯安那、魁北克和几乎整个拉丁美洲，这些国家要么完全采用《民法典》，要么就是以《民法典》为样板制定国内法。

拿破仑法典中的《商法》也对经济发展格外重要。《商法》是在 1807 年发布的。在此之前，还没有一项独立的法规来全面管理企业类型。在英国，1720 年颁布的《泡沫法案》禁止股份公司，除非它们有议会的特许；欧洲大陆长期以来都有这样类似的禁止规定。新技术带来了更大规模的公司，它们需要新的法律形式来促进资本积累和分散投资风险。英国在 1825 年废除了《泡沫法案》，但公司仍然需要特许权才能经营。这一制度一直延续到 1844 年，当时规定 25 人以上的联合体可以通过简单的注册程序组成股份公司。但即使在那时，股份所有者通常还不享有有限责任；直到 19 世纪 50 年代，一系列的法案准许了经注册且满足一定条件的有限责任。1862 年，一项全面的新法规使有限责任被普遍适用。

《商法》区分了三种主要的企业组织类型：（1）简单合伙：合伙人以个人或集体为主体，承担企业债务；（2）无限责任股东公司：有限合伙，任职合伙人对公司事务承担无限责任，而不过问事务的合伙人或称有限责任合伙人，只对他们的合伙金额承担风险；（3）股份有限公司：美国式的公司，全部拥有者只承担有限责任。由于个人的姓名不能出现在公司的正式名称里，所以在这种意义上，这些公司都是“匿名公司”。由于他们所享有的特权，每个股份有限公司都须得到政府的明文特许，而在19世纪上半叶，准予这样的特许是十分勉强的。而无限责任公司只需一个公证人，注册后就能成立，很快成为受人青睐的企业形式。最后，1863年的一项法律准许股本不超过2 000万法郎的公司自由组成股份有限公司；而1867年，另一法规甚至把这一限制也取消了。

无限责任公司的组织形式在大多数欧洲大陆国家得到采用，且在自由组建有限公司之前，对积聚商业资本、工业资本起着至关重要的作用。那时，大多数政府在准予成立股份有限公司的特权问题上，甚至比法国更保守。1867年法国准许自由组成公司后，其他国家纷纷跟风。至1900年止，主要国家中，只有俄国和土耳其帝国还要求特许才能组建有限公司。另一方面，在美国，平等主义情绪和针对特权的敌对态度比欧洲更强烈，且在那里个别的州和联邦政府同样可以特许成立公司，故早在1840年，自由组建有限公司就已成为当地的规则。

经济思想和政策

从某些方面看来，在拿破仑战争期间经济民族主义和经济帝国主义达到了早期的高潮，这期间英国作为回应，试图阻挠欧洲大陆和拿破仑的大陆体系的建立。然而，两次尝试对其主要目的——限制或摧毁敌对国家的战争潜力，都不是那么完全有效，倒是把经济民族主义的政策推向了极端。然而，在这之前，谴责那些政策的思潮就已开始涌现。

18世纪六七十年代，重农主义者（在法国被称为政治经济学家）就开始提倡经济自由和竞争的好处。1776年，美国发布《独立宣言》那年，亚当·斯密在《国富论》里发表了后来成为个人经济独立宣言的言论。斯密有时被描述成是商人或“资产阶级”的辩护士，但那是出于对他原文错误的理解（或根本没读过）。他对商人的批评比对愚蠢、误导人的政府的谴责更严厉。举例说，关于商人的垄断倾向，他这样写道：“同行的人难得聚集在一起，哪怕是只为了娱乐，但他们的谈话结果却是针对公众的阴谋，或是设计提价的方法。”①斯密在全书中主要是要表明：废除困扰单个企业“不合理”的约束和抑制，将会促进经济内部的竞争，这样就能反过来使“国民财富”最大化。斯密的书曾作为一篇哲学论文十分受欢迎。在他 1790 年去世之前，这本书已经印了五版，后来又被翻译成各种主要语言。大西洋两岸的政治家们纷纷援引他一生中发表的支持或反对某些特定法规的意见，他在欧洲大陆也有很多信徒。然而，直到他去世后很久，T · R · 马尔萨斯牧师(Reverend T. R. Malthus)、大卫 · 李嘉图(David Ricardo)为“古典政治经济学”文献体添砖加瓦，斯密的思想才在立法中得到贯彻。这最初发生在 19 世纪二三十年代的英国。诚然，某些改革措施，比如更人道的刑法修订、死刑数量的减少、大城市警察队伍的建立，更应归功于杰里米 · 边沁(Jeremy Bentham)和功利主义者们，而不是斯密等古典经济学家们[虽然两大流派之间也有重叠部分，尤其反映在约翰 · 斯图尔特 · 穆勒(John Stuart Mill)身上]。古典经济学家最大的成就，就在于《谷物法》的废除，它给英国带来了长期的自由贸易。

除了自由贸易，经济自由主义(这种新的学说被这样称呼)的原则提倡政府在经济中所扮演角色的淡出。遵循这项原则，政府重新仔细审查了税收制度，并加以简化，《结社法令》、《航海条例》、《高利贷法》及其他旧政权在经济生活中的立法象征都被废除了。根据斯密和他的天赋自由理论体系，政府只有三个职能：“首先，保护社会免遭暴力和其他独立社会侵略的职责；第二，尽可能保护每个社会成员不受其他成员的不公正待遇和压迫的职责，或者说建立一个公正的行政机关的职责；第三，建立并维持某些公共建设工程和公共机构的职责，但不得出于对任何个人利益和少数集团利益的考虑。”②

古典经济学家们对政府角色理想化的描述创造了一个神话，也就是

---

① Smith, *Wealth of Nations* (Glasgow ed.), I, p. 145.

② Smith, *Wealth of Nations* (Glasgow ed.), II, pp. 687－688.

自由主义的神话。英国在1825年首先使用了这个术语，字面上的意思是：任其运作。普遍理解为：个人，尤其是商人，在寻求个人利益的时候，政府不应该加以干涉(涉及刑法除外)。托马斯·卡莱尔(Thomas Carlyle)讽刺其为"有警察的无政府主义"。

然而，实践中的自由放任主义却完全不像那些激进分子所描述的那样无情、受自私驱动、无动于衷。古典经济学家们攻击的主要对象是旧的经济管制机构，它们常以国家利益为名，为特权者、垄断者牟利，并以其他方式干涉个人自由和个人对财富的追求。议会在废除旧的管制体系和特权的同时，进一步实行了一套新的规章，关心大众福利，尤其关心那些无力保护自己的人们的福利。具体措施包括制定《工厂法》、新的健康卫生法，以及地方政府的改革。尽管这些法律的制定和实施汇聚了不少功利主义者的智慧，但是这些并不是某一个阶级或某一部分人的功劳。出身贵族、中产阶级的人道主义改革家们同工人阶级的领袖们共同努力，鼓动这些措施的实施，且受到了辉格党、托利党和激进党的投票赞成。

在欧洲大陆上也有经济自由主义的倡导者。但他们的成就远不及英国。有两个原因：其一，欧洲大陆国家的家长式作风远比英国更为根深蒂固；其二，由于英国是公认的技术领袖，许多个人指望政府会帮助他们与英国缩小差距。自由贸易有了支持者，政府干预经济也减少了些，但总体来说，较之英国政府，大陆国家政府所扮演的角色更为积极。

在海外，美国有一种政府和私人企业的混合的独特形态。古典经济学家在美国并没有多少拥护者。众多成长中的州政府有各不相同的经济政策，所以它们可以在个人自由的需要和社会的要求之间，达成一个实用且可行的妥协。由于相互冲突的局部利益以及支持杰斐逊及其民主党人的胜利，联邦政府行使着根据经典理论规定的最小限度的权力，推行自由、低税的商业政策，这种状况一直延续到南北战争。另一方面，州政府和地方政府在促进经济发展中发挥着相当积极的作用。在亨利·克莱(Henry Clay)所称的"美国体系"中，政府扮演了代理人的角色，帮助个人和私营企业，促进国家物质资源的发展。

阶级结构和阶级斗争

旧政权统治下的欧洲，社会分为三个“等级”：贵族、神职人员和其他——大众或称“平民”。现代关于社会阶层的功能性分析可能将这个分类稍作改动。位居社会金字塔顶端的是地主统治阶级，实际包括高等神职人员、贵族，以及一些非贵族人士。他们政治特权和社会地位的经济基础来自对土地的占有，这使他们无需劳动就能享受高贵的生活。接下来的一层是中上阶级，或称“上层资产阶级”，有大商人、政府高官和诸如律师、公证师的专业人士；虽然他们也常常拥有一些不动产，但维持他们社会地位的主要基础是他们特殊的知识和技术、在(商业)行业中的股份，以及他们与贵族的个人关系。社会阶层的再下一层是中下阶级，或称“小中产阶级”，由工匠、零售商人及其他服务业者、独立的小散户组成。社会的底层有农民、家庭手工业者、农业雇工等，其中包括许多贫民、乞丐。

从农业向新形式工业的转变，以及城市的增长，产生了一些新的社会阶层。显而易见，个人在社会阶层上的地位部分取决于他们的谋生方式，而同种职业的人们可能会有一些共同的价值观和见解；不同职业的人群之间价值观和见解都会有偏差，甚至还可能发生冲突。在 19 世纪，为了在政治上和社会上被人们认可，并占据优势地位，有时还会出现敌对群体之间的斗争。

在 19 世纪初，农民是数量最大的群体。19 世纪末，从整个欧洲来看，他们的数量仍然占了大多数，但在工业化较发达的地区，他们占总人口的相对数字已经骤减。不发达的通讯使农民们与世隔离，加之其传统主义者的心理，决定了他们最大的愿望就是能获得更多土地。所以他们只是零零散散地参加一些社会运动，也只限于与自身利益密切相关的运动。

滑铁卢战役之后的几年里，尽管受到法国大革命的影响，占有土地的贵族们却仍继续享有他们的社会威望和政治势力。然而，他们的领导地位却突然受到了迅速膨胀的中产阶级的挑战。到了19世纪中叶，中产阶级成功地获得了在西欧大部分地区的领导权；而在19世纪下半叶里，他们更是深深动摇了中欧贵族的特权地位。

19世纪初，城市工人只占人口中的少数，但随着工业制度的扩散，他们开始在数量上获得优势。然而，说到“这个”工人阶级，往往使人产生误解，因为在劳动人口中，也有着许多阶级和差异。严格意义上的工厂工人，虽然受到研究工业化的历史学家的最多关注，但也不过是劳动人口中的一个组成部分，而且还不是其中人数最多的一群。此外，在这一个组成部分之内，又有许多不同的态度和经济状况，比如在纺织工人、造铁工人、陶器工人及其他工人之间，就有许多不同。矿工虽然在某些方面类似于工厂工人，但在其他方面却也有差异。家庭佣人、工匠、技工在现代工业兴起之前就已存在。许多技术工人因为机器在工作中取代了他们，而沦为无技术的工人。然而，其他工人包括木匠、泥瓦匠、机械师、排字工人，对他们服务的需求却随着工业和城市的增长而增长。临时工，如码头工人和搬运工人，如同运输工人、文职人员及其他工人群体那样，组成了另一支重要的工人队伍。他们有一些共同的特点，即他们都可以独立决定如何出卖自己的劳动，从而赚取日薪或周薪来谋生。所以出于某些目的，我们可以把他们当作是同一类人(尽管这样不够准确和普适)。

卡尔·马克思在19世纪中期曾这样预言，他在当时发达的工业社会里所观察到的两极分化现象将会继续发展，直到最终只剩下两个阶级：资本家统治阶级(他认为，他们会吸收并取代贵族阶级)和工业无产阶级。所有介于中间的阶级都会被迫加入无产阶级，直到无产阶级以压倒性的力量揭竿而起，推翻统治的资本家阶级。这个预言已经被历史事实所证伪。工业化的扩散并没有使两大敌对阶级继续分化，而是使由白领工作者、技术工匠、独立企业家所组成的中产阶级大大膨胀。即使1917年俄国革命成功，也不过是因为当时社会被战争拖垮而虚弱不堪，从而使一群职业革命者有机可乘。

工人阶级团结自助更通常的方式是工会，在某些国家，最后还出现了工人阶级政党。虽然工会很早就已经出现了，可以追溯到中世纪后期的熟练工人协会，然而现代工人运动却是从现代工业的兴起开始的。19世纪上半叶，工会势单力薄，局限在当地，且通常在面对雇主的压迫以及政府不利甚至压制性的法规时就草草收场了。多数西方国家政府对工会的态度经历了至少三个阶段。第一阶段，彻底禁止或镇压。其代表有法国在1791 年颁布的《夏佩利埃法》、英国在1799 年至1800 年推行的《结社法令》，以及其他国家的类似法规。第二阶段，以英国在1824 年至1825 年废除《结社法令》为标志，政府对工会采取有限的容忍，允许成立工会，但经常性地起诉它们从事诸如罢工的公开行动。第三阶段，某些国家直到20 世纪才进入这一阶段，且并非所有其他国家也都达到此阶段，即给予工人阶级男女平等的完全法律权利，可以组织、从事集体活动。

19 世纪30 年代在英国，工会运动开始渗透到更广泛的政治运动——宪章运动，其目的在于为被剥夺公民权的人们争取选举权和其他政治权利。1848 年运动失败后到1851 年之间，工会组织一蹶不振。接着，工程师(机械师和技工)联合会——第一个所谓的“新模式工会”成立。新模式工会的特点在于，它只组织技术工人，并且以手工艺者为基础，代表劳动力中的“贵族”。直到将近世纪末，非技术工人以及新工厂的产业工人仍然是一盘散沙。新模式工会制定了一个谨慎的目标：通过同雇主之间的和平谈判和互帮互助，改善其成员的工资和工作条件(他们的工资已是英国工业工人中最高的了)。他们回避政治运动，不到万不得已不会采取罢工的形式。结果他们的力量不断壮大，但成员还是很少。试图将大量的半技术工人和非技术工人组织起来的努力，导致在1888 年和1889 年分别发动了“火柴女孩”(火柴业的年轻女工)和码头工人的罢工。1900 年，工会人数已过200 万；1913 年，达到400 万，超过劳动力总量的五分之一。

欧洲大陆上的工会则发展得略显缓慢。从一开始，法国工会就同社会主义及其他类似政治意识形态紧密关联。法国社会主义所采取的各种相互矛盾的制度严重削弱了其运动本身，结果导致了成员的浮躁和摇摆不定，要达成同意参加一项全国性的集体运动简直不可能。1895 年，法国工会成功地成立了全国性的非政治性的劳工总联盟(CGT)，但即使是劳工总联盟也不包括所有活跃的工会，且经常难以指挥地方工会按其指示行动。故法国工人运动始终是分散的、高度个人主义的，因此通常也是无效的。

德国工人运动始于 19 世纪 60 年代。像法国一样，工会一开始就同政党和政治行动相联系；但不同于法国，德国的工人运动更为集中且具凝聚力。德国工人运动有三个主要派系：希尔施-顿克(Hirsch-Dunker)工会，或称自由主义工会，主要吸引技术工匠；社会主义者工会，或称“自由”工会，会员人数远远多于其他工会；发展较晚的天主教或基督教工会，在教皇的祝福下成立，反对“无神论的”社会主义者工会。截至 1914 年，德国工会运动已有 300 万成员，其中六分之五属于社会主义者工会，是欧洲第二大工会。

一些经济落后的南欧国家，某种程度上甚至包括一些拉丁美洲国家，这些国家的工人阶级组织深受法国的影响。工会四分五裂，并且以意识形态为导向。他们受到雇主和国家的残酷压制，虽然也努力反抗，但在大多数情况下毫无结果。低地国家、瑞士、奥匈帝国的工会则步德国后尘。他们在地方上获得了一定的胜利，但宗教和种族差异，加上政府的压制，妨碍了全国性运动的有效开展。斯堪的纳维亚国家的工人运动则发展了它们自己独特的传统。它加入了合作运动和联合了社会民主政党。到 1914 年，工会显著改善了其成员生活和工作条件，比其他任何国家的工会都有效。在俄国及东欧的其他地方，工会在第一次世界大战以前一直都是非法的。

在美国，由于政府和雇主的反对，工会难以保护不同技术、职业、宗教、种族背景的工人之间的合作关系，早期想要形成一个庞大工人阶级组织的尝试，效果也十分有限。19世纪80年代，萨缪尔·龚帕斯（Samuel Gompers）带头组织了一个只由技术工人组成的紧密结合的地方工会。1886年，他将它们合并成“美国劳工联合会”。就像英国的新模式工会，美国劳工联合会沿用了“面包-黄油”的实用策略，集中精力提高其成员的福利，避开意识形态的纠缠，避免贸然的政治行动。结果它成功地实现了许多有限的目的，然而美国大量的产业工人尚未被组织起来。在英联邦自治领，工会以传统的英国模式发展，但也为社会主义的计划作出了更多的贡献。1879年，仅在英国第一个此类联盟成立11年后，澳大利亚成立了第一个工会联盟。

教育和文化水平

19世纪经济发展的另一个特点，虽然不太受到评论，但却和城市、工业工人、收入的增长同样显著，那就是文化教育水平的提高。表8－3和表8－4给出了一些国家在特定时期的粗略数据。有一点确实可以肯定，在所有情况下，1800年文化教育水平提高的速度比率比1830年或1850年的低。表8－3为我们说明了工业化的水平和速度与教育上的努力和成就这两者之间大致的（并不精确）相关性。有一点很重要，英国作为第一个工业化国家，在两张表中的排名都很靠前，但却不是第一位。大体上，西北欧部分国家（加上美国），不管从努力程度还是成果上看，文教状况都是最佳的；而南欧和东欧国家（以西班牙、意大利、俄国为代表）则表现平平。这同工业化的水平和速度都是一致的。

也许表8－3最令人吃惊的方面就是1850年和1900年的瑞典，两次都是名列前茅；瑞典在19世纪中期还是一个贫穷的国家，但在19世纪后半叶，其经济增长率却高于其他任何欧洲国家。它最初的高文化水平，可归因于先于工业化而发展的宗教、文化、政治因素；而当工业化起步时，因此获得的大量人力资本储备又大有用武之地。这个机制在其他斯堪的纳维亚国家、美国、德国（普鲁士）以及（英国的）苏格兰同样普遍存在。

表8-3 部分国家的成人识字率(百分比)

国　家	1850年	1900年
瑞　典	90	(99)[a]
美国(白人)	85~90	94
苏格兰	80	(97)
普鲁士	80	88
英格兰和威尔士	67~70	(96)
法　国	55~60	83
奥地利(不包括匈牙利)	55~60	77
比利时	55~60	81
意大利	20~25	52
西班牙	25	44
俄　国	5~10	28

a. 括号中的数据有夸张的嫌疑。

资料来源：Calculated from Carlo M. Cipolla, *Literacy and Development in the West* (Harmondsworth, 1969), Tables 21, 24, and 31; figures in parentheses are from Michael G. Mulhall, *Dictionary of Statistics* (London, 1899; reprinted 1969), p. 693。

表8-4 部分国家的小学入学率(每万人)

国　家	1830年	1850年	1900年
美　国	1 500	1 800	1 969
德　国	1 700	1 600	1 576
英　国	900	1 045	1 407
法　国	700	930	1 412
西班牙	400	663	1 038
意大利	300	463(1860)	881
俄　国	—	98(1870)	348

资料来源：Richard E. Easterlin, "Why Isn't the Whole World Developed?" *Journal of Economic History*, 41 (March 1981)。

除了定量的数据以外，还应该探究教育的性质和范围。19世纪前，几乎没有公办的教育机构。富人们为他们的孩子雇佣私人教师。宗教、慈善机构，有时还有私营的收费学校，会向一部分人口提供基础教育，且多为城镇人口。普及识字率简直是天方夜谭；事实上，有一种很具影响力的观点，认为如果贫穷的劳动者接受教育，其文化水平会与其本身在生活中的“地位”发生冲突，所以反对让他们接受教育。技术教育通过学徒制度，几乎是独家传授的。中等教育和高等教育多是特权阶级的孩子(主要是儿子)们的专利，一些有抱负的神职人员除外。除了少数例外(如苏格兰、荷兰)，古代的大学从此再也不是知识进步的中心了。大学教育陷入了传统课程的泥沼，不断地强调经典著作，为教会和国家训练出一批批官僚主义者，并用文化教育给统治者阶级的后代涂脂抹粉。

法国大革命提出了免费公办教育的原则，但在法国国内这个原则被复辟政府所抛弃，直到 1840 年之后才接受。同时，一些日耳曼、斯堪的纳维亚、美洲国家从广泛传播的初等教育传统中尝到了甜头，于是纷纷建立起公办教育体系，但直到 19 世纪晚期，才推行强制性的普及教育。在英国，1802 年的《工厂法》要求纺织厂的厂主为他们的学徒提供基础教育，但法律本身没有得到有力的执行；1833 年，另一项法律又规定要对所有童工进行指导。19 世纪上半叶，许多工匠和技术工人曾上“机械学院”——靠缴纳的学费和慈善机构捐款办起的夜校学习，但英国在提供公共教育方面明显落后于别国。南欧和东欧甚至比英国还要落后。

法国大革命还为工业时代带来了其他独具意义的教育革新：科学和工程专科学校——其中巴黎综合工科学校和巴黎高等师范学校最有名。这些教育机构与大学同一级别，但却游离在(由拿破仑为培养专业人员和官吏而重组的)大学体系之外。它们不仅提供高等教育，还参与研究。这种教育机构在除英国以外的整个欧洲被广为模仿，综合工科学校的一名毕业生，更是在美国组建了西点军校——美国第一个工程技术学校。

德国在后拿破仑改革时代开始了其传统大学的复兴，以及一些新大学的建立。它的科学训练大量借鉴了巴黎综合工科学校的课程和方法，但比法国的教育体系向更多学生开放。这样，由于科学越来越成为工业的基础，而德国早就有了准备，并在这方面占得了先机。当 19 世纪 70 年代美国的教育家们开始关心如何重塑高等教育体系时，他们寻求德国的而不是法国、英国的模式。随后，法国、英国及其他各国的大学也纷纷效仿。

国际关系

在1814—1815年的维也纳会议上，打败拿破仑的胜利者们试图在政治、社会、经济上重建旧政体，但他们的努力只是徒劳。法国大革命所释放出来的民主和民族主义意识形态的力量，加上初期工业化的经济力量，使他们的努力都白费了。此外，胜利者之间也出现了利益的分歧，尤其是在英国和欧洲大陆上恢复王权的统治者之间，这些分歧加速了被恢复的旧秩序的崩溃。旧君主制政体在欧洲(除俄国、土耳其帝国外)的最终衰败，在1830年和1848年的革命中显而易见。

经济示威活动并不是这些革命的主要内容，但它们的确有着举足轻重的经济后果，导致了政治力量再结盟。比如说在法国，1830年的革命使僵硬而保守的政府被更服从于商业、工业利益的政府所取代；而在1848年的革命中，城市工人阶级则一心企图夺得政权，直到被镇压下去。1830年荷兰南部的革命以一个新国家——比利时的诞生而告终，后者不久就成为欧洲大陆经济进步最快的国家之一。1848年在中欧的革命则造成了封建君主政体残余的最终灭绝。

在所有这些革命中，民族主义是一支强大的力量。作为一种意识形态，民族主义同样不从属于任何社会阶级。它主要得到受过教育的中产阶级的支持，但同样反映了意大利和德国被分裂的民族想建立一个统一国家的愿望，以及在奥地利、俄国、土耳其帝国、从属于荷兰王国的比利时、挪威、爱尔兰等地受统治的民族对自治和自由的渴望。19世纪30年代，在普鲁士支配下的关税同盟中，德国在经济统一方面的成就高于1871年政治统一的成就，帮助德国工业实力打造了坚实的基础。意大利则由于未能在1861年王国成立之前达到与德国类似的经济统一(尽管1848年曾经做过尝试)，其兴起并成为强国的过程受到了挫折。希腊、塞尔维亚、罗马尼亚、保加利亚在没有任何显著经济进步的情况下，自土耳其帝国获得独立后，也只能在强权政治的对弈中充当小卒的角色。

从拿破仑战争开始，直到第一次世界大战前夕，19 世纪并未经历过大规模的、破坏性的战争。其间发生的时间相对较短且规模有限的战争却在政治上产生了重大的后果，虽有经济政策的卷入，但这并没有严重地妨碍到资本积累和技术进步的过程。随着时间趋近 19 世纪末，政治上的紧张的确变得越来越严重，有时还因经济上的敌对而加剧。这种紧张的泛滥还带动了欧洲帝国主义的复兴。我们将在后面一章内分析这种帝国主义在经济上的表现。而暂时，我们只需注意这点：这次帝国主义的复兴大大扩展了以欧洲为中心的世界市场体系。

第九章

早期工业化国家的发展模式

在某种观点看来，19 世纪的工业化进程是一个全欧洲范围的现象。（在世纪末美国成为最发达的工业国并不与这个结论相违背，因为其文化的核心仍是欧洲的。）一位学者甚至估算过 19 世纪的欧洲国民生产总值（见图 9－1）。尽管由于数据资源有限，这样的估计值在细节上难免受到一些人的质疑，但图 9－1 显示的两个显著特征总体上是正确的：（1）无数次短期的经济波动；（2）长期的稳定增长。

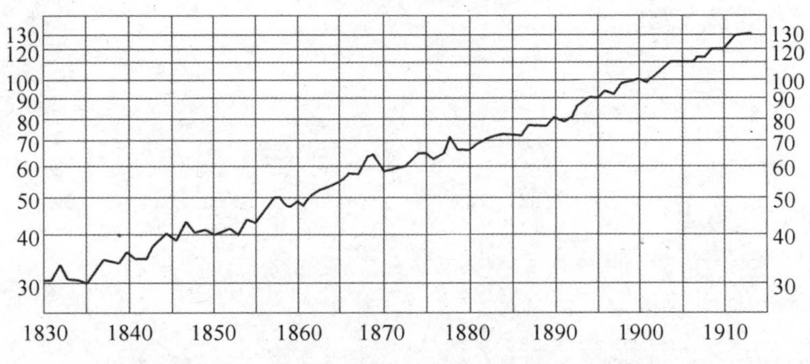

图 9－1　欧洲国民生产总值指数（1899—1900 年为 100）。

从另一个角度看，如前所述，工业化基本上是一个区域性的现象。这里所指的区域，可能完全坐落在一个国家内，就像兰开夏郡南部及其周边地区，也有可能跨越国界，比如奥地利煤矿带，从法国北部的英吉利海峡穿越比利时境内，延伸至德国西部，最后到达鲁尔工业区。对于许多学者来说，区域性分析为理解工业化进程这一问题提供了良好的研究手段。

然而，第三个用来理解工业化进程的角度则是一种更为传统的方法，那就是研究国民经济。这种方法有一个弊端，那就是很有可能忽略在工业进步中的国际化和超国家的趋势或者地区本身的经济活力。但它有两个非常明显的优势可以来弥补其缺陷。第一个优点是纯技术性的，可以收集各个国家描述经济活动的定量数据；第二个优点是较基础性的，是经济活动的制度框架，以及影响经济走向与特性的各种政策，都是在国家范围内制定与执行的。

值得庆幸的是，这三种方法并不相互排斥，在接下来的这一章节中将会强调工业进程中国际化因素的重要性，尤其是在技术和人口两方面；而第十二章则将再一次重点介绍商业和金融产业的国际分工。在这一章和下一章里我们将考察各国不同的经济发展模式，必要时我们也将分析各国内各地区的具体情况。

英　　国

我们首先研究英国，世界上第一个工业化国家。在拿破仑战争结束时，英国已然是世界首屈一指的工业强国。据统计[①]，英国工业总产值占世界工业总产值的四分之一。不仅如此，由于世界第一的工业制造大国的优势，并在后来的战争中逐渐掌握海上霸权，它同样也成了世界上最发达的商业贸易国。其贸易总额占世界贸易总额的四分之一到三分之一，这个数字是其最强的竞争对手的两倍都不止。在 19 世纪的大部分时间里英国保持着其在工业和商业方面的领先地位。即使在 19 世纪中期的几十年里略有滑坡，在 1870 年它依然占有世界贸易总额的三分之一。事实上这使得其在世界工业总产值的份额大约上升了 30%。1870 年后，虽然英国的总产量和贸易额都在继续增长（例如，工业产值从 1870 年到

① 这里是指现代市场导向的工业产值，那些在中国和印度仍存在的传统家庭工业产出不计算在内。它们大多归结到家庭消费之中。

1913年总共上涨了250%），但面对工业化进程飞速追赶的其他国家，它已经开始逐渐失去领先优势。从19世纪80年代起美国的工业产值超过英国，而后者在20世纪第一个10年里又被德国超过。二战前夕，英国仍是贸易最发达的国家，但在接下来的年月里，其贸易总额只占世界贸易总额的六分之一，只领先美国、德国一点点。

纺织、煤炭和机械制造这些使英国早年经济腾飞的支柱产业，依然保持着领先的地位。一直到1880年，英国的棉纱和布料的产量都超过其余欧洲所有国家的总和。到1913年为止，尽管领先地位有所下降，其总产量仍占欧洲总产量的三分之一，比其最强的竞争对手多了不止一倍。在冶铁方面，英国在1870年左右达到顶峰，世界上的生铁一半以上都是英国生产的。到1890年底，美国超过英国而居领先地位，而到20世纪初德国也赶了上来。但在煤炭业，英国一直保持着在欧洲的领先地位（虽然在20世纪初被美国赶超），且出口也维持着顺差，人均煤产量一直是其欧洲主要竞争国比利时和德国的近两倍（见图9－3）。东北部的煤矿区诺森伯兰和达勒姆以及南威尔士早在19世纪早期之前就开始向欧洲大陆出口煤炭；到1870年煤炭出口额占出口总额的3%。由于缺煤的邻国开始大举进行工业化改革，英国的煤炭出口又一次大幅提高；1913年，煤炭的出口额占到世界上大部分高度工业化国家出口总和的10%。

机械制造业这个19世纪晚期的产物，可以在刚才提到的三项产业的发展历史中寻找到它的影子。纺织业需要机器制造和维护，钢铁产业制造机器本身，而煤炭业对高效率的抽水机和廉价的运输设备的迫切需求导致了蒸汽机和铁路事业的迅速发展。正如前一章里所提到的那样，铁路事业是19世纪最重大的新兴产业之一，在产业链中对其上下游产业的起连接作用，意义尤为重大。另外，由于英国在铁路业发展中占据领先优势，来自欧洲和海外的对英国先进技术、原材料和资本的需求，强有力地刺激了整个全球经济的发展。

而造船业从风力驱动到蒸汽驱动、从木结构到铁结构再到钢结构这些技术变革同样也是经济腾飞的潜在因素。直到19世纪70年代前，新造的蒸汽驱动船并不比新式的帆船要来得好，但之后它的优势地位却越来越稳固。到20世纪初，帆船的出口跌至出口总额的5%不到。在制造蒸汽船和帆船方面，从19世纪50年代起铁开始大规模取代木料，而80年代钢取代了铁。20世纪早期，英国每年的造船量约在100万吨，占世界总产量的60%，而且全是蒸汽船。(在19世纪80年代至90年代之间的某些年里，甚至超过了世界总产量的80%。)产出中很小的一部分，大约在六分之一到三分之一用于出口。

这些成绩尽管十分惊人，但我们不应像过去那样，过分夸大英国工业化的速度和程度。最新的研究表明，1750年至1850年这一个世纪内的工业增长率远远低于其早期的表现。而直观的估计表明，

> 即使迟至19世纪70年代，全部制造业总的蒸汽马力中有一半左右是用于纺织行业，而在许多行业，动力驱动的机械化程度还相当小。在1851年，或者也许是在1871年，产业工人中的绝大部分并不在进行大规模生产的工厂里，而是仍在小型手工作坊里工作。蒸汽动力直到19世纪70年代后才被广泛应用，从当时每年200万的总马力增长至1907年的1 000万马力。①

1851年的统计数据进一步证实了这些概况。比如直到1921年为止，农业仍是吸收劳动力最多的单个产业，手工业则居其次。纺织业雇佣的劳动力不到劳动力总数的8%(其中单单棉纺业就占了4%左右)。铁匠112 500人，多于初级冶铁业产业工人数79 500人；鞋匠人数则大大超过煤矿工人，前者有274 000人，后者只有219 000人。

在19世纪50年代至70年代这20年间，相对于其他国家，英国达到了其工业化发展的巅峰。1856年到1873年间(这期间的两端都是商业周

---

① A. E. Musson, "Technological Change and Man Power", History, 67 (June 1982): 240-241.

期的峰值年)国内生产总值平均每年增长2.5%，这比它在整个100年里的增长率要低，也大大低于德国和美国在同一时期内的增长率。从平均水平来看，它甚至低于历来被视为列强中的较滞后的法国。我们该如何评价这种疲软的经济状况?

首先，增长率在某种程度上具有误导性。如果一个单位的统计基数不够大时，即使有一个非常小的绝对增长数，它也可能表现为很高的增长率，更重要的是，在其他稍欠发达但努力奋起的国家也相继开始实行工业化的情况下，英国不可能永久地保持这种领先地位。这意味着，英国的“相对”衰落是不可避免的。再进一步分析，美国和俄国拥有丰富的自然资源和快速增长的人口，因此它们的总产出将最终超过面积狭小的英伦岛国，这一切都在意料之中。更加难以解释的是英国的人均产出增长缓慢，从1873年到1913年，英国的全要素生产率(每单位投入的产出)的增长率为零。

对英国的这一不尽如人意的表现，专家们提出过很多解释。有些结论是高度技术性的，包括初级产品和工业制成品的相对价格、贸易条件、投资比率和投资方式等等。我们暂时忽略这些因素，虽然可能会造成分析上某种程度的过分简化，但针对现在要探讨的核心问题是可以这样处理的。也有人指出，自然资源、原材料的开采和获得的便利程度是一个原因，但这只是一个次要的因素。棉纺工业一向依赖进口的棉花作为原料，但这并没有妨碍英国成为世界最大的棉产品制造国。况且所有的欧洲棉产品制造国都和英国一样是从国外进口原料的。本地的非铁金属矿——铜、铅、锡要么渐渐被消耗殆尽，要么无法与海外那些价格更便宜的供应商相竞争。但多数情况下这些廉价原料都是由在海外经营的英国公司开采和进口的。20世纪初冶铁业所用的铁矿石有三分之一是进口的，其主要来自西班牙。这主要是由于行业里没有完全采用全新的碱性转炉炼钢法(Thomas-Cilchirst process)。若非如此，英国完全可以利用自己国内的磷矿石进行生产。

下面一个例子将要说明英国衰退的另一个可能的原因：企业家的失

败。学术界对这个问题一直都有激烈的论争，且尚无定论。毫无疑问，维多利亚时代的英国曾诞生过一些积极进取、野心勃勃同时也成就非凡的企业家，其中像威廉·利弗(William Lever)(利弗兄弟，后来创办了联合利华公司)和托马斯·立顿(Lipton)(茶饮料业)，已经成为家喻户晓的名字。但另一方面，又有充分证据表明，到了维多利亚时代后期的企业经营者们，那些家族企业的创立者的子孙们，渐渐丧失了他们的先辈的勇气和活力，一味地陶醉在悠闲典雅的老式绅士生活中，而将公司日常的常规工作全权交给经理人。英国的企业家在引进和应用当时最先进的高科技产业方面——如有机化学、电力、光学、铝，其中许多发明家本身就是英国人——步子迟缓，漫不经心，这一切意味着英国的企业家精神日渐萎靡。对这一结论更为有力的证明是企业家们对这些主导产业中的最新技术的出现的敏感度实在太低，甚至可以说没有，即使在他们正在或曾经占据领先地位的产业里也是如此。运用新技术碱性转炉炼钢法和平炉炼钢法(Siemens-Martin furnace)的过程缓之又缓。纺织业长期以来拒绝引进美国或者欧洲大陆国家制造的更先进的纺纱和纺织机器。采用勒布朗(Leblanc)制碱法的苏打生产商固步自封，30 多年来一直抵制从比利时引进的索尔维氨碱法(Solvay ammonia-soda process)。

在某种程度上看，英国教育制度发展的滞后也许应该对工业的衰退以及企业家精神的颓败负有一定的责任。英国是西方大国中最迟实行公共普及教育的，而这一制度对培养训练有素的劳动力意义重大。极少有大学重视科学和工程教育(苏格兰的大学倒是相当重视)。尽管它们相比 18 世纪迟钝古板的教育方法已经有所进步，但依然执着于培养那种英国最典型的绅士阶级的后代。轻视商业和工业活动，这也显然是英国人恪守的千古不变的贵族信条中的一部分。与 18 世纪相比，差异是惊人，甚至是可笑的：那时的英国社会远比那些“旧政体”时代的欧洲国家要更具开放性和流动性，但一个世纪之后，一切就都颠倒过来了。

在刚才对英国工业在 19 世纪取得的成就和磨难的分析中，我们很少提到国际环境这个不可或缺的因素。为此我们会在第十二章进一步讨论这方面的问题。但为了使我们的分析视角更为合理，在此也需要做一些必要的说明。

在所有的工业大国中，英国为获得稳定可靠的原材料，严重地依赖于进口和出口。因此，其他国家的贸易政策的制定与变动，特别是关税，对英国有举足轻重的影响。不仅如此，英国甚至比那些更小的国家还要依赖于国际经济。它拥有世界上最庞大的商船队和海外投资，同时还是重要的外汇储备国。从19世纪初起，也有可能是更早，强大的出口实力并没能让英国在对外贸易中占据优势，反而一直处于贸易逆差中。海上船队和海外投资所获收入弥补了贸易赤字，这一处境也刺激贸易和投资在整整一个世纪里持续不断地增长。再者，19世纪后半叶起，伦敦开始成为世界保险业与银行业的中心，这带来了更多的无形收入。我们可以通过一个简短的比较来认识这些国际收入来源的重要意义：之前我们对1856年至1873年与1873年至1913年的经济增长速度进行了比较，分别是2.5%和1.9%；而国内生产总值GDP(在GNP中剔除外国要素收入)之比是2.2：1.8。

以上粗略讨论了英国工业化的进程。应该说，尽管经历了兴起和衰落，但英国人的人均收入水平仍从1850年到1914年提高了2.5倍左右，收入分配情况也比过去要更为公平一些，贫困人口的比例也在下降。在1914年，普通的英国人享受着全欧洲最优越的生活质量。

美　国

19世纪最令人称道的经济高速增长的奇迹发生在美国。1790年，联邦政府得到的第一次人口普查数据显示当时的美国人口刚超过400万。到了1870年，国土的扩张规模已接近极限，人口达到将近4 000万，多于绝大多数欧洲国家(事实上仅次于俄国)，而到1915年，则超过了1亿。尽管美国吸收了大量来自欧洲的移民，但人口的最大增长点仍在自然出生率上。非本地出生人口从未超过总人口的六分之一。到第一次世界大战之前为止，美国采取的是几乎无限制的移民入境政策，这给美国的国民生活烙上了鲜明的烙印——它逐渐成为最著名的欧洲大熔炉。

美国的移民人数一直波动很大，1820 年至 1825 年连 1 万人都不到，而在 20 世纪早期则超过了 100 万，但尽管如此，每年进入美国的移民人口依然迅猛增长。到 19 世纪 90 年代为止，大多数移民都来自西欧和北欧，这些外国血统逐渐构成了美国非本地出生人口中的主要部分。但到 1900 年，来自意大利和东欧国家的新移民开始占主导地位。1900 年，外国出生的人口大约有 1 350 万，占总人口的 15%。在这些移民中，17% 来自德国，10% 来自爱尔兰，来自奥匈帝国的移民也差不多是 10%，英国人、斯堪的纳维亚人、加拿大人（其中很多具有英国血统）和俄国人各占 9%，俄罗斯人、奥地利人和德国波兰人占了将近 7%，其余的则来自世界其他各国。

与人口相比，收入与财富的增长更快。从殖民时期起，与土地以及各种自然资源相比，劳动力更加稀缺，这就造成了比欧洲更高的工资和更舒适的生活条件。事实上正是美国社会蕴藏着的更多出人头地的机会以及充满着信仰自由和政治民主的新鲜空气，吸引着欧洲移民的不断涌入。也许统计数据不够完整，但从颁布美国宪法到南北战争爆发这一期间，美国人均收入翻了一番，这是很有可能的。之后从南北战争结束再到第一次世界大战爆发，人均收入增长超过了一倍，这点也几乎可以肯定。这惊人的增长奇迹背后的动力究竟是什么？

广袤的土地和丰富的自然资源也许可以解释为什么美国的人均收入高于欧洲各国，但这些本身却不能解释经济高增长率的原因。尽管这个现象背后蕴藏着一些美国自身的特殊因素，但是美国经济的高速增长与西欧崛起的原因大体相同，都是同样的力量在起作用，即，高科技的迅速发展和地区间的分工深化。举个例子，劳动力的长期匮乏以及高额的劳动报酬，迫使美国人大力开发节约劳动力的机械，同时应用于农业和工业。欧洲最先进的农业耕种方法的亩产量确实高于美国，但美国农民使用相对便宜的机器生产（在拖拉机引进之前便是如此），使得农民的人

图 9-2　美国内布拉斯加州小麦丰收的场景。美国工农业最显著的特点就是劳动力稀缺并因此采用了节约劳动力的机械。图中这个农户配备一台割捆机和四匹马，在欧洲则需要十几个工人才能干同样多的农活。

均产出远大于前者。在制造业各领域这种情况亦十分普遍。

美国幅员辽阔、气候多样、资源种类丰富，地区间的分工细化程度要比欧洲各个独立国家之间高得多。当美国刚刚取得独立时，90%的劳动力都集中在农业上，余下的劳动力中大部分从事商业活动，但很快就出现了分化。1789 年，宪法生效的第一年，萨缪尔 · 史莱特(Samuel Slater)抵达英格兰，并在接下来的几年中与罗得岛的商人合作建立了美国的第一家工厂。很快，在 1793 年，伊莱 · 惠特尼发明了轧棉机，美国南方开始成为世界上工厂规模最大的行业里的主要原料供应地。

这种二元经济在美国引发了首次关于经济政策的重大论战。美国第一任财政部长亚历山大 · 汉密尔顿(Alexander Hamilton)，建议用保护性关税政策和其他方法来扶植本国工业的发展(见 *Report on Manufactures*, 1791)。而托马斯 · 杰斐逊(Thomas Jefferson)，第一任国务卿，第三任总统，则支持“鼓励以农业为主、商业为辅的政策”（参见他于1801年发表的首次就职演说）。杰斐逊的支持者们在政治斗争上击败了对方，但汉密尔顿派(汉密尔顿在不恰当的时候悲剧性地去世了)最终目睹了汉密尔顿思想的胜利。新英格兰的棉纺业，经历了1815年之前的大起大落后，终于在19世纪20年代重新崛起，在60年代之前一直是美国最领先的产业，其产量在世界范围内也是最大的。在它的带动下，一大批产业也迅速起步，尤为值得一提的是采用可替换零件进行生产的枪械制造业(这又是伊莱·惠特尼的一项发明)，这为接下来的大规模生产的产业打下了基础。

美国地域广阔的另一个优势是国内市场潜力巨大。事实上几乎不存在人为的贸易壁垒，但需要强大的交通运输网才能开拓这一潜在的市场。19世纪初，人口主要沿着大西洋海岸居住，比较稀疏，交通主要依靠沿海船只，还依靠几条邮路。通往内陆的唯一途径是内河运输，但由于瀑布与急流而往往严重受阻。为了弥补这个缺陷，州政府和市政府与私人投资者通力合作(中央政府几乎未参与其中)，开展了一项名为“内部改善”的工程项目，旨在大力推进收费公路与运河的建设。到1830年底，建成了总长超过11 000英里的收费公路，主要分布在新英格兰南部和沿大西洋中部各州。运河建设在1815年后陷入严重僵局，但于20年代至30年代又达到高峰。到1844年为止，总建设长度超过3 000英里，到1860年底则超过了4 000英里。总数达18.8亿美元的总投资中公共基金占了将近四分之三。其中一些成果相当成功，像纽约州的伊利运河。但多数项目没这么好运，很多都没能收回投资成本。

运河建设的经济效益如此之差，其中很大的原因是由于运输业出现了一个新的竞争者——铁路运输。尽管美国铁路业多年来都严重依赖英国的技术、设备和资本，但英国和美国几乎是同时进入铁路时代的，而且美国的技术倡导者们迅速把握了这个全新运输方式的机遇。到1840年为止美国的铁路建设总长度不仅把英国甩在后面，甚至超过了全欧洲的总长度，并且在整个19世纪的大多数时间里继续保持着这种势头。

与英国类似的是，发达的铁路运输对于美国经济相当重要，不仅要满足生产者在运输服务上的需求，同时也和铁路业的上游产业密切联系，尤其是钢铁业。尽管有时确会过分夸大这种重要性，但它仍不应被忽视。在南北战争前，冶铁业规模小、很分散，依赖木炭技术，因此建设铁路的大多数原材料特别是铁轨，都要从英国进口。尽管如此，1860年铁的工业附加值也仅次于棉花、木料和鞋靴，排名第四。南北战争后焦炭熔炼技术开始广泛应用，又引进了酸性转炉炼钢法和平炉炼钢法，同时横贯美国大陆的铁路刺激了需求，种种因素促使冶铁业成为美国工业附加值最高的产业。

但即使制造业在迅猛发展，19世纪的美国仍旧是一个以农村生活为主导的国家。直到第一次世界大战结束后城市人口才与农村人口相等。一部分原因是由于许多制造行业正是发源于基本上是乡村地区的地方。之前已经提到过，直到美国内战结束为止，冶铁业的基地主要是在农村。而其他利用廉价而高效的水力的工业也是如此，甚至持续时间更长。虽然蒸汽机逐渐取代水力，但直到出现了集中的大型发电厂后，才真正导致以乡村为基地的工业的终结。美国的西进运动在内战结束之后得以延续，这要归功于《宅地法》的颁布，以及密西西比河西岸铁路的开通。虽然19世纪80年代非农业劳动力人口超过了农业劳动力人口，同期工业收入也超过了农业收入，但农产品仍主导着美国的出口。到1890年底，美国已经成为世界上最强大的工业国。

比利时

欧洲大陆国家里第一个完全采用英国工业化模式的国家是后来在1830年成为比利时王国的比利时地区。在18世纪，该地区从属于奥地利哈布斯堡王朝（除列日亲王的主教区外）。在1795年到1814年期间，它先后被法兰西第一共和国和法兰西帝国所吞并，1814年至1830年期间它又被并入荷兰王国。尽管政局经常动荡不安，比利时的经济发展却出人意料地展示出相当的连续性。

毗邻英国，是比利时在较早时期就能成功地效仿英国工业化的一个关键条件，但我们还应看到其他更具决定性的因素。首先，比利时地区的工业传统由来已久。佛兰德地区在中世纪是重要的纺织业中心，而东部的桑布尔-默兹河流域则以金属制造业而闻名于世。布鲁日和安特卫普是比利时北部城市中最先吸收掌握中世纪后期意大利发达的商业和金融技术的。虽然该地区在从荷兰独立出来后又被西班牙统治，而且屡遭不幸，但 18 世纪奥地利的开明统治使其经济有所恢复。手工亚麻布业在佛兰德地区渐渐兴起，而埃诺盆地和桑布尔-默兹河流域则发展了采煤业。

其次，比利时的自然资源与英国类似。在比利时，煤矿随处可见，虽然规模都不大，但直到 1850 年为止它的产煤量一直居欧洲大陆国家之首。铁矿石储量与煤矿储量接近，而且还拥有铅和锌。现代制锌工业的先驱人物、比利时企业家多米尼克 · 莫塞尔曼(Dominique Mosselman)和他创建的古山公司在这个行业垄断多年。

第三，地理位置、文化传统以及政治交往的特点。这个后来成为比利时王国的地区吸收了许多国外先进技术、现代企业精神和海外资本，并在一些国外市场中占据有利的地位，尤其是在法国。这个现象开始于旧政体时期，后在法国统治期间又加快发展。18 世纪早期，萨伏伊(Savoy)当地的比奥利家族(Biolley)定居于韦尔维埃(Verviers)并涉足羊毛加工业。直到世纪末，他们已经是这个行业中最大的企业。比奥利家族还吸引许多其他移民前来工作，有些工人最后还建立了自己的企业。他们中的代表人物有威廉 · 柯克里尔(William Cockerill)。他是从利兹来的熟练技工，经过瑞典来到韦尔维埃，1799 年他自己开店制造纺织机械设备。色当人路易 · 泰荷诺(Louis Ternaux)于 1792 年逃离法国，在英国各地旅行访问，研究英国的工业流程。之后他回到督政府统治下的法国，在法国本土和当时被兼并的比利时各省建立了几个羊毛加工厂。1807 年他名下的邻近韦尔维埃的一个工厂，已经配备了柯克里尔厂制造的水力驱动纺织机，并雇佣了1 400名工人。

1720年，爱尔兰人欧·凯利(O'Kelly)为列日省附近的一个煤矿制造了世界上第一台纽科门蒸汽泵。10年后，英国人乔治·桑德斯(George Sanders)为韦德林的一个铅矿制造了另一台机器。在旧政体时期结束之前，比利时地区大概有60台纽科门机器。1791年，来自巴黎附近的夏约高地的皮埃尔兄弟在该地区安装了第一台瓦特蒸汽机。到1814年为止他们一共制造了超过18台蒸汽机，而当时的比利时地区总共才24台。皮埃尔兄弟不仅将它们应用于开采煤矿，还用于纺织业、炼铁业及列日省的大炮制造厂。但是总数依旧较少的事实其实暗示了这些机器工作得并不理想，矿主们还是偏爱老式的纽科门引擎。这些机器直到19世纪30年代仍未停产。

使用蒸汽机最广泛的是煤矿，包括纽科门和瓦特在内的各种型号，煤矿本身也吸引了大批法国的企业家和投资。在法国统治期间，形成了一条对比利时的煤矿工业和法国都意义重大的商业线路，历经1814年后的政治变迁，依旧发挥着作用。1788年，荷兰出口58 000吨煤矿到法国，英国出口185 000吨；1821年，荷兰南部出口252 000吨，英国出口27 000吨；到了1830年，比利时的出口量超过500 000吨，而英国却只有50 000吨。由运河和其他水路组成的贸易网络是从旧政体时期开始营建的，在之后的历代统治期间得到进一步的发展。这个网络连接着法国和比利时的煤矿，大大便利了两地的贸易交通。法国的资本家认为比利时的煤矿前景诱人。在19世纪三四十年代到70年代的工业飞速发展过程中，煤矿产量激增，法国人投入了更多的资金来开采比利时煤矿。

棉纺业是在根特及周边地区萌芽的，从而使根特成为比利时的曼彻斯特。佛兰德的亚麻布市场已经初具规模。从18世纪70年代起，当地开始建立棉布印染厂，但它们并没有机械化。在19世纪初，当地的一位从未涉足过纺织业的企业家列文·鲍文斯(Lievin Bauwens)在英法交战之际，冒着生命危险前往英国当起了技术间谍。他顺利地从英国走私了多台克朗普顿纺纱机、一台蒸汽机，甚至带回了一些熟练的英国技工来使用这些机器，并仿造出同样的机器。1801 年他在根特一个被遗弃的修道院组装了这些机器，比利时现代的棉纺织业就此开始了。鲍文斯很快遇到了来自当地的挑战，但是在拿破仑的大陆封锁政策的保护下，棉纺织业还是飞速发展起来。到 1810 年，工厂雇佣了 1 万名工人，其中主要是妇女和儿童。战争时期甚至之后的和平时代，比利时的工业都出现了剧烈的波动，包括鲍文斯在内的许多企业家都破产了，但是棉纺织业却依旧存活了下来，并且继续发展壮大。19 世纪 30 年代开始出现动力织布机，到 30 年代末期亚麻织布机器设备的引进，终于宣告手工亚麻织布业走到了尽头。

桑布尔-默兹河流域及其东面的阿登山区一直保留着以炭为原料的传统冶铁业。传统冶铁业在法国大革命以及拿破仑战争中发挥了重要的军事作用，但其技术始终停留在传统层面上。1821 年保罗 · 于阿尔-夏贝尔(Paul Huart-Chapel)将搅炼和轧制技术引进到位于沙勒罗瓦附近的炼铁厂。1824 年他开始建造一个烧炭高炉，并最终在 1827 年投入使用。这是第一个在欧洲大陆取得商业盈利的冶铁设备。其他人纷纷效仿，1829 年约翰 · 柯克里尔也加入其中——他的合作伙伴正是当时的国王威廉一世的荷兰政府。

1807 年，威廉 · 柯克里尔将他的纺织机器从韦尔维埃带到了列日省，还让他的两个儿子詹姆斯和约翰成为合伙人。威廉在 1813 年退休，到了 1822 年，约翰买下了詹姆斯手中的股份。其间在 1815 年，公司开始生产织布机和蒸汽机，为此他们还专门雇佣了一批技术熟练的英国工人，其中的许多人后来自己创办企业或者转投了其他比利时公司。柯克里尔公司早在 1820 年就宣称要建造烧炭的高炉，1823 年约翰还为此获得了荷兰政府的贷款。他还雇用了一位著名的苏格兰钢铁专家大卫 · 马希特(David Mushet)作为顾问。然而财政上和技术上的双重困难始终困扰着企业。1825 年政府花费 100 万弗罗林银币买下了企业的一半股份。这项即使政府继续注入资金也很难实现的计划，到 1829 年终于付诸实施，而之前荷兰政府又追加投入了 135 万弗罗林。

在1830年比利时革命前夕(令人感到讽刺的是，这使他们失去了荷兰政府的投资)，柯克里尔公司毫无疑问是欧洲低地国家中规模最大的企业，甚至有可能也是欧洲大陆最大的。公司有将近2 000名工人，拥有超过300万弗罗林(相当于150万美元)的资产，这在当时是很大的一笔财富。公司不仅有煤矿和铁矿、高炉、精炼厂、碾磨机和机器专售店，而且它还是第一批进行垂直一体化改革的冶金企业，这诸多成绩使它当仁不让地成为这个新兴行业里的企业典范。

比利时革命进行得相当温和，并未造成过多生命和财产的损失，但仍然不免带来了一段经济萧条期，这是因为人们对新政府的性质和未来前景心中无数。幸而衰退很快就结束了，在这10年时间里的中段，经济飞速繁荣。除了全球经济环境十分有利之外，还有两个特殊因素对比利时经济发展的性质和程度有重大影响：(1)政府决定由国家出资建设一个综合铁路网，这对煤炭、冶铁和机械制造业的发展大有裨益；(2)银行业和金融业的重大制度创新。

1822年国王威廉一世授权建立了一个股份制银行——荷兰促进国民工业通用银行[1830年成为比利时通用银行(Societe Generale de Belgique)]。其总部设在布鲁塞尔。他本人为此捐赠了价值2 000万弗罗林的私人财产，还用其私人财产中的很大一部分购买了股权。该银行具备了这一行业所有可能的特性，但它在前10年里表现平平。但在改革之后，随着新政府委派的新管理者上任，它在欧洲大陆掀起了一股前所未有的投资热潮。1835年到1838年间，它利用1亿多法郎的混合资本，新建立了31家“匿名公司”①，包括高炉和铁制品厂、煤矿开采公司、根特的菲尼克斯机器制造厂、安特卫普汽船公司、纺织厂、制糖厂和玻璃制品厂等。所有这些项目都得到了一位当时最有影响力的巴黎投资银行家詹姆斯·德·罗特希尔德(James de Rothschild)的合作，正是他简化了进入法国资本市场的手续。

① 当时所谓的匿名公司就是现在所指的有限责任公司。——译者

图9－3　柯克里尔在瑟兰的工厂。柯克里尔在靠近列日的瑟兰的默兹河的工厂，在欧洲大陆首先开展了大规模的垂直一体化生产。这张照片摄于20世纪初期，但工厂早在19世纪30年代就已具有庞大规模。

1853年，他们的竞争对手金融家集团获得了另一家股份银行——比利时银行——的特许状。由于在每一个重要细节方面都参照了法国兴业银行，这家新银行没花太多时间在银行业投资领域里去效仿它的前辈。不到4年，它用5 400万法郎的资本建立了24家工业企业和金融机构。这些公司包括煤矿、冶金厂、纺织厂、制糖厂，以及从创建者莫塞尔曼手中收购来的、后来成为世界上最大的有色金属厂的古山公司。和法国兴业银行一样，比利时银行因其与巴黎的私人银行霍丁格尔公司银行的渊源而具有法国背景，据说它的总资本有90%来自法国。

到1840年为止，比利时无疑是欧洲大陆上工业化程度最高的国家，人均收入水平仅比英国低一点点。虽然类似于其他早期工业化国家，其经济增长脚步放慢了，逐渐落后于后起之秀，但直到1814年它仍然是人均产量最高的欧洲大陆国家，在整个欧洲范围仅次于英国。比利时在一个世纪里经济繁荣发展的推动力，仍是经济腾飞初期的那些产业：煤、铁、钢、有色金属、机械工程和纺织业（纺织业的发达程度尚不及英国）。化学工业方面引进了索尔维氨碱法后也开始缓慢起步。比利时机械工程公司的窄轨铁路和1880年后出现的市内与城际铁路的铺设工艺，无论在国内还是国外都十分杰出。同样比利时的长期经济发展受到世界经济的很大影响，出口占其国民生产总值的一半以上。其中对法国的出口特别多。假设发生了比利时并入法国的事件（事实上并没有发生），那么我们今天就看不到这些作为地区经济发展的重要例证的统计数据，而相应的法国经济整体增长会更惊人。1844年法国就进口了比利时全年生铁产量的30%，而这一数量与其他年份相比并不算突出。纵观整个19世纪，法国总共消耗的煤炭中有30%来自进口，其中超过一半来自比利时，这里面的主要供应商就是比利时当地的法资煤矿。

法　　国

在所有较早进入工业化的国家中，法国的发展模式是最“离经叛道”的。这一事实也导致从19世纪起一直到现在产生了大量探讨法国经济的落后和停滞问题的学术著作。直到最近，新的经验研究和理论透视表明，早年的这些争论其实都可能是基于一个错误的命题。尽管法国的工业化发展模式与英国以及其他早期工业国不同，但其成果并不逊色，从人民生活福利的角度看甚至要更胜一筹。不仅如此，从观察后进工业化国家的成功经验和发展模式来看，法国的道路也许比英国更“典型”。

要解释这个似是而非的现象，有必要考察一下经济增长的基本决定因素。以法国为例，19世纪最显著的特点就是统计上一直很低的人口增长率。当经济指标（国民生产总值、工业总产值等）折算为人均值后，法国的成绩可以说相当不错。第二个因素和资源有关。在英国、比利时乃至美国、德国的工业化进程中，丰富的煤炭资源起了极大的作用。法国虽称不上煤炭短缺，但由于先天资源并不富足，再加上其煤矿自身的一些特点，使它的煤炭开采成本高于这些国家。而这又对其他采煤业相关产业，如钢铁业产生深远的影响，关于这点我们会在后面进一步探讨。在技术方面，法国不仅不落后，甚至可以说是相当先进。法国的科学家、发明家、技术革新专家，在不少重要领域都处于领先地位，如动力学（包括涡轮机和电力）、钢铁（平炉炼钢法）、铝、汽车和20世纪出现的飞机。社会制度这一因素对经济的影响很难衡量；像在第八章提到的，法国大革命和拿破仑帝国为大多数欧洲大陆国家的工业化提供了全新的社会环境。但在整个19世纪发生了太多重要的变革，为方便起见，我们把这方面的分析留到其他章节专门讨论。

法国的现代经济增长是从18世纪开始的。把视角扩展到整个18世纪，在总产出和人均产出上法国和英国大致持平，甚至法国会更高一些，即使它的人均产出在初期和尾期都略低一点。然而到了世纪末，英国发动了棉纺业的“工业革命”，法国却正处在法国大革命的炮火洗礼和政治动荡中。而这一点正是后来影响两国在19世纪的各自不同境遇的重要因素。从1790年到1815年的25年里，除了《亚眠条约》（Truce of

Amiens，1802—1803年)带来的短暂和平之外，法国几乎一直处在拿破仑的这场所谓的第一场“现代”战争中，征兵消耗了大量劳动力。在战争期间对产出的需求不断扩大，但技术上只是吃老本，没有任何实质性的进步。尽管棉纺业出现了纺纱机设备，又改进了一些蒸汽发动机，但至为重要的冶铁和化工业却陷入了技术进步的僵局。英国于1793年也卷入了战争，但它因征兵引起的劳动力流失远比法国要小，因为它将除了伊比利亚半岛以外所有的陆地战争都交给了盟国。英国地理位置得天独厚，海上交通便利，控制大片海域(也是出于地理位置原因，法国被阻断了通向海外市场的道路)，因而英国的出口量急剧扩大，进一步加速了主导产业的技术现代化。

战后西欧大陆各国进入经济萧条期，英国也不能幸免。萧条之后，法国以比18世纪经济发展更快的速度迅速复苏。在整个19世纪里，法国国民生产总值以平均每年1.5%至2.0%的速度增长，这一点基本可以肯定，当然在数据统计上，尤其是前半个世纪的，可能有一些不确定因素。到了1871年至1914年间，更为充足和可靠的统计数据表明，国民生产总值以接近1.6%的速度增长，而英国和德国分别接近2.1%和2.8%。这些数据似乎说明了德国的经济增长比法国要几乎快一倍，英国则比它快了三分之一。然而在衡量一个国家经济的整体情况时只看这些数字可能会起到误导作用。为了增加可比性，把这些数据转换成人均值，法国是1.4%，德国是1.7%，而英国只有1.2%。换而言之，人口增长缓慢很大程度上使法国给人以整体经济增长缓慢的错觉。不仅如此，人均产值有时也会给人错觉，因为德国在19世纪中期经济发展相对迟缓，因而统计上的人均收入值的基数就很小，而且作为普法战争的牺牲品，法国的两个地区经济最为繁荣的省——阿尔萨斯和洛林，又于1871年割让给了德意志帝国。

在法国的现代经济增长过程中起领头作用的工业产出(当然在其他工业国家也是如此)，比国民生产总值的增长要快得多，据推算它应该在2.0%到2.8%之间。工业产值与总产值之间的差距不仅是由于估算方法

（或估算人员）的不同，更因为估算范围内的产业数目不尽相同。前半个世纪直到法兰西第二帝国，作坊手工业和家庭手工业占了所有“工业”产值的四分之三，而这些产业的产出增长比现代工厂和新兴产业要缓慢得多，在某些时期甚至是彻底衰退的。因此把它们从指数的计算中去除后得出的结果自然要高。当然，我们也不能过分低估手工业的作用，因为正是它赋予了法国工业与众不同的特征。

虽然经济的整体表现十分良好，法国的经济增长速度也非一帆风顺（不仅仅是指那种任何工业化国家的经济都不可能避免的短期波动），在1820年至1848年，经济以平稳甚至快速的步伐前进，期间不时出现微小的经济波动。煤矿产量在1816年到1820年间每年平均不到100万吨，但在1847年却超过了500万吨，而煤炭消耗增长得更快。冶铁业采用了搅拌炉炼铁法，并开始转向焦炭冶炼。到了19世纪中期，100多座焦炭炼铁炉生产出来的生铁比350座木炭炉还要多，从而为重要的机械设备和机器制造业打下了基础。同期，机器设备的出口值与进口值比例为3∶1。大量的新机器应用于国内的纺织业，尤其是蒸汽发动机和其他机器设备的最大用户的羊毛和棉纺业，同时也吸收了最多的劳动力，具有最大的工业附加值。棉花的消耗量从1815年到1830年增长了5倍。羊毛的进口（除国内生产以外）自1830年起增长了6倍。甜菜糖提炼厂从1812年的1家增加到1827年的100多家。其他发展迅速的行业，如化工、玻璃、陶瓷和造纸，凭借其多样性和高品质一直遥遥领先。在这段时期法国还出现了许多新兴行业，有煤气照明、火柴、摄影、电镀、镀锌以及硫化橡胶的生产等等。包括运河扩展建设、蒸汽船的引进、第一条铁轨的建成、电报网络开通在内的交通运输条件的改善，同步地使国内和对外贸易更加便利。而后者以当时的价格来估算，从1815年到1847年每年贸易额增长4.5%，再加上由于那段时期物价下跌，所以实际价值要更高。而且由于获得了国外的巨大投资，在此期间法国的对外贸易的顺差相当大。

1848年至1851年的政治和经济危机打乱了经济持续发展的节奏。企业与个人纷纷破产引发的金融危机使铁路建设和许多工厂濒临瘫痪。煤矿产量猛跌20%，铁矿石出口下跌得稍慢些，但1850年的出口也不到1847年的70%。1848年的商品进口下跌了近一半，直到1851年也没有完全恢复；同年的出口也略微下降了，但在后一年就成功反弹了。

随着1851年的政变和次年的法兰西第二帝国的成立，法国经济加快了复苏的脚步。1857年的萧条期后经济增长的速度已经有所放慢，但60年代的经济改革，尤其是自由贸易条约（见第十二章）和1863年及1867年的自由组织公司法又为经济发展注入了新鲜血液。1870年至1871年的普法战争使国家的经济和军事蒙受了创伤，但法国又以震惊世界的方法使经济获得新生。在1873年的经济衰退中，法国的损失比其他工业国要小，复苏速度也更快。到1881年底又开始了新一轮的经济增长。在这一期间，铁路网从3 000公里增至27 000公里，电报网络则从2 000公里增加到88 000公里。铁路建设直接或间接地刺激了其他产业的发展。19世纪50年代冶铁业完成了向焦炭冶炼的转型，而到了60年代和70年代，平炉炼钢法则降低了炼钢成本。煤炭和钢铁这两个行业的产量在这一时期增长了近4倍，煤产量达到2 000万吨，铁达到200万吨。因国内交通运输条件改善而源源不断涌入的国外投资使对外贸易蒸蒸日上，每年的增长超过5%。作为世界第二大贸易国，法国占世界总贸易额的比例从10%略升至11%。1851年到1881年是法国一个世纪以来财富和收入增长最快的一段时期，平均年增长率在2%到4%之间。

自1882年起，经济进入了更为漫长的萧条期，法国蒙受的损失是前所未有的。看上去和许多一般的经济衰退没什么大区别，经济萧条也是从金融恐慌开始的，但之后一系列因素使情况越来越复杂，时间也越拖越长：灾难性的疾病使酿酒和丝织业遭受重创的影响将近20年；海外投资因政府拖欠债务和铁路公司破产而损失惨重；贸易保护主义政策，尤其是法国新制定的关税政策，以及与意大利从1887年起进行了长达12年的贸易战，对外贸易总体下跌，在长达15年的时间里徘徊不前；由于在海外市场失利，手工业发展停滞；资本积累在下半个世纪里达到最低水平。

一直到世纪末，洛林矿区向外延伸，以及新兴工业的出现，如电力、铝、镍、汽车等，经济终于开始好转。即使不能和1851年到1881年时期相比，法国经济也已经恢复到了能与1815年到1848年的发展速度相媲美的水平。一个“美好时代”（La belle epoque）来临——法国人这么称呼第一次世界大战之前的那几年——物质生活繁荣、文化无比昌盛的时期。尽管无法精确地进行计算比较，但可以相信1913年普通法国人的生活水准不差于其他任何大陆国家，甚至可能更高。

我们仍要继续讨论法国经济增长的模式的某些基本特征：城市化速度缓慢、企业的规模和结构，以及工业实力的能源。所有这些特征相互关联，也与之前已经强调过的两个因素密切相关：人口增长缓慢；煤炭相对稀缺。

在所有的主要工业化国家里，法国的城市化进程是最慢的。其中最主要的原因应该是总人口的增长缓慢，但农业人口比例、企业结构及地理位置也有一定的影响。法国的农业人口比例是所有这些国家中最大的：1913年大约有40%。这一点经常被视作法国经济滞缓的基本根据之一，但要理解这个数据背后的真正意义绝非如此简单。导致农业人口高比重有一系列因素，其中包括人口低增长率和城市化进程缓慢本身。人们经常忽略这一点：在20世纪初，法国是工业国家里唯一粮食自给自足的国家，因此一直处于出口顺差状态。

说到企业的结构和规模，法国一直以企业规模小而著称于世。1906年的统计数据显示71%的企业不雇佣工人；它们的“工人”——企业主或家庭成员，占了工业劳动力的27%。另一个极端例子是574家大型企业平均每家雇佣了超过500个工人，只占据工业劳动力的10%，占工业领域里挣工资工人的18.5%。显然，这些企业都是从事开矿、冶金、纺织或类似的行业，也有更多从事其他行业。在其他主要工业化国家里，这些行业里面都是些大规模的资本密集型的企业。在这两个极端中间，是大量中小规模的企业，吸收了大部分挣工资的工人。规模小至平均雇佣10名工人都不到的企业，属于传统的手工业，如食品加工、服装、木工，相反雇佣100名以上工人的企业主要从事现代工业——化工、玻璃、造纸、橡胶、纺织、采矿和冶金等。法国规模较小的企业还有另外两个重要特点：具有高附加值(奢侈品工业)和地理位置分散。与英国、德国拥有作为重工业基地的大型城市不同的是，法国高度多样化的工业大量分散在小城镇、小村庄甚至农村地区。这种地理上的分散部分是由可便利地获得的能源的性质决定的。

正如之前提到的，图9－4清晰地描述出，法国是早期工业国中最缺煤的国家。20世纪初，尽管对已有煤矿的开采力度超过了任何国家，法国人均煤产量只有比利时和德国的三分之一、英国的七分之一。19世纪初，法国境内最重要的煤矿基本上(只有一个例外)分布在中部和南部的丘陵地带，远离市场，尤其是在铁路开通之前获取十分不便。尽管如此，法国仍然依靠这些资源建立了早期的焦炭冶铁业。从19世纪40年代起，比利时和德国的煤矿在南方大片煤矿区延伸扩大，从而推动了现代

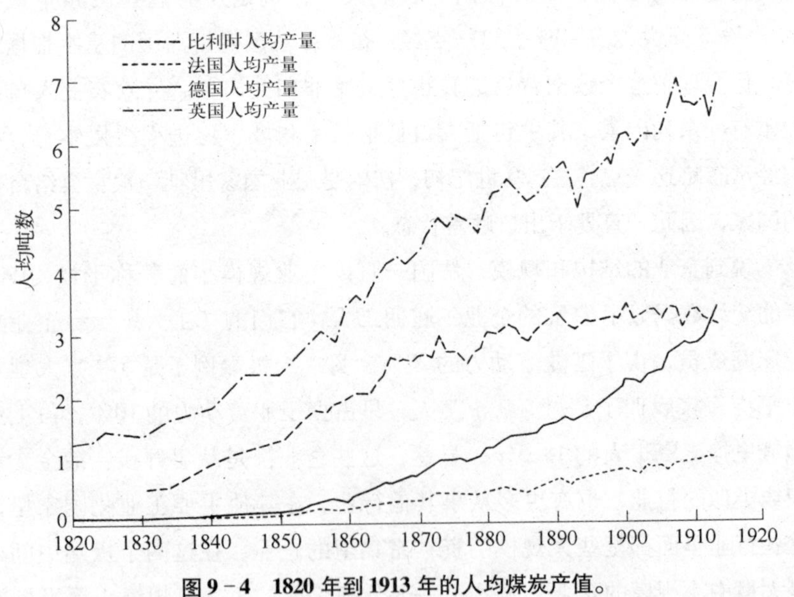

图9－4　1820年到1913年的人均煤炭产值。

钢铁业的成长。同时，在整个19世纪里法国进口了其全部煤炭消费量的三分之一，但人均消费量只是其邻国比利时、英国和德国的一小部分而已(见图9-5)。

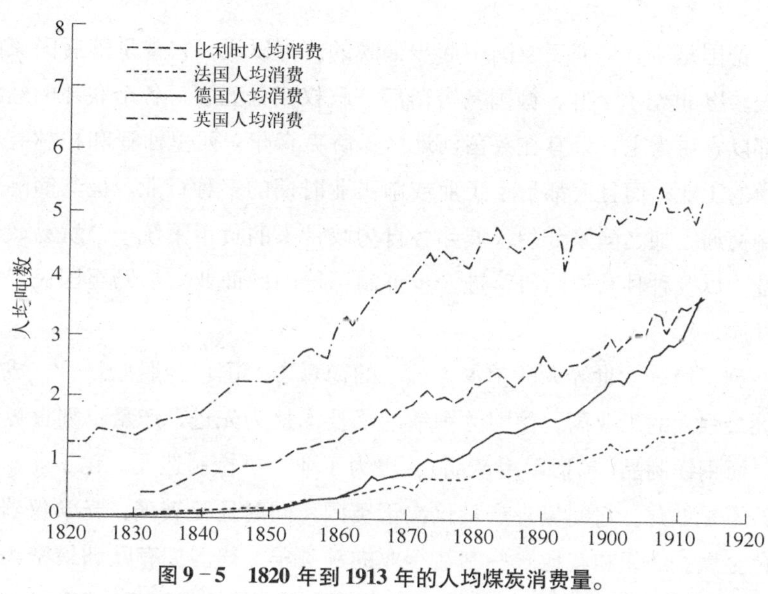

图9-5　1820年到1913年的人均煤炭消费量。

为了弥补煤矿资源不足、成本较高的劣势，法国在能源方面比那些煤矿丰富的国家更注重利用水力。之前已经指出，即使是在英国，由于采用包括水轮机在内的技术革新，使水力能源直到19世纪中期仍能与蒸汽机在实际应用上难分伯仲。在欧洲大陆，尤其在法国和其他一些缺煤国家，水力能源的重要地位维持了更长一段时间。19世纪60年代早期，水力能源提供的马力是蒸汽机的近两倍，就总量来说更是持续增长到20世纪30年代(这还不算应用于发电上的数量，那是到19世纪90年代才开始兴起的)。但由于水力作为动力能源有其自身缺陷，继续发展必然有所限制。应用水力的最佳地理位置大多远离人口密集地区，因而用户数量相应受到限制。因此，水力作为法国工业化的主要动力来源，使法国形成了自己的独特模式： 企业的规模小，地理位置分散，城市化程度较低。进一步探究可以发现，这些是许多缺煤国家的共同特征。

德　　国

德国是所有早期工业国中起步最晚的。可以说，它曾是落后国家的代表。19世纪上半叶，德国贫穷落后，政权四分五裂，各个联邦的经济也都以农耕为主。只有在莱茵河地区、萨克森州、西里西亚和柏林有小规模的工业，而且大都是手工业或前工业时期的多种行业。极其简陋的运输交通，加之国家分裂、城邦各自为政带来的货币不统一、贸易政策混乱，以及种种其他障碍，进一步抑制了德国的商业贸易乃至国民经济的发展。

到了第一次世界大战前夕，统一的德意志帝国已经脱胎换骨，成了欧洲最强大的工业国。德国的钢铁冶炼技术最为先进，产量也列世界第一，而钢铁制品(包括军用产品)、电力工业、机械制造业、化工业，也无一不是如此。它的煤炭产量仅次于英国，同时还是玻璃、光学仪器、有色金属、纺织和其他一些制造行业的领头羊。德国拥有欧洲最密集的铁路网，城市化程度也十分高。这令人叹为观止的转变究竟从何而来?

德国在19世纪的经济发展史可以简单地划分为三个具有不同特征、时间上几乎相等的阶段。第一阶段从世纪初开始到1833年关税同盟建立为止，期间英国、法国、比利时的经济相继进行了变革，而作为向现代化工业国家过渡所必不可少的法律制度以及崇尚理性的社会观念也逐渐形成。第二阶段从1833年到1870年左右，德国经济开始有意识地模仿和借鉴他国，作为现代工业实际物质基础的交通运输业和金融业也初具规模。最后阶段，德国迅速崛起成为西欧大陆最强大的工业国，并长期保持领先地位。在每一个阶段中，国外因素的影响都非常明显。例如在第一阶段，德国社会制度和意识形态的变迁显然是受到了法国大革命的影响，以及拿破仑发动的欧洲战争的巨大冲击。50年代外国资本、技术和企业的逐渐涌入则是第二阶段的特点。到了最后阶段，德国工业向国外市场大举扩张并已成气候。

莱茵河左岸地区在经济和政治上在拿破仑时期归法国管辖，采用法国的法律体系和经济制度，而且大多保留到了1815年后。拿破仑执掌的法国对莱茵同盟（德国中部的大部分地区都包括在内）的影响力十分巨大。甚至连普鲁士联邦都奉行法国式的法律体系和经济制度，只是稍微作了一些调整。1807年一纸公文废除了农奴制，让贵族们参与资产阶级的职业（即从事商业和工业），但又不影响他们的地位。同时取消了贵族与平民在财富地位上的差别，即私人财产一律平等，于是土地自由买卖应运而生。接下来政府又下令取缔了行会制度，进一步消除商业活动和工业建设的种种壁垒，改善了犹太人的社会地位，改革财政制度，简化了中央政府的官僚制度。其他各方面积极改革，还建立了德国第一个现代教育体系。

普鲁士当局发起的最重要的一项经济改革，促成了关税同盟的建立。1818年整个普鲁士境内实施了共同关税，旨在更有效地管理经济和增加财政收入，这被看作是关税同盟的基础。一些小国家（其中一些是完全被普鲁士国土包围的）也加入了普鲁士的关税体系。而到1833年，除奥地利以外的德意志南部的较大的国家达成了一纸协议，这就形成了关税同盟。关税同盟有两项职责：第一是取消一切境内通行费用和海关壁垒，建立一个德国的“共有市场”；第二，建立一个由普鲁士当局制定的、统一对外的关税。总的来说，关税同盟奉行的是“自由”（其实就是低关税）的贸易政策，其原因并不是基于经济原理，而是德意志想把实行保护主义的奥地利排除在外。

如果说关税同盟使德意志的经济统一成为可能，那么铁路则使这一可能成为现实。德意志各联邦间的互相竞争使德国大学在数量和质量上都得以提升。结果加快了德国铁路的建设，建成了比法国更为广泛的铁路网络，而法国虽有一个统一的政府，但各地区却因为国家与私人企业的利益冲突而四分五裂。铁路建设需要各联邦联合起来，对路线、费用和技术等问题达成共识，从而形成更好的州际合作。

铁路能够通过与前后产业的联系，致力于统一国家、促进国内和国际贸易的增长，在经济发展中的地位，始终非常重要。直到19世纪40年代，德国的煤产量比法国，甚至更小的比利时都要少，直到60年代仍低于法国。此后这两个产业的增长都突飞猛进，这很大程度上（虽然不是完全）要归功于铁路网络的延伸——产出的增长对铁路造成直接需求，从而导致便宜的运输成本。

德国迅速完成工业化的关键是采煤业的快速发展，而采煤业快速发展的关键是鲁尔煤田的迅速扩张。（这个世界上最大的煤田和工业区，得名于其南部边境的鲁尔河与河谷地区。鲁尔区的大部分地区位于鲁尔河的北部。）一战前夕，鲁尔工业区的产煤量是德国总量的三分之二。1850年以前，鲁尔区根本不能与西里西亚、萨尔、萨克森州相比，甚至还不如亚琛。18世纪80年代，在普鲁士矿业管理局的指挥下，鲁尔河谷开始从事商业性生产（见图9－6）。由于矿藏太浅，开采技术也过于简陋，因此产量很少。19世纪30年代后期，勘探到了深藏在鲁尔河谷北边的煤矿。这边的开采虽然利润丰厚，但需要投入更多资金和尖端的技术（如使

图9－6　鲁尔河与鲁尔河谷。这里描绘的是19世纪初鲁尔区的乡村风貌，当时农业占主导地位。（请注意看左边的一个煤矿入口，马队驮着一包包煤，而轮船正在码头边等着它们。）一个世纪后，同样的地方，已经成为世界上最大的重工业基地。

用蒸汽泵等），企业自身也亟需更多自主权。虽然因官僚作风难免有所耽搁，但最终由于外国企业（法国、比利时、英国）的资助，所有这些条件都得到了满足。大约从1850年起，鲁尔区的煤产量飞速增长，而钢、铁、化工制品和其他以煤炭为基础的工业的产量也相应提高（见图9-7）。

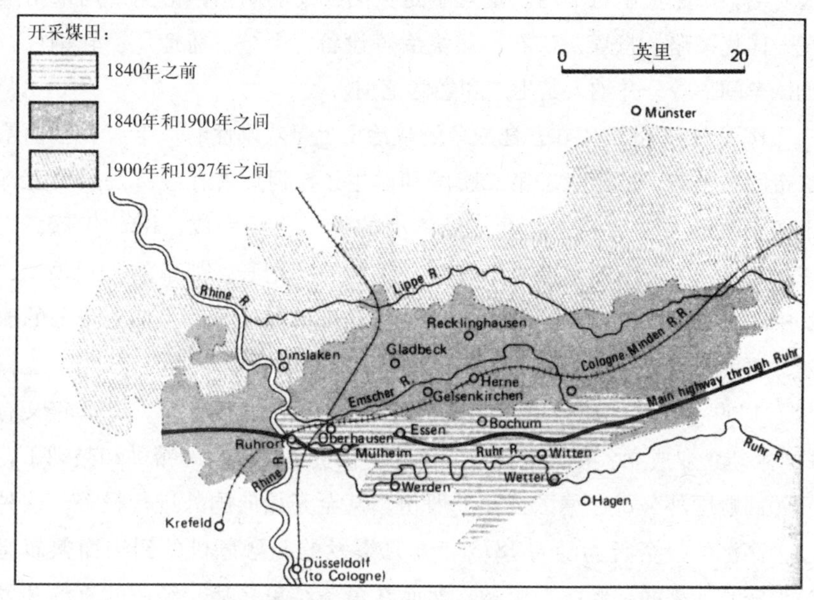

图9-7　鲁尔工业区。

德国的冶铁业直到1840年之前还很原始落后。第一个搅拌炼铁炉于1824年开始生产，这是由外资投资建设的。中世纪盛行的熟铁块吹炼法在19世纪40年代仍然在使用。焦炭冶炼最早在西里西亚出现。鲁尔区的发展几乎就是西德工业发展的同义词，这主要是在1850年到1855年期间，鲁尔区大约有25座焦炭炼铁炉，与西里西亚的数目相近。虽然木炭炉总体数量上仍大于焦炭炉，达到了5:1，但正是这些零星分布在各地的焦炭炉，生产了德国生铁总产量的将近50%。

贝塞麦法酸性转炉钢的生产始于1863年，之后不久便采用了平炉炼钢法。但是直到1881年采用碱性转炉炼钢法之后，洛林的磷铁矿得以利用，这时德国钢产量才得到加速上升。1870年到1913年间，钢产量以平均每年超过6%的速度增长，而增长最快的时期还是在1880年之后。德国钢产量在1895年超过了英国，到了1914年甚至是英国产量的两倍还多。德国工业之强大不仅体现在总产量上，也体现在单位产量上。20世纪初期，每家企业的平均产量几乎是英国公司的两倍，德国公司采用垂直一体化策略，将煤、矿石、焦炭冶炼设备、高炉、铸造厂、轧钢厂、机械车间等等一并纳入其生产和经营范围。

1870年到1871年在普法战争的政治史上是戏剧性的一年：法兰西第二帝国被推翻了，德意志第二帝国却诞生了，但后者在经济发展史上却不像在政治上那么波澜壮阔。经济上的统一已经完成，1869年后，投资、贸易和工业生产领域开始了新一轮的经济增长。战争的胜利果实，其中包括一笔空前巨大的财富——50亿法郎的赔偿金，再加上帝国的成立，更助长了繁荣兴盛。1871年，有207家新的合资企业成立（当然这得益于1869年通过的北德意志同盟签署的自由组织公司法）。1872年又有479家新企业成立。在此过程中，德国的投资者在银行的帮助和鼓动下，开始回购国外公司在德国公司的股份，甚至开始向国外进行投资。这种过于高涨的投资行为随着1873年6月爆发的金融危机的到来而偃旗息鼓，随之而来的是经济大萧条。然而在萧条结束之后，经济的复苏和发展的速度相比过去有增无减。1883年到1913年间，国内净产出以超过每年3%的速度增长，人均产出方面，则是每年增长将近2%。

德国工业中最具活力的部门，是生产资本货物和用作工业消耗品的中间产品的行业。如我们所看到的，煤、铁和钢的产量相当可观。而另两个更值得关注的新兴产业就是化学工业和电力工业（见表9-1）。表9-1中同时还列出了其他消费品工业，如纺织品、制衣、皮革和食品加工的情况，这些行业的发展速度都在平均水平以下。德国重视资本货物和中间产品的生产，相对轻视消费品，这与法国形成了鲜明对比，这一点也有助于理解两国不同的发展路径。

表 9-1　德国工业的产出和劳动生产率的增长率(1870—1913 年)

工　业　部　门	工业产出的增长率(%)	劳动生产率的增长率(%)
采石业	3.7	1.2
金属生产	5.7	6.3
冶铁	5.9	Na
炼钢	2.4	Na
金属加工	5.3	2.2
化工	6.2	2.3
纺织	2.7	2.1
制衣与皮革制品	2.5	1.6
食品与饮料	2.7	0.9
煤气、水、电	9.7	3.6
所有工业和手工业的平均值	3.7	1.6

资料来源：Alan S. Milward and S. B. Saul, *The Development of the Economies of Continental Europe, 1850 - 1914* (Cambridge, MA, 1977), p. 26; derived from W. G. Hoffmann, *Das Wachstum der deutschen Wirtschaft seit der Mitte des 19. Jahrhunderts* (Berlin, 1965)。

在 1860 年之前，德国几乎没有任何化工业，但是其他行业的迅猛发展刺激了对工业化学品特别是碱和硫酸的需求。德国发明了农业化学，这个方面的一些新的著作刺激了农场主们，他们纷纷要求使用人工化肥。化学工业的企业家抛弃了过时的厂房和设备，在这个瞬息万变的行业中应用最先进的技术。有机化学制品的出现就是最好的例证。正如之前提到的(第八章)，第一种合成染料是由英国化学家柏琴在不经意间发现的，而柏琴则是德国化学家 A · W · 霍夫曼(A. W. Hofman)的学生。1845 年霍夫曼在阿尔伯特亲王的推荐下进入新成立的皇家化学学院。1864 年霍夫曼作为著名教授和新兴的染料工业的科学顾问回到德国。之后的几年里，染料工业吸引了许多大学的人力和物力，在欧洲和世界各地建立了研究机构。有机化学工业也是世界上第一个拥有自己的研究设施和研究员的产业。这些技术使得许多新产品得以问世，对制药业的影响也举足轻重。

电力工业的发展比化学工业更加迅速。电力工业与化学工业一样，以科学技术为基础，从大学这样的高等教育机构吸收研究人员和技术灵感。在需求方面，经济增长带来了空前加快的城市化进程，这也刺激着电力工业的发展。与英国相似，德国电力工业的竞争对手并不是成熟的煤气照明业。电力最早被应用于照明设备与城市交通运输。但不久之后工程师和企业家就发现了其他用途。20 世纪初，电动机开始与蒸汽机竞争，并最终取代后者成为新的动力设备。

化学工业和电力工业的一个显著特点就是企业的规模巨大，这同样也是采煤业和钢铁业的特点。这些行业里的大多数企业的雇员都是数以千计，最极端的例子要数西门子舒克特(Siemens-Schuckert)电力公司——第一次世界大战前夕，它的员工数竟然超过 8 万名。从某种程度上来看，公司规模取决于技术的规模经济。例如，要开采深矿井，就需要昂贵的抽水泵、起重机以及其他技术设备，因此进行大规模生产就可以尽量多地分摊使用这些机器设备带来的固定成本。但仍有些大规模企业的例子无法用这种逻辑来解释。有时企业规模完全建立在金钱的基础之上——某些设备添置可以为企业家或者赞助人在不降低实际成本的前提下提供额外收入。这为企业规模提供了另一个更好的解释。银行金融系统与德国制造业之间的紧密联系往往也是一个重要因素，关于这一点，在第十一章会进行更深入的讨论。

德国工业结构中另一显著特点是卡特尔的普遍存在。卡特尔是名义上相互独立的公司之间的一种协议或合同，其目的是固定价格、限制产量、细分市场或是从事专卖经营和反对竞争行为。这种合同或约定，与美国和英国的那些为了限制商业而禁止企业合并的普通法，以及美国的谢尔曼反托拉斯法截然不同。在德国，由于法律的有力保证，垄断组织不仅合法，而且势力强大。卡特尔的数量增长迅速，从 1875 年的 4 家，到 1890 年超过 100 家，而到了 1914 年更是接近 1 000 家。基本经济理论认为卡特尔和卡特尔工业为了获得更多的利润而限制产量，但在德国这个论断似乎站不住脚——因为德国的总产出一直持续快速增长，即使在卡特尔主导的行业里也不例外。为了解决这个悖论，必须将卡特尔和保护性关税(德国在1879年俾斯麦转向保护主义之后开始实行)相结合。通过保护性关税，卡特尔就可以在国内市场人为地抬高和维持高价(这也意味着限制国内市场的销售量和其他分配市场的措施)，这样就能对国外市场进行无限制的低价出口，甚至可以比平均生产成本更低的价格销售，只要保证国内市场的高价就足够弥补损失。例如，国有铁路当局对运往边境的货物收取较低的装运费，而对境内货物装运收取高价，这一例子便是上述盈利模式的一个典型。

在各种措施的共同作用下，世界市场上德国的出口量迅速增长，一贯主张自由贸易的英国也按捺不住，对德国采取了报复性措施，这将在第十二章具体叙述。

第十章

发展模式：后发工业国与未工业化国家

1850 年之前，欧洲其他地区的现代工业是零星的和分散的，在波希米亚可能还稍微多一些，但是可以认为工业化进程还没有开始。工业化进程是从 19 世纪下半叶开始的，在瑞士、荷兰、斯堪的维纳亚半岛以及奥匈帝国等国家尤为显著，在意大利、伊比利亚国家和俄罗斯则要弱得多，而在一些新兴的巴尔干国家以及衰落中的奥斯曼帝国，工业化则更毫无踪迹。与早期的工业化国家相比，这些工业化发生的时间与地点不同，所处的背景环境也不同，因此最终导致了不同的发展模式。

早期的工业化国家如英国、比利时以及德国，它们的工业化在某种程度上与煤密切相关，这种联系体现在“人均消费”的数据上(见图 9 - 5)。与此相反，晚期的工业化地区在境内几乎没有煤矿资源。如果工业化离不开煤炭的支持的话，那么西班牙、奥地利和匈牙利的生产就只能满足国内需求了。俄国虽拥有大量的资源(在 20 世纪中期，苏联已经是世界上最重要的产煤国了)，但是这些资源在 1914 年之前还几乎完全没有被开发。而在其他国家所拥有的煤矿资源更是微不足道，几乎完全依赖进口。

图 10 - 1 中显示了一些晚期工业化国家的人均煤消费量。其中两个特征值得注意：第一，在 20 世纪初期，即便是最成功的晚期工业化国家中的人均消费量还不及大不列颠人均消费量的五分之一，也不到比利时和德国的三分之一；第二，在所有晚期工业化国家煤炭消费量都有限的情况下，最成功的国家煤消费量的增长比其他国家要快得多。在缺煤的国家中，煤主要用作机车、汽船和蒸汽机的燃料，那些最成功的晚期工业

化国家消费的煤基本上都是进口来的，这就使得工业需求成为促进煤炭消费量的主要动力。换句话说，较多的煤消费量只是取得工业化成功的一个结果，而并非其原因。

为了帮助理解这个分析的重要性，有必要考察几个例子。

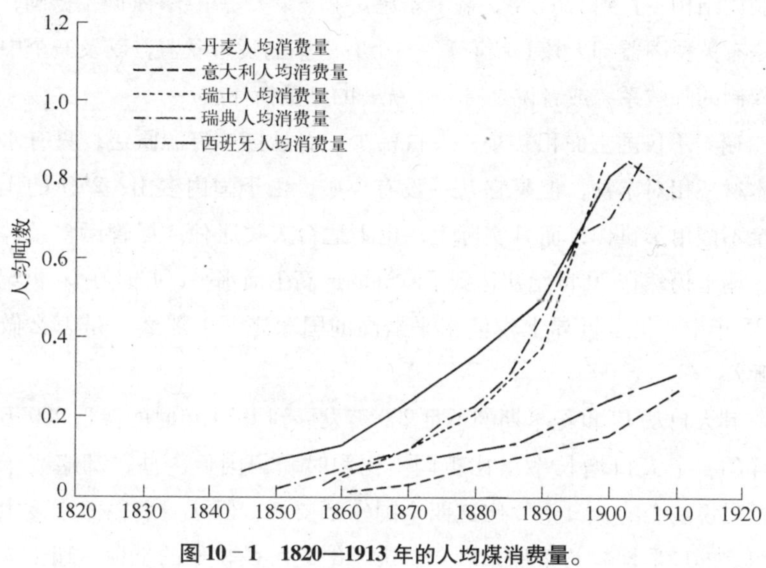

图 10-1　1820—1913 年的人均煤消费量。

瑞　　士

德国是最后一个早期工业化国家，而瑞士则是第一个晚期工业化国家。有些学者对这一观点有所质疑，他们认为瑞士的工业化程度高于德国。的确，瑞士在更早的时候—— 19 世纪上半叶，已经进行了一次"工业革命"，或者说已经历了一次"飞跃"。像这样的争论很大程度上只是口舌之争，并不会有什么实质性的结果。当事实清楚地表现出来并且发展模式也公之于众时，关于哪一个国家先实现工业化的问题只是定义上的问题。尽管在 19 世纪上半叶甚至更早的时候，已经为 1850 年后的迅速工业化打下了基础——主要指成人的高识字率，但是瑞士的经济结构在很大程度上仍然属于前工业化时代。在1850年，超过57%的劳动力还从事基础农业生产，只有不足4%在工厂工作。绝大多数的产业工人是在无机器设备的家庭和小作坊里作业的。那时瑞士才刚刚迈入铁路时代，开通的铁路还不到30公里。更重要的是，国家还缺乏与经济发展相适应的制度结构。直到1850年，瑞士才建立了一个关税组织(不同于德国，德国是有关税同盟却无核心政府)、一个有效率的货币联盟，以及一个中央集权制的邮政系统或者说是有一个统一的度量衡标准。

瑞士不仅国土面积狭小，人口稀少，而且自然资源匮乏，只有水力和木材还相对丰富，但是它几乎没有煤矿。由于国内多山，25%的土地完全不能用于耕作，而且实际上，也不适合人类居住。尽管诸多条件不利，瑞士仍然在20世纪初达到了欧洲的最高生活水平，并且在20世纪最后25年中，仍是世界上生活水平最高的国家之一。那么它是怎么做到的呢?

其人口从19世纪早期的不足200万发展到1914年时的接近400万，这样的一个人口增长率虽比英国、比利时和德国低一些，却略高于法国。虽说瑞士的人口密度比这四个国家都要低，但这一点很大程度上可以用它的地形地貌的条件来解释。由于缺乏可供耕作的土地，瑞士人长久以来就将国内工业与农业、乳制品业结合起来。他们这样做很大程度上要依靠进口原料，并且在19世纪后期还要依靠进口粮食。因此和比利时一样，瑞士十分依赖国际市场，其依赖性还要甚于当时的英国。

瑞士在国际市场上的成功，要归功于它采取了一种非同寻常(即使不是独一无二)的模式，将先进技术与劳动密集型工业结合起来。这种结合制造出许多高质、高价、高附加值的产品，诸如瑞士传统的钟表、高档纺织品、尖端的专业化机械、精制可口的奶酪以及巧克力糖果等。值得一提的是，这里所谓的劳动力密集型工业指的主要是熟练劳动力密集型工业。如果这看起来有些不可思议，那么其合理的解释就是瑞士大多数州的高识字率(非经济原因所致)以及其盛行的学徒制度。于是，即便相对工资较低，瑞士的技艺精湛且适应力强的劳动力仍然乐意参与工作。

在这方面，著名的瑞士工学院也有突出的贡献。该学院成立于1851年，其职能是培训技术工人，并为19世纪后期出现的复杂的技术问题提供解决方案。

瑞士在18世纪的棉纺织业举足轻重，其规模仅次于英格兰，但瑞士的棉纺织业采取了手工操作的工艺以及非全日制工作。18世纪的最后10年里，瑞士的棉纺织业，尤其是棉纺业，在与更为先进的英国的工业竞争中，一败涂地。在经历了“拿破仑时代”的沉浮之后，瑞士的工业又再次复苏，并且更加繁荣昌盛。它实行了一种非同寻常的技术结合模式：使用机械纺纱（大部分机械使用了水力而非蒸汽发动），雇佣廉价的妇孺劳动力，但要他们会使用手工织机，而这种操作方式被英国遗弃之后在瑞士仍然延续了很长一段时间（见图10－2）。这种现象是有可能存在的，因为他们重点生产高质量的纺织品，包括刺绣这样的产品，他们还引入雅卡尔提花机的一些元素用于改进手工织机本身，从而开创了丝绸

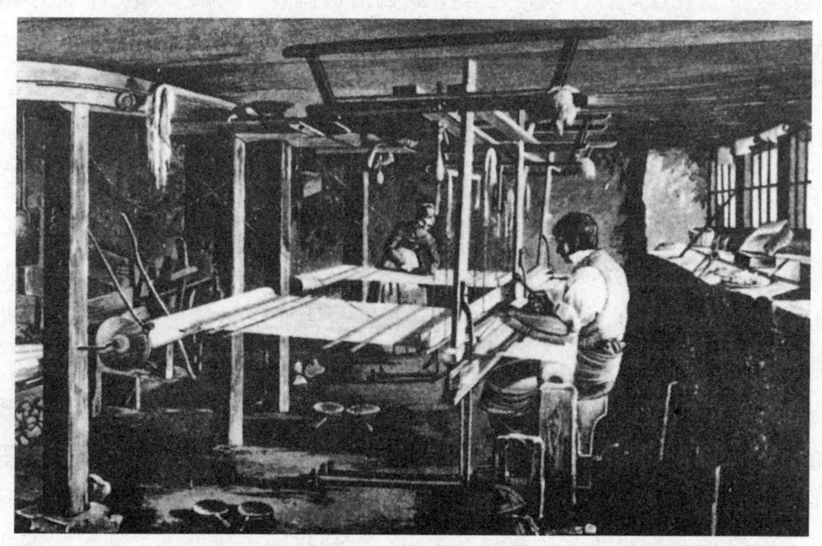

图10－2　瑞士的手摇织布机的织工。瑞士精于高质量、手工制造的织品。图上描绘的是1850年左右，一个织工在其妻子的协助下正在地下室的作坊内工作。

织品的新纪元。最终机械化参与了这些改进过程，但仍旧保留了为高质量产品的特殊设计。直至1900年，那些手工织机才退出历史舞台。

尽管丝织业相对于棉纺织业来说更为传统，但是它对于19世纪瑞士的经济增长却作出了更大的贡献，使其无论是在就业方面还是在出口方面都要高于棉纺织业。丝织业也在进行技术现代化。瑞士的毛麻织造业规模非常小，也将生产重点放在了高质量产品上，并且生产了一些衣服、鞋子以及其他一些皮革制品。总的来说，纺织品以及一些相关产品在这一个世纪里主导了瑞士的出口。以现在的价值来衡量，出口额从19世纪30年代的1.5亿法郎增加到1912—1913年的6亿法郎。然而从其占出口的比重情况来看，在这段时间里却从约四分之三下降至不到二分之一。

纺织品不断开拓海外市场，给一些产业带来了巨大的收益，这些产业包括传统制造业以及在工业化进程中诞生的一些新兴产业。根据一战前夕产业重要性高低排列，这些产业包括机械和专用的金属产品、食品和饮料、钟表以及化学和药剂等行业。由于瑞士本身缺乏煤以及铁矿储藏，放弃发展铁的初级产品行业是非常明智的做法(19世纪上半叶，汝拉山脉以炭炼铁的小型工业就已经消失了)；但是瑞士依靠进口原材料，颇有成效地发展了金属加工产业。该产业始于19世纪20年代，当时主要是生产纺织业的机器；之后随着水力对于经济的重要性日益增加，它的生产范围拓展到包括水车、涡轮、齿轮、抽水机、阀门以及其他一些专业化、高价值的产品。当电气化时代到来时，工业更是快速转向了电子机械的生产；事实上，瑞士工程师对新兴工业的许多重要创新都作出了重要的贡献，在水力发电领域尤为显著。1900年以后，人均煤消费量的下降——主要是由于铁路交通的电气化，这提供了鲜活的例证(见图10-1)。

瑞士的奶制品业以奶酪闻名于世，它的生产方式发生了转变，由手工作业转变成工厂作业，大大促进了产量和出口。该产业(在美国专利的基础上)也促进了炼乳生产的发展，同时还衍生出两个兄弟产业——巧克力制造业和婴儿食品加工业。而另外的一个传统行业——钟表制造业——继续采用由高级技工手工制造的方式（尽管通常是兼职的），另外一大特点就是实行了精细的劳动分工。为了工业发展的需要，开发出了一些专用的机器设备，尤其是研发了一些机器可以生产标准化、可互换的零件；但最终装配成件的工序仍然是使用手工操作。

最后，随着工业化进程的延伸，化学工业自然而然地发展起来。由于缺乏自然资源，瑞士的重工业和无机化学工业不值得一提。在 1859 年和 1860 年发现人工染料之后，巴塞尔的两家小型工厂开始将其投入生产，为当地缎带制造业提供染料。紧接着又有两家工厂加入了这一领域。重要的是，尽管这四家工厂最初是当地产业的供应商，但是很快就发现在成批生产标准产品的能力上它们根本无法与德国同行竞争。于是，它们开始专门生产一些蕴含异域风味、售价高昂的产品，很快在该领域中占据了世界性的垄断地位。在 19 世纪结束前夕，它们将 90% 以上的产品售往国外。瑞士通过自己的研究开发出各种药品。在 20 世纪早期，化工业雇佣的工人不足 10 000 名，但其出口量却占瑞士出口总额的 5% 。每个工人平均出口额为 7 500 法郎，这是钟表业的两倍还多，是纺织业的四倍。从全球范围来看，这个水平在世界上排名第二；尽管它的产出总量仅仅是德国的五分之一，但也相当于除德国外所有国家的产出总和了。

由于铁路交通的出现，瑞士发生了根本性的变革，在这一点上欧洲没有一个国家可以与之相比。但是，从盈利能力上来看，瑞士的铁路交通却是欧洲最差的。正是由于预见到较差的盈利能力，瑞士的投资者都不愿意在本国铁路交通业上投资，他们反而更乐意投资美国的铁路业，将本国铁路业的份额大部分留给了外国——主要是法国的资本家。铁路建设从 19 世纪 50 年代才正式开始，1882 年第一条贯穿阿尔卑斯山的戈特哈德隧道竣工。到了 19 世纪 90 年代，巨额的建设和运营成本以及较低的交通密度等诸多原因使得铁路交通业濒临或陷于破产。1898 年，瑞士政府以实际成本的一小部分的价格从其所有者（大多为外国人）手中将铁路购回。在那之后不久，瑞士就开始了“电气化”。

20世纪延续了19世纪后半叶的发展趋势：农业相对比重下降，工业及服务业增长(在程度上，服务业比工业发展更快)，继续依赖于国际需求(尤其体现在19世纪70年代之后的旅游业以及一战之后的金融服务业)。20世纪60年代，机械以及冶金业占据了总出口利润的40%，化工以及药品业占20%，钟表业占15%，纺织业占12%，食品以及饮料业则占据了5%。

荷兰与斯堪的纳维亚国家

在讨论工业化模式的时候，把荷兰和斯堪的纳维亚国家归成一类进行讨论似乎有点不伦不类；事实上是符合逻辑的。斯堪的纳维亚国家的共同特点经常使得它们把自己作为一个整体来讨论，这是因为它们在文化上的共性，而不是经济上的原因。就经济结构而言，荷兰与丹麦的共同点甚至要比与挪威或瑞典与丹麦的共同点还要多。人们常常会把荷兰与比利时作对比：比利时是一个早期的工业化国家，而荷兰不是；比利时拥有煤和发达的重工业，而荷兰没有；除此之外，这种比较就没有什么意义了。另一方面，将荷兰与成功的后发国家作比较，尽管它们之间资源条件不同，但是这种比较仍能够让我们更好地了解工业化进程，尤其是晚期的工业化。

在19世纪上半叶时，荷兰和三个斯堪的纳维亚国家还都远远落后于当时的“领头羊”，但是到了后半叶，特别是最后的二三十年，它们却都突飞猛进。在1879年至1913年这段时间里，斯堪的纳维亚国家的人均收入每年增幅大致与法国相同，为1.45，瑞典为1.46，挪威为1.30，丹麦为1.57，当时只有荷兰稍显落后，增幅为0.90。但就人均收入水平而言，在1870年和1913年，丹麦和荷兰就已经超过了法国和德国。挪威和瑞典尽管跟上了北欧平均增长率的步伐，但其平均水平仍然较低。考虑到它们起步较晚，同时又缺乏煤矿资源，因此搞清楚它们成功的原因就很有意义。

这四个国家，同比利时和瑞士一样，都是人口小国。在19世纪初期，丹麦和挪威的人口还不足100万，当时瑞典和荷兰的居住人口也不足250万。所有这些国家在19世纪中，人口的增长率都比较适中，其中丹麦最高，瑞典最低；但截止到1900年，它们的人口数量都几乎翻了一番多。他们之间的人口密度也大相径庭。荷兰是欧洲人口密度最高的国家之一，而挪威和瑞典则是最低的，甚至比俄罗斯还要低。丹麦则介于两者之间，但更偏近荷兰一些。

如果认为人力资本是人口的一个特性的话，那么我们认为这四个国家都有着得天独厚的禀赋。在1850年和1914年这两年，斯堪的纳维亚国家的识字率处于欧洲甚至是全世界的最高水平，而荷兰在当时也远高于欧洲的平均水平。这个情况非常重要，能够帮助本国经济在风云变幻的国际经济时局中找到合适的定位。

在资源方面，这四个国家都面临着一个非常严峻的实际问题，这一点与瑞士一样而与比利时不同，即它们缺乏煤矿资源。毫无疑问，这就是它们没有成为早期工业化国家的主要原因，也是没有发展像样的重工业部门的原因。在其他自然资源方面，瑞典拥有极丰富的铁矿藏资源——无论是含磷的还是不含磷的（也有有色金属矿，这些相对来说没那么重要），还有广阔的未开发林地以及水力资源。挪威也享有丰富的木材资源、一些金属矿以及巨大的潜在的水力资源。对于19世纪早期的瑞典和挪威的发展来说，水力资源是一个十分重要的因素——1820年，挪威拥有2万至3万台水车——这也在1890年以后成为水力发电最为重要的工具。丹麦和荷兰两国的水力资源和煤炭资源一样贫乏。尽管它们拥有些许风力资源，但不足以作为大工业发展的基础。

对于这四个国家来说地理位置也是一个重要因素。不像瑞士那样被陆地所包围，这四个国家都有通向海洋的直接通道。这对于获得重要的国际性自然资源、鱼类资源非常重要，对低廉的运输费用、商业海运以及船舶制造来说同样重要。它们通过各自不同的方法利用这些商业机会。荷兰有着悠久的渔业和商业海运业的传统，但是后来逐渐衰败了，于是在需要以蒸汽船发展适合蒸汽船的优良港口时遇到了困难；最终它们还是通过鹿特丹和阿姆斯特丹克服了困难，并与德国以及中欧在海外食品及初级产品（糖、烟草、巧克力、谷物以及石油）的过境贸易上都取得了令人瞩目的成果。丹麦的贸易历史同样悠久，特别是通过厄勒海峡（即松德海峡）的交通运输。1857年，为了归还其他贸易国6.3亿克朗的支付款，丹麦废除了从1497年开始征收的松德海峡通过税，同时还将其他的一些政策转向有利于自由贸易的方向。这使得松德海峡以及哥本哈根港的流量大幅增加。在该世纪上半叶，挪威成了欧洲市场中鱼类及木材的主要供应者，并且自诩是该世纪下半叶世界第二大的商业海运国家——仅次于英国。尽管瑞典的商业海运业发展相对较慢，但是在总体上废除了国际贸易限制并降低了木材、钢铁、燕麦的大宗运输费用之后，瑞典从中获益匪浅，特别是在1849年英国撤销《海洋条例》之后。

这四国的政治结构并未对工业化和经济发展造成明显的障碍。拿破仑以后的欧洲政治格局将挪威从丹麦"皇室"的统治下分离出来，并使其归属于瑞典，最后在1905年使其又和平地脱离了瑞典的统治。1809年俄国从瑞典手中夺走了芬兰。维也纳会议建立了荷兰联合王国，1830年旧荷兰共和国南部的几个省组织起来退出了荷兰的管辖（尽管不是十分和平地）并且最终形成了现代的比利时。1864年，普鲁士和奥地利侵占了丹麦的石勒苏益格和荷尔斯泰因的公爵领地。另一方面，一场先进的民主革命正在各国展开，要不是这些革命，19世纪就会相对平静。这些国家都被管理得相当好，没有严重的腐败现象，也没有兴建大型的国家项目，尽管所有的政府都为铁路运输提供了一些帮助，瑞典像比利时那样，建设了国内铁路干线。由于小国家依赖于国外市场，它们大多数还是执行了自由贸易政策，尽管瑞典开展了一些保护主义运动。在丹麦和瑞典——这两个国家的土地结构与原来旧政权制度极为相似，从18世纪后期到19世纪上半叶，循序渐进地开展了土地改革。这种改革彻底废除了农奴制的最后一点残余，并且创造出一个全新的自耕农阶级，他们是独立的并且有明确的市场定位。

这些国家成功的主要原因（除了高识字率之外），就是能够适应由早期工业化国家确定的国际劳动分工格局，并在国际市场中开拓出适合自身特点的专业化领域，这一点和比利时相似，和其他晚期工业化国家不同。当然，这就意味着它们高度地依赖于波动不已的国际商业环境，但同时也意味着生产要素的高额回报，因为它们是如此幸运，恰逢繁荣盛世。1870 年，瑞典出口额占国民收入总额的 18%，1913 年更是占国民收入（比 1870 年大幅增长）的 22%。20 世纪早期，丹麦的农产品中 63% 用于出口，这些出口的农产品包括黄油、肉制品和禽蛋。80% 的黄油用于出口，几乎全部销往英国，占据英国黄油总进口量的 40%。早在 19 世纪 70 年代，挪威木材、鱼类以及船运服务的出口就占总出口的 90%——约占国民总收入的 25%；到了 20 世纪早期，那些出口就占到国民总收入的 30% 了，而其中单是船运服务就占到外汇收入的 40%。荷兰也是大量依靠船运服务业来赚取外汇的。1909 年，商业和运输业的员工占总劳动力的比例分别为 11% 和 7%。整个服务业的员工占总劳动力的 38%，却贡献了国民收入的 57%。

尽管这些国家直到 19 世纪中期才大规模地参与国际市场，并且只是大量出口初级产品和初步加工过的消费品，但是它们都在 20 世纪初已形成了高度先进复杂的工业。这种情况被称作“工业化升级”，即一度出口初级产品的国家开始加工初级产品并以半成品和成品的形式出口。瑞典和挪威的木材贸易就是一个很好的例子。起初，木材以原木的形式出口，在进口国（英国）才被切割成木板；在 19 世纪 40 年代，瑞典企业家建立了水力（后来是蒸汽）锯木厂，在瑞典国内就可以将原木加工成木料（见图 10－3）。19 世纪 60 年代和 70 年代，引进了木浆造纸的方法——最初是机械方法，后来是使用化学方法（瑞典的创新）；于是木浆的产出便随之迅速增长。其中一半以上的产品用于出口，主要是销往英国和德国；但与此同时瑞典自身的消费量也在不断增长，于是便开始出口附加值更高的纸张。钢铁工业的发展模式也是如此。尽管瑞典用木炭炼铁在价格的竞争力上不如焦炭炼铁或酸性转炉钢，但是由于它的质量更高，因而在滚珠轴承生产方面很有价值，这正是瑞典专业化分工生产的项目，至今仍是如此。

图 10 - 3 瑞典的锯木厂。19 世纪中期，木材是瑞典最主要的出口商品。瑞典商人便在河口建立起锯木厂制造高价值的木材，图为 19 世纪 60 年代位于斯谷兹卡的锯木厂。

四国的学者们关于他们各自的"工业革命"或者说"经济起飞"的时间众说纷纭。他们的意见分歧很大，有人认为是 19 世纪 50 年代、60 年代或者 70 年代，甚至认为是这前后几十年时间的也大有人在。但是争论越多，越是说明这两个概念并不适合用来说明这四个国家的情况。事实上，从 19 世纪中期到 90 年代，这四个国家的经济尽管出现周期性波动，但增长率还都是令人满意的。然而在这之后到一战爆发前的 20 年里，原本就不错的增长率竟然还加快了增长速度，尤其是斯堪的纳维亚国家，这四个国家的人均收入迅速跃居欧洲大陆前列。毫无疑问，增长率加速的原因是纷繁复杂的，但是其中有三个原因非常突出：第一，这一时期经济普遍繁荣，物价上涨，需求旺盛；第二，斯堪的纳维亚国家大量输入资本品(另一方面，荷兰却是一个资本输出者)，更详细的内容请见本书第十二章；第三，这个时期恰逢电力工业的迅速发展。

电力对于这四个国家来说是极大的恩赐。挪威和瑞典因为拥有丰富的水力发电资源从而获益更多；就连可以从英国东北部煤田进口廉价煤的丹麦和荷兰(荷兰从德意志联邦共和国的鲁尔区通过莱茵河进口)，也能从蒸汽发电中大大获益。19 世纪，荷兰是所有缺煤国家之中人均消费量最大的国家，与此同时，人均消费量第二多的丹麦在 1890 年后也开始迅速增长。所有这四个国家都建立了重要的制造业来生产电气设备及产品(例如荷兰的灯泡)。瑞典以及挪威、丹麦的工程师成为当时电力工业的先锋，其中后两者的作用稍小一些。举例来说，瑞典最先大规模使用电而不是用煤来熔化生铁；截至 1918 年，利用这个方法生产了 10 万吨生铁，大约是总生铁产量的八分之一。同样重要的是，电力能使那些没有煤或基础金属的国家同样能够发展金属冶炼、机械以及机床工业(包括船舶)。

简言之，斯堪的纳维亚国家的经历，与瑞士相似，表明了即使本土没有煤矿或重工业，也是有可能发展尖端工业，提高人民生活水平的；此外还证明了工业化的成功并没有一个固定的模式。

奥匈帝国

奥匈帝国，即在 1918 年以前被哈布斯堡王朝所统治的领地，在 19 世纪一直被认为经济落后，这种看法有失偏颇。一方面这是由于该王朝中的部分地区确实比较落后，而另一方面则是错误地将政治上的失败(该王国在一战的战祸中土崩瓦解)与其经济上的表现挂起钩来了。对于实际经济表现的错误看法是因为缺乏深入的调查研究，直至近年才有所改善。最近在各国学者的努力下，终于能够充满自信地对哈布斯堡王朝统治地区的工业化进程作出一个公允的评价。

首先有必要强调两点。第一，哈布斯堡王朝各地区间的多样性和不平衡的程度比法国和德国还要大，西部地区(特别是波希米亚、摩拉维亚以及奥地利本土)经济发达程度远在东部地区之上。第二，在西部地区中，现代经济增长的苗头早在18世纪下半叶就可以被察觉到了。另外两个因素——尽管下文还会详尽阐述，但也有必要在这里先大致提一下：地理环境，这使得国内、国际运输和通讯变得十分困难和昂贵；还有就是自然资源，尤其是煤矿资源的匮乏及分布不理想。

奥匈帝国的工业化起源于18世纪，现在已经初具规模。纺织、钢铁、玻璃以及造纸工业在奥地利以及捷克地区都已经发展得比较成熟了。从总量上说，纺织业规模最大，麻毛业居支配地位，羽翼渐丰的棉织品业更是早在1763年就已经存在了。在最开始的时候，它们还是采用传统技术，尽管一些"原始工厂"（虽为大作坊但没有机械动力）已存在于羊毛制品业中了，但是大多数的生产仍在手工体系中进行。机械化在棉织品业中的应用始于18世纪末，在19世纪最初几年才应用到羊毛制品业，而在亚麻制品业的应用则要更晚一些。到19世纪40年代，奥匈帝国的棉织品制造业在欧洲排名第二，仅次于法国。

人们通常认为1848年革命是该帝国经济与政治历史的分水岭，但是，现在人们并不这么认为了。据记载，在西部地区现代工业早在革命前就已经完整地建立起来了，之后一直以一种极为稳健的速度继续发展。毫无疑问，与其他地区一样，奥地利也存在由经济周期造成的经济增长的短期波动，因此学者们将许多精力用来识别19世纪的几次周期性复苏中哪个可以用来代表工业革命（或者说是经济起飞）的开始；但现在看来，这些努力都徒劳无功。

从18世纪到第一次世界大战这段时间里，奥地利的工业化采取了渐进和累进的模式。有一位学者将其描述为"从容"的经济增长（"leisurely" economic growth），但事实上用"吃力"（labored）来形容也许更为恰当。因为"从容"所描述的是顺着涓涓小溪缓缓而下的态势，而"吃力"则表明通过一条布满荆棘而又蜿蜒曲折的道路攀登山峰的情景——显然后面一个比喻更为妥帖。崎岖的地形和匮乏的自然资源是诸多障碍中的一部分，这是自然强加给该国的；而另外的一些障碍，如不利于经济增长的社会制度，则是人为造成的。

在人为因素之中，直到1848年才废除的农奴制则是最大的障碍。然而实际上，农奴制这个历史“包袱”并非如想象中那样沉重。约瑟夫二世在18世纪80年代曾制定了一个改革方案，允许农民可以离开其主人的土地而不会受到任何惩罚，还允许农民在市场上销售他们自带的粮食。只要农奴仍属于他们的主人，就要向他们的封建领主支付租税；但是若不这样做，就不能动摇封建体系。1848年废除农奴制的主要结果就是给予农民自己保有的产权地，并且让农民将原先付给封建领主的税款改成上缴给国家。尽管这些进步确实提高了农业生产率，但是一些开明的地主们之前所作的一些努力已经使农业生产率朝着这个方向发展了。

1850年，奥地利和匈牙利之间的边境关税废除了(或者更确切地说，是在那一年建立了一个奥匈帝国内部的关税联盟)，一些人认为这是了不起的成就，而另一些人则认为这意味着东半边将要永久带着殖民地的身份。尽管关税联盟确实可能促进地区间的劳动分配，但是两地之间的国际贸易和分工模式(奥地利将制造业产品出口给匈牙利，而匈牙利将农产品出口给奥地利)早在1850年就已经形成了。有些人宣称的关税联盟会对帝国东半边产生负面作用的说法，现在已经不再这么认为了。

另外一个阻碍奥匈帝国经济快速增长的制度性因素是其对外贸易政策。整整一个世纪，它都坚定不移地实行了贸易保护主义，从而使普鲁士很容易就实现了将其排除出关税同盟的目的。高额的关税不仅限制了进口还限制了出口，这是因为那些高成本且受保护的行业在世界市场中没有竞争力。在20世纪初期，小小的比利时的对外贸易额在绝对数量上都超过了奥匈帝国；在人均数量上，比利时则要超过奥匈帝国好几倍。毫无疑问，奥匈帝国的地理位置和地形状况的确限制了它参与国际贸易的活动，但是它的包含了工农业的国内关税联盟在一定程度上抵消了其与外部市场联系有限、资源供给不足的负效应；该国的商业政策，应被视作经济表现相对较差的原因之一，至少算作次要原因。

增长缓慢以及现代工业分布不均的一个主要原因是：教育以及文化水平，即人力资本的主要组成部分。尽管在19世纪中期，王朝的奥地利部分的文化水平和法国以及比利时不相上下，但是它的分布却极不均匀。1900年，各个地区成人识字率相差很大，福拉乐贝格的成人识字率最高，为99%，而最低的是达尔马提亚的27%；识字率在匈牙利部分则更低，并呈现出相同的东西分布梯度。就整个国家来看，文化水平、工业化水平与人均收入三者之间存在很高的相关性。

尽管存在种种自然和制度的障碍，但整个19世纪奥地利都经历着工业化和经济增长的过程，匈牙利在19世纪后期亦是如此。19世纪上半叶，奥地利人均工业产出的年增长率估计在1.7%至3.6%之间，但到下半叶时有小幅下降。在君主权力划分之后，匈牙利获得了自治权，并且在1867年的“妥协方案”里获准拥有自己的政府，之后出现了更高的工业产出增长率。（然而，我们在看待高速的经济增长时，要始终牢记当时统计基数很小，否则很容易就会过分强调了其增长的高速。）

交通运输在奥匈帝国的经济发展中亦扮演了至关重要的角色。由于该国的大多数地区是山区或被群山围绕，因此陆地交通费用很高，而山区中也几乎没有水路交通。与早期的工业化国家不同，奥匈帝国内几乎没有运河。多瑙河和其他一些大河都从市场及工业中心流向南方或者东方。直到19世纪30年代，随着蒸汽船的出现，逆流航行才成为可能。

上文已经提到，最早的铁路主要位于奥地利及捷克地区。19世纪中叶之后，特别是在1867年的“妥协”之后，匈牙利便拥有了更多的铁路。这就使国内业已存在的地区间劳动分工得到巩固。在19世纪60年代，匈牙利通过铁路运输的商品中，一半以上是谷物和面粉。然而面粉的运输促使了匈牙利的工业化。在19世纪后期，布达佩斯成为欧洲最大的谷类加工工业的中心，在世界上排名第二，仅次于美国的明尼阿波利斯。它还生产谷物加工设备甚至出口这些设备，并且在该世纪末还开始生产电气机械。然而对于匈牙利的大部分地区来说，工业生产主要由消费品，特别是食品构成的。除了前面提到的面粉外，还包括绵白糖、果酱、啤酒和白酒等等。这些产品在奥地利的地位，就像纺织业在匈牙利和波希米亚的地位一样，不可或缺。

奥匈帝国也有一些重工业。阿尔卑斯山区的木炭炼铁工业已经有几个世纪的历史了，波希米亚在黑色及有色金属制品方面也有不少年份了。随着焦炭炼铁的出现，木炭业逐渐衰败，但在波希米亚以及奥地利的西里西亚，其煤的资源要比其他地区稍微丰富些，其现代冶金业从19世纪30年代开始发展。这些行业不仅生产生铁，还包括精炼和加工流程，并建立了一些生产机械和机床的工厂。一些重化工业也慢慢出现了。在一战前夕，捷克地区的工业产出占“奥地利”工业产出的一半——其中煤及褐煤大约占到85%、化工产出占四分之三，铁的产量占到一半以上。在下奥地利，特别是在维也纳及其郊区，一些尖端行业也逐渐成长起来。早在19世纪40年代，维也纳新城就已经有生产机车的工厂了。

奥地利重工业中出现的一些问题可以见图10－4，图中描述了德、法、奥、俄四国的人均产煤量和人均消费水平的发展情况。从大约1880年开始，奥地利和法国的人均产煤量不相上下——两国均远低于德国却远远高于俄国——但是法国的消费由于进口的因素相对高一些(事实上，在19世纪的最后几十年中，奥地利通过边境向其邻国德国的出口，略微有些贸易顺差)。图中并未显示这样一个事实，奥地利大约三分之二的产量乃是质量较次的褐煤，这种煤是不适于冶金的。另外，图中亦未将矿床所在位置显示出来；事实上，绝大多数矿床位于该国的北部地区(捷克)，特别是分布在与德国接壤的地带，这也就是为什么当时煤矿富足的德国会经由易北河从煤矿贫乏的奥地利进口。匈牙利的煤产量(未在图10－4中列出)不到奥地利的四分之一，而且更多的是生产褐煤。即使如此，该王国依旧在19世纪60年代后期支撑起了小规模的(受资助的)钢铁工业。

总的来说，在19世纪上半叶，在工业方面哈布斯堡王朝曾经追上甚至超过当时四分五裂的德国，但是在1871年之后其工业增长却逐步落后于统一的德国。要不是这样的话，情况也不会像它通常被描绘的那样惨淡了。西半边(奥地利部分)工业持续增长，即使没有什么惊人之处也至

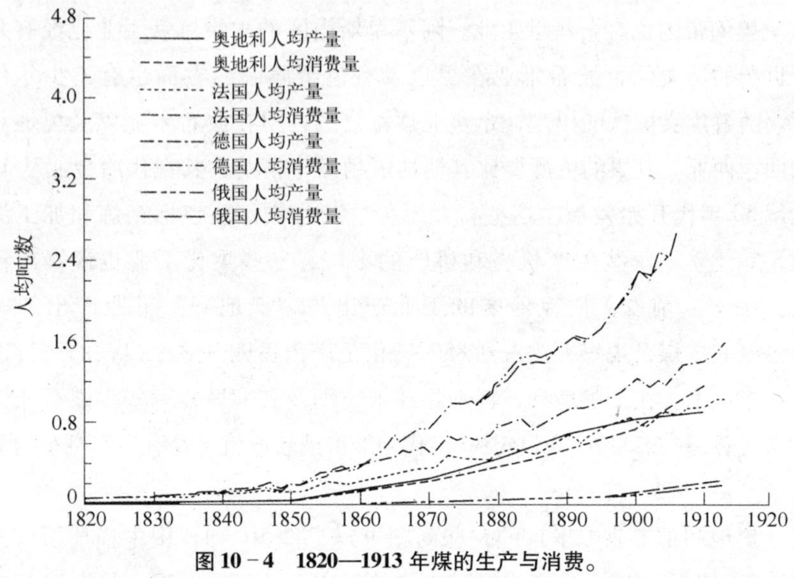

图10-4　1820—1913年煤的生产与消费。

少十分稳定，而东半边(匈牙利部分)在1867之后工业才突飞猛进。20世纪初，西半边与西欧的平均发展水平相当；东半边尽管落后于西半边，但是也远远领先于东欧其他地区。

南欧与东欧

地中海国家、东南欧以及沙俄等欧洲其他国家的工业化模式可以更为概要地来分析。其共性之一就是在1914年之前都没有完成工业化，这就导致了它们较低的人均收入水平，从而引致了贫穷。可以肯定的是，如果我们不以国家作为整体来考察而是独立分析各个地区——之后我们会简要提到，那么我们就会发现巨大的地区间差异，法国、德国、哈布斯堡王朝甚至连英国都不例外。否则，如果没有周围落后的“海洋”的衬托就显示不出现代的“岛屿”了。

造成这种现象的一个原因，同时也是这些国家的第二个共性，那就是极低的人力资本水平。表8-3和表8-4具体说明了这一点。与其他较大的国家相比，意大利、西班牙以及俄国的成人识字率以及小学的入学率都处于最底层的水平，而东南欧中较小的国家也没有好多少。罗马尼亚以及塞尔维亚的小学入学率要低于西班牙与意大利，高于俄国。

这些相对落后的国家的第三个共性，对他们经济发展的可能性影响重大，那就是：缺乏有实质意义的农业改革，从而导致了低的农业生产率。本章和前面几章在讨论工业化模式的时候都没有探讨其农业部门的情况，这是因为那些国家的农业已经发展到相当高的水平了。以英国为例，在第七章中已经指出，较高的农业生产率对工业化的进展是十分必要的，较高的农业生产率可以为城市、工业人口提供食品与初级原料，特别是，还能为工业行业（非农业行业）提供剩余劳动力。在19世纪中期，农业劳动力比例在各个国家差别很大，最低的是英国的20%，其他早期工业化国家为50%～60%，意大利则是60%左右，西班牙为70%，比例最高的是俄国以及东南欧国家，高达80%以上。到20世纪初，英国的农业劳动力比例跌到10%以下，比利时、荷兰及瑞士约是20%，而法国和德国为30%～40%，但是在意大利仍保持高于50%的水平，伊比利亚半岛大约是60%，而在俄国及巴尔干半岛各国则超过了70%。

最后，那些落后国家还有第四个共性就是：它们都有不同程度的独裁、集权、腐败和低效的政府。尽管其他工业化国家也是经常处于集权政府时期，但是第四个共性与其他共性，尤其是较低人力资本水平的联系，还有待进一步的调查研究。

关于共性方面就谈到这里。这些国家之间也存在巨大的差异。现在我们就逐一论述它们在面对工业化以及经济发展的时机时各自不同反应（或没有反应）的特征。

伊比利亚半岛

在19世纪，西班牙和葡萄牙两国的经济发展史十分相似，因此，为了研究方便起见可以将两者作为一个对象来分析。两国都是从拿破仑战争之后开始出现原始的甚至是古董的经济体系以及反动的政治制度。其中反动的政治制度使得两国在1820年引发了国内革命；尽管革命最终并未成功，但还是导致了地方性的内部战争，干扰了正常的经济活动，经济政策也朝令夕改。两国国库空虚，伤痕累累。在内战期间，双方(两个国家)都向国外借债来维持军备。战败方，必然不能按期支付债款；即使是战胜方还债时也承担了巨大的压力，最终也不得不拖延部分的债款。拿破仑战争给西班牙带来巨大的破坏，之后又失去了美洲殖民地(不包括古巴、波多黎各以及菲律宾，这些是在1898年的美西战争之后失去的殖民地)，这使得西班牙在1800年至1830年间财政收入大幅缩减。长期的政府赤字导致了银行系统的操纵、通货膨胀、重新向外借债，但是由于政府的信用评级低，愿意借钱给它的国家在借款合同中规定了极为繁琐的条款。1833年的一份贷款中仅融资了名义资本的27%。在19世纪结束之前，两国至少不止一次地拒付部分债款。

较低的农业生产率仍是两国经济最根本的弱点。1910年时，西班牙的第一产业主要是农业，雇佣了大约60%的劳动力，葡萄牙也差不多。但是，其中绝大多数都不是商业化的农业。有一位学者使用“二元经济”来描述19世纪西班牙的经济。“二元经济”的含义是：一方面，维持生存型的农业部门大量存在；另一方面，商业化农业部门却很弱小，与之互动的城市工业、商业以及服务业则更弱小。19世纪40年代，有一条政府法令要求支付各种税款必须采用现金形式而不能以实物形式，由此引发了一场农民起义，因为此时农民找不到他们产品的销路。

西班牙在19世纪上半叶曾尝试进行农业改革，但是彻底失败了。类似于大革命时的法国政府，西班牙政府没收了教会、市政府和贵族们(他们在国内战争时候是持反对意见的)的土地，其本意是想出售给农民；但是由于政府财政紧张，最终还是将土地卖给了拍卖中出价最高的投标者(这些人可以按面值用已贬值的政府债券支付)；结果绝大多数土地还是落入了富人——贵族和城市资产阶级之手。农民只是从为一批地主打工换成了为另外一批地主打工，而在技术和资本设备方面并没有什么提高。葡萄牙则根本没打算要进行土地改革。在此期间，两国人口的增长促进了粮食种植。两国土地贫瘠，畜牧用地较少，正是这些赖以生存的必要之物的匮乏使得生产率进一步下降。

尽管总体上是一派萧条的景象，但其中仍不乏闪光之处，在落后的大环境下地区性差异依旧存在。现代棉制品也在加泰罗尼亚、巴塞罗那及其周围发展了起来，并在18世纪90年代开始繁荣，这要多亏保护性关税以及古巴和波多黎各受殖民主义保护的国内市场，这种繁荣的景象一直延续到1900年，这一年西班牙失去了这两个殖民地。出口导向的葡萄酒业，存在于两个盛产葡萄酒的地区，其一是西班牙的安达卢西亚赫雷斯地区，英语中称这个地区出产的酒为“雪利酒”，其二是葡萄牙境内的波尔图省，该地出产的葡萄酒被称为“波特酒”。1850年，葡萄酒和白兰地的出口占西班牙总出口额的28%，但是当时一种发生在葡萄树上的病害即葡萄根瘤蚜，引起人们的恐慌，它先是袭击了法国，之后又传入西班牙国内，后果相当严重。到了1913年，葡萄酒的出口占西班牙总出口额的比重下跌到12%以下。

与此同时，发现了另外一种新的可以赚取外汇的来源，即矿物和金属，可以用来弥补葡萄酒业收入的损失。著名的阿尔马登汞矿在16世纪就已经投入生产；水银虽然利润丰厚，但是并不能有效地平衡国际收支。然而在19世纪20年代，国外对管道用铅的需求日益增长，使得西班牙南部极其丰富的铅矿藏得以开发。早在1827年，生铅的出口就占到总的国外收入的8%以上。即使在1869年至1898年间，也就是被美国赶上的那段时间，西班牙仍是世界上主要的铅生产国。1868年一项新的采矿法放松了管制，大量授予铜、铁、铅矿石的开采权，主要是授予外国公司。截至1900年，矿石及金属的出口占总出口额的三分之一左右。不幸的是，西班牙出口的大多是未经提炼的金属（铅以及铜）或者是初级矿石（铁），与国内经济的上游产业很少有关联。

外国资本还支配着其他现代经济部门，特别是银行业及铁路业。在1850年之前，外资在这些领域中的发展是微不足道的；在西班牙国内，西班牙银行是该国银行业的龙头老大，其主要功能是为政府融资；国内铁路的总长度到19世纪40年代后期也仅仅是几公里而已。19世纪50年代，政府的政策变幻莫测，新政权鼓励外国（主要是法国）资本家来西班牙开办银行、修筑铁路。外资之所以到西班牙投资铁路，是因为西班牙政府保证投资者在建设期间的投资利益。不幸的是，当主要铁路线竣工后，政府不再保证投资资本的利益，此时铁路业尚未形成足够的交通流量以支付运营成本，于是大多数铁路公司开始破产。由于这些铁路的建设主要依靠进口的原材料和国外工程师提供的设备，因此就像矿产业那样，铁路业也没有和上游产业发生什么联系。铁路业直到19世纪末才开始盈利。在此期间，大多数银行获利能力虽有所不同，但都已经与其外国投资者进行了清算，给国内企业家留下了广阔的发展空间。葡萄牙在1856年拥有了自己的第一条铁路，是始发于里斯本的一条短途线路，该国铁路的历史比西班牙还要惨淡。葡萄牙的铁路是利用外国（主要是法国）资本建起来的，经历了欺诈、腐败和倒闭，对经济发展几乎没有任何贡献。

西班牙有一些煤矿（葡萄牙则没有），但是这些矿藏都不是优质煤，并且所在的位置也不利于工业化开采。然而在19世纪最后20年间，一个小规模的钢铁业却在沿邻近毕尔巴鄂的南部海岸线上成长了起来。利用这个地区的含铁量高的矿石以及一些进口的煤和焦炭，该国钢铁工业在进口的钢、铁、金属部件及机械的夹缝中缓慢前进，但仍无法成功取代进口。到了20世纪，这一地区已成为西班牙最富裕、经济最发达的地区。而在葡萄牙则没有类似事件的发生。

意大利

在1860年之前，可以用梅特涅的话“地理性特征”来描述意大利的经济和政治。所谓的“意大利经济”在那时并不存在。从现代初期开始，意大利的经济一直处于停滞不前的状态，由于长期受外国势力的分化及控制，意大利在经济领域逐渐失去了领导地位。战争与改朝换代使其沦为外国军队的战场，他们肆意掠夺无价的艺术珍宝和其他实物财富，此外，接二连三的货币骚乱耗尽了长期积累的财富，也动摇了投资者的信心。

维也纳会议将名义上独立的各个公国重新拼凑了起来，成为令人困惑的马赛克，但是绝大多数公国，包括教皇国和两个西西里王国在内，仍旧受哈布斯堡王朝的控制和影响。奥地利直接吞并了伦巴第及威尼斯；这两个省份在经济上是最先进的，曾经是著名的工商业的中心；由于奥地利的高关税壁垒，使它们与意大利的其他地区相分离。撒丁尼亚——唯一的名副其实的独立国家，则是一个奇怪的混合国，它被认为是由四个有着不同的气候、资源、制度甚至语言的地区组成的。撒丁岛——撒丁国名字的出处，在封建主义这潭死水之中逐渐衰败；该岛的地主对于提升土地质量没有丝毫兴趣，因此那些没有文化的人口只能生活在最原始的条件下。萨伏伊将其统治权奉献给撒丁国及后来的意大利，从其文化及经济意义上来说是归属于法国的。热那亚及其腹地利古里亚在拿破仑时期之前就已经确立了商业中心的地位，并自几个世纪以来一直是独立的共和国。三面环山的皮埃蒙特在地理意义上是伦巴第平原的延伸部分，但它的海拔及气候还是将其与伦巴第区分了开来。它大致拥有撒丁国总人口数的五分之四，也就是大约500万人。在1850年之前，它除了加拈丝线工业和一些小型冶金业外，几乎没有什么工业，但在一些进步地主的领导之下，其农业在整个半岛范围内变得最先进，也最繁荣。

在几乎所有的国家中，地区性经济差异都很明显，然而在意大利显得尤为突出。意大利的经济存在南北不平衡，这一情况在中世纪就已经存在了，至今仍然很显著。由于该半岛在19世纪整体处于落后地位，因此这一现象在那时并不十分明显，但仍旧存在。而在北部地区，特别是在皮埃蒙特和波河流域，农业生产率水平较高，此外还存在一些其他产业。正是在经济更为先进的北部，萌发了国内统一运动。

在19世纪二三十年代统一革命的企图失败之后，哈布斯堡王朝在1848—1849年间实行了残酷的镇压，这时有一位伟人在撒丁王国横空出世。他就是首相加富尔(Count Camillo Benso di Cavour)，他是进步的地主、农学家，他自已修建了一条铁路，开办了一份报纸并创立了一家银行，在1850年成为他那个小国新建立的君主立宪制的海运部、商务部和农业部的部长。在接下来的一年里，他又兼任了财政部长，并在1852年成为首相。他一再强调，皮埃蒙特若要在意大利半岛中取得领导地位，那么金融秩序与经济进步必不可少。为了实现这些目标，他提倡接受外国的经济支持，这其中也包括外国资本投资。他在1850年就任之后，就立即与所有欧洲相对重要的工商业国家展开贸易条约谈判。于是在1850年至1855年间，该国出口就增加了50%，与此同时进口也几乎是原先的三倍；由此产生了对经济增长不利的贸易逆差，但法国资本的流入弥补了这一逆差。在60年代最后几年中，法国在加富尔的鼓励下修建铁路、开办银行以及其他股份公司，并对其日益增长的政府公债进行投资。

部分公债已用于支付1848年至1849年那次失利的战争，而更多的公债则是为1859年那场最终胜利的战争所准备的。那场战争中，法国在经济及军事上支援撒丁王国，最终打败了奥地利帝国，为1861年统一的意大利王国铺平了道路。这个新成立的国家，总人口约为2 200万，平均人口密度为85人/平方公里，这个数据在欧洲是最高的。在意大利，更多的劳动力从事产出率很低的农业，因此意大利还有很长的一条路要走。国家的统一为经济发展扫除了主要障碍之一——市场的分裂；但是如果没有交通运输与通讯设施的发展，这一切只是纸上谈兵而已。皮埃蒙特进步的法律和行政制度伸展到统一王国的其他地区，但这也不能立刻改变制度落后、识字率低的现状，皮埃蒙特地区还是像从前那样忽视其他地区的人民。法律是无法解决资源贫乏问题的；只有最开明的法令法规、最明智的行政方式才能克服资金不足这一缺陷。对于意大利来说不幸的是，加富尔在那些混乱年代中鞠躬尽瘁，英年早逝，他仅在该国宣布成立三个月后便去世了。因此这个国家也就失去了英明伟大的领导。他的继承者，虽有同样赤诚的爱国之心，但是缺乏经验和谋略，最要命的是缺乏对经济金融问题的直觉。意大利仍旧依赖于外国(特别是法国)的经济和投资关系，但是政府的行为却一而再再而三地疏远外国的投资者，这最终使得意大利在1887年戏剧性地与法国爆发了长达10年的关税战，结果两败俱伤。

临近19世纪90年代结束之时，也就是与法国的关税战结束并有新的国外资本——来自德国——注入的时候，意大利的工业增长稍有起色，虽然其间波动不断，但增长势头一直持续到一战爆发。那时意大利还不是一个工业化国家，但是其工业化进程已经开始，尽管有些姗姗来迟。

同样在19世纪90年代持续到一战这段时间里，意大利的人口压力导致大规模移民外迁，主要是迁往美国，也有迁往阿根廷和其他一些拉美国家。

东南欧

位于欧洲大陆东南角的五个小国家——阿尔巴尼亚、保加利亚、希腊、罗马尼亚和塞尔维亚，可能是在俄罗斯以西的欧洲国家（除了葡萄牙）中最贫困的了。在1815年之后它们先后从奥斯曼帝国中赢得了独立，其中阿尔巴尼亚到1913年才获得独立。奥斯曼帝国曾经的统治对这些国家的经济影响深远。在20世纪初期，这些国家中农业占绝对主导地位，70%～80%的劳动力从事农业生产，农业产出占据总产出的比例也差不多为70%～80%。此外，农业生产的技术十分落后，相应的劳动生产率和人均收入也比较低。尽管现在已无法取得精确的数据，但是粗糙的数据表明，平均来讲，这五个国家的人均收入要少于邻国匈牙利，约是波希米亚的一半、德国的三分之一。而这五个国家之间也存在轻微的差异，罗马尼亚的经济境况要比其他四国好一些，而阿尔巴尼亚则是最为落后的国家。

尽管这些国家都很贫穷，但是由于较高的出生率和逐渐减少的死亡率，19世纪中期这些国家的人口开始猛增。一战前的半个世纪中，人口每年增长5%左右，这个增长率在欧洲是最高的。日益增加的人口压力导致了农地价格上升、土地稀缺和人口迁移。这些移民主要流向城市、西边发达国家甚至海外，其中尤为突出的是很多希腊人移民到美国。

这些国家的自然资源都不足以缓解人口压力。多山的地形不适合农业开垦，这个情况在希腊尤为明显，在阿尔巴尼亚、保加利亚以及塞尔维亚情况稍好些。罗马尼亚可耕地总量在五个国家中最为充足，但是其使用的生产技术比较原始，因此产量也不高。这些国家都存在一些小而分散的煤矿，但是仍不能满足国内需求，尽管国内需求很小，但仍不得不用进口来弥补供求缺口。也存在一些小型有色金属矿，但这些矿藏还没来得及被国外资本开发，就爆发了一战。最为重要的矿产资源是罗马尼亚境内的石油。一些外国公司(主要是德国)，在19世纪的最后10年中开始涉足这一领域。

作为典型的农业国家，这些国家的对外贸易结构都是出口农产品，进口制成品——主要是消费品。谷物，主要是小麦，占罗马尼亚、保加利亚及塞尔维亚出口额的70%。塞尔维亚的可耕地较少，主要出口生猪，一战前夕开始出口猪肉制品、新鲜李子、梅干以及其著名的梅子白兰地酒。希腊的耕地更少而且不太适合生产谷物，主要出口葡萄、葡萄干以及葡萄酒和白兰地。

与工农业技术较慢的传播速度形成对比的是，银行制度以及外债的传播速度要快很多。到1885年，当时尚幸存的四个巴尔干地区国家都建立了各自的中央银行，拥有发行纸币的特权。股份银行以及其他金融机构也迅速发展，但是与产业融资却几乎没有联系。那些新政府从国外(主要是法国和德国)借债，主要用于修建铁路和其他类型的间接资本，还用来购置军备、供养臃肿的官僚阶级，以及支付所欠外债的利息。1898年，希腊面临巨大的还债压力，不得不默许列强专门成立国际金融委员会用以监视其金融状况。最终，巴尔干地区国家都遭到了类似的国外势力的控制，只有罗马尼亚幸免。

外债中大部分都用于铁路建设，这主要出于国家层面的考虑。1870年，东南欧铁路总长度不到500公里，主要是位于罗马尼亚与保加利亚境内。到1885年，铁路总长度增加到2 000公里，1900年则超过6 000公里，1912 年超过了 8 000 公里。不幸的是，由于缺乏补充性行业，铁路业与上游产业也鲜有联系。

各个国家都出现了小型的工业部门，主要是 1895 年之后的消费品工业，但是与西欧 19 世纪早期的工业发展根本无法相比。实际上可以认为，在一战之前现代工业尚未渗透到东南欧国家之中。

沙皇俄国

20 世纪初期的俄国在所有欧洲国家中，不仅领土面积最大，而且人口也最多，可以当之无愧地跻身世界列强。从经济总量来讲，俄国也正悄然崛起，其工业总产值仅次于美、德、英、法而位居世界第五。在拥有庞大的纺织业（以棉纺织和亚麻纺织为主）的同时，煤炭、生铁和钢材等重工业也开始发展起来。石油产量居世界第二（排在美国之后），而在 19 世纪末甚至曾一度占据首位。不过，总量的绝对数字虽然很大，却无法真正反映俄国的经济实力。正如图 10－4 所显示的那样，就煤炭的人均产量和消费而言，俄国甚至远低于奥地利这样的国家。其他产业的情形也大都如此。

农业在国民经济中仍占相当高的比例，有超过三分之二的劳动力从事农业生产，一半以上国民收入来自农业。人均收入水平相当于法、德的二分之一，仅及美、英两国的三分之一。由于技术原始、资本匮乏，各部门尤其是农业的生产率极其低下。合法化的农奴制构成了制度上的障碍，严重阻碍了生产率的提高，其影响即使在 1861 年解放农奴（详见第十一章）之后也依然存在。

俄国工业化的发端可以追溯到彼得大帝统治时期甚或更早，但除了 18 世纪乌拉尔地区的钢铁工业之外，早期的工业企业都是供应国家需要的“御用产业”，在经济上无法独立成长。到了 19 世纪上半叶特别是 30 年代之后，工业化趋势才逐渐明显起来；据估计，到农奴解放前夕，产业工人总数已超过 50 万，而在 19 世纪初这一数字还不足 10 万。名义上，这些工人绝大多数仍是农奴，只不过现在是从货币工资中扣除一部分支付给领主，而不是像以往那样提供劳役。也有少数农奴甚至发迹变成了企业主，令人大感意外。主要集中在莫斯科地区的棉纺织工业是俄国国内最为活跃、发展最快的产业，遥遥领先于居第二位的位于乌克兰境内的甜菜糖业。另外，圣彼得堡与俄属波兰地区还拥有一批大型现代化棉纺织厂以及若干冶金、机械工业。

俄国工农业的落后状况在克里米亚战争中暴露无遗，这也间接激发了之后的一系列改革，其中最著名的当属1861年的农奴解放。其间，政府还鼓励引进外国资本与技术修筑铁路，并对本国银行制度进行了改造，以便引入西方国家采用的金融手段。新政策在19世纪80年代中期以后逐渐显出了成效，至90年代工业生产出现了“大冲刺”，工业产值年均增长率超过8%，快于当时任何西方国家。

这一巨大的飞跃在很大程度上要归功于铁路的铺设，特别是政府于1891年开始修建的西伯利亚大铁路，同时也与随之而来的采矿业、冶金工业的扩张有直接联系(见图10－5)。而这两个行业在很大程度上得益于来自外国的企业家和资本，后者对乌克兰东南部顿涅茨盆地一带所形成的采矿与冶金业中心起了关键的作用。

顿涅茨盆地又名顿巴斯，有非常丰富的煤炭储量，但由于远离人口聚居中心，故而在铁路通车之前，在当地采煤是不经济的。在往西约500公里的克里沃罗格地区则发现了大量铁矿，但出于相同原因而无法有效开采。19世纪80年代，法国企业主说服沙皇政府，在两地间修筑了铁路并在两处造起了炼铁炉。煤炭和生铁的产量顿时剧增。国内的生铁产量在19世纪70年代仅能满足40%的需求量，而进入90年代后，在生产消费量大幅度增加的同时，仍能满足四分之三的需求。

政府寻求诸多方法来促进工业化进程，包括向国外借款为国有铁路工程提供资金，并对企业持有的债券实行担保。政府把有关铁轨、机车及其他设备制造的订单都给了俄国境内的企业(不论是否属于俄国人)，并且要求私人企业也按此办理。对钢铁进口设置了高额关税，同时又为

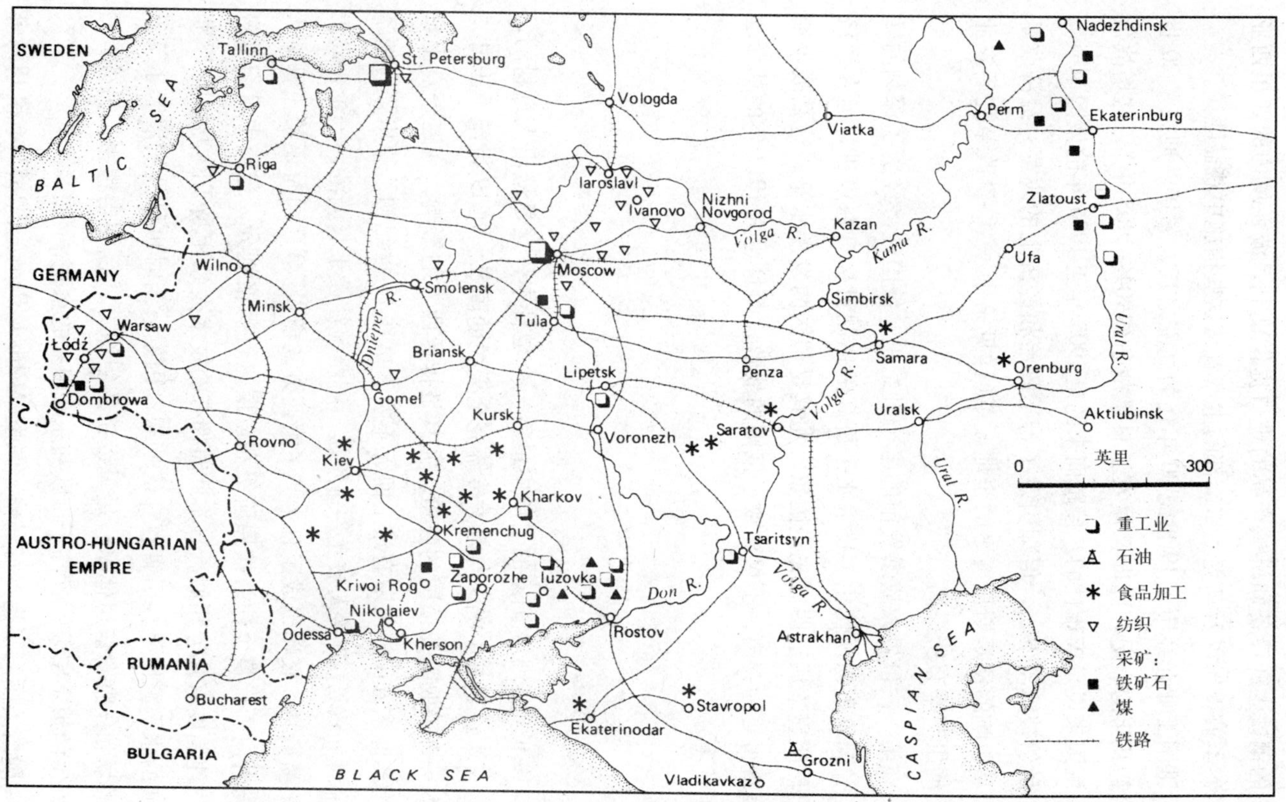

图 10－5　1914 年前后的俄国工业和铁路体系。

最新的钢铁生产设备和机械产品的进口提供便利。波兰境内的西里西亚地区、圣彼得堡以及乌克兰东南部的生产者从这些措施中获益匪浅。

俄国工业在经历了 19 世纪 90 年代的高涨之后，紧接着迎来了 20 世纪最初几年的衰退，随即又爆发了日俄战争(1904—1905 年)，这场战争对于俄国来说是灾难性的。接踵而来的是 1905 年至 1906 年的俄国革命。革命虽然被镇压下去，但却引发了若干政治和经济上的改革。经济改革中最具影响的便是斯托雷平的土地改革(详见第十一章)，改革之后农业部门的生产率有所提高。

在第一次世界大战爆发前的半个世纪里，俄国经济经历了深刻的转变，并朝着更为现代化、技术水平更高的体制目标日益迈进，但在经济上仍然明显落后于西方先进国家，尤其是德国的发展水平。这在战争期间表现得更为突出，不仅导致了俄国的战败，而且也为 1917 年的革命埋下了伏笔。

日　本

19 世纪工业化国家的名单中最后一个是日本，这是最出人意料的，况且日本还是其中唯一与西方传统完全无关的国家。在 19 世纪上半叶，日本一直采取闭关锁国的政策，尤其是排斥西方的影响，在这一点上日本比其他东方民族可谓有过之而无不及。早在 17 世纪初，德川幕府便禁止了对外贸易(荷兰人被允许每年派一艘船前往设于长崎港内一个小岛上的贸易商站，长崎也成了日本“了解西方的窗口”)，同时还禁止日本人去海外游历. 整个社会按照阶级和阶层进行严格划分，这与中世纪欧洲的封建制度有几分相似。日本此时拥有的技术大致相当于欧洲各国 17 世纪初的水平。但是，尽管存在这些限制因素，当时也已经发展起了活跃的市场和一整套信用体系，足见经济的组织方式已相当精密。另外，日本国民的识字率要远远高于南欧和东欧国家的水平。

随着美国海军指挥官马修 · 佩里(Matthew Perry)于 1853 年和 1854 年

两次率舰驶入江户湾并威胁将炮轰江户城，德川幕府也不得不与美国建立外交和贸易上的往来。不久其他西方国家也获得了类似特权。由此签订的“不平等条约”规定日本政府不得征收超过5%的从价关税，并使外国人获得了治外法权，不受日本法律的管辖。幕府面对西方列强的侵凌表现得极其软弱，从而引发了一场鼓吹排斥外来势力、恢复天皇统治的“尊王攘夷”运动，而此前数百年间天皇的职能仅限于履行若干礼仪。这次运动的领袖是一群野心勃勃的年轻武士，他们是来自旧武士阶层的成员，又恰好碰上精力充沛、才智过人的天皇睦仁于1867年登基；翌年，天皇的支持者们便迫使幕府将军下台，并将天皇迎至事实上的国都——江户（随即改名东京）。这次事件标志着现代日本的诞生，被称为“明治维新”（“明治”是睦仁选定的年号，意为“开明之治”）。明治时代始于1868年，直至1912年睦仁病死而告终。

新政府上台后，立即改变了排外立场，停止驱逐外国人并转而与之合作，但同时仍不忘保持一定的距离。旧的封建体制已被废除，取而代之的是效仿法国建立的高度集权的官僚行政体系，并组建了普鲁士式的陆军和英国式的海军。工业和金融方面借鉴了众多国家尤其是美国的经验。有才华的年轻人纷纷出国，学习政治、行政、军事科学、工业技术、贸易及金融等各领域的西式学问，以便从中吸纳最高效的方法。同时也出现了按照西方模式建立的新式学校，并通过聘请外国专家来培训本土教师。然而，政府对这些外国教师的任期做了严格限制，规定期满后必须立即离境，从而杜绝外国人培植势力。

令明治政府大感头疼的财政问题也是之前引起对幕府政权不满的一个原因。新政府接手了大批不能兑换的纸钞，而在过渡期最初几年内又势必增加纸币的发行量。1873年政府开始实行土地税，税额按照农地的潜在生产能力征收而不考虑实际产量。这有两个好处：一是保证了稳定的财政收入（当然这是以农民的损失为代价的）；二是保证了土地得到尽可能的使用，若某人无法在土地上获取最大收益，将可能失去自己的土地或不得不出售给更能干的人。

明治政府解决财政问题的另一举措，便是着手创建新的银行体系，以取代幕府时期的非正式的信用网络。政府选择了美国的“国民银行体系”作为蓝本，这倒符合它凡事“取法乎上”的一贯作风(注意上文提到的德式陆军和英式海军)。“国民银行体系”是美国联邦政府于南北战争接近尾声时为筹集军费而创立的。在日本新成立的银行体系内，国立银行可以国债为抵押物发行银行券，但必须可兑换成硬通货。(这并非出于偶然，明治政府此前刚刚向原先的封建领主和武士阶层发行了大量债券以代替他们的年俸。)至1876年，已建立153家国立银行。不幸的是，次年爆发了“西南战争”，西部的萨摩藩起兵叛变新政府。尽管政府平定了叛乱，但也付出了巨大的代价，并导致发行更多不可兑换的纸币和银行券，最终引发了剧烈的通货膨胀。

新上任的大藏大臣松方正义除了于1881年实行大幅度通货紧缩之外，还断定现行的银行体系存在问题，并据此对银行业的结构进行了彻底改造。他以代表最新形式的中央银行比利时国民银行为模型创办了日本的中央银行——日本银行。日本银行虽主要由私人持股，但受到政府的紧密掌控。随着由日本银行垄断货币发行，原先的国立银行也就失去了发行货币的权力，并逐步转变为英国式的普通商业银行。除此之外，日本银行还是国库的财政代理人。

自从明治维新以来，政府就想引进并建立几乎所有的西方工业，为此创办了一批造船厂、兵工厂、铸造厂、金工车间，还设立了不少试验性质的模范工厂，主要制造纺织品、玻璃、化学制品、水泥、糖、啤酒及其他各种商品。政府也聘用西方国家的技术人员指导本国的劳工和管理人员如何使用进口设备。不过，这显然是一项需要长期努力的任务。与此同时还得想办法支付机械设备的进口费用以及外国专家的薪酬。对于当时日本这样一个几乎没有任何对外商业交往经验的农业国家来说，这绝不是件轻而易举的事情。

不仅如此，日本的自然资源也十分匮乏。整个岛国的面积比美国加利福尼亚州还小，同时又有大片山地，因此可耕地占国土总面积的比例也低于加利福尼亚。稻米是主要作物，也作为主食，另外还有沿海水域源源不断地供应的鱼类和其他海味。日本确有少许煤、铜矿，且在20世纪20年代之前就用于出口和本国消费了，但基本上仍需由农业部门赚取出口收入以便为必要的进口提供资金。

日本的丝绸纺织和棉纺织同属以国内原料为基础的传统纺织业，此时却将经历迥然不同的命运。对外贸易开放后不久，西方国家，尤其是英国用机器生产的棉织品彻底打垮了日本国内的棉纺织业，而丝绸纺织业不但生存了下来，其中最接近农业部门的一部分——从蚕茧中抽取生丝的缫丝业还开始繁荣起来。由于使用了法国进口的现代化设备，生丝产量从1868年的200万磅跃升至1893年的超过1 000万磅，并在一战前夕达到了3 000万磅左右。大部分生丝用于出口，并在19世纪60年代至20世纪30年代期间占到出口总收入的五分之一到三分之一。丝织品贸易也有所发展，在1900年占出口收入的近10%；但主要生丝市场所在地国家（特别是美国）对纺织品征收高额关税，这就阻碍了日本丝织品行业的发展。

茶叶是另一项主要的出口农产品，在明治初期与蚕丝有同等重要的地位。但随着国内人口和收入的同步增长，茶叶出口逐渐失去了重要意义。同样的情况也发生在稻米生产上，甚至更为显著：尽管在明治初年尚有少量稻米出口，但此后人口迅速增加，在19世纪结束之前日本就开始依靠部分进口来满足国内消费了。

尽管政府在引进西方技术方面扮演了积极主动的角色，但它并不想抑制私有企业的发展。恰恰相反，明治政府的口号之一就是“殖产兴业”。一旦矿山、模范工厂或其他现代化设施（兵工厂和一家军事管制的炼钢厂除外）步入正常运营阶段，政府就将其出售给私人企业或私营公司，当然按照严格的会计标准来说政府经常是亏本的。

棉纺织业（主要是纺纱业，但也有一部分机器纺织）的发展最为迅速，因其技术相对简单且雇佣的都是廉价非熟练劳动力——大部分为妇女和女孩。日本棉纺织业在19世纪90年代就占领了国内市场，到1900

年棉纱和棉布(以前者为主)的出口占了出口总额的13%。中国和朝鲜半岛是最大的市场，从日本进口的价格低廉的粗支纱主要用于农户手工织布。

重工业——钢铁、各类工程、化工等——虽有政府大量补贴和关税保护(不平等条约已于1898年中止)，发展却相当缓慢。不过到1912年日本的重工业产品大体上已能自给自足，第一次世界大战则使对这些产品的需求大幅上升，同时也开启了新的市场。事实上，整个日本经济在一战期间都受益匪浅。战前几年贸易赤字额已经十分巨大，但由于战时需求增加，加之欧洲国家的生产活动转向战争用途，日本厂商得以迅速向海外市场扩张。日本还凭借加入协约国一方而占据了德国在太平洋上的殖民地和在中国的租界。出口额占国民生产总值的比例，在19世纪80年代为6%或7%左右，20世纪最初10年约为15%，至1915年则迅速上升到22%。

总的来说，日本从19世纪50年代时落后的传统社会转变成为第一次世界大战时期的主要工业国之一，其间取得的经济成就令世人瞩目。从19世纪70年代至一战前夕日本的国民生产总值年均增长率为3%左右(估计的数字在2.4%到3.6%)，高于或至少不低于任何一个欧洲国家的水平。而且，日本的经济增长率比较稳定，尽管有些波动，但从未出现负增长，而欧洲和美国在严重经济衰退和萧条时期常常会出现这种情况。日本矿产和制造业的产出增长率甚至更高，就上述时间段整体而言大约为5%。

日本的经济转变也引发了政治后果。1894—1895年期间，日本在战争中速战速决，打败中国并侵占了中国领土(主要是台湾，并重命名为福摩萨)，在中国的领土上划分出自己的势力范围，由此跃入帝国主义国家行列。更令人吃惊的是，仅仅10年之后，日本在海上与陆地战中以绝对的优势打败俄国。此次的战利品是俄萨哈林岛(即库页岛)的南半部，并租借了俄国亚瑟港及中国的辽东半岛，以及逼使俄国承认日本对朝鲜的统治权(日本早在1910年就侵占了朝鲜)。由此，日本证明了它们也能参与白种人的“游戏”。

第十一章

战略部门

在第九章和第十章中，我们简述了各国的发展模式，对于各国发展过程中出现的一些特征，我们着墨甚少，甚至是只字不提。这些特征应该放在工业化历史的背景下加以更全面的探讨。虽然此书仅仅是介绍简史，但是为了清晰地阐述工业化的进程，还是有必要探讨以下三个领域的活动，即农业、金融和银行业、政府在经济活动中扮演的角色。

农 业

我们早已指出，19 世纪发生的重大经济结构变化之一就是农业部门的相对衰落。当然，这并不是说农业不再重要，恰恰相反，农业相对规模下降的前提是农业生产率的提高，前者下降的幅度与后者增长的幅度成比例。换言之，一个社会有能力使全社会的消费标准超越简单的生存温饱标准，并且有能力转移相当数量的劳动力至其他潜在生产率更高的部门，其前提条件取决于农业生产率的提高。（这种观点没有把粮食进口这个因素考虑在里面。尽管绝大多数工业化国家，尤其是英国在 19 世纪一定程度上确实进口了粮食，但它们的农业部门一样拥有很高的生产率。）

农业生产率的提高能提高整体经济的发展水平，主要表现在以下五个方面：

1. 农业部门能为非农业岗位提供剩余人口（劳动力）。
2. 农业部门能为养活非农业人口提供粮食和原材料。

3. 农业人口能作为制造业和服务业产品的市场。

4. 农业部门能通过自愿投资或缴税，为非农业部门的投资提供资本。

5. 农业部门能通过农产品出口换取外汇，以供其他部门进口必需的资本品或国内没有的原材料。

农业部门并不一定要同时发挥这五项功能也可以促进社会经济发展，但是如果离开上述两到三个方面的辅助，经济发展就只是纸上谈兵了。也正是出于发展经济的目的，农业生产率必定提高。

英国的农业生产率早在19世纪伊始就已经居欧洲前列了。这个事实与英国早期工业革命的发生有着千丝万缕的联系。尽管1850年以前农业人口的绝对数持续增长，但是一直以来都有很多农业人口转向了非农业活动，这种现象在18世纪后半叶与19世纪上半叶尤为突出。（一般来说是农民的儿女，而非他们自己离开乡村去城市谋生。）

同样地，英国的农业满足了该国对食品以及部分原材料，例如羊毛、大麦和酿酒业中的啤酒花的需要。在18世纪上半叶，英国的农产品中谷物出现贸易顺差。尽管该顺差在1760年后消失，甚至在《谷物法》（*The Corn Laws*）废除后，英国农民继续提供了全国消耗的粮食中的很大一部分。事实上，18世纪的40年代中期到70年代中期是一段“农业高产期”，当时英国的农业如日中天，就像当时英国的工业一样。技术上的进步，包括轻型铁犁、蒸汽打谷机、收割机及商品化肥的广泛使用，都使农作物产量比早期引进轮作生产方式及相关技术时有了显著增长。大约在1873年以后，随着美国廉价谷物的大量涌入，英国农民减少了小麦的种植，他们中很多人转行生产附加值更高的肉类和奶制品，通常是用进口谷物作饲料。

繁荣的农业部门也为英国的工业提供了一个现成的市场。事实上，19世纪中期之前，对于绝大多数工业部门而言，英国乡村人口形成的市场比国外市场要大得多。尽管很少有农业收入投资到工业中去的例证（除了在煤矿业，那些富有的土地主会经常地融资给在他们土地上开发煤矿的煤矿主)，来自土地的财富确实对社会总资本的创造有着实质性的贡献，例如18世纪运河的挖掘和公路的修筑以及19世纪铁路的铺设。总之，英国的农业在英国工业崛起时期扮演了一个十分重要的角色。

欧洲大陆农业所起的作用与英国不同，在不同的区域之间亦是如此。一般来说，正如在第九章和第十章中所提到的，从欧洲大陆的西北部到南部和东部，农业的劳动生产率和成功的工业化之间紧密联系的程度是成梯度渐降的。耕地改革经常是农业生产率实质性提高的先决条件。有很多种土地改革，但并不是所有的都能产生预期效果。

基本上土地改革都会带来一系列土地所有制的变化。英格兰的圈地运动最终导致了在原先的露田耕作制的土地上建立起相对大型的契约型农场，可谓土地改革之典范。法国大革命时废除了旧制度，确立了法国自由农民对他们小型农场的所有权。这又是一种不同形式的土地改革。法式土地改革也同样推行在被法国占领的领土上，尤其是比利时和莱茵河西岸地区。另一方面，1807年的普鲁士土地改革(见第九章)中，尽管解放了农奴，但却要求农奴们把很大部分土地交给他们过去的领主，也为德国各地主创造了更多的所有地。瑞典和丹麦在18世纪后半叶废除了农奴制，并在19世纪中期开始圈地运动，由此创生了一个佃农土地所有者阶级。

在欧洲其他国家，土地改革的结果并不尽如人意。在哈布斯堡王朝统治时期的18世纪80年代，约瑟夫二世试图减轻佃农负担，但无显著成效，直到1848年欧洲大革命才彻底推翻了农奴制。在西班牙和意大利，缺乏诚意的土地改革的尝试与政府对财政收入的需要发生冲突，结果就被废止了。各巴尔干国家继承了土耳其统治时期土地私有制度，但并不认真尝试去改革它。在小农土地所有制中，家族中人数不断增长，但不采取能够防止财产分割的长子继承制，典型代表为塞尔维亚和保加利亚。另一方面，尽管希腊和罗马尼亚也存在小农土地所有制，但是它们也有大片土地是由佃农耕作的。这两种土地制度对提高农业生产率都没有好处。

沙皇俄国因为连续两代君主以两种不同方式进行了土地改革而与众不同。1861年克里米亚战争后勉强实行的农奴解放，并没有从根本上改变俄国的农业结构。过去的农奴们尽管从过去的土地主手中获得了自由，但他们仍然被迫留在原来的村社中。不得随意离开村社，除非获得特别通行证。即使离开了，他们也必须承担赋税和支付赎金。农业技术没有更新。可耕地定期在农户间进行再分配，因为家庭人员是不断变化的，所以必须作出相应的调整。在这种情形下，土地生产力低下，农民不安定性增加也就不足为怪了。在1905年至1906年的革命浪潮之后，俄国政府废除了农奴赎地金制度，并颁布了所谓的斯托雷平改革方案(Stolypin Reform，以制定者姓名命名)，承认了土地私有制，并巩固了农场契约化的生产。由于“押注在富人身上”(wager on the strong)，俄国的农业生产率开始上升，但整个国家很快卷入战争和革命。

法国的农业给人的第一印象是和它的工业一样，充满矛盾。尽管法国是小农土地所有制的故乡，但它的农业只求温饱并且技术落后，另外，法国同样拥有许多思想激进的农民。1882年，分田制度(morcellement)正处于它的鼎盛时期，大约有450万份每份10公顷(25英亩)的地产，但这只占有全部土地的27%。这些地产多分布在土地不够肥沃的南部和西部。另一方面，超过45%的土地是在更加肥沃的北部和东部，每份地产为40公顷或更多。这些繁荣的农场为日益增长的城市人口提供了可买卖的剩余产品，以满足他们的不断上升的营养水平。另外，尽管法国农民对土地有着极强的依附性，但仍有500多万的农民离开农业，另谋他职。(像英国一样，绝大多数离开农业的都是农民的子女而非农民自己。)另有一些证据表明，来自农业的储蓄被投入到工业投资中，或者至少是间接资本，酿造葡萄酒毕竟是农业的一部分，但却是出口创汇的一个重要来源。

比利时、荷兰以及瑞士的农业一直以来都是以市场为导向的。这三个国家的农业生产率是欧洲大陆国家中最高的。瑞士的农业雇佣了平均50万的劳动力，到1850年上升到了有史以来最多的65万人，又在1915

年回落到45万人；但农业劳动力占总劳动力的比例却从19世纪初的超过60%下降到1915年的25%。比利时和荷兰的情况也大致相同。

在德意志诸公国和以后的德意志帝国中，农业在其不同的地区存在很大的差异性。在西南部，巴登和符腾堡的大量小农土地所有者和法国一样，但这并不代表生产效率的低下。在北部和东部，在由波美拉尼亚(Pomerania)、东西普鲁士组成的梅克伦堡(Mecklenburg)和普鲁士省中，大部分的土地传统上是由雇佣劳动力来耕作的；这种生产方式也并不一定是高效率的。历史上，这些土地至少是从15世纪起就开始作为出口西欧的粮食产地了(见第五章)。这些地方在19世纪继续扮演同样的角色，直到由于美国和俄国大规模的谷物进口使国内粮食作物价格下降，才使得谷物不再出口，反而重新采取了保护性政策。这段历史会在第十二章详述。在那个时候，德国的人口规模实在太庞大，即使价格仍具有竞争力，也没有剩余产品出口。事实上，19世纪90年代，德国全国的谷物进口占总消费的10%。

1807年特赦令之后普鲁士实行了农奴解放，但这并没有立刻带来任何巨大变化。只要农民继续留在他们过去的土地上，他们就会一如既往地履行他们的义务，享受他们的权利。但随着人口的逐渐增长，以及自中世纪以来莱茵河沿岸地区愈来愈大的对劳动力的需求，人口从西向东迁徙，重新进行了调整。直到1914年，农业劳动力的绝对数目继续保持着增长，在1908年达到了1 000万；但农业劳动力占劳动力总数的比重却从中世纪的56%降到了1914年的35%。

丹麦和瑞典的农业对全国经济发展起着重要的作用，但挪威的农业却并非如此。然而，如果我们纵观整个国民经济第一产业各部门，包括林业、渔业和农业，那么就会得出不同的结论。在这三个国家中，第一产业部门为其他国民经济部门提供了大量的食物供给和劳动力储备(尤其是挪威和瑞典，它们增加的劳动力通过移民进入了美国的农业生产)。第一产业部门还为国内工业提供了市场，以瑞典为例，道路建设是由政府负责的，对农业的税收有助于国内资本的形成。斯堪的纳维亚国家的第一产业部门对经济发展作贡献的最显著的方式是通过出口，我们在第十章已经说明，1900年以前，瑞典的出口商品中大部分是木材和木材制品，而到20世纪中期燕麦的出口也占了较大的比例。在燕麦贸易量下降后，瑞典继续出口肉类和乳制品。木材也是挪威出口货物的一个重要组成部分，但渔业的出口比木材出口更重要。在1860年，渔业的出口占整个商品出口额的45%，在第一次世界大战前还超过了30%。就像刚才提到的，丹麦几乎所有的出口商品都是高附加值的农产品。

芬兰原是沙皇俄国统治下的一个大公国。有时候芬兰也被归入斯堪的纳维亚国家。但不像其他的斯堪的纳维亚半岛国家，直到19世纪晚期，芬兰的农业才发生了结构性变化。长期以来，农业在其国民经济中占据主导地位，农业生产率十分低下，农民的人均收入很低。它的主要出口商品是木材，19世纪晚期又添加木质纸浆作为出口商品，这构成了一个出口结构上的渐变。

像德国一样，哈布斯堡王朝的奥匈帝国，也因其区域间的多样性而著称。19世纪伊始，全国大约四分之三的劳动力都集中在奥地利君主国（包括波希米亚和摩拉维亚），这些劳动力都从事农业生产，另外，另一半匈牙利君主国的农业劳动力比例更高。到1870年，奥地利的农业劳动力比例下降到大约60%，匈牙利的农业劳动力比例刚刚上升到奥地利19世纪初的水平。在一战的前夜，奥地利和波希米亚的农业劳动力比例降到了40%以下，然而匈牙利的农业劳动力比例却仍高于60%。

在整个19世纪内，不管是从总量还是人均来看，奥地利、匈牙利的农业产出的增长是十分令人满意的。农业人口为纺织品和消费品提供了一个广阔的市场。匈牙利君主国向奥地利君主国“出口”农产品，特别是小麦和面粉，换取制成品和资本投资。奥匈帝国没能发展重要的农产品出口贸易主要是由于两方面的原因：交通运输的困难以及国内市场对产品的大量需求。奥匈帝国的农业，如同它的工业一样，真实地反映了这个帝国东西走向的地理位置。

如前所述，西班牙、葡萄牙和意大利，现在我们应加上希腊，在许多方面有着共同之处：它们在19世纪都没有经历任何有效的土地改革。这些国家中，近半数的人口从事农业生产，即使到20世纪初期它们的农业生产率和收入仍是全欧洲水平最低的。这样的人口结构不可能为工业提供巨大的市场，更不用说为工业提供资金投入了。尽管这四个国家会由于适宜的气候，出口一些水果和葡萄酒，但它们的粮食供给仍部分地要依赖进口。

与地中海沿岸国家相比，欧洲东南部的一些小国，农业生产率更低，生产技术更落后。这样的农业状况既无法为工业提供市场，又无法为之提供剩余食品、原材料和城市劳动力。然而，我们也在第十章提到过，这些小国也会出口部分剩余产品。

沙皇俄国在一战前夕仍是一个农业占主导的国家。然而，比起东南欧国家和地中海沿岸国家来，农业在俄国所起的作用与众不同。尽管俄国的农业落后，但它顺利解决了国内民众的粮食问题，并且有剩余农产品以供出口，这对俄国在19世纪晚期和20世纪早期的工业化进程有着重大意义。过去人们一直以为这种出口盈余是通过向农民征收沉重赋税后才有的（“饥饿的出口”），但近年的研究表明俄国农业生产率和农村人民生活水平都在提高，至少在1885年以后是这样的。如果这项研究结果可靠的话，那么俄国走上了与西欧和美国相似的经济发展之路。

美国的农业在其工业化过程中扮演了重要的角色，在美国后来成为世界经济的超级大国的进程中亦是如此。自殖民时期始，美国的农业就不仅为非农业人口提供了大量的粮食和原材料，并且在出口中也占有一席之地。南方的殖民地出售烟草、大米和靛蓝至欧洲以换取工业制成品，来维持殖民地经济的增长。新英格兰和中部的殖民地出售鱼类、面粉和其他食品，与西印度群岛交换糖和糖浆，与西班牙交换银元（这些银元最终成了美国货币体系的基础）。在19世纪上半叶，棉花成了美国最主要的出口商品，大约有超过80%的棉花出口国外，主要出口地是英国兰开夏。在南北战争以后，随着穿越密西西比河西部的铁路的开通及远洋运费的下降，玉米和小麦成了主要的出口商品。在那段时期内，大约

20%到25%的农业产出流向国外市场，与此相比，制造业产出中只有4%到5%出口到国外。

美国的农业从一开始就是以市场为导向的。也有少数家庭生产日常用品和手工织的衣物，例如早期的美国为了得到农具和制成品，必须依靠分散于乡间的手工业者和小规模的作坊。据估计，在19世纪30年代，农村（农场和村庄）人口的消费占到国民消费的四分之三。尽管这项比例随着城市人口的增长而下降，但是农村人口消费的绝对数在持续增长。到19世纪末，采取函购形式的工厂如希尔斯·吕伯克（Sears Roebuck）和蒙哥马利木厂（Montgomery Ward）发现，向农村人口提供大规模生产的标准化产品是有利可图的。

特别是，农村人口的快速增长也为非农业岗位提供了劳动力。欧洲的一些移民（他们中大多数也是来自农村）也加入了这股劳动力大军，但绝大多数的非农业劳动力是本国人。很多著名的商界领袖（如亨利·福特）、政客和政治家（如亚伯拉罕·林肯）都来自乡村。

没有数据来证明美国的农业对其非农业资本的形成是否有着显著的贡献，很可能没有什么贡献。（另一方面，农业结构和农业设备所需的大笔资金几乎都来自农业本身。）不管怎么说，有一点是显而易见的，那就是美国的农业国民经济部门对美国工业的转型有着积极作用。

美国不曾经历、也不需要经历欧洲模式的土地改革，不过领土的扩张对美国农业经济确实有巨大的刺激作用。独立战争后，联邦政府得到了阿巴拉契亚山以西的大部分领土；路易斯安那购买以及其他后续的一系列土地购买后，联邦政府又得到了密西西比河以西的大部分土地。政府从一开始就将土地卖给私人（也包括一些公司），他们对该地产享有绝对处理权，也就是土地自由市场。然而起初，最小的土地份额也有640英亩那么大，中产阶级无力购买，尤其是土地购买时要求现金交易或是短期内赊销。后来，政策逐渐变化，土地份额缩小，价格降低。这种趋势在1862年《宅地法》中都有所体现。这项法案规定，如果持续居住和耕种于同一块土地达5年，那么，政府就会无偿将160英亩土地赠送给该土地用户。 在 1891 年《土地法总体修正法案》(*The General Revision Act of Land Law*)颁布后，美国西部的土地都被联邦政府作为国家森林用地了。

可能没有任何一个国家像日本一样，农业在工业化进程中扮演着一个至关重要的角色。明治维新时期，日本全国人口大约 3 000 万——以西方的标准看，当时日本是个人口高度稠密的国家。第一次世界大战时，日本人口继续增长至超过 5 000 万，人口依然相当稠密，并且可耕地稀缺。尽管如此，日本的农业在战前的绝大多数时间能够满足全国人口的需求(1900 年以后，部分大米需要从殖民地进口)，此外还能有盈余用于出口，这点在第十章中已有所涉及。在 1873 年施行土地税后，农业成了政府支出的主要财源(19 世纪 70 年代时是 94%，1900 年时是近一半)，因此农业也间接地成为日本资本形成的一部分。尽管日本农民生活贫苦，但他们却为日本的工业提供了一个最大的市场。最后一点，他们还为工业提供了劳动力： 日本农业劳动力从 1870 年的 73% 降到 1914 年的 63%，同时，工业劳动力比重从低于 10% 上升到近 20%。

金融和银行业

19 世纪工业化的脚步伴随着银行以及其他金融机构的蓬勃发展，它们不仅数量增多而且提供的服务种类也日趋多样化。尽管所有的银行系统都有共同的特征，这是由它们的功能所决定的，但是金融体系的结构可能由于各国独有的立法体系和历史进程而有所差别。从更加宽广的视野来考察金融部门与其他需要金融服务的经济部门之间的相互关系，我们可以归纳出三个典型的例子：（1）金融部门起积极的作用，促进经济增长；（2）金融部门是中性的，或者说不鼓励也不约束经济的发展；（3）不适当的金融服务限制或者阻碍了工商业的发展。

我们已在第七章概述了英国银行业的发展。(我们须强调，一直到 19 世纪下半叶之前，英格兰和苏格兰的银行体系是相互独立的体系；爱尔兰的银行体系也是完全独立的，威尔士的是英格兰的附属。）在 19 世纪初，英格兰银行——实质上是伦敦银行——在合股经营银行业的垄断下仍是安全的；诸多小型行政区内的“乡村银行”必须采取合伙人制度的组织形式，这样反而使它们易陷于金融恐慌而导致金融危机。在 1825 年底爆发的一次特别严重的金融危机之后，议会起草了法案，允许除伦敦银行以外的其他银行采用合股制，条件是它们不能发行纸币。几年以后，议会又通过了 1844 年的《银行法》，这项法案为英国一直到一次大战及以后的银行业结构定了型。

按照《1844 年银行法》的规定，英格兰银行不再独霸股份制合作银行，转为垄断纸币的发行。它的主要职能是政府的银行（尽管是私人所有），为政府提供融资服务；然而，它越来越多地成为了银行家的银行，到 19 世纪末，它自觉地担当了中央银行的职能。随着英格兰银行的发展，英国的银行体系（1845 年的银行法将 1844 年的银行法的适用范围延伸到了苏格兰，从而有效地整合了这两个体系），涌现出了一系列股份制的商业银行，它们的特点是接受公众存款并且借款给企业，通常都是短期的。这类银行（包括在伦敦和乡村）的数目一直快速增长；直到 19 世纪 70 年代后，由于银行间的兼并，银行数目骤减，到 1914 年，只有 40 家银行幸存。其中有 5 家的总部在伦敦，但分部遍及全国，控制着全国总资产的近三分之二。

英国的银行体系的另一个特征就是伦敦的银行都是私营商人银行，这一点比前两个特性更容易被忽视。这些私人银行都尽量保持低姿态，如 N · M · 罗特希尔德父子公司（N. M. Rothschild & Sons）、巴林兄弟公司（Baring Bothers）和 J · S · 摩根公司（J. S. Morgan & Co.，摩根是一个美国人，是约翰 · 皮尔蓬 · 摩根爵士的父亲）。这些私营商人银行主要从事国际融资交易及处理外汇事务，但它们也参与背书担保外国有价证券，这些证券都在伦敦股票交易所上市（见第十二章）。这个机构几乎完全致力于外国投资，让地方上的证券交易所为国内企业提供资金。

除了以上讨论过的金融机构，英国还有很多其他专职的财务管理机构，如储蓄银行、建房贷款合作社等等。尽管这些金融机构能够支配的资源并不少，但它们在英国工业化进程中的作用却相当有限。总的来说，英国的银行体系只是消极对待英国企业界在金融方面的需求，既没有加快也没有减缓经济的发展。

法国的银行体系，也如英国的一样，由政府主导，并主要和政府打交道。法兰西银行是由拿破仑在1800年建立的，它很快取得了发放银行券的垄断权和其他特权。在拿破仑统治期间，在他的一再坚持下，法兰西银行又在其他省份开设一些分行，但这些分行在拿破仑政府倒台后由于无法盈利而关闭。如同英格兰银行一样，法兰西银行事实上变成了巴黎银行，它允许一些在主要省份城市中的银行以它的模板发行银行券。1848年前，它成功地阻止了其他合股制银行向政府提出的发行银行券的要求，而在该年的革命高潮中，法兰西银行接管了发行银行券的部门银行作为它的支银行。

在1848年以前，法国没有股份制银行，也没有像英国的乡村银行一样的机构。法国实际上没有银行，因为各省的能提供经纪业务服务的公证人无法弥补银行的缺位。在19世纪30年代和40年代一些企业家就尝试于巴黎建成了两合制的银行(commandite banks)，即使这些是不能满足银行业务的银行，在伴随1848年大革命而来的金融危机中也败下阵来。

法国在19世纪上半叶还有另一类重要的金融机构。这就是所谓的“巴黎高级银行”(la haute banque parisienne)，会员为一些私营商业银行，类似于伦敦的商业银行。这些银行的领袖是罗特希尔德银行(De Rothschild Freres)，是伦敦的内森(Nathan)的兄弟詹姆斯(雅各)·罗特希尔德创立的。[他们和另外三个兄弟都是18世纪德国的犹太人梅耶·罗特希尔德(Meyer Amschel Rothschild)的后代。]他们在拿破仑时代同时在法兰克福、越南、那不勒斯及伦敦、巴黎分别创立了家族分支银行。如同伦敦的商业银行，这些私营银行的主要活动(他们称之为“商人”)是为国际贸易提供金融服务，也做一些外汇和金块交易的生意，但随着拿破仑战争的打响，这些银行开始承担政府的所有债务和其他债券，比如用于开凿运河及成立铁路公司。

在1851年军事政变后，次年成立法兰西第二帝国，拿破仑三世寻求通过建立新的金融机构来减少政府对罗特希尔德银行及高级银行协会的其他成员的依赖。他找到了积极的合作方：佩雷尔兄弟（Emile & Isaac Pereire），他们曾是罗特希尔德银行的雇员，但现在希望开创自己的事业。受到国王的庇护，他们在1852年创立了一家抵押贷款的银行“土地信贷银行”（Societe Generale de Credit Foncier）和一家专门从事铁路投资的银行“动产信贷银行”（Societe Generale de Credit Mobilier）。紧跟着，政府同意一部分合股制银行遵循动产信贷的模式[这种银行一部分是以“比利时通用银行公司”（The Societe Generale de Belgique）为模式的；见第九章]，另一部分遵循英国的股份合作制商业银行的模式。法国银行，既有私人银行又有股份银行，这样的银行体系也促进了法国对外投资。总的来说，在19世纪上半叶，法国的银行体系由于政府的保守主义和法兰西银行的限制政策而步履艰难，没有彻底地推动法国经济的发展；在19世纪下半叶，法国银行体系的发展代价更大，不过比比利时和德国的代价稍小。

比利时银行业体系的起源在第九章中已有概述。比利时通用银行公司和比利时银行（the Banque de Belgique）在促进这个小国的工业化进程中起了很大作用，但它们的权限很小，再加上激烈的竞争，让这两家银行渐入困境。1850年，政府指定比利时国家银行（the Banque Nationale de Belgique）作为中央银行，拥有发行银行券的垄断权限，及罢免其他银行、处理普通商业投资的银行功能。总体上，比利时银行体系在促进其经济发展上扮演了至关重要的角色。

荷兰已从它在17世纪时占领的欧洲金融和商业领导地位上跌落下来，但它仍保持了金融上的某些权力。当1814年尼德兰联合王国取代了名存实亡的荷兰共和国后，荷兰中央银行（the Nederlandsche Bank）取代了阿姆斯特丹银行（the Bank of Amsterdam）。阿姆斯特丹银行在法国占领期间就已经破产了。另外，荷兰金融体系包括一些过去建立、由霍普公司

(Hope and Compamy)领导的私人银行，它们的业务主要是担保政府债务和货币中介(Kassiers)，即货币兑换者和票据经纪人。

在19世纪50年代，随着比利时通用银行公司和较近的动产信贷银行的成功，荷兰的商人开始相信，他们能够用相似的机构加快国家的工业化步伐。他们在1856年针对动产信贷银行分别提供了四条建议，但政府由于相信荷兰中央银行的意见而完全地拒绝了这四条建议。在1863年，又提出了四条新的建议，两条来自阿姆斯特丹，两条来自鹿特丹，政府此次表现得很宽容，批准了四条建议。这四条建议产生了不同的结果。一条让法国动产信贷的附属银行很快地过度扩展业务并于1868年破产。其他的建议对其经营方式产生比较好的效果，并参与了荷兰19世纪最后几十年的工业建设。

瑞士，这个20世纪主要的国际金融中心，在1914年以前，却不是那么重要。日内瓦在欧洲文艺复兴时期肯定是重要的金融中心之一，另外瑞士的私人银行在18世纪依然十分重要。然而，瑞士日后在金融界的重要地位是在19世纪形成的。在19世纪50年代、60年代和70年代，无数的新银行按照法国动产信贷银行(French Credit Mobilier)的模式建立起来，包括日后出名的瑞士信贷银行(Schweizerische Kreditanstalt，1856年)、瑞士联邦银行(Eidgenossischen Banque；Banque Federale Suisse，1864年)和瑞士联合银行(Schweizerische Bankgesellschaft，1872年，由在温特图尔的一家建于1862年的地方银行发展而来)。另两个主要的银行，瑞士银行公司(Schweizerische Bankverein)和瑞士大众银行(Schweizerische Volksbank)分别在1856年和1868年的银行业兼并中产生。

在19世纪的上半叶，还不能说存在着一个德国的银行体系。各公国都有不同的货币和铸币体系，这就妨碍了统一的金融体系的出现。普鲁士、萨克森(Saxony)和巴伐利亚都有独立的纸币发行银行(它们中最早出现的是1835年的巴伐利亚银行)，但这些银行受政府的严密控制，并且主要负责政府的财政。后来无数的私人银行崛起，主要出现在像汉堡、法兰克福、科隆、杜塞尔多夫和莱比锡及柏林。但它们主要处理的是地方财政问题和国际贸易，或者在有些情况下，处理私人财产问题。然而，19世纪40年代以后，其中很多银行开始从事为新企业融资的业务，成立和承购新企业，尤其是铁路建筑。这些都是德国银行业新时代的开拓先驱。

德国金融系统的最显著特点是其在19世纪后半叶发展起来的股份合作制的"万能的"或"混合型"银行，从事短期商业信用和长期投资或创业性银行业务(promotional banking)。被称为"信贷银行"(Kreditbanken，可能是错误的称呼，因为当时所有的银行业务都使用了信贷)的银行，接管并拓展了刚才提到的私人银行的创业性业务。(事实上，一些事例中都曾提到信贷银行，只是私人银行本身的延伸罢了。)

这些新兴机构中的第一个是科隆的夏夫豪森银行(Schaaffhausen'scher Bankverein)，它是在1848年革命的那一年建立的。这家银行标新立异，令人耳目一新，然而，由于它是在一家私人银行——亚伯拉罕·夏夫豪森公司(Abraham Schaaffhausen and Company)——破产后的"废墟"上建立起来的，在一些人的强烈建议下，处于革命恐慌中的柏林政府，为了防止金融危机的爆发，一改过去对合股制银行禁止的做法。夏夫豪森银行用了好几年时间整顿各项事务，好久以后才正式以真正的信用银行(Kreditband)的身份开始运作。同时，普鲁士政府又回复到过去的政策，在1870年以前没有批准建立一家合股制银行。

第一家被政府有意识地批准的新型银行是达姆施塔特工商业银行(Bank fur Handel und Industrie Zu Darmstadt)，就是广为人知的、于1853年在黑森-达姆施塔特大公国(The Grand Duchy of Hesse-Darmstadt)首府建立的。它的支持者，即科隆的私人银行家们原想在科隆建立，但却遭到政府的拒绝。他们又尝试在另一个金融中心法兰克福建立，但当地的参议院是由当时颇有权势的私人银行垄断的，所以又被拒绝了。一个首都距离法兰克福往南仅数英里的大公国政府显示出更合作的态度。新银行初具雏形，并且受到了前年刚刚成立的法国动产信贷银行在资金上和技术上的帮助。从建行起，它就在全德境内开展业务。

面对普鲁士政府拒绝授予合股制银行以合法经营地位，有志倡导者运作起了两合公司（Kommanditgesellschaft）（与法国的 societe en commandite 相似），这就不需要政府的批准。在19世纪五六十年代，一批这样的银行建立了起来，其中最引人注目的是柏林贴现公司（Diskonto-Gesellschaft）和柏林商业银行（Berliner Handelgesellschaft）。同时，一些德意志的小公国并没有像普鲁士政府那样对合股制银行反感，而是同意它们的建立。最后，在1869年北德意志联邦成立后（北德意志联邦是对普鲁士在普奥战争后扩大的领土的委婉称呼），它以英国和法国的法律为模板，采取了一系列法规批准了自由不合作制。

根据这一法律，再加上赢得1870年普鲁士对法国战争的胜利激起的喜悦，在1873年“六月危机”前有超过100家新的信用银行建立起来。随之而来的危机淘汰了它们中的绝大多数，主要是相对弱小和投机性的银行，紧跟着的是银行间的并购，与英国的情形很相似。这种情势导致出现了在金融界能够呼风唤雨的12家大型银行，它们的分行和附属机构遍及德国和海外各地。它们中最有名的是“D－银行”，即德意志银行（Deutsche Bank），德累斯顿贴现公司和达姆施塔特银行，这些银行的资本都超过1亿马克，并且总部都位于柏林。它们不仅符合德国工业的需要（据说它们伴随着企业“从摇篮走向坟墓”），同时也通过向出口商和外国商人提供信用以便利德国对外贸易的拓展。

另一个主要的机构创新是1875年建立的德国国家银行（Reichsbank），它是德国金融机构的重要组成部分，它也是普鲁士战胜法国的产物，还是巨额赔款的结果。名义上讲，它只是普鲁士国家银行的转型，但它的资源和权力是大大地增加了。它有发行纸币的垄断权，起着中央银行的作用。正因为如此，当信用银行（Kreditbanden）处于困难时期，它有能力提供支持，使它能承担比平常更大的风险。

在19世纪后半叶，德国银行业的发展是伴随其快速前进的工业化步伐而高速发展的，这确实令人十分震惊。人们觉得银行在工业化中的角色是相当重要的，当然也有很多因素对德国工业的成功起了作用，但德国工业的成功主要还是归功于德国银行体系的成功与繁荣。银行在工业化发展中起着至关重要的作用，总体上说，20世纪初德国的银行体系是世界上最发达的银行体系。

奥地利(或者说是哈布斯堡王朝)差不多与德国同时开始了其现代银行系统的建设。奥地利于1817年建立了奥地利国家银行，但这是一家特权企业，就像英格兰银行和法兰西银行一样，在拿破仑战争之后处理纷繁复杂的公共财政事务。奥地利也有一些私人银行，其中罗特希尔德家族是迄今为止最有显赫地位的一支。(在19世纪20年代，罗特希尔德五兄弟都被奥地利皇室授予了男爵头衔，来表彰他们为恢复奥地利财政秩序所作出的功绩。)但是奥地利第一家现代化的合股制银行是于1855年12月建立的奥地利信用社(Austrian Creditanstalt)。这是佩雷尔兄弟和罗特希尔德争斗的结果。与此同时，佩雷尔兄弟成功地购买了奥地利国家铁路，归于动产信贷银行旗下；然而自从拿破仑时代就成为“宫廷犹太人”的罗特希尔德家族却从他们手中抢走了铁路的归属权。不过，尽管几经转型，奥地利信用社仍然是中欧最有实力的金融机构之一。

除了信用社，还出现了诸多其他的重要合股制银行，分布在维也纳、布拉格和布达佩斯，另外也有很多规模较小的银行在省城里建立起来。这些银行的建立多是因为自有资金和经济秩序的制约，它们无法体现德国银行体系的内在活力。

尽管瑞典的经济在19世纪上半叶相对落后，它的银行业传统的历史却很悠久。瑞典银行(Sveriges Riksbank)(瑞典国家银行的前身)于1656年成立，事实上是第一家发行真正银行券的银行。一些私营纸币发行银行的历史也能追溯到19世纪上半叶。然而，同许多欧洲国家一样，瑞典银行业的现代史要从19世纪50年代到60年代开始算起，另外，瑞典的银行业也受法国的动产信贷银行的启蒙，于1856年建立的斯德哥尔摩私人银行(Stockholms Enskilda Bank)是瑞典第一家新式银行，接着又有1864年建立的斯堪的纳维亚银行(Skandinaviska Banden)和1871年建成的斯德哥尔摩商业银行(Stockholms Handelsbank)［接着改名为瑞典商业银行(Svenska Handelsbank)］。此三家银行以及一些小型省市银行都从事多样化的银行业务(如商业投资)，取得了一定的成就。是瑞典经济的成功转型成就了其银行业的繁荣，还是反过来呢？这个问题的确值得商榷，但有一点是清楚的，瑞典的经济和银行业共同进步了。

19 世纪上半叶，丹麦有一家中央银行，叫做国民银行(Nationalbank)，它为私人所有，但由政府所控制，另外，丹麦还有一些小型的储蓄银行。同瑞典一样，丹麦的现代银行史要追溯到 19 世纪 50 年代。它的银行系统主要由位于哥本哈根的三大合股制银行所控制：私人银行(Privatbank，1857 年)、同乡银行(Landsmanbanken，1871 年)和商业银行(Handelsbanken，1873 年)。挪威和芬兰的金融业不如丹麦和瑞典这么发达，但这四个国家国民的识字率比较高，能更好地享受银行提供的服务。

地中海沿岸的拉丁语国家也在 19 世纪 50 年代和 60 年代开始成立了现代化的金融机构，但主要以法国为榜样，并引进法国资本。西班牙有一家发行纸币的银行，叫圣卡洛斯银行(Banco de San Carlos)(以后命名为西班牙银行，Banco de Espana)，成立于 1782 年(创始人是一个法国人)。如其他同类银行一样，这家银行也主要处理政府的财政问题。在巴塞罗那这座工商业发达的城市中也有一家从 19 世纪 40 年代就发行纸币的银行，但它并不从事商业推广活动。佩雷尔家族的人企图在 1853 年建立西班牙分行，就在达姆施塔特银行展开推广活动时，但没有得到西班牙政府的批准。然而，在 1855 年，在政府发生“温和的”政变后，高层提议财政部长起草一份法案，让议会授权政府来批准以动产信贷银行为榜样建立一批银行企业。后来，他们组建了西班牙动产信贷银行(the Sociedad General de Credito Mobiliario Espanol)。

授权建立西班牙动产信贷银行的法律也允许政府在不需要议会(Cortes)进一步批准的前提下，授权建立相似的银行机构。其他的法国企业家也不失时机地在西班牙建立了银行，几乎是同时，四家以动产信贷银行为模型的金融机构在西班牙的土地上横空出世——其中三家依靠法国资本，一家是由罗特希尔德家族资助的。这四家机构都参与了疯狂的铁路建设的活动，其中几家，特别是动产信贷银行涉足其他的工业、金融业企业，包括西班牙第一家现代保险公司。事实上，西班牙在19世纪取得的哪怕是一点点的经济上的进步，很大程度上都归功于在法国激励下建成的信用公司的行为。

在得到在西班牙建立动产信贷银行的特许权后不久，佩雷尔家族又与葡萄牙政府签订合同，希望在里斯本建立一个类似的公司。葡萄牙的上议院拒绝批准这一协议，然而，那年晚些时候，另一个法国金融投机者，坚持要从政府贷一笔款项来获得在葡萄牙建立动产信贷银行的特许权，但这家企业寿命很短。该法国人在1857年大危机中破产，该公司也随之倒闭。后来，一些法国企业家在建立土地信贷银行后，又组建了两家抵押借款银行，但再也没有人认为葡萄牙是一个适宜银行投资的地方。

佩雷尔家族也希望在高速发展的皮埃蒙特公国建一个子公司。领导该地区发展的天才人物加富尔也欢迎佩雷尔家族的到来，以抗衡罗特希尔德家族在这个小国金融关系上的影响力。但最后加富尔还是决定不与这种固有的金融实力较真，给予了罗特希尔德家族在皮埃蒙特建立合股制银行的唯一的特许权。这项特许权在罗特希尔德企业进军意大利、瑞士、奥地利和皮埃蒙特土地上都起到了作用，但不当的管理和负责这部分事务的金融家的“不负责行为”（据一家金融杂志的报道）导致了巨大的损失，罗特希尔德家族在1860年从皮埃蒙特撤出，之后，那家银行一直停滞不前，直到1863年佩雷尔家族收购了足以控股的股份，并增加了其资本，重新命名为意大利动产信贷银行（Societa Generale de Credita Mobiliare Italiano）。在以后的年份中，它几乎和每一家意大利企业都建立了业务上的联系，包括铁路、制铁厂、钢铁厂等。它与高层政府圈子也关系紧密，并且是意大利仅次于国家银行（Banca Nazionde）的第二大银行。在1893年的经济危机中，该银行内部组织的丑闻被揭发，它与政府的关系也昭然天下，银行以破产告终。

绝大多数在19世纪60年代建成的其他意大利银行也利用了法国的资本，但仅有一家意大利信贷银行(Banca di Credito Italiano)，就像意大利动产信贷银行一样，它的建立很大程度上归功于来自法国的第一推动力。这家银行也成了1893年经济危机的牺牲品。第二年，为了填补亏空，两家大型新式银行建立了起来，这次是德国方面主动发起，用的也是德国资本。这两家银行是米兰的意大利商业银行(Banca Commercide Italiana)和热那亚的意大利信贷银行(Credito Italiano)。尽管德国资本在1900年前后撤出(由法国资本代替其中的一部分资本)，这两家机构在意大利一战前的工业迅速发展中起着重要作用。

法国的银行家们于19世纪50年代仍然在欧洲东南部寻找银行的经营地，但那些地方的时机并不成熟。塞尔维亚和罗马尼亚都不同意建立动产信贷类型的银行。在1863年，法国动产信贷银行取得了罗马尼亚政府的同意，但却受到了议会的阻挠。两年以后，在一场军事政变后，掌权的库扎大公(Prince Cuza)同意授予英法两国资本家建立罗马尼亚银行(Banca Romaniei)的特许权。最后，于1881年，罗马尼亚在法方资助下成立了动产信贷银行(Societate de Credit Mobiliar)。

克里米亚战争暴露出俄国与西欧国家之间在经济上的差距，也促使沙皇政府开始了铁路建设的高潮和农奴的解放。这也使得俄国的金融和银行制度开始了对西方的赶超。俄国当时最主要的金融机构是国家银行(State Bank)，建于1860年。它由政府完全占有，并在财政部的直接控制之下。起初，它并不发行银行券——政府认可的纸币是直接由国家印刷办公室发行的——但当俄国于1897年实行金本位后，国家银行就掌握了发行纸币的垄断权。国家银行控制着国内的储蓄银行，并成立了农民土地银行(Peasants' Land Bank，1882年)、贵族土地银行(the Land Bank of the Nobility，1885年)及俄罗斯地方自治会和城市银行(the Zemstvo and Urban Bank，1912年)。俄国国家拥有波斯贷款与贴现银行(the Loan and Discount Bank of Persia，1890年)和华俄银行(Russo-Chinese Bank，1895

年)的股份，为俄国对这些国家的渗透创造了有利的条件。

俄国银行体系也有各种各样的小型机构——合作式银行、公有银行、抵押信贷银行——但除了国家银行，最重要的是股份制商业银行。它们中的第一个是于1864年成立的圣彼得堡私立商业银行(St. Petersburg Private Commercial Bank)。截至1914年，这类小型银行有50家，绝大多数的总部在圣彼得堡和莫斯科，并且有着全国性的分支网络，共有超过800个银行办事处。在12家最大规模的银行中，8家坐落于圣彼得堡，控制着80%的总资产。这些银行的另一显著特点是深受外国的影响。它们中很多是由法国、德国、英国或其他银行家出资或经营的。外国银行特别是法国银行持有这些银行的多数股份。1916年，外国银行持有这十二大银行的45%的资本；外方持有的资本中法国持有的比例超过了一半。俄国的股份制银行是与外方合作的，这对俄国1885年后的工业化进程帮助甚多；这种帮助的主要途径是引进外国企业家和技术人员(参见第十章)。

欧洲的金融家们也把他们的专业知识贡献给了近东和中东的邻邦们。该地区第一个建立的股份制银行(也是英国在国外的第一家股份制银行)，即埃及银行(the Bank of Egypt)，于1855年投入运营。这引起了在亚历山大港许多法国私人银行家的反对，他们向法方领事提出抗议，但徒劳无功。最终，法国人也成立了他们自己的股份制银行。

同样的进展出现在神圣而又腐朽的奥斯曼帝国(Ottoman Empire)。1856年，一群英国资本家在君士坦丁堡组建了奥斯曼银行(Ottoman Bank)，其性质是一家普通的商业银行。几年以后，它申请获得了发行纸币的独家特许权，但有着法国教育背景的革新派部长们都希望与法国金融市场保持联系。1863年，他们强制奥斯曼银行和法国动产信贷银行下属的一个团队合并建立一家新的银行，即奥斯曼帝国银行(Banque Imperiale Ottomane)。这是一个极不寻常的机构，集垄断发行货币的中央银行功能与普通的商业、投资银行功能于一身。另外，这家银行也负责回笼纸币及破损的金属货币，通过它的分支机构收集并且转移税收，也为公众的债务服务。第一个七月的银行业务利润大约是投入资本的20%。该银行在一战前欣欣向荣，甚至在一战以后与民族主义者穆斯塔法·凯末尔［Mustapha Kemal(Ataturk)］达成了一些协议。

波斯(现在的伊朗)也有一个相似的机构，即于1889年英国协助成立的波斯帝国银行(the Imperial Bank of Persia)，建立者试图让银行参与铁路建设的金融事务，但俄国政府由于害怕英国对其南部腹地的渗透，便运用外交压力，阻挠铁路的修建。这家“阴差阳错”建成的、并由非金融专业人员运营的银行，对波斯经济的发展贡献甚微。

而英国的其他许多海外银行大多并非如此。从19世纪50年代开始，英国在海外建立了一大批拥有英国特许权及英国资本的银行，尤其是在印度和拉丁美洲。它们并非是英国国内银行的海外分行，而仅仅是由英国商人建立的在海外运营的银行。它们中最有名的是汇丰银行(Hongkong and Shanghai Bank)，当时在中国的金融界起着重要作用，今天已成为一家很有影响力的跨国公司。这些银行的重要功能是处理国际贸易的金融事务，但它们也参与发行国外政府和公司的证券。英国的海外银行同时面对来自当地银行及其他欧洲银行分行的竞争压力(关于日本银行体系的重要作用见第十章)。

19世纪的美国银行业充满曲折。在合众国建立的早期，汉密尔顿派(Hamiltonians)和杰斐逊派(Jeffersons)的争斗在美国的银行史上有明确的记载，其中，前者倾向于联邦政府在国家事务中起强硬作用，而后者则更倾向于授权于各独立州。起初汉密尔顿派占据上风，获得了国会的特许权，成立了美国第一银行(The First Bank of the United States,1791—1811年)。但是当该特许权到期之后，该国的权力派和各州特许经营的银行的反对者们，阻止该特许权的延期。杰克逊的民主党政府(Jacksonian Democrats)时期的美国第二银行(the Second Bank of the United States, 1816—1836年)也遇到同样的命运。其后一直到美国南北战争之前，美国经历了一系列制度性的尝试。一些州允许“无门槛银行”(任何人都可以开办银行)，另外一些州尝试州立银行，还有一些州尝试禁止银行业的发展。尽管存在这种表面上混乱不堪的局面，美国还是从银行业中获得了必要的服务，其经济高速发展。

南北战争期间，部分是出于解决战时融资的考虑，国会建立了国家银行制度，允许联邦银行和州立银行开展竞争。这个竞争是不公平的。因为国会对州立银行发行的银行券强制征收了歧视性的税收，迫使其中许多银行转变为国家银行。然而，后来它们发现只要引入凭支票取款的银行存款制度，州立银行还是可以经营业务的，并在该世纪最后的几十年里，州立银行打出了漂亮的反击战。

无论是州立银行系统还是国家银行系统都受制于过度的法规调控。例如，禁止银行开设分支机构；银行不能受理国际财务，这意味着国家的大量进出口业务只能从欧洲获得金融服务，以及从少数的私人商业银行得到金融服务，例如摩根银行(J. P. Morgan & Co.)，这些银行不像股份制银行那样受到各种法规的制约。有些人相信缺少了银行也会使国家更加易于受到周期性的金融恐慌和陷入萧条。为了克服这一缺陷，国会于1913年创立了联邦储备系统。这一系统同其他系统一起，承担了国家银行发行货币的功能，并且可以将国家银行解放出来从事国际金融业务。

总之，美国经济快速增长的经历、不断变化并略有起落的银行体制似乎表明，在复杂的工业国家中，经济增长离不开银行系统的支持，但它并不要求非得是一个合理的银行体系。

政府的作用

19世纪的经济史中，受误解最深的经济学论题莫过于政府在经济中的作用。一方面是自由放任主义，即除了制定和(或多或少地)实施法律，政府自觉地不干预任何经济活动。另一方面是马克思主义的观点，认为政府是统治阶级(资产阶级)的“行政机构”。然而历史的现实是纷繁复杂的，绝不是这两种极端简化的模式可以刻画的。

政府可以在经济活动中扮演不同的角色。政府最基本的作用就是营造良好的经济环境。首先不得不提的就是政府要为经济活动创造法制环境。这可以采取放手不管政策(hand-off policy),也可以采取统一的国家管制。这方面最大的忌讳既不是国家干预,也不是国家不干预,而是政策的模糊性。"游戏规则"必须是清晰明确并且具有可行性,至少应该界定权力(财产权及其他)和义务(契约的和法定的,等等)。在自由企业制度和社会主义社会中,偷窃都是一种犯罪。

政府参与经济活动还有另外一种方式,是一些不直接带来产出的、但可以刺激经济生产的活动。这些活动包括关税、税收减免、补贴,还有如建立旅游局或移民管理局的措施。不是所有这些政府行为都是有利于经济增长的。比如保护性关税可能会使国内一些行业的效率降低。

政府的一些管制功能,在某些方面与刺激经济的行为很相似,但却是抱着不同的目标。这些目标包括保护特定工人团体的健康和安全,以及具体的价格、工资和产出的控制。这些管制的目的或许可推动经济增长,例如,通过禁止或规范私人垄断来推动经济增长;但是更多的目的常常与增长无关,它要么是清除不平等,要么是消除剥削。在后面一种情况中可能会产生不期望看到的副作用,即可能会阻碍经济增长。

最后,政府也能直接从事生产活动。如像提供免费教育这种温和的干预措施,或者像苏联那样直接开办国有企业,控制所有国民资产。政府的这种参与方式本质上说是一种企业行为,具有创新精神,像纽约州的伊利运河(Erie Canal)计划和日本的模范工厂;国有企业可以与私人企业进行竞争,甚至将私人企业彻底排挤出去,如政府控制公用事业或电话局。

在我们面前已有如此多的可能性,让我们回顾一下历史,看一看19世纪政府扮演的实际角色。由于我们已经讨论过一些政府的作用,特别是第一个作用,已在第八章里讨论过了,有关商业政策将在第十二章里讨论,所以在这里只集中讨论一下政府的其他两个作用。

英国通常被认为是实行自由放任经济政策的发源地,或者说是"小政府大经济”。政府到底有多小呢？拿破仑战争以后的一个世纪里，大不列颠联合王国的政府开支占国民生产总值的不到10%，在和平时期该比例大约是6%～8%（若要衡量政府支出的实际数额，必须加上地方政府的支出，可能不会大于2%～3%）。这样的比例是大还是小呢？同20世纪30%～50%的比例相比，当然是小了。另一方面，十分之一真的够小了吗？

尽管有着“小政府大经济”的美誉，大不列颠联合王国的政府规模相对于整个欧洲来说可能具有典型性；若是从相对数量上来讲，它还是比绝大多数大陆国家要大一些。德国和美国的中央政府的开支占国民收入的比例总是低于5%，当然两者都是联邦制国家；州政府和地方政府开支之和可能会超过中央政府的开支。具有讽刺意味的是，该比例超过大英帝国的国家都是些欧洲东部和南部的相对贫穷的国家，如西班牙、意大利和俄罗斯。20世纪初，在巴尔干国家，该比例在20%到30%之间。

关于政府的规模先讨论到这里，目前来看我们只能从金钱的角度来衡量政府规模。那么，关于政府促进或减缓经济发展的措施呢？我们再次从英国开始说起。很多人以为政府的功能之一就是邮政业务（尽管近年来，邮政业务的低效率及私人快递业务的崛起，已使人们对这种想法产生怀疑）。在19世纪之前，私人快递服务与官僚作风的低效率的政府邮政系统并存。当时政府的邮政系统主要是为监察公民言论、间谍活动和增加财政收入，而非为公民服务。现代的邮政业务始于1840年，时任英国邮政总局局长的罗兰·希尔爵士（Sir Rowland Hill）引进了预付统一邮资的邮寄方式。在以后的几年中，绝大多数西方国家都采用了相似的邮政系统。又过了几年，当电报可营运时，电报也顺理成章地纳入了政府的邮政垄断。同样的政策在19世纪又应用在新发明的电话上。绝大多数欧洲大陆国家跟从了英国的模式，但在美国，电报与电话仍是由私人企业经营的。

东印度公司是私人企业的一个极不寻常的例子。尽管该公司是17世纪仅仅作为一家商业企业建立起来的，但在19世纪初，它却逐渐成为了印度的统治者，“国中之国”。在1857年印度民族起义(Sepoy Rebellion)之后，是当地军队背叛了他们的长官，公众言论一开始就意识到情况不正常并强烈要求解散东印度公司，并把其政府的权力移交给印度事务处(the India Office)。这一切看起来都是合乎情理的，但几年以后的1875年，保守党的首相本杰明·迪斯累里(Benjamin Disraeli)通过购买埃及总督持有的、由法国特许的苏伊士运河公司股票，使政府成为当时最大私人公司的股东。这项举措出于国防的目的而无可非议。用同样的理由也可以解释一次大战前夜(1914年)购买英波石油公司(Anglo-Persian Oil Company)的举措。如果考虑到当时的情况，这样的逻辑是有道理的。但这一举措严重损害了英国是“小政府”的名声。

在某些方面，英国的确名符其实。英国对公共教育的支持相对于其他西方国家要明显落后很多。在1870年以前，所有学校都是由私人或教会资助的，它们中除了苏格兰的教区学校，绝大多数是收费的。因此，全国足足有一半的人口没有接受过正规教育。只有那些富裕之家的孩子才接受过教育，其他人至多接受最基础的教育。就是这个原因，使英国在经历如此之快的社会变革之后，仍保留着它原始的社会结构，这也导致英国在工业化过程中领导地位的相对下降。1870年的《教育法案》规定了对符合公众最低要求的现有的私立学校及教会教育要提供国家扶持。然而，直到1891年，英国才保证对12周岁之内的儿童提供免费的普及教育。直到20世纪20年代，有能力继续深造的人口中只有八分之一进入到初等中学。

英国的高等教育同样落后于欧洲大陆和美国。在20世纪制定国家奖学金计划以前，牛津和剑桥只向富家子弟，主要是贵族子弟开放。相比之下，苏格兰的人口较少，却有四家历史悠久而又富有朝气的学府向所有合格的申请者开放。于1825年成立的伦敦大学学院，在1898年吸纳了更多学院以后，成为伦敦大学。1880年，曼彻斯特成为第一个成立新大学的省份城市。在20世纪开始，又有几家大学成立了，甚至在一战以后，每1 000名适龄人群中就有4人进入大学继续深造。

绝大多数欧洲大陆国家历来都有国家家长主义（英语为 state paternalism，法语称 e'tatisme）的传统。其中有几个国家拥有森林、矿藏，甚至工业企业。这些工业企业生产军用的设备，但又不限于此；法国拥有自己的皇家生产厂商，生产瓷器、水晶、缀锦等，其他政府也有类似的皇家生产厂家。在18世纪，当英国的生产技术在某些领域取得明显的领先地位时，这些国家的政府出资，通过间谍等活动取得别国的技术。比如说，法国和普鲁士在国有炼铁炉中用焦炭冶炼生铁；然而，没有一个试验在商业上是成功的，或者这种方法为私人企业所保留；在拿破仑战争后，这一过程又重新被采用与推广。

这个例子表明了一个国家在工业化的进程中如何修正其国家家长主义的传统。鲁尔区的采矿业是另一个更加生动的例子。在普鲁士，就像法国和其他国家一样，采矿业，甚至是私营矿藏，都必须在皇家矿业工程师的监察下工作。这被叫做督导原则（Direktionsprinzip）。在鲁尔矿区，这种管理方式对于鲁尔山区相对较浅的矿藏，是行之有效的。但当19世纪三四十年代，鲁尔煤田北部隐藏的富矿被发现后，皇家矿业公司的保守主义便成了一种障碍。新矿要求为更深的矿井、蒸汽泵，及其他采矿设备提供更多的资本。采矿企业中由法国、比利时及英国企业家经营的几家公司开始与普鲁士当局展开了长期的拉锯战，最终于1865年把督导原则替换成了审查原则（Inspektionsprinzip），政府的工程师只负责审查矿产安全。

迅速发展的交通技术——特别是铁路——把所有的政府都牵连进去了，英国政府，遵循其一贯的“小政府”传统，把推销、建设及最具体的细节都留给私人部门去完成。但甚至是英国议会也必须通过法案来批准各公司认购土地、获得路权，在《1844年铁路法》（*Railway Act of 1844*）中规定了多项规章制度，包括为三等舱乘客设置最高收费限度。（这项法案也规定，政府在其特许权期满后，能够收购铁路。但这项规定直到二战以后才开始执行。）

世界上其他国家的政府对铁路兴趣更大。我们可以看到，19世纪30

年代比利时新政府出于自身考虑，亲自建造并运营一个基础性铁路网络。当铁路网竣工后，政府允许私人建造支线铁路，但这项举措于19世纪70年代遭遇财政困难时，政府知难而退。在法国，关于铁路究竟是国有还有私有的争论由来已久；最终铁路私人所有制的支持者胜出，不过大量的限制条文保证了政府在私人所有制铁路中的重要作用。当某大公司破产后，政府将接替它继续行使铁路所有权。在第九章中我们注意到，德国政府在铁路时代便开始遵循不同的铁路政策，一部分铁路由国家修建，另一部分由私人企业来完成。因此，在德意志帝国成立后，俾斯麦(Bismarck)建立了帝国铁路局，它的职能是大量收购私人企业，并有意识地使用铁路作为国家经济政策的工具，比如通过为出口货物提供优惠的运费。[然而早在1865年，当为与奥地利的战争筹备资金，而当时普鲁士议会拒绝为此而转让税款时，俾斯麦不得不出售普鲁士政府拥有的科隆—明顿铁路(Cologne-Minden Railway)的股份。]

奥匈帝国的铁路政策变化不定，俄国的铁路政策同样如此，首先赞同国家所有与经营，然后同意私人公司经营，最后又回到了国家所有制。在其他国家，如果它们起初没有施行国家所有的铁路网，如1855年的瑞典那样，那么它们迟早会回到国家所有的原则上，甚至在那些后来没有回归国家所有制的国家，如一战前的法国，国家依旧行使了大量的日常性的权力。在美国，联邦政府在南北战争前，把铁路政策的制定权留给各州政府，但不久后又将大量的土地授予私人企业以刺激横贯美国本土的铁路建设。在1887年，为了回应农民及其他民众的不满，议会创立了州际商业委员会(Interstate Commerce Commission)来规范铁路方面的事务。

以上所举的例子并没有穷尽关于国家在经济事务中起积极作用的例子。但这些例子肯定了政府的多种多样的、有时甚至是自相矛盾的职能。回顾一下，19世纪的各国政府比起前几个世纪，或接下来的20世纪的政府，显得缺少一些影响力，不过这并不能否定政府在国家经济事务中所起的作用。

第十二章

世界经济的增长

长途贸易最早至少可追溯到人类文明的起始阶段。但是直到19世纪，它才得以迅速发展，其重要性也与日俱增。1913年，整个世界的人均对外贸易额几乎比1800年时增加了25倍，而整个19世纪欧洲占了世界进出口总额的60%以上(最多时达三分之二)。19世纪40年代早期到1873年是贸易快速发展的黄金时期，此间的贸易总额以5倍于人口增长的速度上涨，年增长率超过6%，这个速度相当于当时经济总产出增长速度的3倍。

劳动力和资本的国际流动同样发展迅速——表现为国际移民和对外投资。直到20世纪初，真正意义上的世界经济才初步形成，世界上的每一个经济体才真正地参与了进来，哪怕是很小程度的参与，当然，欧洲仍然举足轻重，而事实上，正是这个充满活力的中心带动了全球。

20世纪初，国际贸易的发展主要受到两方面因素的障碍：自然因素和人为因素，不过一个世纪后，这些阻力已然大幅度消退了。最初的自然障碍主要是巨额的运输成本，随着铁路以及航运业的逐渐改善，最终远洋航运彻底扫除了这个障碍。人为的障碍则包括进出口关税以及对某些商品的进口禁令，同样，这些障碍也正在减退甚至消失，尽管世纪末有些国家回到“贸易保护主义”，开始征收高额的进口关税，但总体来说人为的障碍也是逐渐消退的。

英国选择自由贸易

即使在亚当·斯密发表那本令人信服的《国富论》之前，就有一些经济学家就自由贸易的问题展开过争论，斯密的《国富论》将其上升到了一个更高的层次，深受后人尊敬。并且，一些实际情况也敦促政府不得不重新审视制定的禁令和高额关税了。因为18世纪的走私活动是一种暴利行为，既减少了政府收益又损害了那些合法企业的利益，因此英国政府便开始改变它的保护主义政策，但由于法国大革命的爆发和拿破仑战争，改革的努力被推迟了。事实上，英国的封锁政策和拿破仑的大陆体系的政治主张都是极其限制自由国际贸易的。

亚当·斯密关于自由贸易的理论框架建立在他对劳动分工和专门化生产的好处进行的分析的基础上的，分工和专门化既涉及个人，也包括国家。劳动的分工和生产的专门化取决于不同国家的绝对生产成本的差异，例如苏格兰的制酒成本就和法国的不一样。大卫·李嘉图在自己的《政治经济学原理》(1819年)一书中假设(当然并不正确)葡萄牙人生产布和酒的绝对成本比英国人都具有优势，但是相对来说，制酒的成本显然更便宜。他认为在这种情况下，葡萄牙应该专门从事酒的生产而向英国人购买布。这就是比较优势理论，它是现代国家贸易理论的基石。

斯密与李嘉图的自由贸易的讨论分析都是建立在纯逻辑层面上的，要想在政策上产生实质性效果，他们则必须说服那些有影响力的人物和集团，让他们相信自由贸易会给他们带来好处。其实有几个这样的商会是参与国际贸易的。1820年，一群伦敦商人向国会请愿，容许他们自由贸易，虽然请愿没有马上奏效，但至少表明一种新的公众舆论倾向。凑巧的是，与此同时，几个志在革新旧的政府政策的相对年轻的议员，幸运地上升至执政的托利党(即保守党)的重要职位。其中就有罗伯特·皮尔(Robert Peel)，他出生在一个富裕的纺织制造商家庭，出任内政大臣期间曾使首都的犯罪案件从200多骤减至不足100件。[他同时创建了伦敦警察部门，世界上第一支警察队伍，队员被称为“博比”(Bobbies)或“去皮机”(peelers)，一开始只是戏谑，到后来无疑是尊称了。]另一个所谓的托利党自由派成员就是威廉·赫斯基森(William Huskisson)，他是贸易大臣，曾大刀阔斧地简化了一些混乱的禁令，降低了高额关税，这些禁令和关税都是国际贸易发展的障碍。1832年的国会改革，加强城市中产阶级的利益，大多数人也都赞成实行自由贸易。

《谷物法》是当时联合王国(1801年后爱尔兰也包括在内)贸易保护主义制度的核心和象征。所谓《谷物法》就是对进口的食品和谷物征收高额关税。《谷物法》历史悠久，拿破仑战争后又得以强化，当时在议会中占强势地位的地产拥有者力推此法。城市化进程的加快以及人口的增长使食品的自给实际上变得不可能，但议会仍顽固地抵制修改《谷物法》的提案。起初的废案与修改尝试失败后，来自曼彻斯特的企业家理查德·科布登(Richard Cobden)于1839年成立了反《谷物法》联盟，并开展了强有力的运动，取得了一定成就，赢得了部分公众的支持。1841年，当时执政的辉格党政府提议降低小麦和白糖的关税；最终这些提案还是没有通过，于是重新进行了一届大选。

起初《谷物法》和贸易保护主义并不是各党争论的焦点，因为辉格党和托利党的主要成员都是大地主。在竞选期间，辉格党企图利用民众反《谷物法》的情绪，提议削减(并不是废除)谷物关税，而托利党人则主张维持现状。托利党获胜，但新任首相罗伯特·皮尔爵士已经决定大幅度改革财政体系，包括废除出口税，撤销或降低进口税(不包括谷物)，征收所得税来弥补关税损失。在几项法案顺利施行之后，政府将着手降低谷物的关税。1845年，爱尔兰遭受了一场马铃薯灾荒(苏格兰的灾情稍微轻一点)，有很多人因为饥饿而死去。灾情深深刺痛了皮尔，他提案废除《谷物法》，得到了多数辉格党的支持，最终顶住了皮尔所属的托利党大多数人的反对，于1846年2月得以通过。

在这场废除《谷物法》的余波中，现代英国政治制度开始形成(至少在1914年之前)。皮尔被他自己的托利党弹劾，从政坛隐退。格莱斯顿(W. E. Gladstone)在废除投票中支持皮尔的托利党少数派的一员，加盟辉格党，成为财政大臣，后又为首相。辉格党随后以自由著称，发展成了支持自由贸易和工业生产的党派，而以保守著称的托利党，依旧代表地方势力，最终走上扩张主义的道路。

同样在这场事件的余波中，议会解禁了许多原重商主义的法规，如《航海法》，这些法规在1849年被废黜。19世纪五六十年代，随着新的党派的调整组合定局，格莱斯顿长期担任财政大臣，英国坚定不移地执行了自由贸易政策。1860年以后，只有一小部分进口关税仍然存在，而这些都只是财政性关税，针对比如白兰地、酒、烟草、咖啡、茶以及胡椒等等这些非英国产的商品。事实上，即使大量关税取消，而其他关税税率也大幅下调，随着贸易量的增长，1860年的关税总收入还是超过1842年的。

自由贸易时代

另一个促进自由贸易的重大进展便是1860年英法签订的著名的《科布登-谢瓦利埃条约》(*Cobden-Chevalier Treaty*)。法国有实行保护主义政策的传统，尤其是19世纪上半期，为了对抗英国的竞争，法国政府曾下令，要努力保护所有制造业，如本国的棉纺织业。法国保护主义政策的一部分便是对棉料、羊毛等纺织品一律强制采取进口禁令，而其他商品包括初成品以及中间品也征收高额关税，包括巴师夏(Frederic Bastiat)在内的经济学家们曾批评这些政策的荒唐可笑，但是法国议会中的强势的既得利益集团对此置若罔闻。

1851年政变后掌权的拿破仑三世政府，希望与英国建立友好关系，这部分是为了获得政治地位及外交尊重。即使这场政变后来被称作是一场全民公投，但其政府的合法性仍使人质疑。英法在克里米亚战争中成为盟友，战后拿破仑三世则希望巩固与英国的这种友好关系，此外虽然法国传统上一直奉行保护主义政策，但当时有一股强烈的思潮支持经济自由主义，其中的领导人之一就是经济学家谢瓦利埃(Michel Chevalier)，他曾游历过英、美等国，见识广博。他从1840年起便开始担任法兰西学院政治经济学教授，讲授自由贸易和经济学原理，在拿破仑任命他为法国国会议员后，他便努力地劝导拿破仑三世，使其认识到与英国人缔结贸易条约的好处。

当时法国的另一个政治态势使签订条约变得富有吸引力。根据1851年拿破仑亲自批准的《法兰西宪法》，任何国内法都必须通过两院制的议会批准，但是只有作为国家元首的皇帝，才有权与外国缔结条约，并且其条款在法国国内具有法律效力。其实在19世纪50年代，拿破仑三世就试图降低法国对外政策中强硬的保护主义立场，但是由于国会的反对，他无法进行关税政策的彻底改革。谢瓦利埃是科布登的好朋友，因反对《谷物法》而小有名气。通过科布登，谢瓦利埃结识了时任英国财政大臣的格莱斯顿，让后者明白签订英法条约对双方的好处。当时已在走向自由贸易的英国当局认为，鉴于该政策的明显好处，各国应自发地采取自由贸易政策。但是由于当时主张保护主义的势力强大，这一想法并未成为现实，因此科布登与谢瓦利埃1859年下半年就条约进行了谈判，直到1860年2月才签约。

依据条约规定，英国将取消除葡萄酒和白兰地之外的所有法国商品的进口关税。由于这两种商品对英国消费者来说属于奢侈品，因此政府须收取少量关税作为财政收入。此外，由于与同样生产酒类的葡萄牙一贯以来的经贸联系，英国政府很注意保护英国市场上葡萄牙产品的优先权。对于法国来说，则取消法国对英国纺织品的进口禁令，并大幅削减进口关税，最高关税率不得超过30%，事实上，平均关税率为15%。法国政府由此放弃了极端保护主义的做法，采取了适度的保护主义。

条约的另一个重要特征便是最惠国条款。其含义是如果条约的一方与第三国又签订了贸易条约，而条约中对第三国实行更低的关税，那么条约的另一方则自动享受这个更低关税。换言之，英法条约双方都因成为对方的“最惠国”而从条约中获利。此时的英国实际上已实行完全的自由贸易，所以与其他国缔约时并没有获取好处的讨价还价能力。但法国则不同，对其他国家而言，它有很高的进口关税壁垒，19世纪60年代早期，法国相继与比利时、德国关税同盟、意大利、瑞士、斯堪的纳维亚国家——可以说是除俄国外的几乎所有的欧洲国家——都缔结了贸易条约。新条约的签订让英国获益匪浅，比如法国同意用比较低的关税从德国关税同盟进口钢铁，那么英国将自动获许以同样低的关税出口给法国人钢铁。

此外，除法国人与欧洲各国缔结的条约网之外，其他的欧洲国家也纷纷彼此之间签约。当然都包含了最惠国条款。一时间，任何新条约的诞生，总伴随着关税的大幅度下降，19 世纪 60 年代和 70 年代的大约 20 年间，欧洲离完全自由贸易越走越近，这种局面一直持续到二战之后（见图 12－1）。

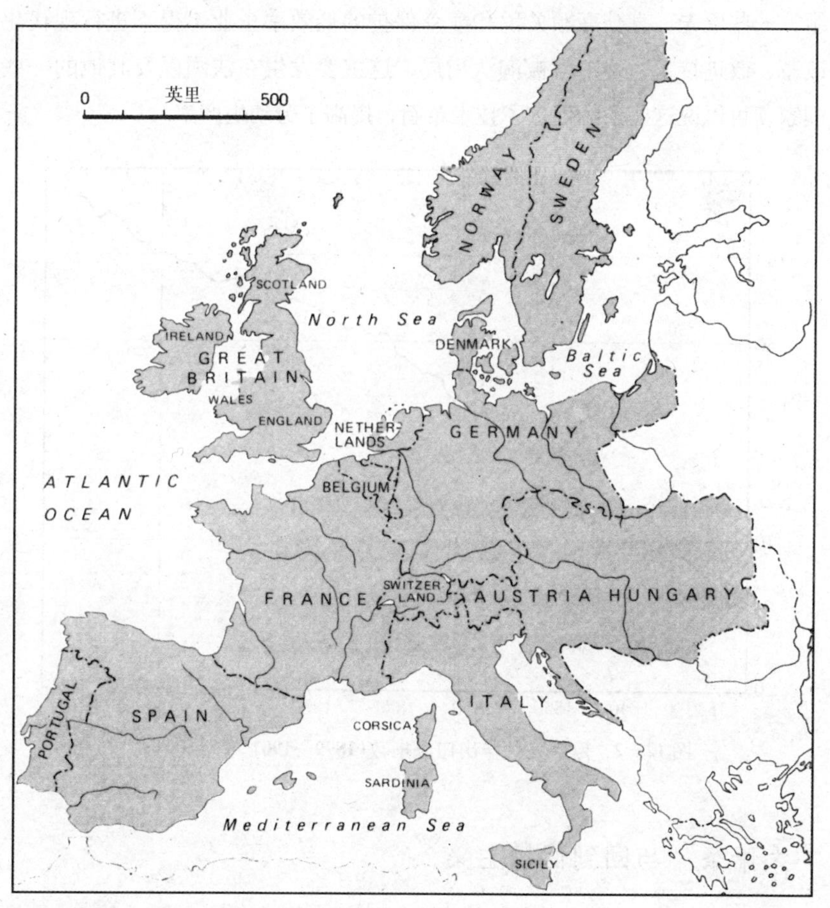

图 12－1　1871 年前后签订了贸易条约的欧洲。

这些条约网带来的效果是相当明显的。英国1840年改革之后的几年，国际贸易的增长已有所加速，而在此之后(即条约签订后)，更是以大约10%的年增长率一路飙升。(见图12-2)增长大部分来自欧洲内部，当然也有一部分来自海外贸易。(英法缔结科-谢条约的第二年，美国南北战争爆发，产生了负面效应。遭到北方封锁的南方庄园主们削减出口，导致欧洲出现“棉荒”，特别是英国的兰开夏。同时他们也禁止欧洲出口消费品和资本品给南方。)这些条约的另一个后果是带来更多的竞争，引起产业的重组。一些原先一直被高额关税和禁令保护的低效率企业不得不进行现代化改革，改进技术，否则就被淘汰出局，这主要发生在法国以及其他的一些国家。可以说这些条约促进了技术革新，提高了劳动生产率。

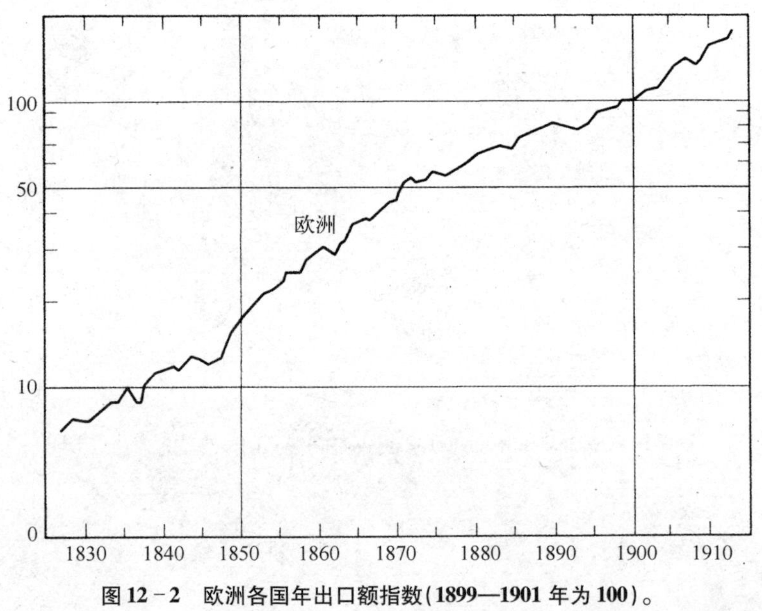

图12-2 欧洲各国年出口额指数(1899—1901年为100)。

“大萧条”与回到保护主义

自由贸易带来的世界经济一体化造成的另一个结果就是各个国家价

格波动的同步性。工业化之前，由自然原因（如旱灾、洪灾等影响农业收成）带来的突然的价格波动一般是地方性和地区性的。随着工业化的进程和国际贸易的增长，价格波动便经常与“贸易状况”（即需求的波动）相联系，变成了周期性的变动，通过贸易渠道会在各国间传递。随着时间的推移，这种周期性的变动更加频繁地出现。

随后统计学家们将这些“商业周期”进行了分类，取名为：存货周期(2 年至 3 年)，即相对缓和的短周期；长周期(9 年至 10 年)，经常会引发金融危机，产生大萧条（如 1825—1826 年，1837—1838 年，1846—1847 年，1857 年，1866 年，1873 年，1882 年，1893 年，1900—1901 年，1907 年）；长期趋势，指的是更长的周期(20 年至 40 年)。货币因素和实际因素的相互作用是错综复杂的，影响了价格变动，但这两种因素的重要性孰重孰轻，学术界尚无定论。

产量波动经常伴随着价格波动。同样，货币因素和实际因素哪一个是直接原因，也存在争论。不过，价格下跌会持续好多年，但产量下降的年份相对来说较短。从而长期来看也显然是上升的，如图 9 - 1 所示。

19 世纪初，拿破仑战争之后，几乎所有欧洲国家以及美国，它们国内的物价水平达到了历史峰值。原因分为实际因素（战时物资的短缺）与货币因素（战时金融的紧张混乱）。在这之后直至 19 世纪中的数十年间，虽然价格存在短期的变动，但是长期趋势是走低的。其原因同样也可分成两个方面：实际因素（科技创新，效率提高）和货币因素（政府偿付战时债务）。到了 19 世纪 50 年代，价格反弹，主要是因为 1849 年加利福尼亚和 1851 年澳大利亚分别发现了金矿，此后几十年间，价格仍有上下波动但无明显趋势。

在持续几年的经济高速增长后，维也纳与纽约在 1873 年发生了金融恐慌，随即迅速蔓延至其他工业化国家（包括工业化进程中的国家），随之而来的价格下跌一直持续到 19 世纪 90 年代的中后期，英国将其视作“大萧条”（影响持续到 20 世纪 30 年代爆发了更大的灾难后）。最后，南非、阿拉斯加、加拿大与西伯利亚等一系列金矿的发现才扭转了价格下跌趋势，使之缓慢地回升，直到一战的爆发，引发了严重的通货膨胀。

1873 年恐慌之后的萧条可能是进入工业化时代以来最严重、破坏范围最大的一次了。一些工业实业家错误地把责任归咎于由贸易条约引起的国际竞争的加剧，并更强烈地请求重新回到保护主义。与此同时，从事农业的地主与小农，也加入到了呼吁保护主义的队伍中。1870 年之前，他们并未受到海外的竞争，因为像小麦、黑麦等这类体积大而价值小的商品进行远洋运输所需的高额运费起到了很有效的保护作用。19 世纪 70 年代，美国中西部及平原区的各州铁路的延伸，使得铁路运费大幅下降，紧接着，乌克兰、阿根廷、澳大利亚和加拿大航运业的发展，运输费用也大幅度下降。1850 年美国出口的小麦与面粉总计有 800 万美元，主要流向西印度群岛；1870 年出口的小麦与面粉总计有 6 800 万美元，主要运往欧洲，而到了 1880 年出口额进一步增加到了 2. 26 亿美元。欧洲农民第一次感受到了巨大的竞争压力。

在这危急关头德国农业的情况很糟糕，当时的德国主要分为东西两个部分。西部正在实现工业化，而东部则以农业为主。东普鲁士贵族拥有大量地产，长期以来通过波罗的海将粮食出口给西欧各国，包括德国西部。18 世纪 70 年代以前，高运费使得远距离出口粮食非常不合算，而普鲁士是最大的例外。这些贵族商人有支持自由贸易的传统，因为他们是出口商。当他们因为美国和俄罗斯的粮食涌入不得不受价格下跌之苦时，他们也要求进行保护了。当时，德国的人口迅速增长，伴随着的是工业化城市迅速增加，贵族们自然想独吞这个潜力巨大的市场。

新德意志帝国的缔造者和新任总理奥托 · 冯 · 麦斯麦，曾任普鲁士的总理，是老练的政治家，也是东普鲁士的一个贪婪的地主，他嗅到了自己的机会。西部德国的企业家早就叫嚷着要求保护了，而此时东部的地主们也在要求，俾斯麦随即准许了他们的要求，声明废除关税同盟以及与法国及其他国家缔结的条约，同时在 1879 年批准颁布了一部新的关税法案，对工业与农业都进行保护，这是回到保护主义的第一步。

法国的保护主义势力从来就没有对英法条约妥协过，在普法战争战败后，他们又获得了政治力量，而1879年德国关税法的颁布使他们更加嚣张了。1881年，他们成功地使一部新关税法案得以通过，法案重新提出了保护主义的原则。即使如此，自由贸易的支持者们仍有相当的政治影响力。1882年又与7个大陆国家签订了新的贸易条约，都遵循了英法条约的基本原则。而且，1881年的关税法案没有照顾到农业生产者的保护要求。法国的农业与东普鲁士不一样，多数都是小农，而在第三共和国的政治体系中，他们拥有特权和政治力量。1889年大选后的形势便回到了保护主义者占议会多数的格局，他们便于1892年成功地通过了臭名昭著的《梅利纳(Meline)关税法》。这部法案不但极具保护主义的特点，更贴切地说应该是"保护主义的精髓"。虽然这部法案对部分农业分支实行了保护，但主要是保留了1881年法案中对工业的保护，同时，还包括了一些自由贸易者也同意的条款。

1887年—1898年与意大利的关税战使得法国商业严重受挫(意大利的下场更加糟糕)。意大利主要因为政治原因，跟随德国而回到保护主义政策，并且对法国商品实行特别歧视。这种做法显然是不明智的，因为法国是意大利最大的海外市场，法国随即进行关税报复。此后20多年间，这两个国家的贸易往来减少至不到正常水平的一半。德国与沙俄也在1892年—1894年间有过短暂的关税战。

其他许多国家也仿效德国和法国的模式，相应提高了关税：奥匈帝国的保护主义传统根深蒂固，虽然确实与法国和其他欧洲国家缔结了贸易协约，但是保护的程度仍然居高不下，所以保护主义的复辟最为迅速。沙俄从未加入以英法条约为轴心的外贸条约体系中，在1891年又制定了实质性的关税禁令。美国在南北战争之前，在高关税和低关税之间不停地摇摆，但总体上是采取一个较低的关税政策，因为受到了南方庄园主的影响，他们主要出口棉花来获利；南北战争后，南方的影响力不复存在，而一些东北部和中西部地区的工厂主势力得到了增强，使得美国成为当时保护主义最为盛行的国家，高度的贸易保护一直延续到二战结束。

在回到保护主义的过程中自由贸易者有过一些抵抗，主要发生在英国。尽管开展了名为“公平贸易”和“英联邦优惠制”（Empire Preference）的政治运动，但是在一战前它们几乎没有取得任何成就。［而德国的商人与实业家在国外甚至是英国市场上的成功，多少刺激起一些报复的念头。1887年英国议会通过了《商标法》（*Merchandise Marks Act*），该法案要求外国商品必须贴上标签，标明原产地名称。该法案的初衷是，“德国制造”的标签会大大降低英国消费者购买该商品的兴趣；实际上却恰恰相反。］荷兰专门进口一些糖、烟草、巧克力，加工后再出口给德国和其他大陆国家，因此仍保持高度自由的贸易。比利时也是这样，非常倚重自己的出口工业。丹麦是农业占绝对主导地位的国家，曾一度因大量进口廉价小麦而蒙受不少的损失，但是丹麦人采取了快速应对的措施，开始种植谷物，发展家畜、炼乳以及家禽的养殖行业，进口廉价的谷物用作饲料。由此看来，丹麦也仍属于自由贸易同盟成员。

教科书上关于“回归保护主义”的害处写了很多，甚至可能太多了。虽然1872年后的40年间，国际贸易增长速度多少有些减缓，但是总体上仍然是增长的，并且在第一次世界大战前的20年间又开始加快，达到4.5%的速度，几乎与20世纪中期的贸易扩张的速度相当。而很多国家，特别是欧洲国家，也越来越依赖于国际贸易（图12－3）。国土面积较大的一些发达国家，如英国、法国和德国，它们的出口占国民总收入的15%～20%；而一些相对较小的发达国家，如比利时、瑞士、荷兰以及斯堪的纳维亚，这一比例则更高。甚至于欧洲东南部的那些欠发达国家，参与国际贸易的比重也达到了前所未有的高度。世界其他地方

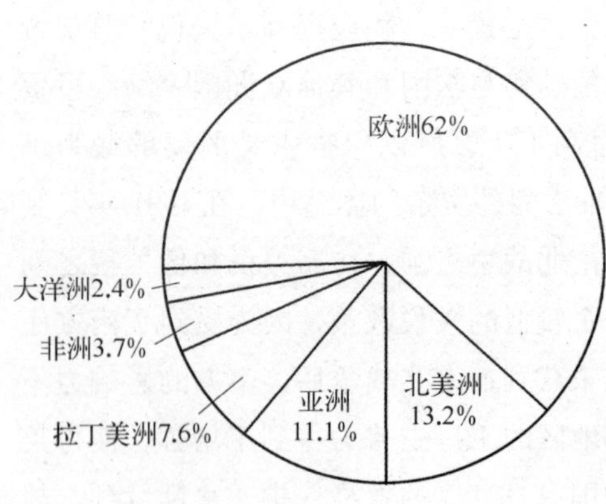

图12－3　世界贸易的地区分布（1913年）。

同样如此，即使像美国这样的国家，幅员辽阔，经济多元化，对其他各国的贸易依赖相对较小，但是到1914年美国居然已是世界第三大出口国。而英联邦的一些自治领，如加拿大、澳大利亚、新西兰、南非，以及英国的殖民地，它们的依存度也都差不多与母国一样高，有的甚至超过母国。同样，拉美的一些国家也进入了世界市场，开始出口食品和原材料，其中一半以上进入欧洲市场。

简言之，20世纪初的世界经济前所未有地融为一体，各经济体之间高度相互依赖。这种局面直到二次大战后才再次出现。在遭受战争苦难、付出惨痛代价之后，世界人民尤其是欧洲人会发现其实他们是多么的幸运啊。

国际金本位制

一些专家认为，19世纪末世界经济达到的高度一体化主要取决于各国普遍与国际金本位制挂钩，而另一些则认为，最主要的原因是英国在世界经济中出色地扮演了中心的角色，伦敦的金融中心与政治中心的地位也是原因之一。19世纪的大部分时间里，英国一直坚持金本位制（当时其他国家几乎都没有这样做），所以这里有必要详细地阐述一下金本位制这一概念。

在整个历史发展进程中，曾有许多不同的商品充当过货币标准（如土地、家畜和小麦），而黄金和白银则一直是最合适的等价物。作为货币标准一项重要的功能便是确认该货币体系的价值单位，其他形式货币都可以转换成这个单位。因此，中世纪英格兰法律认定一磅重纯银即为“一英镑”。那时国家采用的是银本位制，尽管实际流通使用的银币只是一磅纯银的几分之一。到了18世纪，英格兰名义上使用金银复本位制，但事实上铸币中金币的价值定值过高，所以流通中的金币——称为“几内亚”，得名于非洲一个金矿产地——便大量代替了银币。拿破仑战争期间，英格兰银行在政府准许下宣布“停止支付”，就是说拒绝客户用银行券来兑换银行储备的金银；严格地讲，此时的英国货币体系已经丧失了其基本功能，只存在“不兑现纸币”(fiat money)，或称“强制流通券”(forced circulation)。

战后，政府决定回到单一金属本位制，但这次选择的是金本位而不是银本位。18 世纪名义上虽然是复本位，但实际上是金本位制，因为金比银更有市场，从而更被广泛使用。但货币仍旧称作“英镑”，一单位货币的价值(价值标准)就是一磅黄金的价值，精确量为 113.001 65 格令的“高含量的金”(纯金)。根据议会法案的条款，实行金本位制必须满足以下三个规定：(1) 皇家铸币局(Royal Mint)必须能以固定的价格买卖任意数量的黄金；(2) 英格兰银行，进一步扩展到其他银行，必须能即期将债务(包括存款、银行券)兑换成黄金；(3) 不准对黄金的进出口强加禁令。这就意味着黄金成为英国的货币基础以及整个国家的货币储备。英格兰银行保险库里黄金的数量决定了它可以发放多少以银行券和存款为形式的信贷；这又进一步决定了其他银行能派生出多少以银行券和储蓄为形式的信贷。同时黄金的进出口(用作结算平衡之用)会导致货币总供给的波动，从而造成了价格的波动。如果国际黄金流动平缓，或者当流入等于流出(这是最常见的状况)时，价格基本平稳。但是当巨额黄金流入时，如 1849—1851 年加利福尼亚和澳大利亚的黄金大发现那样，就可能造成通货膨胀，以及突然的挤兑，引起货币恐慌。19 世纪曾周期性地发生这样的情况。

在 19 世纪的前 70 多年，其他大多数国家，或是实行银本位，或是复本位，或是无金属本位。但由于英国在国际商业中的地位显赫，几乎所有的国家都会被其经济波动所影响。随着世界经济的融合，经济波动转向全球化的趋势也在增强。

19 世纪的六七十年代，法国曾建立了一个短期的拉丁货币联盟(Latin Monetary Union)，来替代传统的国际金本位制的货币体系。虽然法国名义上是复本位制，但是由于加利福尼亚和澳大利亚的黄金大发现造成了物价的整体上升及黄金相对于白银发生了贬值，政府就改用了实际上的银本位，并且力劝比利时、瑞士和意大利也加入了联盟。［加入联盟后一年，意大利和奥地利爆发了战争，于是就推出了货币联盟，开始使用强制流通纸币(corso forzoso)。］加入货币联盟的目标是保持物价稳定。每个国家都把本国货币精确地与固定重量的纯银等值(比利时和瑞士已经使用法郎，而意大利也调整币值，使得新里拉与法郎等值)。紧接着，保加利亚、希腊和罗马尼亚也加入了货币联盟，统统把本国货币调整为与法郎等值。然而没过多少年，随着新银矿的发现，黄金与白银的相对价格开始回升，便宜的白银如洪水般地涌入，拉丁货币联盟的国家为了不造成通货膨胀，采取了禁止自由买卖白银的措施，最终这个联盟还是瓦解了，各国又回到了金本位制。

同时，继英国后第一个官方表示采取金本位制的国家是新的德意志帝国。普法战争胜利后，俾斯麦首相从战败国手中获取了史无前例的50亿法郎的巨额赔款。在这笔巨款的基础上，政府采用了新的计账货币——金马克，并且建立德意志银行作为中央银行及唯一的货币发行机构。鉴于德国在世界经济中如日中天的地位，其他国家也纷纷加入到金本位的浪潮中。

美国在内战前名义上使用复本位制。南北战争期间，南北双方都发行不能兑换的纸币。当然，南部发行的纸币最终成了废纸，尽管美钞只含有不足值的黄金，但是北方政府的“美钞”(greenback)依然流通。1873年国会通过一项法案，声明1879年开始美钞可以赎回黄金。与此同时，1873年开始的价格暴跌导致农民和白银生产商怨声载道。他们反对这项“肮脏的法案”，要求能无限制铸造银币，但是遭到了政府的拒绝。1879年，美国实际上已经开始使用金本位制，虽然国会直到1900年才正式立法通过。

整个19世纪，沙俄名义上采用银本位制，但是由于政府在国际金融中地位卑微，所以常会求助于大量发行不能赎回的纸币。19世纪90年代，维特伯爵(Count Witt)任财政大臣，大力推动工业化。当时，俄国政府向法国借了一大笔债，维特伯爵认为俄国应该采用金本位制，并于

1897年开始实行。同年，日本从中日甲午战争胜利中获得巨额赔偿，并把这笔钱作为中央银行储备，官方表示采取金本位制。于是在20世纪之初，实际上所有的主要贸易国都采用了金本位制，这种局面持续了近20年。

国际移民与投资

自由贸易时代的标志就是商品的更自由的流动，而国际间的劳动力和资本以及除土地外的其他生产要素的流动，也在19世纪大幅增加。前面的第八章，已经详细介绍了国际移民的情况，这里只是简单回顾一下。

欧洲内部存在一些移民活动，但是规模最大的则是海外移民。一个世纪以来，大约有6 000万欧洲人移民海外，绝大多数是去了地广人稀的国家，单是移居美国的就有3 500万；而大英帝国新建立的殖民地也吸引了1 000万移民；大约有1 200万—1 500万人去了拉美。从英伦三岛移民出去的人数最多，英格兰、威尔士、苏格兰及爱尔兰相加总共有1 800万人迁居海外，大都去了美国和英国的海外领土。德语系国家移民主要去美国和拉美国家，而拉美国家也接纳了许多来自西班牙和葡萄牙的新移民。19世纪后期及20世纪早期，迎来了意大利和东欧国家的移民大潮，意大利人去美国，也去拉美国家，尤其是阿根廷，而奥匈帝国、波兰和沙俄的移民则主要去美国。部分移民者最后回归故土，但绝大多数扎根他乡。总的来说，这次大移民是卓有成效的，它减缓了移民母国的人口压力，也减缓了实际工资的下降压力，它为那些资源丰富而劳动力短缺的国家提供了劳动人口，而这些劳动者则可以拿到比本国更高的工资。最终，通过各种经济往来和人文交流，世界经济得以更加深入的融合。

资本出口，也就是跨国投资，进一步强化了世界经济融合，虽然18世纪乃至更早以前就有跨国投资，但是在19世纪及20世纪早期，跨国投资金额达到了空前的规模。为了有效地分析跨国投资，我们从以下三方面考虑：资源、动机和机制。

总体上说，由于使用新科技所带来的财富和收入的巨大增长，为跨国投资提供了必要的资源（国内投资也一样）。不过不同于国内投资的是，跨国投资需要来源于国际贸易和支付中的特殊的资金资源。概括地说，有两种主要的资金来源（黄金或外汇）可以用于跨国投资：一种是由商品贸易出口带来的顺差，另一种则是“无形”的出口收入，诸如船舶服务、国际银行和保险收入，移民汇款以及原先的跨国投资产生的利息和股息。这些资金来源可以在不同的条件下通过不同的组合方式使用，下文中会有详细论述。

投资者进行对外投资的动机是想从海外市场获得高于本国的投资回报率（这并不总是会实现）。

对外投资的机制则是通过一系列金融机构，将资金从一国转移至另一国。这些机构包括外汇市场、股票和债券市场、中央银行、私营的和股份制投资银行、经纪人以及其他种种，不一而足。很早以前，这些特殊的运营机构就已存在，但是直到19世纪才开始蓬勃发展。

英国，确切地说是英国的私人投资者，无疑是1914年之前最大的对外投资群体。在这些年中，英国的对外投资总额达到约40亿英镑（按现在的市值来算大约200亿美元），占世界投资总额的43%。这种局面持续了近一个世纪，尽管这段时间内英国人贸易收支严重失衡（也就是进口品的价值远大于出口品）。对英国来说，对外投资的资金几乎全部来自“无形”出口。19世纪之初，世界上最大的海运业——英国海运业的盈利，构成了其国际收支顺差（非贸易部分）的绝大部分。并且直到世纪末，海运业仍发挥着重要的作用。然而后来国际金融及保险业的盈利越来越大，特别是从以往的对外投资中取得的利润越来越丰厚，为它的国际收支盈余贡献巨大。实际上，1870年以后从以往投资中得到的盈利不但能为新兴投资提供所有的资金，而且还有相当大的结余可以弥补商品贸易上的赤字。

大约1850年之前，英国投资者开始购买一些欧洲国家的政府债券，继而在当地投资开办私营企业，尤其是法国早期的铁路业。他们同时也购买了美国的政府债券，然后涉足该国国内大型项目(如运河、铁路)的建设，在拉丁美洲也一样。1848年的革命使英国商人在欧洲大陆的进一步投资计划搁浅。于是他们转向投资美国的铁路业、采矿业和畜牧业(美国牛仔们的资金主要由英格兰尤其是苏格兰商人提供)。在拉丁美洲也进行类似的投资，当然，主要还是投资于英联邦国家。1914年自治领土吸引的英国资本占英国对外总投资的37%，印度占9%，美国占21%，拉丁美洲占18%，而投资于其他欧洲国家的资本仅仅只有5%。

法国(或指法国商人)是世界上第二大国际投资商，1914年的投资总额达500多亿法郎(约100亿美元)。19世纪初，法国实际上是从国外(主要向英国和荷兰)借款，来支付拿破仑战争失败后须付给同盟国的赔偿金。前文中提到，英国资本家也对早期法国的铁路业进行了融资帮助。但法国很快就通过商品贸易获得巨大出口顺差，这为对外投资提供了大量资金，这种支持一直延续到19世纪80年代。从1870年以后，同英国人一样，早期投资的盈利远远超过新兴投资的资金需求。

19世纪上半叶，法国主要在几个邻国进行投资：购买西班牙、葡萄牙的证券，不管其政府是革命派还是顽固派；也购买一些意大利各城邦政府的证券(当然，政府下台后，证券也就无从兑现了)；购买了1830年革命后比利时新政府发行的债券；1830年前后也直接投资在比利时的采矿业和制造业；在瑞士、奥地利、德意志联邦尤其是西部德国也有类似的投资，只是规模较小。1851年至1880年之间，法国投资商和工程师们自行建立了铁路网，覆盖了东南欧的大部分地区。他们也在当地进行实业投资，正好弥补了当地政府的长期赤字。在奥斯曼帝国和埃及也如此，不过紧接着令人遗憾的是，这两个政府在1875—1876年间都宣布彻底破产。1894年法俄结盟后，在政府的积极鼓励下(当然之前没有鼓励时也是一样)，法国投资商对沙俄的公共和私人证券进行了巨额投资，同样遗憾的是布尔什维克政府成立后，列宁对帝国政府时期的一切公共及私人的所有债务概不负责。

1914年，一战爆发，法国国外投资中有四分之一在沙俄。地中海地区(伊比利亚半岛、意大利、希腊)、近东地区(奥斯曼帝国、埃及、苏伊士)以及拉丁美洲国家各占法国国外投资的12%左右，而在美国、斯堪的纳维亚国家、奥匈帝国、巴尔干地区以及其他地方都有较小的份额。与英国不同，法国在自己的殖民地进行的投资不超过10%。总的来说，法国对欧洲经济发展的贡献很大，但是由于战争、革命以及其他自然的或人为的灾难，尤其是一战的巨大灾难，法国投资者以及他们的后辈损失相当惨重。

一个世纪以来，德国人上演了有趣一幕，德国从净债务国转变成净债权国。19世纪之初，由于分裂和贫穷，德意志联邦极少有对外债务，而债权则更少。19世纪中叶的几十年里，比利时和英国资本的注入给德国西部的一些省份带来了好处，它们利用这些资本发展了强大的工业，国际贸易出现了出口顺差。正是利用了这些资金，德国人将这些外来资本驱回本国，并逐渐积累了自己的国外投资。尽管德国在美国、拉美国家与其他地方有些零星投资(包括在非洲及太平洋地区的殖民地的微量投资)，但德国人最主要的投资方向是东欧和东南欧的那些更为贫穷的邻国兄弟(包括它的盟友哈布斯堡王朝)，同法国一样，德国会尝试利用私人投资作为外交武器。1875年，它们驱赶了柏林证券交易所的俄罗斯证券，随即又督促德意志银行修建安纳托利亚铁路(即所谓的柏林—巴格达铁路)。

19世纪，西欧有一些较小的发达国家，如比利时、荷兰和瑞士，从对外投资中获得了巨大的收益，在世纪末也都变成了净债权国。1914年，它们的对外投资总额合计达60亿美元，几乎赶上德国。奥地利(哈布斯堡王朝的西部地区)在匈牙利及巴尔干地区展开跨国投资，虽然整个王朝仍是净债务国。

美国无疑是最大的外资吸收国(见图12－4)。前面提到过，外国资本，尤其是英国资本帮助了美国修筑铁路、开掘矿藏、投资牧场，其他方面也予以大力支持。但是南北战争后，尤其是从19世纪90年代后期开始，美国的投资者开始购买外国证券；更重要的是，美国企业开始直接向国外的工业、商业、农业等一系列领域投资，这些投资大多数都是投向西半球(拉丁美洲与加拿大)，但也有部分投资于欧洲、近东、中东和东亚国家。1914 年，外国在美国的投资额略微超过 70 亿美元，而与此同时，美国投资者向海外投资的金额已几乎是其吸收国外投资额的近一半。在接下来的一次大战的 4 年中，美国贷款给盟国，其结果是美国成为世界上最大的债权国。

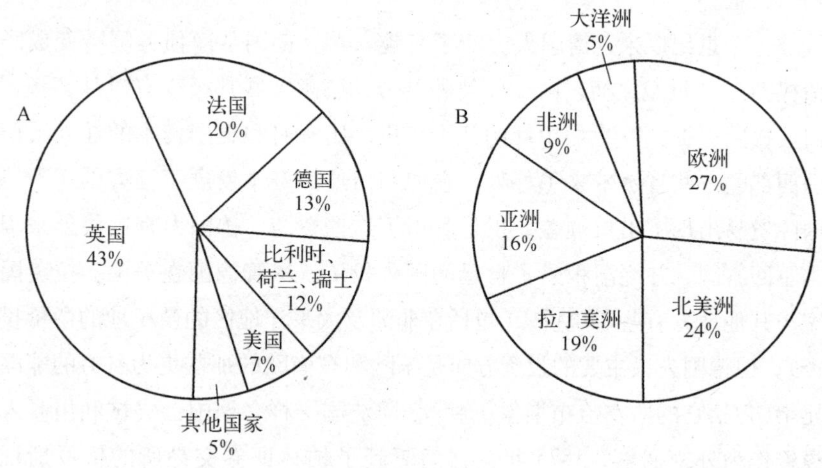

图 12－4　跨国投资的分布(1914 年)。

(A) 按投资来源国分；(B) 按吸收投资的各大洲分。

沙俄是欧洲吸收外资最多的国家。和美国一样，俄国的铁路网主要依靠外资建成，融资渠道包括私人证券(股票和债券)、国债及政府担保的债券。外国投资者特别是外国银行，也大量投资于俄国的股份制银行，以及顿巴斯和克里沃伊罗格等地的大型冶金企业。但俄国政府是最大的借款方，它不但将借款用于修筑铁路，还用作陆军和海军的军费。法国是最大的投资者，但德国、英国、比利时等也都分得了一杯羹。当然 1917 年后，所有投资者的投资都血本无归了。

19 世纪欧洲大部分国家或多或少都有过举债行为。前面提到，德国和一些较小的发达国家都是从净债务国变成了净债权国。而地中海的一些国家以及东南欧的一些国家则没有做到这一点，这些国家资金的利用率和回报率都是欧洲最差的。这些国家的私人投资或政府贷款的资金常常被挥霍一空，甚至滋生了腐败。同国内投资一样，跨国投资若要对经济发展作出贡献，必须要达到足够的回报率，带来的收入要能支付最初的投资才行。

与这些落后的国家(东南欧的奥斯曼帝国、埃及、北非等等)形成鲜明对比的是，大多数对斯堪的纳维亚国家进行的投资不但收益不菲，而且对当地经济的发展作出了相当大的贡献。事实上，虽然绝对数额较少，但是从人均投资额来看，瑞典、丹麦、挪威等国都处于欧洲领先水平。此外，这些国家19世纪末的经济快速发展还应该归功于对外债的合理投资以及高素质的劳动人口。

和斯堪的纳维亚国家一样，澳大利亚、新西兰、加拿大也拥有较高的人均投资额，这些可以解释20世纪初它们经济的高速发展、人民生活标准显著提高的原因。截至1914年，加拿大一共吸收了38.5亿美元的投资(按当时的物价水平来衡量)，其中大多数是来自大英帝国，大约9亿美元的投资来自美国的私人和公司。澳大利亚外国投资存量为18亿美元，新西兰为3亿美元，这两国的外资中95%以上都是来自大英帝国。在上述3个国家的外国投资中，大部分是用在公共(政府)债券上了，为社会基本建设提供资金(如铁路、港口建设、公共设施等)。当然，在澳大利亚和加拿大，大量资金被投入到了矿业之中。这种跨国投资的形式使资金直接流向国内经济中最有潜力的部门。考虑到这3个国家都是幅员辽阔、人口稀少，那么对它们专门生产土地密集型而非劳动力密集型的产品就不会感到奇怪了：澳大利亚和新西兰盛产羊毛(羊肉作为其副产品)，而加拿大则出产小麦。这些产品很容易就能在欧洲特别是英国找到现成的市场，在这3个国家出口中占很大的比重。澳大利亚同时也出口小麦、金属材料，而加拿大出口金属、木材以及其他林产品。由于拥有相对较高的人均收入，这些国家都发展了自己的服务业和制造业：生产消费品和特殊资本品。当然这些行业的发展也需要欧洲特别是英国的支持(而在20世纪初，美国已经取代了英国成为加拿大最大的国外市场和供应商了)。

在拉丁美洲及亚洲的投资，虽然总量上还是可观的，但是由于每个国家的人口众多，所以人均投资额相对于刚才提到的几个国家来讲要小得多。另外，他们的人力资本要逊色很多，同时除日本外的其他国家的经济制度结构也不利于经济发展。在这些地区，商人们的投资目的仅仅是进行原材料的开采，为欧洲工业的发展提供资源，而不是从根本上改变一个国家的内在经济结构。这种现象在非洲更为普遍。截至1914年，投资者们在拉美的投资总额大约是89亿美元，在亚洲大概是71亿美元，在非洲是略多于40亿美元。在每个大洲，英国的投资额都最大，占拉丁美洲总投资额的42%，占亚洲的50%，而在非洲则超过60%。

对英国在拉丁美洲的投资更加细致的分析有助于我们理解跨国投资对这些相对落后国家经济的影响，以及对世界经济整体发展的重要意义。英国人在拉丁美洲的总投资从1825年的不足2 500万英镑上升到1913年的将近12亿英镑。在后期的投资中，阿根廷是接受外资最多的国家，超过了40%，接下来是巴西，占22%，墨西哥占11%。智利、乌拉圭、古巴、哥伦比亚以及其他一些国家，吸收的金额相对较小，但是所有国家都引进了英国的资本。总的投资额中差不多有38%投资于政府证券，有16%进一步投资于铁路债券以及其他类似的证券(加在一起实际上超过50%)。如同澳大利亚、新西兰及加拿大那样，大部分资金都是用于修建铁路以及基础设施的建设。而外国直接投资(即那些外国投资者可控制使用的资金)的最大一部分也用于铁路的建设，其次是公共设施(如煤气、电力、用水、电话电报、有轨电车等)、金融机构(银行和保险公司)、原材料加工(咖啡、橡胶、矿产、硝酸盐等)、混合产业和商业风险企业以及轮船公司。也就是说，除去数额相对较小的原材料直接加工以外，多数投资都是用于基础设施和上层建筑的建设，这有利于这些投资东道国参与到世界经济中来。商品的生产便留给国内的地主、农民和无地的劳动力去进行，这些商品一方面可用于国内消费(主要是食物)，一方面则用于出口(主要是原材料，但也有食物)。于是，拉美国家便向欧美国家出口初级产品，换取它们的制成品。这样一来，这些国家中的大多数便对一种或几种重要的商品形成依赖：如阿根廷的小麦、肉、皮革和羊毛，巴西的咖啡和橡胶，智利的硝酸盐和铜，玻利维亚的锡，哥伦比亚和中美国家的咖啡等等。它们不同于别国，如斯堪的纳维亚国家，后者先加工自己的原材料，然后出口附加值更高的产品。之后，这一体系的批评家们将这种状况归咎于外国投资者及他们政府的行为；实际上，罪魁祸首应该是拉美国家自身落后的社会结构与政治体制。

西方帝国主义的复兴

亚洲和非洲这两个幅员广大的大陆在19世纪轰轰烈烈的商业扩张中几乎处于边缘地带。直到它们面临西方国家的军事威胁，这一状况才有所改变。虽然亚洲有部分地区，主要是印度和印度尼西亚，早在16世纪就被欧洲的列强打开了大门，但其他多数国家仍旧闭关锁国。地大物博、历史悠久的中国，以及日本、韩国、东南亚诸国都坚决与被它们认为低人一等的西方文明隔绝。它们拒绝接见西方外交使臣［暹罗国(即泰国)除外，它与法国建交］，驱赶迫害传教士，只允许极其有限的商业往来。而非洲的大部分国家，处在热带地区，欧洲人难以忍受当地的天气和许多致命的疾病。河流很少能够通航，因此进入内陆地区难度非常之大。当时非洲实际上并没有像欧洲那样各种形式的政治区划，而且经济发展水平较低，因此对欧洲商人和企业家毫无吸引力。然而尽管有种种不利因素，但是一连串事件让亚洲和非洲在19世纪末期都无可避免地卷入了世界经济体系之中。

非洲(图12－5)

开普殖民地(Cape Colony)位于非洲南端，17世纪中期被荷兰人占

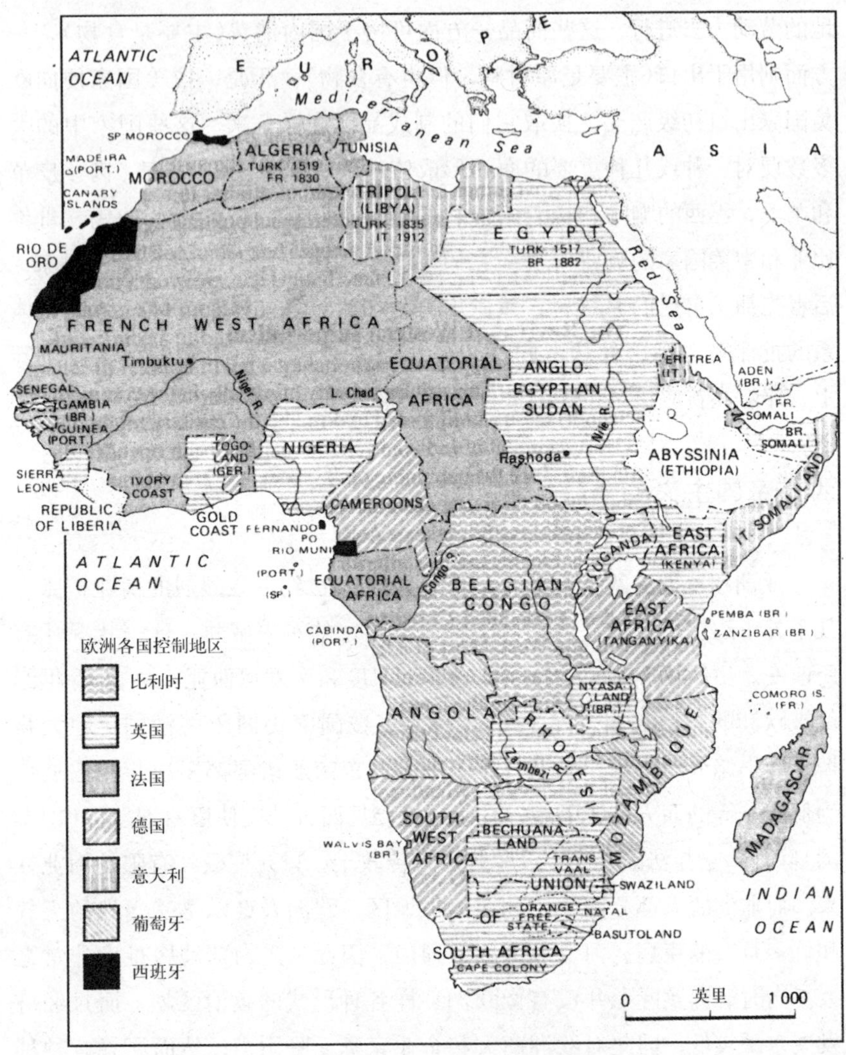

图12－5　1914年列强在非洲的势力割据。

领，是东印度贸易船只往来印度尼西亚途中的物资储备基地。在拿破仑战争期间，该地又被英国人占领，之后给英国的殖民统治提供了支持。英国的政策对当地居民施行了人道主义关怀，尤其是英联邦在1814年颁布废除奴隶制，这些政策激怒了布尔人(Boers)或非洲荷兰人(Afrikaaners)(即荷兰殖民者的后裔)。为了避开英国人的干扰，布尔人于1825年开始了向北大迁徙(Great Trek)，主要目的地包括：奥兰治河和瓦尔河两河之间的区域(后来变成了奥兰治自由邦)、瓦尔河以北［德兰士瓦(Transvaal)，1956年变成了南非共和国］和东南沿海的纳塔尔(Natal)新建立的殖民地。虽然布尔人试图与英国人保持距离，但100年来冲突不断。除此之外，英国人和布尔人又分别与当地的部落频繁发生冲突。冲突或迟或早地都以当地居民的失败告终，一些部落几乎被灭绝，其他一些幸存者也只能以一种近似奴隶的形式存活着。

起初布尔人和英国殖民者主要以农业为主，但是1867年钻石的发现导致了一大批来自世界各地的淘金者的蜂拥而至。1866年德兰士瓦地区又发现金矿，这些事件彻底改变了殖民地的经济基础，激化了政治上的敌对，客观上造就了一批人物的崛起，成为非洲历史上举足轻重的人物之一，塞西尔·罗德斯(Cecil Rhodes)就是其中之一。罗德斯是英国人，1870年来非洲时刚满17岁，但很快靠挖钻石发了财。1887年他开办了英国南非公司，1889年获得了英国政府的特许，经营德兰士瓦北部的大片领域并拥有大量权力，这块地方后来被称为罗德西亚(Rhodesia)。

罗德斯并不满足于既得利益，他开始活跃于政治舞台，并成为一个热忱的帝国主义扩张政策的代言人。1880年他进入开普殖民地立法委员会，10年之后成为开普殖民地总理。他胸怀大志，决心要修建“开普—开罗”的铁路，而所经区域都是英国殖民地。南非共和国总统克鲁格(Kruger)并不愿意加入南部非洲同盟，也拒绝让铁路经过。于是罗得斯便策划了一起阴谋，企图推翻克鲁格政府。但是阴谋未能得逞，英国政府否认与阴谋有关，并强迫罗德斯辞职。政府的真实目的是避免与布尔人发生战争，但双方的极端主义分子则将事端推进到无法挽回的地步——1899年11月，南非战争或称布尔战争爆发，这或许就是历史的宿命吧。

战争初期英国人只有2.5万名士兵驻扎在南非，起初吃了几个败仗，但之后在援军的配合下打了翻身仗，最终吞并了德兰士瓦和奥兰治自由邦。不久英国政府变压迫政策为怀柔政策，恢复推行自治制度，鼓励他们与早期被英国占领的开普殖民地和纳塔尔结盟。1910年，南非联邦(The Union of South Africa)加入加拿大、澳大利亚和新西兰的行列，成为英联邦的自治领。

1880年之前除英国的南非和早在18世纪甚至更早前占领的一些沿海贸易港口外，其他欧洲国家在非洲唯一的殖民地便是法属阿尔及利亚。法王查理十世为了赢得民众的支持，于1830年领兵攻打阿尔及利亚。但一切都太迟了，他最终还是没有保住王位，将未完成的重任交给继任者。直到1879年文官政府才代替军事当局，而那时法国已开始在西非海岸扩张势力范围。到19世纪末，法国人已经攻占吞并了大片的人烟稀少的领土(包括撒哈拉沙漠的大部分地区)，并命名为法属西非。1881年法国人以阿尔及利亚边境地区受到来自突尼斯部落的袭击为借口，侵略了突尼斯，并建立了“保护国”。通过长期的外交谈判(尤其是与德国)，法国于1912年将摩洛哥的大部分地区建立为法国的“保护国”(西班牙声明北边的一个小角落是它的领土)，成就了其在北非的帝国大业。

同时，信仰伊斯兰教的非洲东部地区也发生了一些较为重要的事件。1869年，法国公司修建的苏伊士运河开通，这是世界经济的革命性事件。这危及了英国通往印度的所谓的“生命线”——至少在英国人看来确实如此。英国并未参与修建运河，实际上是持反对意见的。但是一旦运河开通之后，如何控制这条运河及其周边地区便成了英国的外交政策重心所在，目的是不让它落入那些不友好的外国势力手中。这项政策意外得到了遇到财政困难的埃及国王的支持。埃及国王和他的先辈们一直致力于把埃及建成一个强大的国家，因此向欧洲投资者(主要是英、法两国)借了巨额的债务，企图实现工业化(最终失败了)，修建苏伊士运河以及试图攻占苏丹。1875年年底，财政拮据使得时任英国首相的本杰明·迪斯累里能够以英国政府的名义从埃及国王手中买下了他的运河股份。为了重新治理这个国家混乱不堪的财政状况(埃及在1876年拒绝支付债务)，英、法两国政府指派了一些金融专家，立即组建了一个高效的政府。埃及人对外国投资者素来就有抵制和怨恨的情绪，便发动了大范围的暴乱，造成了不少欧洲人生命和财产的损失。为了重整秩序和保护运河，英国人在1882年攻占了亚历山大港，并且驻扎了一支远征军。

自由党领袖格莱斯顿再度担任英国首相，他向埃及人和其他大国(英国政府曾邀请这些国家共同占领埃及，但是被拒绝了)许诺只是暂时性占领这一地区。但是英国人懊恼地发现，一旦他们进驻了埃及，就不可能轻易或者很体面地撤出。除了当地民族主义的抵抗情绪外，埃及国王还给英国人留下了一个没完成的任务，即攻占苏丹。因为尼罗河上游对埃及的经济非常重要，攻占苏丹的任务也就师出有名了。为了达到这个目标，英国人和法国人开始较劲，而后者在西非殖民地的基础上也开始东扩。1898年法国和英国在法绍达(Fashoda)相互对峙，剑拔弩张。不过伦敦和巴黎的快速谈判避免了冲突的发生。最后法国人从该地区撤军，为英国人的统治让道，后来这地方就成了英-埃属苏丹(Anglo-Egyptian Sudan)。

北非地中海沿岸的许多国家名义上是土耳其苏丹的附属国，它们相继被占领，只有的黎波里(Tripoli)幸免，因为在的黎波里贫瘠的海岸线身后是更加荒芜的内陆。离它最近的欧洲邻国意大利，很晚才建立帝国并实施扩张政策。意大利只占领了东非沿海附近一小块狭窄的地区，1896年，在尝试攻占埃塞俄比亚时，竟然被击退了，颜面丧尽。当其他国家纷纷攻城拔寨的时候，意大利也只有看的份了，羡慕不已。1911年，意大利谨慎地跟其他国家达成协议，全力争取到了一小块空地，之后便与土耳其发生了争端。意大利给土耳其下了一个不现实的最后通牒，迅速攻占了的黎波里。战争更像是一场闹剧，因为双方谁也没有实力去战胜对方。最后倒是巴尔干半岛上的危机使得土耳其人不得不求和，把的黎波里割让给了意大利人，后者将其改名为利比亚。

中非是这块“黑大陆”中最晚被欧洲人侵入的。它交通闭塞，气候恶劣，生物种类十分奇特，这与它的阴森可怕的名声很相称。19世纪之前，在这块地区拥有殖民地的只有葡萄牙：西海岸的安哥拉和东边的莫桑比克。而一些探险家，如苏格兰的传教士戴维·利文斯敦(David

Livingstone)和英裔美国报纸撰稿人斯坦利(H. M. Stanley)，在19世纪六七十年代唤起了人们对这块土地的兴趣。1876年，比利时国王利奥波德(Leopold)组建成立了国际中非探索与文明协会，委派斯坦利在刚果(Congo)建立了殖民地。而在德国，在要求开办殖民地企业的强烈愿望的煽动下，于1878年成立了德国非洲协会(German African Society)、1882年创建了德国殖民地协会(German Colonial Society)。德国首相俾斯麦因为政治原因，不情愿地走上了殖民扩张的道路。南非钻石矿的发现无疑是一个刺激，人们希望在中非地区也能够发现同样的矿产。最后，1881年法国对突尼斯的占领，1882年英国对埃及的占领，开始了一场列强对领土所有权和特许权的争夺。

突然爆发的领土之争很容易就会引发战争。为了避免这种情况，俾斯麦和法国总理茹·费里(Jules Ferry)提议于1884年在柏林召开一次关于非洲事务的国际会议，这无意间也阻止了英国人和葡萄牙人的争端。包括美国在内的14个国家都派出了代表。会议达成了一系列共识，包括废除当时非洲盛行的奴隶买卖和奴隶制度。更重要的是，会议承认了由比利时国王利奥波德成立的刚果自由邦的合法地位，将其看作是刚果国际公司(The International Association of Congo)的分支机构。会议规定了关于以后占领殖民地的基本规则。最重要的一条规则就是一国占领的殖民地只有被别国承认之后才是合法有效的。

在这股潮流中，称为“黑大陆”的非洲被切成碎片瓜分完毕。在第一次世界大战爆发前只有埃塞俄比亚和利比里亚保持独立。利比里亚是由19世纪30年代被解放的美国黑奴建立的。这两个国家名义上是基督教国家。占领是一回事，而有效的殖民和发展则完全是另一回事。这些非洲的落后地区要从欧洲学到文明的成果还要走很长一段路。

亚洲(图12-6)

大清王朝从17世纪中期就开始统治中国，然而其内部的腐朽严重削弱了自身的实力。这就给西方列强以可乘之机。西方的侵略始于大英帝

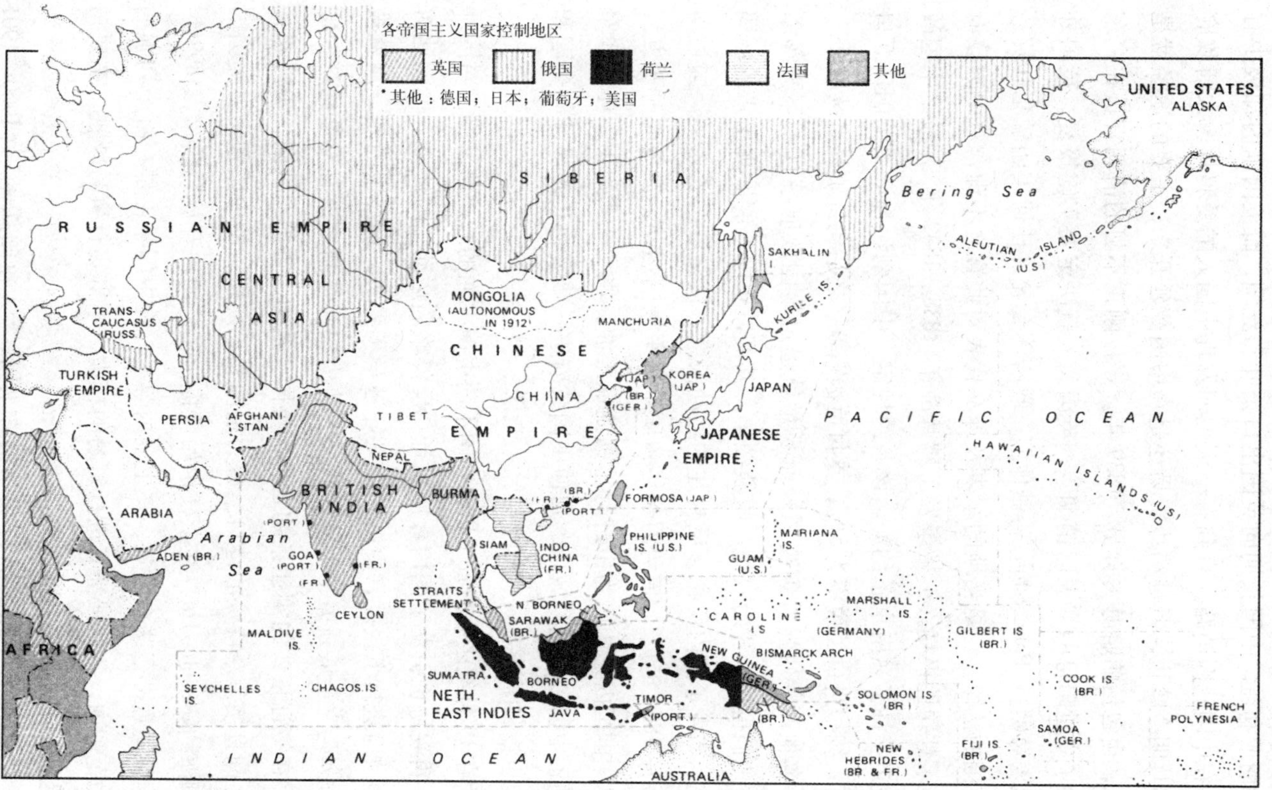

图12－6　1914年之前帝国主义在亚太地区的势力割据。

国的商业利益。中国长期向英国出口茶叶和丝绸，而英国国内却极少有商品在中国找到销路，直到有一天他们发现中国人酷爱鸦片。大清政府对鸦片明令禁止，但是鸦片贸易还是在中国蔓延开来，主要的途径就是走私，也包括贿赂海关官员。1839 年，一位刚正不阿的清朝官员在广东发动了举世瞩目的“虎门销烟”，英国商人就决定要实施报复。英国外相巴麦尊勋爵(Palmerston)告诫他们，政府不会允许任何集团触犯其贸易伙伴国的法律，但是当地的军事及外交代表对此置之不理，对中国政府实施了惩罚性报复。于是爆发了鸦片战争(1838—1842 年)，最终中国政府被迫签订了《南京条约》。该条约规定，中国割让香港给英国；五口通商；统一进口关税率为5%；支付巨额赔款。之后鸦片贸易继续展开。

其他西方列强看到英国轻而易举就逼迫中国政府签订了不平等条约，他们也纷纷开始效仿，收获颇丰。其间，中国政府展现出来的懦弱无能，激发了国内反帝、反封建的运动浪潮，最终爆发了太平天国运动(1850—1864 年)。政府势力最终镇压了太平天国运动，但是同时西方列强以中国国内无法律为由进行了强制性干涉。1857—1858 年，英法联军占领了中国多个主要城市，迫使中国政府进一步妥协让步，其间美国和俄国也掺和了进来。

在 19 世纪之后的日子里，中国不断上演上面的一幕幕悲剧。对国外的一再妥协也引发了国内数次反帝、反侵略的运动。国外势力也就此对中国政府进行了报复，中国政府只好进一步妥协。最终中国差一点就被西方列强完全瓜分掉了，还好国外各势力相互牵制才没有沦落到这个地步。在签订正式的割让条约之外，英国、法国、德国、俄国、美国和日本之间直接争夺特殊的港口、势力范围和长期租赁的中国领土。美国国务卿海约翰(John Hay)在上任伊始就提出了“门户开放”政策，1899 年各国都同意推行这个政策，其主要内容是，在中国不论是在哪个列强的势力范围内，各列强都有进行贸易的权力，不得实行贸易歧视，主要精神是利益均沾，机会平等。

一系列丧权辱国的行为最终引发了“义和团运动”（1900—1901

年），其宗旨是将所有外国人驱除出中国。在国内一些城市发生了暴动，殴打信奉基督教的中国人，杀害了数以百计的传教士、铁路工人、生意人以及其他外国人，包括德国驻华公使。英国等列强占领北京城的第一次进攻受到了坚决的阻击。第二次尝试更加猛烈，终于攻克了京城，镇压了反抗，索取了更多的赔偿。至此，大清帝国名存实亡。1912 年孙中山领导的革命最终推翻了清政府。孙中山是一名受过西方教育的医生，他率领的同盟会的纲领是“三民主义”，即“民族”、“民权”和“民生”。西方势力没有干涉这次革命，同时他们对此也不担忧。新生的共和国仍然是羸弱不堪，四分五裂。企图发生翻天覆地的变化，遥遥无期。

19 世纪的朝鲜名义上是中国管制下的半自治国家，尽管日本早就声称朝鲜是属于它的领土。长期以来，中日两国对朝鲜纷争不休，再加上当地经济状况落后，西方诸强对朝鲜都没有太大的兴趣。虽然中日甲午海战(1894 年)的主要起因是朝鲜，但是 1895 年的《马关条约》中并没有规定日本占领朝鲜。日本也同意朝鲜的独立性。1905 年日本战胜俄国之后，出现了一系列抗议日本的起义，日本最终于 1910 年正式吞并了朝鲜。

19 世纪，英国以印度为基地，将势力范围扩展到缅甸和马来亚，最终将其纳入了大英帝国的版图。自 17 世纪以来，法国传教士就活跃在东南亚半岛上。直到 19 世纪中期，他们受到了当地人民的迫害，法国政府以此为借口，介入了进来。1858 年，一支法国探险队占领了交趾支那[①]的西贡，4 年后，法国侵占了整个越南。自从吞并越南之后，法国政府发现不得不面对与当地势力的冲突。当地势力要求法国政府将其“保护伞”伸向周边更广的地区。在 19 世纪 80 年代，法国政府将交趾支那、柬埔寨、安南、东京(Tonkin)联合起来，组建了法属印度支那联盟（Union of French Indochina)，老挝于 1893 年也加入了该联盟。

---

① 交趾支那指的是今天越南南部以西贡(今胡志明市)为中心的一带。——译者

泰国，欧洲人通常称其为暹罗，西邻缅甸，东毗法属印度支那，地理位置得天独厚，一直作为独立的王国留存下来。该国的独立，还应该归功于历代国王的智慧和才干，部分也是因为它位于英法版图的缓冲地带。尽管如同其他亚洲国家一样，泰国也是被西方的坚船利炮打开了国门，但是其统治者显示出调和的姿态，并且同时积极学习西方文化，使得本国现代化程度加深。其他非西方国家就没有这么好的运气了。

关于帝国主义的解释

亚洲和非洲不是受到帝国主义侵略的仅有的地方，同样，欧洲国家也不是唯一的侵略者。当日本掌握了西方先进技术之后，也开始实行帝国主义政策。美国政府不顾国内的强烈反对，也在19世纪末走上了殖民扩张的道路。英国自治领的一些国家的帝国主义倾向，居然更甚于英国。比如南非违背英国的意愿和指示，自发展开了一系列扩张行为。1884年，在荷兰和德国分别侵占了新几内亚的西部和东北部之后，英国也侵占了其东南部，这一切都是澳大利亚昆士兰政府直接煽动的结果。

有时候帝国主义不完全等同于殖民主义。尽管俄国和奥匈帝国都没有建立海外殖民地，但由于它们都强行统治其他民族，因此也算是帝国主义国家。这些帝国主义国家在中国并没有建立殖民地，但是中国确实是受到了其帝国主义的控制。拉丁美洲国家没有遭受到国外势力的占领，但是他们宣称自己是大英帝国和美国非正式的组成部分，因为它们在经济上依赖于英、美两国，金融上受到两国的控制。

帝国主义的成因是多种多样的。没有一种理论能够解释所有的案例。最为流行的一种解释是出于经济的需要。事实上，现代帝国主义又称为“经济帝国主义”，似乎认为早期形式的帝国主义没有经济方面的因素。其中一种解释是这样的：（1）资本主义世界的竞争日趋激烈，其结果是大型企业巨头的出现和中小企业的消亡；（2）大型企业中资本积累速度加快，而人民大众的购买力严重不足，因此利润率下降；（3）随着资本主义工业化国家资本的不断积累和产品的大量积压，资本家于是就诉诸帝国主义，寻求并控制海外市场，为他们的剩余资本和剩余产品寻找出路。

这就是马克思主义理论关于帝国主义本质的论述，确切地讲是列宁主义的思想，因为尽管马克思活到1883年，但是他毕竟没有预见到帝国主义会发展得如此迅猛。建立在马克思主义理论的基础上并做了适当的修改，列宁在1915年出版了《帝国主义是资本主义的最高阶段》，在这本广泛流传的小册子中，他阐述了自己关于帝国主义的理论。

列宁绝不是首个用经济学来解释帝国主义的人。他大量借用了约翰·霍布森(John Hobson)的思想。后者是一个持自由主义观点的英国批评家，他引用了帝国主义鼓吹者的一些论点并加以了修正。这些鼓吹者之一便是马汉(A. T. Mahan)，一位美国海军军官和历史学家，他的格言是“贸易(经济)服从旗帜(政治)”(Trade follows Flag)。另一人便是法国政治家、两次当选总理的茹·费里，正是由于他的缘故，法国建立了大片海外殖民地。有趣的是，在法国议会的答辩会上，费里并没有提出经济方面的论点；相反，他强调的是法国的声望和军事需要，直到他退休之后才开始在自己的书中强调法国在殖民地国家获得的经济上的好处。

帝国主义的鼓吹者认为，除了提供新市场和剩余资本的出路，殖民地还提供了新的原材料来源，为工业化国家迅速增加的人口提供了出路。认为殖民地可以作为剩余人口的出路，这无疑是值得商榷的。大多数殖民地的气候条件相当恶劣，欧洲人无法适应。大多数移民者更愿意去独立的国家如美国和阿根廷，或者去英联邦的自治领。在某些场合下，建立殖民地确实提供了原材料的来源，但是原材料(或者其他可交易产品)的获取不一定需要建立政治上的控制。事实上，欧洲工业最大的原材料来源是北美洲、南美洲以及大洋洲的自治领。

认为殖民地可以提供剩余制成品的市场的观点同样值得商讨。为寻找剩余产品的出路并不需要建立殖民地；他们建立殖民地之后也没有将其用于此目的。1914年之前，法国的出口品中差不多只有10%运往法国殖民地。殖民地人口稀少、生活贫困，难以支撑起重要的市场。此外，在上一段原材料方面提到，政治控制不是必须的。英属印度确实是一个广阔的市场，尽管很贫困但还是购买了大量欧洲产品——不仅仅是从英国购买。德国卖给印度的产品要远远多于卖给自己所有殖民地国家的总和。法国卖给印度的产品要多于卖给阿尔及利亚。尽管存在保护性关税，欧洲工业化的殖民主义国家相互间还是开展大量的国际贸易。德国和英国互为各自最大的海外市场。美国也是欧洲重要的贸易伙伴国。

认为帝国主义是一种经济现象最重要的论点或许是剩余资本投资，至少马克思主义理论是这样认为的。此处事实与逻辑也有所背离。英国是最大的对外投资国，但是它大部分对外投资都分布在独立国家和自治领内。1914 年前法国对外投资中流向法国殖民地的不到 10%；法国主要还是投资于其他欧洲国家——俄国，本身也是一个帝国主义国家，吸引了四分之一以上的法国对外投资。德国在其殖民地上的投资几乎可以忽略不计。一些帝国主义国家实际上是净债务人；除了俄国之外，还有意大利、西班牙、葡萄牙、日本和美国。

如果帝国主义的经济方面的原因不能解释 19 世纪末帝国主义的爆炸性扩张，那到底是什么原因呢？主要的原因可能归咎于纯粹的政治机会主义加上日益高涨的民族主义情绪。迪斯累里从早年的反帝国主义者向帝国主义者的转变，主要是为了寻求一个议题来反对格莱斯顿。俾斯麦支持法国推行帝国主义，这样就可以分散法国的注意力而不对德国实施报复，但之前俾斯麦是抵制的；最终他还是勉强接受了帝国主义，借此来巩固自己的政治地位，转移国内对一些社会问题的注意力。

强权政治和军事利益也起到了至关重要的作用。英国的帝国主义政策主要是出于保护印度前线和“生命线”的需要。这就解释了英国为何要攻占缅甸和马来亚、俾路支(在今巴基斯坦)和克什米尔，也解释了英国在近东和远东的军事行为。格莱斯顿勉强攻占了埃及，并且许诺会尽早撤离，也可以被认为是出于保护苏伊士运河的考虑。其他国家也效仿了英国，要么期望获得相似的利益，要么仅仅是为了提高国家的声望。

19世纪晚期的学术氛围中带有浓浓的社会达尔文主义(Social Darwinism)的色彩，因此是赞同欧洲扩张行为的。尽管社会达尔文主义的早期推广者赫伯特·斯宾塞(Herbert Spencer)是一个直言不讳的反帝国主义者，他的“适者生存”的观点却被旁人用来粉饰帝国主义的侵略行为。西奥多·罗斯福提出了“天定命运论”(Manifest Destiny)；吉卜林(Kipling)的“没有律法的贱胚”(the lesser breeds without the law)反映了欧美国家对非白人地区的态度。然而欧洲的种族主义和民族优越感的根源比达尔文生物学要深远很多。基督教传教活动本身就是宣扬欧洲或者西方的传统观念、道德和文化的优越性。在他们的历史中，至少直到20世纪中期，欧洲人是扩张主义的。总之，现代的帝国主义不仅是一种政治和经济现象，更是一种心理和文化现象。

第十三章

20 世纪世界经济概况

20 世纪的世界经济一方面得益于由技术变革带来的加速发展，另一方面蒙受了两次有史以来最具毁灭性的战争的困扰，因此呈现出其新颖而独特的特点。而这些特点在人口增长方面尤为显著。

人　　口

欧洲人口在 19 世纪内翻了一倍还多，而与之形成对比的是，世界其他地区的人口才增加了 20%。然而到了 20 世纪，欧洲人口增长逐渐减慢速度，而世界其余国家的人口却以前所未有的速率增长，其中绝大多数的增长是第二次世界大战之后才发生的，在表 13 - 1 中我们一目了然。

经过粗略的估算，我们可以将自然死亡率的降低看作是人口数量急速增长的原因，尤其是一些非西方国家更是如此。西方国家于 19 世纪末 20 世纪初曾经历过一次人口变革（即从高出生率、高死亡率转变为低出生率、低死亡率）。当下，大多数非西方国家也在经历这种转型变革。由于西方有关公众健康、公共卫生、药物使用和农业生产这一系列方面的科学技术的传播，第三世界国家的死亡率急剧下降，而出生率的下降却很缓慢。这些变化可以参见表 13 - 2 中所选择的国家。

在总的死亡率下降中起主要作用的一个因素就是婴儿死亡率的下降（指在一岁内死亡）。详见表 13 - 3。

表 13-1　世界各大洲人口　　单位：百万

地　区	1900 年	1950 年	1998 年
非洲	120	222	761
亚洲	937	1 366	3 482
东亚[a]	—	671	1 448
其他	—	695	2 033
欧洲[b]	401	392	517
俄国/苏联	126	180	286
北美洲	81	166	300
拉丁美洲[c]	63	165	502
大洋洲	6	13	29
世界总量	1 608	2 504	5 880

a 指日本、韩国、中国。

b 不包括俄国/苏联,以及土耳其的欧洲部分。

c 指中美洲、墨西哥、加勒比地区的拉美部分。

资料来源：1950, United Nations, *Demographic Yearbook*, 1994; 1990, W. S. and E. S. Woytinsky, *World Population and Production: Trends and Outlook* (New York, 1953); the 1900 figure for Russia is from the 1897 census; 1998, World Bank, *World Development Indicators*, 2000. Both dates and population figures are approximations.

表 13-2　部分国家的毛出生率与毛死亡率　　单位：每千人

国　家	Ca. 1900—1910 年		1950 年		1998[a] 年	
	毛出生率	毛死亡率	毛出生率	毛死亡率	毛出生率	毛死亡率
澳大利亚	26.5	11.2	23.3	9.6	13.3	6.8
奥地利	34.7	23.3	15.6	12.4	10.0	9.6
法国	20.6	19.4	20.7	12.8	12.6	9.2
以色列	—	—	34.5	6.9	21.9	6.2
日本	32.2	20.7	28.2	10.9	9.5	7.4
罗马尼亚	39.8	25.8	19.6	20.0	10.6	11.9
俄国/苏联	46.5[b]	29[b]	26.7[c]	9.7[c]	8.8	13.5
西班牙	34.4	25.2	20.1	10.9	9.2	9.1
瑞典	24.8	14.9	16.4	13.7	10.0	10.5

续 表

国　　家	Ca. 1900—1910 年		1950 年		1998[a] 年	
	毛出生率	毛死亡率	毛出生率	毛死亡率	毛出生率	毛死亡率
英国	27.2	15.4	15.8	11.7	12.0	10.8
美国	24.3	15.7	23.5	9.6	14.4	8.6
阿根廷			25.4	9.0	19.3	7.6
巴西			41.4	12.1	20.3	7.4
墨西哥			44.7	15.9	27.5	5.1
孟加拉国			49.1	27.3	27.8	9.6
印度			40.5	24.2	26.5	8.9
印度尼西亚			45.0	26.4	23.2	7.5
埃及			44.2	19.0	24.2	6.9
尼日利亚			51.8	29.0	40.1	12.3
突尼斯			30.1	9.5	17.9	5.6
扎伊尔(刚果共和国)			48.2	26.3	46.0	14.7

a 或者是距离1998年最近的年份。

b Ca. 1900—1910年，只包括欧洲部分的俄国。

c 1945年。

资料来源：Ca. 1900－1910，W. S. and E. S. Woytinsky，*World Population and Production: Trends and Outlook*（New York，1953）；1950，United Nations，*Demographic Yearbook*，various issues；1998，World Bank，*World Development Indicators*，2000. Both dates and rates are approximations。

表13－3　部分国家的婴儿死亡率　单位：每千个出生婴儿

国　　家	Ca. 1900—1910 年	1950 年	1998 年
澳大利亚	87	23.8	5.0
奥地利	209	55.6	4.9
英格兰和威尔士	128	27.9	5.8
法国	132	46.2	4.8
以色列	—	41.8	5.7
日本	156	52.7	3.7
俄国/苏联	251	75.2	16.5

续　表

国　家	Ca. 1900—1910 年	1950 年	1998 年
西班牙	164	62.5	5.4
美国	97	28.1	7.0
阿根廷	—	64.8	18.6
巴西	—	107.3	33.1
墨西哥		57.7	30.2
印度		185	69.8
印度尼西亚		95.2	43.0
埃及		—	49.1
尼日利亚		87.2	76.4
突尼斯		193	28.1
扎伊尔(刚果共和国)		—	90.3

资料来源：Ca. 1900 - 1910，W. S. and E. S. Woytinsky，*World Population and Production: Trends and Outlook*（New York，1953）；1950，United Nations，*Demographic Yearbook*，various issues；1998，World Bank，*World Development Indicators*，2000. Both dates and rates are approximations。

死亡率下降的主要结果就是平均寿命的迅速增长。它常常是用出生时平均预期寿命(life expectancy at birth)这一概念衡量的，即在特定的年份出生的人所活的年数。在 20 世纪初，这一数值也普遍低于 50，即使在发达国家也是如此。例如在 1900 年，美国白人男女平均出生预期寿命为 47.3 岁，而非白人的男女平均预期寿命仅为 33.0 岁。瑞典人相对其他国家人口更长寿些，在 1881 年至 1890 年这 10 年内，该国男性的平均预期寿命为 48.5 岁，女性为 51.5 岁。另一方面，20 世纪初非西方国家人口平均预期寿命都很短，甚至经常低于古罗马帝国曾达到的水平。例如，印度，即使到 1913 年，平均预期寿命才 26.8 岁。到 20 世纪中期，西方发达国家的平均预期寿命都提高到了 60 岁或者更高。然而世界其余国家的平均预期寿命却仍低于 20 世纪初西方国家的水平。但是，自从第二次世界大战以后，世界各国平均预期寿命都有上升的迹象，详情参见表 13 - 4。

表13-4 部分国家的平均预期寿命 单位：年

国家	Ca. 1950年		Ca. 2000年	
	男	女	男	女
澳大利亚	67	73	76	82
保加利亚	61	66	67	75
英国	66	71	75	80
以色列	70	74	76	80
日本	56	60	77	84
俄国/苏联	61	67	61	73
西班牙	60	64	75	82
瑞典	70	73	77	82
美国	66	71	74	80
阿根廷	63	69	70	77
巴西	51	57	63	71
墨西哥	48	51	69	75
孟加拉国	38	37	58	59
中国	45	47	68	72
印度	42	41	62	64
印度尼西亚	37	38	64	67
埃及	41	44	65	68
尼日利亚	33	36	52	55
突尼斯	43	45	70	74
扎伊尔(刚果共和国)	37	40	49	52

资料来源：United Nations，*Demographic Yearbook*，various issues；World Bank，*World Development Indicators*，2000。

平均预期寿命与人均收入、营养水平、保健水平这些标准之间存在紧密的联系。因此，与平均收入水平较低国家的人民相比，平均收入较高国家的人民吃得更好、更有营养，享有更好的医疗照顾，他们的死亡率必然也更低，平均预期寿命也相应更高。正如罗伯特·福格尔(Robert Fogel)教授在1993年获诺贝尔奖时所作的演讲中提到，在20世纪，更高的工作效率和人均产出对于婴儿死亡率降低有着长期的影响。

19 世纪欧洲的城市化进程一直延续到 20 世纪，并蔓延到了世界其他地区。(但是，目前有一种趋势，已经在世界上最早建立起工业化都市的国家英国初露端倪：城市人口的比例在近几十年里有所下降，许多事业兴旺的企业和专业人士放弃居住在城市，喜欢上了小乡村，工作日就往返于城市与农村之间。)在先进的工业化国家内，由于城市的生产率和收入一般都高于农村，因此城市往往成为财富和文化的中心。但是在第三世界，情况略有不同。第三世界的城市人口很大一部分是由失业人口与未充分就业人口组成，他们大多居住在市中心边缘的贫民窟内(图 13－1)。例如墨西哥城的城市居住人口，由 20 世纪 40 年代的 200 万增至 20 世纪 90 年代的 2 000 万，而其中很大一部分的增长人口是来自低文化、无技术、处于失业的农民。如此雨后春笋般的增长是绝大多数拉丁美洲、亚洲，甚至是非洲的大城市的特征，这给城市基础设施带来了难以承受的压力。表 13－5 描绘了部分城市自二战来城市人口的增长。我们不能过于迷信这些数字的绝对值，因为各国对于“城市”的定义不同，人口资料也经常存在一些随机误差，但这些趋势毫无疑问是正确的。

表 13－5　城市人口比重(占总人口的百分比)

国　家	Ca. 1950 年	Ca. 2000 年	国　家	Ca. 1950 年	Ca. 2000 年
澳大利亚	79	85	墨西哥	43	74
保加利亚	51	69	孟加拉国	—	23
以色列	78	91	印度	—	28
日本	38	79	印度尼西亚	15	39
俄国/苏联	48	77	埃及	38	45
西班牙	55	77	尼日利亚	10	42
美国	64	77	突尼斯	37	64
阿根廷	74	89	扎伊尔(刚果共和国)	22	30
巴西	36	80			

资料来源：United Nations，Demographic Yearbook。

图13－1　第三世界的棚户区。图中所示为秘鲁首都利马城市周边的景象，第三世界大部分城市人口就居住在这样的地方。由于缺乏卫生设施和自来水供应，这些地区是疾病流行的温床。

城市人口的增长主要来自国内的移民。由于农村地区和小镇上的剩余人口要寻找更多的机会和自由，所以纷纷移民来到城市。国际移民是19世纪的人口史上一个相当引人瞩目的特点（至少对于欧洲和其海外的殖民地来说），在20世纪仍然继续存在，虽然其所处环境已有所不同。在19世纪，大多数移民是出于国内经济的压力和对国外机遇的向往。在20世纪，这些因素同样起着重要作用，但是随着战争而来的政治压迫（或威胁）和革命同样扮演着举足轻重的角色。在过去的几个世纪中，大规模的移民通常是被逼迫的，并非自愿。在19世纪这一点尤为显著。在20世纪，自愿移民的刺激因素与19世纪时一样强烈，而越来越多的移民是出于被迫。一次大战之后，欧洲被划分为一个个独立的国家，每个国家都以占人口多数的民族作为依据来确定其本国公民身份。这意味着会驱逐大量的少数民族。不管第一批移民大潮是出于什么原因，但是之后的移民流往往是从相同的移出国流向相同的流入国。这就形成了持久的“连锁移民”（chain migration）。

一次大战前不久，19世纪那种形式的国际移民潮达到了顶峰，平均每年有100万人离开欧洲去海外目的地，其中又以去美国居多。一战的爆发暂时阻碍了这一移民潮，而美国通过的战后限制移民法，更是进一步限制了这种移民。这也是为什么在战前10年间平均每年去美国的移民数约为100万，而到了20世纪20年代，这一数字锐减至不到一半。20世纪30年代的大萧条严重减少了美国的就业机会，而二次大战则再次减少了移民浪潮，在1930年至1950年期间，其每年平均移民人数竟不到5万人。战后，为了躲避战争破坏和新政权压迫的难民大大增加了移民人数，使其从20世纪40年代末的10万增至20世纪80年代时的50多万。

近几十年来，美国移民的特点发生了变化。过去绝大多数移民都是欧洲人，现今更多的是来自亚洲和拉丁美洲。后者（或许主要来自墨西哥和一些中美洲国家）大多数是非法入境者。这些非法入境者基本上是来寻找工作的非法劳工（俗称“湿背人”，wetbacks）或是来自中美洲和加勒比地区的政治难民。

在20世纪，西欧入境移民与出境移民的特点也发生了变化。在19世纪，欧洲输出了大量国际移民，而如今欧洲却已成为政治难民的避难所，也成了欧洲中部和东部、北非和中东地区的贫困大众的就业天堂。

这一过程始于1917年俄国十月革命之后，沙皇的臣属们(过去的贵族等)选择了居住在欧洲，尤其是法国，而不是留在苏维埃统治下的祖国。随着二战后东欧重新划分边界，这一进程加速了，数百万说德语的人被驱逐和流放。但也有许多其他民族利用战后的混乱状况摆脱了他们认为残暴的政治体制。后来1956年夭折的匈牙利革命以及1968年的捷克斯洛伐克的入侵，重演了这一过程，只是规模上没有以前那么大了。

西德曾被难民潮所困扰，开始这的确是一个重大的负担。但是，伴随着20世纪50年代至60年代西欧经济的复苏，随之而来的对劳动力的需求，这一负担反成了一种恩赐。实际上，劳动力的需求超出了难民所能提供的人数。其结果便是一些国家——尤其是法国、瑞士、比利时和德国，“邀请”葡萄牙、西班牙、意大利、希腊、南斯拉夫、土耳其和北非的外来劳工来补充他们本国的劳动力。在大多数情况下，这些移民是暂时的，或者打算是这样的，但这个举措也带来了一些永久性移民。

另一股新兴的移民潮则是欧洲的犹太人，最终涉及世界各地的犹太人。一战之后，英国受国际联盟的委托接管了巴勒斯坦，只允许少量的犹太复国主义者在巴勒斯坦居住。在二战期间，由于纳粹对犹太人的迫害，成千上万的“大屠杀”中的幸存者到这里寻求庇护。起先，英国拒绝了，并驱逐了很多非法移居者；但是，1948年以色列的成立，向数百万的犹太人敞开了避难的大门，这些犹太人不仅来自欧洲，还有来自美国、亚洲和非洲的。在最近几年，许多犹太人离开前苏联国家，来到以色列或者其他地方。

资　源

20世纪人口前所未有的增长和世界一部分地区的日益富裕，拉动了对世界资源前所未有的需求。尽管只是偶尔发生暂时性的商品短缺，特别是在战争时期，并且过去20多年中关于某些重要资源耗尽的恐惧笼罩着全球，但是世界经济对能源需求做出了合理的反应。之所以会这样，很大一部分是由于科学技术与经济增长的联系日益紧密。农学家们发现了提高农作物产量的新方法，工程师们发现了提高矿物产量的新方法，科学家们发现了现有资源的新用途，以人工合成物的形式从旧的资源中创造出新的资源。

20世纪在资源方面最重要的发展在于初级能源的性质和来源的变化。在19世纪，煤炭成为工业化国家最重要的初级能源，它极大程度地取代了木材、木炭、风能和水能。在20世纪，煤却又在很大程度上——尽管并非完全——被新能源（特别是石油和天然气）所替代。尽管石油早在19世纪已被开采并应用于商业上，但它主要是用于照明，其次是当作润滑油使用。19世纪末内燃机的发展很大程度上扩大了石油的用途，它在发电方面与煤和水力进行了竞争，同时在空间加热上也与煤炭展开了激烈的竞争。在20世纪下半叶，它作为合成物和塑料的原材料又一次发挥了重要作用。

20世纪初，煤的主导地位是毋庸置疑的。在1928年，据统计，它仍占世界能源生产的75%，而石油占17%，水力大约占8%。（这些数据略去了畜力、木材燃料、粪便等贡献，但是这些因素在工业化国家中是微乎其微的。）1950年左右，煤炭大约占总能源的一半，同时石油和天然气的比重提升至30%。但是到了20世纪90年代，这一比例已经颠倒过来。

石油非常重要，用途多种多样，因此具有巨大的地缘政治的意义。石油储藏广泛地分布在世界各地，但绝大部分的产量来自相对少数的地区。具有讽刺意义的是，尽管欧洲煤矿资源相当丰富，但是它的石油资源却是各大洲中最少的。另一方面，美国、俄罗斯或许还包括中国则拥有丰富的煤炭和石油资源。汽油的生产首先是在美国大规模发展起来的。自从美国开始进行石油的商业性开采以来直到1950年，世界累计石油总产量中的超过60%来自美国。1950年，美国石油制品产量达到了世界产量的50%。但自从那时起，虽然美国仍是一个主要的石油生产国，但却成了石油净进口国。现在，中东波斯湾附近的国家是世界市场最大的石油供应者。俄罗斯同样也是一个主要的石油生产国。表13－6根据能源形态和地理分布，描述了初级能源的分布情况。

表13－6　1996年世界初级能源的产量(占总产出的百分比)

地　区	固 态	液 态	气 态	电 气
北　美[a]	7.7	7.4	7.9	3.2
南　美	0.3	3.4	0.9	0.5
欧　洲	5.1	7.2	9.3	4.0
亚　洲	11.9	15.7	4.8	2.0
非　洲	1.3	4.0	1.0	0.1
大洋洲	1.6	0.3	0.4	0.1
合　计	27.9	38.0	24.3	9.8

a 包括墨西哥、中美洲,及加勒比地区。

资料来源：United Nations, *Energy Statistics Yearbook*, 1996 (New York, 1998)。

技　术

技术变革是19世纪工业化进程的主要驱动力，在20世纪它的作用有增无减。事实上，技术变革的脚步仍不断地加快，尽管我们衡量这些变化的方法非常粗糙和不完全可靠。然而，新技术深刻地影响着几乎所有人日常生活的方方面面，即使那些对科技一窍不通的人也受到了影响。在早期社会，人类社会的成功体现在对环境的适应上。在20世纪，人类社会的成功则体现为对环境的控制，使之适应社会的需要。而控制和适应的最基本的手段就在于科技，尤指基于现代科学的技术。20世纪社会高速进步的重要原因就是科学和技术进程的加速发展。

交通和运输的发展史向我们提供了技术变革的生动例子(图13－2)。自古希腊时代开始至19世纪初，交通运输的速度没有明显的变化。到了

20世纪初，人们乘坐蒸汽火车，速度最高达到80英里/小时。但汽车、飞机和火箭的发展无论是在速度还是便利程度上都使蒸汽火车相形见绌。

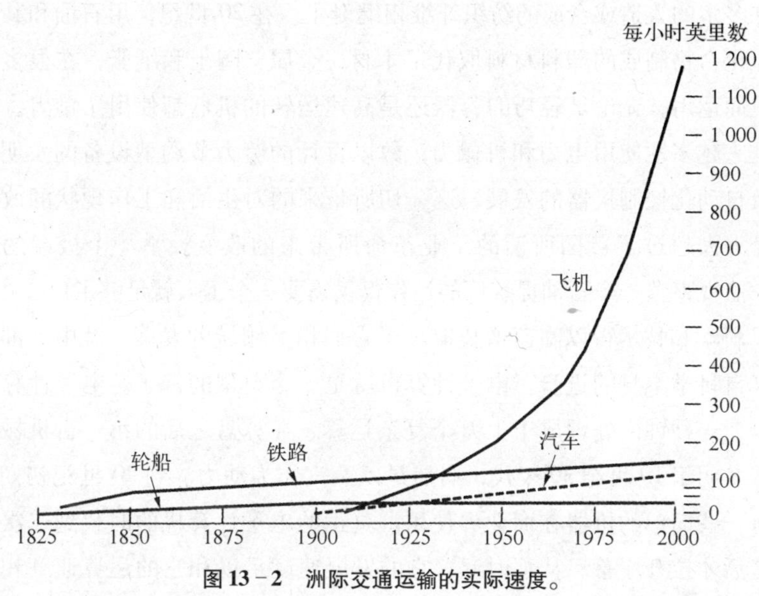

图13-2　洲际交通运输的实际速度。

在电报发明之前，长距离通信总是受到送信者速度的限制。而电话、收音机和电视则使长途交流变得更加便捷、灵活和可靠。经过4年的试验，美国电话电报公司(AT&T)和英国邮政局于1927年1月在美国与英国间建立了商业长途无线电电话服务。随后，它们又将这一业务扩展至加拿大、澳大利亚、南非、埃及和肯尼亚，同时还扩展到海上航行的船舶。大约花了50年时间，终于1956年在大西洋底铺设了第一条电话电缆，这大大扩充了电话容量。至20世纪90年代，全球电话业借助移动电话的发展呈爆炸式增长。在1990年，全球手机仅过1 100万台，然而到1999年末，手机总量几达4亿台。而与之对比的是，个人电脑仅有1.8亿台。借助太空密封舱和电子系统，你甚至可以和太阳系内的其他行星交流(或接收它们发出的信息)。上述的种种成就都依赖于基础科学的运用。

现代工业的科学基础源于成百上千的新产品和新材料。在19世纪，化学家们已经创造出许多合成染料和药物。自1898年人造丝问世以来，许许多多的人造或合成的纺织纤维相继诞生。在20世纪，用石油和其他碳氢化合物制成的塑料材料取代了木材、金属、陶土和纸张，在很多领域里面运用，无论是轻巧的容器还是高速运转的机器都使用了前者。由于越来越多地使用电力和机械力，数以百计的劳力节约型设备的发明，以及自动化控制机器的发展，这一切所带来的对生活和工作现状的改变已经大大超过了英国所谓的工业革命所带来的改变。举一个极端的例子，监视整整一个石油提炼厂的运作仅仅需要一个工人就足够了！

科学和技术得以高速增长取决于它们相关领域的发展，其中一部分就来自科学本身的进步。电子计算机就是一个典型的例子。电子计算机可以在一秒钟内处理成千上万个复杂运算。在算盘之后的第一台机械计算器发明于19世纪30年代，居然是以蒸汽作为动力。到20世纪初期，只有一些简单的机器在商业界使用。真正的电子计算机的时代到二次大战之后才拉开序幕。从那时起，它的发展速度足以和它的运算速度相媲美。没有它，许多先进科学诸如太空探索便无法实现。

下面这个例子揭示了科学研究所扮演的角色及其筹措经费的方式。化学和生物学方面的许多成果在农业、工业和制药方面的应用具有巨大的商业前景，正是这种前景刺激了化学和生物学的发展。尽管如此，大多数需要巨额花费的基础科研，在短时间之内带来巨额收益的可能性是微乎其微的。这就需要政府提供直接或间接的资助。此外，由于战争和国家竞争的需要，政府将大量资源投入了军事导向的科学研究和发展。军方突击的科研项目促进了雷达和其他电子通讯设备的发展，增加了对核能的成功掌握，推动了太空火箭和人造密封舱的发展。如果没有政府的资金来源，这些成就几乎无法想象。

科学和技术进步的另一必要条件便是一批训练有素的人才——或智力库。至20世纪初，几乎所有西方国家都达到了较高的识字率，与之形成鲜明对比的是，世界的其余国家则识字率很低。世界发达地区与不发达地区之间的这条日益扩大的技术鸿沟不仅反映了教育程度的差距，也反映了收入水平的差距。

虽然文化知识对经济发展的起步和维持起着至关重要的作用，但是它对于 21 世纪这一高科技世界而言，还远远不够。任何个人若是想完全、有效地参与到科学技术之中，无论作为科学家还是技术人员，抑或作为商场和官场中的人士，都必须经过大学以上的专业训练。20 世纪，在私人和政府赞助下，高等研究机构如雨后春笋般发展起来。大多数国家的政府和许多公司都设置了特别的办公室或部门来促进科学和技术的发展。许多来自欠发达国家的有天赋的个人出于自身的利益来到发达国家接受教育和寻找工作。因此，造成了人才流失，这是导致富国和贫国之间差距扩大的另外一个原因。

科学技术的应用大大提高了劳动生产率。人均产出或者人均小时产出是衡量经济效益最有效的方式。农业仍是全世界食品和原材料的主要供应来源。在这个领域，西方国家通过科学施肥、种子筛选、牲畜饲养、控制虫害和运用机械设备，极大地提高了产量。不幸的是，这些技术至今未在第三世界得到充分的采用。在 20 世纪中叶，美国的人均农业产出是大多数亚洲国家的 10 倍，是大多数非洲国家的 25 倍。在 20 世纪 60 年代，由于实行“绿色革命”（一系列新的农业技术，尤其适合热带气候），一些亚洲国家的农业产量基本上都提高了。例如印度，其粮食产量已能自给自足，不过在富国和贫国之间生产率的差距仍然相当大。

能量的生产提高更为显著，在 1900 年至 1950 年间，全世界能量的生产增加了不止 4 倍，而自那以后又增加了不止 5 倍，增长最快的是欧洲人生活的地区以及世纪初仍处于起步阶段的产业。例如发电量（能量的一种形式，但不是能量的来源）已经增加了不下 100 倍。电能远比其他大多数形式的能源更干净、更高效、更灵活。它可以传送成百上千英里，费用只是同等距离的煤和石油运费的一小部分。电能既可用于大型设施来熔炼金属，也可用于小型马达来操作精细的设备，还可以用来照明、供热和制冷。家用电器的应用彻底改变了居家生活方式、妇女的地位和家政服务模式。发电量从1950年的不到1万亿千瓦时(比1880年几乎为零略有提高)飙升至1996年超过13.5万亿千瓦时，平均每年上升5.8%。表13-7显示了各个地区不同来源的能量的生产。虽然表格中使用了总量水平的数据，但还是有几个特点值得一提。欧洲国家仍特别依赖于核能和地热，之后便是北美国家，这些国家都被认为是最发达的工业化国家。亚洲和非洲国家则更热衷于由高污染的煤炭燃烧产生的热能，而不像欧洲和美洲国家普遍使用天然气供热。南美国家尤其依赖于水力发电，水力发电非常环保，但是将电能从发电站运输至市中心费用很大。

表13-7　1996年各地区发电量

单位：占世界发电量的百分比

	合　计	火　电	水　电	核电及其他
世　界	100.0	63.2	19.2	17.6
非　洲	2.7	2.2	0.4	0.1
北　美	31.5	20.1	5.5	5.9
南　美	4.4	0.8	3.6	0.1
亚　洲	29.4	21.8	4.2	3.3
欧　洲	30.3	17.0	5.1	8.2
大洋洲	1.6	1.3	0.3	0.0
苏　联	7.8	5.4	1.3	1.1

资料来源：United Nations, *Energy Statistics Yearbook*, 1996(New York,1998)。

20世纪初，石油和天然气还只占世界总能源的一小部分。但在1960年前后它已经超过煤而成为主要能量来源。到20世纪90年代，石油和天然气已占世界总能量的65%之多。石油主要用于内燃机，虽然内燃机是在19世纪发明的，但是直到20世纪当它被运用到两种高科技的设备——汽车和飞机之后，才真正引发了一场变革。汽车在19世纪最后几年已经开始生产了，但是直到1913年亨利·福特引入了自动流水线大批量生产的技术，汽车才不再只是富人的玩具(见图13-3)。美国和欧洲其他的制造商纷纷效仿福特的技术，汽车工业成为制造业中雇用工人最多的行业，也为流动人口提供了史无前例的就业机会。

图 13-3 福特的第一条流水线。亨利·福特 1913 年开创了流水线生产，之后汽车工业就进入了大规模生产和消费时代，汽车象征新的生产方式和生活方式。

作为 20 世纪经济发展标志的汽车与作为 19 世纪发展标志的火车有许多共同之处。汽车工业由于自身需要雇用了大量员工，同时还刺激了对其他工业的需求。就像火车离不开铁路和钢铁，汽车也离不开道路和水泥一样，在美国和其他汽车主要生产地区，汽车工业是钢铁、橡胶（包括天然和后来合成的）和玻璃的最大的消费者。日本在 20 世纪下半叶迅速崛起成为经济强国，很大程度上是因为大量出口汽车。此外，汽车还深刻地影响了社会风俗习惯的方方面面。

流水线生产的技术也被其他工业所采用，包括二次大战中的飞机工业。飞行时代始于 1903 年，当时美国北卡罗来纳州的莱特（Wright）兄弟尝试了15秒的飞行。在一战期间，飞机开始被运用于军事，一开始是用于侦察，随后便运用于轰炸。战后，它们被用于邮政，之后还用于客运。随着科技的进步，商业航空业在20世纪20年代迅速发展起来。到二次大战爆发前夕，横跨大西洋的空运服务已成为可能。那个时代，所有飞机都是靠燃烧汽油推动活塞引擎带动螺旋桨。在战争期间，德国开始试验以喷气发动机推动的飞机和火箭。尽管他们的实验没有改变他们战败的命运，但是这些试验确实为航空工业和太空探索的发展铺平了道路——太空探索主要由美国和苏联进行，这两国于1945年为了获得德国火箭科学家而展开了激烈的争夺。到1960年，喷气发动机推进的飞机已经将螺旋桨淘汰出商业民航业，铁路也逐渐淡出了客运的舞台，至少在美国是这样的。

科学在技术中最巧妙的应用则是在太空探索方面。即使迟至20世纪40年代，载人太空飞行还只出现在科幻小说中。当连环画描绘着25世纪衣衫单薄的男女，肩膀上捆绑着火箭，在太空中穿梭飞行的时候，一些学者通过计算试图证明没有一种交通工具可以达到足以摆脱地球重力的速度。在二次大战期间，科学家在喷气引擎和军用火箭方面取得了许多有价值的经验，但是几乎所有的人都认为即使人类能抵达外太空，人类也不能在外太空生存。一些新的科学发展，例如超强力火箭引擎、电子信号发射和控制设备以及可以高速计算飞行轨道的计算机，这些技术汇集在一起，最终使得太空飞行成为可能。1957年10月4日，苏联的科学家将一个密封舱送入了绕地轨道。太空时代从此拉开序幕。

进一步的发展十分迅速，很大一部分是因为受国际竞争的刺激。一个月之后，苏联的第二架火箭升空了；而在1958年初，美国也将一个密封舱送上了绕地轨道。几年之后，这两国都成功发射了火箭，将宇航员送上太空，并安全返回。无人卫星被发射到固定轨道上，通过广播和电视图像将科学信息传达回地球。处于相同的目的，一些火箭被发射至月球、金星、火星和外太空。1968年12月，美国将一艘太空飞船送入环月球轨道。但仅在一年之后，这一成就被超越了。1969年6月20日，在宇航员迈克尔·柯林斯(Michael Collins)以及成千上万留在地球上的科学家和技术人员的通力协作下，尼尔·阿姆斯特朗(Neil Armstrong)和埃德温·阿尔德林(Edwin Aldrin)成为最先踏上月球的人。从此人类开创了一个新的纪元。衡量这一新纪元的成就和以往人类历史上的成就的区别之一就是对于重大事件的宣传方式。当哥伦布发现新大陆(被他错误地认为是印度)时，这一事件仅仅为实际参与者所目睹，然后直至几月后，甚至是几年后，才为大众所获悉。而与之形成鲜明对比的是，人类踏上地球的第一步是通过电视直播为全世界成百上千万人所目睹的——超过了当时其他任何事件的收视率。

制　　度

随着科学技术的变革和自然资源利用方式的变化，并肩负着世界人口增长的压力，同时还深受经济范畴之外的政治制度变化的影响，20 世纪末的世界经济的制度结构已经与世纪初大为不同。如此的制度变化几乎不胜枚举，其变化内容包罗万象。但是可以对这些变化加以归类，分为以下几点：国际关系变化，国家体制变化，国内的变化，例如政府角色的变化，商业公司的规模和性质的变化以及教育职能的变化。一些制度变化我们将在后面的章节中详述，这里只是介绍一些概况。

国际关系

1914 年前的世界经济简直可以说是由欧洲(特别是西欧)国家和美国所主宰。在政治方面，西欧——主要是英国、法国、德国，但也包括荷兰、比利时、丹麦和意大利以及幅员辽阔的俄国——几乎控制了世界四分之三的土地和大部分世界人口。经济方面，欧洲国家和美国(不包括它们的海外殖民地)的产出和贸易量，大大超过世界总产量和总贸易量的一半。表 13－8 列出了世界贸易量在各地区的百分比分布。可比较的产量和收入的数据无法获得，但可以肯定的是，欧美国家在生产中的支配位置甚至比它们在国际贸易方面的支配位置更强大。

表13－8　1993年和1999年世界贸易额(出口和进口总额)

单位：占总额的百分比

	1913年	1999年		1913年	1999年
全世界	100	100	拉丁美洲	8.3	4.5
欧洲	58.4	46.2	非洲	4.4	1.8
美国和加拿大	14.1	18.0	大洋洲	2.7	3.0
亚洲	12.1	26.5			

资料来源：W. S. and E. S. Woytinsky, *World Commerce and Governments* (New York, 1955), p. 45; *IMF*, *World Economic Outlook*, October 2000, p. 187。

第一次世界大战及其产物——1917年的俄国十月革命，使得这一结构发生了根本性的变化。沙皇俄国消失了，取而代之的是苏联，一种崭新的经济组织。东欧中部的哈布斯堡王朝也消失了，取而代之的是一些新兴或扩大的民族国家，这些国家在贫困中苦苦挣扎。德国不仅失去了海外殖民地，连自己的很大一部分领土和人口都没能保住。随着民族主义情绪的日益高涨，其余的欧洲殖民者加紧了对它们的海外殖民地人民的压迫剥削。欧洲在世界贸易和产量中所占的比重减少了，主要原因(但不是唯一的原因)是美国、英联邦各自治领和日本的比重提高了。之后在20世纪二三十年代，部分是因为第一次世界大战的缘故，法西斯势力开始在意大利、德国和其他一些欧洲国家日益壮大，并伴随着新的经济组织形式的诞生。

在亚洲，日本在战前还是一个领土狭小的帝国，而战后却慢慢扩大并成为了经济强国。日本参加一次大战的动机是想夺取德国对太平洋的控制权和在中国的一切特权。日本最终的确达到了这个目的。同时它还利用俄国十月革命之机，通过控制中国东北的南满铁路，想占有当时仍是中国的东北地区。1931年9月，日本军队以保卫铁路为由，通过武力占领了东北，并且很快建立了傀儡政府，并将中国东北命名为“满洲国”。日本试图通过让中国从属于日本统治者所谓的“大东亚共荣圈”(一种掩饰大日本帝国的说法)来对中国继续施加压力。1937 年，他们制造了一起军事“事变”，随后便展开了全面侵华战争。日本人在组织和武器装备上的优势使他们得以占领中国的许多大城市，控制了中国整个海岸线。但是中国军队在绝境中依然不放弃斗争，拒绝投降并逐步向内地撤退。欧洲地区战争的爆发给了日本更多的向亚洲其他地区扩张的机会，此时日本与中国的斗争已达到了白热化阶段。

随着二次大战的展开，国际关系发生了根本性的重组，也影响着世界经济的格局。欧洲随之失去了它在政治和经济上的霸权地位。欧洲传统的各强国之间的长期争斗从此画上句号，取而代之的是两个超级大国美国和苏联之间的角逐。由于两大势力的争斗，欧洲国家比以往更为清晰地划分为东西两大阵营：东部国家集团受苏联的控制，西部则主要是民主制国家，这些国家无论是政治还是经济都与美国有着紧密的关系。

二次大战后不久，一些老牌帝国主义国家试图维持和恢复它们在海外的特权，但是新的政治和经济状况很快打破了它们的幻想。在一次大战和二次大战之间，中东和北非的阿拉伯国家很快摆脱了法国和英国的控制，但是阿尔及利亚却经历了一段长期的血腥斗争，才于 1962 年迫使法国承认它的独立。被日本在战争期间占领的东南亚各殖民地也纷纷独立了，而法国试图再次控制越南的企图也受到了挫败。英国为了避免在印度大陆发生战事，不得不于 1947 年同意在那里建立两个新兴的国家：印度和巴基斯坦(后来东巴基斯坦脱离了西巴基斯坦的统治，之后宣布独立为孟加拉国)。英国同样承认了锡兰的独立，随后又改国名为斯里兰卡。

二次大战中日本饱受美国炸弹的轰炸，包括人类历史上仅有的两次非试验性质的原子弹爆炸，之后又被美国军队占领达 5 年之久。在这期间，在美国势力的监督下，日本的主要制度(除了天皇制度之外)发生了彻底的改变，成为一个民主制的国家。在朝鲜战争爆发的同时，日本恢复了其主权，极大刺激了日本经济的发展，取得了显著的成果。短短几年后，日本一跃成为世界第二大经济强国。

在两个多世纪里不断抵御西方入侵之后，中国在20世纪经历了两次激烈的变革——革命，以及数十年的国内战争。1911年，一群受西方思想影响的青年革命家推翻了腐朽的清政府，并试图建立一个崭新的民主制国家。但是他们从未真正掌握国家大权。20世纪30年代，日本先是对东北进行侵略，之后又发动了对华全面入侵，这极大阻碍了经济的持续发展。二次大战结束后不久，中国共产党展开了夺取政权的革命战争，并于1949年取得成功。在以后一段时间内，中国共产党和苏联结成了同盟，并试图用苏联模式来发展经济。在1960年与苏联关系破裂之后，中国又进行了各种尝试，但都收效甚微。最终，在20世纪70年代他们和美国以及其他西方国家再次建立了外交和经济关系，然后开始以一种罕见的公有制和私有制相混合的方式开创了经济发展的新纪元。

非殖民化、新兴国家的独立以及其他第三世界国家(例如拉丁美洲国家)发展现代化经济以获得稳定的经济增长的种种尝试，给世界经济关系注入了新的元素。南北关系(发达国家与欠发达国家——通常也被委婉地称为发展中国家——对峙)加入到东西方阵营之间的对峙之中。这期间诞生了一些新的国际组织，其初衷是便于开展积极的对话和消除不必要的敌意。

一些国际组织要追溯到19世纪——例如1864年创立于日内瓦的国际红十字会和创立于1874年、总部设在瑞士伯尔尼的万国邮政联盟。但在20世纪似乎更容易形成这种国际组织。毫不夸张地说，目前有成百上千类似的组织，大多都和经济无关，但也有一些组织在许多方面都影响了世界经济的运行。

1919年通过《凡尔赛条约》(*Treaty of Versailles*)建立的国际联盟，由伍德罗·威尔逊提议，其目的是维护世界的和平和昌盛。但美国参议院不认可这个条约，美国没有加入这一联盟，再加上自身组织结构上的弱点，因此这个联盟注定是以失败而告终。该联盟的经济上的影响力要比政治上的影响力更加持久，但是影响力也相当有限。该联盟的经济部门收集和发布了实用的数据和科技报告，引进了标准的会计方法，但是在处理两次大战之间真正重要的经济问题时，却显得疲软无力。国际劳工组织作为联盟的一个下属机构并没有随联盟一同消失，而是成为联合国的一个附属机构幸存下来。该机构调查工人的工作和生活条件，然后发表调查结果，并就此发表相关评论，但是，它的评论并不具备约束力。

联合国作为国际联盟的继承者，在维持和平方面略有起色，并成立了许多专门机构来解决经济和相关事务。一些其他的国际和超国家组织，特别是欧洲经济合作组织和欧盟将在随后讨论。

政府的作用

在 20 世纪还有一个重大的制度变革影响着所有国家，这就是大大扩大了政府在经济中的作用。在经济国家主义最为兴盛的时期—— 17 世纪，集权的君主按照自己的意愿随意支配经济，但是由于他们的资源有限、手段简单，因此无法产生很大的效果。另一方面，在 19 世纪，在古典经济学的影响下，政府一般会有意限制自己对经济的干预。20 世纪政府职能的增加，一部分是因为两次战争对财政的需要，另一部分是出于国防的考虑——但仅仅只是一部分而已。

在苏联和其他苏联模式的经济中，政府通过一个涵盖广泛的计划经济体系来承担所有的经济大任(20 世纪 90 年代苏联体系的重大变化和苏联帝国的崩溃将在第十六章论述)。在两次世界大战期间，大多数交战国同样采取了政府深度操控和直接参与经济的方式，但也有例外(随后将会提到)；在和平时期发达的工业化民主制国家内经济生产活动的主体是私人和公司，但是这并不意味着就恢复到 19 世纪提出的自由放任主义的主张(或称之为荒诞的想法)。在两次世界大战之间的时期，所有的国家都试图奉行复苏和稳定经济的政策，但鲜有成功之例。二次大战后，它们经过深思熟虑的筹划之后，一般都取得了成功。大多数国家采纳了计划经济的一些形式，但没有像苏联那么广泛和强制。这种被称为“混合经济”的体制便在西欧国家流行起来。

而上述中的例外一般是两种情况：一是政府直接从事或者以政府的名义从事生产性活动，二是通过税收和政府支出等方式来实行转移支付或重新分配收入。例如，即使在19世纪，政府也参与经营供水厂、煤气厂和其他公用事业。还有一些案例是，政府出面建设铁路或者将已建成的铁路进行国有化(见第八章和第十一章)。20世纪，国有工业更加普遍，有时候私人企业办不下去了就转为国有化来收拾残局(如美国的客运铁路)，也有的时候是出于执政党的某种政治目的。更深入的讨论参见以后的章节。

政府职能扩大的另一个主要原因是转移支付，这个职能的出现也可以追溯到19世纪末期。但是直到二战结束之后，它才真正发挥了作用。19世纪80年代德国首相俾斯麦提出专为工人设立医务医疗、事故保险和为老年人和残疾人建立一个非常有限的养老金制度，他这么做主要是为了实行家长制统治。这种新的措施大多在一次大战后逐步地在其他国家得到仿效和推广。例如美国，直至20世纪30年代罗斯福实行新政时才开始设立广泛的社会保险(包括失业补偿)。在二次大战后，由于强大的政治压力，大多数民主制国家政府大大扩展了社会保障和其他转移支付制度。因此，它们便成为人们所熟知的福利国家。

一些数据将会帮助我们感性地认识政府职能的扩大。在19世纪和平时期，政府开支一般不到国民总收入的10%，有时候更低，例如1900年至1916年美国联邦政府的开支总共仅占国民收入的2.5%(可以肯定，那时美国的州政府和地方政府的总开支已经超过了预算)。但是即使是在一战前夕的英国，当全国投入与德国的军备竞赛时，政府总支出也不过是国民收入的8%。另一方面，在战争期间，美国的政府支出上升至占国民收入的28%，而欧洲那些交战国则大多上升至50%。战后，政府开支开始减少，但降幅不大，持续时间很短。例如，在20世纪二三十年代英国政府的开支平均占国民收入的20%，多数是用于支付战争借款的利息，剩余的多半则用于英国的失业补偿制度中的“救济金”支出。美国联邦政府预算占国民收入的比重在一战结束后短暂地低于 5%，之后在罗斯福新政时期平均达到了 12%，而随后在二战期间又将这个比重猛增至 50% 以上。二次大战结束后，政府支出占国民收入比重再次下降，但依旧维持不久。在 20 世纪 50 年代，无论是西欧还是美国，政府支出占国民收入介于 20% 和 30% 之间，这一数据取决于公共事业发展的程度，但之后该比例又升至 30% 至 40% 间，乃至更多。

企业的形式

股份有限公司或是现代化公司，早在 20 世纪初就已经在那些发达的工业化国家内建立起来了。但大都是涉及大规模的资本密集型的产业。在其他一些行业，例如批发、零售、手工艺制品、服务贸易，尤其是农业，这些行业中的企业基本上都是采用非公司制的家族企业的形式。但是长期的发展趋势有利于将公司制的企业形式扩大到更广泛的领域中去。大型公司制的多单元企业如“连锁店”，开始统治零售行业，这些行业涉及面非常广泛，例如新鲜食品、高科技电子产品等。这些行业将产业链上游的生产环节整合进来，在许多情况下，取消批发这一环节。在另一些行业中，如缝纫机、农业机械和汽车，将产业链下游的销售环节整合进来，依靠特许经销商来零售其产品。一个与之相关的发展便是出现了公司制联合大企业，大公司参与成千上万种产品的生产和销售，生产的产品从重工业产品到诸如化妆品和时装等消费品。这些发展得益于控股公司的运用，控股公司的业务就是通过股份来持有（和管理）其他公司。尽管公司制的企业形式的出现最初是顺应科技发展对大规模生产和大规模组织的需要，但它同样也适用于较小规模公司的运作。在 20 世纪后半叶，即使如医生或律师这种行业，也采取公司制的形式来达到盈利。

这种采取公司制形式的趋势首先出现在 19 世纪末的美国。在 20 世纪，公司制便在欧洲和世界其他地方迅速发展起来。一个原因就是它使企业有实力与美国的另一个商业创新成果——跨国企业——展开竞争。

跨国公司并不是崭新的事物，也不是美国所专有——佛罗伦萨的美第奇银行(Medici Bank)早在15世纪就在其他国家开设分行，但在20世纪之前，跨国公司数目确实很少。然而现在跨国公司已经相当普遍了。一个著名的例子便是雀巢公司(生产食品的公司)，其总部设在瑞士的小城韦维(Vevey)，但生产和销售环节却几乎遍布世界所有国家。在近几年里，它的销售额竟然已经超过瑞士政府的预算!

有组织的劳工

在20世纪初，工人建立组织和进行集体谈判的权利得到了大多数西方国家的认可，在一些国家(例如英国、德国)有组织的劳工成为劳动市场上一股巨大的力量。但是，即使在那些国家，有组织的劳工只是一小部分，不超过全国劳动力队伍的五分之一或四分之一。在两次世界大战之间，工业化国家的工会会员人数迅速增长，一些劳工组织延伸到欠发达国家。例如20世纪20年代的美国，非农业劳动力中只有十分之一是工会会员，其中大部分是技术工人；但到了1940年，由于罗斯福新政大力发展倡导有组织的劳工，并对那些技术不熟练的工人进行培训，工会会员比例提升至四分之一。在1945年，由于战时工业的急剧扩张，工会会员比例几乎达到36%的顶峰，随后略有下降。自20世纪50年代中期起，随着服务业和高科技工业的发展，工会会员在劳动力中所占的比例再次下降至不足五分之一。

西欧的工会会员比例的趋势与美国大同小异。一个显著的区别在于欧洲的行业工会与某些政党保持高度的一致性，而在美国并不是这样。例如在英国，工党主要的拥护者是工会成员，当然还包括一些非工会成员的工人。在战后1945年的一次令人瞠目结舌的大选中，工党击败战时首相丘吉尔而替代之，并开始对几个重要企业实行国有化。尽管工党在1952年的竞选中落败，但在随后的30年内，它仍与保守党轮流执政。但是在1979年的惨败之后，它分成了两派，其中一派是由不过分强调理论的党员组成的新社会民主党。

一次大战之前的德国社会民主党是一个由工人支持的政党。尽管在战前它从未成功组阁，但它确是德国最大的政党。但是，在魏玛共和国期间时，它几乎参与了这个脆弱的民主国家的历届联合政府。但是随着1933年希特勒的纳粹党开始独裁，它及其他纳粹党以外的政党都被强制解散了。

纳粹不仅废除了政党，还解散了工会。所有的工人都被迫加入劳动阵线(Labor Front)，一个由纳粹党人控制以确保劳动纪律的组织。同样的境况也发生在意大利、苏联和其他极权主义国家内。在1917年俄国十月革命时期，俄国工会(他们是在沙俄时期违法组建的)的成员希望在俄国经济和社会的重建方面起领导作用，但令他们失望的是，政府没有将工会用来保障工人权益，而只是当作一个约束劳工和政党纪律的工具。

非正式机构

20世纪，根据各个国家内的法律规定或者根据几个国家签订的条约的规定而成立的正式机构的数量迅速增长；与此同时，各种非正式机构也纷纷成立。这些机构制定并维护着一些经济行为和相互行动的规则，这些规则没有被权威部门明确规定实施，但却被民间交流活动、宗教派别和民族机构的成员所认可。如果有个体无视或违反了这些非正式机构的规定，其他成员就不再接受它并结束与它的进一步合作，使其利益受损。这种“潜规则”式的经济行为规范地得以实施，很大程度上归功于上面所描述的“社会不认同”的惩罚机制。随着现代社会里的政治特许权的扩散(从拥有一定财产的成年男子扩散到整个资本主义工业化国家中所有的成年人)，经济活动中的非正式机构的重要性也得以加强。诺贝尔经济学奖获得者道格拉斯·诺斯(Douglass North)指出，由于人们接受了非正式机构奉行的某些文化共识，这种“思维模式”(mental models)对经济增长意义深远。如果相信个人和组织能够执行预期的经营方式，那么就可以减少经济活动的交易成本。缺乏信任会导致交易成本的上升和阻碍新技术的发明和使用，不利于新来的移民融入到当地经济中去，或者对于能够促进经济增长的法律和政治制度的变化不能达成共识。

在20世纪末，一些思想家预言“文明的冲突”即将到来。这些冲突体现在不同国家对伊斯兰教、佛教、基督教和无神论的不同看法，而不是19世纪和20世纪中在地缘政治上的分歧。诺斯本人已注意到，由于那些前共产主义国家除了共产党以外，普遍缺少非正式机构，因此在建立有活力的市场经济方面困难重重。积极的方面或许就是，北美和西欧先进工业国家中的非政府组织(NGOs)数量不断增加，以及这些组织在一些如世界银行和世界贸易组织的国际性组织中的影响力日益增加。

第十四章

世界经济的瓦解

重大的经济变革通常要经历很长一段时间。人口、资源、科技，甚至制度的变化要经历几年、几十年甚至几个世纪才能有所结果。然而另一方面，政治的变革却可以在几天或几周之内突然发生，有时也会随之出现一些唐突的经济变革。第一次世界大战就是上面这种情况。1914 年 8 月之前逐渐发展起来的复杂而脆弱的国际分工体系，虽然曾经给欧洲和一些西方文明的海外前哨(overseas post)的居民带来过史无前例的福利水平和富裕生活，却随着战争的爆发突然前功尽弃。经历了 4 年多有史以来最具破坏力的战争后，世界政治领导人开始寻求“回到常态”(return to normalcy)，但是如同童谣中的汉普蒂·邓普蒂(Humpty Dumpty)所唱的，世界经济不可能轻易恢复。

第一次世界大战的经济后果

在历史教科书所说的世界战争(后来称为第一次世界大战)之前，这场 1914—1918 年的战争对于数百万亲身经历过的欧洲人来说的确是一场“大战”。从现在看来，这场战争似乎只是 1939—1945 年战争悲剧的前奏，但对于生活在 1939 年前的一代人，第一次世界大战给他们造成的情感和心理上以及物质上的创伤足以称其为世界大战。一次大战的破坏力是空前的，直到二次大战大规模空袭和原子弹才超过了它的杀伤力。一战中，约 1 000 万将士阵亡，2 000 万将士受伤；直接引起约 1 000 万平民死亡，2 000 万人间接死于战争造成的饥荒和疾病。1918 年的亚洲流感迅速地从亚洲传播到美国、欧洲及更远的地区，引起全球性死亡率急剧上升。战争造成的直接花费(例如军事行动等)超过1 500亿美元。大部分的破坏——房屋、工厂和设备、矿山、牲畜和农业设施以及交通和通讯设备——发生在法国北部、比利时、意大利东北部的一小部分，以及东欧战场。同样，海洋运输主要受到潜艇战的影响也遭受了巨大打击。这种估计存在很大的偏差，并且很有可能低于实际情况。统计时没有计算在内的损失包括：由于人力和工业原材料短缺而引起的生产损失，由于工厂设备缺乏充分维修保养和更新而引起的过度折旧和损耗、过度耕作，以及农用肥料和牲畜的短缺。在中欧和东欧，经济隔绝的状况随着敌军的前后围困而进一步加深，农业产量的大幅下跌造成大规模饥荒。

从长期来看，与物质方面的破坏性相比，对经济造成更严重的影响是正常经济关系的中断和紊乱没有随着战争的终止而结束，而是继续存在，并在两次世界大战之间造成巨大损失。1914年以前，世界经济自由运转，整体效率很高。除去一些诸如保护性关税、私人垄断和国际卡特尔等形式的限制，无论是国内经济活动还是国际经济活动，都是由自由市场所支配。在战争期间，所有交战国与部分非交战国的政府对价格、生产和劳动力分配施加了直接管制。这些管制人为地促进了一些经济部门的发展，同样也人为地约束了另一些经济部门。尽管在战争结束时多数管制已被废除，战前经济关系却难以迅速地自动重新建立起来。

更严重的是，对外贸易的中断，以及交战国尤其是英国和德国之间展开了各种形式的经济战。战前，英国、德国、法国和美国，是世界主要工业国以及贸易国，同时也互为对方的主要消费者或是供应商。战争爆发后，德国和其他国家的贸易往来戛然而止，然而处于中立的美国仍试图保持贸易关系。但是后来由于英、德两国的报复行动，美国已无法和德国保持正常的经贸关系。英国，当时的海上霸主，立即对德国所有港口进行了封锁，如同一个世纪前对拿破仑所做的那样。对德封锁总体上讲非常有效，不仅禁止了德国船只的航运，英国船舰还骚扰中立国的船只，并且时常收缴那些中立国船上的货物。这给英国和美国带来了一些摩擦，但是这些摩擦很快就被德国的反扑所抵消。德军无法与英国海军正面交火，尤其是在日德兰海战后，德国人采用了一种全新的战争武器即潜水艇，目的是阻止海外供给流入英国。潜艇最大能力避开了英国海军，只袭击非武装的英国和其他中立国的客船和货船。1915 年，英国轮船“路西塔尼亚号”（Lusitania）在爱尔兰海岸被德军击沉，造成 1 000 多人的死亡（其中大约有 100 名美国人），这引发了美国的强烈抗议。此后一段时间内，德国最高司令部采取了缓和政策。但到了 1917 年 1 月，德国急于想使英国俯首称臣，于是开始了进行无限制潜艇战。这成为美国参战的主要原因，另一方面也由此确保了协约国的最终胜利。

与国际贸易中断以及政府强行管制密切相关，海外市场丧失的影响则更加持久。当然，德国完全失去了其海外市场；要不是德国科学家和工程师的聪明才智［例如，哈伯-博施制氨法（Habor-Bosch Process）的发明者，创造了固定大气中氮的方法，为化肥和火药提供了重要原料］，德国可能早就被迫投降了。然而即使是英国，掌握着海上控制权和商业海运，仍不得不将大量资源从民用转向军用。到 1918 年为止，其工业产品出口降低到了战前一半的水平。结果就是这些国家不得不采取自己生产，或者从其他海外国家购买产品，而以前它们是直接从欧洲其他国家购买的。拉丁美洲和亚洲的一些国家发展了制造业，并在战后实行高额关税予以保护。美国和日本早在战前就发展了制造业，此时将其市场扩大到一些先前被欧洲制造商垄断的海外市场。美国还大量增加了其对协约国以及其他欧洲中立国的出口。

这场战争同样也打破了世界农业的平衡。在对食品和原材料的需求高速增长的同时，有些地方停止生产，而有的地方与市场隔离，战争刺激了农业生产，像美国这样农业十分发达的国家是这样，而拉丁美洲这些未开垦的处女地就更是如此。这直接导致了 19 世纪 20 年代的农产品供过于求和价格的下跌。小麦、糖、咖啡和橡胶特别容易受到外部影响。美国农场主在战争期间扩大了小麦耕种面积，还在被战争抬高的价格下购买了新土地。当价格回落时，很多人都因无法偿还贷款而破产。马来亚——世界天然橡胶的主要产地——和巴西——世界60%到70%咖啡的生产地，都努力通过拖延市场供给来提高价格；但在它们这样做的同时，新的生产者进入并使得价格再次回落。由于欧洲国家以及美国保护并补贴甜菜糖生产，使得加勒比地区、南美洲、非洲和亚洲的蔗糖生产者遭受巨大的损失。

除了丧失海外市场，欧洲的交战国在船运和其他服务业收入方面，也蒙受了进一步的损失。德国的海运服务业在战争中彻底瘫痪，并且在战后移交协约国作为战争赔偿。德国潜水艇给英国商船造成了巨大损失，而另一方面，美国造船业在政府补贴下发展为国际造船业的佼佼者，这是自南北战争以来的第一次。伦敦和其他欧洲金融中心同样损失了部分银行、保险的收入，以及金融和商贸服务，后者在战时转移至纽约或其他地方(比如瑞士)。

另外一个主要的损失是对外投资收入的减少(在很多情况下是投资本身)。战前，英国、法国和德国是最重要的对外投资国家。由于英国和法国进口大于出口，对外投资的收入就可以用来弥补贸易逆差。两国都被迫卖掉部分海外投资以换取急需的战时用品。由于通货膨胀或是相关货币清偿困难，一些投资的价值在萎缩。还有一些国家饱受拖欠款项或是拒绝清偿之苦，特别是法国的对俄巨额投资，被新的苏维埃政府拒绝承认。总体来讲，英国的海外投资价值减少了约15%(与战前持续增值形成对比)，而法国海外投资价值的减少超过50%。德国在交战国的投资于战时被没收，战后全部被用于清偿赔偿费用。另一方面，美国由于迅速发展起来的贸易顺差和大量对协约国的贷款，从净债务国转变成了净债权国。

造成国内和国际经济混乱的最后一个原因是通货膨胀。战时财政压力迫使所有参战国(和一些非参战国)除美国外脱离金本位，而金本位在战前起到了稳定作用，至少使价格变动同步(参见第十二章)。所有的参战国不得不借助于大规模借款和印刷大量纸币来维持战争。这使得价格上涨，尽管上涨比例不尽相同。战争结束时，美国物价平均比1914年高出了2倍，英国上升了3倍，法国大约高出5.5倍，德国多于15倍，而在保加利亚，则是比1914年高出了20多倍。价格的巨大差异，造成货币价值的差异，使得国际贸易的恢复步履维艰，同样还引发了严重的社会和政治动荡。

和平的经济后果

巴黎和会被认为是战后和解的一次会议，但它没有努力解决战争造成的经济问题，实际上反而加剧了这些问题。和约的制定者们并没有期望发生这样的结果(除了对德国的条约外)，他们完全没有考虑到经济的现状。和约带来的最主要的两类经济难题是：经济民族主义的上升和货币金融问题。这两类困难都不能仅仅归咎于巴黎和约，但是和约不但没有改善这些问题，反而加剧了它们。

实际上各个条约是根据签约地所在的法国郊区的名字而命名的。其中最著名的是与德国签订的《凡尔赛条约》，条约要求将阿尔萨斯-洛林省归还给法国，并且允许法国占有煤炭丰富的萨尔地区15年；将西普鲁士大部分地区和一部分矿藏丰富的上西里西亚划分给重新建立的波兰。再算上其他一些次要的条约，德国一共割让了战前领土的13%以及1910年人口的10%。这些割地中包括大约15%的可耕地，大约四分之三的铁矿和大部分锌矿，以及四分之一的煤炭资源。当然，协约国(包括日本)已经占领了德国在非洲和太平洋的殖民地，并通过和约对它们的拥有权进行了确认。

另外，德国必须放弃其海军、大量的武器和军火、大部分商船、5 000台火车机头、15万节火车车厢、5 000辆卡车以及其他各种各样物品，并且还要被迫限制其军事力量，将莱茵河地区由协约国控制15年，以及接受其他一些毁灭性或者仅仅是羞辱性的条款。最耻辱的是著名的战争罪行条款(war guilt clause)，《凡尔赛条约》第231条宣称德国接受

“德国以及其同盟国对一战所造成的所有损失和破坏负责……”此申明旨在明确同盟国的“赔偿”义务，然而协约国内部对赔款的性质和数量存在严重分歧，以至于无法及时在签约前达成一致，只好委派赔款委员会在1921年5月1日前就此递交一份研究报告。会上，英国代表团经济顾问约翰·梅纳德·凯恩斯(John Maynard Keynes)感觉压力太大了，因而辞去了职务并开始写一本畅销书——《和平的经济后果》(*The Economic Consequences of The Peace*, 1919)，书中预见到条约的严重后果，不仅对德国甚至整个欧洲都不能幸免，除非对赔偿条款进行修改。虽然凯恩斯的论点引发了争议，但是后来事态的发展似乎证实了他的预言。

奥匈帝国在战争最后几周内的瓦解使两个新的国家——奥地利和匈牙利，都比过去同名的国家的领土小了许多。还成立了两个新的国家——捷克斯洛伐克和波兰，前者由前奥地利和匈牙利的一些省份构成，后者则由前奥地利、德国和(大部分)俄国的领土组成。塞尔维亚获得了奥匈帝国的一些南斯拉夫省份，加上黑山组成了南斯拉夫共和国。罗马尼亚由于和西方国家结盟而从匈牙利获得了大量领土，然而战败的保加利亚丧失了领土，被希腊、罗马尼亚、南斯拉夫占有。意大利获得了的里雅斯特、特兰提诺和奥地利的德语区南蒂罗尔。衰败的奥斯曼帝国几乎丢失了所有欧洲部分的领土(邻近伊斯坦布尔的内陆除外)，以及在近东的阿拉伯省份；终于在1922年，奥斯曼帝国在一次革命中灭亡，取而代之的是土耳其民主共和国。

战前的奥匈帝国,虽然在政治上是非常的落伍，但是至少在经济方面发挥了积极的作用，在多瑙河流域建立了大片自由贸易区。从旧帝国分裂出来的新国家，互相嫉妒，并且害怕受到外部强大势力的统治。因此它们试图通过自给自足在经济领域肯定它们国家的地位。由于领土狭小、经济落后，完全的自给自足明显不切实际，它们为此做出的种种努力反而阻碍了整个地区的经济复苏，增加了不稳定性。交通的中断使这一目标更显荒谬。战争结束的初期，因为国界存在争议，边界冲突接连发生，各国索性禁止领土内的火车出境。一时间，国际贸易几乎完全停止。最终，各国签订了一些条约结束了这些极端的经济国家主义行为，但是其他形式的限制仍然存在。

经济国家主义不仅仅局限于从原来帝国分裂出来的新国家。俄国在内战期间退出了世界经济的舞台。当它在苏维埃政权下重新崛起的时候，它的经济关系不同于以往的任何形式。国际贸易中俄国成了独特的买家和卖家。它只买卖政治领导人认为有战略需要的产品。

在西方，过去高度依赖国际贸易的国家开始采取各种限制性政策，不仅包括保护关税，还包括一些更激进的手段，诸如实物进口配额和进口禁令。与此同时，它们试图通过发放出口补贴等方式来促进本国的出口。英国，先前自由国际贸易的先锋，在战时也不得不征收关税，来作为战争经费来源和挽救航运业的手段。这些关税（税种和税率都有所增加）持续到战后，刚开始只是作为暂时措施，但在1932年后演化为官方的保护主义政策。英国还同别国展开双边贸易谈判，签订了一些双边贸易协议，这些协议抛弃了在19世纪曾经极大地促进了国际贸易的最惠国待遇的原则。

美国，早在战前就已经设置了相对较高的关税，战后更是将其提高到了史无前例的水平。1921年的紧急关税法案（*Emergency Tariff Act*）对德国染料实施了完全禁运。（战前美国国内几乎不存在染料工业，它是在战时没收了德国专利权之后开始发展起来。）1922年的《福德尼-麦坎伯关税法》（*Fordney-McCumber Tariff Act*）中规定的税率达到了顶峰；不过后来在1930年，总统胡佛不顾1 000多名经济学家联名反对，签署了《史密斯-霍利（Smooth-Hawley）贸易关税法》，又打破了之前的纪录。

这种所谓的新重商主义所带来的不利后果，并没有随着备受质疑的法律的实施而立即停止。每个刚出台的限制性措施因损害了别国利益遭到了报复。例如，在《史密斯-霍利贸易关税法》通过后，几十个国家立即对美国产品提高了关税。战前20年中，世界贸易额翻了一番还多，然而在之后20年内就再也没有达到战前的水平了。同一时期，欧洲国家的对外贸易额在战前20年内也翻了一番，然而之后只有1929年达到了战前水平。1932年和1933年的贸易额都低于1900年的水平。如此过分的国家保护主义完全违背了政策制定者的初衷——其后果是产量和收入水平更低，而不是预期中的更高的水平。

由战争造成并被和约恶化的货币和财政混乱，最终导致了国际经济的彻底崩溃。赔款问题是混乱的核心，赔款纠纷事实上是一个涉及协约国之间战争债务以及整个国际金融体系的复杂问题。协约国尤其是美国的政客们，坚持分别解决各个问题而不是在一个有机联系的框架下面统筹解决这些问题，这就是之后国际经济崩溃的主要原因。

在1917年之前，英国是协约国主要的战争经费的提供国，累计向其盟国借出了约40亿美元贷款。当美国参战之后，美国取代英国成为军费的主要提供国，此时英国的资金已基本耗尽。到战争结束时，协约国内部的债务总共达到了200多亿美元，其中一半是由美国政府提供的［其中20多亿美元是由美国救济委员会(American Relief Agency)在1918年12月到1920年之间预付的］。英国垫付了约75亿美元，大约是它从美国获得的款项的两倍；法国垫付了25亿美元，与其所借金额大致持平。对欧洲协约国来说，这些借款仅是名义上的，它们希望战争结束时这些债务都能够一笔勾销。它们自然而然地以同样的逻辑来对待美国借款，再加上因为美国很晚才加入战争，不论从人力还是物力来说，贡献都比较少，而且几乎没有受到战争的破坏。然而美国却认为这些借款是商业交易。尽管它同意战后减少利息以及延长还款时间，但仍然坚持本金的全额偿付。

此时赔款问题再次成为焦点。法国和英国要求德国除了赔偿民事伤亡(赔款条款的主体)之外，还应赔偿协约国政府在战争中付出的所有开销(补偿金)。美国威尔逊总统没有提出索赔要求，并努力劝阻各国也不要提出索赔要求，但是协约国索赔的意愿十分强烈。法国一方面希望美国能取消掉战争债务，另一方面坚持获得战争赔偿。英国首相劳埃德·乔治(Lloyd George)建议赔款和债务一同免除，但是美国人顽固地拒绝承认这两者之间的相互关系。随后柯立芝(Coolidge)总统演讲中的一句话反映了美国在该问题上的态度："它们借了钱，难道不是吗？"最终的妥协是要求德国应偿付协约国认为它们可能得到的金额，同时出于对威尔逊总统的尊重，将全部金额称为"赔款"(reparations)。

德国在1919年8月就已经开始以现金或实物(煤炭、化工产品和其他物品)形式支付赔款，当时巴黎和约还没有签订，更不要说赔款的总金额是多少了。这笔偿付记入最终的金额。终于，在1921年4月底，离截止日期5月1日只有几天的时间，赔偿委员会通知德国总赔款为1 320亿金马克(约合330亿美元)，该金额比德国国民收入的两倍还要多。

事实上，在欧洲衰退的经济和世界经济不稳定的状态下，法国、英国和其他一些协约国根本无法偿还美国的债务，除非从同盟国中获得一笔相同数额的赔款。但是德国支付赔款的能力最终取决于贸易顺差所带来的外国货币或黄金，只有外国货币和黄金才能用来支付赔款。然而协约国对德国实施的经济限制，再加上魏玛共和国的内部软弱无能，德国政府无法获得足够的贸易顺差来支付每年的赔款。在1922年盛夏，由于赔款的巨大压力(还有一些投机者的行为)，德国马克开始灾难性地贬值。在这年年底前，德国不堪重负，中止了赔款。

法国和比利时军队在1923年1月占领了鲁尔，接管了煤矿和铁路，并且试图迫使德国煤矿主和工人生产煤炭。德国人采取了消极抵抗。政府印刷了大量纸币来支付鲁尔工人和雇主的补偿金，引发了恶性通货膨胀。1914年时4.2德国马克兑1美元，在战争结束时纸币变成了14∶1，在1922年7月跌到了493∶1，到1923年1月为17 792∶1。之后，马克的币值以指数形式继续下跌，到11月已达到151 923∶1，最后政府记录了这样一个对美元的汇率：4.2万亿∶1！马克实际上已比印刷的纸张还要不值钱了。这时，德国货币当局决定废除德国马克，改用一种新的货币单位，地产抵押马克(rentenmark)，相当于1万亿旧马克。

通货膨胀所带来的不利后果不仅限于德国。属于旧哈布斯堡王朝的国家，保加利亚、希腊和波兰都发生了失控的通货膨胀。奥地利克朗的票面价值起初是5∶1美元；到了1922年8月报价为83 600∶1美元，此时正逢国际联盟提出一项计划，建议奥地利引入一种新的货币单位——先令——来稳定经济，并于1926年成功推行。法国法郎也没有幸免；战前金法郎兑美元为5：1，但在1919年下跌了约一半变成11：1。在法国占领鲁尔期间，法郎起初是升值的，然后突然下跌，因为之后越来越清楚地看到占领鲁尔并不能达到预期的目的。在下跌到历史新低40：1时，政府最后在1926年将法郎固定在25.5：1。

正如凯恩斯预见的那样，世界经济面临着严重的危机。法国军队在1923年底撤离鲁尔，无法达到初始的目的——迫使德国继续支付赔款。美国投资银行家查尔斯·道威斯(Charles G. Dawes)紧急召集了一个国际委员会，建议逐年减少赔偿金额，重新组建德国国家银行，并且借给德国一笔8亿马克(约2亿美元)的贷款。这个所谓的“道威斯借款”大部分来自美国，帮助德国继续履行赔款并且在1924年重新回到了金本位。之后，美国以私人贷款的形式继续向德国市政和企业组织提供贷款，这些组织从美国大量贷款并将收益用于技术现代化和合理化(rationalization)。在此过程中，德国政府赚到了足够的外汇来支付赔款。

灾难性的通货膨胀给德国社会带来了深深的创伤。通货膨胀对公民不平等的影响引起了收入和财富的再分配。除了少数聪明的投机者获得了大量财富，大多数公民，特别是中下层阶级和靠固定收入生活的人们(领退休金者、债券持有者和靠工资收入的劳动者)，他们微薄的积蓄在数月甚至数周内化为乌有，生活水平严重下降。这一切给他们造成了巨大的伤害，他们很轻易就受到极端主义政治家演说的感染。在1924年的国会选举中，共产党和国家主义党(Nationalist)都从温和的民主党人身上夺走了大量选票。

战后的英国也出现了严重的经济问题。就在战前，英国极大地依赖于国际贸易和过分地致力发展一些正在被迅速淘汰的产业，这两点就已经预示着英国经济在20世纪将会经历极为困难的调整阶段。在战争中，它们失去了海外市场、海外投资、大部分商船以及其他海外收入来源。但它们仍像以往一样依赖食品和原材料的进口，同时它们意识到自己负有更大的世界责任，因为它们不仅是欧洲最强大的胜利者，还是海外新领土的管理者。它们必须出口，然而工厂和矿井闲置无用，失业率居高不下。1921 年，100 多万名工人——约占劳工总数的七分之一——没有工作；在 20 世纪 20 年代，失业率鲜有低于 10% 的情况，在经济大萧条的最差时期达到了 25% 以上。

政府解决经济困难的对策软弱无力、毫无创见、没有效果。应付失业唯一的对策是失业救济金，这种方法只起某种安慰性的作用，根本无法维持失业者全家的生计，反而给本已不堪承担的财政计划增添了又一个负担。在其他方面，政府主要采取减少开支的策略，只满足最基本的需求，于是停止了国家在学校、医院、高速公路以及其他公共设施的扩张和现代化的步伐。政府在经济领域内的简单直接的措施引发了灾难。

英国在 1914 年为支付战争费用而放弃金本位。一次大战之前伦敦是无可争议的世界金融中心，战争期间随着金本位的放弃，英国在世界金融市场的地位每况愈下，政府受到巨大的压力，要求尽快回到金本位，以防止进一步的下跌。需要解决的主要问题有：（1）多久之后才能恢复金本位制；（2）英镑如何定价？第一个问题的答案取决于英格兰银行的黄金储备，普遍认为在 20 世纪 20 年代中期已经充足。第二个问题存在争议。在战前的体系下，1 英镑相当于 4.86 美元，但是美国在整个战争期间保持了金本位制。英国经历了比美国更高的通货膨胀率。恢复战前的平价，会使英国工业与美国以及其他与美元保持等值或者甚至采用更低汇率的国家相比，处于相对不利的竞争地位。另一方面，英国总是表现出一种保持传统的情结，尤其是在金融这样重要的方面。此外，英国的大多数对外投资是以黄金或英镑计价的，如果回到一个低汇率的金本位，那些投资者将会损失惨重。1925 年，英国财政大臣温斯顿·丘吉尔，他在早些时候已从自由党转向保守党——决心要恢复战前的金本位。为了保持英国工业的竞争力，必须降低工人工资。其政策的最终效果是收入的再分配，使靠股息收入生活的人受益而靠工资收入生活的工人受损。

海外市场的丧失以及更高的生产成本对煤炭工业的影响也极为严重。矿工是英国工人中最激进的团体；在一次大战后的最初几年里，他们已经上演了好几次大罢工。当面对着由于重归金本位而导致工资削减时，矿工们在1926年5月1日举行了罢工，并且说服了许多其他工会加入，他们从而发动了一次总罢工。英国工会组织中大约有40%的成员加入了这次罢工，主要是那些公用事业和类似行业。但是罢工只持续了10天，以工会的失败而告终。中产阶级的志愿者坚守了关键的服务业岗位；面对政府的强烈反对，工会领导者宁可放弃斗争也不愿冒引发内战的危险。简而言之，这次总罢工种下了阶级分化的苦果，加深了各阶级之间的怨恨，使得针对国内问题和国际问题发起联合行动的难度更大了。

除了英国的问题，欧洲大部分国家在20世纪20年代后期开始繁荣起来。从1924年到1929年的5年里，这些国家似乎确实恢复了正常。基本上完成了物质上的重建，战后最紧迫的问题也得以解决。在新成立的国际联盟的领导下，国际关系的新时代悄然而至。大多数国家，尤其是美国、德国和法国经历了经济繁荣的时期。但是经济繁荣的基础相当薄弱，依赖于源源不断地从美国自愿流向德国的资金。

大萧条，1929—1933年

与欧洲不同，经过战争的洗礼，美国反而变得空前强大。仅经济而言，它从一个净债务国变成了净债权国，从欧洲生产商手中夺取了国内市场以及海外市场，国际收支令人欣喜地达到了平衡。拥有广阔的国内市场、不断增长的人口和迅速发展的科技，美国似乎找到了持久繁荣的秘诀。尽管在1920—1921年间它同欧洲一起经历了急剧的经济萧条，但是美国经济衰退持续的时间很短，而且在近10年里持续增长的经济中只发生了几次微小的波动。一些社会评论家坚持要揭露城市和农村贫民窟里的阴暗面，另一些社会评论家指出城市中产阶级和工人不平等地分享了经济繁荣的成果。这些评论家已不再被城市中产阶级所接受，并被认为是没有实现美国梦的另类。对这些中产阶级来说，新的时代已经来临了。

1928 年夏天，美国的银行和投资者们开始减少他们对德国和其他国家债券的购买，以便将资金转投到纽约股票交易所，由此引发了投机行为。在投机气氛浓重的牛市中，许多低收入的个人经不起诱惑，通过贷款来购买股票。到 1929 年夏秋之交，欧洲已经感到了美国人停止对外投资造成的压力，甚至美国的经济增长也出现了停滞。美国 1929 年第一季度国民生产总值达到峰值，之后逐渐减退；美国汽车产量从 3 月份的 622 000 辆减少到 9 月份的 416 000 辆。在欧洲，英国、德国和意大利深受萧条的煎熬。但是由于美国股价持续走高，美国的投资者和政府官员对这些恼人的信号熟视无睹。

1929 年 10 月 24 日——美国金融史上的“黑色星期四”——恐慌性的抛售造成了股票价格的直线狂跌，上百万美元的虚拟价值瞬间化为乌有。紧接着，10 月 29 日出现另一波抛售行为，被称为“黑色星期二”。股票指数在 9 月 3 日曾升到 381 点的高峰(1929 年为 100 点)，在 11 月 13 号却下跌到 198 点……并且继续下跌。银行催促贷款人及时还款，迫使更多的投资者抛售股票，不管当时股票处于何种价格。在欧洲投资的美国人立即停止投入新的资本，出售所有海外资产，把资金调回美国。在整个 30 年代，美国资本不断从欧洲撤离，给整个金融体系造成了无法忍受的紧张。金融市场最终稳定下来了，但是商品的价格持续走低，将压力转移到像阿根廷和澳大利亚这些生产者身上。

股市崩盘并不是大萧条的起因——大萧条早已在欧洲和美国开始，股市崩盘只是表明大萧条正在进行中。12 月份的美国汽车月产量跌到了 92 500 辆，德国的失业人数上升到了 200 万。到 1931 年第一季度国际贸易总量下降到 1929 年三分之二的水平。

1931 年 5 月，位于维也纳的奥地利信贷银行(Austria Creditanstalt)——欧洲中部最大也是最重要银行之一——宣布停止付款。尽管奥地利政府冻结了银行资产，并且禁止提取资金，金融恐慌还是蔓延到了匈牙利、捷克斯洛伐克、罗马尼亚、波兰，尤其是德国；6月份，德国银行发生了大规模提取资金的事件，导致数家银行破产。1929年的杨格计划(Young Plan)取代了道威斯计划，成为解决赔款问题的主要方案，规定德国必须在7月1日继续支付赔款。在美国，胡佛总统迫于形势，承认战争债务和赔偿是互相依赖的，并在7月20日提出所有政府间战争债务和赔款的支付延期一年，然而这一切都为时已晚，恐慌已经蔓延开来。法国顺应潮流接受了这个方案；然而恐慌蔓延到英国后，英国政府不得不在9月21日宣布英格兰银行停止支付黄金。

一些国家由于初级产品价格下跌而遭受了沉重的打击，这些国家包括阿根廷、澳大利亚和智利，它们都已经放弃了金本位。1931年9月到1932年春天之间，又有24个国家正式宣布放弃金本位，其他一些国家虽然名义上仍保留金本位，但实际上已经停止了黄金支付。由于缺乏公认的国际标准，货币价值受到供需变化影响而大幅波动；供求变化则是受资本流失以及过度的经济国家主义(表现为报复性关税等形式)影响。对外贸易在1929年至1932年间严重下跌；同样，制造业的生产率、就业率和人均收入也下降了，只不过幅度没有前者大罢了(参见图14-1)。

1930—1931年间各国制定经济政策的一个主要特征就是单边行动：各国政府不经过国际商讨和协议，也不顾别国的反应，单方面退出了金本位，并且强行设置关税和配额限制。这在很大程度上归咎于战后混乱时期的无政府本质。终于在1932年6月，欧洲主要国家的代表聚集在瑞士洛桑探讨结束胡佛延期付款提案的后果：德国是否应该重新支付赔款，若是，则在何种条件下?欧洲债务国是否要重新向美国偿还战争贷款?尽管欧洲各国政府在停止赔款上达成共识，并由此也停止偿还战争债务，但是美国并不认可这个协议，始终坚持认为战争赔款和战争债务两者是相互独立的。因此，赔款和债务都逐渐停止了；到1933年希特勒宣布终止“利息奴役”。只有芬兰向美国偿还了债务，但是总金额很小。

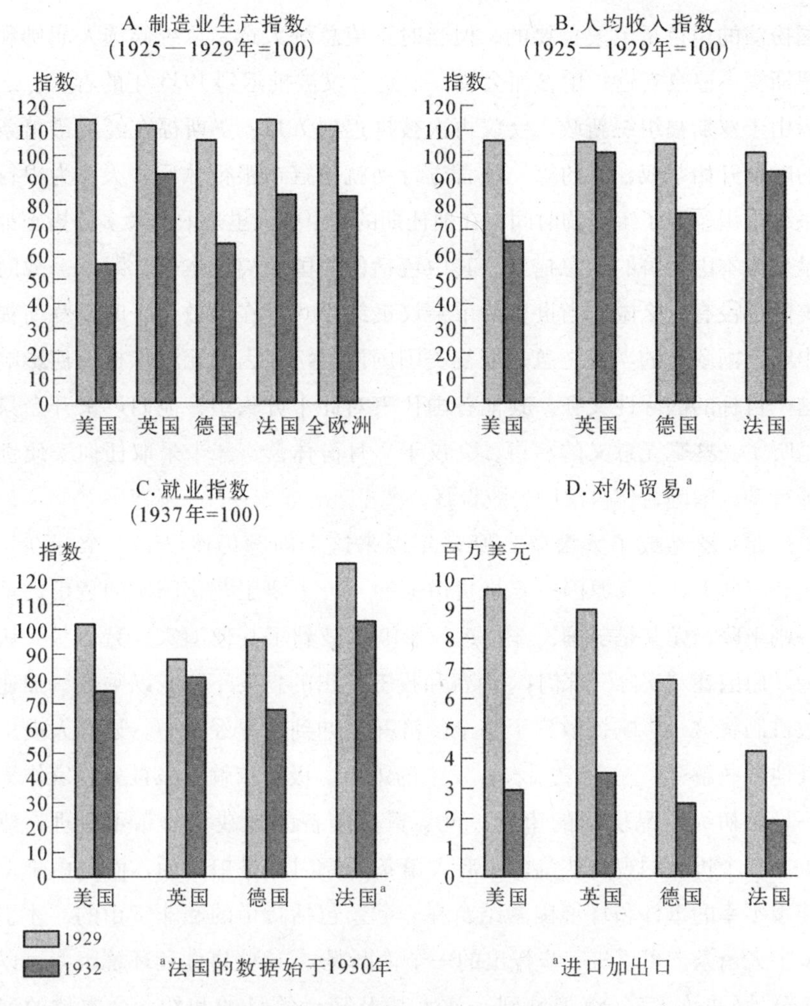

图 14－1　经济大萧条，1929—1932 年。

通过国际合作来结束经济危机的最后一个重大努力是 1933 年召开了世界货币会议。这次会议是由国际联盟在 1932 年 5 月正式提议，同年 7 月的洛桑会议上将其作为解决经济危机的方法。按照会议日程草案，这次会议主要讨论以下几个问题：同意恢复金本位制，减少关税和取消进口配额，开展其他形式的国际合作。对于这样一个世界性大会来说，美国扮演的角色是至关重要的。但当时正值总统大选，总统候选人胡佛和罗斯福不愿意在选举前参加会议，于是会议被推迟到1933年的春天，之后由于罗斯福组织新政，会议再次被推迟到7月。罗斯福在经济最萧条的时期开始掌权；他的第一项官方行动就是宣布银行休假8天，为银行系统重组争取了宝贵的时间；在他任期的前100天里采取的大多数措施都是刺激本国经济的紧急措施。其中包括使美国脱离金本位，即使一战时美国都没有这么做。当世界货币会议最终于6月在伦敦召开时，罗斯福申明美国政府的当务之急是恢复美国国内经济，因此无法承担任何影响这一目标的国际性义务。其他各国代表对此十分失望，他们过来开会只是听了一些毫无意义的演讲。会议于7月份休会，并未采取任何实质性的行动。国际合作再次以失败告终。

是什么造成了大萧条？70多年以来这个问题仍然没有一个标准答案。一些人认为其原因主要是货币上的——主要工业化国家的货币数量急剧下降，尤其是美国，并将这一影响扩散到了其他国家。另一些人认为，原因在“实际”部门：消费和投资支出的自发下降，以乘数-加速数机制将这一影响扩散到了整个经济并延伸到世界经济中。还有人提出其他一些解释：在这之前农业发生的萧条，极端依赖第三世界国家作为不稳定初级产品供给的市场，世界黄金储备的短缺和分布不合理，等等。一个折衷的观点认为，引起大萧条的原因不是单方面，而是由于一连串不幸的事件和环境因素结合在一起，包括货币的和非货币的，才引发了大萧条。可以进一步作出的一个论断是：这些事件和环境因素可以部分地（也许大部分）追溯到一次大战及随后签订的和约。金本位的崩溃、贸易的中断（之后再也没有完全恢复），以及20世纪20年代的国家主义的经济政策，都是大萧条的成因之一。

不管大萧条的确切起因是什么，但是对于大萧条的严重后果和持久影响，人们有所共识。他们认为这与英国和美国的相对地位和政策是相关的。一次大战前，英国的商业、金融和工业处于世界领先地位（直到19世纪晚期），在稳定世界经济中起到了关键作用。英国的自由贸易政策意味着来自全世界的商品总能在英国找到市场；其大量的对外投资使得有大量贸易逆差的国家能获得资金去平衡国际收支；坚持金本位制，以及伦敦作为一个重要货币市场的杰出地位，意味着暂时出现收支平衡问题的国家可以通过货币或其他商业票据的贬值来减轻负担。第一次大战之后，英国不再有能力继续充当领袖的作用——尽管这一点直到1931年才完全暴露出来。当时，美国是世界上无可争议的经济第一强国，但是它却不愿意接受作为领导者的角色，如美国的移民政策、贸易关税政策、货币政策，还有对国际合作的态度都表明了这一点。如果美国在20世纪20年代期间，尤其是关键的1929年至1933年间采取更开放的政策，这场大萧条也不至于那么严重和持久。

大萧条所带来的长期后果也值得重视。其中包括：政府在经济中的作用愈发重要，逐渐改变对经济政策的态度（所谓的凯恩斯主义革命），以及拉丁美洲和第三世界国家发展进口替代产业做出的种种努力。大萧条造成的困苦动荡的局面，造就了左派和右派的极端政治运动，特别是德国，这间接成为第二次世界大战的根源。

对立的重建尝试

1933年3月的一个寒风凛冽的早晨，富兰克林·罗斯福入驻白宫，成为美国第32届总统。此时，美国正处于自南北战争以来最严重的危机之中。失业人口多达1 500万——大约占总劳动力的一半，事实上工业已经完全瘫痪，银行体系处于全面崩溃的边缘。这次危机不仅仅停留在经济层面上。1932年，大约15 000名失业的退伍老兵组成庞大的队伍在华盛顿举行示威游行，直到麦克阿瑟将军领导的一支常规部队到达才将他们驱散。在农村地区，农民们有时私自行使法律手段来保护抵押品不被没收；暴力弥漫在城市街头。

在竞选演说中，罗斯福倡议在美国实施“新政”。在他就任总统后风风火火的100天内，美国国会积极配合通过了他的提案，以前所未有的速度制定新的法律。实际上，在他第一届任期的4年内，立法总量超过了以往各届。这些法律主要关注经济复苏和社会改革问题，立法的领域包括农业、银行业、货币制度、证券市场、劳动力市场、社会保障、医疗健康、住房、交通、通讯和自然资源等——其实涵盖了美国经济和社会的各个方面。

这段时期内最具代表性的法律是《国家工业复兴法》(*National Industrial Recovery Act*)。政府建立了国家复兴署(National Recovery Administration)来监督来自各个行业的代表性企业制定“公平竞争法规”。尽管当时《国家工业复兴法》被认为是新经济政策的开端而广受民众的褒扬，然而事实证明它不过是20年代赫伯特·胡佛任商务部长时提出的贸易协会的翻版。这个政府更像是战时经济的政府：一些政府高级官员事实上曾在战时经济的政府中任职，工作稳定，包括罗斯福本人，那时他就是海军助理部长。国家复兴署还带有类似于意大利工业组织中的法西斯制度的显著特点，尽管该政府没有采取残暴和警察国家的手段。本质上，这是一个私有经济计划(工业的自我治理)，通过政府监督来保护公共利益，保证劳工组织和集体谈判的权利。

1935年，最高法院宣布国家复兴署是违背宪法的。其他领域里也有些法律被最高法院取缔了，但是罗斯福又通过新的法律来达到原有的目的。在工业方面，他改变了立场并且领导了一场“反托拉斯”运动(后来同样由于二战的到来又改变了立场重新支持垄断)。工业复苏的进展令人失望，1937年经济还没有达到充分就业又遭遇了新的萧条。1941年美国仍有600多万失业人口，这一水平和一次大战时期差不多。尽管新政的一些改革本身很有价值，但是从整体上来说与同时期欧洲的经济方案一样，对于大萧条基本上收效甚微。

没有其他西方国家比法国遭受更多困难了。大多数西线战事发生在法国最富裕的地区。法国饱受战乱之苦的地区聚集了战前一半以上的工业生产，包括60%的钢铁和70%的煤矿，这些地区还是重要农业生产区域。最骇人听闻的是死亡人数：150万法国男子——战前达到兵役年龄的一半男性——死于战争，另一半则大多终身残疾。由此看来，法国要求德国赔款不足为奇。

依靠德国的战争赔款，法国政府立即在受战争破坏的地区展开了全面的重建计划，刺激了经济增长，创造了产出的新纪录。然而当德国的赔款无法达到预期数目时，不稳定的赔款融资途径给重建的计划带来了沉重的打击。此外还有一个问题也相当严重，法国占领了鲁尔区，费用很大但是效果很差。法郎在和平年代的 7 年里贬值幅度比在战时还要大。法国最终意识到无法强迫德国人支付赔款，于是在 1926 年成立了联合内阁，由 6 位前任总理组成，整治经济和大幅增加税收，终于把法郎的币值固定在战前币值的五分之一左右上。这个措施比英国和德国采取的极端措施更令人满意，但这得罪了两大阶级，其一是在通货膨胀中失去了约五分之四购买力的收租者阶级；其二是承担大部分税收负担的工人阶级。因此，与德国一样，通货膨胀滋生了右翼和左翼的极端主义。

当法郎的币值被固定时，它的价值与其他货币相比其实被低估了。这一情况促进了出口，抑制了进口，于是带来了黄金流入。因此，法国的经济萧条要晚于其他国家——直到 1931 年才出现，程度可能不是特别严重，但是却持续了很久。法国经济一直到 1936 年才开始好转，并且当 1939 年二次大战开始时法国经济仍处于水深火热之中。如同其他国家一样，经济萧条引发了数次社会抗议活动，产生了一系列新的极端主义组织。1936 年，三大左派政党，共产党、社会党和激进社会党(Radicals)联合组成了人民阵线(Popular Front)，并赢得了当年的选举，推选备受尊敬的社会党人利昂 · 布鲁姆(Leon Blum)为总理组建了新的政府。人民阵线的政府将法兰西银行和铁路国有化，并采取了一系列涉及劳工的改革措施，例如：一周工作最长不超过 40 小时，劳工纠纷的强制仲裁以及产业工人带薪休假。然而在复苏经济这个大问题上，与法国历届政府以及其他外国政府相比，人民阵线政府并没有高明许多。随着国际事务成为政治舞台的主要议题，人民阵线在 1938 年解散了。

西欧的一些小国家，都严重依赖于国际贸易，因而在大萧条中受到了不同程度的影响。20世纪20年代，当英国和法国重新回到金本位时，许多东欧和西欧的小国家采用了金汇兑制度。这些国家的中央银行，没有持有可以兑换本国货币的黄金储备，而是持有经济强国的中央银行存款，可以达到同样的目的。在英国于1931年放弃金本位制后，其大多数贸易伙伴国也相继放弃了金本位制，并且将本国货币与英镑挂钩。这些国家就构成了“英镑集团”，它包括多数英联邦国家和英属殖民地、几个中东国家以及欧洲的葡萄牙和斯堪的纳维亚国家。1933年美国对美元实行贬值，美国的主要贸易伙伴——主要是拉丁美洲国家和加拿大，试图将它们的货币与美元挂钩。在欧洲，只剩下法国处于“黄金集团”的中心。这些国家——其中还包括瑞士、比利时和荷兰——努力维持货币与黄金的可兑换性。它们一直支撑到1936年。（与此同时，德国采用了一套全新的国际贸易和支付体系，在之后的章节中讨论。）法国恢复了有限的国际货币合作之后，对法郎进行贬值，并且脱离了金本位。在1936年的“三国货币协定”（Tripartite Monetary Agreement）中，英国、法国和美国政府同意稳定各自货币间的汇率，避免竞争性贬值，加速国际经济复苏。这只是漫漫征程的一小步。

在中欧和东欧以及西班牙，政治的发展——法西斯独裁主义的兴起——掩盖了经济问题；即使是他们在经济方面也有所行动。最先在意大利，贝尼托·墨索里尼（Benito Mussolini）通过合法手段于1922年掌握了政权，之后迅速采用国家警察形式巩固了政权。为了从意识形态上支撑该政权，墨索里尼雇用了哲学家乔瓦尼·秦梯利（Giovanni Gentile）为法西斯主义提供合理化的解释，并将其作为墨索里尼自己的哲学公之于众。法西斯主义以使用武力为荣，认为战争是人类的高尚活动，否认自由、民主、社会主义和个人主义，蔑视物质上的福利，并且认为人生不平等不仅是不可避免的，还是值得庆贺的。最突出的一点是，他把国家作为人类精神的最高象征。

为了实现社会的全面重建，墨索里尼需要建立一个与众不同的经济组织。墨索里尼提出了“公司国家”的概念，这是他的政权最大肆宣传也是最失败的一次创新。从原理上讲，公司国家既是资本主义也是社会主义的对立面。虽然它允许财产权私有，然而私有者和工人的利益必须服从于由国家代表的更高的社会整体利益。为了实现这个目标，国家的所有产业被组织成12个公司，相当于行业协会而不是商业公司。工人、经营者和国家由党内要员所代表。所有早先存在的工会都被取缔了。这些公司的作用包括管理价格、工资和工作环境以及提供社会保险。实际操作上，在公司运行期间，公司主要以资本主义的行业协会的形式存在，其目的是牺牲工人和消费者利益来增加商人和党内领导者财富。其他方面的法西斯经济政策也同样不成功。除了大量的公共事业和军备项目，意大利在大萧条中遭受了严重打击；甚至连美国的法西斯主义辩护者的辩辞——“墨索里尼让火车准点出发”也并不真实。更糟糕的是，20世纪30年代，意大利的法西斯政府为寻找应付经济萧条的对策，在重要的经济部门建立了大量国家支持的企业，这些企业的重心是保持高就业率而不是注重效率。这些国家支持的企业直到现在仍以这样或那样的形式存在，使得私有化改革十分艰难，即使到了20世纪末仍是如此。

在对付大萧条方面，有一个国家比意大利更成功——事实上比所有西方民主国家都要成功——这便是纳粹德国，它是第一个完全复苏的主要工业国家。（在一些小国家中，整个30年代瑞典的失业率是最低的。）1933年，德国还有600万的失业者，占总劳力的四分之一；到了1939年，德国经济空前繁荣，工作岗位比劳动力还要多。达到这种盛况，主要还是因为大规模公共建设项目，随后又逐渐加进了二次军备计划。在此期间，德国发展了第一个现代高速公路系统(autobahns)，极大地加强了工业部门，从而为德国奠定了二次大战初期攻无不克的优势。

为了替代自愿工会(在1933年被取缔)，纳粹党强迫工人加入“国家劳工阵线”(National Labour Front)。废除了劳资双方的集体协商，建立了劳工“信托”委员会，全权负责工资、工作时间和工作环境的具体安排。他们劝说实业家与新的政府合作。如果合作，他们将被允诺不再受劳工纠纷的困扰；否则，就没收他们的产业并将他们关入监狱。与苏联的集权政府不同，纳粹党没有采取全部经济的国有化(尽管没收了的犹太人企业也经常转交给党内成员处理)；他们依靠高压政治和管制措施来达到目的。

保证德国经济在战争期间能够自给自足是纳粹政府最主要的目标之一。一次大战时协约国对德国封锁的毁灭性打击的确是刻骨铭心的，并且希望能在未来不用担心这样的困难。他们指使科学家研发新的民用和军用的人造品或合成品，其原材料可以在德国国内找到。自给自足政策同样决定了德国与其他国家贸易关系的特点。早在1931年，纳粹党上台之前，德国已经采取了兑换管制以防止资本外流；希特勒的经济顾问雅尔玛·沙赫特博士(Dr. Hjalmar Schacht)设置了几个崭新而复杂的财政和货币管制政策,从而加强了德国国家银行对外汇交易的控制。德国还和东欧及巴尔干国家进行了贸易协议谈判，实现以物易物，德国用工业制成品换取东欧和巴尔干地区的食品和原材料，这样就避免使用黄金或者稀有外国货币。虽然实际上很少有德国商品运输出去，但是这个政策成功地将东欧拉进了德国战争经济。

西班牙没有参加第一次世界大战，从而避免了许多困扰其他欧洲国家的问题。事实上西班牙工业由于战时需求的紧张而受益，但它仍是低产量的农业占主导的国家。在里维拉(Miguel Primo De Rivera)将军独裁统治的1923年至1930年期间，西班牙的经济也加入到了当时繁荣的世界经济之中，而之后的经济大萧条是君主国灭亡以及1931年第二共和国建立的原因之一。那些年的经济环境对寻求改革的共和派人十分不利。1936年，佛朗哥(Francisco Franco)将军开始了一场血腥的、极具摧毁力的内战，以共和派人1939年的覆灭告终，同时建立了在某些方面与法西斯意大利及纳粹德国相似的自给自足体制，但没有德国的先进技术。

俄国革命和苏联

沙俄帝国认为协约国将会快速取胜，于是就参加了第一次世界大战。这一幻想很快破灭了，随着战争的推移，俄国两大传统的劣根性——低效和腐败暴露无遗，最终让俄国吃到了苦头。1917 年初期，俄国经济举步维艰。在 3 月初，彼得格勒(后重新命名为圣彼得堡)爆发了罢工和暴动。一些士兵加入到示威者行列中，并给他们提供武器；铁路工人竭力阻止维持秩序的其他军队进入。3 月 12 日，罢工领导者和士兵与许多社会主义政党的代表一起参加了苏维埃工人士兵代表大会。同一天，国家杜马(相当于议会)决定组建一个临时政府，接着在 3 月 15 日废黜了沙皇。从此，罗曼诺夫王朝的长期统治结束了，简而言之，毫无领导、几近血腥的革命结束了。

临时政府由贵族、知识分子和议会议员混合组成；政府中只有一名(中产阶级的知识分子)社会主义者名叫亚历山大·克伦斯基(Alexander Kerensky)。另外，临时政府不得不与彼得格勒苏维埃联合执政，至少在彼得格勒是如此。(在莫斯科和一些省级城市中也组建了苏维埃政权。)新政权立即宣布了言论和信仰的自由，承诺会实施社会改革和重新分配土地，并保证将会召集立宪议会来决定俄国政府的永久形式。同时，新政府试图继续对德战争，但事实证明这成了新政府下台的祸根。

弗拉基米尔·伊里奇·列宁是俄国社会民主党布尔什维克派领导人，他青年时期的大多数时间流放在国外，直到 1917 年春天，在德国政府默许下才返回了圣彼得堡，德国政府期望他能造成俄国社会动荡和政局混乱。然而德国政府却未曾料到他竟会成为政府领导者！列宁在彼得格勒苏维埃中迅速树立起他的领导地位，并对临时政府发动了顽强的斗争。临时政府由于内部争论变得四分五裂，在军队和整个国家中失去了威信，因而在 1917 年 10 月 25 日(西历 11 月 7 日，苏联在 1918 年 1 月 1 日开始采取西历纪年法)，自称“红卫兵”的民众占领冬宫、夺取政权，临时政府也无力抵抗。次日，列宁组建了新的国家政府——人民委员会(Council of People's Commissars)。

十月革命之后的将近 4 年里，苏联政府面临着艰难的国内冲突和国外战争。虽然 1918 年 3 月苏维埃政府结束了对德战争，与德国签订了

《布列斯特-立托夫斯克条约》(*The Treaty of Brest-Litovsk*)，随后被《凡尔赛条约》宣布无效，但是它仍面临着一些所谓的白军的顽固反扑，这些白军一度受到西方协约国的支持。1920 年苏联与刚独立不久的波兰爆发了战争。为了维持生计、保住权力，布尔什维克主义者，现自称共产主义者，采取了严酷的战时共产主义措施，包括城市经济国有化，没收土地并重新分配给农民，建立一个新的法律体系。战时共产主义最显著的特点是，创建了一党制的政府即“无产阶级专政”，列宁的指示就是政府的命令。

在期盼已久的立宪会议选举中，社会革命党人——布尔什维克者的对手——取得多数席位。1918 年 1 月召开的立宪会议刚进行一次讨论后，列宁就派兵解散了议会。于是社会革命党人重新施展了暗杀的传统伎俩，1918 年秋天成功行刺了列宁，使其身负重伤。共产党人于是采取了周密的恐怖统治，谋杀政治宿敌，同时又保持对中央政府(1918 年 3 月后迁至莫斯科)的统治。

十月革命后，政府批准了芬兰独立的请求。内战期间及以后，其他地方也纷纷要求独立或至少是自治。虽然政府接受了波罗的海三国——爱沙尼亚、立陶宛、拉脱维亚——的要求，但拒绝了乌克兰、外高加索和其他一些地方的要求。这种脱离俄国统治的状态仅仅维持很短的时间，两年之后，俄国又重新征服了这些国家。1922 年，列宁不顾其民族问题方面的专家顾问——有俄国化倾向的格鲁吉亚人约瑟夫 · 斯大林的反对(至少名义上是如此的)，决定成立一个联邦。1922 年 12 月 30 日，苏维埃社会主义共和国联盟(USSR)成立。它由以下几个部分组成：俄罗斯联邦苏维埃社会主义共和国(RSFSR)(主要包括欧洲部分的俄国加上西伯利亚)、乌克兰、白俄罗斯和外高加索共和国。后来，中亚以及其他地区的共和国也陆续加入进来；而事实上，这个联邦只是由莫斯科的一小群人掌控，他们同时掌控着共产党和国家政府。

1921 年 3 月，苏联和波兰两国和解了，签订了《里加条约》(*The Treaty of Riga*)。苏联共产党人从此再不需要面对来自国内和国外的抵抗了。但是经济危机重重。带有强烈恐怖主义色彩的战时共产主义政策虽足以击退敌人，却显然不能作为经济发展的长期政策。工业总产值跌到了不及1913年水平的三分之一，政府的农业政策也表现得不尽如人意。农民土地所有权被合法化，他们此时嫌政府制定的价格太低，拒绝出售农产品。1918年初秋，政府派出军队和武装工人进入农村强行没收粮食，同时黑市也开始猖獗起来。1921年2月由于处境艰难的水兵在喀琅施塔得(Kronstadt)海军基地发动了叛变，使列宁意识到出台新的政策迫在眉睫。

面临经济瘫痪和潜在的农民起义，列宁的政策倾向急转180度，开始实施新经济政策(NEP)，这是向资本主义经济规律的一次妥协，列宁称其为“为了前进而后退的一步”。一种特殊的粮食税取代了余粮征集制，允许农民以市场价格出售剩余粮食。将小规模的企业(少于20名雇员)归还给私人经营并可以根据市场需求进行生产；外国企业家可以租用现有的工厂，还获得了可以进入新行业的特许权。但是所谓的经济支柱产业(大型工业、交通和通信、银行、对外贸易)依然由国家掌管和运作。新经济政策还包含了富有活力的电气化计划，建立技术学校来培养工程师和工厂经理，以及创建一个更加系统化的国有经济体系。尽管与农民的矛盾日益加深，但工业和农业产量都有所增加，到1926—1927年时，已经基本恢复了战前的生产水平。

同时，共产党内部的领导权发生了重要变化。1922年5月，列宁第一次中风，直到1924年1月去世之前都没能彻底康复。尽管重权在握，列宁还是尽量避免明确指定自己的接班人。实际上，在一份独特的“政治遗嘱”中，他指出了身边同事的优点和缺点，以及谁可能成为继任者。

主要的两个竞争者是列昂·托洛茨基和约瑟夫·斯大林。托洛茨基曾担任战时人民委员，内战时为击败白军作出了巨大贡献。作为一个极有天赋的演说家，他得到了党内外的大力支持。但是他后来关于布尔什维克事业的讲话(1917年)和他喜欢对同事不留情面的评价，使得老布尔什维克者对他产生了戒心。相反，斯大林一心一意追随列宁和其他老布尔什维克者。尽管在列宁去世后，他并不在继任者的考虑名单之内，但是他利用共产党中央委员会总秘书的职位(1922 年开始)，在党内形成联盟来排挤竞争对手，首当其冲的对手就是托洛茨基。

对于国内和国际事务的重大政策有分歧，于是两位竞争者分道扬镳。当托洛茨基宣扬世界革命的时候，斯大林最终支持那些倾向于在苏联内部建设社会主义国家(即“一国社会主义”)的人们。在斯大林成功将托洛茨基解职、流放并最终将其暗杀后，他将矛头指向了之前的盟友，指控其中的一些人为“左倾分离分子”，另一些人为“右倾机会分子”。到了 1928 年，斯大林终于完成了对党和国家的统治。

斯大林的“一国社会主义”计划意味着要建设大型的俄国工业，一方面实现自给自足，另一方面在面对外部敌对势力时足够强大。实现这一目标的方法是全面的经济计划，斯大林认为这还有另外一层好处，即能增强对国计民生的控制，从而避免政权被推翻。1929 年，他刚刚牢牢掌握了党和国家核心机构后，便开始了第一个五年计划，有时也被称作“第二次布尔什维克革命”。

所有苏维埃政府的资源都被直接或间接地用于此计划。就纯技术层面而言，国家计划委员会(Gosplan)全权负责制定计划、设定产值目标以及工厂的人事安排。这个计划体制取代了市场机制，全然不顾成本、收益或者消费者偏好。工会不再代表和保护工人的利益，而是被用来维持劳工纪律、防止罢工和怠工以及促进生产率。在斯大林胜利之前，工会领导人所倡导的“工人对工业的控制”在这个五年计划中根本没有立足之地。

农业是苏联的老大难问题之一。在新经济政策中，农民强化了对自有土地和牲畜的传统依赖，但斯大林执意要采用国家农场的管理方式。国家拥有土地、牲畜和设备，同时派遣专业管理人员；在土地上劳作的农民变成彻底的农业无产阶级。他们痛苦地反对集体化，他们烧毁庄稼、屠杀牲畜，宁为玉碎，不为瓦全。面对如此顽强的抵抗，斯大林一度曾退却。之后斯大林向农民妥协了，政府允许他们成立合作农场，土地由集体共同耕种，允许每一户可以保留一小块地留作自用。国家建立国有的机器和拖拉机驻地，提供技术咨询和机械设备，同时机器和拖拉机驻地还用于监督、宣传和控制合作农场的运作。

官方宣布，第一个五年计划的目标只用了4年3个月就实现了。而这个计划距离完全的成功还是很远的。尽管一些工业部门的产量得到了惊人的增长，但大多数工业都无法完成不切合实际的生产指标。在农业方面，约六成的农民被集体化，但是农业产量却下降了，牲畜数降低到了1928年水平的二分之一到三分之二之间(直到1957年才重新回复到1928年的水平)。五年计划的代价是巨大的，尤其是人力方面。仅在农业集体化中，就有上百万农民饿死或被判死刑。

在1933年，政府实行了第二个五年计划，重点应当是生产消费品；事实却是政府仍将大部分资源投入到资本品和军事装备上。尽管工业产值有巨大提高，但苏联仍是农业国，并且农业是它的软肋。第二个五年计划的1936—1937年间发生了著名的大清洗运动。从底层工人到党和军队高级领导人，成千上万的人被送上了法庭，被冠以怠工或间谍甚至叛国的罪名。这当然对生产产生了巨大影响。

第三个五年计划，于1938年启动后，被1941年的德国入侵所中断，苏联又回到了类似战时共产主义的体制。

第二次世界大战的经济表现

第二次世界大战是迄今为止所有战争中规模最大、破坏最大的一次战争。在某些方面，二次大战只不过是对在一次大战中已显露的特点的延续和强化，例如愈来愈依赖作为军事技术基础的科学，对经济和社会实行非凡程度的管辖和计划，以及在国内外对宣传的精妙使用。在另一些方面，二战则与以往的战争截然不同。

第二次世界大战是一场名副其实的世界大战，直接或间接地殃及世界上几乎每个大洲和每个国家的人口。一次大战以阵地战为主，二次大战则不同，是一场涉及陆、海、空三方的运动战。只在一次大战中偶尔出现的空战，在二次大战中成为关键的因素。海军的行动，尤其是航空母舰的使用，变得更为重要。科学技术使得许多新型武器得以出现，不论是进攻性武器还是防御性武器，从雷达到火箭助推炸弹、喷气式飞机和原子弹。参战国的经济实力、尤其是工业生产力就变得格外重要。简单的数字比较不像从前，已经没有意义了，在评估对手相对实力的时候规模仍是一个重要因素。在最后的评估中，生产线变得和战线一样重要。战胜国最终的秘密武器是美国经济巨大的生产能力。

第二次世界大战的货币成本就直接军事支出而言估计超过1万亿美元(按当时购买力计算)。这一估值只是个下限，它不包括财产破坏的价值，这一价值很难被准确估算，但可以肯定比直接军事支出还要大；它也没有包括由战争导致的国家债务的利息、提供给伤者和老兵的养老金和死于战争的军人和平民的生命的价值——这一项最令人震惊也最难以衡量。

在西欧，与二次大战相关的死亡人数粗略估计为1 500万：600万的军人和超过800万的平民，包括450万到600万犹太人被德国纳粹屠杀。更多的人伤痕累累，流离失所，死于饥饿或营养不良引起的疾病。俄国约有超过1 500万人死亡，超过一半的平民受伤。中国遭受了超过200万军人的死亡和数百万平民由于敌人入侵或是战争引发的饥荒疾病而死亡。日本失去了超过150万军人和数以百万计的百姓，10多万人直接死于投放到广岛和长崎的原子弹，其他日本城市由于常规导弹的轰炸也同样受到了极大的破坏。

二次大战中遭破坏的财产远远比一次大战中多得多，主要由于大量的飞机轰炸所致。美国空军以自己的战略轰炸为傲，袭击目标锁定为军事和工业设施而非平民；但是战后的德国战略导弹调查显示，只有约10%的工厂被永久性毁灭，而超过40%的民房却被摧毁了。1943年7月约有900吨炸弹投向汉堡，差不多将其夷为平地。在战争快要结束的时候，历史在德累斯顿重演，造成了难以计数的人员伤亡。在轴心国和同盟国两方的许多其他城市，如英国的考文垂和荷兰的鹿特丹，都难逃一劫。列宁格勒事实上已被炮弹摧毁，但它从未停止抵抗。

交通设施，特别是铁路、港口和码头，成为诱人的目标。跨于卢瓦尔河上的每一座桥——将法国的北部和南部分开——都遭到了破坏。莱茵河上的桥也都遭遇了同样的命运，只除了幸运的一座，那就是著名的雷马根（Remagen）桥头堡，正是得益于这一桥头堡，同盟国战士能够直插德国的心脏。

所有参战国都打起了经济战——一个旧政策的新称谓。例如在第一次世界大战中，甚至在拿破仑战争中，英国（后来受美国所援助）采取了封锁措施，为此德国用无限制潜艇战进行报复。除了合成品外，例如用煤提炼汽油，德国掌握了被占领国家的所有资源。1943 年德国榨取了超过 36% 的法国国民收入，接着，在 1944 年，德国工业劳动人口中差不多 30% 由非德国人构成，而这其中基本上全是奴隶劳工。

战争结束时，整个欧洲的经济一片凄凉。1945 年工业和农业的总产值只有 1938 年的一半或者连一半还不到。除了财产的破坏和人员的伤亡外，成千上万的人背井离乡、妻离子散，更多的人面临饥荒。更糟糕的是，经济制度的结构已遭到严重破坏，重建并非易事。

第十五章

世界经济的重建(1945—1973年)

战后欧洲一蹶不振，几乎处于瘫痪状态。除英国和苏联以外，所有参战国都遭遇了军事上的失利并被敌军占领。苏联的大片土地曾落入德国军队的实际掌握之中，双方为此进行了反复拉锯战，可谓寸土必争。英国国内则有多处人口稠密的城市遭到飞机轰炸，加之食物等生活必需品极度短缺，因此尽管没有被占领(美国人除外)，损失也极为惨重。唯一未受直接破坏的那几个欧洲中立国，也因战争连累而饱尝物资短缺之苦。

战前，欧洲国家的进口多于出口，食品和原材料的贸易更是如此，进出口差额则用海外投资和航运、金融服务赚得的收入来支付。但现在，这些国家的海运船队已毁于战火，海外投资的产业也被迫清算，金融市场面临一片混乱，其制造业的海外市场则被美国、加拿大甚至一些原先不发达国家的新兴企业乘机抢占。欧洲前景惨淡，民众所能指望的仅是维持温饱。成千上万的人因为衣食匮乏、疾病肆虐而面临死亡的威胁。对于同病相怜的战胜方和战败方而言，紧急救援和重建经济成了当时最迫切的需要。

救援主要来自两条途径，其中大部分又都来自美国。1944年底至1945年初,盟军正横扫整个西欧,同时也向敌我双方的遇难平民发放应急口粮和医疗设备。因为盟军奉行无条件投降政策,所以在停战后必须承担在战败国德国维持治安的重任,其中就包括继续向无助的平民提供救援食物。

救援的另一方面来自联合国善后救济总署(UNRRA)。从1945年到

1946年,该机构共花费10多亿美元,发放2 000多万吨食品、衣物、毛毯及各类医疗设备。其中三分之二的费用由美国承担,剩余部分由联合国其他成员国支付。从1945年7月1日到1947年6月30日,美国通过拨款给善后救济总署以及采取其他直接救援行动的方式,共向欧洲提供了约40亿美元的援助,另有将近30亿美元用于对世界其他国家的援助。1947年后,联合国善后救济总署的职能由国际难民组织(IRO)、世界卫生组织(WHO)和其他一些联合国专门机构继续执行,另外还包括各国自愿加入的官方机构。

与欧洲相反,美国经过战争后变得空前强大。加拿大、其他英联邦国家和部分拉美国家的实力也比战前有所增强。这些国家不仅未遭受直接的战争破坏,反而因战时高涨的需求使国内的生产能力得到充分利用,技术现代化和生产规模扩大成为可能,从而使各自的工农业获益匪浅。许多美国经济学家和政府官员担心战后可能出现严重萧条,但事实上,战争期间人为压低物价水平的配给制和价格管制取消之后,压抑许久的对战时紧俏商品的需求造成了战后通货膨胀,到1948年时,物价水平已是战前的两倍。尽管通货膨胀给依靠固定收入的人们带来生活上的困难,但是它推动了工业车轮滚滚向前,并使美国得以在欧洲和其他遭受战争摧残后满目疮痍的土地上扩大对战后重建的经济援助。

对战后经济的规划

当欧洲人民的生存得到保障后,接下来的当务之急,就是恢复正常的法律、秩序和公共管理。在德国及其附庸国,盟军政府在和约签订期间承担了这些任务。战争期间,许多受纳粹侵略的国家曾在伦敦建立流亡政府,现在这些政府随盟军回到各自的祖国并随即重新执政。

但这些政府的重新上台,并不意味着简单的"恢复正常",那不过是20世纪20年代的幻想而已。30年代经济大萧条的记忆仍徘徊在人们的脑海中,与战争的苦难交织在一起,谁也不想再次经历类似的痛苦。

在欧洲大陆，反对纳粹党的地下运动的领袖们在战后政治上扮演了重要角色，这些运动的同道者，主要是社会主义者和共产主义者，则致力于克服战前的阶级对立，并把一批新生力量推上重要职位。英国的工党积极参与丘吉尔的战时联合政府，该党领袖因此赢得了很高的威望和影响，并领导工党在欧洲战争结束后不久便一举赢得了选举的胜利。最后，战后即将开始的大规模重建工作，预示着国家在经济社会生活中的角色远比战前重要。而且，战争期间积累的行政管理经验正可运用到战后重建中来。

在所有国家，上述种种趋势的影响普遍反映在人民对政治、社会和经济改革的呼声上，而对经济领域改革呼声的回应则表现为关键部门的国有化，包括交通运输、电力和部分银行系统；社会保障和公共服务的扩大，包括退休金、家庭补助、免费医疗或医疗补贴，以及更多受教育机会；政府对维持经济良好运行担负起更大的责任。甚至美国也通过了《1946年就业法案》，设置了总统经济顾问委员会，并使联邦政府做出维持高就业水平的承诺。

国际战后重建计划在战争尚未结束前就已开始。早在1941年8月，富兰克林·罗斯福和温斯顿·丘吉尔在停泊于北大西洋(确切地说，是在纽芬兰的布雷森莎湾)的一艘战舰上戏剧性地会面，并签订了《大西洋章程》，承诺两国(之后包括其他联合国成员)将致力恢复世界多边交易体系来取代20世纪30年代的互惠主义。当然，这仅仅只是一份意向声明，并没有要求任何一方采取具体行动，但至少这是良好意愿的表现。

接着，1944年，在美国新罕布什尔州的度假胜地布雷顿森林召开的一次国际会议上，美国和英国代表团起了主要作用，从而为两大重要国际机构的诞生打下了基础。其中国际货币基金组织(IMF)的职能将是管理各国货币之间汇率的结构，以及为各国国际收支短期失衡提供融资；而国际复兴与开发银行(IBRD)，也即世界银行，则负责为战争受害国的经济重建和世界贫困国家的经济发展提供长期贷款。虽然这两个组织直到1946年才正式开始运行，其职能也因种种原因在之后数年间未得到充分发挥

(原因后述)，但至少已经为世界经济的恢复和重建开了个好头，对于它们未来应有的组织架构也达成了共识。

布雷顿森林会议也展望了国际贸易组织(ITO)的创立，这将是一个为各国间公平贸易制定规则的国际组织。为此又陆续举行了一系列会议，但最大的收获只是1947年在日内瓦签署了效力比预想的国际贸易组织小得多的《关税及贸易总协定》(GATT，简称“关贸总协定”)。缔约方互相承诺给予所有其他缔约方最惠国待遇(即消除贸易歧视)，寻求减免关税而非诉诸数量限制(配额)，取消原有类似限制，并在重大政策变更之前进行相互磋商。这些条款远远少于国际贸易组织原定的构想，在实践中也常有未被遵守的情形；但在关贸总协定的影响下国际上多次召开会议讨论关税减免问题，极大地促进了贸易壁垒的降低。关贸总协定的缔约方从1947年的23个增加到20年后的80多个，最后在1994年，关贸总协定被世界贸易组织(WTO)所取代。

马歇尔计划与经济“奇迹”

1947年的中后期，除德国以外的西欧大部分国家的工业生产都已恢复到大战前的水平(德国的情况将在下文分析)。但仅仅回到战前水准当然是远不够令人满意的。此外，继1946—1947年异乎寻常的寒冬之后，欧洲大部分地区又经历了持久的干旱，1947年也因此成为20世纪农业收成最差的一年。显然，要做的事情还很多。

在20世纪30年代货币金融体系一片混乱的情况下，几乎整个欧洲和许多其他国家都采取了外汇管制，也就是说，除非有货币当局的许可，一国的通货不允许换成他国货币。与之相对应的机制是商品贸易的双边平衡，而这正是贸易量急剧下降的主要原因。这两项及其他一些管制措施，在战争期间被视为必要的手段而始终实行。战争结束后，各种物资——食品、原材料、零配件等——的短缺，似乎都必然导致管制政策的继续实施。要解决短缺问题，只有向海外寻求商品，特别是南美洲和北美洲，但购买那里的商品都需要美元，而在欧洲最短缺的恰恰就是美元。

前面提到过美国对欧洲的救援拨款，这些援助在战后头两年一度减轻了欧洲的“美元荒”。另外，美国和加拿大在1945年12月共同借给英国50亿美元，不仅帮助了英国，而且通过英国对欧洲大陆的支出帮助了其他国家（并且大部分贷款被用于兑换其英镑区贸易伙伴国在战争期间累积的英镑结存）。但到了1947年春末，战后的迅速恢复显然已面临着严峻的考验，甚至可能中途流产。此外，美国和苏联之间不断升级的冷战以及共产党在几个西欧国家（主要是法国和意大利）的政治影响力，使得美国当局不得不关注西欧的政治稳定。1947年6月5日，被杜鲁门总统任命为美国国务卿的乔治·C·马歇尔将军，在哈佛大学的毕业典礼演讲中声明，如果欧洲团结起来，一致提出对援助的要求，美国政府将给予同情的回应。这就是所谓的“马歇尔计划”的由来。

英法两国外长立即进行了会晤，并邀请苏联外交部长前来巴黎共同商讨欧洲应如何应对马歇尔的提议，因为马歇尔在他的提议中特意将苏联与其他东欧国家也包括在内。不知马歇尔是否预料到苏联会拒绝合作，总之，苏联外长尽管赶到了巴黎，但随即便打道回府，声称马歇尔的提议是“帝国主义的一个阴谋”。1947年7月12日，16个国家的代表齐集巴黎，自称是“欧洲经济合作委员会”（CEEC），表现出对外交事务异常敏锐的反应。它包括了西欧所有的民主国家以及冰岛、中立的瑞典和瑞士、仍处于军事占领下的奥地利、非民主政体的葡萄牙，还有希腊和土耳其（为打击共产党的颠覆活动，美国已经对最后两个国家给予了军事援助）。芬兰和捷克斯洛伐克也表现出参加的兴趣，但却不得不跟从苏联；苏联和所有东欧国家都没有出席。佛朗哥统治下的西班牙没有受到邀请；仍处于军事占领下的德国，因没有可代表它的政府而无法出席。

仍然需要对美国人民和国会进行劝说，使他们相信对欧洲的进一步的经济援助符合其自身利益。由于杜鲁门政府发起了一次极为有力的游说活动，到1948年春天，国会通过了《对外援助法案》，开始由“经济合作总署”(ECA)负责执行“欧洲复兴计划”(ERP)。同时，在欧洲并非全体一致同意这一计划。英国官员原本希望从美国那里获得更多直接的双边援助,而不是通过一个欧洲组织得到援助(这可能也是苏联当初退出会谈的主要原因,他们同样也想得到双边援助)。法国对德国在将来成立的任何组织中可能起的作用感到不安。一些小国也同样各有打算。尽管如此,在美国国会采取行动后，“欧洲经济合作委员会”改称“欧洲经济合作组织”(OEEC),与经济合作总署共同负责分配美国的援助。另外，欧洲经济合作组织的成员国必须用本国货币建立相应的基金，该基金的分配使用则须得到经济合作总署的同意。

欧洲复兴计划先后汇集了约 130 亿美元的经济援助，除 1947 年底向法国、意大利和奥地利提供的临时性紧急援助之外，绝大部分援助是在 1952 年初采取美国给予欧洲贷款和补助的形式实现的。这使得欧洲经济合作组织的国家有能力从美元区进口稀缺商品。在计划实行的头一年左右，几乎有三分之一(32.1%)的进口品是食品、饲料和肥料。之后几年，则优先进口资本品、原材料和燃料，以期欧洲工业得以重建并获得出口能力。

德国起初在欧洲复兴计划中占据了出人意料的位置。在 1945 年 5 月德国战败后，为决定其命运，美、英、苏三国政府首脑在柏林附近的波茨坦举行了会谈，但商讨的结果仅仅是决定延长对德国的军事占领。(法国尽管没有参加波茨坦会议，却也在美、英的同意下获准占领一部分德法边境的德国领土。)这项决定的本意并非是要永久性地分裂德国，而仅仅是一时的权宜之计。但随着事态的发展，苏联与西方盟国之间的分歧导致后者在自己的占领区内给予德国越来越多的自治权。作为回应，苏联当局在东部占领区也采取了类似的名义上的让步，但仍借助其扶植的傀儡和苏联军队的驻扎维持着严密的掌控。最终结果，德国被划分成两个独立的国家：德意志联邦共和国(西德)和德意志民主共和国(东德)。柏林虽然深嵌在苏占区之内，仍被一分为四，后来并为两块区域：东柏林(东德首都)和西柏林(西德领土)。在德国政府尚未成立之前，虽然盟国管制委员会是名义上的最高当局，但实际上是由各个占领国分别管理各自的占领区域。

波茨坦会议规定拆毁德国的军火及其他重工业（苏联已开始实行），规定对战胜国及纳粹侵略受害者支付赔款，严格限制德国的生产能力，消除纳粹势力影响，其中包括将纳粹头目作为战犯审判。事实上，只有最后一个目标按照原定计划得到了实现。作为赔款的一部分，苏联当局拆毁了其占领区内的许多工厂设施并运回国内。西方各国在经过一次索取实物赔款和瓦解大型工业集团的仓促尝试后，意识到德国经济必须保持完整，这不仅是为了维持德国人民的生活，也有助于西欧的经济复苏。它们完全改变了政策，不仅不再限制德国国内的生产，而且采取步骤促进其发展。做法之一是为经济上的统一做准备，开始是美英两国在1946年底将各自的占领区合并为美英占领区，不久法国占领区也并入其中。正如关税同盟奠定了日后德意志帝国的基础一样，西部占领区经济上的统一也描绘出了未来德意志联邦共和国的前景。

与此同时，新的问题出现了。为确保占领区人民的生存条件（随着东部难民的不断涌入，人口急速膨胀），美国军事管制政府在1945年到1948年这3年内为西部占领区三分之二左右基本供应品（以食物为主）的进口提供融资。为刺激其占领区经济的复苏，西方国家在1948年6月进行了德国货币的改革，用新马克取代业已贬值、遭人唾弃的纳粹时代的德国马克，而交换比例为1个新马克换10个旧马克。（改革进行得很顺利，因为人们早已抛弃了原有货币而回到了物物交换的时代。咖啡、丝袜，尤其是香烟，成了衡量价值的尺度和商品交换的媒介。）这一改革的成效可谓立竿见影，而且势不可挡，因此被人们称为“Wirtschaftswunder”（意为“经济奇迹”）。之前囤积、窖藏或在黑市交易的商品开始公开流通，商店开始重新备货，工厂重新开工，西德从此进入引人瞩目的经济复兴期。

未能参与这次货币改革的苏联认为这一行为违背了“波茨坦协定”（事实也确实如此），于是封锁了西部占领区和西柏林之间的所有公路和铁路交通作为报复。苏联希望借此迫使西方军队撤出柏林，或者至少使对方在有争议的问题上做出让步;但是，西方同盟的回应是迅速组织战略物资的大规模空运。在长达一年多之久的庞大军事行动中，美国空军和英国皇家空军共出动 30 万架次飞机前往柏林，输送量在高峰期曾达到每天运送 8 000 多吨补给品。这些空运补给品要同时供应美英驻军和西柏林 300 万居民日常所需。

同时，西德也逐渐参与到欧洲复兴计划之中。起初，在 1948 年，由美国军事管制当局接收、分配对西部占领区的援助。后来，西德各州获准派代表参加制宪会议，随后德意志联邦共和国于 1949 年 5 月诞生。不甘示弱的苏联不久也建立了德意志民主共和国。9 月，对柏林的封锁解除。

西德现已完全融入欧洲经济合作组织和马歇尔计划，也许可以认为西欧的经济恢复工作已经完成了，但还有更多、更好的事情即将发生。马歇尔计划结束于 1952 年，它取得的成功超出了不少参与者的预期，甚至也使一部分该计划的发起人始料不及。虽然它并没有如一些人设想的那样创造出一个“欧罗巴合众国”，许多严重的问题也还留待解决，但是不应忽视西欧不仅恢复而且超过了战前生产水平的事实，而且欧洲经济合作组织和其他新成立的机构将继续发挥作用，推动经济实现新的突破。

欧洲支付同盟(EPU)是新成立机构中的重要一员。前面提到过，战后头几年中，增加贸易的主要障碍之一是外汇(特别是美元)的短缺，以及随之而来的双边贸易平衡的必然性。虽然曾有过打破这一限制的尝试，但效果并不尽如人意。1950 年 6 月，欧洲经济合作组织在美国 5 亿美元拨款的援助下，终于得以创立欧洲支付同盟。这一天才的构想使得欧洲经济合作组织成员国之间的多边贸易得以顺畅地进行。欧洲国家之间的所有贸易都有精确的账户记录，每月底结账并取消账户。出现赤字的国家记入中央账户的借方，赤字过大时必须用黄金或美元支付一部分金额；相反，盈余国家在中央账户记入贷方，若盈余很大，则可以黄金或美元收取一部分金额，从而可以从所谓的硬通货区(主要是美元区)进口更多商品。这就促使欧洲经济合作组织成员国增加相互间出口，减少对美国及其他海外供应商的依赖。

欧洲支付同盟的成就有目共睹：在其成立后的20年左右的时间里，世界贸易以年均8%的速度增长，历史上除19世纪60年代一系列贸易条约签订之后的几年外，还从未有过如此高的增长率。当然，这其中大部分贸易增长都发生在欧洲，包括欧洲国家之间以及欧洲与海外国家之间。欧洲支付同盟的巨大成功和贸易的普遍增长，使欧洲经济合作组织得以在1958年恢复各成员国货币的可自由兑换和全面的多边贸易。1961年欧洲经济合作组织演化为经济合作与发展组织(OECD)，美国和加拿大(还有后来的日本和澳大利亚)也加入其中，这是一个由发达工业化国家组成的国际组织，致力于协调对不发达国家的援助，寻求各国宏观经济政策的一致性，并商讨成员国共同关心的其他问题。

高增长时代

二次大战结束之后的四分之一世纪里，世界各工业化国家实现了有史以来历时最长、增长率最高的连续经济增长(图15－1)。若把工业化国家作为一个整体(欧洲经济合作组织、美国、加拿大和日本)，从1950年到1973年其按就业人口计算的人均国内生产总值年增长率平均达到4.5%；就其中各个国家而言，增长率从英国的2.2%到日本的7.3%不等。经济增长最快的是那些拥有充裕劳动力供给的国家，其中有的国家是由于农业人口的减少(如日本、意大利、法国等)，有的则源自难民的涌入(如西德)。美国、加拿大和英国在战争刚结束时拥有当时最高的人均收入水平，现在其经济增长速度也是各自有史以来最快的，不过已开始落后于增长更快的西欧国家和日本。同时可以看到，工业化国家中人均收入水平相对较低的几个国家，如意大利、奥地利、希腊和日本等，有着高于平均水平的增长率。

A. 以不变价格计算的人均国民产值指数(1963年=100)

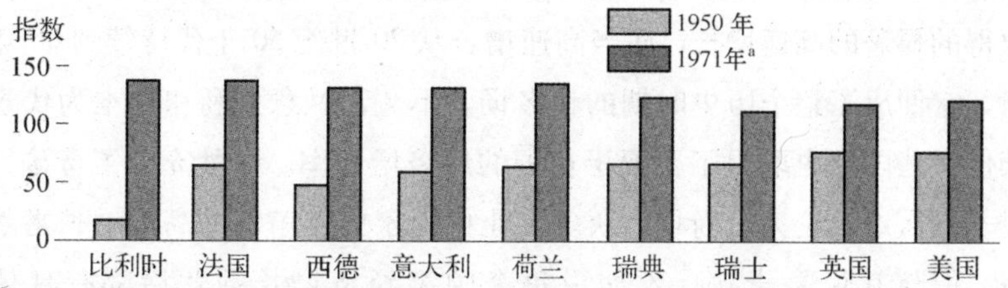

a 法国、意大利和荷兰的数据始于 1970 年；瑞士的数据始于 1969 年。

B. 国民收入，年均增长率

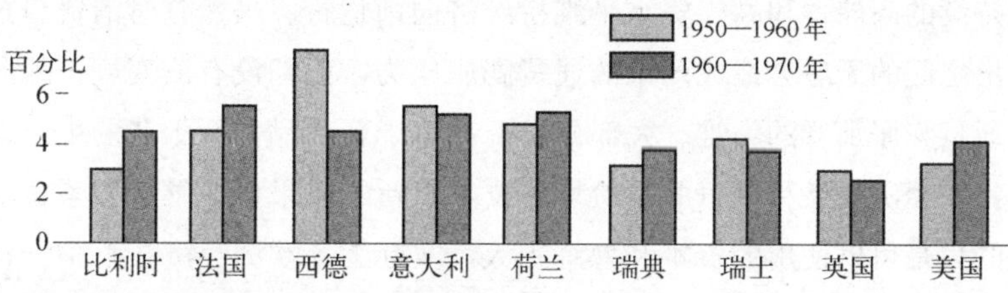

C. 工业生产总值指数(1963 年=100)

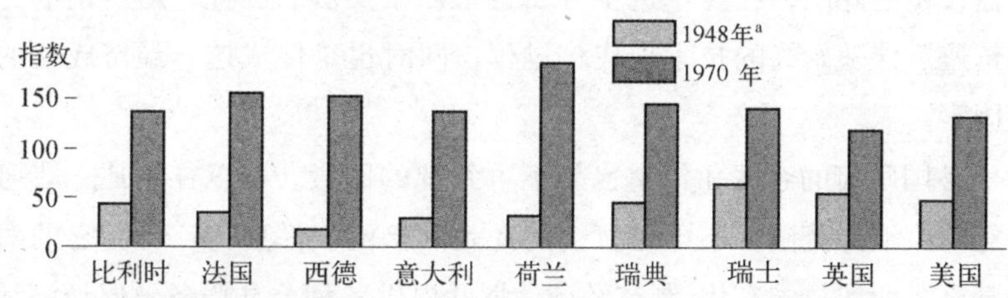

a 瑞士的数据始于 1958 年。

D. 对外贸易(进口加出口)

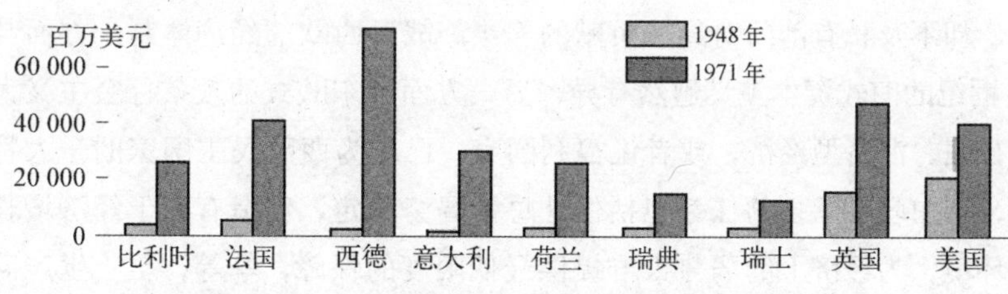

图 15－1 西欧的经济复苏与增长,1948—1971 年。

如上文所述，“经济奇迹”一词最初是指西德在1948年货币改革后取得的显著的高速增长，而当高速增长从20世纪50年代持续到60年代时，它便成了整个历史时期的代名词。不久，以意大利和日本为代表的其他一些国家也取得了不亚于德国的经济增长率。到处充满了奇迹！不过，这么下结论为时尚早。众多工业化国家史无前例的高速增长当然振奋，但与其说是奇迹，不如说每个国家经济增长的背后都有具体的原因。

美国的援助对促使欧洲经济复苏起了关键性的作用。之后，欧洲又以持续的高储蓄和高投资水平维持经济向前运行。虽然有时消费与投资支出之间的矛盾会造成严重的通货膨胀压力，但却没有演变成一战后恶性通货膨胀那样的灾难。大部分投资都用于新产品和新工艺的生产设备上。在经济萧条和战争的年份里，技术革新的成果仍在继续积累，所欠缺的只是可供使用的资本和熟练工人。实际上，欧洲经济在整整一代人手中陷于停滞状态，不仅失去了经济增长的潜在收益，而且还因所使用机器设备的陈旧，在技术进步方面也落后于美国。因此，与所谓的“经济奇迹”伴随始终的技术现代化过程，同时也是促成这一经济成就的重要因素。

各国政府的态度和作用也是不可忽视的因素。与以往相比，政府参与经济生活的范围，不论是直接的还是间接的，都更为广泛。它们对某些基础工业实行国有化,制定经济计划并提供各种公共服务。但经济活动中最大的一部分仍由私有企业进行。西欧国家来源于政府部门的国民收入平均占国民收入总额的四分之一到三分之一。这一比例虽远高于战前，却不及私有部门对经济贡献的一半。战后西欧的经济体制一方面与19世纪的旧式资本主义迥然有异，另一方面与东欧式的教条社会主义大相径庭。混合型经济，或者说福利国家，已成为西欧民主国家的一大特征，其中政府承担的任务包括保证总体局势稳定，创造有利于经济增长的环境，为经济上的弱势人群提供最低限度的保障，等等，至于生产商品、提供服务以满足人们需要这一主要任务，则由私有部门的企业来完成。

就国际层面而言，各国良好的经济表现很大程度上应归功于政府之间广泛深入的合作。这种合作并不总是自发形成的，经常需要美国从旁推动，有一些前景颇为诱人的项目，正是由于缺少了这一点而夭折。但从总体上看，与两次世界大战之间的年份相比较，政府间合作的发展是很明显的。

最后，从长期来看，欧洲的经济增长还得归功于它丰富的人力资本。欧洲国家的文盲率很低，拥有从幼儿园到技术专科学校、综合大学和研究院的各类专门教育机构，为新技术的有效运用提供了大量熟练技术人员和脑力工作者。在马歇尔计划取得最初的极大成功后，许多评论者错误断言，认为只需实物资本或金融资本即足以推进经济的发展。在这一错误论调指导下出笼的几项“宏伟”计划，包括美国和拉美国家之间的“争取进步联盟”，最终均以失败和理想的破灭而告终。此外，欧洲在 20 世纪 50 年代到 60 年代之间一直保持着经济的稳定、高速增长，这使得其决策层变得过于自信，认为自己能够在保持出口导向型经济增长的同时，化解由此造成的就业、居住方式等方面结构性变化带来的矛盾。60 年代末，工会要求按照对工人有利的方式重新分配利润，工人罢工也因此愈演愈烈。欧洲经济的繁荣在很大程度上与美元汇率的高估有关，因为这使欧洲国家的制成品可以在本国境内取代美国的进口，或在第三方市场上与美国商品相互竞争，甚至打入美国本土市场。当美国于 1971 年 8 月单方面宣布美元贬值后，欧洲大部分国家花了 10 多年时间才逐渐适应新的国际贸易环境，详细情形参见下一章。

苏联集团的出现

就绝对数字而言，苏联是所有二次大战参战国中损失最严重的国家。军民死亡人数估计超过 2 000 万，最保守估计也有 1 000 万，另有 2 500 万人无家可归。大片最肥沃的农地和部分高度工业化的地区被战火摧毁。据官方估计，约有30%的国民财富损失殆尽。

尽管人民历尽艰辛，但苏联在战后崛起为世界上仅有的两个超级大国之一。虽然从人均意义上讲苏联还很贫穷，但它幅员辽阔、人口众多，足以担此重任。为了能尽快在战争废墟上恢复经济、提高产量，苏联政府于1946年开始实施第四个五年计划。与之前的五年计划一样，这次的重心仍放在重工业和军事工业上，原子能的发展更是得到特别关注。这次五年计划还大量利用了来自前轴心国的实物赔款和来自其新近扶植的卫星国的进贡。

战后，斯大林达到了个人权力的顶峰，不久便对政府和经济部门的高层进行了一系列调整。1946年通过修改宪法，规定以部长会议取代原来的人民委员会，斯大林则担任部长会议主席(相当于首相)的职务。负责监督、控制工农业的部长屡屡因为“能力不足”或“不诚实”等理由遭到解职。其他一些党政高官也以类似理由被撤职，但有理由认为，斯大林这么做的真正原因是他怀疑这些人对自己不够忠诚。

1953年，斯大林去世。经过两年的“集体领导制”和共产党最高领导人之间的反复结盟，继斯大林之后任苏共第一书记的尼基塔·赫鲁晓夫，成为苏联的最高领导人。1956年2月召开的苏共二十大上，赫鲁晓夫发表了长篇演讲，痛斥斯大林是一个暴君，是他下令处死了成千上万的无辜人民，是他的自大狂妄酿成过失而使全体人民蒙受灾难，是他使政府脱离群众，是他开始了“个人崇拜”来吹捧自己。但是，赫鲁晓夫同时谨慎地指出，斯大林的专横暴虐是对正确方针的偏离，并声称新的领导集体已经回到了真正的列宁主义原则上。赫鲁晓夫的这次演说本来是“秘密报告”，但很快泄漏到了国内外。“秘密报告”在共产主义国家的人民中间引起了极大的混乱和骚动，并由于对斯大林政权的全盘否定而给共产主义运动造成了严重危害。苏联政府开始了“非斯大林化”的官方行动，其中包括将他的遗体从莫斯科红场上著名的列宁墓旁移走。

除了领导人的更迭和一些表面的改革外，苏联经济体制的基本性质并没有发生变化。1955 年，虽然有不少高官抱怨说，国民经济效率普遍低下，另外尚有三分之一的工业企业未完成生产指标，但苏联政府仍宣布上一个五年计划已经完成，并将开始实施下一个五年计划。苏联重工业的产量仍在不断提高，但跟赶超美国的目标还相去甚远。由于消费品生产在苏联的经济计划中一贯不受重视，因此其生产始终相对滞后，以致消费者饱受商品短缺、质量低劣之苦。

战后很长一段时期，尽管政府付出了巨大努力试图提高农业的生产率，苏联的农业始终未能走出战争后遗症的阴影。集体农场制度无法有效地激励农民生产。相反，农民都将精力放到了那 0.5 公顷(约 1.2 英亩)大小的私有土地上，他们可以将这块土地的部分出产拿到市场上出售。这种私有农地全部面积之和不超过耕地总面积的 3%，却提供了全国牛奶产量的五分之一和生肉产量的三分之一，另外还有大量水果和蔬菜。1954 年赫鲁晓夫开始实施“开发处女地计划”，为的是将苏联部分贫瘠土地开垦成可耕地。第二年他发动了一轮旨在提高玉米产量的竞赛，而 1957 年他又宣布开展一项旨在 1961 年之前在牛奶、黄油和肉类产量上超过美国的运动。这些努力无一达到预期目标。尽管赫鲁晓夫曾经威胁农业官员说，如果完不成任务就要接受惩处甚至被全部撤职，他和他手下的计划制定者仍然无法克服恶劣天气、官僚弊政以及肥料短缺带来的困难，更重要的是农民缺乏生产的热情和积极性。食品的匮乏成了苏联人生活的一大特征。历史上曾是粮食出口国的俄罗斯，到 20 世纪 60 年代却不得不开始用黄金从澳大利亚、加拿大和美国等西方国家进口粮食。

关于对德和约的问题，同盟国起初认为，想要在和约条款上达成内部一致是不明智的，后来它们又发现这是根本做不到的。但它们还是顺利地与纳粹德国的仆从国签订了和约，并在如何对待受到纳粹侵略的东欧各国的问题上达成了共识。东欧问题的解决方案在战时举行的几次会谈中就已初见端倪，其中最著名的当属雅尔塔会议。这些会议已经预见到苏联将要在东欧扮演的重要角色，而随着苏联军队占领该地区，这一角色就变得更为具体了。尽管斯大林曾许诺它们可以进行自由选举并成立“具有广泛代表性的政府”，但事实证明，这不过是一张空头支票。1947年2月，经过历时一年半的战后谈判，同盟国与罗马尼亚、匈牙利、保加利亚和芬兰签署了和平条约。

捷克斯洛伐克和阿尔巴尼亚的国际地位的恢复被视为理所当然。这两个国家并未与同盟国交战(事实上它们属于被轴心国侵略的首批受害国)，故对其战后重获独立并无异议。但是，两者获得解放的方式注定它们将属于苏联的势力范围。

在苏军解放了捷克斯洛伐克以后，战前在国际上备受尊敬的前总统爱德华·贝奈斯(Eduard Benes)回国担任临时政府的总统。在1946年5月的自由选举中，捷共获得了三分之一选票，在立宪会议中占据了最多席位。不过，尽管捷共领袖克莱门特·哥特瓦尔德(Klement Gottwald)成为了政府总理，但议会一致选举贝奈斯连任总统。捷克斯洛伐克继续处于联合政府时期，贝奈斯则希望它成为苏联和西方之间的桥梁，直到1948年2月捷共夺取政权为止。

战争期间，丘吉尔和斯大林在没有与罗斯福商量的情况下，决定战后在南斯拉夫划分相等的势力范围。但后来，铁托元帅率领的南斯拉夫游击部队在苏联和英国提供的微不足道的帮助下一举解放了全国，从而使南斯拉夫在战后获得了相当程度的独立。1945年11月举行选举的结果，铁托领导的共产党占主导的“民族解放阵线”在制宪会议中获得压倒性多数席位，随后迅速推翻君主制，宣布成立南斯拉夫联邦人民共和国。共和国新宪法在形式上与苏联宪法十分相似，而铁托的治国方式也与斯大林如出一辙。但是，他拒绝对苏联惟命是从，并在1948年公开与苏联及其卫星国断绝关系。

战后波兰的疆界划定及其政府组成方式成为调停过程中最棘手的问题之一。在战争临近尾声时，波兰曾出现过两个临时政府，一个在伦敦，另一个在苏联占领下的波兰。在苏联的坚持和西方的默许下，两者合并成立“全国统一临时政府”，并承诺尽早举行“不受限制的自由选举”。该联合政府一直延续至1947年共产党全面掌权为止。在波茨坦会议中临时敲定的领土方案等于是将波兰向西移动了300英里。协议在字面上只规定了波兰在奥得-尼斯(Oder-Niesse)线以东一带地区(其大小相当于战前德国领土面积的五分之一)内可“暂时行政”。但得到苏联支持的波兰人认为这一方案是对他们割让领土给苏联的明确补偿，而他们割让的领土几乎相当于战前波兰国土面积的一半。他们随即赶走了居住在该地区的数百万德国人，以便为从苏联占领区涌来的数百万波兰人腾出地方。这一庞大的人口迁移，加上东欧其他各处类似的移民，使得族群边界仿佛又回到了“公元1200年以前的状态”(阿诺德·汤因比语)。

与罗马尼亚、保加利亚和匈牙利等德国在东欧的前盟国签订的和约中规定的领土划分方案，与历史上公认的疆界线基本吻合。罗马尼亚从匈牙利手中重新夺回了特兰西瓦尼亚,却必须将比萨拉比亚和北布科维纳归还给苏联,并将多布鲁加的南部归还给保加利亚。匈牙利损失最大,不仅什么也没得到，还必须割让一小块土地给捷克斯洛伐克，作为后者的鲁西尼亚并入苏联的补偿。三个国家都必须支付赔款，其中匈牙利和罗马尼亚各3亿美元，保加利亚7 000万美元(这些都是以1938年物价计算的，故实际数额更大)。大部分赔款都流向了苏联。由苏共一手培养起来的东欧共产党，在苏联军队保护下，没费多大周折便清除了自由党、社会党和小农党在人民阵线政府中的代表，不久便成立了苏维埃式的人民共和国。芬兰向苏联割让了部分领土，并支付了3亿美元赔款，但却逃脱了像其他苏联周边国家那样的命运，继续维持着不十分稳固的中立地位。

上述和平条约对拉脱维亚、立陶宛和爱沙尼亚等波罗的海周边国家的消失只字未提。这3个国家在1917年之前属于沙皇俄国，1939年至1940年之间被并入苏联，之后在1941年被德国侵占，1944年至1945年间重新由苏联红军占领。苏联随即便以加盟共和国的形式悄无声息地兼并了这3个国家。和谈过程中对此未作提及，这意味着承认它们重又成为新的苏联帝国的一部分。

在欧洲复兴计划取得最初的成功之后，苏联也于1949年1月成立了经济互助委员会(COME CON，简称“经互会”)，目的是将其在东欧的卫星国在经济上凝聚成更紧密的联盟，其成员国包括阿尔巴尼亚、保加利亚、罗马尼亚、匈牙利、捷克斯洛伐克、波兰以及东德等国。表面上，成立经互会是为了在这些共产主义国家之间协调经济发展，实现更有效率的劳动分工，但实际上只是苏联迫使这些国家在经济上更依赖于自己的手段而已。经互会并没有形成西欧式的多边贸易体系，相反，就像二战期间与纳粹德国进行的贸易那样，不论是对苏贸易还是其他成员国之间的贸易，大部分仍是以双边形式展开。

1953年斯大林去世后，整个苏联集团表现出空前的团结。每个卫星国或多或少的都是苏联的翻版，在莫斯科的指挥下，全体成员步调一致。但隐藏在团结表象背后的分化力量正暗流涌动。当南斯拉夫率先脱离苏联集团(尽管它仍是共产主义国家)后，其他附属国的人民也跃跃欲试。斯大林死后不久，骚动的情绪席卷所有附属国。一些国家发生了罢工和暴动，并且愈演愈烈，以至于当地苏联驻军不得不动用武力加以镇压。

1956年，有“民族共产主义者”之称的伊姆雷·纳吉(Imre Nagy)成为匈牙利总理后，许诺进行大规模改革，包括举行自由选举等，同时宣布匈牙利将退出华沙条约，并请求联合国保证匈牙利的永久中立，就像奥地利成为永久中立国那样。苏联显然难以容忍这样的举动。11月4日凌晨4时，苏联坦克和轰炸机同时向匈牙利发起攻击，其毁灭程度不亚于第二次世界大战时的情形。匈牙利的工人和学生拿起本国士兵提供的武器，在敌我力量对比悬殊的情况下，进行了历时10天的英勇战斗。即使在苏联重新控制局势并建立新的傀儡政权之后，他们中的许多人仍坚持在山区开展游击斗争。同时也有超过15万民众，越过与奥地利之间的开放国界并最终逃往西方国家寻求避难。匈牙利事件清楚表明，即使是非斯大林化之后的苏联，也暂时还不想放弃这个共产主义的庞大帝国。

追求真正民主社会主义的运动在捷克斯洛伐克进行得更为深入。1968年1月，亚历山大·杜布切克(Alexander Dubcek)领导的捷克共产党解除了亲苏的保守派领导人的职务，并出台具有深远意义的改革方案，包括加大自由市场作用以取代政府价格指令，放松出版物审查制度，以及保障相当程度的人身自由。起初，克里姆林宫的统治者试图劝说捷共领导人重回正统路线，但未能达到目的。到了 8 月份，苏联终于发动陆、空军入侵捷克斯洛伐克，并宣布实行戒严。正如 1953 年的东德和 1956 年的匈牙利那样，事实再次证明苏联的共产主义大厦只有通过武力才能得以维系。

中华人民共和国虽然不是苏联集团成员，但有一小段时期曾是苏联的盟友。从一个贫穷国家起步的中国，在第二次世界大战中饱受战争创伤。二次大战期间，中国共产党与国民党领袖蒋介石联合抗日，但同时在中国北方拥有独立的军队，主要依靠在当地征用补给，并由苏联提供装备。共产党在已经厌倦战争的农民中间也有大量的拥护者。二次大战结束后，共产党将矛头转向蒋介石，并在 1949 年将他和他的追随者从大陆赶到了台湾。1949 年 10 月 1 日，毛泽东和周恩来领导下的中国共产党正式宣布成立中华人民共和国，并定北京为首都。

凭借无产阶级专政的手段，共产党很快控制了全国。在牢固掌握政权之后，新生的政府着手进行经济的现代化建设和社会重建工作。起初，国家承认农民在农业生产中的所有权，工商业中也实行一部分私有制，但从 1953 年开始，国家开始鼓励农业集体化，同时在工业领域进行了大规模的国有化运动。这些措施尽管成果显著，但党内领导人仍不满意，并于 1958 年开始了“大跃进”，旨在集中力量赶超先进工业国。但不久之后，这个雄心勃勃的计划引发了灾难性后果，不得不宣告失败。1961 年，政府对原定目标进行了修订，终于使经济恢复到正常的增长速度。

调整社会结构，改造人们的思想、行为和文化是中共领导人的主要考虑之一。对一切“封建”和“资产阶级”的残余，都直接采取没收或处决的方法加以消灭。另一方面，庞大的官员集团沿袭了旧式官僚的习气，知识分子和科技工作者则大都受过西方教育，要在这两群人当中灌输忠诚、驯服的观念似乎不那么简单了。最终由毛泽东在 1966 年发动了“文化大革命”，期间大批知识分子被迫参加工农劳动。

苏联一开始曾在经济、技术和军事等方面对中国提供援助，但之后中国拒绝听命于苏联。1960 年，苏联停止了一切对华援助并撤回在华专家和技术人员，之后短短几年内又多次发生边境冲突，共产主义世界的两个超级大国走到了战争边缘。尽管苏联撤回了技术援助，中国仍在 1964 年成功试爆第一颗原子弹，同时也标志了中国在科技领域取得的空前成就。

为弥补与苏联交恶而造成的后果，中国开始与西方建立友好关系，这一过程在 1971 年美国放弃对中华人民共和国进入联合国的阻挠时达到了顶峰。1976 年毛泽东去世后，中国与西方的接触不断增加，到了 80 年代，邓小平领导下的中国政府开始允许部分引入市场机制和自由企业。

苏联当时在亚洲还有其他三个盟友。1924 年蒙古人民共和国成为苏联以外的第一个共产主义国家(之前称外蒙古，1921 年在苏联的帮助下从当时的中国独立了出去)。尽管战后苏联和其他共产主义国家曾帮助其开发矿产资源(主要是铜和钼)，但由于该国土地干旱、人口稀少，国内经济仍以畜牧业为主。1962 年蒙古加入经互会，1978 年蒙古人民革命党中央第一书记宣布已将该国从一个农业工业国改造为工业农业国。

日本战败后，美苏军队以北纬 38 度线为界分别占领了朝鲜半岛的南北方。在单个政府下建立统一国家的努力失败后，苏联和美国当局于 1948 年在各自占领区内组建了新政权，并随即撤走了武装力量。1948 年 9 月朝鲜民主主义人民共和国(也称北朝鲜)成立，其经济模式参照苏联的中央计划体制，注重扩张军力。1950 年 6 月北方军队入侵南方，试图在共产主义政权下统一全国。在美国帮助下，南方军队击退了北方的进攻，但战争给双方都造成了极大的破坏，直到 1953 年签署停战协议为止。之后，北方的工矿业生产能力在苏联和中国的援助下得以恢复，农业生产则开始实行集体所有制。另一方面，北方社会在金日成的统治下其受压抑和管制程度在全世界亦屈指可数，作为二次大战前整个半岛最富庶的地区，现在却始终无法为其人民提供足够的食物和消费品。

越南社会主义共和国的前身是 1945 年 9 月 2 日胡志明建立的越南民主共和国，二次大战期间日本侵占越南时胡志明领导了抵抗运动。战后法国曾试图恢复在越南的统治，但在 1954 年被越南人打败。之后，该国分裂为共产主义的北越和与之对立的南越，随即爆发了历经 20 世纪六七十年代的内战。南方虽然有来自美国的大量军事和经济援助，最终仍输掉了这场悲剧式的战争。该国是一个传统农业国，主要出口大米和橡胶，但法国曾在北越建立了以矿产资源加工为主的重要工业区。政府致力于推动工业化进程，而几乎所有企业都是国营的。

古巴共和国是西半球唯一公开宣称并与苏联结盟的社会主义国家。于 1959 年 1 月 1 日推翻了富尔亨西奥 · 巴蒂斯塔(Fulgencio Batista)独裁统治的古巴革命领袖菲德尔 · 卡斯特罗，最初并未公开声称自己是马克思主义者，但是美国采取的反卡斯特罗政策，尤其是美国政府在 1961 年猪湾事件中的插手，却将他赶入了苏联阵营，苏联也为能在西半球找到散播自己主张的根据地而颇为满意。由于已经切断原先的市场联系(主要是美国)，但仍依赖于传统的蔗糖出口，古巴只有从苏联集团取得包括军火在内的大部分制成品。1972 年，古巴正式成为经互会成员国。

非殖民化的经济

第二次世界大战对欧洲帝国主义造成了致命一击。菲律宾群岛、荷属东印度、法属印度支那以及英国统治下的缅甸和马来西亚都暂时被日本占领。在亚洲其他地方和非洲，由于法国、比利时和意大利的战败加上英国在战时的预先占领，使得它们的殖民地在很大程度上得到自主权。一些附属国马上宣布独立，而在有些国家鼓动推翻殖民统治的独立党正在兴起。战时西方同盟国宣扬的“全世界自由民主”的口号，不仅突显出西方的理想与殖民地现状之间的矛盾，使独立运动的呼声更加深入人心，也极大打击了欧洲人用纳税人的钱去统治别国的积极性。二次大战后的头几年，帝国主义列强暂时夺回了对大部分前殖民地的控制，但战争已经拖垮了这些国家本身，殖民地民族独立运动的力量不断增强，加之美国的态度摇摆不定，使欧洲列强逐渐放弃了帝国主义殖民统治。少部分殖民地与原来的宗主国展开了独立战争，并最终取得了胜利。虽然有点不大情愿，仍有越来越多不愿冒战争危险的帝国主义列强主动撤回了对殖民地的统治权。

1947年印度次大陆从英国手中独立之后，出现的新国家不是一个而是两个，接下来又有了第三个和第四个。以信仰印度教为主的印度和主要信仰伊斯兰教的巴基斯坦在1947年8月15日同时宣布独立。第二年，锡兰岛也获得独立，并于1972年更名为斯里兰卡。最初，巴基斯坦由两个截然分开的区域组成：沿印度河流域、说乌尔都语的西巴基斯坦和横跨恒河流域、说孟加拉语的东巴基斯坦。西巴基斯坦统治着人口比自己更多的东巴基斯坦，直到1971年东巴基斯坦脱离出去并成立了新的独立国家即孟加拉国。上述4国共同的特征是人口稠密，自然资源稀缺，文盲率极高。同时，又都久经种族、宗教冲突造成的动荡，国内政局极不稳定，政府常常独断专行。大部分劳动力从事的都是生产率很低的农业。由于以上原因，这几个国家都极其贫穷。不过，印度的情况略好于其他3国，通过六七十年代的农业“绿色革命”现在已基本上做到粮食自给，它的人民也更勤劳。这些国家并不信奉社会主义，但其政府均对经济运行起重大作用。

1948年，作为战前英属印度一部分的缅甸从英国人手中获得独立。1949年印度尼西亚摆脱荷兰殖民统治。1954年，老挝、柬埔寨与北越一起从法国独立出来。1963年马来亚联合邦与新加入的原英国直属殖民地新加坡、沙捞越和北婆罗洲共同组成马来西亚联合邦，成为英联邦内一个完全自治的独立国家。但1965年，华裔人口占绝大多数的新加坡退出马来西亚宣布独立。菲律宾在二次大战前就得到从美国手中获取独立的承诺，但直到1946年7月4日才成立独立的菲律宾共和国。除新加坡以外的以上各国，在包括气候和地形在内的诸多方面具有颇多相似之处。

其国内经济以农业为主，劳动力主要分布在生产粮食的小农庄和以出口为主的种植园农业中。有些国家还拥有世界市场极为重视的战略矿产资源，如印度尼西亚的石油和马来西亚的锡。这些国家的教育程度都较低，同时人口增长率都很高。尽管名义上是共和国，但其民主力量仍很薄弱，多数国家都经历了长时期的独裁统治，并且都十分贫穷。但新加坡却是一个高度城市化、国民受教育程度很高且较为富裕的国家。位于几大贸易线路交汇点的地理优势使新加坡的经济发达程度与香港不相上下，商业是其主要支柱产业，此外还有相关的银行业和金融服务业，甚至还有一部分工业。

二次大战后的非洲政治版图与两次大战之间的并无多大差异。往日的帝国主义列强仍统治着几乎整个非洲大陆。粗看起来，之前 20 年里发生的重大事件似乎并未造成多大影响。但在平静的表面下，一股要求变革的激流正蓄势待发，并将在接下来的 20 年中改变这片大陆的全貌。

原意大利殖民地利比亚成为非洲第一个赢得独立的国家。联合国于 1949 年做出这一决定，1951 年底，新国家诞生，其政体为君主立宪制。由于人口稀少，自然资源明显匮乏，经济落后，新生的利比亚前景不容乐观，但仍依靠西方的经济援助存活了下来，其经济的基础又因为之后石油的发现而得到进一步巩固。1969 年，一群少壮派军官发动军事政变，推翻了亲西方的年迈国王，建立了一个极端民族主义的阿拉伯共和国。

英国于 1922 年正式结束对埃及的保护，但仍保持对其军事和外交事务的控制。1952 年，一次军事政变推翻了不思进取、贪图享乐的傀儡政权，建立了共和国名义下的军事独裁。1956 年，独裁政府以保护苏伊士运河为名，将最后的英国军队赶出了埃及国土,并于稍后将运河收归国有。埃及尽管坚持自己应得到完全独立，同时却希望维持对苏丹的控制（之前苏丹是英国和埃及的共管国）。但在 1955 年的公民投票中，苏丹人强烈要求成立独立的共和国。1956 年 1 月 1 日，苏丹人终于如愿以偿。但由于面积广阔但资源不足，兼之人口的文化素质较低，苏丹一直以来无法保持民主和经济的正常运行，且始终处于军人政权的统治之下。

法属北非殖民地为争取独立经历了长期而艰巨的斗争。突尼斯和摩洛哥保留了原有政府，但要接受法国的指导。而法国势力在阿尔及利亚已有 100 多年历史，且当地有超过 100 万人(约占总人口十分之一)的欧洲裔居民，故法国出于种种原因仍将阿尔及利亚视为其领土的一部分。战后，激烈的民族主义和泛阿拉伯主义运动在这 3 个国家开始兴起。法国政府对突尼斯和摩洛哥做出了名义上的让步，但却试图使阿尔及利亚和法国的联系更为紧密。不过，这些策略均未见效。

法国最终同意让突尼斯和摩洛哥独立，但同时加强了对阿尔及利亚的控制。作为回应，阿尔及利亚人于 1954 年展开了密集的游击战，频繁发起针对欧洲居民和本国通敌者的恐怖行动。起义军的最高领袖经常前往其他阿拉伯国家避难，使得法国军队难以确知其行踪，束手无策的法军自己也开始了恐怖行动。巴黎政府既不完全支持军队的行为，也未能对其严密掌控。1958 年 5 月，面对军队发动政变的威胁，法兰西第四共和国政府将权力移交给了戴高乐将军，而后者几乎大权独揽。戴高乐起初还欲维持法国在阿尔及利亚的统治，但经过几年的努力，流血事件频频，双方领导人就阿尔及利亚在“法兰西共同体”内实行自治的问题也未能达成谅解，到了 1962 年他终于同意让阿尔及利亚完全独立。

上述 3 个北非国家都以农耕经济为主，经营地中海农业(作物包括谷物、油橄榄、柑橘等)，但同时也拥有重要的矿藏。特别是阿尔及利亚独立后不久便发现的油气田，既提供了发展本国工业的机会，又使其得以在世界政治中扮演重要角色。3 个国家独立前的主要贸易伙伴是法国，独立后这一趋势继续存在，而 1976 年与欧共体签订的贸易协定使其外部市场进一步扩大。阿尔及利亚的液化天然气大部分都出口到了美国。

20 世纪 50 年代初期，多数人预计非洲黑人获得独立至少需要经过一代人的努力甚至更久。但 10 年之内，大批摆脱了英、法及比利时等国统治的新兴国家纷纷崛起。当地民众争取独立的运动只是取得这一惊人成果的原因之一。另一个重要原因则是，帝国主义列强在国内遭遇的困境使它们不愿再花费高昂代价(经济的、政治的和道德的代价)，继续实施对异族的强行统治。一旦开启了民族解放的进程，就如同引发了链式反应，非洲国家接二连三地宣布独立。

二次大战结束后，英国政府意识到必须为非洲自治进一步做好准备工作，不然极有可能卷入耗资巨大的殖民战争，帝国的经济利益也将遭受重大损失。于是英国开始在非洲设立更多的中学，设立大学，并向非洲人开放政府职位。1951 年黄金海岸(Gold Coast)和尼日利亚获得了部分地方自治权。英国人原本准备做出更多让步，不过也许要到几十年后才能兑现。但在黄金海岸，卓越的政治领袖克瓦米 · 恩克鲁玛(Kwame Nkrumah)却要求立即独立，尽管他当时身陷囹圄，但仍然表现出取胜的决心。英国并没有同这个羽翼已丰的对手冒险一战，而是同意了恩克鲁玛的大部分要求。1957 年，加纳(黄金海岸独立后的改称，以中世纪时非洲一个帝国命名)成为英联邦内首个黑人国家。之后加纳又加入了联合国。有了这个先例，尼日利亚也于 1960 年取得独立，接下来几年其他原英国领地也纷纷效仿。

有一个似乎矛盾的现象是，英属非洲殖民地中最先获得独立的却是那些经济、政治最不发达的地区。因为它们的人口几乎全部是黑人，所以就不存在少数白种人问题。但在东非和罗得西亚，英国殖民者却积聚了大量财产，并享受高度的地方自治。占人口大多数的非洲土著，因被剥夺了政治权利和经济地位而逐渐心怀不满，极欲反抗，有时甚至诉诸暴力，比如 20 世纪 50 年代发生在肯尼亚的“茅茅运动”。

至 1965 年，英国已承认了其所有非洲殖民地的独立，只有南罗得西亚除外(1964 年北罗得西亚更名为赞比亚之后，这部分就直接称罗得西亚了)。这主要是因为罗得西亚的白人拒绝给予黑人以平等地位，而后者在人数上远远超过当地的白人。1965 年，白人政府的总理依恩 · 史密斯(Ian Smith)单方面发表了独立宣言——对大英帝国来说，类似举动自 1776 年以来尚属首次。联合国试图对其实行经济制裁，但罗得西亚在南非和葡萄牙的帮助下成功坚持了数年。最后在 1979 年的自由选举中，占人口大多数的黑人取得了胜利，并改国名为津巴布韦。在1958年宣布《第五共和国宪法》之后，戴高乐给了阿尔及利亚以外的所有法属殖民地两个选择，要么立即独立，要么在新的"法兰西共同体"内实行自治并有权随时退出。尽管戴高乐已意识到要把这些殖民地硬拴在一起已不太可能，但他的这个极富自由主义色彩的提议还是与之前法国顽固的殖民政策形成了鲜明对比，后者非但不切实际，而且错误百出。非洲15个黑人殖民地（包括马达加斯加）中，只有共产主义者塞古·杜尔（Sekou Touré）领导的几内亚选择了独立。其他国家也成立了各自的政府，但作为对法国经济、技术援助的回报，同意让法国继续掌管国防和外交政策。1960年，法国宪法进一步修改后，这些国家拥有了完全独立的地位，同时仍享有某些经济上的特权。1963年签署的《雅温得协定》（*Yaoundé Convention*，详细介绍见下文）则把这些特权扩展到了欧共体的所有成员国。

法属殖民地在极短时间内就获得了自由，这极大刺激了比属刚果殖民地原本平静的子民们，他们开始暴动、抢掠，并提出同样的独立要求。而比利时本来甚至不打算在刚果实行自治，更别提独立了，因此比利时政府刚面对骚乱时显得措手不及，不过很快在1960年初公布法令，允许刚果于6月30日获得独立。大选在匆忙中拉开序幕，宪法随之起草出来，从未投过票的刚果人（其中大部分不识字）接到号召要去选出全部的政府官员。当这天终于来临时，他们期盼着自己能很快变得跟原先那些老爷们一样富有。但现实令人失望，于是他们再次开始抢掠并大肆破坏。刚果军队发生兵变，政党之间互相攻击，而矿产丰富的加丹加省又试图从新生的国家脱离出去。中央政府只得向联合国求助以恢复秩序，但叛乱和大规模暴动仍时有发生。直到1965年，才由军事独裁者蒙博托（Mobutu）将军恢复了国内秩序。他在政权巩固之后，改国名为扎伊尔共和国。

到20世纪60年代中期，除葡萄牙以外，原先的欧洲殖民列强都已承认它们在亚洲和非洲的殖民地独立。葡萄牙对所有最终解放殖民地的建议都不屑一顾。但是，1974 年发生的一场政变推翻了原来的独裁政权，新成立的政府次年即与葡萄牙在非洲的殖民地——安哥拉和莫桑比克——就独立问题进行了谈判。

殖民主义虽已气息奄奄，但仍造成了悲惨的后果。除了少数以欧洲移民为主的地区外，其他新兴国家无一例外都极为贫穷。在长达四分之三世纪的殖民史当中，欧洲各国从非洲榨取的矿产资源和其他商品不计其数，与非洲人分享的财富则微乎其微。直到晚期，才有少数几个列强为殖民地子民提供教育，或使其为自治做好准备。但不管怎么说，绝大多数新诞生的国家都至少在表面上实行了民主政体，有些还为实现真正的民主进行了英勇斗争。然而同世界上其他许多地区一样，非洲尚不具备民主体制稳固发展必不可少的社会经济基础。许多前殖民地国家出现了一党专政，并不时受到来自苏联或中国的影响。一些国家陷入了内战和无政府状态，成千上万的无辜平民，尤其是儿童，不是在战火中丧生，就是死于营养不良和各类疾疫。新生政府中的大多数均充斥着低效和腐败。即使有些时候政府的意图是好的，却又常常因为资源匮乏(特别是人力资本短缺)而无法顺利实现。

第三世界的阵痛

拉美国家因其从前宗主国获得经济和政治独立的成功经验，经常成为其他殖民地国家竞相仿效的榜样。19 世纪末至 20 世纪中叶，拉美国家凭借其在初级产品上的比较优势，成为国际劳动分工的重要参与者。至 20 世纪中期，拉美部分国家，特别是几个“南锥国家”(其中包括阿根廷、乌拉圭和智利)，其人均收入水平甚至与西欧各国不相上下。后来，由于错误认识的指导，专门从事初级产品的生产而使自己成了世界的二等公民，这些国家大都转向了“进口替代型工业化”的发展战略，试图用本国制造代替原先的制成品进口。尽管在 30 年代大萧条期间和二次大战混乱时期收到了很不错的效果，但与欧洲和日本先后采取的出口促进政策相比，却发现这一战略起到的是阻碍生产率提高的反效果。拉美国家的经济政策几乎全部失败，这主要有以下几个原因：首先，国内市场无论就数量还是购买力而言都过于狭小，因此难以采用经济上最具效率的生产方法。其次，缺乏区域内的国际间合作，比如“拉美自由贸易联盟”(Latin America Free Trade Association)几乎从未进入实际操作阶段。第三，拉美国家与日本不同，缺乏足够的人力资本以有效利用别国开发的新技术，更不用说新技术的自主研发了。此外，与亚洲的新兴工业化国家相比，拉美的储蓄率较低，而人口增长率较高。结果，当70年代爆发石油危机对世界经济造成巨大冲击时，拉美国家人均收入比西方发达工业国家下降得还要多。既然就经济政策效果而言，拉美国家并不比亚非原殖民地国家好多少，这些国家选择联起手来就再正常不过了。在从联合国及其专门机构到国际货币基金组织、世界银行的各类多边组织里，它们称自己为第三世界国家，既非共产主义也非资本主义，并且都愿意接受来自美国、西欧或者苏联的援助。

早在20世纪60年代，某些东南亚经济体(特别是日本的前殖民地韩国和中国的台湾)就已出现了令人瞩目的经济增长和工业化进程。但当时它们的发展被看作是成为美国军事保护国的结果，与苏联冷战期间来自美国的援助也被认为是理所当然。但回顾历史，它们其实是成功模仿了日本的国家指导和出口导向型的工业化模式，有的甚至通过对日本式战略的改进，实现了国内消费的更快增长。

欧盟的历史

欧洲统一的梦想，与这个大陆本身的历史同样久远。查理曼大帝的神圣罗马帝国的疆界，已十分接近现代的欧洲共同市场的雏形。拿破仑的法兰西帝国，加上其“大陆体系”中的附属国，则几乎覆盖了整个欧洲大陆。发端于1815年维也纳会议的欧洲协作，表明各国正在政府层面尝试政策协调。国际联盟则是第一次世界大战欧洲战胜国之间的一次协作。希特勒在纳粹统治时期也差点建成他的"欧洲堡垒"(Festung Europa)。但在上述几次联盟的尝试中，潜在的领导者无法形成权力的强制垄断，其他成员国也不甘心听命于它们，结果均以失败告终。早期通讯技术的落后也是促成欧洲分化的原因之一。不久，尤其是法国大革命之后，民族主义的观念在欧洲深入人心，象征最高权威和统治的主权几乎成了国家的代名词。在二次大战前，所有现代国家都极力反对任何侵害或可能削弱其主权的提议和行动。

必须清楚区分国际组织和超国家组织，记住这一点十分重要。国际组织建立在各成员国自愿合作的基础上，没有直接的强制力。超国家组织则要求其成员国放弃至少一部分主权，并可强制成员国服从命令。国际联盟和联合国都属于国际组织。在欧洲，欧洲经济联合体(OEEC)和其他大多数战前国家间组织也都是国际组织。合作的持续顺利进行可能将最终导致主权的联合，而这正是欧洲一体化的倡议者所希望的。自1945年以来，提议在欧洲创建某种超国家组织的呼声越来越频繁，并且日益得到各界要人的响应。

这些提议主要出自两个既独立但又相互联系的动机——政治的和经济的。政治上的考虑根源于这样一个信念，即只有通过超国家组织的建立才能一劳永逸地消除欧洲大国间的战争威胁。还有的欧洲政治一体化的拥护者则进一步提出，过去那种"条约体系"下的民族国家已经过时，欧洲各国若想恢复原先在国际事务中的地位，就必须学会用一个声音说话，并拥有足可与美国相抗衡的人力和物力。经济上的理由是，市场范围的扩大将促进专业化分工，使竞争更加激烈，从而达到提高生产率和生活水平的目的(有些人还认为市场扩大将带来规模经济)。上述两大论点逐渐相互融合，认为经济实力是政治和军事力量的基础，欧洲经济充分实现一体化之后，即使无法根除也必将降低爆发欧洲战争的可能性。由于国家主权的观念已深深扎根于欧洲人的思想之中，因此有关超国家组织的大多数提案都以经济上的统一作为最终实现政治一体化的过渡阶段。

比利时、荷兰和卢森堡之间建立的比荷卢关税同盟（Benelux Customs Union）规定，各类商品可以在3个国家之间自由流动，对外则实施统一关税。之所以成立这一组织，是因为上述国家认识到在现代生产、分配条件下，单一各国的国内经济已过于狭小，难以享受大规模生产带来的全部好处。事实上早在1921年，比利时和卢森堡就已组建过经济联盟。二次大战期间，比利时与荷兰的流亡政府就关税同盟问题在原则上达成了共识。1947年，该条约正式生效。这3个国家的政治家们恰恰是欧洲共同市场最积极的拥护者，并始终致力于其自身在欧洲整体环境下更紧密的经济融合。

欧洲经济合作组织在很大程度上是由美国人倡议而成立的，其宗旨也仅仅是倡导经济合作而非实现完全的一体化。1950年，法国外长罗伯特·舒曼（Robert Schuman）提出使法国和西德实现煤炭及钢铁工业一体化的计划，并邀请其他国家参与。舒曼的提议背后有政治和经济两方面的考虑。煤炭和钢铁在现代工业尤其是军事工业中占据着核心地位，而所有迹象都表明德国的工业正在复兴。舒曼计划正可成为监视并控制德国工业的一种手段。急于重新加入欧洲协作的西德很快便答应下来，比、荷、卢三国以及意大利也是如此，唯恐不参加就将遭到抛弃。英国当时已将煤钢工业收归国有，对其大英帝国又一直念念不忘，故在答复时较为谨慎，最后也并未参加。1951年，各国签署了创立欧洲煤钢共同体（European Coal and Steel Community，ECSC）的条约，并于次年初正式生效。该条约取消了成员国之间对铁矿石、煤炭、焦炭及钢铁贸易的关税和配额限制，规定了从其他国家进口上述商品时的统一关税以及对生产、销售的控制措施。为监督共同体的运行，相继设立了几个超国家性质的机构：高级机构拥有行政大权，部长理事会负责保护成员国利益，共同体议会的职责限于提供建议，共同体法院用于处理纠纷。共同体有权向管辖范围内的企业的产出征税以维持其机构的正常运行。

欧洲煤钢共同体成立后不久，其成员国想在通往一体化的道路上再迈出重大一步。这一次是准备成立“欧洲防务共同体”（European Defense

Community)。随着朝鲜战争的持续，1949 年北约(北大西洋公约组织)的成立以及德国经济的迅速恢复，将德国部队纳入西欧的军事力量已显得十分重要，但这样的提议自然会遭到对德国侵略记忆犹新的受害国人民的质疑和反对。在经过长时间辩论后，法国国民议会在 1954 年 8 月断然否决了联盟条约。这次一体化运动的挫折再度表明，当存在国家主权的牵制时，要想确保各国达成共识仍相当困难。之后，欧洲统一的倡议者们又一次在经济领域进行了尝试。不过，这次他们采用了较为谨慎的策略。

1957 年，舒曼计划的参与者们在罗马签署了另外两个条约，宣布成立“欧洲原子能共同体”(European Atomic Energy Community, EURATOM)和“欧洲经济共同体”(European Economic Community，EEC)，前者旨在促进和平利用原子能，后者又称“欧洲共同市场”，其意义更为重要。共同市场条约规定，在 12 到 15 年的过渡期内，逐步取消成员国之间的各类进口关税和数量限制，取而代之的将是统一的对外关税。成员国承诺在交通运输、农业、社会保险及其他经济政策的关键领域执行统一的国内政策，并保证人员和资本在共同体内能够自由流动。条约还规定，任何成员国不能单方面宣布退出，并且在过渡期经过一段时间之后，将根据“特定多数通过”(Qualified Majority Vote)而非“全体一致”的原则进行决策。上述两个组织都设有最高委员会以管理日常运行，但又与欧洲煤钢共同体一起将各自的其他超国家机构(部长理事会、共同体议会及法院等)予以合并。共同市场条约于 1958 年 1 月 1 日生效，在之后短短几年内缩短了原定过渡期，使那些持悲观论调者(此类人不在少数)大感困惑。1965 年，三大组织的最高委员会宣布合并，为最终政治上的统一准备了一个更有效率的执行机构。至 1968 年 7 月 1 日，成员国之间的关税全部取消，比最初预计早了好几年。

在罗马签署的两个条约，在序言中都向其他国家发出了加入共同市场的邀请。英国对条约中放弃主权的要求表示反对，并转而试图说服欧洲经济合作组织的成员国建立自由贸易区。在共同市场条约签署之后，英国、斯堪的纳维亚各国(丹麦、挪威和瑞典)、瑞士、奥地利及葡萄牙成立了“欧洲自由贸易联盟”(European Free Trade Association, EFTA)。相对于欧洲共同市场的“内部6国”而言，这些国家被称为“外部7国”。欧洲自由贸易联盟仅取消了成员国之间工业制品的关税，并没有将之扩展到农产品，也没有实施统一的对外关税。同时，所有成员国均可随时退出联盟。因此，该组织的架构要比欧洲共同市场松散得多。

1961年，英国表示只要满足若干条件，就愿意加入共同市场。如果成功的话，欧洲自由贸易联盟大多数其他成员国也会要求加入。之后就英国提出的条件进行了漫长的谈判，不料法国总统戴高乐却于1963年1月对英国加入共同市场问题行使了否决权，同一行为在1967年再次发生。1969年戴高乐辞去总统职务后，法国政府在英国问题上采取了较为稳健的方针，这是其他成员国更愿意看到的情形。经过进一步谈判之后，英国、爱尔兰、丹麦、挪威等国于1972年被批准加入共同市场，并于1973年1月1日起生效。尽管挪威申请加入也被批准，但在之后举行的全民公决中遭到反对。这样，截至1973年，欧洲共同市场成员国由最初的6个增加到了9个。

倡导欧洲统一的人们所希望看到的，远不仅仅是一个共同市场或关税同盟。对他们而言，共同市场只不过是实现“欧罗巴合众国”之前的序曲，正如历史上的德意志关税同盟是德意志帝国统一的先声那样。“罗马条约”签署后，这些人便开始谈论“欧洲共同体”，1965年几大组织的最高委员会合并后，又开始谈论“欧洲共同体”。合并后的共同体议会称为欧洲议会。起初，欧洲议会的议员在各成员国议员内部选举产生，议会席位则按国别划分。在欧共体从其关税中获得独立财政来源之前，欧洲议会只有协商职能(之前，各共同体的经费来自各成员国本国增值税的一部分)，在此之后才有了部分预算决定权。1979年，历经长期谈判和数次推延之后，欧洲议会成员改为由成员国人民直接选举，议会席位也不再按国籍而是按政党集团进行划分。

但是，离欧洲的真正统一仍然非常遥远。20世纪五六十年代，当欧共体逐渐成形并迈出一体化进程的最初几步时，世界经济正处于强劲上升的势头，因此对这一新生事物普遍充满了乐观情绪，这又反过来加速了欧共体前进的步伐。接下来，在成员国不断增加的同时，世界经济增长明显放缓。就在欧共体与英国进行谈判期间，固定汇率的布雷顿森林体系于1971 年8 月15 日宣告终止。这打乱了1970 年拟定的在最初6 个成员国之间统一货币的计划，因为各国发现本国货币正处于投机压力之下，原先的货币平价已经不复成立。1973 年英国、爱尔兰和丹麦加入欧洲经济共同体后不久，第一次石油危机爆发，所有成员国的经济计划均受到严重影响，因为之前认为可以从中东地区源源不断获得廉价石油的供应。面对翻了两番的石油价格，各国纷纷采取各自的应对措施。另一方面，英国的加入使欧共体不得不做出一系列政策调整。为部分弥补英国将要支付的较高的食品进口价格，就必须增加地区性政策基金，而这又导致欧共体成员国为如何分担这笔款项而争论不休。

最终，英国的加入使欧洲经济共同体与其原殖民地的关系问题更加复杂。1963 年，共同体在喀麦隆的雅温得签署了一个协议，主要内容是向黑非洲的18 个国家(大部分是法、比两国的前殖民地)提供商业、技术和金融上的协作。1975 年，共同体在多哥的洛美同来自非洲、加勒比海和太平洋地区的46 个国家签订了另外一个协定，其中包括了原英国殖民地和其他法国、荷兰的殖民地。洛美协定规定，上述国家可向欧共体自由出口几乎全部商品(但如果其商品与欧洲的产品出现竞争，将受到配额限制)，同时将得到工业和金融上的援助。在动荡的20 世纪70 年代的余下几年里，与欧共体签订了类似协定的还包括以下国家： 以色列(1975 年)；突尼斯、阿尔及利亚及摩洛哥(1976 年)；埃及、叙利亚、约旦及黎巴嫩(1977 年)。总的来说，尽管欧共体内部在70 年代中期出现过明显的不团结现象，但对于主要燃料进口价格的骤然上升的反应是一致的，即： 在增加出口的同时，寻找原材料和食品更廉价的进口源。结果，虽然全世界的经济增长开始减慢，但对于各国来说，贸易对各国的重要性迅速上升，并且将就此持续下去。

第十六章

21世纪初的世界经济

公元2001年不仅是新世纪的开始，同时也标志着真正意义的全球经济走过了第一个10年。1991年苏联大厦轰然倒下以后，几乎每一个国家都已认识到，必须积极调整自身的经济政策和经济结构以迎接新兴全球市场的挑战。在1991年8月的一场针对米哈伊尔·戈尔巴乔夫(Mikhail Gorbachev)的政变失败之后，俄罗斯总统鲍里斯·叶利钦(Boris Yeltsin)不仅宣布了苏联的死亡和解体，也宣告了以自给自足的中央计划经济为主要内容的共产主义实验的失败。从此以后，不同意识形态国家的决策层都开始与横扫全球的市场力量寻求相互妥协。伴随这一崭新趋势而来的是信息通讯技术取得惊人的突破，使成千上万的人们可以随时随地了解就业和消费信息，无数企业也能寻找到更多投资与增长的机会。不过由此也必然带来资本、劳动力以及产品市场上价格和供求关系的波动。已有一些政府正采取措施使其本国免受全球化造成的影响。鉴于中国大陆在实行严格资本管制的同时保持了经济的快速增长，马来西亚也维持了自1998年开始采取的资本管制政策。欧盟国家紧缩了它们的难民接收政策，美国也加强了在墨西哥一侧的边境巡逻。在环保和人权等新的借口下，非关税壁垒在工业化国家日益增多。在这个科技进步一日千里、新兴市场不断开拓的时代，没人能预言全世界各个国家和地区将如何顺应新的历史潮流。想必本书读者都还记得，历史上每次全球经济的形成都曾经引发重大的灾难和倒退——无论是古时的天灾、中世纪的瘟疫，还是现代社会的战争。当今的全球市场也未必能幸免于难，不过，若对潜在威胁有充分认识，则可望防患于未然。

新一轮的全球经济是怎样起步的呢？战后西欧经济在废墟中迅速恢复崛起，起到了很好的示范和推动作用。世界其他地区的国家也逐渐找到各自的方法，试图仿效欧洲的成功经验。其中，最早开始追随欧洲，同时也最值得一提的国家当属日本。事实上，战后日本经济的繁荣比欧洲更为持久，也更为强劲。20 世纪 40 年代末至 70 年代初，日本的年均 GDP 增长率超过 10%，这在世界经济增长史上是独一无二的。1966 年至今，日本一直是世界第二大经济体。在相对萧条的七八十年代，其发展速度虽有所下降，但仍高于世界其他大部分地区。直到 90 年代，日本才经历了持续的经济减速，其经济制度也因此备受质疑。日本经济的成功，尽管经常被誉为“奇迹”，但其背后仍有着深厚的根基，这一点与欧洲是相同的。首先，应归功于日本的科技赶超战略。从 30 年代末开始，日本经济基本上孤立于世界其他地区，因此得以用极其低廉的代价引进各种科技创新。当然，这不是日本高速增长的全部理由。不然的话，为什么其他许多国家没有达到同样成就呢？更为重要的原因在于日本拥有较高水准的人力资本，这才使其能充分利用高科技带来的发展机会。此外，当原先科技上的差距逐渐得到弥补之后，日本转而成为科技创新的领头羊，尤其在电子工业和机器人等领域表现得更为突出。为此，不仅其人力资本的存量，还包括国内的高储蓄率和高投资率，以及成熟的日本特色的管理模式，都得到了充分的利用，从而使产业研发获得了相当高的回报。另外一个重要原因是，日本政府一贯奉行出口导向型战略，在这方面甚至比欧洲有过之而无不及。日本的贸易顺差一向是工业化国家中最大的。最后，可能还应该举出日本人的民族特质——他们往往有更强的广义上所指的集体主义倾向，更善于合作，也更适合团队作业。这一点在企业家和政府身上也得到了充分体现。直到 20 世纪 90 年代的经济不景气之前，大部分企业历来实行员工的“终身雇佣制”；日本政府推行的政策，则曾使某些西方评论家为其送来“日本国有限公司”(Japan Inc.)的“雅号”。

最初以韩国和中国台湾为首的亚洲其他国家和地区，总产出和对外贸易也均有大幅增长。到1990年，泰国和马来西亚也开始高速增长，甚至还有印度尼西亚，也在调整了原先过于倚重石油出口的经济战略后加入了这一行列。日本成功的若干经验同样适用于它们——较高的储蓄率、受过良好教育的国民、稳定的政局以及政府对出口导向型增长的引导。同时，这些国家和地区还具有一个更大的优势，即富有弹性的劳动力供给。60年代“婴儿潮”中出生的一代已经成年，大批居民从乡村流动到大城市，并在美、日跨国企业现代化的厂房里工作。同时，城市化和工厂劳动使生育率明显下降，这也使适龄劳动力所占人口比例急剧上升。前文提及的新加坡和香港在国际经济中占有独特地位，尽管1984年[①]英国与中华人民共和国之间签署的条约规定中国将于1997年7月对香港恢复行使主权时，曾在业已西化的香港民众中间引起巨大的不安。总体来讲，包括澳大利亚和新西兰在内的环太平洋地区，在20世纪中叶以前还只是世界经济舞台中无足轻重的角色，却在最后的25年里脱颖而出，俨然已是不可或缺的主角了。

在拉丁美洲，情况就不那么乐观了。对拉美国家来说，似乎很难从“进口替代型”战略转向“出口导向型”的工业化道路。20世纪70年代的石油危机导致这些国家的贸易收支持续恶化，尤以阿根廷、巴西、墨西哥等国最为严重。意欲抵补贸易赤字的拉美各国政府，很容易即从多家国际银行获得了所需贷款(欧佩克组织成员国将大量的石油收入存在这些银行)。在80年代初美元持续走强的情况下，拉美国家高得惊人的巨额外债威胁到了整个国际收支体系。进入90年代后，终于出现了一些进展：墨西哥开始效仿智利的做法，鼓励外国直接投资并扩大出口，尤其是对北美自由贸易区的出口。虽然1995年发生了墨西哥比索危机，其他拉美国家仍继续推进“对外开放”(西班牙语：apertura)政策，向全球市场逐渐开放其国内经济与金融体系。阿根廷建立了货币局制度，使比索

① 关于香港问题的《中英联合声明》发表于1984年，原文“1964年”当系笔误。——译者

与美元实现完全可兑换，从而有效遏制了频繁的通货膨胀。如果这次“美元化”的尝试证明是成功的，其他拉美国家很可能会照此办理，比如厄瓜多尔在 1997 年年底所做的就是其中一例。

20 世纪接近尾声时，虽然全世界的贸易和产出都创下了历史新高，但是非洲大陆却依然如同地平线上的一朵乌云。欧洲殖民体系崩溃后诞生了大批新兴国家，但这些非洲国家面对错综复杂的现代经济，普遍缺乏必要的自然资源和人力资源（后者更甚）。政治环境也阻碍了经济发展；种族仇视频频引发内战和政变；大多数国家陷入了一党专政的独裁统治之中。90 年代初，南非共和国的黑人虽然从长期掌权的英裔和荷兰裔白人手中争得了政治平等，但种族对立和黑人内部的派系之争仍未根绝，所有可能取得的经济成果都面临化为乌有的威胁。对于以市场经济为基础的资本主义制度而言，财产所有权和契约执行制度是发挥其优势不可缺少的条件，但非洲大陆种族和语言的巨大分歧似乎阻碍了建立此类制度的努力。充斥着疾病、内战、种族灭绝和动荡政局的非洲大陆，依然集中了世界上经济最落后、发展最缓慢的那些国家。

亚洲的西南部（也称为中东）是 20 世纪后半期经济迅速发展的另一个地区，而其原因可简单地概括为两个字：石油。

20 世纪初，石油最先在伊朗（当时称波斯），随后在波斯湾沿岸的几个阿拉伯国家——伊拉克、沙特阿拉伯、科威特和几个较小的酋长国被发现。但直到 1950 年，该地区的石油产量还不超过全球总产量的 15%，而当时美国以占全世界一半以上的产量高居第一。1960 年，上述国家连同利比亚和委内瑞拉组成了“石油输出国组织”（Organization of Petroleum Exporting Countries），简称“欧佩克”（OPEC），之后又有其他国家加入。至 1970 年，欧佩克成员国石油产量已占世界石油总产量的三分之一强。1973 年第四次中东战争以后，该组织利用垄断优势大幅提高原油价格，在之后的 10 年中又多次使出这一杀手锏，导致世界油价从 1973 年的每桶 3 美元飙升至 1980 年的每桶 30 美元，整整上涨了 10 倍。当时世界经济对石油高度依赖，该举措对发达国家和发展中国家都造成了灾难性的影响。发展中国家一夜之间出现了巨额的国际收支赤字，债务负担变得更为沉重。发达国家则遭遇“滞胀”的窘境——产出和就业停滞不前，同时价格水平却呈通货膨胀式上升。

这一情形一直持续到1985年。当时，几大工业化国家的中央银行联手行动，促使美元在外汇市场上贬值。到了1986年，石油价格迅速下降，美元持续走低，各个工业化国家的通货膨胀得到有效抑制。但是，产出的复苏并没有带来失业率的下降。与五六十年代明显不同的是，尽管油价下跌，需求却并没有同步上升。即使1990年伊拉克独裁者萨达姆·侯赛因(Saddam Hussein)发动了对科威特的短暂入侵，也只是引起油价短时小幅上涨。伊拉克军队一被赶出，石油价格就回落了——虽然科威特花了好几年时间才恢复到之前的原油产量。由于工业化国家能源使用效率的提高以及可替代能源种类的日渐增多，尽管2000年油价也曾突然上涨两倍，但产生的后果远不及70年代那般严重。

苏联集团的瓦解

1989年下半年，东欧的历史画卷掀开了前所未有的一页：共产主义政权在一个又一个国家被颠覆(基本上是以和平的方式进行的)。波兰和匈牙利首先出现变局，不过当时几乎没有外部人士认为会有其他国家跟进。事实总是出人意料：捷克斯洛伐克、东德、保加利亚相继发生政权更迭，接着是罗马尼亚，最后是姗姗来迟的阿尔巴尼亚。

在共产主义曾经一统天下的东欧各国发生大规模民众反抗，这背后有着政治和经济的双重动因。正如前一章所述，这些国家的红色政权是在未得到本国人民同意——甚至是违背人民意愿——的情况下，由苏联强加给它们的。倘若这些政权能够实践曾经的诺言，改善物质条件，提高人们的生活水平，人民也许愿意付出自由的代价。但是，承诺并未兑现。相反，群众的生活和工作条件正在持续恶化，与电视上西方邻国舒适富足的生活以及共产党高层的奢侈挥霍形成了强烈对比，同时，关于后者的流言开始逐渐散布开来。

这些国家过去也曾多次宣泄自己的不满，包括 1953 年的东德，1956 年的匈牙利，1968 年的捷克斯洛伐克，波兰则不止一次。每次苏联都是动用武力平息叛乱（在波兰则是用其国内军队镇压）。这里就出现了一个有意思的问题：为什么苏联在 1989 年没有故伎重演呢？这个问题马上就会谈到。总之，它并没有出兵干预。

大众的不满由来已久。在这一系列使所有人（包括共产党领袖和西方观察家在内）都感到始料未及的政变发生之前，其实已有不少征兆。1980 年，格但斯克造船厂电工出身的列赫 · 瓦文萨（Lech Walesa）领导波兰工人成立了一个独立于共产党的工人组织——团结工会。波兰执政党最初默许了它的存在，但 1981 年 12 月，政府以防止苏联干涉为名颁布戒严令并逮捕团结工会领袖。此时，动荡才刚刚开始。1989 年 4 月，为了稳定政局，政府再次承认团结工会为合法组织，并准备于同年 7 月份举行选举。这是一次半自由选举，因为国会的大部分席位早已预定留给政府成员候选人。在允许自由争夺的席位范围内，团结工会仅丢失一席，它的一名领袖更是于 1989 年 9 月在共产党总统手下出任总理。这为波兰从中央计划经济转向资本主义市场经济的改革开启了先机。1990 年，财政部长莱舍克 · 巴尔采罗维奇（Lescek Balcerowitz）开始推行被称为“休克疗法”的改革策略，采取的措施包括抑制通货膨胀、放开价格以及削减贸易壁垒等等。然而不幸的是，由于削减政府支出，他在政治上逐渐失去了支持。此时，唯有快速推进私有化才能维持财政平衡。但是，中小型国有企业的私有化改革已经完成，吸引外国投资收购大型国有企业又面临诸多不利因素。成本核算记录的不完善和未来市场走势的不确定，使得任何对煤矿、钢铁、造船等产业的投资都充满了风险。同时，波兰政府也不愿把管理权拱手让给外国企业，毕竟它们不受政治约束，可以大肆裁员。另外，波兰政府因向西方政府和金融机构借款而债台高筑，已经无力偿还累积的巨额债务。

尽管面临上述诸多问题，波兰仍然在历经 10 年国内政局的动荡和国际社会的冷遇后，成为最先恢复到1990年前产出水平的转型经济国家，并实现了可持续的经济增长。回过头来看，同时推行各项改革带来的政治混乱反而使波兰的改革家们得以将改革进行到底，最终建立起运行良好的市场机制。西方政府和国际机构把波兰政府债务偿还的时间表推迟至2001年，私人银行也因此能够重新制定还款计划，这对波兰经济复苏也起了很大帮助。波兰改革终于还是成功了；至于其他“转型经济国家”是否愿意采用波兰式痛苦的“休克疗法”，就是另一回事了。

1956年叛乱平息后由苏联扶持建立的匈牙利新政府，在外交路线上对苏联老大哥惟命是从。例如1968年入侵捷克斯洛伐克时，匈牙利曾象征性派兵出战。作为回报，匈牙利被允许在国内事务上拥有少许的独立处置权。1968年匈牙利开始实施“新经济体制”，这是对严格的中央计划经济和自由市场体制的一次折中。它还与西欧国家建立紧密的政治和经济联系，并允许反对派成立政党，而正是这些党派促成了1989年政府的和平演变。1990年5月的自由选举中，由3个前反对派政党组成的政党联盟在新的国民议会中赢得了压倒性的优势。匈牙利的经济改革一开始要比波兰顺利得多，因为匈牙利在共产党执政期间就已逐步放开价格，并长期采取措施鼓励对西方国家的出口。这也使政府得以加速国有企业的私有化进程，主要是通过给外国投资者提供优厚条件，匈牙利也因此迅速积累了比其他转型国家都要多的外国投资。但接下来的进程却并不顺利。作为国有企业管理者的国家干部不费分文就把这些企业掌握在了自己手中，这反过来又巩固了他们在政府中的地位。与工厂的现代化改造、产品的市场营销相比，这些人的“比较优势”是玩弄政治手腕。所以，虽然开局不错，但到90年代末匈牙利经济开始步入低迷。部分原因可能是出口表现不佳，但更主要的还是因为国有企业私有化后未能向现代企业迈进。

有了波兰和匈牙利的榜样，捷克斯洛伐克的学生、工人们也加紧了街头抗议和示威游行。政府最初试图使用武力镇压，在导致几百人伤亡后，方才同意谈判。1989年12月，曾在1968年领导“布拉格之春”的亚历山大·杜布切克当选为新国会主席，曾因积极主张人权而被捕入狱的作家瓦茨拉夫·哈维尔(Vaclav Havel)当选为总统。斯洛伐克国民议会(属于地区性议会)通过“主权宣言”；随后，捷克共和国也同意分离。1993 年 7 月 1 日两国正式分别成为独立主权国家。与同时期的南斯拉夫境内天翻地覆的动荡相比，捷克与斯洛伐克的和平分家显得特别引人注目。捷克斯洛伐克最初的政治稳定似乎很有利于经济转型。与波兰不同，它没有外债。而且，它很早就效仿匈牙利逐渐放开价格，并鼓励农民拥有自留地。更为重要的是，它拥有一支训练有素的劳动力大军，其国内制造业也以质量精良著称。但由于捷克和斯洛伐克之间的矛盾，私有化改革迟迟不见进展。1993 年“分家”以后，两国制定了各自的货币制度，并加强了边贸管制，进一步阻碍了改革的深入。捷克也曾推出新的改革计划——国家按人头发放私有化证券，公民可以凭此购买针对不同产业的投资基金。然而事实证明这个计划并不具备可操作性，很容易被内部机会主义者钻空子。这次的失败又一次打击了国内外投资者的信心。尤其在 1998 年发生苏联拖欠债务事件(本章下文将提及)后，捷克面临的情况变得更为恶劣。

1989 年 10 月，德意志民主共和国庆祝其成立 40 周年，苏联总统戈尔巴乔夫也亲临祝贺。然而，很快德国统一社会党中央委员会第一书记埃里希·昂纳克(Erich Honecker)被免职，之后又以挪用政府公款等多项罪名被起诉。与此同时，成千上万的东德公民由于不能直接移民到西德，纷纷通过捷克斯洛伐克偷渡到匈牙利，希望能由此到达奥地利或者西德。匈牙利政府则为他们慷慨地开放了通往奥地利的边境线。

1989 年，最富戏剧性同时也最具象征性的事件，莫过于柏林墙的倒塌。为了阻止本国公民逃往西德，东德政府于 1961 年沿着西柏林边界砌了这座墙。在将近 30 年的时间里，柏林墙一直被视为共产党专政和压制的象征。11 月 9 日晚，没有任何来自东德当局的阻挠，来自东西柏林的示威游行人群自发地推倒了柏林墙，成千上万的东柏林人涌向西德。

事态发展之迅速，令西德当局受到的震惊绝不亚于东德。政府一面启动紧急方案安置难民，一面设法说服东德人稍安毋躁。1990 年 7 月，两德达成经济和货币同盟。10月3日，东德并入德意志联邦共和国，从此不复存在。为了赶在苏联领导人改变主意之前完成统一，西德竟以1∶1的比例将东德马克兑换成西德马克，为此在经济上付出了昂贵的代价。当时正常的市场兑换率应在6∶1到12∶1之间。这意味着原东德国有企业工人（他们曾大力支持1990年4月西德提出的条件）的工资一下子成了原来的6到12倍。然而，这也意味着他们的雇主（大部分是原东德国有企业转化而来的西德私营企业）将再也难以承受了，失业率因此迅速上升。对原东德地区工人的失业补助，也成了对东德陈旧的基础设施进行修复所需的开销之一。为了德国顺利统一，西德企业和居民承受的税率越来越高，西德的失业率也在上升。从最初成立货币同盟时尽量照顾东德的决策开始，两德统一带给德国的始终是沉重的经济负担，20世纪90年代德国经济增长也因此减慢，甚至影响到欧洲其他国家。

随着越来越多的中东欧国家摆脱苏联的束缚，困扰最初4个转型国家的一系列问题，不可避免地摆在了它们面前，但表现形式和困难程度各有不同。因此，尽管各国起初的经济结构极为相似（由于苏联一贯实行的重视重工业和农业集体化政策），也都试图尽快建立西欧式的经济结构，但经历的转型过程却有明显差异。每个国家面对各自的政治、文化约束时都有独特的处理方式。保加利亚的改革就是其中一例。该国在1990年春选举成立了支持改革的政府，但农民对刚实行的集体化生产不满，纷纷要求恢复原先的土地所有权，农业产量因此大幅下降。在经历了几届腐败的政府和接连不断的财政丑闻之后，保加利亚终于在1999年建立了货币局制度，结束了通货膨胀和金融动荡。也许正是先前的阵痛，改革才能始终在政治上获得支持。这倒与先前的波兰有类似之处。1989年，罗马尼亚通过暴力行动推翻了独裁者尼古拉·齐奥塞斯库（Nicolae Ceaucescu），并随即在圣诞节将其处死。然而，原先的共产党官员仍然掌握政权，国内一片死气沉沉。改革停滞，经济萧条，罗马尼亚在转型的头10年间一片萧索，毫无生机。阿尔巴尼亚也终于在1991年结束了斯大林式的统治，但最初的经济改革却演变成了一出连环诈骗的闹剧，大多数阿尔巴尼亚人的积蓄被骗得分文不剩。对他们来讲，移民到西欧是唯一的上上之策；如果失败，那就只有穿过南斯拉夫在西部边境设置的重重封锁，才能获得自由。

南斯拉夫本身尽管不是苏联的卫星国，但它在政治和经济改革尝试中还是经历了好几年骚乱。作为一个多民族联邦国家，它的经济改革还伴随着民族独立运动，1991 年，斯洛文尼亚和克罗地亚两个共和国宣布脱离南斯拉夫；随即，马其顿、波斯尼亚-黑塞哥维那共和国也宣布独立。塞尔维亚作为最强大的联邦成员试图凭借武力来阻止分裂，最后导致内战全面爆发。当时有大量塞尔维亚人居住在其他共和国境内，他们组织各种准军事力量协助塞尔维亚。暴力不断升级，在“种族清洗”的名义下双方成千上万的无辜平民在屠杀中丧生。

正是这个地区，曾在 20 世纪初引发了第一次世界大战。而今爆发的大规模恐怖事件不禁使人回忆起二次大战中令人发指的种族灭绝暴行。尽管 1995 年末北约的介入暂时稳定了波黑地区的局势，但无法从根本上解决塞尔维亚族、克罗地亚族和穆斯林之间深层的矛盾。在前共产党领导人斯洛博丹 · 米洛舍维奇(Slobodan Milosevic)的领导下，塞族继续狂热地推进着他们的“大塞尔维亚”计划。二次大战期间曾是纳粹傀儡的克罗地亚则在首领图季曼(Tudjman)的领导下，不断巩固自己的地盘。在西方国家的默许下，穆斯林们发现从同情其处境的伊斯兰国家引进大批自由战士极为容易。军阀作风的米洛舍维奇垂死挣扎，对科索沃地区的穆斯林进行了大清洗，最终导致北约对南联盟进行大规模的空袭。2000 年冬，塞族选举替换了总统，西方各国转而支持启动南斯拉夫改革。对前南斯拉夫地区长达 10 年的封锁加上对塞尔维亚的战略轰炸，使得经济转型的进程更加艰难。滞留西方国家的难民被陆续遣送回克罗地亚、波斯尼亚、科索沃和现在的塞尔维亚，但是前方的改革之路依然漫长。

中华人民共和国政府在 20 世纪 80 年代就已经部分允许自由市场和私营企业的存在。这项政策在农村取得显著成效，农业产出和农民收入大幅增长。中国政府在 1989 年尽管受到挑战，但继续推进经济改革。中国最终于1997年7月1日对香港恢复行使主权。香港作为特别行政区的地位使它能保持对中国大陆的经济优势，并为台湾的最终回归树立了典范。西方一直担心中国的人权状况，其一贯实行的资本管制政策则被认为限制了外国投资，但中国通过扩大对西方的出口并充分利用来自香港、台湾地区的资本流入，正在不断向市场经济迈进。经过多年与美国和欧盟的艰苦谈判，中国终于在2000年加入了世界贸易组织(World Trade Organization，WTO)。加入WTO保证了它在全球市场上不可动摇的地位。中国经济继续以令人惊异的速度持续增长，其经济增长率甚至达到了先前日本的水平，尽管中国的人均收入水平起点要低得多。

西方观察家(当然苏联和东欧国家的很多人也一样)对苏联为何不采取武力镇压卫星国的叛乱感到困惑不解，以前它就是这么做的。对此还没有一个完整的解释。但可以相信，随着谜底揭晓，必将涉及当时苏联自身面临的经济困境，以及同时代苏联政局演化的过程。

1964年，苏共领导层中的保守派撤销了赫鲁晓夫的一切职务，由列昂尼德·勃列日涅夫(Leonid Brezhnev)接替他的位置。此人在以后统治苏联近20年之久。在勃列日涅夫领导下，苏联经济停滞不前，效率低下，腐败猖獗。1965年出台的一项“改革”政策遭到了官僚集团的强烈反对，没几年就悄无声息地终止了。此后的1966年到1977年间，官僚阶层的人数膨胀了六成。苏联的经济增长率和生产力水平持续下降。1985年戈尔巴乔夫——第一位十月革命后出生的苏联领导人——上台时，苏联经济已经陷入危机。戈尔巴乔夫明显地意识到苏联已经不是曾经的老大哥了，再也不能将自己的意志强加于那些仆从国了。当下最重要的是苏联自身的改革。因此，戈尔巴乔夫推出了“改革”(Perestroika)和“公开性”(Glasnost)政策。

尽管戈尔巴乔夫似乎更强调“改革”——他甚至还出版了以此命名的书，并被译成多种文字①——但真正发挥直接作用的却是他的“公开

① 指戈氏1987年所著《改革与新思维》一书。中译本由新华出版社于1987年12月出版。——译者

性”政策。Glasnost在俄文里意味着更多的言论自由(尤其对出版物而言),意味着对官方政策更大的讨论空间,甚至(某种程度上)意味着赋予民众在政治事件上独立于党和联邦政府的行动能力。也许正是在这一措施影响下,波罗的海三国——立陶宛、拉脱维亚和爱沙尼亚——先后宣布脱离苏联,1991年联邦政府承认其独立。其他加盟共和国随即群起而效之,就连庞大的俄罗斯共和国在民选总统鲍里斯·叶利钦领导下也开始不再受制于共产党。

戈尔巴乔夫推行“公开性”政策的理由之一,是为了发动民众对改革(或曰经济重整)的热情和积极性。然而,除了一些极其模糊的概述,例如改进成本核算、向企业放权(相对于计划当局和政府部门而言)、企业盈利的必要性(也即停止补贴)以及类似的细节问题,戈尔巴乔夫从来没有明确表述过到底何为“改革”。他在书中提到了“大众的积极性”,这显然是一个矛盾的修辞。他还把改革描述为“民主的中央集权与自我管理的结合”——又一个明显自相矛盾的措辞。

戈尔巴乔夫显然是想使苏联回复到类似列宁的“新经济政策”时期的情形:在国家掌握经济“制高点”的同时,部分允许私营企业的参与。但是,共产党高层的保守派竭力主张维持现状,而激进的改革派则想彻底废除中央计划体制,建立纯正的市场经济,戈尔巴乔夫亦进退两难。不过,正当人们围绕改革的终极属性争论不休时,几项有限的改革措施已经开始实行。例如,对于原本活跃于黑市或者灰市的经济活动,如私人手工业生产、零星贸易及各类个人服务等,只要业主同时是国有企业的职工,其经济活动即视为合法。在同样的限制条件下,政府还允许成立生产合作社提供消费品和服务,也允许个人或家庭出租土地用于农业生产。另一方面,部分外国资本被允许与苏联的国有企业建立合资企业。

1991年8月,在苏联即将与其加盟共和国签订一项新条约的前夕(该条约将授予后者更大的权力),苏共内部一小股强硬分子发动了一场政变。政变的发动者当中,包括戈尔巴乔夫自己精心挑选的副总统、国家安全委员会(简称“克格勃”)主席和国防部长。正在克里米亚度假的戈尔巴乔夫遭到软禁。政变领导人查禁了新闻媒体，并颁布了戒严令。然而，俄罗斯民众尤其是莫斯科和列宁格勒居民，并不甘心遭到恐吓。在叶利钦的领导和前来保护叶利钦的部队配合下，群众正义凛然地与政变集团互相对峙。政变者很快丧失了抵抗的勇气，仓皇出逃，很快便沦为阶下囚。

尽管政变是失败了，戈尔巴乔夫设想的苏联美好前景还是被叶利钦搅和了，后者成了俄罗斯共和国总统。叶利钦把他的政治才能全放在了削弱共产党的力量上，无休止地试用各类经济和政治的改革派人物。虽然俄罗斯经济也正遭受所有上述转型国家经历的种种困难，他总能让自己牢牢地耸立在权力之巅。1992 年和 1996 年两次以微弱优势当选之后，他走马灯似的任命了一个又一个总理，但他们都未能遏制中央银行对新一代强盗资本家的宽松融资。这一新兴精英阶层以对自身及其亲密伙伴最为优惠的价码接手原来的国有企业，并在经营过程中牟取个人利益，在尽可能短的时间内榨取尽可能多的财富，然后到海外投资。随着 1998 年 8 月俄罗斯政府拖欠国民手中的卢布国债，全世界都清楚地认识到俄罗斯已无力完成向资本主义民主政体的转变，而已经沦落为一个第三世界盗贼国家。对此，叶利钦能做的只是以更快的速度更换总理，直到最后选定了一位前克格勃间谍——弗拉基米尔 · 普京(Vladimir Putin)，此人的大部分职业生涯都在东德度过。接下来，叶利钦做出了政治上最后的惊人之举，宣布辞去总统职务,任命普京为代总统。之后，主要通过巩固在情报部门和军队中的威信和指挥镇压叛变的穆斯林省份车臣的战争，普京依靠自身实力顺利赢得了大选。伴随着新世纪的曙光，普京似乎已经决定把俄罗斯从 1991 年就踏上的那条灰暗之路中挣脱出来，开拓出一条新的、类似于中国共产党所走的道路——以强力维持现有政权，同时允许在一些特殊领域发展资本主义市场经济。2000 年石油价格上涨给俄罗斯经济融入全球贸易带来了契机，也使普京的目标更为切近现实。

欧盟的发展

在东欧剧变的同时，欧共体本身也在发生变化。20 世纪 70 年代早期，比利时首相莱奥·廷德曼斯(Leo Tindemans)在伙伴国政府首脑的邀请下，起草了一份报告，设想到 1980 年形成一个完善的欧洲联盟。然而，事实证明这是一个太过于雄伟的目标了。正在进行各种必要改革的成员国与目标中最终联盟的体制架构之间还存在着根本性差距，更何况还有 70 年代石油危机对欧洲造成的负面冲击。该方案从此被束之高阁。经过几年消沉，"重振欧洲"运动在 80 年代才又获得了新的动力。法国前财政部长雅克·德洛尔(Jacques Delors)是欧洲一体化运动的强烈支持者，并于 1985 年担任欧共体委员会主席。在他的领导下，欧洲理事会(即政府首脑会议)在原则上决定推动一个更强大的欧洲联盟的诞生，并在 1986 年 2 月签署了《单一欧洲法令》(*Single European Act*, *SEA*)。该法令的特别之处在于它要求欧共体采取 300 多项措施来清除各国各种物质上的、科技上的、财政上的障碍，以保证在 1992 年 12 月 31 日前形成统一的内部市场。事实上，到那个截止日期时，并没有一切就绪；但之后很快，所有措施就全部到位了，欧共体真正成为一个"无国界"的共同体。

1986 年，英法两国政府达成协议，准备修建一条横跨英吉利海峡的铁路隧道。这从另一方面促进了欧洲一体化运动。"海峡隧道"(The Channel Tunnel)的设想早在 1870 年就有人提出，此后又多次引发讨论，但却从来没有真正付诸行动。这项修建计划有一个重要特点：隧道建筑全部由私人资本投资，政府不给予任何补助。1994 年《单一欧洲法令》正式生效不久，海底隧道也顺利竣工了。

早在 1979 年，"欧洲货币体系"(European Monetary System, EMS)以及相对应的"汇率机制"(Exchange Rate Mechanism, ERM)就已经出台，但各国货币政策的协调问题仍然是最终实现经济一体化的一大障碍——

更不用说统一的货币政策了。1991年欧共体宣布将在1994年成立自己的中央银行，并相应地在1999年推出欧洲统一货币。但1992年9月爆发的汇率危机迫使英国和意大利退出欧洲货币汇率体系，其他各项措施也被迫推迟。1994年，暂时代替中央银行的“欧洲货币局”（European Monetary Institute）成立，总部设在法兰克福。该机构是1999年成立的“欧洲中央银行”（European Central Bank）的前身。

虽然过程一波三折，但追求欧洲统一的愿望依然十分强烈。1991年12月，欧洲议会在荷兰小城马斯特里赫特（Maastricht）召开，各国首脑签署了一项旨在“欧洲人民之间建立一个更为紧密的联盟”的条约。新条约在1993年11月1日正式生效，几乎是马斯特里赫特会议2年之后。它把“欧洲共同体”（European Community，EC）改名为“欧洲联盟”（European Union，EU）。条约还强调了欧洲议会的力量，要求欧盟成员国在外交和防御政策上采取“统一行动”，以达到“共同外交与安全政策”（Common Foreign and Security Policy，CFSP）的最终目标。条约特别声明所谓“辅助性原则”[①]（the principle of subsidiarity），根据这项原则，政策的决定权将移交给“尽可能低的政府层级”。该条约的另一个特别之处在于有条款明确规定于1996年召开政府间会议，回顾条约执行的进度并做出必要的调整。

1993年还有另一个令人欣喜的发展：欧洲共同体与欧洲自由贸易联盟大部分成员国（瑞士除外）签署协议，共同组建“欧洲经济区”（European Economic Area，EEA），并于1994年1月1日正式生效。此后不久，欧洲自由贸易联盟的4个成员国奥地利、芬兰、挪威、瑞典申请加入当时新改名的欧盟获得了批准，并将于1995年1月1日正式成为欧盟成

---

① “辅助性原则”最早由德国学者于20世纪50年代提出，旨在解决国家与个人、上级政府与下级政府之间孰先孰后的问题。后也引申到国际事务领域，主要意思是，凡是可能由较低级别，即在国家和地方层次上处理的问题，就不应交到更高一级的超国家的、共同体的机构来处理。只有当问题足够重大，在国家层次上难以处理，而且在共同体的层次上处理会更有效率的情况下，才得以纳入共同体的权限范围。《马斯特里赫特条约》的第一项A条和B条明确规定了辅助性原则是欧盟的基本原则之一。——译者

员国。之后，4国分别针对业已达成的入盟协定进行全民公决。这些条款对大部分国家来说，意味着削减原有的农业补贴，以符合欧盟“共同农业政策”（Common Agricultural Policy）的标准。公决首先在芬兰开始，接着是奥地利和瑞典，最后在挪威举行。前3个国家都通过了这项协议，但支持的人数比例越来越小；轮到挪威时，其国内民众拒绝了政府的入盟资格——正如1972年的情形一样。

也许是巧合，另一个大型自由贸易区也在1994年1月1日成立。这就是由美国、加拿大和墨西哥共同签署的“北美自由贸易协定”（North American Free Trade Agreement，NAFTA）。该协定给其成员国规定了15年的过渡期，在这期间其他西半球国家也极有可能加入其中。北美自由贸易协定涵盖了超过3.6亿的人口，成员国国内生产总值之和近70 000亿美元。作为比较，包括欧盟15国及挪威、冰岛在内的欧洲经济区的总人口为3.72亿，成员国国内生产总值之和约为75 000亿美元。

增长的极限

1972年，麻省理工学院的一个研究小组出版了《增长的极限》一书，书中预言“这个星球上的经济增长将会在今后100年内某个时候达到极限”。作者提出了“全球关注的五大趋势”：一是加速发展的工业化，二是人口剧增，三是粮食短缺和普遍营养不良，四是不可再生资源耗竭，五是生态环境日益恶化。这本书虽是学术著作，却引起了公众广泛关注，一时成为大众讨论的话题。尽管许多评论家认为作者的结论未免有些耸人听闻——尤其是预言经济增长将很快停止——但该书指出的几大引起“全球关注”的趋势，特别是人口增长和环境恶化，却是人所共见的事实。

同时，大部分评论家都认为上述几大趋势是相互关联的。比如，粮食短缺问题在经历高速人口增长的第三世界国家尤为普遍（但即使在美国这样的富裕国家，这类问题也并非没有耳闻）。随着东欧共产主义政权的瓦解，由于原先盲目推进工业化而造成的大规模环境破坏问题也开始暴露出来。当然，正如关于酸雨的争议所表明的那样，环境问题并不仅限于苏联式的经济；而在相对富裕的工业化国家，这一问题至少已经引起人们更多关注，舆论和政府向污染者两面施压，迫使其或者停止污染活动，或者支付环境的治理成本。

眼下的问题确实很严重，但并不是什么新鲜事物，尽管许多对历史一无所知的聪明人士常常会这样认为。纵观人类历史，人口对资源的压力总让大部分人徘徊在生存线的边缘。大约200年前，托马斯·马尔萨斯对此现象提出了一种理论解释。具有讽刺性的是，就在马尔萨斯出版其理论之时，一个新的进程——科学技术迅猛发展的进程——已经启动了，从而推翻了他的前提假设。正如上文所述，接下来的200年时光里，世界大部分地区人们的生活水平有了大幅度提高，这是马尔萨斯及其同时代人所无法想象的。

说到上半个世纪的人口总量和高增长问题，当今的人口问题确实是世界历史上所仅见——但数量和增长率并不是唯一需要考虑的变量。本书第一章就已指出，人口问题必须和能够维持其生存的资源联系起来考虑。现今维持世界人口的资源存量——动物、植物和矿物质——比历史上任何时候都更为丰富。在过去差不多100年间，世界上富裕国家已经完成了一次人口转变，即从高出生率、高死亡率向低出生率、低死亡率的转变，其结果就是较低的人口增长率。可以预见，当其他较贫穷国家的物质福利提高到一定水平之后，出生率以及人口增长率也将随之降低。一些专家甚至认为到20世纪70年代为止，世界人口总数已经达到了拐点，或者说人口增长率已从不断上升转为不断下降。

图16－1显示了在1971年到1998年期间，全球化对世界各地区主要国家带来的影响，其中最后一年的可靠数据直到2001年初才获得。尽管悲观论者总喜欢杞人忧天，而且当危机来临时他们的声音也更受关注（比如70年代的石油危机），但直到1985年为止，各国人均收入确实都在增长。不仅如此，事实上此后的增长速度甚至更快，因为全球化开始全面

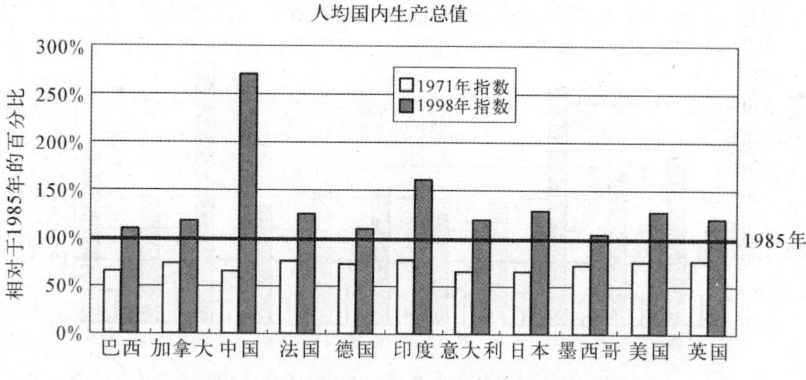

A. 以不变价格计算的各国人均收入指数(1985 年 =100)

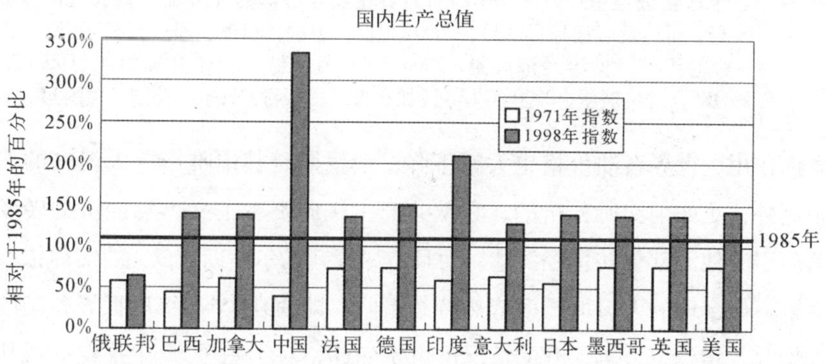

B. 以不变价格和汇率计算的各国国内生产总值指数(1985 年 =100)

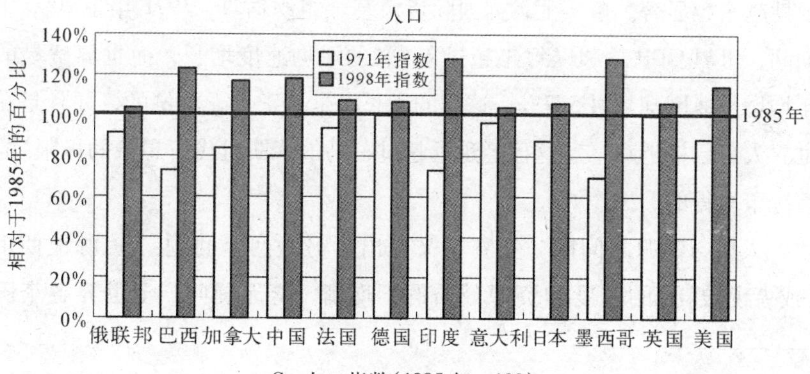

C. 人口指数(1985 年 =100)

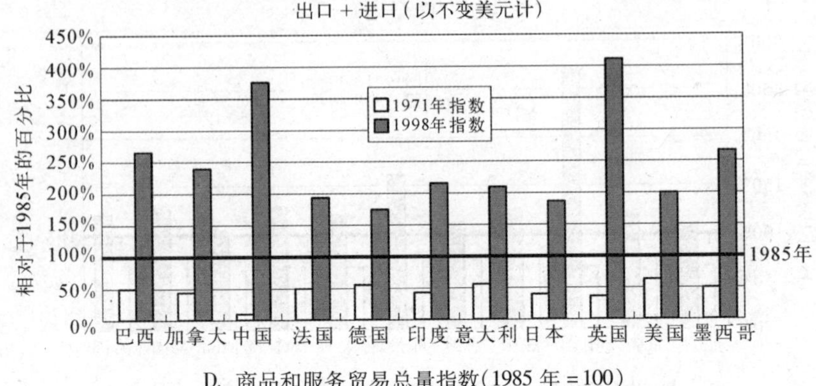

D. 商品和服务贸易总量指数(1985 年＝100)

图16－1　全球化进程中(1971—1998 年)世界主要经济体的经济发展情况【世界银行，世界发展指标(WDI)，2000(巴西、中国、印度、墨西哥)；国际货币基金组织，世界经济展望，2000 年 10 月；经济合作开发组织(OECD)，OECD 经济展望，2000 年 12 月(加拿大、意大利、日本、英国、美国)】。

发挥作用，世界石油价格也大幅下降。俄罗斯是其中唯一令人沮丧的一个例外，正如前文所分析的，它从共产主义向资本主义市场经济的转变落后于其他大部分转型经济体。而且，尽管新马尔萨斯主义①的阴霾依旧笼罩，但全球的人口增长率依然持续下降，即使在 1985 年后世界各国的人均收入增长率大幅上升的情况下也是如此。对于图16－1 中描绘的成功故事可以有多种解释，但有一点是肯定的，即国际贸易对上述各国的重要性越来越显著。事实上，据国际货币基金组织估算，1971 年至 2000 年期间，世界 GDP 总和以每年超过 3.6%的平均速度增长，而世界贸易的年均增长速度却超过 5.7%。这样的增长率是真正史无前例的，并且是在世界人口已接近 60 亿(这已经远远超过了马尔萨斯时代所想象的极限)的情况下取得的。

人口与资源之间的“竞赛”又引出了另外两个问题：资源被使用(或者说被耗)的速度和资源分布的不均衡。毫无疑问，全世界各个国

① 新马尔萨斯主义即限制生育的人口调节论。

家，尤其是富国正以前所未有的速度使用资源。这本身只不过是衡量人类是否“成功”支配环境、解决经济问题的一个工具，但同时也加剧了人们对资源耗竭的恐惧。这种恐惧并非毫无道理，但也没有充分的历史佐证。毕竟，正是因为没有足够的木材供烧炭之用，才使得人类转而使用焦炭来熔炼铁矿石。还有很多这样的例子：一种资源临时性、局部性的短缺促使人们寻找其替代品，而后者往往属于更高效、更经济的资源类型。19 世纪，煤炭代替木材成为非生命能源之一。20 世纪，石油在很大程度上取代了煤炭。由水力、煤、石油以及最后的核能等转变而来的电能，是目前用途最大、范围最广的能源形式。某些悲观的人会认为，煤炭和石油在数量上是有限的，它们的供给最终将会耗竭；水力资源受到使用过程中的物理制约；核能隐藏着极大的环境风险。乐观派则指出，作为煤和石油最终能量来源的太阳能几乎尚未被直接利用过。目前的技术水平只能开发全部太阳能中微不足道的一部分。但是，随着常规能源在数量上变得更为稀缺——这表现为价格的上升——将引导人们更多地参与对太阳能的研究。这就是经济机制发挥作用的方式。人类面临的可能性是无尽的。

资源分布的不均衡——不同个人、社会集团和国家之间的不均衡——是经济发展问题的症结所在，这在本书开篇就有所论述。这是一个棘手的问题。它需要调查、研究，需要各方面的制度变革。这是目前发达国家和发展中国家共同面临的挑战，而本书所讲述的历史表明：这一挑战是人类能够战胜的。

参考书目

This bibliography is intended as a supplement to the text, to enable readers to find further information on topics that, of necessity, are dealt with only summarily in the book itself. It is, therefore, highly selective. It includes only books and a very few articles that are likely to be easily accessible to students and average readers. Works in languages other than English are generally excluded, as are rare and recondite works, although translations of important works are included. With a few exceptions, items are listed only once, even though their contents may be relevant to two or more chapters or parts. Advanced students and researchers should consult the bibliographies in such general works as the *Cambridge Economic History of Europe* and the *Fontana Economic History of Europe* as well as the specialized bibliographies in the *International Bibliography of Historical Sciences,* the *International Bibliography of the Social Sciences–Economics,* the *New Palgrave: A Dictionary of Economics,* the *New Palgrave Dictionary of Money and Finance,* and the American Economic Association's *Index of Economic Articles in Journals and Collective Volumes,* all of which should be available in any moderately good college or university library. Computer accessible "article databases" that will be most helpful are Historical Abstracts and EconLit. JSTOR provides access to articles in major history and economics journals as well. On the Web, in addition to their search engine of choice, researchers may browse the sites of H-Net (http://www2.h-net.msu.edu/) for general history and EH.Net (http://cs.muohio.edu/) for economic history. Both have full-length book reviews as well as "ask the professor" features and discussion groups.

Although journal articles are usually not featured in this bibliography, browsing through the specialized journals is recommended as a good way to become familiar with the scope and nature of the literature. The leading English-language journals are the *Economic History Review* (United Kingdom, since 1927), the *Journal of Economic History* (United States, since 1941), the *Scandinavian Economic History Review* (since 1953; contents broader than the title suggests), *Explorations in Economic History* (United States, since 1963), the *Journal of European Economic History* (published since 1972 by the Banco di Roma), and the *European Review of Economic History* (published since 1996). Other journals, both more general and more specialized, that publish articles of interest to economic historians are *Agricultural History, Business History* (United Kingdom), *Business History Review* (United States), *Enterprise and Society* (United States), *Financial History Review* (since 1994), *Comparative Studies in Society and History, Journal of Interdisciplinary History, Social Science History,* and *Technology and Culture.* This by no means exhausts the list of relevant journals, even in English.

No other work covering the full scope of this volume exists, although the enthusiasm for and against "globalization" since 1971 has spawned a number of related works. For example, David Landes, *The Wealth and Poverty of Nations: Why Some Are So Rich and Some So Poor* (New York, 1999), justifies the preeminence of Western industrial nations on the basis of superior culture and political institutions. Angry responses have proliferated, the most coherent of which is Kenneth Pomeranz, *The Great Divergence: China, Europe, and the Making of the Modern World Economy* (Princeton and Oxford, 2000), which pursues a theme that military conquest creates trade patterns that disrupt "normal" development. *The Cambridge Economic History of Europe,* planned in the 1930s by Sir John Clapham and Eileen Power and edited by various distinguished authorities, now consists of ten volumes spanning the period from the decline of Rome until the latter part of the twentieth century. The later volumes include chapters on the United States and Japan as well as the major European countries. The contributors are (or were) mostly well-known authorities on their subjects, but the quality of their contributions is uneven, and there are some lapses in editorial planning and supervision. Complementing this set of monographs is *The Cambridge Economic History of the United States* in three volumes, edited by Stanley Engerman and Robert Gallman, which covers the pre-European contact period up to the end of the twentieth century, and *The Cambridge Economic History of India,* in two volumes edited by Dharma Kumar and Meghnad Desai (Cambridge, 1983).

The Fontana Economic History of Europe, planned and edited by Carlo M. Cipolla, contains roughly the same chronological and geographical coverage as the Cambridge series, but in nine somewhat smaller volumes. Authored by numerous specialists, it is aimed more directly at a student readership. *Essays in Economic History* (3 vols., London, 1954–62), edited by E. M. Carus-Wilson for the Economic History Society (United Kingdom), is a collection of outstanding journal articles covering the period from the Middle Ages to the late nineteenth century, but is heavily weighted toward Great Britain. In contrast, *Essays in French Economic* History edited by Rondo Cameron (Homewood, IL, 1970) consists entirely of articles translated from French journals and dealing with all eras and aspects of French and francophone economic history. Other similar anthologies dealing with shorter time spans or smaller areas are mentioned later in this chapter.

The British can boast of two excellent series of small paperbacks of special interest to students of economic history. The Economic History Society sponsors "Studies in Economic and Social History" (formerly "Studies in Economic History") originally edited by the late M. W. Flinn, later by T. C. Smout, more recently by L. A. Clarkson, and published by the Macmillan Press, Ltd. These consist of short essays, generally 50 to 100 pages, on significant topics, mostly but not exclusively British, in which a recognized expert summarizes and synthesizes the existing literature. The other series, "Debates in Economic History," is published by Methuen & Co., Ltd., with Peter Mathias as general editor. The volumes are slightly longer, generally about 200 pages, and contain a selection of articles on debatable topics, also generally but not exclusively British, preceded by an introduction by a recognized authority placing the issues in context. A number of titles from both series appear here, indicated, respectively, by "Studies" and "Debates." An even more recent series sponsored by the Economic History Society is *ReFRESH: Recent Findings of Research in Economics & Social History;* it is directed especially to students.

Before reviewing the literature pertinent to individual chapters, it will be useful to consider some general works devoted to the four major determinants of economic change, as discussed in Chapter 1 and subsequently.

Population

Population and History, by E. A. Wrigley (London, 1969), is a relatively brief introduction to historical demography. Wrigley has also written *People, Cities, and Wealth: The Transformation of Traditional Society* (Oxford and New York, 1987) and, with Roger Schofield, has edited *Population and Economy: Population and History from the Traditional to the Modern World* (Cambridge and New York, 1986). A sweeping overview of the historical demography findings worldwide is now available in Tommy Bengtsson and Osamu Saito, eds., *Population and Economy. From Hunger to Modern Economic Growth* (New York and Oxford, 2000), a collection of twenty-seven essays by leading researchers. Major recent works on non-European populations include *A Population History of North America* (Cambridge and New York, 2000), edited by Michael R. Haines and Richard H. Steckel, and *Asian Population History* (New York and Oxford, 2001), edited by Ts'ui-jung Liu et al. Massimo Livi Bacci, *A Concise History of*

World Population (3rd ed., Oxford, 2001), gives a quick overview. In a much briefer compass, Ester Boserup, *Population and Technological Change: A Study of Long-Term Trends* (Chicago, 1981), looks at the relation between population and technology from the ancient world to the contemporary Third World. David Grigg does likewise in *Population Growth and Agrarian Change: An Historical Perspective* (Cambridge, 1980).

Resources

Harold J. Barnett and Chandler Morse, *Scarcity and Growth* (Baltimore, 1963), is still a model study of the changing role of natural resources with the process of economic growth. The publications of the International Energy Agency, especially the annual *World Energy Outlook* (Paris, 2001), provide up-to-date information and projections, as does the annual *Yearbook of World Energy Statistics,* published by the United Nations Statistical Office. In *Dynamics of Agricultural Change: The Historical Experience* (New York, 1983), D. B. Grigg describes the chief characteristics of the major agricultural regions of the world and explains historically how they came into existence. Peter Lindert, *Shifting Ground: The Changing Agricultural Soils of China and Indonesia* (Cambridge, MA, 2001), sets a standard for quantitative assessments of soil quality over time and under different agricultural regimes. An even more thorough examination of the impact of economic development upon ecology is Philip D. Curtin, Grace S. Brush, and George W. Fisher, eds., *Discovering the Chesapeake: The History of an Ecosystem* (Baltimore, 2001).

Consideration of the historical aspect of resources inevitably leads one to the study of geography. An exciting presentation of a geographical interpretation of world history is the prize-winning book by Jared Diamond, *Guns, Germs, and Steel: The Fates of Human Societies* (New York, 1997). An older, but model study that reaches back to prehistory is C. T. Smith, *An Historical Geography of Western Europe before 1800* (New York, 1967). Consideration of geography inevitably leads one to the study of maps and atlases, indispensable for a proper understanding of the spatial aspects of economic development. There are many good historical atlases; the best is probably the *Times Atlas of World History,* edited by Geoffrey Barraclough (London, 1979). For up-to-date information, one should always check the *World Bank Atlas 2001* (33rd ed., Washington, DC, 2001), which is updated annually.

The European Miracle: Environments, Economies, and Geopolitics in the History of Europe and Asia, by E. L. Jones (2nd ed., Cambridge, 1987), is an outstanding analysis of the interrelations of resources, technology, and institutions that has much in common with this book. The same author's *Growth Recurring: Economic Change in World History* (Oxford, 1988) is also highly recommended.

Technology

The most ambitious and comprehensive collection (although not without flaws) is *A History of Technology,* edited by Charles Singer et al. (7 vols., Oxford, 1954–78). On a slightly more modest scale is *Technology in Western Civilization,* edited by Melvin Kranzberg and Carroll W. Pursell, Jr. (2 vols., Madison, WI, 1967), designed especially for undergraduate students. Among the better recent contributions on this subject are George Basalla, *The Evolution of Technology* (Cambridge, 1988); Louis A. Girifalco, *Dynamics of Technological Change* (New York, 1991); Joel Mokyr, *The Lever of Riches: Technological Creativity and Economic Progress* (New York, 1990); and Arnold Pacey, *Technology in World Civilization* (Cambridge, MA, 1990). Mokyr has also written a relatively brief book, *Twenty-Five Centuries of Technological Change: An Historical Survey* (New York, 1990). Two books based on BBC television series, both lavishly illustrated, deal with "technology and its consequences": Jacob

Bronowski, *The Ascent of Man* (London, 1975), and James Burke, *Connections* (Boston, 1978). A study of fundamental importance for the history of technology is A. P. Usher, *A History of Mechanical Inventions* (rev. ed., Cambridge, MA, 1954), which contains a theory of invention. Nathan Rosenberg, *Perspectives on Technology* (Cambridge, 1976), is a collection of essays by one of the leading specialists on the economics of technological change. More recently, Rosenberg has authored *Exploring the Black Box: Technology, Economics and History* (Cambridge and New York, 1994).

Institutions

It is not easy to decide what titles to put in this category, not because there are so few candidates but because there are so many—and so many different approaches. Sir John Hicks presents an economist's view in *A Theory of Economic History* (Oxford, 1969). From a quite different perspective, that of the anthropologists, A. L. Kroeber, in *Anthropology* (rev. ed., New York, 1948), and also in *An Anthropologist Looks at History* (Berkeley, CA, 1963), relates the economy to the larger culture. Douglass C. North, *Structure and Change in Economic History* (New York and London, 1981), and *Institutions, Institutional Change and Economic Performance* (Cambridge, 1990), have much in common with the overall aim of this volume. William N. Parker, one of the foremost economic historians of the second half of the twentieth century, has presented his collected essays in *Europe, America, and the Wider World: Essays on the Economic History of Western Capitalism* (2 vols., Cambridge and New York, 1984–91). Clarence Ayres' *Theory of Economic Progress* (Chapel Hill, NC, 1944; reprinted, 1978), cited in Chapter 1, elucidates the older "institutionalist" viewpoint on the relationship of the economy to society. Thrainn Eggertsson presents an economist's view of the New Institutional Economics in *Economic Behavior and Institutions* (Cambridge and New York, 1990). A variety of empirical applications are presented in Lee J. Alston, Thrainn Eggertsson, and Douglass C. North, eds., *Empirical Studies in Institutional Change* (Cambridge and New York, 1996). Many other perspectives are possible; some are mentioned in the bibliographies for individual chapters.

Chapter 1. Introduction

For further discussion of the definition, measurement, and spatial distribution of development in the modern world, see Dan Usher, *Rich and Poor Countries* (London, 1966), and the numerous writings of Simon Kuznets, especially *Modern Economic Growth: Rate, Structure, and Spread* (New Haven, CT, 1966) and *Economic Growth of Nations: Total Output and Production Structure* (Cambridge, MA, 1971). Angus Maddison has continued the work of Kuznets by producing historical national income and gross domestic output series, total and per capita, for a wide range of countries. His most recent work is *The World Economy: A Millenial Perspective* (Paris, 2001). There is a substantial literature on the methodology of economic history. Interesting comparisons can be drawn from the articles on "Economic History" in the original *Encyclopedia of the Social Sciences* (1931–35) and in the more recent *International Encyclopedia of the Social Sciences* (1969). The "achievements" of three distinct "schools" can be compared in a series of articles in the March 1978 issue of the *Journal of Economic History* (vol. 38, no. 1): Donald N. McCloskey, "The Achievements of the Cliometric School" (pp. 13–28); Jon S. Cohen, "The Achievements of Economic History: The Marxist School" (pp. 29–57); and Robert Forster, "Achievements of the *Annales* School" (pp. 58–76). McCloskey has also contributed a brief introduction to *Econometric History* for noneconomists (London, 1987; "Studies"). Further contrasts are evident in the debate between Robert W. Fogel and G. R. Elton, in *Which Road to the Past? Two Views of History* (New Haven, CT, 1983).

Chapter 2. Economic Development in Ancient Times

The evolution of humankind from its presapient ancestors is described in popular form with abundant illustrations by the prominent paleoanthropologist Richard Leakey, in *The Making of Mankind* (New York, 1981). R. B. Lee and I. DeVore, eds., *Man the Hunter* (New York, 1968), is a seminal work, as is Barbara Bender, *Farming in Prehistory: From Hunter-Gatherer to Food Producer* (London, 1975). Other works dealing with early agriculture are David Rindos, *The Origins of Agriculture: An Evolutionary Perspective* (New York, 1984), and Graeme Barker, *Prehistoric Farming in Europe* (Cambridge, 1985). *Stone Age Economics,* by Marshall Sahlins (Chicago, 1972), presents the view of a Marxist anthropologist. Two books by the famous archeologist V. Gordon Childe, *Man Makes Himself* (4th ed., London, 1965) and *What Happened in History* (rev. ed., Baltimore, 1964), remain among the most vivid accounts of the transition from prehistory to the first civilizations. Stuart Piggott, *Ancient Europe, From the Beginnings of Agriculture to Classical Antiquity* (Chicago, 1965), focuses more closely on Europe. Jacquetta Hawkes, *The First Great Civilizations: Life in Mesopotamia, the Indus Valley, and Egypt* (New York, 1973), places economic life in a broad cultural setting. A fascinating example of market activity over five centuries in one of the first great civilizations is A. L. Slotsky, *The Bourse of Babylon: Market Quotations in the Astronomical Diaries of Babylonia* (Bethesda, MD, 1997). Two multivolume works by M. I. Rostovzeff, *The Social and Economic History of the Hellenistic World* (3 vols., Oxford, 1941) and *The Social and Economic History of the Roman Empire* (2nd rev. ed., 2 vols., Oxford, 1963), are deservedly regarded as classics. Moses I. Finley, *The Ancient Economy* (2nd ed., London, 1985), is a recent, briefer account. Finley has also contributed many other important works, notably *The World of Odysseus* (1954 and later editions) and *Economy and Society in Ancient Greece* (1981), all flawed by a belief that ancient economies were not market economies. Revisionist works start with the quantitative contributions of Richard Duncan-Jones, *The Economy of the Roman Empire: Quantitative Studies* (Cambridge, 1982), *Structure and Scale in the Roman Empire* (Cambridge, 1990), and *Money and Government in the Roman Empire* (Cambridge, 1994). All three flesh out themes in A. H. M. Jones, *The Roman Economy. Studies in Ancient Economic and Administrative History,* ed. P Brunt (Oxford, 1974). K. D. White, *Greek and Roman Technology* (Ithaca, NY, 1984), is comprehensive, well illustrated, and has an excellent bibliography. *Debating Roman Demography,* edited by Walter Scheidel (Leiden and Boston, 2001), continues the quantitative revisionism underway on Roman history. Robin Osborne, *Classical Landscape with Figures: The Ancient Greek City and Its Countryside* (New York, 1987), is an intriguing treatment of the problems of food supply in ancient Greece. Joan M. Frayn, *Markets and Fairs in Roman Italy: Their Social and Economic Importance from the Second Century* B.C. *to the Third Century* A.D. (New York and Oxford, 1993), is a clear, useful introduction to an important subject. Their counterpart in the breadbasket of the Roman Empire is analyzed in Jane Rowlandson, *Landowners and Tenants in Roman Egypt: The Social Relations of Agriculture in Oxyrhynchite Nome* (New York and Oxford, 1997). John Boardman, *The Greeks Overseas: Their Early Colonies and Trade* (New York, 1980), is a well-illustrated history of the Greek diaspora. *The Economy and Society of Pompeii,* by Willem Jongman (Amsterdam, 1988), is a methodologically sophisticated piece of revisionism, whereas Robert Sallares' *The Ecology of the Ancient Greek World* (Ithaca, NY, 1991) is a boldly revisionist work that contradicts many classical sources.

Chapter 3. Economic Development in Medieval Europe

Robert S. Lopez, *The Birth of Europe* (Philadelphia, 1973), is a well-illustrated, magisterial survey that places economic development in its social and cultural setting. A briefer, more sharply focused treatment by the same author is *The Commercial Revolution of the Middle*

Ages, 950–1350 (Englewood Cliffs, NJ, 1971). Harry A. Miskimin, *The Economy of Early Renaissance Europe, 1300–1460* (Cambridge, 1975), provides a convenient survey of the later Middle Ages. Gino Luzzatto, *An Economic History of Italy from the Fall of the Roman Empire to the Beginning of the 16th Century* (London, 1961), is a brief synoptic history of the most important region in Europe in that period by a past master of the economic historian's craft. Of similar importance are *Feudal Society* (Chicago, 1961) and *French Rural History: An Essay on Its Basic Characteristics* (Berkeley and Los Angeles, 1966), by the famous French historian Marc Bloch, and *The Medieval Economy and Society: An Economic History of Britain in the Middle Ages* (London, 1972), by M. M. Postan. Leopold Genicot, *Rural Communities in the Medieval West* (Baltimore, 1990), is a general survey by a respected Belgian medievalist. Frederic C. Lane, *Venice: A Maritime Republic* (Baltimore, 1973), is a masterly survey of the history of that major medieval economy.

Population problems in that prestatistical era are wrestled with by J. C. Russell in *British Medieval Population* (Albuquerque, 1948) and *Medieval Regions and Their Cities* (Bloomington, IN, 1972). The progress of population was closely bound up with the fortunes of agriculture. A good introduction to that subject is B. H. Slicher van Bath, *The Agrarian History of Western Europe, A.D. 500–1850* (London, 1963). Another enlightening account is *The Early Growth of the European Economy: Warriors and Peasants from the Seventh to the Twelfth Centuries* (London, 1974), by the noted French scholar Georges Duby.

On commerce the best accounts are the chapters by M. M. Postan and Robert S. Lopez in volume II of the *Cambridge Economic History of Europe* (2nd ed., Cambridge, 1987). Lopez and I. W. Raymond edited *Medieval Trade in the Mediterranean World* (New York, 1955), a collection of original documents. Philippe Dollinger, *The German Hansa* (Stanford, CA, 1970), is the best study of that important institution.

The notion of a "static" Middle Ages in the field of technology was first challenged by Lynn White, Jr., whose book *Medieval Technology and Social Change* (Oxford, 1962) is still the best starting point for a study of medieval technology. Even more enthusiastic is Jean Gimpel's *The Medieval Machine: The Industrial Revolution of the Middle Ages* (New York, 1976), which should be read critically but sympathetically. Steven A. Epstein, *Wage Labor and Guilds in Medieval Europe* (Chapel Hill, NC, 1991), is wide-ranging and pertinent.

Monetary phenomena are dealt with in Peter Spufford, *Money and Its Use in Medieval Europe* (Cambridge, 1988). A. P. Usher, *The Early History of Deposit Banking in Mediterranean Europe* (Cambridge, MA, 1943), is still a fundamental work. *The Rise and Decline of the Medici Bank, 1397–1494* (New York, 1966), by Raymond de Roover, is a good story about an important enterprise. The monetary and financial innovations of Venice are analyzed in two impressive volumes, the first coauthored by Frederic C. Lane and Reinhold C. Mueller, *Money and Banking in Medieval and Renaissance Venice* (Baltimore and London, 1985), and the second by Reinhold Mueller, *The Venetian Money Market: Banks, Panics, and the Public Debt, 1200–1500* (Baltimore and London, 1997). Mark R. Cohen, *Under Crescent and Cross: The Jews in the Middle Ages* (Princeton, NJ, 1994), is a thought-provoking comparative study of Jews under Islamic and Christian rule. Joseph Shatzmiller, *Shylock Reconsidered: Jews, Moneylending, and Medieval Society* (Berkeley, 1990), is a fascinating case study based on a trial in Marseilles. Abraham Udovitch, *Partnership and Profit in Medieval Islam* (Princeton, NJ, 1970), is a revealing account of the sophisticated business practices of Muslim merchants.

The realities of the medieval economy as they affected ordinary people come alive in Eileen Power's often-reprinted *Medieval People* (10th ed., New York, 1963), as they do in a much more recent work, David Herlihy's *Medieval Households* (Cambridge, MA, 1985). In a similar vein but more detailed is David Herlihy and Christiane Klapisch-Zuber, *Tuscans and Their Families: A Study of the Florentine Catasto of 1427* (New Haven and London, 1985), an abridged translation of a much longer work in French. Herlihy also contributed *Opera*

Muliebria: Women and Work in Medieval Europe (Philadelphia, 1990). Heather Swanson, *Medieval Artisans: An Urban Class in Late Medieval England* (Cambridge, MA, 1989), dealing with workers and guilds in York (and Bristol and Norwich), also stresses the role of women workers. Robert C. Davis, *Shipbuilders of the Venetian Arsenal: Workers and Workplace in the Preindustrial City* (Baltimore, 1991), is a detailed study of a major medieval institution that also extended into the early modern period.

Chapter 4. Non-Western Economies on the Eve of Western Expansion

A History of the Arab Peoples, by Albert Hourani (Cambridge, MA, 1991), is fundamental for all aspects of its subject. André Wink, *Al-Hind: The Making of the Indo-Islamic World* (New York, 1990), details the eastward expansion of Islam from the seventh to the eleventh centuries A.D. Archibald Lewis, *Naval Power and Trade in the Mediterranean, A.D. 500–1100* (Princeton, NJ, 1951), is a competent survey emphasizing the interaction of Byzantine, Muslim, and western Christian navies and merchants. Michael Adas, ed., *Islamic and European Expansion: The Forging of a Global Order* (Philadelphia, 1993), contains material for a comparative study. S. D. Goitein, *Studies in Islamic History and Institutions* (Leiden, 1966), contains three chapers on the Islamic middle classes and workers in the Middle Ages. In *A Mediterranean Society* (4 vols., Berkeley, 1967–83), the same author, exploiting the abundant documentation of the Cairo Geniza, has provided the most detailed account available of a medieval community, that of the Jews within Islam, which stretched from Muslim Spain to India; volume I deals with "The Economic Foundations (969–1250)"; volume II, "The Community"; volume III, "The Family"; and volume IV, "Daily Life." *An Economic and Social History of the Ottoman Empire, 1300–1914,* edited by Halil Inhalcik and Donald Quataert (Cambridge, 1994), is a massive compendium of information on its subject. Kemal H. Karpat, ed., *The Ottoman State and Its Place in World History* (Leiden, 1974), assembles brief comments by distinguished authorities on various aspects of Ottoman history, including a chapter by Charles Issawi on economic structures before 1700.

In *Before European Hegemony: The World System A.D. 1250–1350* (New York, 1989), Janet L. Abu-Lughod paints an intriguing picture of financial and commercial networks encompassing Europe, the Eastern Mediterranean, the Persian Gulf, the Indian Ocean, Southeast Asia, and China. Much the same area is the subject of two impressive books by K. N. Chaudhuri: *Trade and Civilisation in the Indian Ocean: An Economic History from the Rise of Islam to 1750* (Cambridge, 1985), and *Asia before Europe: Economy and Civilisation of the Indian Ocean from the Rise of Islam to 1750* (Cambridge, 1990). Volume I of the *Cambridge Economic History of India,* edited by Tapan Raychaudhuri and Ifran Habib (Cambridge, 1982), covers the period A.D. 1200–1750, and has an excellent bibliography.

A History of East Asian Civilisation, vol. I, *The Great Tradition* (Boston, 1960), by Edwin O. Reischauer and John K. Fairbank, is the best place to begin study of that important area of the world, both for its comprehensive treatment (see especially Chapter 6 on the economy) and its bibliography. The multivolume *Science and Civilization in China,* by Joseph Needham and his collaborators (Vols. I–VII, Cambridge, 1954–2000), is a treasure chest of information on a variety of subjects, including Chinese technology, although imperfectly indicated by the title. *The Mongols,* by David Morgan (Oxford, 1987), is a lively, brief, largely sympathetic account of a people that, in general, have not enjoyed good press. The founder of the Mongol Empire is the subject of a definitive biography that has recently been translated into English and presented in an accessible manner: see Paul Ratchnevsky, *Gengis Khan: His Life and Legacy* (Oxford, 1991).

Charles F. W. Higham, *The Archeology of Mainland Southeast Asia: From 10,000 B.C. to the Fall of Angkor* (Cambridge, 1989), is a treasure chest of information on that part of the world. Charnvit Kasetsiri, *The Rise of Ayudhya: A History of Siam in the Fourteenth and Fifteenth Centuries* (Kuala Lumpur and New York, 1976), and Michael Aung-Thwin, *Pagan: The Origins of Modern Burma* (Honolulu, 1985), provide insightful sketches of their subjects.

The literature on Africa before the sixteenth century has recently been enriched by the opening chapter of two general works by acknowledged masters of the subject: Roland Oliver, *The African Experience: Major Themes in African History from Earliest Times to the Present* (London and New York, 1991); and Ralph Austen, *African Economic History* (London, 1987). There is also a collection of articles edited by Z. A. Konczacki and J. M. Konczacki, *An Economic History of Tropical Africa,* vol. I, *The Pre-colonial Period* (London, 1977). Philip Curtin, *Cross-Cultural Trade in World History* (Cambridge, 1984), explores many incidents of cross-cultural commerce, from Africa and ancient Mesopotamia to the North American fur trade, including Southeast Asia before the Europeans and pre-Columbian America. In many ways, Curtin updates the classic works of Harold Innis, *The Fur Trade in Canada* (New Haven, CT, 1930) and *The Cod Fisheries: The History of an International Economy* (New Haven, CT, and Toronto, 1940).

On South America, the first six chapters of volume I of *The Cambridge History of Latin America,* edited by Leslie Bethell (Cambridge, 1984), deal with "America on the Eve of the Conquest." Individual volumes on the two most famous pre-Columbian empires of the Western Hemisphere include *Aztecs,* by Inga Clendinnen (Cambridge, 1991), and *The Inca Empire: The Formation and Disintegration of a Pre-Capitalist State,* by Thomas C. Patterson (New York and Oxford, 1991). Helen Perlstein Pollard's *Taracuri's Legacy: The Prehispanic Tarascan State* (Norman, OK, 1993) provides a comprehensive view of a polity in western Mexico that successfully resisted the Aztecs but fell to the Spanish. Pre-Columbian societies in the area of the United States are dealt with by Claudia Gellman Mink in *Cahokia, City of the Sun: Prehistoric Urban Center in the American Bottom* (Collinsville, IL, 1992) and by James B. Stoltman in *New Perspectives on Cahokia: Views from the Periphery* (Madison, WI, 1991). Excellent overviews of the major economic issues can be found in Linda Barrington, ed., *The Other Side of the Frontier: Economic Explorations into Native American History* (Boulder, CO, 1999).

Chapter 5. Europe's Second Logistic

Geoffrey Parker's *The Military Revolution: Military Innovation and the Rise of the West, 1500–1800* (Cambridge and New York, 1988) is a modern classic. A worthy companion is Niels Steensgard, *The Asian Trade Revolution of the Seventeenth Century: The East India Companies and the Decline of the Caravan Trade* (Chicago, 1975).

Carlo M. Cipolla, *Before the Industrial Revolution: European Economy and Society, 1000–1700* (2nd ed., New York, 1980), is an excellent textbook that covers both the medieval and early modern periods. Ralph Davis, *The Rise of the Atlantic Economies* (Ithaca, NY, 1973), is another good textbook that emphasizes the European discovery and peopling of the Americas as well as the economies of western Europe. Two other texts that can be recommended are Harry A. Miskimin, *The Economy of Later Renaissance Europe, 1460–1600* (Cambridge, 1977), and Jan de Vries, *The Economy of Europe in an Age of Crisis, 1600–1750* (Cambridge, 1976). *Peasants, Landlords and Merchant Capitalists: Europe and the World Economy, 1500–1800,* by Peter Kriedte (Cambridge, 1983), is a short Marxist text. *Economy and Society in Early Modern Europe: Essays from Annales,* edited by Peter Burke (London, 1972), and *Essays in European Economic History, 1500–1800,* edited by Peter Earle (Oxford, 1974), are both collections of notable journal articles.

A major work by virtue of both its bulk and its scope is Fernand Braudel, *Civilization and Capitalism, 15th–18th Centuries* (3 vols., New York, 1982–84); it contains a wealth of factual information, mostly correct, but the brilliance of its author's rather idiosyncratic interpretation has been exaggerated by the popular press. Braudel's earlier work, which established his reputation, is also available in English: *The Mediterranean and the Mediterranean World in the Age of Philip II* (2 vols., New York, 1972; first published in French in 1949). Two books better known for their controversial (and contradictory) interpretations of the economic history of the early modern period than for their command of the facts are Douglass C. North and Robert Paul Thomas, *The Rise of the Western World: A New Economic History* (Cambridge, 1973), and Immanuel Wallerstein, *The Modern World-System: Capitalist Agriculture and the Origins of the European World Economy in the Sixteenth Century* (New York, 1974). Wallerstein's is the first of a four-volume series, two more of which have been published: *The Modern World-System II: Mercantilism and the Consolidation of the European World-Economy, 1600–1750* (1980; more appropriate for Chapter 6) and *The Modern World-System III: The Second Era of Great Expansion of the Capitalist World-Economy. 1730–1840s* (1989; for Chapter 7).

Textbooks and general works in English relating to individual countries are most plentiful and satisfactory for England or Great Britain, of course. Three that can be recommended without hesitation are D. C. Coleman, *The Economy of England, 1450–1750* (Oxford, 1977); L. A. Clarkson, *The Pre-Industrial Economy in England, 1500–1750* (London, 1971); and Charles Wilson, *England's Apprenticeship, 1603–1763* (London, 1965). These should be balanced with T. C. Smout, *A History of the Scottish People, 1560–1830* (Edinburgh, 1969). The closest equivalents in English for France are Emmanuel LeRoy Ladurie, *The Peasants of Languedoc* (Urbana, IL, 1974), and Pierre Goubert, *The French Peasantry in the Seventeenth Century* (Cambridge, 1986); several of the essays in Cameron, ed., *Essays in French Economic History,* mentioned earlier, and the volumes on France cited for Chapter 6 can also serve. For central and eastern Europe there is Hermann Kellenbenz's *The Rise of European Economy: An Economic History of Continental Europe from the Fifteenth to the Eighteenth Century* (New York, 1976), the title of which is slightly misleading, for the focus is on central and eastern Europe. Bob Blackburn, ed., provides English-language versions of the work of leading German historians in *Germany. A New Social and Economic History: 1450–1630* (vol. 1, New York and Oxford, 1995). Sheilagh Ogilvie, ed., continues the coverage in volume 2, *1630–1800* (New York and Oxford, 1996). For Russia, Richard Hellie provides excellent coverage in *The Economy and Material Culture of Russia, 1600–1725* (Chicago, 1999) and his edited version of Arcadius Kahan's *The Plow, the Hammer, and the Knout: An Economic History of Eighteenth History Russia* (Chicago, 1985), published after Kahan's death.

By far the best introduction to almost any aspect of Dutch economic history in the early modern period to 1815 is Jan de Vries and Ad van der Woude, *The First Modern Economy: Success, Failure, and Perserverance of the Dutch Economy, 1500–1815* (Cambridge and New York, 1997). Charles Wilson, *The Dutch Republic and the Civilization of the Seventeenth Century* (London, 1969), is also excellent. Violet Barbour, *Capitalism in Amsterdam in the Seventeenth Century* (Baltimore, 1950; reprinted, Ann Arbor, MI, 1963), contains a wealth of information in small compass. Jonathan Israel, *The Dutch Republic: Its Rise, Greatness, and Fall, 1477–1806* (London, 1995), with more than 1,100 pages, covers in detail many aspects of its subject beyond the merely economic. The same author has also contributed *Dutch Primacy in World Trade, 1585–1740* (Oxford, 1989). For other countries see the works listed for Chapter 6.

The population history of early modern Europe is felicitously encapsulated in Michael W. Flinn, *The European Demographic System, 1500–1820* (Baltimore, 1981), which also features an excellent bibliography. Migration within Europe as well as overseas is dealt with in Nicholas Canny, ed., *Europeans on the Move: Studies in European Migration, 1500–1800* (Oxford, 1994). E. A. Wrigley and R. S. Schofield, *The Population History of England, 1541–1871* (London, 1981), is a methodologically novel and detailed analysis. The interrelations of population and agriculture are dealt with by Ester Boserup, *The Conditions of Agricultural Growth:*

The Economics of Agrarian Change under Population Pressure (London, 1975) (which is not limited to early modern Europe) and by B. H. Slicher van Bath, *Agrarian History of Western Europe,* previously mentioned.

Other aspects of agriculture and rural life are considered by Ann Kussmaul, *A General View of the Rural Economy of England, 1538–1840* (New York, 1990); John Chartres and David Hey, eds., *English Rural Society, 1500–1800* (Cambridge, 1990); and by *European Peasants and Their Markets: Essays in Agrarian Economic History,* edited by William N. Parker and Eric L. Jones (Princeton, NJ, 1975). Jan de Vries, *The Dutch Rural Economy in the Golden Age, 1500–1700* (New Haven, CT, 1974), is a model of its kind. Agrarian life in eastern Europe is presented in marvelously detailed fashion by Jerome Blum in *Lord and Peasant in Russia from the Ninth to the Nineteenth Century* (Princeton, NJ, 1961), especially in Chapters 8–14 for the sixteenth and seventeenth centuries. The same author's *The End of the Old Order in Rural Europe* (Princeton, NJ, 1978) deals with the transition to modern class society.

The literature on exploration and discovery is vast and has been greatly expanded by the Columbian quincentenary. Typical is *Columbus and the Age of Discovery* (New York, 1991), a lavishly illustrated companion volume to a television series by Zvi Dor-Ner. *The Career and Legend of Vasco Da Gama* by Sanjay Subrahmanyam (Cambridge, 1998) deals with his Portuguese rival. A handy earlier survey is Charles E. Nowell, *The Great Discoveries and the First Colonial Empires* (Ithaca, NY, 1954). Great but still manageable detail is offered by J. H. Parry, *The Age of Reconnaissance: Discovery, Exploration, and Settlement, 1450–1650* (Cleveland, 1963). Samuel Eliot Morison's *The Great Explorers: The European Discovery of America* (Oxford, 1978) is a hefty abridgement of his two-volume *The European Discovery of America* and is especially good on the personalities of the explorers. Kirkpatrick Sale paints an unflattering portrait in *The Conquest of Paradise: Christopher Columbus and the Columbian Legacy* (New York, 1990). Two books by Alfred W. Crosby likewise take a dim view of the discoveries: *The Columbian Exchange: Biological and Cultural Consequences of 1492* (Westport, CT, 1972) and *Ecological Imperialism: The Biological Expansion of Europe, 900–1900* (Cambridge, 1986). Experts at the Tenth International Congress of Economic History looked at the consequences for Europe of the discoveries in Hans Pohl, ed., *The European Discovery of the World and Its Economic Effects on Pre-Industrial Society, 1500–1800* (Stuttgart, 1990). Focusing on the slave trade that arose, Philip Curtin, *The World and the West: The European Challenge and the Overseas Response in the Age of Empire* (Cambridge and New York, 2000), fleshes out the ramifications of the so-called triangular trade. Portugal's role is detailed in Christopher Bell, *Portugal and the Quest for the Indies* (New York, 1974), and C. R. Boxer, *Four Centuries of Portuguese Expansion, 1415–1825: A Succinct Survey* (Berkeley and Los Angeles, 1969), which is precisely what its subtitle indicates. Carlo M. Cipolla, *Guns and Sails in the Early Phase of European Expansion* (London, 1965), is a perceptive and stimulating exercise in historical judgment.

The *locus classicus* of the so-called price revolution is Earl J. Hamilton, *American Treasure and the Price Revolution in Spain, 1501–1650* (Cambridge, MA, 1934; reprinted New York, 1965), although the same author's "American Treasure and the Rise of Capitalism," *Economica,* 9 (November 1929): 338–57, is both briefer and more pointed. A handy collection of criticisms of the Hamilton thesis, from different points of view, is Peter H. Ramsey, ed., *The Price Revolution in Sixteenth-Century England* (London, 1971).

Among works dealing with commerce and commercial organization in the early modern period, Herman Van Der Wee, *The Growth of the Antwerp Market and the European Economy* (3 vols., The Hague, 1963), is the definitive work on the rise and decline of Antwerp. Ralph Davis, *The Rise of the English Shipping Industry in the Seventeenth and Eighteenth Centuries* (London, 1962), relates problems of trade to those of transport. Douglas R. Bisson, *The Merchant Adventurers of England: The Company and the Crown, 1474–1564* (Newark, DE, 1993) is a brief, up-to-date history of that regulated company stressing its relations with the government. Philip D. Curtin, *The Atlantic Slave Trade: A Census* (London, 1969), was the definitive work on that unusual branch of commerce. David Eltis, *The Rise of African Slavery in the Americas* (Cambridge and New York, 1999), is now the best economic history of the slave trade, while Stanley Engerman, Robert Paquette, and Seymour Drescher, eds., *Slavery* (New York and Oxford, 2001), have compiled an excellent reader on that subject. Other books dealing with commerce are listed in the bibliography for Chapter 6. For industry, John Hatcher, *The History of the British Coal Industry, Volume I, before 1700* (Oxford and New York, 1993), has now replaced an earlier classic, J. U. Nef, *The Rise of the British Coal Industry* (2 vols., London, 1932). Thomas M. Safley and Leonard N. Rosenband, eds., *The Workplace before the Factory: Artisans and Proletarians* (Ithaca, NY, 1993), highlights the experience and complexity of prefactory manufacture, whereas Myron P. Gutmann, *Toward the Modern Economy: Early Industry in Europe, 1500–1800* (New York, 1988); Maxine Berg, *The Age of Manufactures, 1700–1820* (London, 1985); and Jordan Goodman and Katrina Honeyman, *Gainful Pursuits: The Making of Industrial Europe, 1600–1914* (London, 1988), chart the transition to modern industry.

Some older works on the early modern period that can still be recommended include George Unwin, *Industrial Organization in the Sixteenth and Seventeenth Centuries* (1904; reprinted, London, 1957); Richard Ehrenberg, *Capital and Finance in the Age of the Renaissance: A Study of the Fuggers and Their Connections* (1928; reprinted, New York, 1963 and 1985); and H. M. Robertson, *Aspects of the Rise of Economic Individualism: A Criticism of Max Weber and His School* (1933; reprinted, New York, 1959).

Chapter 6. Economic Nationalism and Imperialism

Eli F. Heckscher's classic *Mercantilism* (2nd English ed., 2 vols., London, 1965) is still the starting point for discussions of economic policy in the early modern period. A collection of some of the criticisms (and defenses) of Heckscher's conception is contained in D. C. Coleman, ed., *Revisions in Mercantilism* (London, 1969). Joseph A. Schumpeter's magisterial *History of Economic Analysis* (Oxford, 1954) should also be consulted, especially Part II, Chapter 7. Paul Kennedy, *The Rise and Fall of the Great Powers: Economic Change and Military Conflict from 1500 to 2000* (New York, 1987), contains a challenging thesis that encompasses a wide time span. James D. Tracy, ed., *The Rise of Merchant Empires: Long-Distance Trade in the Early Modern World, 1350–1750* and *The Political Economy of Merchant Empires* (2 vols., Cambridge and New York, 1990–92), give a panoramic view.

The nature and consequences of economic policies can most usefully be surveyed on a country-by-country basis. For Spain *An Economic History of Spain*, by Jaime Vicens Vives (Princeton, NJ, 1969), is the best place to begin (see especially Part IV, Chapters 23–31). David Ringrose, *Madrid and the Spanish Economy, 1560–1850* (Berkeley and Los Angeles, 1983), presents a challenging hypothesis on the reasons for the long economic stagnation of Spain, which he updates in *Spain, Europe, and the "Spanish Miracle," 1700–1900* (Cambridge, 1999). Richard Herr, *Rural Change and Royal Finances in Spain at the End of the Old Regime* (Berkeley, 1989) is a masterpiece. Julius Klein, *The Mesta: A Study in Spanish Economic History, 1273–1836* (Cambridge, MA, 1920), has only recently been replaced by Carla Rahn Phillips and Warren D. Phillips, Jr., *Spain's Golden Fleece: Wool Production and the Wool Trade from the Middle Ages to the Nineteenth Century* (Baltimore, 1997). C. H. Haring's *Trade and Navigation between Spain and the Indies in the Time of the Hapsburgs* (Cambridge, MA, 1918) can still be recommended. The same author has also contributed *The Spanish Empire in America* (New York, 1947). Enrique Tandeter, *Coercion and Markets: Silver Mining in Colonial Potosi, 1692–1826* (Albuquerque, NM, 1993), is a comprehensive and systematic analysis of that important subject. Herbert C. Klein, *The American Finances of the Spanish Empire: Royal Income and Expenditures in Colonial Mexico, Peru, and Bolivia, 1680–1809* (Albuquerque, NM, 1998), is the definitive study of the Spanish Empire until its breakup. His book, *The Atlantic Slave Trade (New Approaches to the Americas)* (Cambridge, 1999) should also be consulted.

For Portugal the best overall account is still C. R. Boxer, *The Portuguese Seaborne Empire, 1415–1825* (New York, 1969). See also C. R. Boxer, *The Dutch in Brazil, 1624–1654* (Oxford, 1957), and the relevant chapters of the *Cambridge History of Latin America*. Sanjay Subrahmanyam, *The Portuguese Empire in Asia, 1500–1700: A Political and Economic History* (London and New York, 1993), describes the rise and fall of Portugal's domination of Asian trade.

Herman Kellenbenz, in *The Rise of the European Economy*, previously mentioned, places a heavy emphasis on the role of the state. The focus and emphasis are even more pronounced in Hans Rosenberg's *Bureaucracy, Aristocracy, and Autocracy: The Prussian Experience 1660–1815* (Cambridge, MA, 1958). Both authors are masters of their subjects, as is Eli F. Heckscher of *Mercantilism* fame, whose *An Economic History of Sweden* (Cambridge, MA, 1954) is an abridged translation of the four-volume Swedish original. For Italy, in addition to Lane's *Venice: A Maritime Republic*, previously mentioned, and his *Venice and History: The Collected Papers of Frederic C. Lane* (Baltimore, 1966), there is Brian Pullan, ed., *Crisis and Change in the Venetian Economy in the Sixteenth and Seventeenth Centuries* (London, 1968), and Domenico Sella, *Crisis and Continuity: The Economy of Spanish Lombardy in the Seventeenth Century* (Cambridge, MA, 1979).

The role of the state in the French economy is unusually well documented, thanks to a trio of works by Charles W. Cole: *French Mercantilist Doctrines before Colbert* (New York, 1931), *Colbert and a Century of French Mercantilism* (2 vols., New York, 1939), and *French Mercantilism, 1683–1700* (New York, 1943). The drawback is that Cole's conception of mercantilism was quite conventional. A good antidote is Martin Wolfe, *The Fiscal System of Renaissance France* (New Haven, CT, 1972). Warren C. Scoville, *The Persecution of the Huguenots and French Economic Development, 1680–1720* (Berkeley and Los Angeles, 1960), also gives a somewhat different picture of the role of government in France, as does J. F. Bosher, *French Finances, 1770–1795: From Business to Bureaucracy* (Cambridge, 1970). Recent works on French financial experiments that should be consulted are Antoin E. Murphy, *John Law: Economic Theorist and Policy Maker* (Oxford, 1997), and Philip Hoffman, Gilles Postel-Vinay, and Jean-Laurent Rosenthal, *Priceless Markets: The Political Economy of Credit in Paris, 1660–1870* (Chicago and London, 2000). Fernand Braudel's *The Identity of France* (2 vols., New York, 1990), the final, unfinished masterpiece of a great historian, deals with much more than mere economic policy and covers a much longer period than other works mentioned here, but it also deserves to be mentioned.

Kristof Glamann, *Dutch-Asiatic Trade, 1620–1740* (Copenhagen and The Hague, 1958), is the best work in English on the Dutch East India Company, but a comprehensive history is now available in three volumes by a team of Dutch historians, J. R. Bruijn, F. S. Gaastra, and I. Schöffer, *Dutch-Asiatic Shipping in the 17th and 18th Centuries* (The Hague, 1979–87). The first volume gives the general history and the last two volumes detail each of the outbound and inbound voyages by the Dutch fleets. Aspects of the company's activities in Asia are dealt with by John E. Wills, Jr., *Pepper, Guns and Parleys: The Dutch East India Company and China, 1622–1681* (Cambridge, MA, 1974), and Om Prakash, *The Dutch East India Company and the Economy of Bengal, 1630–1720* (Princeton, NJ, 1985), as do the volumes by K. N. Chaudhuri mentioned in the bibliography for Chapter 4.

Charles Wilson's *England's Apprenticeship, 1603–1763*, previously mentioned, contains much material relevant to the formation and execution of economic policy. The same author's

Profit and Power: A Study of England and the Dutch Wars (London, 1957) is more narrowly focused. His *Economic History and the Historian* (London, 1969), a collection of his essays, contains several dealing with the formation, execution, and consequences of economic policy. Specific episodes are dealt with by J. D. Gould, *The Great Debasement: Currency and Economy in Mid-Tutor England* (Oxford, 1970); Astrid Friis, *Alderman Cockayne's Project and the Cloth Trade* (London, 1927), good despite its age; and L. A. Harper, *The English Navigation Laws* (New York, 1939). Joan Thirsk, *Economic Policy and Projects: The Development of Consumer Society in Early Modern England* (Oxford, 1978), is brilliant. A worthy complement is Carole Shammas, *The Preindustrial Consumer in England and America* (New York, 1990).

Chapter 7. The Dawn of Modern Industry

The literature on the so-called industrial revolution in Great Britain is enormous and still rapidly growing. Much of it (mainly books) is listed in *British Economic and Social History: A Bibliographical Guide,* compiled by W. H. Chaloner and R. C. Richardson (Manchester, 1976). What follows is extremely selective, limited to a few standard general works and some others chosen for their felicitous style or seminal ideas.

A basic source is B. R. Mitchell (with the collaboration of Phyllis Deane), *Abstract of British Historical Statistics* (Cambridge, 1962); also, Mitchell and H. G. Jones, *Second Abstract of British Historical Statistics* (Cambridge, 1971). The *Atlas of Industrializing Britain, 1780–1914,* edited by John Langton and R. J. Morris (London, 1986), is extremely useful for visualizing the spatial aspects of industrialization. Similarly, *The Archaeology of the Industrial Revolution,* edited by Brian Bracegirdle (London, 1973), abundantly illustrated, enables the student to visualize the technology of early industrialization. M. W. Flinn, *British Population Growth, 1800–1850* ("Studies," London, 1970), summarizes and analyzes the essential information in brief compass.

The literature on proto-industrialization is summarized by Franklin Mendels in "Proto-Industrialization: Theory and Reality" in Eighth International Economic History Congress, Budapest 1982, "A" *Themes,* pp. 69–107. If that item is too difficult to locate, try idem, "Proto-Industrialization: The First Phase of the Industrialization Process, *Journal of Economic History,* 32 (March 1972): 241–61, in which the term was given an explicit definition (since modified). See also Peter Kriedte et al., *Industrialization before Industrialization* (Cambridge, 1981). For a skeptical view, see D. C. Coleman, "Proto-Industrialization: A Concept Too Many," *Economic History Review,* 2nd ser., 36 (Aug. 1980): 435–48.

A recent text, informed by the insights and skills of the cliometricians, is *The Economic History of Britain since 1700,* edited by Roderick Floud and Donald McCloskey (2nd ed., 3 vols., Cambridge, 1993). A standard text is Peter Mathias, *The First Industrial Nation: An Economic History of Britain, 1700–1914* (2nd ed., London, 1983). See also the same author's *The Transformation of England* (London, 1979), which focuses on the eighteenth century.

The best brief synopsis of the rise of modern industry in Britain is probably still T. S. Ashton, *The Industrial Revolution, 1760–1830* (Oxford, 1948). See also the same author's *An Economic History of England: The 18th Century* (London, 1955) and *Economic Fluctuations in England, 1700–1800* (Oxford, 1959). Covering the period of about 1750–1850 is Phyllis Deane's *The First Industrial Revolution* (2nd ed., Cambridge, 1979), which is based in part on her pioneering work with W. A. Cole, *British Economic Growth 1688–1959* (2nd ed., Cambridge, 1967). N. F. R. Crafts, *British Economic Growth during the Industrial Revolution* (Oxford, 1985), criticizes the Deane and Cole estimates; this book is also relevant for Chapter 9. *The Causes of the Industrial Revolution in England,* edited by R. M. Hartwell ("Debates," London, 1967), is a collection of seminal articles by outstanding authors that, however, does not answer the question implicit in the title. Hartwell has also edited another collection of articles by various authors entitled, simply, *The Industrial Revolution* (Oxford, 1970), and has published a collection of his own articles under the title *The Industrial Revolution and Economic Growth* (London, 1971). Hartwell has recently been honored by a "textschrift" by his former students under the title *The Industrial Revolution and British Society,* edited by Patrick O'Brien and Roland Quinault (Cambridge, 1993); a similar volume was edited by Joel Mokyr, *The British Industrial Revolution: An Economic Perspective* (Boulder, CO, 1993); both volumes are subject to critical review by Rondo Cameron, "The Industrial Revolution: Fact or Fiction?" *Contention: Debates in Society, Culture, and Science* (Fall 1994): 163–88.

The First Industrialists, by François Crouzet (Cambridge, 1975) investigates the social origins of the pioneers of modern industry and concludes that "a large majority" came from the middle classes. That enormous, ambiguous group is the subject of Peter Earle, *The Making of the English Middle Class: Business, Society, and Family Life in London, 1660–1730* (Berkeley and Los Angeles, 1989). Who was beneath the middle classes? John F. C. Harrison answers that question in *The Common People: A History from the Norman Conquest to the Present* (London, 1984); not limited to the eighteenth century, it is nevertheless highly recommended. Adrian Randall, *Before the Luddites: Custom, Community, and Machinery in the English Woolen Industry, 1776–1809* (Cambridge and New York, 1991), is a study of England's leading industry before extensive mechanization. Jane Rendall, *Women in an Industrialising Society: England, 1750–1880* (Oxford, 1990), traces the varied roles of women during the process of industrialization. Deborah Valenze, *The First Industrial Woman* (Oxford, 1994), has a similar theme. Sidney Pollard, *The Genesis of Modern Management: A Study of the Industrial Revolution in Great Britain* (London, 1965), looks at the problems of managing the first large-scale industrial enterprises. S. D. Chapman, *The Cotton Industry in the Industrial Revolution* ("Studies," London, 1972), is a competent brief summary of a large literature on the single most important industry of the period. *The Arkwrights: Spinners of Fortune,* by R. S. Fitton (New York, 1989), is the definitive work on Richard Arkwright and his family. Clark Nardinelli, in *Child Labor in the Industrial Revolution* (Bloomington IN, 1990), disputes the usual assumptions that widespread exploitation of children characterized the period. *Science, Technology, and Economic Growth in the Eighteenth Century,* edited by A. E. Musson ("Debates," London, 1972), is a collection of important articles by various authorities. References for the so-called standard of living question are listed under Chapter 9.

J. D. Chambers and G. E. Mingay, *The Agricultural Revolution, 1750–1880* (London, 1966), is the standard work on agriculture in the early stages of industrialization; but see the booklet by J. V. Beckett, *The Agricultural Revolution* (Oxford, 1990), for a recent questioning of the utility of the term "revolution." E. L. Jones, ed., *Agricultural and Economic Growth, 1650–1815* ("Debates," London, 1967), is a collection of important articles by various authorities, whereas E. L. Jones, *Agriculture and the Industrial Revolution* (Oxford, 1974), is the same scholar's own mature reflections on the subject. G. E. Mingay, *English Landed Society in the 18th Century* (London, 1963), is a substantial original work; *Enclosure and the Small Farmer in the Age of the Industrial Revolution* ("Studies," London, 1968), by the same author, is an extremely useful brief summary of a large literature on an important question. His *A Social History of the English Countryside* (London, 1990) covers a broader canvas. A revisionist approach with substantial quantitative evidence and economic analysis is Robert C. Allen, *Enclosure and the Yeoman: the Agricultural Development of the South Midlands, 1450–1850* (New York and Oxford, 1992).

General surveys on the role of transportation in the early stages of British industrialization are contained in the initial chapters of P. S. Bagwell, *The Transportation Revolution from 1770* (New York, 1974); T. C. Barker and C. I. Savage, *An Economic History of Transport in Britain* (3rd rev. ed., London, 1974); and H. J. Dyos and D. H. Aldcroft, *British Transport: An Economic Survey from the Seventeenth Century to the Twentieth* (London, 1969). More specialized topics are treated admirably by W. A. Albert, *The Turnpike Road System of England, 1663–1844* (Cambridge, 1972); A. R. B. Haldane, *New Ways through the Glens* (London, 1962), about road building in the Scottish Highlands; J. R. Ward, *The Finance of Canal Building in Eighteenth Century England* (Oxford, 1974); and T. S. Willan, *The English Coasting Trade, 1600–1750* (1938; reprinted, with new preface, London, 1967).

Financial problems of the seventeenth and eighteenth centuries are studied by R. D. Richards, *The Early History of Banking in England* (1929; reprinted, London, 1958). P. G. M. Dickson, *The Financial Revolution in England: A Study in the Development of Public Credit, 1688–1756* (London, 1967), invites comparisons with the financial histories of France—for example, J. F. Bosher, *French Finances, 1770–1795: From Business to Bureaucracy* (Cambridge, 1970)—and other continental countries to understand why Great Britain was more successful both militarily and economically in the eighteenth century. L. S. Pressnell, *Country Banking in the Industrial Revolution* (Oxford, 1956), also contributes to that understanding, whereas François Crouzet, ed., *Capital Formation in the Industrial Revolution* ("Debates," London, 1972), shows why capital formation was not a major obstacle to economic growth in the eighteenth century. Larry Neal, *The Rise of Financial Capitalism: International Capital Markets in the Age of Reason* (Cambridge, 1990), is a model study of economic and financial history showing the interrelations of the capital markets of Amsterdam and London. Sir John Clapham, *The Bank of England: A History,* vol. I (Cambridge, 1944), is an authorized history by a great historian that covers the period from the founding of the bank in 1694 until the Napoleonic Wars. On the occasion of the tercentenary of the bank, an authoritative history was produced by Forrest Capie, C. A. E. Goodhart, and Stanley Fischer, *The Future of Central Banking, The Tercentenary Symposium of the Bank of England* (Cambridge and New York, 1994). Angela Redish, *Bimetallism: An Economic and Historical Analysis* (Cambridge and New York, 2000), discusses the eighteenth century monetary experiments of Europe up through the spread of the gold standard in 1880.

Chapter 8. Economic Development in the Nineteenth Century: Basic Determinants

The bibliographies in the *Cambridge Economic History of Europe* need to be supplemented by more recent sources. *The Bibliography of European Economic and Social History,* compiled by Derek H. Aldcroft and Richard Rodger (Manchester, 1984), is helpful in that respect, covering continental Europe for the period from 1700 to 1939. It can be used in conjunction with the *Bibliography of British Economic and Social History,* cited in the previous chapter's bibliography. A bibliography emphasizing the contributions of cliometricians is Deirdre McCloskey and George K. Hersh, Jr., eds., with the assistance of John Coatsworth, *A Bibliography of Historical Economics to 1980* (Cambridge and New York, 1990). The bibliographies in the *Cambridge History of Latin America* are reasonably up to date; vols. III and IV cover the nineteenth and twentieth centuries. Bibliographies of American history are legion.

The need for quantitative data is well served by B. R. Mitchell, *International Historical Statistics: Europe, 1750–1988* (3rd ed., New York, 1992), a companion to his *Abstract of British Historical Statistics* (he has also compiled data for other continents), and U.S. Department of Commerce, *Historical Statistics of the United States* (various editions, Washington, DC). *The Dictionary of Statistics,* compiled by Michael G. Mulhall (4th ed., London, 1899; reprinted, Detroit, 1969), contains a mélange of quantitative data on a variety of subjects from all over the world but, in view of the negligible information provided on either sources or methods, it should be used with great caution if at all. The U.S. Department of Commerce has published *Long Term Economic Growth, 1860–1965* (Washington, DC, 1966); Part IV contains some international comparisons. A similar publication for the United Kingdom is C. H. Feinstein, *Statistical Tables of National Income, Expenditure and Output of the U.K., 1855–1965*

(Cambridge, 1966). This is supplemented by C. H. Feinstein and Sidney Pollard, eds., *Studies in Capital Formation in the United Kingdom, 1750–1920* (Oxford and New York, 1988). *The Economist* newspaper published *One Hundred Years of Economic Statistics* (New York and Oxford, 1989) containing the principal indicators for nine OECD countries.

The "Essays" series of the Economic History Society includes *Essays in European Economic History, 1789–1914,* edited by François Crouzet et al. (New York and London, 1969); *Essays in Quantitative Economic History,* edited by Roderick Floud (Oxford, 1974), most selections of which deal with the last two centuries, but with a British bias; *Essays in Social History,* edited by M. W. Flinn and T. C. Smout (Oxford, 1974), with a similar coverage and bias; and *Essays in British Business History,* edited by Barry Supple (Oxford, 1977). *Economic Development in the Long Run,* edited by A. J. Youngson (London, 1972), is also a collection of essays by eminent scholars on the fundamental determinants of economic change (except population) with, in addition, chapters on Africa, India, and Japan. It should not be confused with *Economics in the Long View,* edited by Charles P. Kindleberger and Guido di Tella (3 vols., London, 1982), which is a collection of *Essays in Honour of W. W. Rostow,* also containing many items of interest on the nineteenth and twentieth centuries.

Rostow is one of the most celebrated economic historians of the second half of the twentieth century, although in recent years his influence has been on the wane. Among his many books, a few are of special relevance for this and subsequent chapters: *The Stages of Economic Growth: A Non-Communist Manifesto* (Cambridge, 1960; 2nd ed., 1972), his most famous; *The Process of Economic Growth* (Oxford, 1952; 3rd ed., 1991), more theoretical than historical; and *The World Economy: History and Prospect* (Austin & London, 1978), his magnum opus. For critical views and a defense, see W. W. Rostow, ed., *The Economics of Take-Off into Sustained Growth* (New York, 1963), the proceedings of a conference of the International Economic Association that Rostow was invited to edit.

Alexander Gerschenkron was another economic historian of the third quarter of the twentieth century whose views on economic development in the nineteenth century were at one time very influential. He expressed them mainly in essays: *Economic Backwardness in Historical Perspective: A Book of Essays* (Cambridge, MA 1962), and *Continuity in History and Other Essays* (Cambridge, MA, 1968). *Patterns of European Industrialization: The Nineteenth Century,* edited by Richard Sylla and Gianni Toniolo (London and New York, 1991), contains essays by former students of Gerschenkron and also some of his critics. A pair of advanced textbooks by two other prominent economic historians are quite useful for topics covered in this and subsequent chapters: Alan S. Milward and S. B. Saul, *The Economic Development of Continental Europe, 1780–1870* (London, 1973), and *The Development of the Economies of Continental Europe, 1850–1914* (Cambridge, MA, 1977). Sidney Pollard, *Typology of Industrialization Processes in the Nineteenth Century* (Chur, Switzerland, 1990), is a brief, straightforward account dealing with the principal European countries, the United States, and Japan. *Dynamic Forces in Capitalist Development: A Long-Run Comparative View,* by Angus Maddison (Oxford, 1991), is a dynamic book dealing comprehensively with the world economy of the last two centuries. See also the same author's *Phases of Capitalist Development* (Oxford and New York, 1982).

The basic data on population are presented in W. S. and E. S. Woytinsky, *World Population and Production* (New York, 1953). *Population Growth and Economic Development since 1750,* by H. J. Habakkuk (Leicester, 1972), is a brief interpretive essay that relates the population history of the industrialized West to the problems of contemporary underdeveloped economies. *Population in Industrialization,* edited by Michael Drake ("Debates," London, 1969), is a collection of notable articles relating mainly to British experience. E. A. Wrigley, *Industrial Growth and Population Change: A Regional Study of the Coalfield Areas of North-*

West Europe in the Later Nineteenth Century (Cambridge, 1961), on the other hand, is a seminal study of the demographic history of the Australian coalfield. The role of resources in nineteenth century industrialization is highlighted by N. J. G. Pounds and W. N. Parker, *Coal and Steel in Western Europe* (London, 1957), and by Pounds in *The Ruhr: A Study in Historical and Economic Geography* (London, 1952).

The Unbound Prometheus: Technological Change and Industrial Development in Western Europe from 1750 to the Present, by David Landes (Cambridge, 1969), is much more than a mere history of industrial technology, relating technological change to the overall economic, institutional, and political changes of the last two centuries and more. *Favorites of Fortune: Technology, Growth and Economic Development since the Industrial Revolution,* edited by Patrice Higonnet, David Landes, and Henry Rosovsky (Cambridge, MA, 1993), is a collection of essays by notable authorities. A. G. Kenwood and A. L. Lougheed, *Technological Diffusion and Industrialization before 1914* (London, 1982), is more narrowly focused. Ian Inkster, *Science and Technology in History: An Approach to Industrial Development* (New Brunswick, NJ, 1991), stresses the importance of international diffusion, as does David J. Jeremy, ed., *International Technology Transfer: Europe, Japan, and the U.S.A., 1700–1914* (Aldershot, England, 1991), with case studies by experts in each area. *The Economics of Technological Change,* edited by Nathan Rosenberg (Baltimore, 1971), is a collection of major articles covering all aspects of its subject. Insight into the new phenomenon of the professional inventor is provided by Andre Millard in *Edison and the Business of Innovation* (Baltimore, 1990).

Institutional Change and American Economic Growth, by Lance E. Davis and Douglass C. North (Cambridge, 1971), is a seminal account of the interrelations of institutions and economic change. *The State and Economic Growth,* edited by H. G. J. Aitken (New York, 1959), consists of the papers presented at a conference of the Social Science Research Council on that subject; most of them deal with the nineteenth century. Bishop C. Hunt, *The Development of the Business Corporation in England, 1800–1867* (Cambridge, MA, 1936); Charles E. Freedeman, *Joint-Stock Enterprise in France, 1807–1867: From Privileged Company to Modern Corporation* (Chapel Hill, 1979); and Alfred D. Chandler, Jr., *Strategy and Structure: Chapters in the History of the Industrial Enterprise* (Cambridge, MA, 1962), detail the development of modern forms of enterprise in three important countries. Freedeman also wrote *The Triumph of Corporate Capitalism in France, 1867–1914* (Rochester, NY, 1993), and Chandler has also authored two other works of seminal importance on business organization: *The Visible Hand: The Managerial Revolution in American Business* (Cambridge, MA, 1977) and *Scale and Scope: Dynamics of Industrial Capitalism* (Cambridge, MA, 1990). Leslie Hannah, *The Rise of the Corporate Economy* (2nd ed., London and New York, 1983), is primarily concerned with the United Kingdom in the twentieth century, but Mira T. Wilkins, ed., *The Free-Standing Company in the World Economy, 1830–1996* (New York and Oxford, 1999), has a much wider scope.

Two quite different books attempt to show the interrelations of resources, technology, and institutions: Nathan Rosenberg and L. E. Birdzell, Jr., *How the West Grew Rich: The Economic Transformation of the Industrial World* (New York, 1986), and Rondo Cameron, *France and the Economic Development of Europe, 1800–1914* (Princeton, NJ, 1961).

Education and Economic Development, edited by C. Arnold Anderson and Mary Jean Bowman (Chicago, 1965), was a pioneering treatment of its subject. *Literacy and Development in the West,* by Carlo M. Cipolla (Harmondsworth, England, 1969), is both succinct and comprehensive. A worthy recent contribution is Gabriel Tortella, ed., *Education and Economic Development since the Industrial Revolution* (Valencia, Spain, 1990). *Education, Technology and Industrial Performance in Europe, 1850–1939,* edited by Robert Fox and Anna Guagnini (Cambridge, 1993), is an excellent comparative study including Italy, Spain, Belgium, and Sweden along with the "big three" and the United States.

Chapter 9. Patterns of Development: The Early Industrializers

Good textbook treatments of the economic history of Britain in the nineteenth century include Mathias, *The First Industrial Nation,* and Floud and McCloskey, eds., *An Economic History of Britain since 1700,* both previously cited; also S. G. Checkland, *The Rise of Industrial Society in England, 1815–1885* (London, 1964); William Ashworth, *An Economic History of England, 1870–1939* (London, 1960); J. D. Chambers, *The Workshop of the World: British Economic History, 1820–1880* (2nd ed., Oxford, 1968); and R. H. Campbell, *Scotland from 1707: The Rise of an Industrial Society* (London, 1964). The older tradition is represented by Sir John Clapham, *An Economic History of Modern Britain* (3 vols., Cambridge, 1926–38).

British Economic Growth, 1865–1973, by R. C. O. Mathews, C. H. Feinstein, and J. C. Odling-Smee (Oxford, 1982), is the near-definitive account of more than a century's economic history. *The Great Victorian Boom, 1850–1873* ("Studies," London, 1975) is a brief, lively treatment by Roy A. Church. Stung by some hostile criticism, the author organized a conference on *The Dynamics of Victorian Business: Problems and Perspectives to the 1870s* (London, 1980), the participants of which provided succinct surveys of the principal industries, which Church has edited. This appeared too late to be included in P. L. Payne's succinct survey, *British Enterprise in the Nineteenth Century* ("Studies," London, 1974), but another conference provided another volume with a different approach—the cliometric—in *Essays on a Mature Economy: Britain after 1840,* edited by Donald McCloskey (now found under Deirdre McCloskey) (London, 1971), in which most authors gave a favorable assessment of British entrepreneurship. McCloskey has also published a number of his own essays under the title *Enterprise and Trade in Victorian Britain* (London, 1981), in which he concluded that the British economy (and entrepreneurs) in the late nineteenth century did about as well as could have been expected. This conclusion has been sharply challenged by (among others) a British economic historian, M. W. Kirby, in *The Decline of British Economic Power since 1870* (London, 1981), and an American intellectual historian, Martin J. Wiener, in *English Culture and the Decline of the Industrial Spirit, 1850–1980* (Cambridge, 1981). The latter book was the subject of a special conference, the results of which are presented in *British Culture and Economic Decline,* edited by Bruce Collins and Keith Robbins (London, 1990). David Cannadine deals with a related subject in his delightfully written but heavy (800+ pages) *The Decline and Fall of the British Aristocracy* (New Haven, CT, and London, 1990). Alan Sked, *Britain's Decline: Problems and Perspectives* (Oxford, 1987), is rather cautious, whereas *Britain's Prime and Britain's Decline: The British Economy, 1870–1914,* by Sidney Pollard (New York, 1989), is more forthright. *New Perspectives on the Late Victorian Economy: Essays in Quantitative Economic History, 1860–1914,* edited by James Foreman-Peck (Cambridge, 1991), returns to the cliometric mode of analysis. *Business Enterprise in Modern Britain: From the Eighteenth to the Twentieth Century,* edited by Maurice W. Kirby and Mary B. Rose (London, 1994), is a good recent textbook. In *The Origins of Railway Enterprise: The Stockton and Darlington Railway, 1821–1863* (Cambridge, 1993), Kirby has also provided the definitive history of a pioneer railway.

The "standard of living question" in British industrialization has been one of the most hotly debated topics since the 1830s. *The Standard of Living in Britain in the Industrial Revolution,* edited by Arthur J. Taylor ("Debates," London, 1975), presents views from both (or all) sides. Jeffrey G. Williamson, in *Did British Capitalism Breed Inequality?* (Boston, 1985), uses cliometric methods to argue that the standard of living of British workers rose, but the distribution of income became more unequal until about the middle of the century. Other volumes on related topics are Arthur J. Taylor, *Laissez-Faire and State Intervention in Nineteenth-Century Britain* ("Studies," London, 1972), and A. W. Coats, ed., *The Classical Economists and Economic Policy* ("Debates," London, 1971).

Most readers of this book are already familiar with at least the outlines of American economic history—or soon will be. In view of the immense literature on the subject, it is impractical to list more than a few general works and refer readers to them and their bibliographies. Among the better recent textbooks are Sidney Ratner, James H. Soltow, and Richard E. Sylla, *The Evolution of the American Economy: Growth, Welfare, and Decision Making* (2nd ed., New York, 1993); Jeremy Atack, Peter Passell, and Susan Lee, *A New Economic View of American History,* (2nd ed., New York, 1994); and Gary Walton and Hugh Rockoff, *History of the American Economy* (8th ed. Fort Worth, TX, 1998). Somewhat older, but valuable because of the distinction of its authors (twelve in all!) is Lance E. Davis et al., *American Economic Growth: An Economists History of the United States* (New York, 1972). Two books prepared with British readers in mind are A. W. Coats and R. M. Robertson, eds., *Essays in American Economic Growth in the Nineteenth Century* (London, 1969), and Peter Temin, *Causal Factors in American Economic Growth in the Nineteenth Century* ("Studies," London, 1975), with an excellent select bibliography. William Cronon, *Nature's Metropolis: Chicago and the Great West* (New York, 1991), is an outstanding recent example of urban history. Marc Egnal, *Divergent Paths: How Culture and Institutions Have Shaped North American Growth* (New York and Oxford, 1996), adds French Canada to his comparative study of growth among North American regions.

The relative scarcity of books in English on the economic history of Belgium means that more reliance must be placed on journal articles and chapters or passages in larger works. A good overview can be obtained from the chapters on Belgium in Milward and Saul, *The Economic Development of Continental Europe, 1780–1870,* and *The Development of the Economies of Continental Europe, 1850–1914* (Belgium is paired with Switzerland in the former and with the Netherlands in the latter). Jan Craeybeckx, "The Beginning of the Industrial Revolution in Belgium," in Cameron, ed., *Essays in French Economic History,* is informative on the French period, and Chapter XI in Cameron, *France and the Economic Development of Europe,* provides a general survey with special emphasis on the contributions of French entrepreneurs, engineers, and capital. The chapter on Belgium in Cameron et al., *Banking in the Early Stages of Industrialization,* gives more detail on the contribution of the Belgian banking system to industrialization. Herman van der Wee and Jan Blomme, eds., have collected the best English language treatments in *The Economic Development of Belgium since 1870,* part of the Edward Elgar series on the economic development of Europe since 1870.

François Caron, *An Economic History of Modern France* (New York, 1979), is a good book badly translated. Guy P. Palmade, *French Capitalism in the Nineteenth Century* (Newton Abbott, 1972), although perhaps not quite as good, had better luck with its translator (Graeme Holmes), who also provided a useful, lengthy introduction on "The Study of Entrepreneurship in Nineteenth-Century France." Patrick O'Brien and Caglar Keyder inaugurated a new era in the economic historiography of France with *Economic Growth in Britain and France, 1780–1914: Two Paths to the Twentieth Century* (London, 1978), by arguing that the French transition to industrial society was "more humane and perhaps less efficient" than that of Britain. C. P. Kindleberger, on the other hand, in *Economic Growth in France and Britain, 1851–1950* (Cambridge, MA, 1964), accepted the conventional wisdom and tried to explain it. More recently, François Crouzet has argued for British superiority in *Britain Ascendant: Comparative Studies in Franco-British Economic History* (Cambridge, 1990). A cliometric analysis of French growth in the nineteenth century is found in Maurice Lévy-Leboyer and François Bourguignon, *The French Economy in the Nineteenth Century: An Essay in Econometric Analysis* (Cambridge, 1990).

Agriculture remained a major sector of the French economy throughout the nineteenth century. Some studies of it included L. M. Goreux, *Agricultural Productivity and Economic Development in France, 1850–1950* (New York, 1977); W. H. Newell, *Population Change and Agricultural Development in Nineteenth Century France* (New York, 1977); and Roger Price,

The Modernization of Rural France: Communications Networks and Agricultural Market Structures in Nineteenth Century France (New York, 1983). A rather special branch of agriculture is treated by Leo Loubere in *The Red and the White: The History of Wine in France and Italy in the Nineteenth Century* (Albany, NY, 1978), and *The Wine Revolution in France: The Twentieth Century* (Princeton, NJ, 1990).

E. C. Carter et al., eds., *Enterprise and Entrepreneurs in Nineteenth and Twentieth Century France* (Baltimore, 1976), and J. M. Laux, *In First Gear: The French Automobile Industry to 1914* (Liverpool, 1976), demonstrate the poorly reported dynamic aspects of French entrepreneurship. Michael S. Smith, *Tariff Reform in France, 1860–1900* (Ithaca, NY 1980), restores the balance to the often misrepresented protectionist stance of French entrepreneurs. Cameron, *France and the Economic Development of Europe,* presents examples of French entrepreneurship abroad.

Val R. Lorwin, *The French Labor Movement* (Cambridge, MA, 1954), is a sympathetic but balanced treatment of that subject. Other aspects of the labor movement are dealt with by M. P. Hanagan, *The Logic of Solidarity: Artisans and Industrial Workers in Three French Towns, 1871–1914* (Urbana, IL, 1980); E. C. Shorter and Charles Tilly, *Strikes in France, 1830–1968* (Cambridge, 1974); and Peter N. Stearns, *Paths to Authority: The Middle Class and the Industrial Labor Force in France, 1820–1848* (Urbana, IL 1978).

Helmut Boeheme, *An Introduction to the Social and Economic History of Germany: Political and Economic Change in the Nineteenth and Twentieth Centuries* (Oxford, 1978), is a brief overview by a German "revolutionist" historian. Gustav Stolper et al., *The German Economy, 1870 to the Present* (New York, 1967), is an updated translation of a book by a well-known anti-Nazi German economist. W. O. Henderson, *The Zollverein* (London, 1939; reprinted, 1959) is, unfortunately, the only reasonable complete account of that institution in English. Martin Kitchen, *The Political Economy of Germany, 1815–1914* (London, 1978), is a lively but not very sophisticated history. Knut Borchardt, *Perspectives on Modern German Economic History and Policy* (Cambridge, 1991), is a collection of essays by a leading German economic historian. W. J. Mommsen provides a comparative perspective in *Britain and Germany, 1800–1914: Two Development Paths toward Industrial Society* (London, 1986).

Frank B. Tipton, *Regional Variations in the Economic Development of Germany during the Nineteenth Century* (Middletown, CT, 1976), provides a refreshing contrast to the usual textbook treatments of uniform growth. Richard Tilly, *Financial Institutions and Industrialization in the Rhineland, 1815–1870* (Madison, WI, 1966), looks at the background of the "great banks." Fritz Stern, *Gold and Iron: Bismark, Bleichroeder, and the Building of the German Empire* (New York, 1977), is a fascinating insider's view of Bismarck's personal, and the German Empire's semiofficial, banker. Paul Hohenberg, *Chemicals in Western Europe, 1850–1914* (Chicago, 1967), is a good account of the rise of the organic chemical industry in which Germany played such a crucial role. Ulrich Wengenroth, *Enterprise and Technology: The German and British Steel Industries, 1865–1995* (Cambridge, 1993), is the definitive comparative study of these critical industries. For textiles, one must consult Herbert Kisch, *From Domestic Manufacture to Industrial Revolution. The Case of the Rhineland Textile Districts* (New York and Oxford, 1989). Thorstein Veblen, *Imperial Germany and the Industrial Revolution* (New York, 1919; reprinted, 1939), although hopelessly misinformed and outdated, is nevertheless interesting as an example of a contemporary view by an acute observer.

Chapter 10. Patterns of Development: Latecomers and No-Shows

It is ironic (or symptomatic?) that Switzerland, the wealthiest country in Europe, has the least satisfactory literature in English on its economic history. It receives only scattered mention in volume 6 of the *Cambridge Economic History of Europe* and virtually none in subsequent volumes. Milward and Saul give it a half-chapter in the first of their two-volume text (to 1870), but do not even mention it in the second volume. The chapter on Switzerland in the *Fontana Economic History* is the least satisfactory chapter in that collection. Readers of French or German will appreciate Jean-François Bergier, *Die Wirtschaftsgeschichte der Schweiz: Von den Anfangen bis zur Gegenwart* (Zurich and Cologne, 1983), also available in French as *Histoire économique de la Suisse* (Lausanne and Paris, 1984), but others will have to be satisfied with Bergier's brief synopsis, "Trade and Transport in Swiss Economic History," in Cameron, ed., *Essays in French Economic History,* which deals more with the early modern period than with the nineteenth century, and with gleanings from other works, such as the partial chapters on Switzerland in Cameron, *France and the Economic Development of Europe* (for banks and railways), and Hohenberg, *Chemicals in Western Europe* (for chemicals). A welcome exception is Eric Schiff, *Industrialization without National Patents: The Netherlands, 1869–1912; Switzerland, 1850–1907* (Princeton, NJ, 1971), which finds that, for small, open economies, patent systems were not terribly important. Aldcroft and Rodger, *Bibliography of European Economic and Social History,* lists about thirty other items, more or less relevant. In 1991, in celebration of the 700th anniversary of the Swiss Confederation, Jean-François Bergier and many others published, in English, French, and German, a semipopular *1291–1991: The Swiss Economy, A Trilogy* (St. Sulpice, Switzerland, 1991).

English-language readers on the economic history of the Netherlands are slightly better served than those on Switzerland. The limitations of the coverage of the *Fontana Economic History,* and of the individual works by Mokyr and Van Houtte, mentioned in connection with Belgium, apply here as well, but Milward and Saul, *The Development of the Economies of Continental Europe, 1850–1914,* has a succinct survey of the Dutch economy in the second half of the century. H. R. C. Wright, *Free Trade and Protection in the Netherlands, 1816–1830: A Study of the First Benelux* (Cambridge, 1955), is a good place to begin. R. T. Griffiths, *Industrial Retardation in the Netherlands, 1830–1850* (The Hague, 1979), is perhaps overly pessimistic, but a longer and broader view is given by Michael J. Wintle in *An Economic and Social History of the Netherlands, 1800–1920: Demographic, Economic, and Social Transition* (Cambridge and New York, 2000). Business history is useful for the Netherlands—for example, the first two volumes of Charles Wilson, *The History of Unilever* (London, 1954); P. J. Bouman, *Phillips of Eindhoven* (London, 1958); or the first two volumes of Frederick C. Gerretson, *History of the Royal Dutch* (Leiden, 1953–58). The Netherlands Economic History Archive in 1989 began publication in English of a new journal, *Economic and Social History in the Netherlands.*

The literature in English on Scandinavia is far more plentiful and of high quality. In addition to the excellent surveys by Karl-Gustaf Hildebrand in volume VII of the *Cambridge Economic History,* Lennart Jorberg in volume 4 of the *Fontana Economic History,* and Milward and Saul in *The Economic Development of Continental Europe,* there are a number of both monographs and general studies: Jorberg's *Growth and Fluctuations of Swedish Industry, 1869–1912* (Stockholm, 1961); Sima Lieberman, *The Industrialization of Norway, 1800–1920* (Oslo, 1970); and Svend Aage Hansen, *Early Industrialization in Denmark* (Copenhagen, 1970). Additional bibliographical suggestions can be found in all of these. Finnish industry is the subject of two books by Timo Myllyntaus: *Finnish Industry in Transition, 1885–1920: Responding to Technological Challenges* (Helsinki, 1989), and *The Gatecrashing Apprentice: Industrialising Finland as an Adopter of New Technology* (Helsinki, 1990). Riitta Hjerppe, *The Finnish Economy, 1860–1985: Growth and Structural Change* (Helsinki, 1989), provides a definitive treatment in the Kuznets style.

Until fairly recently there was a dearth of good literature in any language on the economic development of the Austro-Hungarian, or Habsburg, Empire. That gap has now been filled, especially in English, with several high-quality contributions. The best is undoubtedly David F. Good, *The Economic Rise of the Habsburg Empire, 1750–1914* (Berkeley and Los Angeles,

1984). Others that merit comparison are John Komlos, *The Habsburg Monarchy as a Customs Union: Economic Development in Austria-Hungary in the Nineteenth Century* (Princeton, NJ, 1983), and Thomas Huertas, *Economic Growth and Economic Policy in a Multinational Setting* (New York, 1977). Komlos has also edited a collection of essays by a number of mostly younger scholars of various nationalities, *Economic Development in the Habsburg Monarchy in the Nineteenth Century* (New York, 1983). A larger work by two eminent Hungarian economic historians, Ivan T. Berend and the late Gyorgy Ranki, includes the Habsburg monarchy along with eastern Germany, Poland, and the former Balkan territories of the Ottoman Empire: *Economic Development of East-Central Europe in the 19th and 20th Centuries* (New York, 1974). Berend and Ranki also contributed *Hungary: A Century of Economic Development* (New York, 1974). Among older works that still merit citation is Jerome Blum, *Noble Landowners and Agriculture in Austria, 1815–1848* (Baltimore, 1948). Charles Issawi's book, *The Fertile Crescent, 1800–1914. A Documentary Economic History* (New York and Oxford, 1988), covers the nineteenth century history of the Ottoman Empire.

Berend and Ranki also authored *The European Periphery and Industrialization, 1780–1914* (Cambridge, 1982), in which they included Scandinavia with southern and eastern Europe in the "periphery." The book is outstanding in concept, but synoptic and brief in execution; details for any given area must be sought elsewhere. For the Iberian peninsula (realistically, Spain, as there is virtually nothing on Portugal), details are found in the pertinent chapters of Vicens Vives, *An Economic History of Spain*, with the best treatment now available from Gabriel Tortella, *The Development of Modern Spain: An Economic History of the Nineteenth and Twentieth Centuries* (Cambridge, MA, 2000), translated by Valerie J. Herr. For Italy the standard reference is now Vera Zamagni, *The Economic History of Italy, 1860–1990: Recovery after Decline* (Oxford, 1993). Gianni Toniolo, *An Economic History of Liberal Italy, 1850–1918* (New York and London, 1990), is a good synoptic treatment by a well-known Italian scholar. J. S. Cohen, *Finance and Industrialization in Italy, 1894–1914* (New York, 1977), is competent on its limited subject. These may be supplemented by the surveys in *Fontana* and in Milward and Saul, which is also quite good on southeastern Europe. For the latter, the relevant chapters of John R. Lampe and Marvin Jackson's *Balkan Economic History, 1550–1950* (Bloomington, IN, 1982) are by far the best available, but readers should also consult Michael Palairet, *The Balkan Economies ca. 1800 to 1914: Evolution without Development* (Cambridge and New York, 1998).

For Russia a good place to begin is M. E. Falkus, *The Industrialization of Russia, 1700–1914* ("Studies," London, 1972). William L. Blackwell, *The Beginnings of Russian Industrialization, 1800–1860* (Princeton, NJ, 1968), is a solid, comprehensive account of Russian industrialization to the eve of the Emancipation. The story is continued by Theodore von Laue, *Sergei Witte and the Industrialization of Russia* (New York, 1963). Paul R. Gregory, *Russian National Income, 1885–1913* (Cambridge, 1982) is of fundamental importance. Olga Crisp, *Studies in the Russian Economy before 1914* (London, 1976), is a collection of her essays that deal with all aspects of the economy from the peasantry to public finance; the first, "The Pattern of Industrialization in Russia, 1700–1914," is especially noteworthy. *Russian Economic History: The Nineteenth Century*, by Arcadius Kahan, edited by Roger Weiss (Chicago, 1989), is also a collection of essays by a distinguished scholar. John P. McKay, *Pioneers for Profit: Foreign Entrepreneurship and Russian Industrialization, 1885–1913* (Chicago, 1970), is especially enlightening on the role of foreign entrepreneurs. *The Corporation under Russian Law, 1800–1917: A Study in Tsarist Economic Policy*, by Thomas C. Owen (Cambridge, 1991), gives some clues as to why Russian entrepreneurs were not more dynamic. Theodore H. Friedgut, in *Inzovka and Revolution*, vol. I, *Life and Work in Russia's Donbas, 1869–1924* (Princeton, NJ, 1989), chronicles the growth of Russia's largest mining and metallurgical region. In *Road to Power: The Trans-Siberian Railroad and the Colonization of Asian Russia,*

1850–1917 (Ithaca, NY, 1991), Steven G. Marks concludes that the Trans-Siberian was built more for political than economic reasons. Jacob Metzer, *Some Economic Aspects of Railroad Development in Tsarist Russia* (New York, 1977), calculates the social savings nevertheless. *The Conquest of a Continent: Siberia and the Russians,* by W. Bruce Lincoln (New York, 1994), is a panoramic chronicle from ancient times to the present. Works on Russian agriculture, of major importance in the nineteenth century, include Blum, *Lord and Peasant;* W. S. Vucinich, ed., *The Peasant in Nineteenth Century Russia* (Stanford, 1968); and Esther Kingston-Mann and Timothy Mixter, eds., *Peasant Economy, Culture, and Politics in European Russia, 1800–1921* (Princeton, NJ, 1991). Christine D. Worobec, *Peasant Russia: Family and Community in the Post-Emancipation Period* (Princeton, NJ, 1991), effectively replaces G. T. Robinson, *Rural Russia under the Old Regime* (2nd ed., New York, 1962).

The literature in English on Japanese economic history and development, formerly miniscule, is now abundant. A pioneering venture was William W. Lockwood, *The Economic Development of Japan: Growth and Structural Change, 1868–1938* (Princeton, NJ, 1954). Although still valuable, it has been superseded for quantitative data by Takafusa Nakamura, *Economic Growth in Prewar Japan,* translated by Robert A. Feldman (New Haven, CT, 1983). The same author has produced, with the collaboration of Bernard R. G. Grace, a briefer but more easily digestible *Economic Development of Modern Japan* (Tokyo, 1985). The most recent textbook for a general overview of long-run Japanese development from 1603 to the end of the twentieth century is David Flath, *The Japanese Economy* (New York and Oxford, 2000). An excellent analysis of the pre-Meiji period is provided by Susan B. Hanley and Kozo Yamamura, *Economic and Demographic Change in Preindustrial Japan, 1600–1868* (Princeton, NJ, 1977). Kazushi Ohkawa and Henry Rosovsky, *Japanese Economic Growth: Trend Acceleration in the Twentieth Century* (Stanford and London, 1973), although primarily concerned with the twentieth century, has an excellent introduction on the Meiji period. Allen C. Kelley and Jeffrey G. Williamson, *Lessons from Japanese Development: An Analytical Economic History* (Chicago, 1974), is an exercise in counterfactual cliometric history. Tessa Morris-Suzuki, *The Technological Transformation of Japan: From the Seventeenth to the Twenty-First Century* (Cambridge, 1994), is an outstanding contribution that has application to both earlier and later centuries, as the subtitle indicates. Michio Morishima, a distinguished Japanese mathematical economist, temporarily abandoned mathematics for history and sociology and, in *Why Has Japan "Succeeded"? Western Technology and the Japanese Ethos* (Cambridge, 1982), found the answer in Japan's unique ideology.

The Edward Elgar Publishing Company has put economic historians in its debt by publishing a series of volumes containing reprinted journal articles and other miscellany in *The Economic Development of Modern Europe since 1870.* Volumes that have already appeared (with their editors) deal with France (two volumes; François Crouzet); Austria (Herbert Matis); Denmark and Norway (Karl Gunnar Persson); and Ireland (two volumes; Cormac O'Grada). Others may be expected. Cormac O'Grada has also written extensively on the Irish famine and its economic consequences up to the present in various books, including *Ireland. A New Economic History, 1780–1939* (New York and Oxford, 1995), *The Great Irish Famine* (Cambridge and New York, 1995), *A Rocky Road: The Irish Economy since Independence* (Manchester, 1998), and *Ireland before and after the Famine: Explorations in Economic History, 1800–1925* (2nd ed., Manchester, 1993).

Chapter 11. Strategic Sectors

Several general works relating to agriculture were listed earlier in this bibliography; others pertinent to specific countries were mentioned under Chapters 9 and 10 and are not repeated here. E. L. Jones, *The Development of English Agriculture, 1815–1873* ("Studies," London, 1968), is a handy survey of an important period for English agriculture. It is complemented by P. J. Perry, ed., *British Agriculture, 1875–1914* ("Debates," London, 1973), a collection of pertinent articles. R. Trow-Smith, *Life from the Land: The Growth of Farming in Western Europe* (London, 1967), and M. Tracy, *Agriculture in Western Europe: Crisis and Adaptation since 1880* (London, 1964), deal more broadly with western Europe as a whole, as does David Grigg, *The Transformation of Agriculture in the West* (Oxford, 1992), highly recommended as a concise, readable summary of an important subject. J. W. Mellor, *The Economics of Agricultural Development* (Ithaca, NY, 1966), is more analytical than strictly historical, but has historical applications. M. W. Rossiter, *The Emergence of Agricultural Science: Justus Liebig and the Americas, 1840–1880* (New Haven, CT, 1975), deals with an often-neglected topic.

Charles P. Kindleberger, *A Financial History of Western Europe* (2nd ed., New York and Oxford, 1993), is a compendium of information delightfully presented on a variety of subjects—money, banking, public and private finance—mainly but not exclusively in the nineteenth and twentieth centuries. *Keynesianism vs. Monetarism and Other Essays in Financial History* (London, 1985) is another collection of wit and wisdom by the same prolific author. Rondo Cameron et al., *Banking in the Early Stages of Industrialization* (Oxford, 1967), is a comparative study of England, Scotland, France, Belgium, Germany, Russia, and Japan. Rondo Cameron, ed., *Banking and Economic Development: Some Lessons of History* (Oxford, 1972), has chapters on Austria, Italy, Spain, Serbia, Japan, and the United States. *International Banking, 1870–1914,* edited by Rondo Cameron and V. I. Bovykin (New York, 1991), is a massive collection of case studies from all areas of the world. *Banks as Multinationals,* edited by Geoffrey Jones (London and New York, 1990), was the subject of a conference organized by the editor. Jones has also written *British Multinational Banking, 1830–1990* (Oxford, 1993), awesome in scope and execution. For individual countries, see, in addition to the preceding: C. A. E. Goodhart, *The Business of Banking, 1891–1914* (Great Britain) (London, 1972); Richard Tilly, *Financial Institutions and Industrialization in the Rhineland, 1815–1870* (Madison, WI, 1966); Udo E. G. Heyn, *Private Banking and Industrialization: The Case of Frankfurt am Main, 1825–1875* (New York, 1981); Richard Rudolph, *Banking and Industrialization in Austria-Hungary* (Cambridge, 1976); Olle Gasslander, *History of Stockholms Enskilda Bank to 1914* (Stockholm, 1962); and K.-G. Hildebrand, *Banking in a Growing Economy: Svenska Handelsbanken since 1871* (Stockholm, 1971), an abridged translation of a much larger work in Swedish. On the important subject of industrial finance, see P. L. Cottrell, *Industrial Finance, 1830–1914: The Finance and Organization of English Manufacturing Industry* (London, 1980); also *Financing Industrialization,* a collection of journal articles compiled and edited by Rondo Cameron (Cheltenham, England, 1992). Forrest Capie and Alan Webber quantify the development of British banking in *A Monetary History of the United Kingdom, 1870–1982* (London, 1985).

The role of the government, or the state, is dealt with more or less adequately in almost all general and collective works. Volume VIII of the *Cambridge Economic History* is devoted entirely to "The Development of Economic and Social Policies" in the industrial economies. Aitken, *The State and Economic Growth;* Taylor, *Laissez-Faire and State Intervention in Nineteenth-Century Britain;* and Coats, *The Classical Economists and Economic Policy,* have already been mentioned. Manfred D. Jankowski, *Public Policy in Industrial Growth: The Case of the Ruhr Mining Region, 1776–1865* (New York, 1977), deals with the transition from the *Direktionsprinzip* to the *Inspektionsprinzip.*

Chapter 12. The Growth of the World Economy

Two relatively brief textbooks that deal with the material of this chapter in somewhat greater detail are William Ashworth, *A Short History of the International Economy since 1850* (4th ed.,

London, 1987), and A. G. Kenwood and A. L. Lougheed, *The Growth of International Economy, 1820–2000* (4th ed., London, 1999). Even greater detail is found in James Foreman-Peck, A *History of the World Economy: International Economic Relations since 1850* (2nd ed., London, 1995), which also contains theoretical explanations. Charles P. Kindleberger, *World Economic Primacy: 1500–1990* (New York and Oxford, 1996), gives a sweeping overview of the changes in the international pecking order under European influence.

A fascinating account of the repeal of the Corn Laws, and of many other aspects of nineteenth-century international trade, is given in Charles P. Kindleberger, *Economic Response: Comparative Studies in Trade, Finance, and Growth* (Cambridge, MA, 1978). Other aspects of Corn Law repeal are dealt with by Lucy Brown, *The Board of Trade and the Free Trade Movement, 1830–1842* (Oxford, 1958), and William D. Grampp, *The Manchester School of Economics* (Chicago, 1960). For the century as a whole, see A. H. Imlah, *Economic Elements in the Pax Britannica: Studies in British Foreign Trade in the Nineteenth Century* (Cambridge, MA, 1958). The economic analysis of its effects is dealt with in Kevin O'Rourke and Jeffrey G. Williamson, *Globalization and History: The Evolution of a Nineteenth Century Atlantic Economy* (Cambridge, MA, and London, 2000), as are the larger aspects of tariff policy, transportation improvements, and migration.

The standard source on the Cobden-Chevalier treaty is still A. L. Dunham, *The Anglo-French Treaty of Commerce of 1860 and the Progress of the Industrial Revolution in France* (Ann Arbor, MI, 1930). For a more concise and intelligible treatment, see Marcel Rist, "A French Experiment with Free Trade: The Treaty of 1860," in Cameron, ed., *Essays in French Economic History.* The German experience is related in Ivo N. Lambi, *Free Trade and Protection in Germany, 1868–79* (Wiesbaden, 1963). Further French experience is ably documented by Michael S. Smith, *Tariff Reform in France, 1860–1900* (Ithaca, NY, 1980). For Britain, see S. B. Saul, *Studies in British Overseas Trade, 1870–1914* (Liverpool, 1960). General trends are highlighted by W. Arthur Lewis, *Growth and Fluctuations, 1870–1913* (London, 1978), and, more briefly, by S. B. Saul, *The Myth of the Great Depression, 1873–1896* ("Studies," London, 1969).

A good introduction to the gold standard can be found in P. T. Ellsworth, *The International Economy: Its Structure and Operation* (3rd ed., New York, 1964). Barry Eichengreen and Marc Flandreau, eds., *The Gold Standard in Theory and History* (2nd ed., London, 1997), is a judicious selection of articles on all aspects of the subject. Greater detail can be found in Arthur I. Bloomfield, *Monetary Policy under the International Gold Standard, 1880–1914* (New York, 1959). Peter H. Lindert, *Key Currencies and Gold, 1900–1913* (Princeton, NJ, 1969), is a short case study. Giulio Gallarotti, *The Anatomy of an International Monetary Regime. The Classical Gold Standard, 1880–1914* (New York and Oxford, 1995), is an outstanding overview of the political as well as economic aspects of the gold standard.

Migration statistics for the nineth century and earlier are being constantly revised and reevaluated. The latest effort is Timothy Hatton and Jeffrey G. Williamson, *The Age of Mass Migration. Causes and Economic Impact* (New York and Oxford, 1998). A succinct overview is given by Dudley Baines, *Emigration from Europe, 1815–1930* (Cambridge and New York, 1995). Brinley Thomas, *Migration and Economic Growth: A Study of Great Britain and the Atlantic Economy* (Cambridge, 1954), is a classic, republished and expanded in 1973 and critiqued as far as the migration movements from England and Wales were concerned by Dudley Baines, *Migration in a Mature Economy: Emigration and Internal Migration in England and Wales, 1861–1900* (Cambridge, 1985). Charlotte Erickson, *American Industry and the European Immigrant, 1860–1885* (Cambridge, MA, 1957), was the first to delve into passenger lists to analyze migration flows. She summarizes her lifetime of research in *Leaving England: Essays on British Emigration in the Nineteenth Century* (Ithaca, NY, 1994). One of the pioneering works on foreign investment is Herbert Feis, *Europe, the World's Banker, 1870–1914* (New

Haven, CT, 1930; reprinted, 1965); its statistics need revision, but it still makes interesting reading. Michael Edelstein, *Overseas Investment in the Age of High Imperialism: The United Kingdom, 1850–1914* (New York, 1982), elaborates the causes and consequences of foreign investment for the United Kingdom. Most recently, Irving Stone, *The Global Export of Capital from Great Britain, 1865–1914: A Statistical Survey* (New York, 1999), gives a comprehensive, quantitative overview.

A view, not only of investment but also of migration, trade, and the diffusion of technology, is William Woodruff, *Impact of Western Man: A Study of Europe's Role in the World Economy, 1750–1960* (New York, 1967). The British experience as a lender is summarized by P. L. Cottrell, *British Overseas Investment in the Nineteenth Century* ("Studies," London, 1975), and various incidents are detailed in A. R. Hall, ed., *The Export of Capital from Britain, 1870–1914* ("Debates," London, 1968). America's experience as a borrower has received definitive treatment in Mira Wilkins, *The History of Foreign Investment in the United States to 1914* (Cambridge, MA, 1989). For France, see Cameron, *France and the Economic Development of Europe.* The estimates of all of these references are criticized by D. C. M. Platt, *Foreign Finance in Continental Europe and the USA, 1815–1870* (London, 1984), and *Britain's Investments Overseas on the Eve of the First World War: The Use and Abuse of Numbers* (London, 1986), then defended by Charles Feinstein, in vol. 2 of Floud and McCloskey, *Economic History of Britain.*

Books and articles on imperialism are legion. The best by far, as a supplement to the brief discussion in this volume, is P. J. Cain and A. G. Hopkins, *British Imperialism: Innovation and Expansion, 1688–1914* (London and New York, 1993), displacing the earlier work by D. K. Fieldhouse, *Economics and Empire, 1830–1914* (Ithaca, NY, 1973). *Africa and the Victorians,* by John T. Gallagher and Roland I. Robinson (New York, 1961), is a stimulating but controversial reinterpretation. Henri Brunschwieg, *French Colonialism, 1871–1914* (New York, 1966), shows the importance of nationalism as an explanation for French imperial expansion. Daniel Headrick, in *The Tools of Empire: Technology and European Imperialism in the Nineteenth Century* (Oxford, 1981), argues for technological determinism; see also the same author's *The Tentacles of Progress: Technology; Transfer in the Age of Imperialism, 1850–1940* (Oxford, 1988). V. I. Lenin, *Imperialism, the Highest Stage of Capitalism* (1916; numerous editions), is the standard Marxist text. A good antidote is Lance E. Davis and Robert A. Huttenback, *Mammon and the Pursuit of Empire: The Economics of British Imperialism* (Cambridge, 1988; an abridged edition is available). David Landes, *Bankers and Pashas: International Finance and Economic Imperialism in Egypt* (London, 1958), reads like a novel.

Carl A. Trocki, *Opium and Empire: Chinese Society in Colonial Singapore, 1800–1910* (Ithaca, NY, 1990), documents the Chinese diaspora. Loren Brandt, *Commercialization and Agricultural Development: Central and Eastern China, 1870–1937* (Cambridge and New York, 1989), deals with the Chinese response to the expansion of foreign trade, effectively demolishing the Malthusian myth perpetuated by earlier historians. Philip C. C. Huang, *The Peasant Family and Rural Development in the Yangtse Delta, 1350–1988* (Stanford, CA, 1990), takes a long view of Chinese poverty. Kenneth Pomeranz laid the basis for his positive view of Chinese economic accomplishments and the disruptions caused by forced trade, mentioned under the introduction, in *The Making of a Hinterland: State, Society, and Economy in Inland North China, 1853–1937* (Berkeley and Los Angeles, 1993). Thomas Rawski and Lillian Li, eds., *Chinese History in Economic Perspective* (Berkeley, 1992) collected the best work available on China at the time. *The Economy of Modern India, 1860–1970,* by B. R. Tomlinson (Cambridge, 1993), is an outstanding recent contribution. See also *The Economic History of India, 1857–1947* (Oxford and New York, 2001) by Tirthankar Roy. Colin Newbury, *The Diamond Ring: Business, Politics, and Precious Stones in South Africa, 1867–1947* (New York, 1989), exposes a shining scandal. Isaria N. Kimambo, *Penetration and Protest in Tanzania:*

The Impact of the World Economy on the Pare, 1860–1960 (Athens, OH, 1991), provides an African point of view on the impact of trade on Africa.

Victor Bulmer-Thomas, *The Economic History of Latin America since Independence* (Cambridge, 1994), is a recent and reliable textbook. Rory Miller, *Britain and Latin America in the Nineteenth and Twentieth Centuries* (London, 1993), is a convenient reference for all aspects of that relationship. Hilda Sabato, *Agrarian Capitalism and the World Market: Buenos Aires in the Pastoral Age, 1840–1890* (Albuquerque, 1991), tells the story of promising beginning with a disappointing continuation. Marshall C. Eakin, *British Enterprise in Brazil: The St. John del Rey Mining Company and the Morro Velho Gold Mine 1830–1960* (Durham, NC, 1990), is a readable business history of a European company in Latin America. Paul J. Dosal, *Doing Business with Dictators: A Political History of United Fruit in Guatamala, 1899–1944* (Wilmington, DE, 1993), is a detailed, nonideological account of a major U.S. corporation in a "banana republic."

Chapter 13. Overview of the World Economy in the Twentieth Century

The basic data on population in the first half of the twentieth century are given in Woytinsky, *World Population and Production.* These are updated annually in the United Nation's *Demographic Yearbook.* A closer look at Europe's interwar population is provided by Dudley Kirk, *Europe's Population in the Interwar Years* (Geneva, 1946). Recent trends in the industrial nations are summarized in National Bureau of Economic Research, *Demographic and Economic Change in Developed Countries* (Princeton, NJ, 1976). The United Nations Department of Economic and Social Affairs, *The Population Debate: Dimensions and Perspectives* (2 vols., New York, 1975), presents the papers of the 1974 World Population Conference, which debated the plight and prospects of Third World nations.

E. M. Kulischer, *Europe on the Move: War and Population Changes, 1917–1947* (New York, 1948), was an early look at the upheavals brought on by the wars. The same subject is viewed in broader perspective in *Human Migration: Patterns and Policies,* edited by W. H. McNeill and R. S. Adams (Bloomington, IN, 1978). The downside of political upheavals for many peoples is described in Norman M. Naimark, *Fires of Hatred: Ethnic Cleansing in Twentieth-Century Europe* (Cambridge, MA, 2001).

The references for resources listed at the beginning of this bibliography and under Chapter 8 are, for the most part, relevant here as well. J. Fredric Dewhurst et al., *Europe's Needs and Resources: Trends and Prospects in Eighteen Countries* (New York, 1961), is an encyclopedic accumulation of data and analysis whose contents are even broader than the title indicates. Dewhurst earlier had led a team in a similar study of *America's Needs and Resources* (New York, 1947). The United Nations and its affiliates have undertaken numerous studies of the interactions of population, resources, technology, and environment; typical of the genre is *The Future of the World Economy: A United Nations Study,* by Wassily Leontief et al. (Oxford, 1977). Angus Maddison, *The World Economy in the Twentieth Century* (Paris, 1989), highlights the increasing disparity between rich and poor nations.

Volumes 6 and 7 of *A History of Technology,* edited by Trevor I. Williams (Oxford, 1978), cover the first half of the twentieth century. *Technology and Social Change in America,* edited by Edwin T. Layton, Jr. (New York, 1973), is a small collection of essays by eminent historians of technology. John G. Clark, *The Political Economy of World Energy: A Twentieth Century Perspective* (Chapel Hill, NC, 1990), surveys all forms of energy for the entire century. R. R. Nelson, M. J. Peck, and E. D. Kalacheck stress the interaction of technology and institutions in *Technology, Economic Growth, and Public Policy* (Washington, DC, 1967). Harry G. Johnson notes the international dimensions of technology in *Technology and Economic Interdependence* (London, 1975). The American National Science Foundation thought it important to stress the *Interactions of Science and Technology in the Innovation Process* (Washington, DC, 1976). Dennis Gabor, a distinguished physicist-engineer-inventor, in *Innovations: Scientific, Technological, and Social* (Oxford, 1970), predicts some 100 important technological and biological innovations, a number of which have already been realized. Daniel Bell, a sociologist, has also predicted a number of changes in society as a result of the interaction of technology and institutions in *The Coming of Post-Industrial Society: A Venture in Social Forecasting* (New York, 1973; reprinted, 1976).

The major institutional changes of the twentieth century are related, on the one hand, to the rapid development of science and technology and, on the other, to the massive type of warfare they have made possible. The interrelations of all these forces are nicely captured by the French sociologist Raymond Aron in *The Century of Total War* (New York, 1954) and, more recently, by the British historian Arthur Marwick in *War and Social Change in the Twentieth Century: A Comparative Study of Britain, France, Germany, Russia, and the United States* (London, 1974). The impact of war (and other changes) on economic policymaking in one country are studied by Richard F. Kuisel, *Capitalism and the State in Modern France: Renovation and Economic Management in the Twentieth Century* (Cambridge, 1981). Twentieth-century changes in business organization and management are the subject of *Managerial Hierarchies: Comparative Perspectives on the Rise of the Modern Industrial Enterprise,* edited by Alfred D. Chandler, Jr., and Herman Daems (Cambridge, MA, 1980).

Chapter 14. International Economic Disintegration

Direct and Indirect Costs of the Great War, by E. L. Bogart (Oxford, 1919), represented an early attempt by a famous American economist to measure the costs of World War I. A famous British economist, A. L. Bowley, took somewhat more time to assess *Some Economic Consequences of the Great War* (London, 1930). Historians' views are represented by J. M. Cooper, *Causes and Consequences of World War I* (London, 1975), and Gerd Hardach, *The First World War, 1914–1918* (London, 1977). Charles Gilbert details *American Financing of World War I* (Greenwood, CT, 1970). Avner Offer, *The First World War: An Agrarian Interpretation* (New York and Oxford, 1989), presents a positive appraisal of the effects of the naval blockade on the German population, suggesting why agricultural self-sufficiency became a European priority in the twentieth century. Niall Ferguson, *The Pity of War* (New York, 1999), argues it was not only brutal for Britain, but senseless.

J. M. Keynes, *The Economic Consequences of the Peace* (London, 1919), written in a great hurry by a talented writer in a high dudgeon, is nevertheless a historic document in itself and still makes good reading. Étienne Mantoux, *The Carthaginian Peace—or the Economic Consequences of Mr. Keynes* (New York, 1946), was written with equal or greater moral fervor by a young Frenchman who died in World War II. A sort of reconciliation of the two points of view can be found in Chapter 16 of Kindleberger, *Financial History of Western Europe.* An important study of the 1920s in Europe is Charles S. Maier, *Recasting Bourgeois Europe: Stabilization in France, Germany, and Italy in the Decade after World War I* (Princeton, NJ, 1975). A work of similar importance, although mistitled, is Steven A. Schuker, *The End of French Predominance in Europe: The Financial Crisis of 1924 and the Adoption of the Dawes Plan* (Chapel Hill, NC, 1976). An up-to-date overview of the economic issues for all of Europe is given in Charles Feinstein, Peter Temin, and Gianni Toniolo, eds., *The European Economy between the Wars* (New York and Oxford, 1997). Of the many studies of Germany's hyperinflation, the most recent and authoritative is Carl-Ludwig Holtfrerich, *The German Inflation, 1914–1923: Causes and Effects in International Perspective* (Berlin, 1986). The consequences of the inflation on a specific (and important) industry are detailed by Gerald D. Feldman, *Iron and Steel in the German Inflation, 1916–1923* (Princeton, NJ, 1977). Feldman has also written the massive and exhaustive *The Great Disorder: Politics, Economics and Society in the German Inflation, 1914–1924* (New York and Oxford, 1993). Theo Balderston, *The Origins and Course of the German Economic Crisis: November 1923 to May 1932* (Berlin, 1993), is excellent for specialists but difficult for beginners. Harold James, *The German Slump: Politics and Economics, 1924–1936* (Oxford, 1986), is a better read. Other economic aspects of the peace settlement are covered in Derek H. Aldcroft's general survey of the 1920s, *From Versailles to Wall Street, 1919–1929* (London, 1977). Anne Orde deals with *British Policy and European Reconstruction after the First World War* (Cambridge and New York, 1990).

The best, or at least the most readable, account of the 1930s is Charles P. Kindleberger, *The World in Depression, 1929–1939* (London, 1973). Another entertaining book on a dismal experience is John Kenneth Galbraith, *The Great Crash,* 1929 (Boston, 1955; reprinted, 1962). One of the most influential interpretations of the causes of the depression, emphasizing the role of the U.S. Federal Reserve System, is Milton Friedman and Anna J. Schwartz, *The Great Contraction* (Princeton, NJ, 1966), a reprint of one chapter of their monumental *A Monetary History of the United States, 1867–1960* (Princeton, NJ, 1963). A contrary view is found in Peter Temin, *Did Monetary Forces Cause the Great Depression?* (New York, 1976), although Temin apparently changed his mind in *Lessons from the Great Depression* (Cambridge, MA, 1989), emphasizing there the international aspects. Barry Eichengreen, *Golden Fetters: The Gold Standard and the Great Depression, 1919–1939* (New York and Oxford, 1992), lays the blame squarely on the gold standard and the policies it engendered. The depression is set in a larger context by Ingvar Svennilson, *Growth and Stagnation in the European Economy* (Geneva, 1954). The interwar British economy is the subject of both B. W. E. Alford, *Depression and Recovery? British Economic Growth 1918–1939* ("Studies," London, 1972), and Forrest Capie, *Depression and Protectionism: Britain between the Wars* (London, 1983). *British Unemployment, 1919–1939: A Study in Public Policy,* by W. R. Garside (Cambridge and New York, 1990), is a comprehensive study of its limited but important subject. Retrospective views that treat the depression experience in a great many countries around the world are contained in Herman Van der Wee, ed., *The Great Depression Revisited: Essays on the Economics of the Thirties* (The Hague, 1972), and Ivan T. Berend and Knut Borchardt, eds., *The Impact of the Depression of the 1930s and Its Relevance for the Contemporary World* (Budapest, 1986). The important banking and financial events are covered by Charles H. Feinstein, ed., *Banking, Currency, and Finance in Europe between the Wars* (New York and Oxford, 1995).

A broad survey of the 1930s in America is Broadus Mitchell, *Depression Decade: From New Era through New Deal, 1929–1941* (New York, 1947; reprinted, 1969). An appraisal of the broad range of policy reforms initiated over the course of the New Deal is found in Michael Bordo, Claudia Goldin, and Eugene White, eds. *The Defining Moment: The Great Depression and the American Economy of the Twentieth Century* (Chicago, 1998). The French experience is illuminated by Stanley Hoffman, *Decline or Renewal? France since the 1930s* (New York, 1974). Charles F. Delzell, ed., *Mediterranean Fascism 1919–1945* (London, 1971), contains contributions on the Fascist regimes of Italy, Spain, and Portugal. An important work on the advent of Nazism in Germany is Henry A. Turner, Jr., *German Big Business and the Rise of Hitler* (Oxford, 1985). The rearmament program is dealt with by Burton H. Klein, *Germany's Economic Preparations for War* (Cambridge, MA, 1959). *Hitler's Social Revolution: Class and Status in Nazi Germany, 1933–1939,* by David Schoenbaum (London, 1966), is of special interest. R. J. Overy, *War and Economy in the Third Reich* (New York and London, 1995) is the current revisionist view of Nazi economic policy.

Alec Nove, *An Economic History of the U.S.S.R.* (London, 1969; reprinted, 1975), is the best introduction to its subject. Nove has also published *The Soviet Economy* (3rd ed., London, 1969) and *Was Stalin Really Necessary?* (London, 1964). An American perspective is provided by James R. Millar, *The Soviet Economic Experiment* (Urbana, IL, 1990), a collection of his essays edited by Susan Linz. Of E. H. Carr's multivolume *History of Soviet Russia,* those of greatest interest to economic historians are *Socialism in One Country* (London, 1958) and *Foundations of a Planned Economy, 1926–29,* with R. W. Davies (London, 1969–78). An abridgement of the fourteen volumes on the 1920s is also available: E. H. Carr, *The Russian Revolution: From Lenin to Stalin* (London, 1979). Also of interest: Alexander Erlich, *The Soviet Industrialization Debate, 1924–28* (Cambridge, MA, 1960); E. C. Brown, *Soviet Trade Unions and Labour Relations* (Oxford, 1960); and Moshe Lewin, *Russian Peasants and Soviet Power* (London, 1968). R. W. Davis, Mark Harrison, and S. G. Wheatcroft, eds., *The Economic Transformation of the Soviet Union, 1913–1945* (Cambridge, 1994), is strongly quantitative.

War, Economy, and Society, 1939–45, by Alan S. Milward (Berkeley and Los Angeles, 1977), is the most comprehensive and competent economic history of World War II. Other significant works by the same author: *The German Economy at War* (London, 1965), *The New Order and the French Economy* (Oxford, 1970), and *The Facist Economy in Norway* (Oxford, 1972). *The Sinews of War: Essays on the Economic History of World War II,* edited by Geoffrey Mills and Hugh Rockoff (Ames, IA, 1993), has excellent up-to-date chapters on the economic history of the war. Even more comprehensive is Mark Harrison, ed. *The Economics of World War II: Six Great Powers in International Comparison* (Cambridge and New York, 1998). America's role in the war is encapsulated in D. N. Nelson, *The Arsenal of Democracy* (New York, 1946). For Japan, see J. R. Cohen, *Japan's Economy in War and Reconstruction* (Minneapolis, 1949), and F. C. Jones, *Japan's New Order in East Asia: Its Rise and Fall, 1937–45* (Oxford, 1954). Alec Cairncross, *The Price of War: British Policy on German Reparations, 1941–1949* (London, 1986), is an insightful view on an important but neglected topic.

Chapter 15. Rebuilding the World Economy, 1945–73

The most comprehensive and authoritative history of the world economy since World War II is Herman Van der Wee, *Prosperity and Upheaval: The World Economy, 1945–1980* (Berkeley and Los Angeles, 1986). In *The Reconstruction of Western Europe, 1945–51* (London, 1984), Alan S. Milward provides a richly detailed if somewhat controversial description of the origins and exfoliation of the Marshall Plan, the European Payments Union, and the Schuman Plan. Michael J. Hogan, *The Marshall Plan: America, Britain, and the Reconstruction of Western Europe, 1947–1952* (Cambridge, 1987), is reasonably up-to-date. *The Netherlands and the Economic Integration of Europe, 1945–1957* (Amsterdam, 1990), edited by R. T. Griffiths, is a series of essays based on archival sources showing the important role of the Netherlands in keeping the movement for European unity on track. André Mommen, *The Belgian Economy in the Twentieth Century,* (London, 1994) is part of the Routledge series on contemporary economic history of Europe. William James Adams, *Restructuring the French Economy: Government and the Rise of Market Competition since World War II* (Washington, DC, 1989), is a competent if somewhat controversial account of France's amazing economic turnaround. Vera Lutz, *Italy, A Study in Economic Development* (Oxford, 1962), convincingly accounts for Italy's equally amazing rebound, but readers should compare the account in Vera Zamagni's more recent study, *The Economic History of Italy, 1860–1990: Recovery after Decline,* previously cited. *The Fading Miracle: Four Decades of Market Economy in Germany,* by Herbert Giersch, Karl-Heinz Paque, and Holger Schmiedling (Cambridge, 1994), is a convenient summary of West Germany's recent economic history. *Governments, Industries and Markets: Aspects of Government-Industry Relations in the UK, Japan, West Germany and the USA since 1945* (Aldershot, England, 1990), edited by Martin Chick, provides useful accounts of industrial policies in four major countries. Two comprehensive economic histories of European countries since World War II are Bert van Ark and N. F. R. Crafts, eds., *Quantitative Aspects of Post-War*

European Economic Growth (Cambridge, 1996), and N. F. R. Crafts and Gianni Toniolo, eds., *Economic Growth in Europe since 1945* (Cambridge, 1996).

The economic problems of Third World countries are the subject of Angus Maddison, *Economic Progress and Policy in the Developing Countries* (London, 1970); Gerald Helleiner, *A World Divided: The Less Developed Countries in the International Economy* (Cambridge, 1976); J. N. Bhagwati, ed., *The New International Economic Order: The "North-South" Debate* (Cambridge, MA, 1977); and N. Islam, ed., *Agricultural Policy in Developing Countries* (London, 1974).

The origins, operations, and problems of the European Union (formerly the European Community) are dealt with in Jeffrey Harrop, *The Political Economy of Integration in the European Community* (2nd ed., Aldershot, England, 1992); Clifford Hackett, *Cautious Revolution: The European Community Arrives* (New York, 1990); Neill Nugent, *The Government and Politics of the European Community* (2nd ed., London, 1991); and David W. P. Lewis, *The Road to Europe: History, Institutions and Prospects of European Integration, 1945–1993* (New York, 1993), among others. The economic history of the European Union and the individual countries of Europe since World War II is covered in Larry Neal and Daniel P. Barbezat, *The Economics of the European Union and the Economies of Europe* (New York and Oxford, 1998). The corresponding political history is vividly described in Desmond Dinan, *Ever Closer Union: An Introduction to European Integration* (Boulder, CO, 1999).

Other international economic institutions also merit consideration. Harold James, *International Monetary Cooperation since Bretton Woods* (New York and Oxford, 1996), is the official history of the International Monetary Fund. Edward S. Mason and Robert E. Asher, *The World Bank since Bretton Woods* (Washington, 1973), cover the period up to the breakup of the Bretton Woods System. Michael D. Bordo and Barry Eichengreen, eds., provide *A Retrospective on the Bretton Woods System: Lessons for International Monetary Reform* (Chicago and London, 1993), with no fewer than forty-three expert contributors! Jacob J. Kaplan and Gunther Schleiminger, *The European Payments Union: Financial Diplomacy in the 1950s* (Oxford, 1989), is also an official history; although based on primary sources, it is authored by civil servants rather than scholars, and suffers accordingly. Barry Eichengreen, *Reconstructing Europe's Trade and Payments: The European Payments Union* (Manchester, 1993) is much more analytical and interesting. Brian Tew, *The Evolution of the International Monetary System, 1945–1977* (New York, 1977), is more analytical, and F. L. Block, *The Origins of International Economic Disorder: A Study of United States International Monetary Policy from World II to the Present* (Berkeley and Los Angeles, 1977), is frankly critical. K. Kock, *International Trade Policy and the GATT, 1947–1967* (Stockholm, 1969), is also rather critical. Barry Eichengreen, ed., *Europe's Postwar Recovery* (Cambridge and New York, 1995), has a fascinating range of perspectives on the institutional arrangements put into place immediately after World War II.

The measurement of economic growth is the subject of Edward S. Denison, *Why Growth Rates Differ: Postwar Experience in Nine Western Countries* (Washington, DC, 1967). Denison has also applied his growth-accounting technique to Japan and the United States in (with W. K. Chung) *How Japan's Economy Grew So Fast: The Sources of Postwar Expansion* (Washington, DC, 1976), and *Accounting for Slower Growth: The United States in the 1970s* (Washington, DC, 1979). Angus Maddison is also interested in measuring economic growth, but follows a quite different technique and takes a much longer time span in *Economic Growth in the West: Comparative Experience in Europe and North America* (New York, 1964) and *Phases of Capitalist Development* (Oxford, 1982).

Changes in the nature of capitalism have attracted the attentions of a variety of scholars. One of the early ones was A. A. Berle, Jr., with *The 20th Century Capitalist Revolution* (New York, 1954). Another was J. K. Galbraith with *The Affluent Society* (London, 1958) and *The*

New Industrial State (Boston, 1967). Andrew Shonfield weighed in with *Modern Capitalism: The Changing Balance of Public and Private Power* (Oxford, 1965), and John Cornwall with *Modern Capitalism: Its Growth and Transformation* (London, 1977). *High-Tech Europe: The Politics of International Cooperation,* by Wayne Sandholtz (Berkeley, Los Angeles, London, 1992), describes some of the effects of the telematics revolution on industry and government as well as on international politics. A broader overview of the successes and failures of industrial policy is found in James Foreman-Peck and Giovanni Federico, eds., *European Industrial Policy. The Twentieth-Century Experience* (New York and Oxford, 1999).

Chapter 16. The World Economy at the Beginning of the Twenty-First Century

The Japanese economy is appraised from a variety of viewpoints in Hugh Patrick and Henry Rosovsky, eds., *Asia's New Giant: How the Japanese Economy Works* (Washington, DC, 1976), and again in Hugh Patrick with the assistance of Larry Meissner, eds., *Japan's High Technology Industries: Lessons and Limitations of Industrial Policy* (Seattle and London, 1987). One of Japan's leading economists, Shigeto Tsuru, has written an outstanding economic history of the post–World War II era, *Japan's Capitalism: Creative Defeat and Beyond* (Cambridge, 1993). The Japanese economy is placed in the context of other Asian economies in *The Mechanism of Economic Development: Growth in the Japanese and East Asian Economics,* edited by Ken-ichi Inada et al. (Oxford and New York, 1992).

Economic and Social Development in Pacific Asia, edited by Chris Dixon and David Drakakis-Smith (London and New York, 1993), surveys a number of countries in the area. *Global Adjustment and the Future of the Asian-Pacific Economy,* edited by Miyohei Shinohara and Fu-chen Lo (Tokyo, 1989), presents the papers and proceedings of a conference on the subject held in Tokyo in 1988. *The Newly Industrializing Countries: Adjusting to Success,* edited by Neil McMullen et al. (London and Washington, DC, 1982), is also a general survey, whereas *Becoming an Industrialized Nation: ROC's Development on Taiwan,* by Yuan-li Wu (New York, 1985), is a case study of the industrialization of Taiwan. *Singapore's Authoritarian Capitalism: Asian Values, Free Market Illusions, and Political Dependency,* by Christopher Lingle (Fairfax, V A, 1996), questions the sustainability of Singapore's rapid development.

Eric Jones, Lionel Frost, and Colin White open up new vistas in *Coming Full Circle: An Economic History of the Pacific Rim* (Boulder, CO, 1993). In *Australia in the International Economy in the Twentieth Century* (Melbourne, 1990), Barry Dyster and David Merideth provide a background for understanding the importance of a part of that area.

The International Debt Crisis in Historical Perspective (Cambridge, MA, 1989), edited by Barry Eichengreen and Peter H. Lindert, was inspired by the international debt crisis of the 1980s, especially in Latin America. Jill Crystal, *Oil and Politics in the Gulf: Rulers and Merchants in Kuwait and Qatar* (Cambridge, 1990), provides a historical background (not intended by the author) for the Gulf War of 1991. A deep understanding of the continuing economic problems of Egypt and Turkey, provided by a leading economist for the World Bank, is Bent Hansen, *The Political Economy of Poverty, Equity, and Growth: Egypt and Turkey* (New York and Oxford, 1992). A comparable study for the World Bank, but dealing with the intractable problems of Africa, is Frederic L. Pryor, *The Political Economy of Poverty, Equity, and Growth: Malawi and Madagascar* (New York and Oxford, 1991).

Economic reform in the People's Republic of China is the subject of two recent books published by the Cambridge University Press: Kate Hannan, *China, Modernisation and the Goal of Prosperity* (1994), and Barry Naughton, *Growing Out of the Plan: Chinese Economic Reform, 1978–1993* (1994). Gregory C. Chow, in *Understanding China's Economy* (Singapore, 1994), provides an accessible introduction to that complex subject. Sukhan Jackson's *Chinese Enterprise Management: Reforms in Economic Perspective* (Berlin and New York, 1992) is somewhat more difficult. *The Waning of the Communist State: Economic Origins of Political Decline in China and Hungary,* by Andrew G. Walder (Berkeley, CA, 1995), is an interesting comparative study that is carried farther by Yu-shan Wu in *Comparative Economic Transformations: Mainland China, Hungary, the Soviet Union, and Taiwan* (Stanford, CA, 1994). The general problem of reforming planned economies is studied by Barry Bosworth and Gur Ofer in *Reforming Planned Economies in an Integrating World Economy* (Washington, DC, 1995).

The chaotic situation in the former Yugoslavia is expertly handled by Sabrina Petra Ramet in *Balkan Babel: The Disintegration of Yugoslavia from the Death of Tito to Ethnic War* (2nd ed., Boulder, CO, 1996). Further insight is provided by *Crisis in the Balkans: Views from the Participants,* edited by Constantine P. Danopoulos and Kostas G. Messas (Boulder, CO, 1996). The Edward Elgar Publishing Company has brought out several books on the recent changes in Eastern Europe: *Economic Reform in Eastern Europe,* edited by Graham Bird; *Industrial Reform in Socialist Countries: From Restructuring to Revolution,* edited by Ian Jeffries; and *Restructuring Eastern Europe: Towards a New European Order,* edited by Ronald J. Hill and Jan Zielonka. An interesting background to the process of transition in eastern Europe can be found in M. C. Kaser and E. A. Radice, eds., *The Economic History of Eastern Europe 1919–1975. Volume III: Institutional Change within a Planned Economy* (New York and Oxford, 1987). Likewise for the former Soviet Union is *Russian Corporate Capitalism from Peter the Great to Perestroika,* by Thomas C. Owen (New York and Oxford, 1995). Insight into the structure of Soviet society and economy on the eve of the breakup is provided by James R. Millar, ed., *Politics, Life, and Daily Work in the USSR: A Survey of Former Soviet Citizens* (Cambridge and New York, 1987).

The trials and tribulations of the transition economies associated with the centrally planned economies of the former Soviet Union and its COMECON satellites have spawned a growth industry of monographs. The European Bank for Reconstruction and Development publishes a semiannual *Transition Report,* which is the most comprehensive updating of economic statistics for all the individual economies. The International Monetary Fund regularly publishes reports on its member countries in transition, easily searched on its Web site, www.imf.org. The European Union, committed to monitoring the economic as well as social and political progress of its candidates for membership, publishes a detailed annual assessment for the central and east European countries. This is also available on its Web site: www.europa.eu.int/comm/enlargement. The IMF's *World Economic Outlook,* published semiannually, keeps track of trade and growth in the new global economy and discusses the background of specific policy issues as they arise.

图书在版编目(CIP)数据

世界经济简史——从旧石器时代到20世纪末/〔美〕卡梅伦(Cameron, R.),〔美〕尼尔(Neal, L.)著;潘宁等译.
—上海:上海译文出版社,2012.8 (2017.11重印)
(大学译丛)
书名原文:A Concise Economics History of the World
ISBN 978-7-5327-5798-5

Ⅰ.①世… Ⅱ.①卡…②尼…③潘… Ⅲ.①经济史-世界 Ⅳ.①F119

中国版本图书馆CIP数据核字(2012)第068788号

本书由上海文化发展基金会图书出版专项基金资助出版

Rondo Cameron
Larry Neal
A Concise Economic History of the World
— From Paleolithic Times to the Present

图字:09-2005-259号

世界经济简史
——从旧石器时代到20世纪末
〔美〕龙多·卡梅伦 拉里·尼尔 著 潘宁 等译
责任编辑/李洁 装帧设计/未氓设计工作室

上海世纪出版股份有限公司
上海译文出版社出版
网址:www.yiwen.com.cn
上海世纪出版股份有限公司发行中心发行
200001 上海福建中路193号 www.ewen.co
常熟市文化印刷有限公司印刷

开本890×1240 1/32 印张17 插页2 字数360,000
2012年8月第1版 2017年11月第5次印刷
印数:11,001—13,000册

ISBN 978-7-5327-5798-5/F·200
定价:48.00元

大学译丛 书目

01 《西方哲学史》(上下两册)/[挪] G·希尔贝克,N·伊耶 著

02 《世界经济简史》/[美] 龙多·卡梅伦,拉里·尼尔 著

03 《传播学史》/[美] E·M·罗杰斯 著

04 《美国人:殖民地历程》/[美] 丹尼尔·J·布尔斯廷 著

05 《美国人:建国的历程》/[美] 丹尼尔·J·布尔斯廷 著

06 《美国人:民主的历程》/[美] 丹尼尔·J·布尔斯廷 著

07 《专制与民主的社会起源》/[美] 巴林顿·摩尔 著

08 《希望的原理》(第一卷)/[德] 恩斯特·布洛赫 著

09 《文明的进程》/[德] 诺贝特·埃利亚斯 著

10 《协同学》/[德] 赫尔曼·哈肯 著

11 《资本主义与现代社会理论》/[英] 安东尼·吉登斯 著

12 《社会学》/[英] 安东尼·吉登斯 著

13 《大众传播与美帝国》/[美] 赫伯特·席勒 著

14 《传播政治经济学》/[加] 文森特·莫斯可 著

15 《信息社会的知识劳工》/[加] 文森特·莫斯可 著

16 《宗教与资本主义的兴起》/[英] R·H·托尼 著

17 《希望的理由》/[英] 珍·古道尔 著

18 《自恋主义文化》/[美] 克里斯托弗·拉什 著

19 《"中产"中国》/[美] 李成 编著

20 《西方六大美学观念史》/[波]瓦迪斯瓦夫·塔塔尔凯维奇 著

21 《法律的理念》/[英]丹尼斯·罗伊德 著

22 《观念的历险》/[英]艾尔弗雷德·诺思·怀特海 著

23 《人文科学的逻辑》/[德]恩斯特·卡西尔 著

24 《商业生态学》/[美]保罗·霍肯 著

25 《马克思的历史、社会和国家学说》/[德]亨利希·库诺 著

26 《政治的正义性》/[德]奥特弗利德·赫费 著

27 《跟大卫·哈维读〈资本论〉》/[美]大卫·哈维 著

28 《哲学的邀请》/[美]斯坦利·霍纳 等著

29 《宇宙之谜》/[德]恩斯特·海克尔 著

30 《全球化时代的民主》/[德]奥特弗利德·赫费 著

31 《世界文明史》/[日]山崎正和 著

32 《社会学与人类学》/[法]马塞尔·莫斯 著

33 《桑切斯的孩子们》/[美]奥斯卡·刘易斯 著

34 《论自由》/[法]雷蒙·阿隆 著

35 《卡桑德拉的女儿:欧美精神分析发展史》/[美]约瑟夫·施瓦茨 著

36 《实现罗尔斯》/[美]涛慕思·博格 著

37 《社会学主要思潮》/[法]雷蒙·阿隆 著

38 《全球时代的欧洲》/[英]安东尼·吉登斯 著

39 《社会理论的核心问题》/[英]安东尼·吉登斯 著

40 《经济人的末日》/[美]彼得·德鲁克 著

41 《当代政治哲学》/[加]威尔·金里卡 著

42 《自己的上帝:宗教的和平能力与潜在暴力》/[德]乌尔利希·贝克 著

43 《跟大卫·哈维读〈资本论〉》(第二卷)/[美]大卫·哈维 著

44 《读懂弗洛伊德》/[瑞士] 让-米歇尔·奎诺多　著

45 《小城市空间的社会生活》/[美] 威廉·H·怀特　著

46 《大自然的常数：从开端到终点》/[英] 约翰·D·巴罗　著

47 《人类不平等的起源：通往奴隶制、君主制和帝国之路》/[美] 肯特·弗兰纳里，乔伊斯·马库斯　著

48 《对空言说：传播的观念史》/[美] 约翰·杜翰姆·彼得斯　著

49 《改变社会》/[日] 小熊英二　著

50 《科学人对抗权力政治》/[美] 汉斯·摩根索　著